李双元法学文丛

国际民商事诉讼程序导论

屈广清　欧福永　主编

WUHAN UNIVERSITY PRESS
武汉大学出版社

图书在版编目(CIP)数据

国际民商事诉讼程序导论/屈广清,欧福永主编. —武汉:武汉大学出版社,2016.8
李双元法学文丛
ISBN 978-7-307-18365-0

Ⅰ.国… Ⅱ.①屈… ②欧… Ⅲ.国际法—民事诉讼—诉讼程序—研究 Ⅳ.D997.3

中国版本图书馆 CIP 数据核字(2016)第 181769 号

责任编辑:胡 荣 责任校对:李孟潇 版式设计:韩闻锦

出版发行:**武汉大学出版社** (430072 武昌 珞珈山)
(电子邮件:cbs22@whu.edu.cn 网址:www.wdp.com.cn)
印刷:虎彩印艺股份有限公司
开本:720×1000 1/16 印张:42.75 字数:771 千字 插页:4
版次:2016 年 8 月第 1 版 2016 年 8 月第 1 次印刷
ISBN 978-7-307-18365-0 定价:98.00 元

作者简介

　　屈广清，男，1963年生，教授、博士生导师。曾任中南政法学院（现中南财经政法大学）教授、研究生导师；大连海事大学法学院院长、博士研究生导师。2006年调入福建省政法管理干部学院，任院长、党委副书记。现为福建江夏学院副校长、党委常委、博导。兼任第一届、第二届和第三届教育部法学学科教学指导委员会委员，中国国际私法学会副会长，中国法学会世界贸易组织法研究会副会长；福建省人民政府顾问组成员、福建省国际法学会会长、辽宁省国际法学会顾问、福建省重点学科法学学科的带头人。主持法学中央财政支持地方高校建设项目（2012年）及福建省本科高校专业综合改革试点项目（2012年），主持国家社会科学基金重点项目（2010年）等。合编的《国际私法》入选教育部精品教材。获大连市十大科技标兵，辽宁省十大优秀青年，中国十大青年法学家提名奖，司法部全国优秀科研与教材成果奖，中国法学会、辽宁省、福建省政府社会科学优秀成果奖，高等教育教学成果奖等多项奖项。

　　欧福永，男，1975年生，湖南永州人，湖南师范大学法学院副院长、教授、博士生导师，《时代法学》编委会副主任，法学博士、博士后；中国国际经济贸易仲裁委员会仲裁员和长沙仲裁委员会仲裁员、湖南省新世纪"121"人才工程入选者、湖南省青年社科研究人才"百人工程"学者、长沙市法学会副会长、中国国际私法学会常务理事、中国国际经济法学会理事、湖南省律协涉外法律事务专业委员会副主任、加拿大戴尔豪斯大学和英国埃塞克斯大学访问学者。主持国家社科基金项目2项、司法部项目1项，中国法学会部级项目2项，湖南省社科基金项目4项；著作有《英国民商事管辖权制度研究》（独著）、《国际民事诉讼中的禁诉令》（独著）、《国际补贴与反补贴立法与实践比较研究》（排名1）、《加拿大反补贴立法与实践研究》（排名1）、《欧盟反补贴立法与实践研究》（排名1）、《美国反补贴立法与实践研究》（排名1）、《国际民商事诉讼程序导论》（主编）、《国际私法教学案例》（主编）、《国际私法》（"十一五"国家级规划教材，主编）、《国际私法教学参考资料选编》（主编）、《法学概论》（"十一五"和"十二五"国家级规划教材和全国高教自考教材，合编）等30余部；在《中国法学》等刊物发表论文、译文60余篇，8篇被人大复印资料《国际法学》全文转载或转摘。获湖南省教学成果一等奖、教育部精品教材奖、司法部二等奖、湖南省哲学社科成果三等奖、商务部全国商务发展研究成果优秀奖和"湖南青年五四奖章"提名奖等荣誉。

出 版 说 明

为了庆祝我国著名法学家和法学教育家李双元教授 90 华诞，湖南师范大学法学院组织出版了《李双元法学文丛》。本套丛书共有 15 本，其中 1 本为新书。另外的 14 本皆为已经出版过的，因出版年代跨度较大，我们以保持原书原貌为原则，仅对一些文字标点符号的明显错误做了订正；书中有一些资料和引文因年代久远，已无法一一核查的，仍保持原样。

在已经出版过的 14 本书中，有 8 本书作者未做修改的，版次不予增加，所涉的法律法规也基本保持原样；另 6 本书作者予以了一定的修改，版次予以增加。

武汉大学出版社

2016 年 8 月

1

总　序

2016 年中秋，我们将迎来我国著名法学家、法学教育家李双元教授 90 华诞。

李先生历任武汉大学教授（已退休）、湖南师范大学终身教授、博士生导师、中国国际私法学会副会长和名誉会长，国务院学位委员会学科评议组（法学组）成员、中国博士后流动站管委会专家组成员、全国高等教育自学考试指导委员会（法学组）委员、中国国际经济贸易仲裁委员会委员和湖南省政府参事等学术与社会职务，为新中国法学教育、研究和实践作出了重要贡献。

李先生在青年时代，即积极参加反对国民党统治的学生运动和湖南新宁县的武装起义。但是在 1957 年却因言获罪，被划为右派分子，在大学从教的权利被完全剥夺。然而他对马克思主义法学理论的探求，却矢志不衰。1979 年武汉大学恢复法律系，他即从华中农学院马列室迅速调回武汉大学，协助韩德培、姚梅镇先生等参加法学院的恢复与发展工作，并在国内最早组建的国际法研究所任副所长。由韩德培教授任主编的第一部《国际私法》国家统编教材，也是在他的积极参与下，迅速完成并出版。在两位老先生的直接领导下，中国国际私法学会和中国国际经济法学会成立大会与它们的第一次研讨会也在武汉大学同时召开。

1993 年，李先生出任湖南师范大学终身教授，负责组建湖南师范大学法律系、法学院以及国际法研究所、环境法研究所。现在，我院已经拥有法学一级学科博士和硕士学位授权点、法学博士后科研流动站和法律硕士专业学位授权点以及教育部首批卓越法律人才教育培养基地和国家级大学生校外实践教育基地，法学学科在第三轮全国学科评估中名列第 21 位。李先生学术视野开阔，在法理学方面也有他个人的理论贡献，其中，他先后提出"国际社会本位理念"、"法律的趋同化走势"和"国际民商新秩序的构建"等理论观点，均在法学界受到重视。

为庆祝李双元教授九十华诞，在武汉大学和湖南师范大学的大力支持下，我们特别选取了李先生的十五本著作，集结为《李双元法学文丛》，隆重推出，以弘扬李先生的治学精神和学术思想，并恭祝李先生永葆学术青春。为保持原书的风格，其中《比较民法学》、《国际民商新秩序的理论建构》、《市场经济与当代国际私法趋同化问题研究》、《中国与国际私法统一化进程》、《21世纪法学大视野——国际经济一体化进程中的国内法与国际规则》、《现代国籍法》、《国际民事诉讼程序导论》和《法律冲突与法律规则的地域和时间范围》未作修改。

　　鉴于李先生长期在武汉大学执教，加之这套丛书中有六种原来就是由武汉大学出版社出版，因此，我们仍然选择由对法学界出版事业长期提供大力支持的武汉大学出版社出版这套丛书。在此，特别感谢武汉大学出版社和武汉大学法学院的鼎力支持！

湖南师范大学法学院

2016 年 6 月 18 日

前　言

我国国际民事诉讼法的研究，曾长期处于十分落后的状况。为此，自1987年我在出版《国际私法（冲突法篇）》之后，便立即向国家教委哲社博士点基金申请"国际民事诉讼法比较研究"的重点课题，然后以匈牙利著名国际私法学家萨瑟1967年的相关专著为蓝本，同时加入了当时国内与欧美等外国的法律资料，在当时正攻读国际法学硕士学位的谢石松同志的全力帮助下，于1990年完成并出版了《国际民事诉讼法概论》（含国际商事仲裁程序）一书（该书经教育部研究生工作办公室于2000年组织专家评审通过后，已被推荐为全国"研究生教学用书"，并于2001年作了较大的修订并增加了许多新内容，由前书的49万字扩充至62万字，仍由武汉大学出版社出版）。1995年我还与郑远民同志合作在当年的中国人民大学法学院主办的《法学家》杂志上刊发了题为《应当重视对国际民事诉讼法的研究——关于国际民事诉讼法的几个基本理论问题》的文章，再次呼吁国际私法学界加强对国际民事诉讼法的研究。

到现在，国内这一学科的研究较之当时无疑已大大地向前推进了，研究工作也在更广阔的领域上展开，即除狭义的国际民事诉讼程序外，还有国际商事仲裁制度及ADR（可替代的争议解决方法）等，新的成果也不断涌现。为了给这三个方向上的研究工作提供支撑，我在中国方正出版社的支持下主编出版的《国际法与比较法论丛》（现已出版第1~7辑）每辑都安排相当的篇幅，刊发这方面的新的论著与资料，从而在国内国际法学这个研究领域尽一份力量！

首先，鉴于过去有关国际民事诉讼法的研究论著仅局限于各国立法和国际统一立法中被普遍公认的那些仅适用于审理国际民商事案件的专用程序，而忽视了各国现行有效的审理国际民商事案件的其他程序，这本著作决定突破这一模式，尽我们已掌握的最新材料，分问题介绍并论及这类案件从受理到判决（裁决）的执行等救济程序的每一过程。这样做，我们认为不但可以扩充大家的知识，而且对于在我国入世后大量进入外国从事民商事活动的个人或经济组织于发生争议后在当地寻求司法保护时，应当是很有价值的。但本书并不像上述《国际民事诉讼法概论》那样同时涉及商事仲裁与ADR，它们需要另作专题讨论。

　　其次，这本著作涉及的国家和地区也颇为有限（累计 29 个国家和地区），对这些国家和地区的现行制度也只作了概论性质的阐述，但我们将把这一工作继续进行下去。

　　本书的写作提纲由我和欧福永同志拟定，具体写作分工如下：

　　李双元、屈广清：第 1~3 章；欧福永：第 5、8~9、12、20~21 章；熊之才：第 10 章；冯寿波：第 13 章；周后春：第 18 章；佘少峰：第 19 章；舒细麟：第 22 章；徐刚：第 16 章；吴智：第 6 章；刘芳雄：第 11 章；匡青松：第 15 章；刘功文：第 14 章；黄新颖：第 7 章；熊育辉：第 17 章；刘星、王岚岚：第 4 章。

　　本书初稿完成后，由我和欧福永同志统稿、定稿；熊之才、冯寿波同志协助主编作了部分工作。

　　受学识和可资利用资料的限制，不足之处、不当之论，均在所难免，敬请学界专家不吝指正。

李双元

2004 年 1 月 1 日

目　　录

第一编　绪　　论

第二编　国际民事管辖权

第三编　第一审程序

第四编　审判后申请与上诉

第五编　执　行　程　序

Contents

Part I   General Survey

Part II   International Civil Jurisdiction

Part IV　Motive after Trial and Appeal

Part V　Enforcement Procedure

第一编　绪　论

第一章 国际民事诉讼程序概述

第一节 国际民事诉讼程序与国际民事诉讼法

一、国际民事诉讼程序与国际民事诉讼法的概念

民事诉讼或称民事诉讼程序（Civil Procedure）①，是指国家司法机关根据当事人的请求而进行的保护其民事权益的程序。如果在民事诉讼中，介入了国际因素，或者从某一具体国家来看，涉及了外国的因素，即构成国际民事诉讼②。而国际民事诉讼程序（International Civil Procedure）就是指一国法院审理国际民事案件和当事人及其他诉讼参与人进行此种诉讼行为时所应遵循的程序，包括一国法院审理国际民事案件专用的程序和审理国际、国内案件共用的程序。故在广义上讲国际民事诉讼法（International Civil Procedure Law），便是指规范国际民事诉讼程序的各种法律规则的总和，而狭义的国际民事诉讼法仅是规范国际民事诉讼的专用程序的各种法律规则的总和。本书在狭义上使用国际民事诉讼法这一概念。

在国际民事诉讼中，国际因素主要有：诉讼当事人中有外国人；诉讼争议是涉外民事法律关系；引用的证据具有涉外因素；法院按国际条约或内国冲突法的规定应适用外国法作为案件的准据法；当事人请求的是外国法院或其他机构的判决在内国的承认或执行；以及其他国际司法协助问题等。

在民事诉讼中如果介入了国际因素，就需要解决以下各个方面的问题，如：

---

① 民事诉讼在英语中还有称 Civil Action 的，也有称 Civil Proceedings 的（参见香港律政司主编的《英汉法律辞汇》，1998 年第 3 版，上册第 160 页），也有称 Civil Litigation 的。

② 中国在有关立法中，一般称"涉外民事诉讼"，如 1991 年七届全国人大常委会第四次会议通过的《中华人民共和国民事诉讼法》第四编。

第一，内国法院或其他机构对案件有无管辖权？哪些案件属于内国法院的专属管辖权？哪些案件可由争议的双方当事人协议选择内国或外国法院管辖？等等。

第二，外国人在内国的民事诉讼地位问题，诸如起诉或应诉的能力、诉讼费用担保或免除、法律救助等，应依什么法律来确定？

第三，国际民事诉讼中的取证规则有哪些特殊之处？如是否允许或在什么样的条件下向外交和领事人员取证？在间接取证时应遵循什么样的特定程序，等等。此外，在国际民事诉讼中，证据也还有自身的法律适用问题需要解决。

第四，在内国法院或其他机构适用外国实体法时，应采用什么样的程序规则？

第五，在内国法院或其他机构执行外国法院或其他机构的委托，或者委托外国法院或其他机构代为某项行为时，应适用什么程序规则？

第六，外国审判程序和仲裁程序在内国发生什么样的效力（即外国正在进行的审判或仲裁能在内国发生什么效力；外国法院的判决和仲裁裁决是否能被内国所承认，以及在什么样的条件下内国可以承认或执行外国的判决和仲裁裁决）？

解决上述问题，既需要直接调整规范，也需要间接调整规范。所以，国际民事诉讼法就由两种不同性质的规范，即直接调整规范和间接调整规范组成（当然许多学者认为，其中直接调整规范占主要的地位）。

二、国际民事诉讼法在法律体系中的地位

国际民事诉讼法是不是一个独立的法律部门，是法学理论中颇有争论的问题。

英美法系国家过去的看法一般都不承认国际民事诉讼法是一个独立的法律部门。它们在研究国际民事诉讼法问题时，通常只强调与司法管辖有关的问题，并且几乎都是把它归入国际私法的范围，作优先于冲突规范的研究。之所以这样，是因为它们认为国际私法规范的适用依赖于法院管辖权的确定。但现在，认为国际民事诉讼法的存在已成事实的英美学者已不少见，如克里斯丁·T. 坎贝尔在其主编的《国际民事诉讼》一书的序言中就明确指出，随着国际贸易、国际金融及国际商务或个人旅行的不断增长，至少包含有一方当事人为非法院国居住者和国民的国际（民事商事）争议和国际诉讼自然增加了，相应地，一个包罗了国际管辖权、文书域外送达、证据的域外获取和外国判决的

承认与执行等内容的国际民事诉讼法的地位也大大提升了①。

法国学者多把国际私法分成三个部分，即国籍法、外国人法、法律冲突法和法院及其他机构。这样便把大部分的国际民事诉讼法归入国际私法的范围，对有关的问题在国际私法的第三部分中进行研究，而把诉讼费用的担保、法律救助和互惠原则等问题纳入外国人法的研究范围。

但是，像意大利、德国、瑞士、奥地利以及匈牙利的部分学者则认为国际民事诉讼法是一个独立的法律部门。不过，他们并不认同这一法律部门是一个由性质完全相同的规则组成的有机体。

匈牙利著名法学家萨瑟认为，正如把调整具有国际因素的民法关系的法律规范从民法中分离出来作为一个独立的法律部门是完全正确的一样，把调整含有国际因素的民事诉讼程序规范从民事诉讼法中分离出来，也是完全正确的，而且有着重要的理论与实践的意义。由于这些规范所调整的法律关系中含有涉外因素，使它们表现出特殊的、类似于调整涉外民法关系的国际私法的性质。这两个法律部门所遇到的问题极为相似。因而，国际上从事国际民事诉讼法研究的学者，如沃克（Walker）、梅利、齐特尔曼（Zitelmann）、费多齐（Fedozzi）、里斯勒（Riezler）、莫雷利②等都首先是国际（私）法学家，而不是民事诉讼法学家。而且，所有国际私法学者，在撰写国际私法论著时，都认为有必要对国际民事诉讼中出现的问题进行研究。这一事实也能证明把国际民事诉讼法从国内民事诉讼法中分离出来并结合国际私法作为一个独立的法律部门进行研究的可行性。

在我国，则存在着一种相互矛盾的情况，即在理论上，人们大多把国际民事诉讼法作为国际私法的一个部分，而有关它的许多法律规定，却是附设在民事诉讼法中的（如最初的《中华人民共和国民事诉讼法（试行）》第五编和后来的《中华人民共和国民事诉讼法》第四编）。不过国内系统研究国际民事诉讼法和专门研究国际民事诉讼法的某一问题（如管辖权或判决的相互承认

---

① 参见［英］克里斯丁·T. 坎贝尔（Christian T. Campbell）主编：《国际民事诉讼》（*International Civil Procedure*），伦敦劳埃德出版公司（Lloyd's of London Press Ltd.）1995 年英文版，序言。另因 1968 年《布鲁塞尔公约》和 1988 年《卢迦诺公约》的相继签订，研究欧洲共同体内部的国际民事诉讼制度的著作也相继出现，如泰勒的《欧洲国际民事诉讼手册》、劳恩费尔德的《国际民事诉讼及其理性的探索》、克洛曼的《国际商事诉讼》、柯林斯的《国际民事诉讼与冲突法论集》、波恩的《美国法院的国际民事诉讼》，等等。

② 如沃克著有《国际民事诉讼法的争论问题》，齐特尔曼著有《国际私法》，费多齐著有《国际民事诉讼法》，里斯勒著有《国际民事诉讼法和外国人法》等。

与执行等）或某一领域（如国际商事仲裁制度等）并有一定深度的，大多是国际私法学界的学者（当然，也有一些国际经济法学家专门研究国际商事仲裁）。

三、国际民事诉讼法的渊源

国际民事诉讼法的国际性或涉外性决定了其渊源的双重性，即除了国内立法和国内判例这两个主要渊源外，国际条约也可能成为国际民事诉讼法的渊源。

（一）国内立法

按照巴托鲁斯法则区别说的观点，诉讼程序应适用法院地法。这是因为，诉讼法属于公法性质，只具有属地效力。而从国家主权原则的高度而论，司法审判权当属一个国家主权的一部分。因而，一国法院审判案件，包括涉外的或国际性的民事案件，也都是原则上只适用内国的诉讼程序规范的。这就是说，无论是过去还是现在或将来，只要国家还存在，国内立法都是国际民事诉讼法最主要的渊源。

综观各国法律，涉外民事诉讼程序规范或国际民事诉讼程序规范在国内立法中有以下几种表现形式：

1. 在国际私法或民事诉讼法中列入专编或专章，比较系统地规定涉外或国际民事诉讼程序规范

在此，当首推1964年施行的原捷克斯洛伐克社会主义共和国《国际私法及国际民事诉讼法》。该法分为两个部分，共70条，其中第二部分"国际民事诉讼法"自第37条至第68条对国际民事案件的管辖权、诉讼程序和外国判决的承认及执行作了特别规定。此外，1979年《匈牙利关于国际私法的第13号法令》自第九章至第十一章分别规定了管辖权、诉讼程序和外国判决的承认与执行。1992年《罗马尼亚关于调整国际私法法律关系的第105号法》第十二章专门规定了国际民事诉讼程序问题。中国在1991年的《民事诉讼法》第四编自第237条至第269条也就涉外民事诉讼程序中的一般原则、管辖、送达和期间、财产保全、仲裁以及司法协助等作了特别规定。中国国际私法学会拟定的《中国国际私法示范法》（第六稿，下同）在其第二章和第四章中也分别对管辖权和司法协助提出了立法建议。

2. 将涉外或国际民事诉讼程序规范分散规定在国际私法的有关条款中

这当首推1989年生效的《瑞士联邦国际私法法规》，该法规达200条之多，除了在第一章第一节规定了涉外民事案件的管辖原则外，在以后的各个

章、节中还具体规定了各类涉外民事案件的管辖权、外国判决的承认与执行。瑞士的做法实际上是因袭了英美法系国家对冲突法内容的界定。例如集英、美冲突法判例大成的由里斯主编的 1971 年第二次美国《冲突法重述》、《戴西和莫里斯论冲突法》，都是把冲突法体系分解为管辖权、法律适用和外国判决的承认与执行三大块的。

3. 在个别单行法规中，就某个方面的问题规定涉外或国际民事诉讼程序规范

例如 1986 年颁布的《中华人民共和国外交特权与豁免条例》和 1990 年颁布的《中华人民共和国领事特权与豁免条例》，对外交人员和领事人员在中国人民法院进行民事诉讼时的地位、豁免权以及对豁免权的限制作了详细规定。1999 年颁布的《海事诉讼特别程序法》对涉外海事诉讼程序专门作了规定。此外，中国最高人民法院还就涉外民事诉讼作了很多司法解释，如 1992 年最高人民法院《关于适用〈中华人民共和国民事诉讼法〉若干问题的意见》第 18 部分 "涉外民事诉讼程序的特别规定" 等，也属中国国际民事诉讼法的渊源之一。

（二）国内判例

所谓判例，是指法院的某些判决可以成为以后审判同类案件的具有法律拘束力的根据。一国法院的判例能否成为该国涉外（国际）民事诉讼的渊源，在国际社会是有不同看法的。在英美法系国家，原本就是以判例法为主的国家，判例自然成为涉外（国际）民事诉讼法的主要渊源。其他资本主义国家一般也承认判例具有拘束力。

大陆法系国家固然以成文法为主，但在国际民事诉讼法领域也在一定程度上依赖判例。比如在日本由于有关国际民事诉讼法的规定未臻完备，故一般依学说及具体案件的判例来加以解决。日本于 1967 年出版的《涉外判例百选》便汇集了很多国际民事诉讼法方面的判例。

中国目前尚不承认判例可以作为法律的形式渊源。但学者普遍认为应重视判例的作用，因为在国际民事诉讼中涉及的社会关系相当繁杂、广泛，立法者不可能预见并规定一切可能发生的情况，仅靠成文法不足以应付司法实践的需要，在必要时，应允许法院通过判例来弥补成文法的不足。

（三）国际条约

国际条约是国际民事诉讼法最主要的国际渊源。自从 19 世纪中期开始，人们一直致力于通过缔结多边或双边国际条约以谋求在一定范围内的各国有关涉外民事诉讼法方面的统一。目前，世界上包含有国际民事诉讼法规范的国际

条约很多，比较重要的多边国际条约主要有：（1）1928 年在哈瓦那缔结的《布斯达曼特法典》中的第 4 卷，即"国际诉讼法"；（2）1954 年在海牙缔结的《民事诉讼程序公约》；（3）1965 年在海牙缔结的《协议选择法院公约》；（4）1968 年在布鲁塞尔缔结的《关于民商事管辖权及判决执行的公约》；（5）1965 年在海牙缔结的《关于向国外送达民事或商事司法文书和司法外文书公约》；（6）1970 年在海牙缔结的《关于从国外调取民事或商事证据的公约》；（7）1980 年在海牙缔结的《国际司法救助公约》；（8）1971 年在海牙缔结的《关于承认和执行外国民事或商事判决的公约》及其《附加议定书》；（9）1988 年订于卢迦洛的《关于民商事管辖权及判决执行的公约》；（10）欧盟理事会 2000 年 12 月 22 日在布鲁塞尔通过的《关于民商事案件管辖权及判决承认与执行的法规》（2001/44/EC，2001 年第 44 号法规，已于 2002 年 3 月 1 日生效，适用于除丹麦以外的欧盟成员国之间）；（11）欧盟理事会 2000 年 5 月 29 日通过的《关于破产程序的法规》（2000/1346/EC，2000 年第 1346 号法规，已于 2002 年 5 月 31 日生效，适用于除丹麦以外的欧盟成员国之间）；（12）欧盟理事会 2000 年 5 月 29 日通过的《关于婚姻案件和亲子关系监护案件管辖权及判决承认与执行的法规》（2000/1347/EC，2000 年第 1347 号法规，已于 2001 年 3 月 1 日生效，适用于除丹麦以外的欧盟成员国之间）；（13）2000 年欧盟理事会《成员国间民商事司法文书及司法外文书域外送达的规则》（2000/1348/EC，于 2001 年 5 月 31 日生效，适用于除丹麦以外的欧盟成员国之间）；（14）欧盟理事会于 2001 年 5 月 28 日通过了《关于民商事案件域外取证协助规则》（2001/1206/EC，适用于除丹麦以外的欧盟成员国之间）。

　　自新中国成立以来，中国积极参与国际事务，尤其是在 20 世纪 80 年代以后，中国已经缔结或参加并将更积极地缔结或参加国际条约。如中国已分别于1991 年和 1997 年批准加入了上述《关于向国外送达民事或商事司法文书和司法外文书公约》和《关于从国外调取民事或商事证据的公约》，并且目前跟法国、波兰、蒙古、比利时、罗马尼亚、意大利、西班牙、俄罗斯、土耳其、古巴、泰国、埃及、保加利亚、白俄罗斯、哈萨克斯坦、乌克兰、匈牙利、希腊、塞浦路斯、摩洛哥、吉尔吉斯斯坦、塔吉克斯坦、新加坡、乌兹别克斯坦、越南、老挝、突尼斯、立陶宛、阿根廷等 29 个国家签署了双边民事司法协助条约（有些为民事或商事与刑事相混合的司法协助条约或协定）。

　　根据"条约必须信守"的国际法原则，《中华人民共和国民事诉讼法》（于 1991 年通过，并分别于 2007 年、2012 年进行了两次修正，以下简称 1991年《民事诉讼法》）第 260 条还规定："中华人民共和国缔结或者参加的国际条约同本法有不同规定的，适用该国际条约的规定，但中华人民共和国声明保留的条款除外。"

至于国际惯例是否能构成国际民事诉讼法的渊源，我们与国内许多学者的观点是不同的。在国际民事诉讼领域，除国家必须受其加入的国际条约的约束外，在国际习惯法方面，除民事诉讼地位上的国民待遇以及在国家未明示或默示放弃时，国家及其财产是豁免于其他国家国内法院的管辖的，也是必须遵守的外，在其他的领域，尽管由于国际民事诉讼的复杂多样性以及国内立法的不完备，在国际条约或者国内立法中没有规定时，国内有些学者认为可采取"国际惯例补缺原则"，但是无论从其他国家的国际私法立法还是有关的国际公约来看，都找不到这方面的例证。而更为重要的是，尽管中国 1986 年《民法通则》和原《涉外经济合同法》都有适用国际惯例的规定，唯独在中国1991 年《民事诉讼法》中却没有作这样的规定，所以我们不同意这样的观点①。

第二节　国际民事诉讼程序的基本原则

国际民事诉讼程序的基本原则，应该是作为国际民事诉讼程序具体规定或制度基础的，贯穿于国际民事诉讼程序的各个领域的，并具有普遍的立法和司法指导意义的那些根本性的原则。根据中国 1991 年颁布的《民事诉讼法》第四编及其他的有关规定，中国的国际民事诉讼程序或者说在中国进行涉外民事诉讼应该遵循以下几项基本原则，即主权原则、国民待遇原则（或平等与对等原则）、国际条约优先原则、便利当事人与便利法院司法原则。

当然，中国的人民法院审理涉外民事案件，除遵循上述基本原则外，自然还应遵守中国民事诉讼法规定的诸如法院依法独立进行审判原则、辩论原则等，但这些并非国际民事诉讼中特有的基本原则，故不再叙述。

一、主权原则

主权原则原本是调整国际公法、国际私法关系的最基本原则，现代国际法就是建立在国家主权原则基础之上的。国际民事诉讼因为具有国际因素，涉及不同国家的司法管辖权，因此主权原则当然成为国际民事诉讼程序的首要基本

---

①　参见李双元主编：《中国与国际私法统一化进程》，武汉大学出版社 1993 年版，第 111～114 页；武汉大学出版社 1998 年修订版，第 139～142 页。

原则。

主权原则要求在国际民事诉讼中保持国家的司法独立，国家享有独立而完整的司法管辖权。如果一个国家的司法主权不独立，不能充分和完整地行使属地管辖权和属人管辖权，就表明这个国家的主权也是不独立和不完整的。例如，在旧中国，自 1840 年鸦片战争后，英国率先迫使清政府订立了丧权辱国的《南京条约》，并在通商章程第 13 条规定英国在中国享有领事裁判权，自此之后，其他资本主义国家纷纷仿效，在中国攫取了领事裁判权。当时，不论刑事或民商事案件，凡涉及有关外国的公民，概归各该国领事裁判，中国法院无权过问。这种情况恰好证明旧中国的国家主权的不独立和不完整。

司法主权原则是国家主权原则在国际民事诉讼中的具体化，它主要表现在以下几个方面：

第一，一国法院在遵循国际法的前提下所享有的对涉外民事案件的司法管辖权不容侵犯和剥夺。根据司法主权原则，国家享有属地管辖权和属人管辖权，也即：一国法院对位于该国境内的一切人和物，包括外国人和为外国人所有的物，都享有管辖权，但依国际法享有管辖豁免者除外；一国法院对本国公民，即使其位于本国境外，也可行使管辖权，但不应妨碍有关国家对该人行使属地优先管辖权。此外，为了保护本国的利益，世界各国还规定了本国法院专属管辖的事项。

第二，一国法院审理涉外民事案件，除国际条约另有规定外，其诉讼程序应适用哪个国家法律，概由该国的冲突法作出规定。而在实践上，各国法院审理涉外民事案件基本上只适用法院地的程序法。中国《民事诉讼法》第 259 条也明确规定："在中华人民共和国领域内进行涉外民事诉讼，适用本编规定。本编没有规定的，适用本法其他有关规定。"中国国际私法学会拟定的《中国国际私法示范法》（建议稿）第 18 条也建议：程序问题，适用法院地法，但本法另有规定的除外。

第三，一国法院审理涉外民事案件，均只使用内国通用的语言、文字进行诉讼活动。中国 1991 年《民事诉讼法》第 262 条对此也作了明确规定。

第四，非经内国法院承认，外国法院的判决不能在内国生效，更不能在内国强制执行。如果内国法院认为外国法院判决违反内国国家主权或公共秩序的，可以拒绝承认和执行。中国 1991 年《民事诉讼法》第 281~283 条对此作了明文规定。

二、国民待遇原则（或平等与对等原则）

根据这一原则，在国际民事诉讼中，应给予外国人与内国当事人平等的诉讼权利，不应该歧视外国人。中国 1991 年《民事诉讼法》第 5 条第 1 款就规定："外国人、无国籍人、外国企业和组织在人民法院起诉、应诉，同中华人民共和国公民、法人和其他组织有同等的诉讼权利义务。"

国际民事诉讼中外国人民事法律地位上的国民待遇制度，虽已具有国际惯例的性质，但各国之间仍往往通过国内立法和国家间的条约作出有关的明确规定（如 WTO 的相关规定），但此种平等的诉讼地位仍不是完全无条件赋予外国诉讼当事人的，而且必须建立在对等原则的基础上，因而如一国对另一国当事人的诉讼权利加以限制，则该另一国有权对该国当事人的诉讼权利也作出同样的限制。中国 1991 年《民事诉讼法》第 5 条第 2 款对此作了明确规定："外国法院对中华人民共和国公民、法人和其他组织的民事诉讼权利加以限制的，中华人民共和国人民法院对该国公民、企业和组织的民事诉讼权利，实行对等原则。"

三、国际条约优先原则

在国际民事诉讼法领域，为了涉外民事诉讼程序的顺利进行，更好地保护诉讼当事人的权益，国家之间经过努力缔结了大量的有关国际民事诉讼方面的双边或多边国际条约。根据国际法上的"条约必须信守"的原则，有关条约的缔结国和参加国就必须遵守。一般来说，国家是通过以下两种方式承认条约的效力的：一是在缔结或参加某一国际条约后，通过国内立法程序把该国际条约转化为国内立法，予以实施；二是在国内法中原则规定承认国际条约的效力，并在国际条约和国内法发生冲突时，规定优先适用国际条约。中国基本上采用后一种做法①。

四、便利当事人诉讼和便利法院司法原则

国际民事诉讼程序的作用在于协助诉讼法律关系的主体更好地查清事实真相，以便正确适用法律和解决争议。为此，从国际民事诉讼具有国际性这个前提出发，便利当事人诉讼与便利法院司法也就成了国际民事诉讼的一个基本原

---

① 中国《民事诉讼法》第 260 条规定："中华人民共和国缔结或者参加的国际条约同本法有不同规定的，适用该国际条约的规定，但中华人民共和国声明保留的条款除外。"

则。此一原则要求在管辖、期间、司法协助等方面充分考虑当事人的利益，考虑法院审理和执行判决的方便程度。例如中国 1991 年《民事诉讼法》第 268~269 条规定的在中国境内没有住所的被告提出答辩状的期间、当事人上诉的期间以及被上诉人提出答辩状的期间均为 30 日，比国内民事诉讼程序中的相应规定多了 15 日。

第三节　国际民事诉讼程序的法律适用

一、概述

在国际私法产生之时，意大利当时的一些法学家就主张将法律区分为程序法和实体法两大部类，并认为，凡涉及国际性（或跨国性）的民事诉讼，对程序问题的法律适用应一概受"场所支配行为"原则（locus regit actum）的支配，只能适用法院地的程序规则，只有对实体法才可以依其为"物法"或"人法"而定其可以或必须适用的领域。也就是说，从"法则区别说"还处在萌芽时期起，便认为在国际民事诉讼程序方面是无法律冲突可言的。

这种理论一直沿袭下来，尽管在国际民事诉讼程序的许多方面，实践（包括立法和司法实践）已有突破，但仍有不少国家的国际民事诉讼法以及国际条约，仍把程序问题只适用法院地法作为一条一般原则加以首先确认。例如：

（1）《布斯塔曼特法典》第 314 条规定，在诉讼程序方面应适用法院地法；其第 399 条和第 401 条规定了证据的可接受性和证据的确定性问题也都应依法院地法解决。

（2）依据《巴西民法施行法》第 15 条的规定，诉讼权限、诉讼形式和答辩方式，都应依提起诉讼地的法律来裁决。1964 年前捷克斯洛伐克的国际私法和国际民事诉讼法也曾规定捷克斯洛伐克法院和公证机关应遵守捷克斯洛伐克诉讼法进行活动。

（3）1934 年《第一部美国冲突法重述》也要求"所有程序问题，应由法院地法支配"。其诠释进一步指出，"程序问题包括向法院申诉的权利，主张或阻止诉讼的条件，法院诉讼的形式，证实某一诉讼请求的方法，对待外国法的方法和判决以后的程序"而且，"依据本章的原则，只有当本地诉讼法不必适用时，才能适用外国法规范"。此外，该重述还要求"诉讼地法院依据它自己的冲突法规范来判定某一特定的问题是实体法问题还是诉讼法问题"。

（4）1971 年《第二部美国冲突法重述》在其第六章"程序"的总则中，仍然规定："诉讼程序规则，一般应由法院州的本地法决定，即使法院对案件中的其他问题适用另一州的本地法。"

（5）1947 年《关于国际私法的匈牙利草案》第 38 条规定，匈牙利法院在处理诉讼和非诉讼案件时都应适用匈牙利诉讼法规范。到 1979 年新的《匈牙利关于国际私法的第 13 号法令》第 63 条仍然规定，除本法令另有规定的外，匈牙利法院或其他机关的诉讼程序适用匈牙利法。

（6）《戴西和莫里斯论冲突法》（1980 年英文版）一书归纳英国的实践，在其"规则 209"中也规定："所有程序事项都由采取法律程序的法院所属国法律（法院地法）支配。"并称"在本规则中，程序一词包括救济与程序、损害赔偿、时效制度、证据、当事人、优先权、抵消与反诉、诉讼费用担保及限制财产转移令等"。

（7）不过，1992 年《罗马尼亚关于调整国际私法法律关系的第 105 号法》对此已有松动。如其第十二章第四节就国际私法诉讼程序的法律适用作了如下规定：若无其他明文规定，罗马尼亚法院在审理国际私法案件时适用罗马尼亚诉讼法。某一法律问题具有程序法性质还是实体法性质也由罗马尼亚法律决定。法律行为的证据以及书面材料对于此种法律行为的证明效力适用法律行为实施地法，或者如果当事人有权选择法律，则适用所选择的法律。对事实的证明适用事实发生地法。如果罗马尼亚法律允许提出第 1 款和第 2 款确定的法律规定以外的证据，则也可适用罗马尼亚法律。此外，如果罗马尼亚法律允许人证或以司法推理作为证据，则也可适用罗马尼亚法律，尽管外国法律不允许此种证据形式。调查取证适用罗马尼亚法律。由外国有关当局作出或认证的公开证明文书只有经过其上级主管机关以及罗马尼亚外交和领事机关的公证以确认其签章的真实性后，才能在罗马尼亚法院使用①。

（8）但到 1995 年新的《意大利国际私法制度改革法》第 12 条，还是规

---

①　但该法也同时规定，诉讼当事人的诉讼行为能力适用其本国法。在对国际私法法律关系进行诉讼的程序中，起诉的标的和诉因适用支配引起争议的法律关系的法律。该法也决定当事人的资格。有关婚姻状况的证明以及婚姻状况法律证明文书的证明效力受有效证明文书做成地法律支配。主管机关的公证适用证明书出具国所规定的程序，该程序同样适用于由罗马尼亚在文书出具国的外交和领事机关或文书出具国驻罗马尼亚的外交或领事机关或者在两种情况下由外交部所作之公证。依照法律规定或者罗马尼亚参加的国际条约或者按照互惠原则，此种公证也可免除。罗马尼亚主管机关所作的公证或认证的法律文书通过司法部和外交部按照此种程序办理。

定"在意大利法院进行的民事诉讼，应由意大利法律支配"。1982 年的中华人民共和国试行的《民事诉讼法》和 1991 年颁布的《中华人民共和国民事诉讼法》也都规定，在中华人民共和国领域内进行的涉外民事诉讼，应适用上述两个法律有关涉外民事诉讼程序的特别规定；而凡是该特别规定中未予规定的问题，亦得适用上述两个法律的其他有关规定。

许多学者为了论证这一点，都试图从理论上建立起种种的根据。归纳这些不同的理论，最主要的可分为两种：一种认为在国际民事诉讼领域，不适用或基本上不适用外国诉讼规范，是因为它们已因历史上程序问题必须适用法院地法，程序法属于公法，而公法是不具有域外效力的等理论而被预先排除了（priori excluded，即预先排除说）；另一种则认为主要是因为外国程序法不能被有效地适用或是其适用给诉讼活动带来不便，即有效说或方便说。但是必须认为，这些理论都是站不住脚的，不管它们是建立在什么基础之上。尽管就成文法来说，程序问题适用法院地法早已有前面所列举的种种规定，但在各种国内法和国际协议之中，都有各种各样的例外。因为，尽管在国际民事诉讼中，在许多情况下，要适用法院地法中的诉讼规范，但是应该认为，萨瑟的观点，即能作为一般原则的只能是最密切联系的原则的观点，是更科学合理的①。

二、最密切联系原则应是国际民事诉讼程序法律适用的主要原则

（一）最密切联系原则在理论和方法上的根据

预先排除说、有效说或方便说②等种种为确定法院地程序法的绝对适用以及为划分内外国程序法适用的界限的各种学说，或者是根本不能接受的，或者也有各种可取之处，但是它们的共同缺点在于都只采用了演绎法，都试图以一条先验地确立的一般原则为基础来解决适用外国诉讼法问题。正确地解决这一问题，应该运用分析和归纳的方法（analytic and inductive method），因为在确定法院地法和外国诉讼法二者的有效范围之间的界限时，正像国际私法中确定实体法的适用一样，不是只有一种而是同时有多种考虑在发生作用。

只有通过单个地研究各个诉讼规范的内容、目的和由这些诉讼规范所调整的诉讼法律关系的性质，才能获得正确的解决办法。只有在这个基础上，才能正确地决定有关的诉讼法律关系是应由法院地法支配，还是应由适用于该法律

---

① 参见［匈］萨瑟著：《国际民事诉讼法》，第 115 页。
② 参见李双元、谢石松著：《国际民事诉讼法概论》，武汉大学出版社 2001 年版，第 62~73 页。

关系的实体法中的诉讼法来支配，或由另一个外国诉讼法来支配。比如说，在国际私法领域，证明不动产的财产权时应适用物之所在地法，而权利能力和行为能力的问题应适用属人法的根据，就不是一样的。在国际民事诉讼法上，证明诉讼能力应适用外国诉讼法，证据、证明方法应适用外国诉讼法的理由也是不同的。

　　国际民事诉讼法和国际私法具有相同的目的，即保护和促进国际间人员、技术、信息与货物的正常交往。既然如此，法官就不能简单地依据其本国的实体法和诉讼法来裁决包含有任何外国因素的法律关系，而应尽可能地不受偶然因素（如该案在内国法院起诉）的支配去选择最合适的实体法和诉讼法。正如不同国家的立法者应尽力保证相同实体法律关系无论在哪里进行审判，都应尽可能地依据相同的实体法一样，在国际民事诉讼法的范围内，也应努力使诉讼法的适用，尽可能地不受偶然因素的影响。在国际私法中，冲突规范的目的是协调国际实体法规范；在国际民事诉讼法中，冲突规范的目的也应在于保证国际诉讼法的协调。按照科学的观点，在国际私法中，主要原则并不是法院地法的适用，而是应适用与法律关系联系最密切的实体法；同样，在国际民事诉讼法中，其主要原则——至少在理论上——也不是法院地法的绝对适用（虽然这一观点在法学论著中受到普遍的承认），而应该是适用与诉讼程序、各种不同的诉讼行为以及伴随发生的诉讼法律关系联系最密切的诉讼法。像在国际私法领域一样，只有在法院地法的适用不可避免时，或只有在外国法的适用可能使诉讼机构不能发挥作用或者可能危害这一作用时，或在紧迫情况下不能适用外国诉讼法时，才应适用法院地法。必须承认，在国际民事诉讼法领域，适用法院地法常常是更为必要的，但这并不能改变其基本原则，即与诉讼程序、各个诉讼行为和诉讼法律关系联系最密切的法律体系中的诉讼规范的适用才是正常的。但是既然至今在各国的司法实践中，程序问题的大部分还是要适用法院地的诉讼法的，所以对萨瑟的这一观点的正确理解应该是，在大部分问题上要适用法院地法，只是因为这些问题与法院地法存在着更为密切的联系。

　　（二）最密切联系原则的具体运用

　　在国际民事诉讼中，主要的原则应是适用与诉讼程序、诉讼行为和诉讼法律关系联系最密切的法律。这一法律尽管在大多数情况下可能就是法院地法的诉讼法，但在某些情况下，也可能是支配构成诉讼标的实体法律关系的某个外国法律体系中的诉讼法，即或是民事准据法中的诉讼法；或在涉及到某些诉讼问题时，还可能是当事人属人法中的诉讼法，即当事人的本国法或住所地法中的有关法律中的诉讼法；或在某些其他情况下，还可能是行为地法中的诉讼

15

法，也就是说，可能是诉讼行为实施地国家的诉讼法；或者在涉及物权或财产权的诉讼中，更可能是物之所在地法中的诉讼法等。

根据萨瑟提出的这个最密切联系的理由，可以认为：

1. 除有特殊理由证明法院地法的适用是有根据的外（如简易程序或公共秩序上的考虑等），下列情况都应依民事准据法判定（即依争讼的民事实体权利应适用的准据法所属国的诉讼法来判定）：

（1）在普通程序中法律保护的形式要件。属于这一类型的问题包括：有提起一个宣告或确认之诉的利益的存在；法律保护的必要性；反诉；共同诉讼的客观原因和主观原因（共同诉讼人）；参与诉讼；给第三人的通知；诉讼的撤回；修正诉讼的可接受性问题；诉讼中的抵消等。

（2）对案件的判决具有决定性影响的证据法规则。包括举证责任；推定；初步证据；举证方法的可接受性等（不过，在这里对于某些问题还有必要考虑行为地法或法院地法的规定）。

（3）构成诉讼基础的消灭时效、权利的丧失、应依法给予赔偿的损害数额的计算、非物质损害的责任问题、第三人共同责任的成立、损害事件中索赔人的连带责任（joint liability）等（因为这些问题与案件实体裁决存在密切的联系）。

（4）仲裁协议的合法性和法律效力问题。

（5）某一请求是否有充分根据的问题。

（6）有权提起诉讼或允许提起诉讼的问题（不过这在特定的情况下应依法院地法来裁决）。

（7）某种诉讼行为虽然与该诉讼相联系或是由诉讼法派生出来的，但仍不属于该诉讼的诉讼关系，如法院外的解决，或某一由外国法支配的契约规定某一外国法律专家承担有在诉讼中提供法律意见的义务等。

（8）实体法上的抗辩（pleas of substantive law，指对缺乏实体权利能力或达成交易的能力的抗辩；对错误、欺诈和胁迫的抗辩；抵消的抗辩）。此外，还有对那些内容涉及实体法关系却又独立地发生效力的诉讼法的抗辩（缺乏诉讼权利能力和诉讼行为能力、缺乏法定代理人）。

2. 下列问题应依据当事人属人法中的诉讼法来进行裁决：（1）诉讼中的起诉的权利能力；（2）诉讼行为能力（除非法院地的诉讼规范把这方面的能力识别为实体民法的内容）。

3. 下列问题应依诉讼行为地法来裁决：（1）国外送达；（2）国外取证的效力；（3）证据法中的有关问题；（4）外国司法裁决的合法性、法律效力和形式等。

4. 有关证据的某些问题应依诉讼所在地法来裁决。例如：文书所在地的法律支配文书的交付和出示方面所存在的义务。

在上述情况下，属人法中的诉讼法的适用像实体法领域属人法中的民法的适用一样，都是基于同样的考虑，即基于对同一个人的法律能力和处分能力，无论由哪个国家的法院来裁决，也不管它们与什么样的实体法律关系相联系，都应有作出一致判决的必要性。

与此相类似，在上述情况下，诉讼行为地法的适用也像实体法中场所支配行为原则的适用一样，都是为了促进国际间的正常交往。

最后，诉讼所在地诉讼法的适用，往往亦与实体民法中物之所在地法的适用理由是基本相同的。

5. 大多数案件的重要方面都要求适用法院地的诉讼法。这些方面包括：与作出裁决的法院或司法机关联系密切的问题；技术上的原因；社会、政治和经济方面的考虑；国家领土主权方面的问题；法院的职权范围；诉讼的便利，特别是经济行为方面的原因和必要的速度；宪法和公共政策方面的考虑；统一诉讼法规的需要。

根据最密切联系理论，下面这些问题应分别适用法院地诉讼法，或适用其他国家的法律：

（1）判决的合法性、形式、诉讼效力都应由作出该判决的法院或当局所属主权者的法律来决定。一方面，内国法院或当局的判决的法律效力（终局性）应依该内国法院或当局的所属主权者的法律来决定；另一方面，法院或当局的判决的实体法律效力，特别是某一创设判决（a constitutive judgement）的实体法律效力，应由可适用的实体法即民事准据法来支配。

（2）考虑到法律矫正的方法与司法机构的联系极为密切，因此，司法判决可能在什么时候和通过什么形式被重新审理的问题，也只能依据构成该有待重审的判决的基础的法律来决定。

（3）有关执行方式的规范涉及许多特殊的技术方面的问题，特别是当决定免除执行时，社会、经济和政治上的考虑极为重要，所以，执行只能由执行国的法律来支配，在这里，其他法律的适用就不可能。

（4）考虑到一个国家不能对另外一个国家的法律或当局直接下达命令，并由于这些问题与司法机关有极密切的联系，每个国家都只能依据它本国的法律来判定如下问题：本国法院或当局的管辖权和权限；本国领域内的法院外程序；诉讼法院的指定；法院诉讼程序的认可（尽管最后一个问题还涉及其他方面的考虑）。因此，如果可适用的外国实体法（民事准据法）不允许法院开始一个民事诉讼程序（如因为它不认为有关法律争议是一个民事争议），则内国法院为了有利于国际交往，且考虑到该外国的公共政策，即使依法院地法该法律争议被识别为民事案件，还是得排除内国法院的管辖（这一点还存在争论）。另一方面，在相反的情况下，虽然民事准据法允许法院开始一个民事诉讼程序，而法院地诉讼法不认为它是一项民事争议，则得适用法院地法，因为在这种情况下有关的法律争议并不完全是处于法院的作用范围之内。

（5）考虑到每一个国家是自行确定其本国法院或当局应承担的义务，国家不能提供为内国法律所不知晓的法律补救形式，所以法律补救形式也应由法院依法院地诉讼法的规定来裁决。比如在一些国家的法律中没有支付令制度（institution of orders for payment），所以就不可能在这些国家的法院要求发给支付令。不过在法律补救形式的认可和条件上，民事准据法中的诉讼规范仍具有决定性的意义。

（6）便利的观点，迅速获得裁决的必要，或诉讼中经济方面的要求，是在简易程序和采取临时措施的情况下适用法院地诉讼法的根据。因为审查外国诉讼法要花费太多的时间，可能会妨碍诉讼目的的实现。

（7）当指定保全措施（safety measures）（如担保、扣押的实施）以及发生有关诉讼费用担保和有关费用豁免（法律救助）的问题时，保全等措施的必要性就成了适用法院地法的根据。快速裁决（speedy decisions）在司法程序中具有特别重要的意义，因而如临时监护人的指定、遗嘱检验中财产目录的编制、属于遗产范围财物的查封、用快速拍卖的方式出售容易腐烂的物质以及对失踪人遗产管理方面所采取的措施，都适宜依法院地法作出决定。

（8）基于公共政策和宪法上的考虑，并且为了保证诉讼程序的统一性，在民事诉讼法的一般原则上也只应适用法院地法。这些原则，在许多国家包括：只能由法院行使审判权、陪审员参与审判、法官的选任、法官的免职、本国的母语的使用、公开审判、法官独立、权利平等、两审终审、口头审理、直接审理等。

（9）是否应由律师代理诉讼、调解程序是否必要、当事人是否有义务亲自出庭陈述事实等，也应适用法院地法。

（10）传讯令、遗产保留权的形式和法律效力、诉讼监护人的法律地位、开庭审理的日期的确定、判决的起草和公布、诉讼费用的确定、缺席的结果和辨明，也都得适用法院地法。

基于前面所述，在国际民事诉讼中，当确定外国或内国诉讼法的适用范围时，从理论上说并不能认为法院地诉讼法的适用是一般原则而外国诉讼法的适用只是例外。不过，因为多数与诉讼程序有关的问题都是应依法院地诉讼法来裁决的，所以从实践的观点来看，这里所阐明的观点和前面提到的许多学者的观点，二者最后都可能导致同样的结果，但二者之间还是存在着明显差别的。这不但是如果依据最密切联系的观点，法官的自由裁量权自然会扩大，适用外国诉讼法的情况和范围比过去流行的观点所确定的情况和范围要广泛得多，而且更有利于达到国际民事诉讼法在当今国际关系日益密切，全球化趋势日益加强条件下的正确目的。

国际私法和国际民事诉讼法的目的都在于促进国际民事经济关系的发展，这就意味着应平等对待外国实体法和诉讼法，平等对待对外国法院管辖权和外国司法裁决的承认。基于这一原因，把法院地诉讼法的适用限制在更为合理的范围内并于必要时扩大外国法的适用范围，是各个法律体系中促进国际法律合作、提升国际社会本位理念，进一步构筑国际民商新秩序的最有效的手段之一①。

---

① 　参见李双元、邓杰：《法院地法适用的合理限制》，载《武汉大学学报（哲学社会科学版）》2000 年第 5 期。

第二章　外国人的民事诉讼地位

外国人的民事诉讼地位是指根据内国法或国际条约的规定，外国人在内国境内享有什么样的民事诉讼权利，承担什么样的民事诉讼义务，并能在多大程度上通过自己的行为行使民事诉讼权利和承担民事诉讼义务的实际状况。

在国际民事诉讼法（乃至整个国际私法）的历史发展进程中，外国人的民事诉讼地位与对外国人的民事管辖权是最早发生的两个主要问题。尽管在当今国际社会，一国一般均赋予外国人与内国公民同等的民事诉讼地位，但外国人的民事诉讼地位却仍然是现今国际民事诉讼法首先需解决的问题。这正如跟一国承认外国人在内国的民事法律地位是产生国际民事关系的法律前提一样，一国承认和赋予外国人在内国的民事诉讼地位是开始和进行国际民事诉讼程序的先决条件。

规定外国人民事诉讼地位的法律规范是国际民事诉讼法的重要组成部分，各国有关民事诉讼的国内立法以及相关国际条约一般均对此作了明确规定。对有关外国人民事诉讼地位方面的各种问题，大多通过起直接调整功能的实体诉讼规范作出规定，但在诉讼权利能力和诉讼行为能力在当事人属人法和法院地法产生法律冲突的情况下，则也需要通过有关冲突规范来加以间接调整。

外国人的民事诉讼地位跟外国人的实体民事法律地位一样，也经历了从排外到合理待遇等几个发展时期。在现今，国际社会的普遍实践是给予外国人跟内国人同等的民事诉讼地位（即实行国民待遇）。

第一节　外国人民事诉讼地位的国民待遇原则

在对外国人的民事诉讼地位方面，当今世界各国更是普遍采用国民待遇原则。在国际民事诉讼法领域，国民待遇原则则是指一国赋予在本国境内的外国人享有和本国公民同等的民事诉讼权利，它是调整外国人民事诉讼地位的最普遍采用的一般原则。例如 1928 年订立于古巴首都哈瓦那的《布斯达曼特法典》第四卷国际程序法第 315 条和第 317 条明文规定，"任何缔约国不得在其领土内对其他缔约国的人员组织或维持特别法庭",而且,"缔约各国不得根据对物和对人管辖在国际关系范围内区别有关当事人是国民还是外国人的身份,而使后者受到不利"。

国际民事诉讼法上所指的外国人,通常是把外国法人也包括在内的。因此,赋予外国人的民事诉讼地位以国民待遇,一般及于外国法人和其他组织。此外,根据有关国际条约①的规定,这种国民待遇均及于难民和无国籍人。

但是,由于各国的历史文化、风俗习惯、政治制度乃至思想意识形态和价值观念上的差异以及追求的社会经济利益不同,诉讼法律制度上的规定往往并不相同,因此,各国的民事诉讼立法一般都在赋予在内国的外国人享有国民待遇的同时,也常通过条约对享有国民待遇的事项或标准加以具体化,或规定要以对等或互惠为条件。通过国际条约加以具体化的,多见于国际民事诉讼领域的多边的和双边的有关公约和双边司法互助协定。对于此种互惠或对等,则现今各国一般是采取推定原则,即如果对方国家无相反的法律规定或相反的司法实践,即推定其对本国在该国的国民在民事诉讼地位上是享受平等待遇的;而一旦证实某一外国国家对本国在该国的国民的民事诉讼地位加以限制,则根据对等原则,亦有权限制对方国家的国民在本国的民事诉讼地位。前《苏联和各加盟共和国民事诉讼纲要》第 59 条也规定:苏联部长会议可以对那些为苏联公民、企业或组织的民事诉讼规定特别限制的国家的公民、企业或组织规定对等的限制。

中国的立法是与当今国际社会的此种普遍采用的一般原则相一致的。早在 1982 年,中国的《民事诉讼法(试行)》第 186 条第 1 款就规定了在民事诉讼地位方面外国人在中国享有国民待遇。1991 年通过的《民事诉讼法》再次肯定了国民待遇原则。该法第 5 条第 1 款明文规定:"外国人、无国籍人、外国企业和组织在人民法院起诉、应诉,同中华人民共和国公民、法人和其他组织有同等的诉讼权利义务。"此一规定,与国际社会的普遍实践相同,也是不以有条约存在为前提的,至于互惠问题,从上述中国立法中的有关规定来看,也是采取推定存在的原则的。但为了保证中国公民和法人能在外国享有平等的民事诉讼地位,中国采取的也是有条件的国民待遇原则。对此,中国 1991 年《民事诉讼法》第 5 条第 2 款明确规定:"外国法院对中华人民共和国公民、

---

① 如 1951 年在日内瓦缔结的《关于难民地位的公约》(中国 1982 年 9 月 24 日加入),1967 年在纽约缔结的《关于难民地位的议定书》(中国 1982 年 9 月 24 日加入)和 1954 年在纽约缔结的《关于无国籍人地位的公约》。

法人和其他组织的民事诉讼权利加以限制的，中华人民共和国人民法院对该国公民、企业和组织的民事诉讼权利，实行对等原则。”

中国除了在《民事诉讼法》中规定外国人享受国民待遇以互惠或对等为条件之外，近年来跟许多国家相继签署的双边的司法协助条约也都规定：缔约一方的国民在缔约另一方领域内，享有与另一方国民同等的司法保护，有权在与另一方国民同等的条件下，在另一方法院进行民事诉讼。并且进一步规定，此种国民待遇，也适用于缔约双方的法人①。

第二节　外国人的诉讼权利能力

尽管在各国法律中，民事诉讼权利能力跟实体法上的民事权利能力基本上是相一致的，而且通常都认为民事诉讼权利能力是民事实体权利能力在民事诉讼领域的延伸或结果，但二者毕竟是不完全相同的。这不仅是因为前者是诉讼法上的一个概念，而后者则是实体法上的一个概念，而且更因为有时内国尽管赋予某种人以民事实体权利能力，但却不同时赋予他们以民事诉讼权利能力，例如在英国法中对待交战时被定为敌性外国人的人。有时依外国法律具有民事诉讼权利能力的组织但在内国却不能以法人资格行使诉权，例如英国对待合伙企业。这就是说，尽管在当今国际社会，各国的法律和相关国际条约一般都保证外国人可自由地向内国法院起诉的权利；但是，这不等于说在外国人民事诉讼权利能力上不会产生任何法律冲突。在解决外国人的民事诉讼权利能力的法律冲突问题时，应注意以下几点：

第一，原则上说，外国人的民事诉讼权利能力跟外国人的实体民事权利能力一样，通常是要由他们的属人法来决定的②。因而，外国人不能根据国民待遇原则而要求在内国享有连自己的本国法也不赋予的民事诉讼权利能力。

第二，凡内国根据自己的法律不赋予自己国家同类当事人的民事诉讼权利，也同样可以拒绝给予外国人。

第三，国际社会的普遍实践还表明，即使内国从法律上对外国人的实体民

① 如 1987 年《中法司法协助条约》、1989 年《中蒙司法协助条约》第 1 条、1987 年《中波司法协助协定》第 1 条和第 4 条、1987 年中比协定第 1 条；1991 年中罗（罗马尼亚）条约第 1、2 条；1991 年中意条约第 2、5 条；1992 年中西条约第 1 条；1992 年中俄条约第 1 条等。

② 李双元主编：《国际私法学》，北京大学出版社 2000 年版，第 335 页。

事权利加以某些限制，但这些限制并不是必然同时要及于外国人的民事诉讼权利能力。

此外，通过达成相关的国际条约或公约也是解决这个问题的重要途径。如1956 年的关于承认外国公司、社团和财团法律人格的海军公约，1968 年的关于相互承认公司和法人团体的欧共体布鲁塞尔公约。我国与其他国家签订的司法互助协定，几乎都含有相互承认对方个人及法人平等行使诉权的条款。

第三节　外国人的诉讼行为能力

民事诉讼行为能力也是跟实体民事行为能力相对应的，而且在通常民事诉讼行为能力也是实体民事行为能力在诉讼领域的延伸或结果。当然，二者也并不是完全等同的。这是因为仅具有实体法上的限制行为能力的人，在一般情况下根本也不会具有民事诉讼行为能力；此外，在民事诉讼中应该由法定代理人代替行使民事实体行为能力的人，也没有民事诉讼行为能力。而在某些案件中，不具有完全实体民事行为能力的人，比如一个在有关身份的诉讼中的限制行为能力的人，却是具有完全的民事诉讼行为能力的。

在实体民事行为能力方面，各国法律通常把它区分为具有完全行为能力、限制行为能力和不具有行为能力三种。应注意的是，在民事诉讼行为能力方面，并不是也把它相应地划分为三种的。根据多数国家法律的规定，不存在受限制的民事诉讼行为能力，因此，民事诉讼行为能力只有一个单一的等级，要么具有民事诉讼行为能力，要么无民事诉讼行为能力。无民事诉讼行为能力人在诉讼中应由其法定代理人代理进行诉讼行为。

通常，外国人的民事诉讼行为能力跟其民事实体行为能力一样，是适用其属人法的。只是由于法律传统等方面的原由，德国、日本等大陆法系国家规定外国人的民事诉讼行为能力受其本国法支配，而英美法系国家则原则上适用当事人的住所地法去判定外国人的民事诉讼行为能力。当然，也有个别国家如瑞士，则是一概用法院地法去决定外国人的民事实体行为能力和民事诉讼行为能力的。对于外国人的民事诉讼行为能力，尽管国际社会普遍承认的原则和各国习惯做法是采用当事人的属人法，但是，为了保护善意的对方当事人尤其是内国当事人的正当权益，各国在规定外国人的民事诉讼行为能力适用其属人法的同时，往往还作补充规定：即如果根据法院地法，有关的外国人有民事诉讼行为能力则不问其属人法规定如何，就认为外国人有民事诉讼行为能力。例如1979 年《匈牙利关于国际私法的第 13 号法令》第 64 条也明文规定："（一）

当事人在诉讼案中的权利能力和行为能力适用其属人法。（二）根据属人法没有行为能力或限制行为能力的非匈牙利公民，如果按照匈牙利法具有行为能力，在向匈牙利法院或者其他机关提起的诉讼中应视为具有行为能力。"其他如1996年《日本民事诉讼法》第33条①、原捷克斯洛伐克《国际私法及国际民事诉讼法》第49条也作了类似规定。

中国的民事诉讼法没有对外国人的民事诉讼权利能力和民事诉讼行为能力的法律适用问题作出明确的规定。但有的学者根据中国1991年《民事诉讼法》第4条和第259条的规定，"凡在中华人民共和国领域内进行民事诉讼，必须遵守本法"；"在中华人民共和国领域内进行涉外民事诉讼，适用本编规定。本编没有规定的，适用本法其他有关规定"，认为，对于外国人的民事诉讼行为能力应适用中国法律，即法院地法。而另有学者认为，尽管对外国人的民事诉讼行为能力适用法院地法也有先例可循（如瑞士），但毕竟国际社会普遍承认的原则和多数国家的习惯做法乃是对外国人的民事诉讼行为能力适用其属人法。更何况中国最高人民法院1988年发布的《关于贯彻执行〈中华人民共和国民法通则〉若干问题的意见（试行）》第180条规定，"外国人在我国领域内进行民事活动，如依其本国法律为无民事行为能力，而依我国法律为有民事行为能力，应当认定为有民事行为能力"，也是把适用其属人法放在首位的。这一选择适用法律的规定，似乎包括外国人的民事诉讼行为能力。

第四节 诉讼费用担保

一、诉讼费用担保的概念

诉讼费用担保，通常是指外国人或在内国未设有住所的人在内国法院提起民事诉讼时，应被告的请求或依内国法律的规定，为防止原告滥用其诉讼权利，或防止其败诉后不支付诉讼费用，而由内国法院责令原告提供的担保。需指出的是，这种担保制度中的诉讼费用仅是指除了案件受理费（案件受理费具有国家税收性质，应上缴国库）以外的为进行诉讼所必需而应由当事人负担的实际开支，诸如当事人、证人、鉴定人、翻译人员的差旅费、出庭费等。关于诉讼费用担保的规范，属于国际民事诉讼法中直接适用的诉讼实体法规

---

① 参见白绿铉译：《日本新民事诉讼法》（1996年颁布、1998年1月1日起实施），中国法制出版社2000年版，第42页。

范，各国通常都作了详细规定。

对民商事案件征收一定的诉讼费用，乃是当今国际社会的通例。其立法理由则是认为民商事诉讼的直接目的是保护私人权益，理所当然应该收取一定费用以补偿胜诉的被告人在诉讼中的实际支出。而各国诉讼法律规定外国国籍者或外国住所者在内国提起民事诉讼时应提供一定数量的现金或有价证券作为诉讼费用的担保，则主要是考虑到在国际民事诉讼中诉讼费用相当昂贵，一个没有事实根据的诉讼很容易使被告人遭受重大损失，也会给法院国造成经济上的损失，同时也是为了保证外国原告在法院决定应该由其负担诉讼费用的时候能够支付这笔费用。

二、有关国家的基本做法

尽管在民事诉讼中要求外国原告提供诉讼费用担保是当今国际社会较为普遍采用的做法，但各国却往往根据几种不同的原则对诉讼费用担保制度作了不同的规定，也还有些国家不要求外国原告提供此种担保。大体上，各国的不同做法可分成以下六种类型①。

第一，有的国家把免除诉讼费用担保的义务建立在实质性互惠的基础上。主要包括奥地利、原南斯拉夫、匈牙利、原捷克斯洛伐克、土耳其、罗马尼亚等国。在此种类型的国家，均免除外国原告提供诉讼费用担保的义务，只是必须要有互惠为条件。

例如，1982 年《土耳其国际私法及国际诉讼程序法》第 32 条规定，外国自然人和外国法人在土耳其法院提出诉讼或请求强制执行的，应按照规定向土耳其法院提交一笔作为担保的诉讼费用，以及可能向对方当事人支付的赔偿费。但是在存在互惠的情况下，法院可以根据诉讼的性质和特点免除原告、诉讼参加人或诉讼当事人提供担保的义务。1992 年《罗马尼亚关于调整国际私法法律关系的第 105 号法》第 163 条规定，在互惠前提下外国起诉人不必因为其外国人的身份或者其居所或营业所不在罗马尼亚而须支付诉讼费用担保金。

第二，有的国家采取国籍原则。主要包括法国、比利时、荷兰、伊朗、墨西哥、瑞典等国。即凡是属于外国原告，均应提供诉讼费用担保。而且根据这些国家的法律，即令在相应的案件中，外国原告所属国的法律不要求有关国家的国民提供担保，该外国原告也有义务提供诉讼费用担保。但这在法国和比利时法律中有一个例外规定，即当有关外国人是一个享受特权的常驻外交代表或

---

① 参见李双元主编：《国际私法》，北京大学出版社 1991 年版，第 444~445 页。

是一个合法的避难者，或当有关外国原告在法院地国家拥有足以支付可能的诉讼费用的不动产时，则不要求该外国原告提供诉讼费用担保。而如果只拥有动产，则不论动产的价值多大概不能免除此种担保（《法国民法典》第 16 条）。不过，上述《法国民法典》第 16 条规定的内容，在 1975 年 7 月 9 日以后已废除了①。现法国多通过条约在互惠条件下免除外国原告的此种担保。

1980 年的《瑞典法令》规定外国原告有义务应被告的要求为被告可能提起的诉费请求提供担保。被告必须在他第一次出庭时就提出诉费担保的要求，否则要求担保的权利就会丧失。对加入特定公约的国家的外国原告免除提供担保义务。规定外国原告有提供诉费担保的义务的理由是：瑞典对诉讼费用的判决在瑞典境外（推定的外国原告的资产所在地）只有有限强制力。因为瑞典已加入《卢迦诺公约》，上述理由对已加入本公约的国家的原告没有意义。

第三，有的国家认为原告的住所具有决定性的意义，因而就连那些居住在国外的本国国民在内国提起民事诉讼，也有义务提供诉讼费用担保；而住所在法院地国家的外国人却可以因此被免除该项担保义务。属此种类型的国家和法域包括日本（日本 1996 年新《民事诉讼法》第 75 条）、瑞士的大多数州、挪威、美国的大部分州、以色列、泰国，以及一些中、南美洲国家。

第四，有的国家则认为，在内国拥有可供扣押的财产具有决定性意义。因而只要外国原告在法院所在法域内拥有足够的财产，就可以免除提供诉讼费用担保的义务。属此种类型的国家主要有巴西、英格兰、法国、原捷克斯洛伐克。例如 1964 年颁布的原捷克斯洛伐克《国际私法及国际民事诉讼法》第 51 条第 2 款就规定：原告在捷克斯洛伐克领域内的不动产足够保证对方当事人的索赔要求的，外国原告可免予提供诉讼费用担保。

第五，有的国家则要求所有原告均应提供诉讼费用担保，而不论原告是外国人还是本国国民。属于这一类型的国家如哥斯达黎加等。

第六，有的国家则不要求原告提供诉讼费用担保，如前苏联、保加利亚、埃及、秘鲁、葡萄牙等。

三、国际条约的有关规定

在外国人的民事诉讼权利能力方面，诉讼费用担保制度常常成为外国人行使诉讼权利的一种障碍，特别是在法律对内国人作为原告的案件中不要求其提供担保，或者作为原告的外国人在内国没有可供扣押的不动产或无财产能力提

---

① 马育民译：《法国民法典》，北京大学出版社 1982 年版，第 4 页。

供此种担保时。因而，通过国际合作缔结有关国际条约相互免除缔约国对方国民的诉讼费用担保，便成为各国努力的方向。

在这方面，1928 年在古巴首都哈瓦那举行的有 21 个国家出席的第六届泛美会议上通过的《布斯达曼特法典》作了最早的有益尝试。该法典第 383 条和第 385 条对此作了规定："关于诉讼担保的提供，在缔约各国内的本国国民和外国人间，不得有所区别。""行使私权时，如本国国民不需要提供担保，则对外国人亦不得要求担保。"拥有较广泛成员国的 1954 年订于海牙的《民事诉讼程序公约》第 17 条第 1 款和第 2 款也明确规定："对在其中一国有住所的缔约国国民在另一国法院作为原告或诉讼参加人时，不得以他们是外国人或者在境内没有住所或居所，命令他们提供任何（不管以何种名称）担保或保证金。同一原则适用于要求原告或诉讼参加人为担保诉讼费用而缴纳的预付费用。"公约在其第 18 条还规定，凡是享有诉讼费用担保豁免的原告或诉讼参加人被缔约国判令支付有关诉讼费用开支的判决，由各缔约国的主管机关免费执行。

1980 年订于海牙的《国际司法救助公约》第 14 条重复了《民事诉讼程序公约》的上述内容，并明确指出也适用于缔约国的法人。

四、中国的做法

对于诉讼费用担保问题，中国经历了从要求外国人提供担保到实行在互惠前提下互免担保的变迁过程。

在 20 世纪 80 年代前期，中国曾实行诉讼费用担保制度。最高人民法院于 1984 年发布的《民事诉讼收费办法（试行）》第 14 条第 2 款特别规定："外国人、无国籍人、外国企业和组织在人民法院进行诉讼，应当对诉讼费用提供担保。"随着中国对外开放的全方位展开，此种仅要求外国当事人提供诉讼费用担保的做法已很不合适，既与国际社会的普遍实践相悖，又有损于中国的对外开放形象。因此，在目前中国已经改为实行在互惠对等条件下的国民待遇原则。1989 年最高人民法院审判委员会通过并于同年 9 月 1 日起施行的《人民法院诉讼收费办法》第 35 条明文规定："外国人、无国籍人、外国企业和组织在人民法院进行诉讼，适用本办法。但外国法院对中国公民、企业和组织的诉讼费用负担，与其本国公民、企业和组织不同等对待的，人民法院按对等原则处理。"上述规定便是中国《民事诉讼法》确认的对外国诉讼当事人实行互惠的对等的国民待遇原则在诉讼费用方面的具体表现。

随着对外开放的深入发展，中国和外国的经济贸易和人员往来日益频繁，不可避免地会产生涉外民事诉讼。为了取得在国际民事诉讼领域的国际合作，自 1987 年以来，中国相继跟 30 多个国家签署了双边司法协助条约或协定。在这些司法协助的协定中一般都包括有互相免除缔约对方国民诉讼费用保证金条款，并规定此条款也及于缔约对方国家的法人。例如 1987 年《中华人民共和国和法兰西共和国关于民事、商事司法协助的协定》第 1 条就明确规定，"缔约一方的法院对于另一方国民，不得因为他们是外国人而令其提供诉讼费用保证金"，此项规定也"适用于根据缔约任何一方的法律、法规组成的或者准许存在的法人"。

对于诉讼费用担保问题，应注意以下几个问题：

1. 诉讼费用担保与诉讼费用的预交二者不能混同

中国 1989 年《人民法院诉讼收费办法》第三章（诉讼费用的预交）第 12 条规定："诉讼费用由原告预交。被告提出反诉的，根据反诉金额或者价额计算案件受理费，由被告预交。申请执行费，由申请人预交。案件受理费，按第 5 条规定的标准预交；其他诉讼费用，由人民法院根据案件的具体情况决定预交的金额。"由于上述规定是同样适用于中国当事人和外国当事人的，并非只对外国当事人适用，因而，中国法律中规定的诉讼费用预交跟专门针对外国籍当事人实行的诉讼费用的担保是有区别的，二者不能混同。中国跟外国缔结的司法协助条约，有的对诉讼费用预交问题作了专门规定，而有的则没有再作专门规定。例如，1987 年《中华人民共和国和波兰人民共和国关于民事和刑事司法协助的协定》在第 2 条规定了"诉讼费用保证金的免除"后，在第 3 条又作了专门规定："缔约一方的国民在缔约另一方境内，应在与缔约另一方国民同等条件下和范围内预付民事诉讼费用"。而中国跟法国、比利时、西班牙、意大利等国签署的司法协助协定则对此未作专门规定。根据国民待遇原则，上述国家的当事人也理应同中国当事人一样预交诉讼费用。

2. 关于免除诉讼费用保证金的主体资格的界定

无论是根据中国 1984 年《民事诉讼收费办法（试行）》第 14 条第 2 款的规定，还是依据现行的 1989 年的《人民法院诉讼收费办法》第 35 条的规定，在提供或免除诉讼费用担保的主体问题上实行单一的国籍标准。把免除诉讼费用担保的义务建立在国籍原则基础上，也是当今很多国家采用的做法。不过，也有些国家是采用住所原则或把免除诉讼费用担保的义务建立在外国原告在法院国内拥有足够财产的基础上。为此，在免除诉讼费用保证金主体的界定上，中国目前跟外国缔结的司法协助协定采取两种不同的标准：其一是采用单一的国籍标准，例如中国与法国、比利时、蒙古、罗马尼亚、西班牙、俄罗斯等国签署的司法协助协定通常就作了如下规定：缔约一方的法院对于另一方国民，不得因为他们是外国人而令其提供诉讼费用保证金。其二是采用国籍加住所的复合标准，即缔约一方国民要在缔约另一国领域内免除诉讼费用保证金，不但要具有缔约一方的国籍，而且还必须在缔约一方领域内设有住所或居所。例如中国和波兰、意大利签署的司法协助协定就作了这样的规定①。

3. 关于免除诉讼费用保证金的范围

目前中国跟外国缔结的司法协助条约，通常对此不作明确规定，只是概括地规定免除诉讼费用保证金，至于其具体范围留待各缔约国的国内法去解决。但也有例外，中国与土耳其签署的司法协助条约就规定免除诉讼费用保证金的条款也适用于向司法机关提出执行申请时所需的费用。其原因在于土耳其法律要求外国自然人和外国法人在土耳其法院提起诉讼或请求强制执行的，应按照规定向土耳其法院提交一笔作为担保的诉讼费用②。根据互惠或对等原则，因而中国与土耳其的司法协助条约作了上述规定。

第五节　诉讼费用的减免和司法救助

一、概述

司法救助，也称为诉讼救助或法律援助，它跟诉讼费用的减免是两个有密切关联的相近概念。一般说来，司法救助的范围要比诉讼费用的减免的范围略大些。司法救助除了包括诉讼费用的减免之外，一般还包括其他费用如律师费用的减免等。根据 1980 年订于海牙的《国际司法救助公约》第 2 条的规定，司法救助的范围还包括法律咨询。

不同国家的法律对享受诉讼费用减免和司法救助的资格及条件，以及撤销对诉讼费用减免和司法救助的准许等规定是不尽相同的。但一般说来，一国法院在是否作出给予外国当事人以司法救助时，通常要考虑下面几方面的因素：（1）当事人确实没有支付诉讼费用的能力；（2）诉讼并非显然无胜诉希望；（3）当事人提出了诉讼费用减免的申请；（4）外国当事人国籍国跟内国有条约关系或互惠关系的存在。如 1992 年《罗马尼亚关于调整国际私法法律关系

---

①　参见 1987 年《中波司法协助协定》第 2 条，1991 年《中意司法协助条约》第 3 条。

②　参见 1982 年《土耳其国际私法和国际诉讼程序法》第 32 条。

的第 105 号法》第 163 条规定，在国际私法法律关系诉讼程序中，如果诉讼当事人所属国或其住所所在国与罗马尼亚之间存在互惠，则该外国当事人与罗马尼亚公民在同等范围和同等条件下享受诉讼费用的减免以及无偿的法律救济。不过，也有一些国家并不要求有此种条约关系或互惠关系的存在。例如意大利 1923 年的法律规定，内外国人均得申请司法救助，而无须条约之互惠①。

在诉讼费用减免和司法救助方面，很多国家往往区分本国人和外国人而实行差别待遇。为此，通过国际合作缔结有关条约相互给予缔约对方国家当事人以国民待遇，便成为各国努力的方向。1954 年订于海牙的《民事诉讼程序公约》第四章从第 20 条到第 24 条，就"无偿的诉讼救助"专门作了规定。为了进一步完善这方面的国际法制，海牙国际私法会议成员国于 1980 年又缔结了《国际司法救助公约》。该公约第一章专章规定了诉讼救助问题：任何缔约国的国民以及常住在任何缔约国国内的居民，在各缔约国国内进行民事和商事诉讼，均应视同各该国国民及其常住居民，有在同等条件下享受诉讼救助的权利。即使不符合上述规定的人，若他们在法院诉讼开始前后，曾在该法院所属缔约国国内有惯常居所，如果诉讼原因发生于他们在该国的前惯常居所，仍然应该享受上述规定的诉讼救助的权利。各缔约国均应指定一个中央机关以接受和处理根据该公约提出的诉讼救助申请书。并且，各缔约国还应指定一个或更多的转送机关以便将诉讼救助申请书送达给被请求国的适当的中央机关。各缔约国的中央机关对于诉讼救助的申请书应迅速而有效地加以处理。依该章规定而进行的关于诉讼救助申请书的送达、接受或决定，均不得收取任何费用。

应注意的是，诉讼费用的减免跟偿还对方当事人的诉讼费用的义务无关，因而即使是得到司法救助的当事人仍然应该偿还对方当事人支出的诉讼费用。对此，有些国家的法律，如 1877 年制定、1998 年最后一次修改的《德国民事诉讼法》第 123 条就作了明文规定："准许诉讼费用救助，不影响于偿付对方当事人所生费用的义务。"

二、中国的有关规定

（一）国内立法

中国 1991 年《民事诉讼法》第 118 条第 2 款规定："当事人交纳诉讼费用确有困难的，可以按照规定向人民法院申请缓交、减交或者免交。"1989 年最高人民法院颁布的《人民法院诉讼收费办法》第 27 条也明确规定："当事

---

① 曾陈明汝著：《国际私法原理》，台湾三民书局 1991 年版，第 152 页。

人交纳诉讼费用确有困难的，可向人民法院申请缓交、减交或者免交，是否缓、减、免，由人民法院审查决定。"

1999 年 7 月 28 日最高人民法院公布了《〈人民法院诉讼收费办法〉补充规定》，其第 4 条对《人民法院诉讼收费办法》第 27 条作了修改，规定了人民法院应当进行司法救助的 5 种情形①，要求人民法院根据案件具体情况决定当事人缓交、减交或者免交诉讼费用。其第 5 条将《人民法院诉讼收费办法》第 28 条修改为："依照《中华人民共和国民事诉讼法》规定的特别程序审理的案件免交案件受理费。依照《中华人民共和国民事诉讼法》规定的审判监督程序审理的案件，按下列规定执行：（1）依照《中华人民共和国民事诉讼法》第 179 条第 1 款第（1）项的规定向人民法院申请再审，人民法院经审查决定进行再审的案件，当事人依照《办法》有关规定交纳诉讼费用。（2）当事人对人民法院第一审判决或裁定未提出上诉，一审判决、裁定或调解书已发生法律效力后，当事人又提出申请再审，人民法院经审查后决定再审的案件，依照《办法》有关规定交纳诉讼费用。（3）其他依照审判监督程序提审、再审的案件，免交案件受理费。"

为了使经济确有困难的当事人能够依法充分行使诉讼权利，维护其合法权益，确保司法公正，根据《民事诉讼法》、《行政诉讼法》和《人民法院诉讼收费办法》、《〈人民法院诉讼收费办法〉补充规定》，最高人民法院于 2000 年 7 月 27 日发布了《关于对经济确有困难的当事人予以司法救助的规定》。它自公布之日起实施，现行《人民法院诉讼收费办法》和《〈人民法院诉讼收费办法〉补充规定》中有关诉讼费用缓交、减交、免交的其他规定，继续有效。它的主要内容有：

本规定所称司法救助，是指人民法院对于民事、行政案件中有充分理由证明自己合法权益受到侵害但经济确有困难的当事人，实行诉讼费用的缓交、减交、免交。当事人具有下列情形之一的，可以向人民法院申请司法救助：（1）当事人追索赡养费、扶养费、抚育费、抚恤金的；（2）当事人追索养老金、社会保险金、劳动报酬而生活确实困难的；（3）当事人为交通事故、医疗事故、工伤事故或者其他人身伤害事故的受害人，追索医疗费用和物质赔偿，本

---

① 当事人为社会公共福利事业单位的，如福利院、孤儿院、敬老院、荣军休养单位、精神病院、SOS 儿童村等；当事人是没有固定生活来源的残疾人的；当事人因自然灾害或其他不可抗力造成生活困难，正在接受国家救济或生产经营难以为继的；当事人根据有关规定正在接受法律援助的；人民法院认为其他应当进行司法救助的。

人确实生活困难的；（4）当事人为生活困难的孤寡老人、孤儿或者农村"五保户"的；（5）当事人为没有固定生活来源的残疾人的；（6）当事人为国家规定的优抚对象，生活困难的；（7）当事人正在享受城市居民最低生活保障或者领取失业救济金，无其他收入，生活困难的；（8）当事人因自然灾害或者其他不可抗力造成生活困难，正在接受国家救济或者家庭生产经营难以为继的；（9）当事人起诉行政机关违法要求农民履行义务，生活困难的；（10）当事人正在接受有关部门法律援助的；（11）当事人为福利院、孤儿院、敬老院、优抚医院、精神病院、SOS 儿童村等社会公共福利事业单位和民政部门主管的社会福利企业的。

当事人请求人民法院予以司法救助的，应当提交书面申请和足以证明确有经济困难的证据材料。其中因生活困难或者追索基本生活费用申请司法救助的，应当提供本人及其家庭经济状况符合当地政府有关部门规定的公民经济困难标准的证明。人民法院对当事人司法救助的请求，由负责受理该案的审判人员提出意见，经庭长审核同意后，报主管副院长审批。数额较大的，报院长审批。人民法院审查同意当事人缓交诉讼费的，缓交期限最长不得超过案件的审理期限；同意减交诉讼费的，减交比例不得低于 30%。人民法院审查同意当事人缓交诉讼费后，应当按照法定诉讼程序开始对案件进行审理。人民法院决定对一方当事人司法救助，对方当事人败诉的，诉讼费由对方当事人交纳；拒不交纳的，人民法院可以强制执行。当事人骗取司法救助的，人民法院应当责令其补交诉讼费用；拒不补交的，以妨害诉讼行为论处。

根据 1991 年《民事诉讼法》第 5 条和 1989 年《人民法院诉讼收费办法》第 35 条的规定，中国对外国当事人实行的是互惠的国民待遇原则，为此，外国籍当事人交纳诉讼费用确有困难的，同样可以向中国人民法院申请缓交、减交或者免交。至于可以缓交、减交或者免交的诉讼费用的范围，应该包括：（1）案件受理费；（2）勘验、鉴定、公告、翻译费；（3）证人、鉴定人、翻译人员在人民法院决定日期出庭的交通费、住宿费、生活费和误工补贴；（4）采取诉讼保全措施的申请费和实际支出的费用；（5）执行判决、裁定或者调解协议所实际支出的费用；（6）以及人民法院认为应当由当事人负担的其他诉讼费用。根据 1999 年最高人民法院公布的《〈人民法院诉讼收费办法〉补充规定》第 1 条的规定，人民法院认为应当由当事人负担的其他诉讼费用，具体内容为：非财产案件当事人应当负担勘验、鉴定、公告、翻译所实际支出的费用。财产案件和行政案件的当事人自行收集、提供有关证据确有困难，人民法院认为确有必要的异地调查取证和异地调解本案时按国家规定标准所支出的差旅费用（人民法院异地调查、取证时所支出的差旅费用，由人民法院决定由负有举证责任的当事人负担；人民法院异地调解案件时所支出的差旅费用的负担由人民法院决定）。

（二）双边条约

为了适应对外开放的需要，中国跟外国缔结的司法协助协定对诉讼费用的减免一般均作了专门规定。例如 1989 年《中蒙（古）司法协助条约》第 12 条就规定："关于在缔约一方境内参加诉讼活动的缔约另一方国民在与该缔约一方国民同等的条件下和范围内减免与案件审理有关的诉讼费用问题，应根据其申请，由受理该申请的缔约一方法院依其本国法规决定。"至于可申请减免的诉讼费用的范围，中国与外国缔结的司法协助条约一般不作具体的规定，而留待缔约国的国内法决定之，如上述 1989 年《中蒙（古）司法协助条约》第 12 条。但 1991 年《中意（大利）司法协助条约》第 4 条第 2 款却作了特别规定："缔约一方的国民在缔约另一方境内，在与缔约另一方国民同等的条件下和范围内，免除税费和诉讼费用，并享受法律规定的任何其他优惠。"其原因在于意大利法认为诉讼费用还包括文书的印花税。

关于司法救助，中国跟外国缔结的司法协助条约中，有些对此作了专门规定，有些则未作特别规定。例如 1991 年《中意（大利）司法协助条约》第 4 条既规定了税费及诉讼费用的免除，又规定了司法救助。

此外，对于当事人申请减免诉讼费用或获得司法救助的程序，中国与外国缔结的司法协助条约一般也作了规定。如 1987 年《中比（利时）司法协助协定》第 1 条第 4 款第 2 项就作了规定："申请司法救助，应由申请人住所或居所所在地的有关当局出具理由证明书。如果该申请人在双方境内均无住所或居所，亦可由其本国的外交或领事机关出具理由证明书。"

第六节 诉讼代理制度

一、概述

在民事诉讼中，由于诉讼关系的错综复杂，交通的阻碍不便，当事人对法律的生疏不解，委托代理人帮助为诉讼行为，以期保护自己的民事诉讼权利和民事实体权利，乃是当今国际社会的习惯做法，并为世界各国的诉讼法律所普遍认可。诉讼代理就是指诉讼代理人基于法律的规定、法院的指定或当事人及其法定代理人的委托，以当事人的名义代为实施诉讼行为。而诉讼代理人则是指根据法律的规定、法院的指定或者当事人及其法定代理人的委托而代为实施诉讼行为的人。根据中国1991年《民事诉讼法》第57条和第58条的规定，基于代理权产生的原因不同，诉讼代理人可区分为法定代理人、指定代理人和委托代理人。由于法定代理人和指定代理人概是因为法律的明确规定或国家司法机关的国家行为而产生的，再说在这方面各国立法和司法实践的普遍做法通常是赋予外国当事人跟本国国民同等的待遇，因此，法定代理人和指定代理人在国际民事诉讼法中一般并不涉及，而委托代理人在国际民事诉讼程序中却往往会产生一些在国内民事诉讼程序中所不可能产生的问题。

二、有关国家的基本做法

在国际民事诉讼程序中，当今各国的诉讼立法也都是允许外国籍当事人委托诉讼代理人代为诉讼活动的。更有甚者，那些采取律师诉讼主义的国家如德国、奥地利等更是把代理诉讼作为当事人的一种诉讼义务采加以特别规定。例如1877年《德意志联邦共和国民事诉讼法》（1999年最后一次修改）第78条就明确规定："在州法院及其一切上级审法院，当事人都必须由受诉法院所许可的律师作为诉讼代理人代行诉讼。"然而，在某一起国际民事诉讼中的外国当事人可以委托什么样的人为其诉讼代理人，以及诉讼代理人的法定权限又如何，各国的诉讼立法的规定却是不尽相同的。但一般都规定，外国当事人如果想要委托律师代为诉讼，只能委托在法院国执业的律师担任诉讼代理人。这主要是基于以下考虑：（1）内国律师跟外国律师比较更为精通内国的法律，从而能够更好地为当事人提供法律服务；（2）如果允许外国律师在内国法院以律师身份参与诉讼，等于变相允许外国律师干预内国司法，是不利于保护内国司法主权的。

尽管各国及地区的普遍做法是只允许内国律师在内国法院出庭参与诉讼，不过也有些国家或地区的立法规定，在互惠前提下，符合一定条件的外国律师也可在内国执业出庭参与诉讼。例如中国台湾地区的"律师法"第47条就规定："凡外国依其法律准许中国人充任律师者，其人民得依中国法律应律师考试。前项考试合格，领有律师证书之外国人，在中国执行律师职务，应经司法行政部之许可。"① 在英国，外国律师，经英国律师公会认为具有"资格"，即准许其加入律师公会②。根据中国1980年《律师暂行条例》第8条的规定，

---

① 陶百川主编：《最新六法全书》，台湾三民书局印行，1981年增订版，第1130页。
② 曾陈明汝著：《国际私法原理》，台湾三民书局1991年版，第154~155页。

只有中华人民共和国公民，经考核合格取得律师资格，方可担任律师；而1996年《律师法》（2001年修正）并未作与此类似的规定。但根据2002年1月1日起施行的《国家司法考试实施办法（试行）》第13条的规定，只有具有中华人民共和国国籍的人，才能报名参加国家司法考试。随着对外开放的深入发展和加入世界贸易组织，中国目前已经批准国外的律师可在北京、上海、广州等城市开业。我国"入世"时对服务贸易中的法律服务也作了承诺。但应注意的是，外国律师尽管被允许在中国开业，但他们仍然不得以律师身份在中国法院出庭参与诉讼，不得从事中国法律事务（这一限制，同样见于中国加入 WTO 的"服务贸易减让表"中"A. 专业服务之；a. 法律服务"），他们的业务主要在于向中国委托人提供他们所在国家或地区的法律咨询服务，或代理中国当事人到他们所在国家或地区进行诉讼活动①。

有关诉讼代理人的法定权限问题，采用律师诉讼主义的国家的法律往往规定，律师可以基于授权实施所有的诉讼行为，行使任何的诉讼权利，而无须当事人亲自出庭参加诉讼；因而，即使当事人亲自出庭参加诉讼，也仍然必须委托律师进行诉讼。德国和奥地利等国即是采取此种做法。例如1877年《德意志联邦共和国民事诉讼法》（1999年最后一次修改）在第78条作了前引规定后，在第81条中又作了详细规定："诉讼代理人有权为一切诉讼行为，包括在反诉、再审、强制执行中的诉讼行为；有权选任代理人以及上诉审的代理人；有权进行和解、舍弃诉讼标的或认诺对方所提出的请求而终结诉讼；并有权受领对方所偿付的费用。"而采取当事人诉讼主义的国家，诸如英美等普通法系国家以及日本和中国台湾地区等的立法则规定，无论当事人及其法定代理人是否委托了诉讼代理人，当事人都必须亲自出庭参与诉讼。

三、领事代理

在国际民事诉讼代理中，还存在着一种特殊的代理制度，这就是领事代理制度。所谓领事代理，则是指一个国家的领事可以根据有关国家的诉讼立法和有关国际条约的规定，在其管辖范围内的驻在国法院依照职权代理派遣国国民或法人参与有关的诉讼，以保护派遣国国民或法人在驻在国的合法权益。1963年4月24日订立的《维也纳领事关系公约》就明确肯定了领事代理制度，该公约第5条第8款和第9款规定：领事"在接受国法律规章所规定之限度内，

---

① 参见中国2002年1月1日起施行的《外国律师事务所驻华代表机构管理条例》及中国相关的"入世"承诺。

保护为派遣国国民之未成年人及其他无充分行为能力人之利益，尤以须对彼等施以监护或托管之情形为然"；领事"以不抵触接受国内施行之办法与程序为限，遇派遣国国民因不在当地或由于其他原因不能于适当期间自行辩护其权利与利益时，在接受国法院及其他机关之前担任其代表或为其安排适当之代表，俾依照接受国法律规章取得保全此等国民之权利与利益之临时措施"。《维也纳领事关系公约》所确立的领事代理制度得到了国际社会的普遍认同，许多国家还在双边领事条约或有关国内法中对这一制度作了进一步的明确规定。

四、中国的有关规定

中国 1991 年《民事诉讼法》第 263 条规定："外国人、无国籍人、外国企业和组织在人民法院起诉、应诉，需要委托律师代理诉讼的，必须委托中华人民共和国的律师。"该法第 264 条还进一步规定："在中华人民共和国领域内没有住所的外国人、无国籍人、外国企业和组织委托中华人民共和国律师或者其他人代理诉讼，从中华人民共和国领域外寄交或者托交的授权委托书，应当经所在国公证机关证明，并经中华人民共和国驻该国使领馆认证，或者履行中华人民共和国与该所在国订立的有关条约中规定的证明手续后，才具有效力。"

根据上述立法规定可以看出，中国既不采取德国、奥地利等国实行的律师诉讼主义，也不采取英美法系等国家奉行的当事人诉讼主义，而是根据中国的具体国情，并参照国际社会的有关做法，采取一种很灵活的以方便当事人为原则的一种做法，即外国籍当事人既可以亲自出庭进行诉讼，也可以委托诉讼代理人出庭代理诉讼，并且，既可以委托律师代理，也可以委托公民代理。当然，如果委托律师代理诉讼的，中国的做法跟国际社会普遍的实践是一致的，即只能委托中国的律师。

至于外国当事人委托公民代理的，该公民可以是外国当事人所属国的公民，也可以是中国公民，只要该公民不是无民事行为能力人、限制民事行为能力人或者可能损害被代理人利益的人以及人民法院认为不宜作为诉讼代理人的人①。并且，外国当事人还可以委托该国驻华使、领馆官员以其个人名义担任诉讼代理人。中国最高人民法院于 1992 年发布、2014 年修改的《关于适用〈中华人民共和国民事诉讼法〉若干问题的意见》对此作了明确规定："涉外

①　参见 1992 年最高人民法院《关于适用〈中华人民共和国民事诉讼法〉若干问题的意见》第 68 条。

民事诉讼中的外籍当事人，可以委托本国人为诉讼代理人，也可以委托本国律师以非律师身份担任诉讼代理人；外国驻华使领馆官员，受本国公民的委托，可以以个人名义担任诉讼代理人，但在诉讼中不享有外交或者领事特权和豁免。"并且，在"涉外民事诉讼中，外国驻华使、领馆授权其本馆官员，在作为当事人的本国国民不在中国领域内的情况下，可以以外交代表身份为其本国国民在中国聘请中国律师或中国公民代理民事诉讼"①。此外，外国当事人委托中国律师或者其他人代理诉讼，应该在开庭审理前将授权委托书送交人民法院。授权委托书仅写"全权代理"而无具体授权的，诉讼代理人无权代为承认、放弃、变更诉讼请求，进行和解，提起反诉或者上诉②。

中国作为《维也纳领事关系公约》的成员国，也是承认并采用领事代理这一制度的。并且，中国跟美国等数十个国家签订的双边领事条约也都规定了领事代理制度。例如，1992 年中国和立陶宛签署的《领事条约》第 15 条第 2 款就明确规定："遇有派遣国国民不在当地或由于其他原因不能及时保护自己的权利和利益时，领事官员可根据接受国法律规章在接受国法院或其他主管当局前代表该国民或为其安排适当代理人，直至该国民指定了自己的代理人或本人能自行保护其权利和利益时为止。"并且，上述领事条约中的国民也包括派遣国的法人。

---

① 参见 1992 年最高人民法院《关于适用〈中华人民共和国民事诉讼法〉若干问题的意见》第 308 条、第 309 条、第 69 条。

② 参见 1992 年最高人民法院《关于适用〈中华人民共和国民事诉讼法〉若干问题的意见》第 308 条、第 309 条、第 69 条。

第二编　国际民事管辖权

第三章　国际民事管辖权概述

第一节　国际民事管辖权的概念和意义

一、国际民事管辖权的概念

国际民事管辖权是指一国法院根据本国缔结的或参加的国际条约和国内法对特定的涉外民事案件行使审判权的资格。所以它与解决了某种涉外民事案件应归哪国管辖的问题后，该国哪一地方、哪一级别或哪一性质的法院能具体受理并判决该种涉外民事案件，是两个虽有关联却是性质不同的问题。国际民事管辖权的法律根据是国际条约和国内法。而国内哪一法院能审理有关的国际民事案件的法律根据却是国内法上的规定。这里所指的国际条约包括专门规定国际民事管辖权的双边或多边的国际条约以及在国际条约中载有国际民事管辖权的条款。前者如 1928 年缔结的《布斯达曼特法典》，该法典第四卷即为国际程序法。后者如 1929 年订于华沙的《统一国际航空运输某些规则的公约》第 28 条第 1 款规定："有关赔偿的诉讼，应该按原告的意愿，在一个缔约国的领土内，向承运人住所地或其总管理处所在地或签订契约的机构所在地法院提出，或向目的地法院提出。"因此，如果原告按照自己的意愿选择缔约国的一个法院提起有关赔偿的诉讼，该缔约国法院就取得了对该案的管辖权。除了国际条约外，各国也还都在国内法中对涉外民事案件的管辖权作了规定。

二、国际民事管辖权的意义

在国际民事诉讼中，管辖权问题有着十分重要的意义。

首先，正确解决国际民事管辖权，关系到维护国家的主权。根据国家主权原则，每一主权国家都具有属地管辖权和属人管辖权。根据属地管辖权，主权国家有权管辖在其领域内的一切人和物（包括外国人和外国人所有的物）以及在该国境内发生的一切行为；而所谓属人管辖权，则是指国家有权管辖在国外的本国公民。因此，国家对涉外民事案件行使管辖权是国家管辖权的一个具体表现，是国家主权在司法领域的必然延伸和表现。当今世界各国都很重视并争夺国际民事管辖权，不但规定对凡与本国有某种联系的涉外民事案件具有管辖权，而且还往往规定，即使案件跟本国没有联系，但如果争议双方当事人合意选择本国法院管辖的，本国法院也可以行使管辖权。

其次，正确解决国际民事管辖权，关系到本国公民、法人乃至国家的民事权益得到及时、有效的保护。在国际民事诉讼中，涉外民事案件应适用哪一个国家的民商法作为准据法，是根据受诉法院地国家的冲突法作出选择的，而各国的冲突法又各不相同。因此，由不同国家的法院审判案件，就会运用不同的冲突规范从而选择出不同国家的法律作为准据法，最终使案件的结果也不尽相同。因此，正确地解决并合理争取国际民事管辖权，对保护本国公民、法人和国家的民事权益是有着重要意义的①。

再次，正确解决国际民事管辖权是进行国际民事诉讼程序的前提。只有先确定一国法院具有对某一涉外民事案件的管辖权之后，才能开始国际民事诉讼的其他程序，如诉讼文书的域外送达、域外调查取证，以及判决的域外承认与执行等。

最后，正确解决国际民事管辖权，不但有利于诉讼当事人双方进行诉讼活动和法院的审判活动，也有利于判决的域外承认与执行。这是因为国际社会普遍认为，如果一国法院的民事判决需要得到外国的承认与执行，受案法院必须具有合法的管辖权。而衡量受案法院是否具有合法的管辖权，不仅要适用法院地法，一般还必须符合判决承认执行地国家的有关法律规定。

第二节　国际民事管辖权的分类

国际民事管辖的分类是一个很复杂的问题，在不同的国家往往有不同的分类。一般说来，在国际民事诉讼法理论中，可以把国际民事管辖用不同的标准作多种不同的分类。

一、普通管辖和特别管辖

在国际民事管辖中，如果以当事人的住所或居所为标准和以事件的种类为标准，可以把它分为普通管辖和特别管辖。

---

① 参见李双元主编：《国际私法学》，北京大学出版社 2000 年版，第 347 页。

普通管辖是指以当事人特别是被告住所或居所所在地为标志确立的国际民事管辖。在司法实践上，国际民事诉讼的提起，一般都采用"原告就被告"的原则，即由原告向被告所在地国家的法院提起诉讼。因此，在有些国家把被告住所地称为"普通审判籍"①，把被告接受其住所地法院管辖称为"普通管辖"。

特别管辖是指以有关事件的种类为标准所确定的国际民事管辖。特别管辖所涉及的情况错综复杂，一般来说，它包括对物权争议的管辖，对侵权行为的管辖，对合同之债的管辖，对船舶诉讼的管辖，对继承诉讼的管辖等。

二、专属管辖、平行管辖和排除管辖

如以由法律直接规定和任意选择为标准，国际民事管辖可分为专属管辖和任意管辖以及排除管辖。

专属管辖是指根据国际条约和国内法的规定，对某些具有特别性质的涉外民事案件强制规定只能由特定国家的内国法院行使独占排他的管辖，而不承认任何其他国家的法院对此类涉外民事案件具有管辖权。

各国法律规定的专属管辖的涉外民事案件的范围是不完全相同的。一般而言，世界各国均规定位于内国境内的关于不动产的纠纷，由不动产所在地国家的法院行使专属管辖权。此外，大陆法系国家通常还规定国家租赁、法人破产、涉及因内国登记而发生的诉讼和内国国民的身份关系的涉外民事案件，属于内国法院的专属管辖范围。

平行管辖，亦称为任意管辖或有条件管辖，它是指国家在主张对某些种类的涉外民事案件具有管辖权的同时，并不否认外国法院对此类案件的管辖权。在平行管辖中，内国只是一般地规定行使国际民事管辖权的连结因素。如果该连结因素在内国，内国法院就具有管辖权；如果该连结因素在外国，则由该外国法院管辖。上述普通管辖和特别管辖中的表示空间意义的客观连结因素就具有此种意义。平行管辖多适用于连结因素复杂多样的有关合同及财产纠纷的案件中，原告可以在合同缔结地、合同履行地、合同争议标的物所在地、被告住所地或营业所所在地、被告财产所在地等众多连结因素所在地法院之一提起

---

① 例如，1877年《德意志联邦共和国民事诉讼法》（1999年最后一次修正）第12条规定：某人的普通审判籍所在地法院，是管辖对他提起的一切诉讼的法院，但以未定专属审判籍的诉讼为限。该法第13条进而指出，人的普通审判籍，依其住所定之。参见谢怀栻译：《德意志联邦共和国民事诉讼法》，中国法制出版社2001年版，第81页。

诉讼。

与专属管辖相对立的是应被排除的管辖。排除管辖是指根据国际条约和国内法的规定，有关内国法院拒绝行使对某些涉外民事案件的管辖。一般而言，在那些根据国际法跟内国法院无关的案件和跟内国国家的领土或公民或其实体法不存在任何属地联系或属人联系的案件中，都排除内国法院的管辖，如：（1）在没有赋予内国法院审判管辖权的案件中；（2）在涉及外国公民的身份地位、有关外国不动产的物权问题，遗嘱检验、破产和强制处分的案件中；（3）在侵犯某一外国专利权和其他受地域性限制保护的权利的案件中；（4）在有关依外国"公法"请求执行的案件中；（5）在其标的涉及的外国法制度为内国法院所全然不知且不能适用于内国的诉讼中；（6）在有关外国领域内其主权的行使的案件中①。

三、强制管辖和协议管辖

如以是否允许当事人达成合意选择确定管辖的法院为标准，可将国际民事管辖分为强制管辖和协议管辖。

强制管辖是指根据法律的规定，对某类涉外民事案件硬性规定只能由某些或某个法院具有排他的管辖。强制管辖包括一国的专属管辖，也包括由内国诉讼法确定的级别管辖。

协议管辖是指双方当事人在争议发生之前或之后，用协议的方式来确定他们之间的争议应由哪一个国家的法院来管辖。协议管辖可分为明示协议管辖和默示协议管辖两类。明示协议管辖，是指当事人通过协议明确规定，他们之间的争议或如果发生争议，应由某个国家的法院来管辖。默示协议管辖，又称推定同意管辖，是指双方当事人没有订立选择管辖法院的协议也没有达成口头协议，只是当一方当事人在某一国法院提起诉讼时，另一方当事人对该国法院行使管辖权不表示异议，或者是应诉，或者在该国法院提起反诉，均表示当事人已默示同意受该国法院的管辖。

尽管国际社会普遍承认协议管辖，但并不意味着所有类型的涉外民事案件的当事人双方都可以通过协议选择管辖法院，而是有很多限制的。一般而言，协议管辖可以变更平行管辖，而不能变更专属管辖，也不能变更级别管辖。同时，协议管辖只限第一审，至于上诉审中当事人则不能通过协议选择上诉法

---

① 参见李双元、谢石松著：《国际民事诉讼法概论》，武汉大学出版社 2001 年版，第 177 页。

院。因而，协议管辖主要适用于商事争议案件。

此外，如以诉讼关系为标准，在国际民事诉讼中，还有一种合并管辖。合并管辖是指有管辖权的法院根据国际条约或国内法的规定可以对与案件有牵连的诉讼并案审理。比如 1952 年订于布鲁塞尔的《关于船舶碰撞中民事管辖权若干规则的国际公约》第 3 条就规定了合并管辖：就同一碰撞事件提出的反诉，得向根据第 1 条规定对本诉具有管辖权的法院提出；如有几个请求人，任一请求人都可将其案件向已受理就同一碰撞案件控告同一当事人的法院提起诉讼；在涉及两艘或两艘以上船舶的碰撞情况下，本公约中的任何规定，都不得妨碍按本公约规定审理案件的法院根据其国内法就同一事故发生的其他诉讼行使管辖权。

第三节　不同类型国家关于国际民事管辖权的规定概述

一、英美法系国家

英美法系国家一般是区分对人诉讼和对物诉讼，并根据"有效控制"原则分别确定内国法院对此两类诉讼的管辖权。对人诉讼就是解决诉讼当事人对于所争执的标的物的权利与利益，法院判决的效力也只及于诉讼中的双方当事人，诸如合同不履行或侵权行为等引起的诉讼即是。在对人诉讼中，只要有关案件的被告于诉讼开始时在内国境内且能有效地将传票送达给该被告，内国法院就有权对该案件行使管辖权，而不管该被告具有何国国籍，其住所或惯常居所处在何国境内，也不问有关案件诉因又在哪一国境内发生。对于法人提起的诉讼，则只要该法人是在内国注册的或者在内国有商业活动，内国法院就可对该法人行使管辖权。对于当事人是否处于内国境内的问题，英国的判例认为当事人在英国短暂停留就可证明其处于英国境内，甚至在飞机场内对过境的有关当事人进行了送达，英国法院就可对该有关当事人行使管辖权。更有甚者，美国法院有判例认为只要传票是在被告乘坐的飞机飞越法院国所属州上空时于飞机内送达给被告的，就足以使该州法院对被告行使管辖权①。

对物诉讼，是为维护物权而提起的诉讼，其诉讼目的就在于通过法院的判决确定某一特定财产的权利归属和当事人的权利，该法院的判决的效力不但拘

---

① 参见［美］米尔顿·德·格林著：《美国民事诉讼程序概论》，李达、黄毓麟译，法律出版社 1988 年版，第 24 页。

束有关的双方当事人，而且还及于所有跟当事人或该特定财产有法律关系的其他人，诸如有关房地产的诉讼、有关身份问题的诉讼以及海商案件即是。在对物诉讼中，只要有关财产位于内国境内或有关被告的住所是在内国境内的，内国法院就对该有关争议具有管辖权。而且，英美法把涉及有关身份行为的诉讼，诸如有关婚姻的效力、离婚、婚生子女确认、认领等问题的诉讼都识别为对物诉讼，不管有关当事人是否于诉讼开始时正处于法院地，其住所地法院均有管辖权。

英美法对当事人经过协议选择管辖法院的制度也持肯定的态度，同时还规定法院有权对自愿服从其管辖的有关案件的当事人行使管辖权①。

二、拉丁法系国家

以法国为代表的属于拉丁法系的法国、意大利、希腊、比利时、荷兰、卢森堡和西班牙等国基本上都是根据有关当事人的国籍来确定内国法院的管辖权，法律规定内国法院对有关内国公民的诉讼概有管辖权，而不问有关内国公民在诉讼中是原告还是被告，即令有关诉讼跟内国并无联系时亦然。

1804 年《法国民法典》第 14 条、第 15 条便明文规定："不居住在法国的外国人，曾在法国与法国人订立契约者，由此契约所产生的债务履行问题，得由法国法院受理；其曾在外国订约对法国人有债务时，亦得被移送法国法院审理。""法国人在外国订约所负的债务，即使对方为外国人时，得由法国法院受理。"而且，法国法院在司法实践中对上述条文作了扩大的解释，将它们扩大适用于有法国人参加的除了涉及国外不动产案件以外的所有其他诉讼，不论被告在法国有无住所，也不问案件的实质跟法国有无关系，法国法院皆有管辖权。与此相反，对于外国人之间的诉讼，拉丁法系国家的立法与实践一般都原则上排除内国法院的管辖权。不过，依 1995 年《意大利国际私法制度改革法》第 3 条的规定，原则上并不排除意大利法院对外国人之间诉讼的管辖权。另外，拉丁法系各国法律也都在不同程度上承认当事人协议选择管辖法院的权利。

三、德国、奥地利、日本等国

与拉丁法系国家形成明显对照的是德国法律以及效仿德国法的奥地利、日本等国的诉讼法律，它们原则上是根据被告的住所来确定内国法院对有关案件

---

① 刘铁铮著：《国际私法论丛》，台湾三民书局 1984 年版，第 257~276 页。

是否具有管辖权的，而且把依当事人国籍确定管辖权作为例外。除了不动产诉讼、继承案件、租赁案件、再审案件、特定的婚姻案件、禁治产案件以及某些有关执行的案件和破产案件由内国法院专属管辖以外，其他案件概依被告住所来确定国际民事案件的管辖权。由当事人的国籍国法院管辖的只有那些有关婚姻的诉讼以及涉及身份地位的诉讼。这些国家也都在较大程度上允许当事人在国际民事诉讼中协议选择管辖法院①。

四、瑞士、土耳其等国

瑞士法院对国际民事案件的管辖权，在以往是根据 1874 年的《瑞士联邦宪法》来确定的，该宪法第 59 条规定，对在瑞士有住所并有清偿能力的债务人提起的对人诉讼应由债务人的住所地法院受理。1989 年 1 月 1 日生效的《瑞士联邦国际私法法规》第二节再次原则规定："除法律另有规定外，管辖权属于被告住所地或习惯居所地的瑞士法院。"在瑞士法中，住所地国或习惯居所地国法院管辖原则在国际民事诉讼中被平等地适用于无论以本国人或外国人为被告的场合。而且，瑞士法仅是在较小的范围内，主要是在某些涉及身份地位的诉讼（婚姻诉讼除外）和对瑞士境内的不动产诉讼中规定了瑞士法院的专属管辖权。同时，瑞士法也尊重当事人的意思自治，允许当事人在一定范围内的国际民事诉讼中选择管辖法院。上述《瑞士联邦国际私法法规》第 5 条就明确规定当事人就遗产继承诉讼可以协议选择瑞士或某一外国法院管辖，其第 6 条进而规定："如果当事人在瑞士有住所、习惯居所或营业所的，或根据本法规定以瑞士法律作为解决争议所应适用的法律的，当事人所选择的瑞士法院不得拒绝管辖。只要诉讼或当事人一方与瑞士有一定联系，则当事人所选择的瑞士法院可以行使管辖权。"

属于瑞士法体系的土耳其法是仿效瑞士法制定的。1982 年颁布的《土耳其国际私法和国际诉讼程序法》第 27 条也原则规定："土耳其法院在国内的国际管辖权，依属地管辖原则确定。"即国际民事案件管辖权依被告的住所或居所、法人所在地、不动产所在地、诉讼标的和担保标的所在地、合同履行地或生效地来确定；而财产扣押、临时措施、反诉和侵权行为的诉讼等特殊诉讼的管辖权属于财产扣押地和临时措施实施地法院、反诉法院和侵权行为地法院。土耳其法院对于物权诉讼和有关居住在国外的土耳其公民的身份、家庭和

---

① 苏远成：《国际私法上之裁判管辖权》，载马汉宝主编《国际私法论文选辑》（上），台湾五南图书出版公司 1984 年版，第 244～247 页。

遗嘱检验的案件享有专属管辖权。与瑞士法一样，土耳其法在依属地管辖原则确定国际民事案件管辖权时，原则上并不区别内国人或外国人而予以差别待遇，也不要求互惠关系的存在。有关涉外合同的争议，在不违反土耳其法院专属管辖权和公共秩序的前提下，允许当事人协议选择外国法院管辖。

五、前苏联、东欧国家

在确定国际民事案件管辖权问题上，前苏联和东欧各国采取了其本一致的做法，即原则上是以地域管辖原则确定内国法院管辖权的，因而大多规定根据被告的住所或居所、法人的住所、诉讼标的所在地或行为地来确定内国法院的国际民事案件的管辖权。而对于有关不动产或企业财产的诉讼，以及遗产继承的诉讼，则规定由主要财产所在地法院行使专属管辖权。并且，除专属管辖外，前苏联、东欧各国的诉讼立法也允许有些诉讼的当事人双方可以协议选择管辖法院。此外，前苏联、东欧国家之间还缔结了一系列司法协助条约，以统一它们之间在有关领域（尤其是在人身家庭和继承法领域）的国际民事案件管辖权。

第四节　国际民事管辖权冲突及其解决

一、国际民事管辖权冲突的产生原因

国际民事案件管辖权的行使关系到国家主权和国家利益以及本国当事人利益的保护，但是各国的利益是不相同的，为此，至今国际社会仍没有形成一种统一的国际民事案件管辖权制度，而各国有关立法及行使管辖权的依据不同，从而也就不可避免地产生了各有关国家法院对某一国际民事案件行使管辖权的冲突。如对某一国际民事案件，甲国法院可能会根据国籍原则主张管辖，乙国法院则可能基于地域原则主张管辖，而丙国法院又可能以其本国法规定为理由要求对该案件行使专属管辖权。

二、坚持国际协调原则是解决国际民事管辖权冲突的有效途径①

坚持国际协调原则来解决国际民事管辖权冲突是指世界各国在进行确定国

---

① 参见谢石松著：《国际民商事纠纷的法律解决程序》，广东人民出版社1996年版，第280~282页。

际民事管辖权的立法和司法活动时，都应该考虑到其他国家的有关立法和司法实践，应该考虑到国际社会在这一领域中的一般做法，从而达到尽量避免和消除国际民事管辖权冲突的目的。

（一）立法方面

1. 国内立法

（1）应尽量减少专属管辖权方面的规定，只限于在有关内国公共政策和最重大利益方面规定内国法院享有专属管辖权。

（2）为了避免和消除国际管辖权的积极冲突，应考虑到国际社会的一般做法，尽量使自己的管辖权规范能得到绝大多数国家的承认，同时合理利用不方便法院原则等方法解决平行诉讼；而为了避免和消除国际管辖权的消积冲突，应尽量采用双边冲突规范来规定国际民事管辖权，并应在考虑了世界各国的有关规定后，在一些容易发生消极冲突的环节规定一些补救性条款。如1992 年《罗马尼亚关于调整国际私法法律关系的第 105 号法》第 153 条规定，如果外国法院对于具有罗马尼亚国籍的人提出之诉讼认为自己没有管辖权，则该诉讼可向与之有最密切联系的罗马尼亚法院提起。

（3）考虑到由当事人通过协议选择管辖法院的做法是在具体案件中协调有关国家管辖权规范，消除有关国家之间国际管辖权冲突的最有效途径，应在立法上尽量扩大允许当事人协议选择管辖法院的范围。

2. 国际立法

世界各国基于国际合作和国际交往的需要，根据互谅互让的精神，在平等协商的前提下议定通过一些统一国际民事管辖权规范的国际条约，是从根本上避免和消除国际民事案件管辖权冲突的最有效途径。

（二）司法方面

而就司法方面来说，坚持国际协调原则以避免和消除国际民事管辖权的冲突，要求：

（1）各国法院基于内国的有关立法，首先在司法上充分保证各有关当事人通过协议选择管辖法院的权利；只要有关协议不与内国专属管辖权规范相抵触，就应该赋予并承认这一协议的绝对效力，从而排除其他任何形式的管辖权。

（2）在有关外国法院依据其所属国法律具有管辖权，而且该外国法院的管辖权又不与内国法院的专属管辖权相冲突的前提下，内国法院应承认该外国法院正在进行或已经终结的诉讼程序的法律效力，拒绝对就同一案件提起的诉讼进行审理，从而可以从司法上避免和消除国际民事管辖权的积极冲突。此外，在某一案件的当事人在有关国家之间找不到合适的管辖法院的情况下，为了消除这种国际民事管辖权的消极冲突，该有关国家的内国法院就应该依据有关案件与内国的某种联系而扩大内国法院的管辖权范围，受理并审理有关的诉讼。如我国《最高人民法院关于适用〈中华人民共和国民事诉讼法〉若干问题的意见》第13条和第14条的规定，就是一种很好的范例①。

第五节 有关国际民事管辖权的国际立法

为了解决此种管辖权冲突，国际社会通过努力缔结了一些国际条约，以规定各缔约国法院行使国际民事案件管辖权的原则和依据。这些国际条约基于缔约国数量的不同可分为多边条约和双边条约；基于其内容上的差异可分为只规定了某类民商事案件管辖权的专门性国际公约和比较全面地规定了民商事案件管辖权的普遍性国际公约。

双边条约中以有关两国间司法互助协定加以规定为最常见，如中国与许多国家签订的司法协助条约均有此类规定。多边条约中专门性的国际公约有如1952年在布鲁塞尔签订的《关于船舶碰撞中民事管辖权若干规则的国际公约》、1977年在里约热内卢签订的《统一船舶碰撞中有关民事管辖权、法律选择、判决的承认和执行方面若干规则的公约》（只涉及有关海损事故的案件）；1969年《国际油污损害民事责任公约》（只涉及有关油污损害的案件）、1958年在海牙签订的《国际有体动产买卖协议管辖权公约》（只涉及有关国际有体动产买卖的案件）、1965年在海牙签订的《收养管辖权、法律适用和判决承认公约》（只涉及有关收养问题的案件）、欧盟理事会2000年《关于破产程序的法规》（2000年第1346号法规）和2000年《关于婚姻案件和亲子关系监护案件管辖权及判决承认与执行的法规》。

有关国际民事案件管辖权的普遍性国际公约在当今国际社会基于多方面的原因很难缔结，为数很少，目前主要有1928年的《布斯达曼特法典》、1965年的《海牙协议选择法院公约》、1968年9月27日订于布鲁塞尔的《关于民

---

① 该两个条款规定："在国内结婚并定居国外的华侨，如定居国法院以离婚诉讼须由婚姻缔结地法院管辖为由不予受理，当事人向人民法院提出离婚诉讼的，由婚姻缔结地或一方在国内的最后居住地人民法院管辖。""在国外结婚并定居国外的华侨，如定居国法院以离婚诉讼须由国籍所属国法院管辖为由不予受理，当事人向人民法院提出离婚诉讼的，由一方原住所地或在国内的最后居住地人民法院管辖。"

商事管辖权及判决执行的公约》、1988 年订于卢迦诺的《关于民商事管辖权及判决执行的公约》、1999 年订于海牙的《关于民商事管辖权与外国判决执行公约》（草案）和 2000 年 12 月 22 日欧盟理事会在布鲁塞尔通过的《关于民商事管辖权及判决承认与执行的法规》（2001/44/EC，2001 年第 44 号法规），较全面地对各种民商事案件的管辖权作了规定。

一、1928 年《布斯达曼特法典》

它的第四卷国际程序法第二编第一章、第二章对民事和商事案件的国际管辖权规定了一般规则及其例外条款。该法典第 318 条首先原则上肯定了当事人以明示或默示方式合意选择管辖法院的制度；而后规定有关财产诉讼由财产所在地法院管辖，有关遗嘱检验或法定继承的案件以死者最后住所地法院为主管法院，有关破产诉讼一般由债务人住所地法院管辖。有关外国国家元首及外交官员的诉讼管辖权，该法典作了例外的规定，即各缔约国法院无权受理，除非当事人明示合意投诉或者是反诉案件。

二、1965 年《协议选择法院公约》

它是在 1965 年海牙国际私法会议第十次会议上签订的，但至今只有以色列签署，尚未生效。该公约主要就关于选择法院协议的有效性和实际效力规定了各缔约国应共同遵守的规则。公约第 2 条原则规定，除了有关人的身份或能力或有关家庭的法律问题，有关负担生活费的义务、继承问题，有关破产、清偿协议或类似程序等问题，以及有关不动产权利的诉讼外，具有国际性质的民商事案件的各方当事人可以用书面形式缔结有关某一特定法律关系已经或可能发生的争议由某国法院管辖的协议。而且，除当事人另有约定外，只有被选择的某个法院或某几个法院享有管辖权；被选择的某一缔约国法院作出判决，应依照其他各缔约国现在奉行的承认和执行外国判决的规定，在各该国予以承认和执行。

三、1968 年布鲁塞尔《关于民商事管辖权及判决执行的公约》

它是欧洲共同体国家在国际民事诉讼法领域努力合作的结果，是现今国际社会在国际民商事案件管辖权方面规定得最为详尽、完备，适用范围最为广泛的一个地区性国际公约之一。该公约第 1 条对公约的适用范围作了限制，规定公约适用于除了自然人的身份或能力，夫妻间的财产制，遗嘱与继承，破产、清偿协议及其他类似程序，以及社会保障和仲裁问题以外的一切民事商事案件。公约第二编第一节原则规定以被告的住所作为确定国际民商事案件管辖权的主要基础。而后在第 2~6 节分别就特别管辖权、保险事件的管辖权、有关赊卖和租购的管辖权、专属管辖权和协议管辖权作了详细规定。

四、1988 年卢迦诺《关于民商事管辖权及判决执行的公约》

它在所有实质方面与 1968 年订于布鲁塞尔的《关于民商事管辖权及判决执行的公约》相一致。它把《布鲁塞尔公约》的一些原则扩大适用于欧洲自由贸易联盟的成员国。该公约 1992 年在法国、瑞士和荷兰之间生效。至 1997 年，欧共体和欧洲自由贸易联盟的成员国中，只有比利时和希腊不是该公约的成员国。

五、2000 年欧盟理事会《关于民商事管辖权及判决承认与执行的法规》

欧盟成员国之间民事管辖权的确定，除丹麦外（即丹麦与其他欧盟成员国之间的民事管辖权仍依 1968 年《布鲁塞尔公约》进行），欧盟理事会 2000 年《关于民商事案件管辖权及判决承认与执行的法规》[①] 已替代《布鲁塞尔公约》。故对除丹麦外的欧盟成员国之间管辖权的确定依欧盟理事会 2000 年《关于民商事案件管辖权及判决承认与执行的法规》（2001 年第 44 号法规）和 2000 年《关于破产程序的法规》（2000 年第 1346 号法规）以及 2000 年《关于婚姻案件和亲子关系监护案件管辖权及判决承认与执行的法规》（2000 年第 1347 号法规）进行。

欧盟理事会 2000 年《关于民商事案件管辖权及判决承认与执行的法规》与 1968 年《关于民商事管辖权及判决执行的公约》相比，主要有如下改变：（1）在适用范围上，明确规定不适用于税收、海关或行政管理事项。（2）对一些概念作出了明确规定，如将债务履行地限定为：对货物买卖合同，指货物交付地；对提供服务的合同，为服务提供地。将公司或其他法人以及自然人或法人的集合体的住所限定为：法定所在地，或者行政管理中心，或者主要营业地。对于英国和爱尔兰，"法定所在地"指注册的办公场所，或者没有办公场所时，为其成立地，或者没有这样的地方时，为组成时依据的法律所属地。（3）增强了对弱方当事人的保护程度。如对保险合同，在保单持有人、被保险人和受益人提起的诉讼中，原告可以在其住所地的成员国法院对保险人提起

---

① 该法规的中译本（杜志华译，黄进校）参见韩德培、黄进、余先予主编：《中国国际私法与比较法年刊》第五卷，法律出版社 2002 年版，第 588~613 页。

诉讼。比较突出的是，法规增加了对消费者合同和个人雇佣合同的管辖权规定。(4) 增加了一些具体事项的管辖权和判决承认与执行的具体规定。例如对信托、运输中的货物及船舶的管辖权、管辖权协议等问题作了规定①。该法规具有直接适用性，直接适用于全体欧盟成员国，它已于 2002 年 3 月 1 日起生效。其有关管辖权的主要规定有：

（一）适用范围

本规则适用于民商事案件，而不问管辖的性质。它特别不应延伸适用于税收、海关或行政事项。

本规则不适用于：（1）自然人的身份或能力、夫妻财产关系、遗嘱和继承；（2）破产、公司或其他法人清偿协议，司法和解及其他类似程序；本规则中，"成员国"一词指丹麦以外的成员国。

（二）管辖权

1. 总则（第一节）

除本规则另有规定外，凡在一个成员国有住所的人，不论其所属国籍，均应在该成员国法院被诉。在某成员国有住所而非该成员国的国民，应遵循适用于该成员国国民的有关管辖的规定。在某成员国有住所的人可以在另一个成员国法院被诉，但必须根据本章第二节到第七节的规定。尤其不得对其援用附件一所列各项国内管辖权规定。如果被告在任何一个成员国均无住所，则每一成员国法院的管辖权，除应按照第 22 条和第 23 条的规定外，由各该成员国法律决定。任何在成员国内有住所的人，不问其国籍，都可以同这个成员国的国民一样，在该成员国对被告援用该成员国现行的管辖规则，特别是附件一所列各项规则。（第 4 条）

2. 特别管辖权（第二节）

（1）在一个成员国有住所的人得在其他成员国被诉：①有关合同的案件，在债务履行地法院；为适用本规则，除非另有约定，货物销售合同的债务履行地应在合同规定之交付货物或应该已经完成货物交付地的成员国；提供服务合同的债务履行地，应在合同规定之提供服务或应该已经提供服务地的成员国；如果第二款不能适用，则适用第一款的规定。②有关强制扶养案件，在被扶养人住所地或者惯常居所地法院；或者，如果该案件附属于有关人的身份诉讼，则在有权受理身份诉讼的法院，除非其管辖权仅仅是基于当事人一方的国籍。③有关侵权行为或准侵权行为案件，在损害行为发生地或可能发生地法院。④

---

① 刘卫翔著：《欧洲联盟国际私法》，法律出版社 2001 年版，第 310~312 页。

根据产生刑事诉讼的行为而提起的损害赔偿或要求恢复原状的民事诉讼，在审理刑事诉讼的法院，但以该法院依照其本国法有受理民事诉讼管辖权者为限。⑤由于公司、代理或其他机构的经营业务而产生的争议，在该公司、代理或其他机构所在地法院。⑥依据章程、书面文件，或口头成立并有书面证明之方式而设立的信托，委托人、受托人或受益人的能力，在信托关系所在地成员国法院。⑦就海上货物救助酬金或运费的支付争议，在为保证支付已扣押该货物或运费，或可能已经实施扣押，只是已经向之提交了保释金或其他担保的法院，不过，以只要主张被告对货物或运费有利益，或在救助之时曾有该种利益，该条款就应该适用为限。（第5条）

（2）在一个成员国有住所的人，也可按照不同情况在下列各法院被诉：①如果其为几个被告之一，在任何一个被告住所地的法院，只要有关请求存在密切联系，以致为避免因分别审理而导致相互抵触判决的风险而适合合并审理。②在作为第三人参加的保证诉讼或在任何第三人参加的诉讼程序中，在审理主诉讼的法院，但是，如果其诉讼纯系为了排除对被告原有管辖权之法院的管辖者，不在此限。③由原诉讼所根据的同一合同或事实而发生的反诉，在提起原诉讼的法院。④有关合同案件，如果诉讼可以与对相同被告不动产的对物诉讼合并审理，在财产所在地的成员国法院。（第6条）

（3）某一成员国法院，根据本规则，对船舶的使用或经营所生责任之诉讼具有管辖权，则该法院，或该成员国内国法为此目的而确定的其他替代法院，对该种责任限制之诉也具有管辖权。

3. 保险事件的管辖权（第三节）

（1）有关保险事件的管辖权，依照本节确定，但以不妨碍第4条及第5条（五）的规定为限。（第8条）

（2）在成员国有住所的保险人，得在下列法院被诉：①该保险人住所地成员国法院；或②在另一成员国，由保单持有人、被保险人或受益人提起的诉讼，在原告住所地法院；或③如果其为共同保险人之一，则在对主要保险人提起诉讼的成员国法院。在成员国无住所，但在成员国之一有分支机构、代理或其他机构的保险人，就该分支、代理或其他机构所经营的业务而发生争议时，可以被视为在该成员国有住所。（第9条）

（3）关于责任保险或不动产保险，保险人还可以在侵权行为发生地法院被诉。同一保单承保动产及不动产，而且二者均在同一意外事故中遭受损害时，本条也同样适用。（第10条）

（4）关于责任保险，在法院地法律允许下，保险人也可被追加到受害者直接向被保险人提起的诉讼中。第 8 条、第 9 条及第 10 条的规定，也可适用于受害者直接向保险人提起的诉讼，只要此种直接诉讼是允许的。如果适用于此种直接诉讼的法律规定，保单持有人或被保险人可以被追加为该诉讼之当事人，则同一法院对此有管辖权。(第 11 条)

(5) 在不妨碍第 11 条第 3 款规定的情况下，保险人只能在被告住所地的成员国法院提起诉讼，不论被告是保单持有人、被保险人还是受益人。

本节规定不影响在依本节规定正在进行原诉讼的法院提起反诉的权利。

(6) 本节各项规定只在双方有协议，并符合下列条件时始得不予遵守：①协议是在争议发生之后订立的；或②协议容许保单持有人、被保险人或受益人在本节规定以外的法院提起诉讼；或③协议是保单持有人与保险人所订立，合同缔结之时双方在同一成员国有住所或习惯居所，并且，协议的效果为，即使侵权行为发生在国外，协议也授予该成员国法院以管辖权，只要此协议不违反该成员国的法律；④协议是与在成员国没有住所的保单持有人订立，强制保险或涉及在某一成员国的不动产时除外；⑤协议涉及第 14 条所列一项或数项风险的保险合同。(第 13 条)

(7) 第 13 条第 5 款所指风险如下：①位于沿海或公海的海运船舶、设施或者飞艇，其因商业使用相关的海难所致的任何灭失或者损害；旅客行李外货物运输的灭失或损坏，如果运输由此种船舶或飞艇的运输所组成。②旅客人身伤害或者行李灭失或损害之外的任何责任：因第 1 款 a 项所指的船舶、设施或者飞艇的使用和操作而产生，若为后者，则该飞艇登记国法律不禁止有关该类风险保险之管辖协议；第 1 款 b 项所规定的货物运输所引起的灭失或损坏。③与第 1 款 a 项所指船舶、设施或者飞艇的使用和操作有关的任何经济损失，特别是运费或租金的损失。④与第 1 款至第 3 款所指的任何一项相关的风险和利益。⑤尽管有第 1 款至第 4 款的规定，欧洲经济共同体理事会第 73/239 号命令所确定的所有风险。该命令已经欧洲经济共同体理事会第 88/357 号和第 90/618 号命令修订，并受其后修订之约束。(第 14 条)

4. 消费合同的管辖权 (第四节)

(1) 由能被视作非为其贸易或职业活动目的的人——消费者而缔结的合同之管辖权，应依照本节规定确定，但以不妨碍第 4 条和第 5 条第 5 款的规定为限，如果：①它是分期贷款条件项下的货物销售合同；或②它是分期偿还借款的合同，或任何其他形式的支付货物销售的贷款合同；或③在所有其他的情况下，合同是与在消费者住所地成员国从事商业或职业活动的人签订，或合同是与通过各种途径向该成员国，或包括该成员国在内的数个成员国从事该种行为的人所订立，且合同属于该行为的范畴。

消费者与在成员国无住所，但在成员国之一有分支机构、代理或其他机构的当事人订立合同，就该分支机构、代理或其他机构的经营业务而发生争议时，该当事人应被视为在该成员国有住所。

本节不适用于运输合同，旅费和膳宿一并定价合同除外。

（2）消费者得在另一方当事人有住所的成员国法院或消费者住所地的成员国法院对另一方当事人提起诉讼。合同另一方当事人对消费者的诉讼只能在消费者的住所地的成员国法院提起。此项规定不得影响在依照本节规定正在进行原诉讼的法院提起反诉的权利。

（3）本节各项规定，只能在双方有协议，并符合下列条件时始得不予遵守：①协议是在争议发生后订立的；或②协议容许消费者在本节规定以外的法院提起诉讼；或③协议是在消费者与合同另一方当事人之间订立的，双方在合同订立之时在同一成员国有住所或惯常居所，且协议授予该国法院以管辖权，但以协议不违反该国的法律者为限。（第17条）

5.个人雇佣合同的管辖权（第五节）

（1）有关个人雇佣合同的管辖权，应按本节的规定决定，但以不妨碍第4条及第5条（五）的规定为限。个人雇佣者与一个在成员国无住所，但在成员国之一有分支机构、代理或其他机构的雇主订立个人雇佣合同，就该分支、代理或其他机构所经营的业务而发生争议时，该雇主应被视为在该成员国有住所。

（2）在某一成员国有住所的雇主，可在下列法院被诉：①雇主住所地成员国的法院；②在另一成员国，雇员惯常工作地法院，或雇员最后工作地法院；若雇员并非或没有惯常在一个国家完成其工作，则在雇佣雇员的商业现在地或过去所在地法院。

（3）雇主只能在雇员住所地的成员国法院提起诉讼。

本节规定不得影响按本节规定在进行原诉讼的法院提起反诉的权利。

（4）本节各项规定，只能在双方有协议并符合下列条件时始得不予遵守：①协议是在争议发生后订立的；或②协议容许雇员在本节规定以外的法院提起诉讼。（第21条）

6.专属管辖权（第六节，第22条）

下列法院将有专属管辖权而不问住所何在：（1）以不动产物权或其租赁权为标的的诉讼，专属财产所在地的成员国法院；然而，以不超过连续6个月期限供私人临时使用的不动产租赁权为标的的诉讼，被告住所地成员国法院也有管辖权，只要承租人为自然人，并且出租人和承租人在同一成员国有住所。（2）以公司、其他法人组织、自然人或法人的集合体的有效成立、撤销或歇业清理，或以有关机构的决议的有效性为标的的诉讼，专属该公司、法人组织或集合体所在地的成员国法院。为决定所在地，法院将适用其本国的国际私法规则。（3）以确认公共登记效力为标的的诉讼，专属保管登记簿的成员国法院。（4）有关专利、商标、设计模型或必须备案或注册的其他类似权利的注册或效力的诉讼，专属业已申请备案或注册或已经备案或注册，或按照共同体法律文件或者国际公约之规定被视为已经备案或注册的成员国法院；不影响根据1973年10月5日慕尼黑签订的欧洲专利授予公约建立的欧洲专利局的管辖权，每一成员国法院对授予该国的欧洲专利的注册或效力的诉讼具有专属管辖权，而不论住所之所在。（5）有关判决执行的诉讼，专属业已执行或将要执行判决的成员国法院。

7. 协议管辖权（第七节）

（1）如当事人的一方或数方在一个成员国有住所，协议约定某一成员国的某一法院或某些法院有管辖权以解决因某种特定法律关系而已经产生的或可能产生的争议，则只有该被指定的法院或这些法院具有管辖权。该管辖权应是专属的，除非当事人另有约定。这种指定管辖权的协议应该：①是书面的或有书面证明；或②符合当事人之间业已确立的惯例的形式；或③在国际贸易或商务中，符合双方当事人意识到或应该已经意识到的通常做法的形式，并且，在这类贸易或商务中，此种形式已为该类特定贸易或商务中相同类型合同的双方当事人广泛知晓并被通常遵守。

任何能对协议提供持续性记载的电子方式的通信往来，应该等同于书面。

如果住所均不在某一成员国的双方当事人达成该类协议，其他成员国的法院对他们间的争议均无管辖权，除非被指定的某一法院或某些法院放弃管辖权。由信托文书指定管辖权的某一成员国的某一法院或某些法院，对针对委托人、受托人或受益人提起的诉讼具有专属管辖权，如果诉讼涉及信托项下这些人的相互关系，或他们的权利与义务。

如果当事人的协议或指定管辖的信托文书，违反第13条、第17条或第21条的规定，或者其所欲排除管辖的法院根据第22条的规定应具有专属管辖权，则无法律效力。（第23条）

（2）除了根据本规则其他规定的管辖权以外，一个成员国法院对出庭应诉的被告有管辖权。但如该被告出庭应诉只是为了抗辩管辖权，或者按照第22条规定另一法院应有专属管辖权者，则不适用本条。

8. 关于管辖权和受理的审查（第八节）

（1）如果某一成员国法院受理一件诉讼，其所涉及的主要争点，按照第22条规定，另一成员国法院应有专属管辖权时，则该成员国法院应依职权宣布其无管辖权。

（2）如在某一成员国有住所的被告在另一成员国法院被诉而并未出庭应诉，该另一成员国法院应依职权宣布无管辖权，除非按照本规则规定管辖权应属该受诉法院（第26条第1款）。只要不能证明被告已经能够及时收到提起诉讼的文书或者其他同等文书以使其有充分时间安排答辩，或者为此目的已经采取一切必要的步骤时，法院应中止诉讼程序（第26条第2款）。如果按照本规则，提起诉讼的文书或者其他同等文书须由一成员国转递至另一成员国时，欧盟理事会于2000年5月29日发布的成员国间民商事项司法和非司法文书送达的第1348号规则的第19条将代替第2款而适用（第26条第3款）。如果根据1965年11月15日订立的民商案件诉讼或非诉讼文书域外送达的海牙公约，有关提起诉讼的文书或者其他同等文书必须被转递，而2000年第1348号规则的规定不能适用，则适用公约的第15条（第26条第4款）。

9. 审理中的案件和有关联的诉讼案件（第九节）

（1）相同当事人就同一诉因在不同成员国法院提起诉讼时，首先受诉法院以外的其他法院应依职权中止诉讼，直到首先受诉法院管辖权已经确立。如果首先受诉法院管辖权被确立，首先受诉法院以外的其他法院应该放弃管辖权，而让该法院审理。

（2）如果有关联的诉讼案件在不同成员国的法院审理时，首先受诉法院以外的其他法院得中止其诉讼程序。若诉讼尚在审理中，首先受诉法院以外的法院也得由于一方当事人的申请而放弃管辖权，如果首先受诉法院对两件诉讼都有管辖权，并且该法院国法允许有关联的诉讼案件合并审理。

就适用本条而言，如果几个诉讼案件联系如此紧密，以致为避免因分别审理而导致相互抵触判决的可能而适合合并审理的，应被视为是有关联的。

（3）数个法院有专属管辖权的诉讼，首先受诉法院以外的法院应放弃管辖权，让首先受诉法院审理。

（4）为适用本节，某法院应该被视为已经受理：①提起诉讼的文书或其他同等文书被提交到法院之时，只要原告随后并非没有采取使送达对被告有效的应有措施；或②如果文书必须在提交法院前被送达，则在文书被负责送达的机构接收之时，只要原告随后并非没有采取应有措施使文书提交法院。

10. 临时措施和保护措施（第十节）

即使按照本规则规定，另一成员国法院对案件的实质性问题有管辖权，亦得向某一成员国法院申请该国法律所容许的临时措施和保护措施。

（三）一般规定（第五章）

（1）为了确定某一当事人是否在受理案件的某一成员国有住所，法院应该适用其国内法。如果某一当事人在受理案件法院所在国无住所，为确定其是否在另一成员国有住所，法院应该适用另一成员国的法律。（第59条）

（2）为了适用本规则，公司、其他法人以及自然人或法人的集合体的住所在下列地点：①法定所在地；或②管理中心；或③主营业地。

在联合王国和爱尔兰，法定所在地系指注册事务所；或无注册事务所时，则在组成地；若无组成地，则在其成立所依据法律的所属成员国。为确定一个信托关系所在地是否在受理案件法院成员国，受理案件的法院应适用其本国的国际私法规则。

（3）在不影响更有利的本国法适用的条件下，在一个成员国有住所的人，如在他并非是其国民的另一成员国刑事法院，因非故意犯罪而正受刑事追诉，即使他未亲自出庭，也得由合格的人士为其辩护。但是，受理案件法院可以命令他亲自出庭；如未能出庭，民事诉讼部分所作判决，得因为未给有关当事人安排辩护的机会而不需在其他成员国承认或执行。

（4）在瑞典，有关支付令和法律援助的简易程序中，"法院"一词包括瑞典执行行政机构。

（5）在卢森堡大公爵领地辖区内有住所的人，根据第5条第1款在另一成员国法院被诉，如交付货物或提供服务的最终地点在卢森堡，得拒绝服从该法院的管辖。在第1款规定情形下，如果交付货物或提供服务的最终地点在卢森堡，赋予管辖权的任何协议，为了有效，必须能被视为符合第23条第1款a项意义上的书面或有书面证明的形式。本条规定不应适用于提供金融服务的合同。本条规定自本规则生效之日起适用6年。

（6）在希腊和葡萄牙注册的远洋航轮的船长和船员间有关酬金或其他劳务条件的争议，成员国的法院应该确定是否已经将该争议告知了负责该船的外交或领事官员。这些官员得到通知后，成员国法院才得受理诉讼案件。本条规定自本规则生效之日起适用6年。

（7）第6条第2款和第11条所规定的有关保证或任何其他的第三人参加的诉讼之管辖权规定，在德国和奥地利不适用。在另一成员国有住所的人，得在下列法院被诉：①根据《德国民事诉讼法》第68条、第72条至第74条有关第三人通知事项的规定，在德国法院被诉；②根据《奥地利民事诉讼法典》

第 21 条有关第三人通知事项的规定，在奥地利法院被诉。根据第 6 条第 2 款和第 11 条而在其他成员国所做判决，应该根据第三章的规定，在德国和奥地利承认和执行。由于适用第 1 款规定，在德国和奥地利法院所做判决可能对第三方当事人的任何影响，也应该在其他成员国得到承认和执行。

（四）同其他公约的关系

（1）本规则不影响共同体法律文件中，或根据这些文件而被统一的国内立法中所包含的有关特殊事项管辖权及判决的承认与执行的规则的适用。

（2）在其成员国间，本规则将替代《布鲁塞尔公约》，成员国的属地处在该公约领土适用范围，并且根据条约①第 299 条又排除本规则适用的除外。就本规则替代成员国间《布鲁塞尔公约》规定而言，对公约的任何参照均可被视为是对本规则的参照。

（3）根据法规第 69 条的规定，除依照第 66 条第 2 款及第 70 条规定外，在成员国间，本规则应替代两个或两个以上成员国之间订立的该条所列举的公约或条约。

（4）第 69 条提及的条约和公约，对不适用本规则的案件，仍继续有效。这些条约和公约，对本规则生效以前作出的判决和正式做成或登记的公证文书，继续有效。

（5）本规则不影响成员国已经是其当事国的，在一些特殊事项支配管辖权或判决的承认或执行问题的任何公约。

为统一解释起见，第 1 款将以下列方式适用：①本规则不禁止作为特殊事项公约当事国的某一成员国法院根据该公约主张管辖权，即使被告在另一非该公约当事国的成员国有住所。受理案件法院应该适用本规则第 26 条。②某一成员国法院根据某一特殊事项公约规定之管辖权所做判决，应该根据本规则在其他成员国被承认和执行。

如果判决作出国和被请求成员国均为当事国的特定事项公约规定了判决的承认和执行条件，这些条件应该被适用。无论如何，本规则有关判决承认和执行的程序规定可以被适用。

（五）附件一

第 3 条第 2 款和第 4 条第 2 款所指的管辖权规则如下：（1）在比利时：《民法典》第 15 条及《司法法典》的第 638 条；（2）在德国：《民事诉讼法典》第 23 条；（3）在希腊：《民事诉讼法典》第 40 条；（4）在法国：《民法

---

① 指《阿姆斯特丹条约》。

典》第 14 条和第 15 条；（5）在爱尔兰：提起诉讼的文书已在被告临时在爱尔兰出现时送达给被告这一确定管辖权的规定；（6）在意大利：1995 年 5 月 31 日第 218 号法案第 3 条和第 4 条；（7）在卢森堡：《民法典》第 14 条和第 15 条；（8）在荷兰：《民事诉讼法典》第 126 条第 3 款和第 127 条；（9）在奥地利：法院管辖法案第 99 条；（10）在葡萄牙：《民事诉讼法典》第 65 条、第 65 条 A 款以及《劳动诉讼法典》第 11 条；（11）在芬兰：审判程序法典第十章第一节第一段的第二、三、四句；（12）在瑞典：《审判程序法典》第十章第三节第一段的第一句；（13）在联合王国：确立管辖权的下列规则：提起诉讼的文书，已在被告在联合王国临时出现期间送达给被告；或属于被告的财产在联合王国出现；或原告已对位于联合王国的被告的财产申请了扣押。

六、1999 年海牙《关于民商事管辖权与外国判决执行的公约》（草案）①

尽管 1968 年《布鲁塞尔公约》和 1988 年的《卢迦诺公约》在欧洲范围内得到广泛的执行，但从某种意义上说，这仍然是两个区域性的公约。为了谋求建立统一的民商事管辖权与相互承认和执行判决的国际制度，海牙国际私法会议从 1993 年 5 月开始着手制定一项全球性的管辖权与判决执行公约。经过多年的努力，在 1999 年 10 月召开的海牙国际私法会议第五次特委会上对公约草案进行了二读，形成了公约的基础条文，并送交在 2000 年 10 月召开的海牙国际私法会第 20 次会议上进行审议，但遗憾的是未获得通过。《关于民商事管辖权与外国判决执行的公约》第二章就是关于管辖权（第 3~22 条）的内容。该公约在总结各个国家及已有的国际公约关于民商事管辖权与承认和执行外国判决制度的基础上，根据国际经济交往的需要，形成较为完整的、反映时代特点和需要的新的统一的关于民商事管辖权与承认和执行外国法院判决的国际制度。鉴于通过一个混合性的公约难度非常大，海牙国际私法会议正试图起草若干有关民商事管辖权与外国判决执行的单一公约（如 2003 年草拟的新的《协议选择法院公约》（草案）② ），相信在不久的将来会取得阶段性成果。

---

① 该草案已经外交部条法司译成中文，载《中国国际私法与比较法年刊》第 3 卷，法律出版社 2000 年版，第 693~709 页；亦可见李双元、欧福永、熊之才编：《国际私法教学参考资料选编》（上册），北京大学出版社 2002 年版，第 1210~1219 页。

② See http：//www. hcch. net.

第四章　若干亚洲国家有关国际民事管辖权的制度

第一节　中国有关国际民事管辖权的制度

一、国内立法的规定

(一) 国内立法关于有权审理涉外民商事案件的法院的规定

这里先讲在确定中国有权管辖的涉外民商事案件后，哪些法院有权审理此类案件的问题，然后再讨论中国国际民商事案件管辖权的确定问题。

原《中华人民共和国民事诉讼法》(试行) 规定涉外民事案件第一审归中级人民法院，但 1991 年公布的中国新《民事诉讼法》已作了更改，它规定涉外民事案件的第一审法院也是基层人民法院，只有重大涉外民事案件的第一审才由中级人民法院管辖。根据 1992 年最高人民法院《关于适用〈中华人民共和国民事诉讼法〉若干问题的意见》第 1 条，所谓的重大涉外案件是指争议标的额大，或者案情复杂或者居住在国外的当事人人数众多的涉外案件。当然，涉外海事、海商案件则由各海事法院管辖第一审，它的上诉审法院应是各海事法院所在省、自治区、直辖市的高级人民法院。

值得注意的是，为了有利于排除地方干扰，正确审理涉外民商事案件，依法保护中外当事人的合法权益，提高中国法制的权威性和公信力，适应"入世"的需要，根据《民事诉讼法》第 19 条的规定，最高人民法院于 2002 年 2 月 25 日发布了《关于涉外民商事案件诉讼管辖若干问题的规定》。它规定，第一审涉外民商事案件由下列人民法院管辖：(1) 国务院批准设立的经济技术开发区人民法院；(2) 省会、自治区首府、直辖市所在地的中级人民法院；(3) 经济特区、计划单列市中级人民法院；(4) 最高人民法院指定的其他中级人民法院；(5) 高级人民法院。上述中级人民法院的区域管辖范围由所在地的高级人民法院确定 (第 1 条)。对国务院批准设立的经济技术开发区人民法院所作的第一审判决、裁定不服的，其第二审由所在地中级人民法院管辖（第2条）。本规定适用于下列案件：（1）涉外合同和侵权纠纷案件；（2）信用证纠纷案件；（3）申请撤销、承认与强制执行国际仲裁裁决的案件；（4）审查有关涉外民商事仲裁条款效力的案件；（5）申请承认和强制执行外国法院民商事判决、裁定的案件（第3条）。发生在与外国接壤的边境省份的边境贸易纠纷案件，涉外房地产案件和涉外知识产权案件，不适用本规定（第4条）。涉及中国香港、澳门特别行政区和台湾地区当事人的民商事纠纷案件的管辖，参照本规定处理（第5条）。高级人民法院应当对涉外民商事案件的管辖实施监督，凡越权受理涉外民商事案件的，应当通知或者裁定将案件移送有管辖权的人民法院审理（第6条）。本规定施行前已经受理的案件由原受理人民法院继续审理。本规定发布前的有关司法解释、规定与本规定不一致的，以本规定为准（第7条）。该规定于2002年3月1日起施行。

（二）国内立法关于国际民商事管辖权的规定

对国际民事管辖权的确定，1991年《中华人民共和国民事诉讼法》以及1992年最高人民法院《关于适用〈中华人民共和国民事诉讼法〉若干问题的意见》中的有关规定具有很重要的意义。尽管其中的很多规定是针对国内民事案件的管辖作出的，但依国家的立法规定和司法实践，是都可以扩大适用于国际民事诉讼的①。

1. 普通地域管辖

中国对国际民事管辖权的确定，同大多数国家一样，也是以被告住所地作为普通管辖的依据，即采用原告就被告的做法。凡是涉外民事案件中的被告住所地在中国境内，中国法院就有管辖权。如果被告的住所地同其经常居住地不一致，只要其经常居住地在中国境内，中国法院也有管辖权（《民事诉讼法》第22条）。以上所称被告包括自然人、法人或其他经济组织在内。但是对不在中华人民共和国领域内居住的人以及下落不明或者宣告失踪的人提起的有关身份关系的诉讼则可由原告住所地以及原告经常居住地的中国法院管辖（《民事诉讼法》第22条）。此外，就涉外经济案件的普通管辖而言，中华人民共和国最高人民法院于1989年印发的《全国沿海地区涉外涉港澳经济审判工作座谈会纪要》还指出，凡是被告在中国境内有住所、营业所或设有常驻代表机构的，或者被告在中国境内有非争议财产的，中国法院均可管辖。

_____

① 中国1991年《民事诉讼法》第237条明确规定："在中华人民共和国领域内进行涉外民事诉讼，适用本编规定，本编没有规定的，适用本法其他有关规定。"

2. 特别地域管辖

中国《民事诉讼法》第23~32条就特别地域管辖作了详细的规定，其内容有：（1）因合同纠纷提起的诉讼，除被告住所地法院可管辖外，合同履行地法院也具有管辖权；（2）因保险合同纠纷提起的诉讼，除被告住所地法院可管辖外，保险标的物所在地法院也具有管辖权；（3）因票据纠纷提起的诉讼，票据兑付地和被告住所地法院均可管辖；（4）因铁路、公路、水上、航空运输和联合运输合同纠纷提起的诉讼，运输始发地、目的地和被告住所地法院均可管辖；（5）因侵权提起的诉讼，侵权行为地和被告住所地法院均可管辖。而依中国的司法实践，侵权行为地包括加害行为地和结果发生地；（6）因铁路、公路、水上和航空事故请求损害赔偿的诉讼，事故发生地、车辆或船舶最初到达地、加害船舶被扣留地及被告住所地法院均有管辖权；（7）因船舶碰撞或其他海事损害而提起的赔偿诉讼，事故发生地、碰撞船舶最先到达地、加害船舶扣留地或被告住所地法院均有管辖权；（8）因海难救助费用提起的诉讼，救助地、被救助船舶最初到达地法院均有管辖权；（9）因共同海损提起的诉讼，船舶最先到达地，共同海损理算地或航程终止地法院均有管辖权。

中国1991年《民事诉讼法》还就在中国领域内没有住所的被告提起的合同或财产权益纠纷的诉讼，规定中国法院可以行使管辖的多种连结因素，即如合同在中国领域内签订或履行，或诉讼标的物位于中国领域之内，或被告在中国领域内有可供扣押的财产，或被告在中国领域内设有代表机构，则合同签订地、合同履行地、标的物所在地、可供扣押的财产所在地、侵权行为地或代表机构所在地人民法院均可行使管辖权（第265条）。

3. 专属地域管辖

《民事诉讼法》第四编第266条为专属管辖条款。依该条规定，可以认为，因在中国境内履行的中外合资经营企业合同、中外合作经营企业合同、中外合作勘探开发自然资源合同发生纠纷提起的诉讼，由中国法院管辖。另外，根据《民事诉讼法》第33条的规定，下列案件由中国法院专属管辖：（1）因不动产纠纷提起的诉讼，不动产所在地在中国境内的；（2）在中国的港口作业中因发生纠纷提起的诉讼；（3）因继承遗产纠纷提起的诉讼，被继承人死亡时住所地或主要遗产所在地在中国境内的。

以上规定中，第33条将遗产继承规定为专属管辖事项，主要是针对国内管辖作出的，若将此条的规定适用于涉外继承案件是不太适宜的。尤其是当被继承人的遗产在国外，而中国法院以被继承人死亡时住所地在中国而行使管辖权，对有些案件而言，可能无助于判决或裁决的执行。故《中国国际私法示范法》建议采用非专属管辖（第45条）。

4. 协议管辖

《民事诉讼法》确认了明示协议和默示承认两种方式的协议管辖。涉外合同或者涉外财产权益纠纷的当事人，可以用书面协议选择与争议有实际联系的地点的法院管辖。选择中华人民共和国人民法院的，不得违反中国法律有关级别管辖和专属管辖的规定。涉外民事诉讼的被告对中国法院的管辖不提出异议，并应诉答辩的，视为承认该中国法院为有管辖权的法院。

5. 中国的海事诉讼管辖权制度

在国际民事诉讼中，海事诉讼占有很大比例，而且往往有不同于一般国际民事诉讼程序的特别之处。最高人民法院曾根据原《民事诉讼法（试行）》、《海洋环境保护法》、《海上交通安全法》以及中国参加的有关国际公约，并参照国际习惯做法，在1986年发布了《关于涉外海事诉讼管辖的具体规定》。

为了适应形势的发展，第九届全国人大常委会第十三次会议于1999年12月25日通过了《中华人民共和国海事诉讼特别程序法》（以下简称《海事诉讼特别程序法》），并决定从2000年7月1日起施行①。它确立了在中国进行海事诉讼，《民事诉讼法》（包括其第9编）所没有规定的许多问题要适用《海事诉讼特别程序法》，以及在许多问题上，《海事诉讼特别程序法》的规定不同于民事诉讼法的，《海事诉讼特别程序法》应优先适用的基本原则。该法的颁布，标志着中国已初步形成了比较完整的与国际社会海事司法程序的普遍实践更相一致而又具有中国特色的海事司法程序制度。2001年8月9日最高人民法院又通过了《关于海事法院受理案件范围的若干规定》（法释〔2001〕27号），自2001年9月18日起施行。它把海事法院的受案范围归纳为海事侵权纠纷案件、海商合同纠纷案件、其他海事海商纠纷案件、海事执行案件四大类。

《海事诉讼特别程序法》第5条规定了适用本法的法院为海事法院及其所在地的高级人民法院和最高人民法院。第4条规定了海事侵权纠纷、海商合同纠纷以及法律规定的其他海事纠纷由海事法院受理。接着该法第二章对管辖的问题专门作了规定。

---

① 2000年2月28日最高人民法院发布的《关于学习宣传贯彻海事诉讼特别程序法的通知》第5条指出："自2000年7月1日起，最高人民法院《关于海事法院诉讼前扣押船舶的规定》、《关于海事法院拍卖被扣押船舶清偿债务的规定》以及其他关于海事诉讼程序方面的司法解释，凡与海事诉讼特别程序法相抵触的，停止执行。"

（1）海事诉讼的地域管辖

根据该法第6条的规定，海事诉讼的地域管辖，原则上应依照《民事诉讼法》的有关规定。下列海事诉讼的地域管辖，依照以下规定：因海事侵权行为提起的诉讼，除依照《民事诉讼法》第30~32条的规定外，还可以由船籍港所在地海事法院管辖；因海上运输合同纠纷提起的诉讼，除依照《民事诉讼法》的相关规定外，还可以由转运港所在地海事法院管辖；因海船租用合同纠纷提起的诉讼，由交船港、还船港、船籍港所在地、被告住所地海事法院管辖；因海上保赔合同纠纷提起的诉讼，由保赔标的物所在地、事故发生地、被告住所地海事法院管辖；因海船的船员劳务合同纠纷提起的诉讼，由原告住所地、合同签订地、船员登船港或者离船港所在地、被告住所地海事法院管辖；因海事担保纠纷提起的诉讼，由担保物所在地、被告住所地海事法院管辖；因船舶抵押纠纷提起的诉讼，还可以由船籍港所在地海事法院管辖；因海船的船舶所有权、占有权、使用权、优先权纠纷提起的诉讼，由船舶所在地、船籍港所在地、被告住所地海事法院管辖。

（2）海事诉讼的专属管辖、协议管辖

根据《海事诉讼特别程序法》第7条的规定，中国海事法院享有专属管辖权的有：①因沿海港口作业纠纷提起的诉讼，由港口所在地海事法院管辖；②因船舶排放、泄漏、倾倒油类或者其他有害物质、海上生产、作业或者拆船、修船作业造成海域污染损害提起的诉讼，由污染发生地、损害结果地或者采取预防污染措施地海事法院管辖；③因在中华人民共和国领域和有管辖权的海域履行的海洋勘探开发合同纠纷提起的诉讼，由合同履行地海事法院管辖。

海事纠纷的当事人都是外国人、无国籍人、外国企业或者组织的，当事人书面协议选择中华人民共和国海事法院管辖的，即使与纠纷有实际联系的地点不在中华人民共和国领域内，中华人民共和国海事法院对该纠纷也具有管辖权（第8条）。

（3）海事诉讼的指定管辖及其他与管辖有关的问题（包括间接管辖权的问题）

海事法院与地方人民法院之间因管辖权发生争议，由争议双方协商解决；协商解决不了的，报请他们的共同上级人民法院指定管辖（第10条）。

关于判决的承认与执行的管辖权（一般又称间接管辖权），该法第11条是这样规定的：当事人申请执行海事仲裁裁决的，申请承认和执行外国法院判决、裁定以及国外海事仲裁裁决的，向被执行者的财产所在地或者被执行人住所地海事法院提出，被执行的财产所在地或者被执行住所地没有海事法院的，向被执行的财产所在地或者被执行人住所地的中级人民法院提出。

当事人申请认定海上财产无主的，向财产所在地海事法院提出；申请因海上事故宣告死亡的，向处理海事事故主管机关所在地或者受理相关海事案件的海事法院提出（第9条）。

此外，债权人基于海事事由请求债务人给付金钱或者有价证券，符合《民事诉讼法》有关规定的，可以向有管辖权的海事法院申请支付令。债务人是外国人、无国籍人、外国企业或者组织，但在中华人民共和国领域内有住所、代表机构或者分支机构并能够送达支付令的，债权人可以向有管辖权的海事法院申请支付令（第99条）。

提单等提货凭证持有人，因提货凭证失控或者消灭，可以向货物所在地海事法院申请公示催告（第100条）。

由此可见，《海事诉讼特别程序法》就管辖问题专设了一章，对如何确定典型海事、海商案件的管辖权作了分层次的规定：依据《民事诉讼法》中有关地域管辖的规定来确定中国法院对典型海事、海商案件的管辖权，在此基础上再根据其他的连结点作为补充来扩大中国海事法院对同类案件的管辖权，以及中国海事法院对其他海事、海商案件的地域管辖权，从而为中国海事法院行使管辖权提供更为完备的法律依据。

在中国的海事法院已对上述的海事、海商案件享有管辖权的前提下，该特别规定还分别规定了具体行使审判权能的海事法院，以避免国内海事法院之间以及海事法院和地方人民法院之间因管辖不明而发生的管辖冲突。在第7条还明确规定某些案件应由港口所在地、事故发生地和合同履行地的海事法院实施专属管辖。对于这类专属管辖法院，当事人既不能通过协议将这类案件转移到外国法院管辖，也不能协议由中国其他的地方人民法院管辖。

在规定了海事法院实行专门管辖的同时，《海事诉讼特别程序法》还突破了《民事诉讼法》涉外编中关于当事人协议选择与实际争议有连结点的法院管辖的原则（第8条）这样的规定充分体现了当事人意思自治的原则，为外国当事人到中国的海事法院诉讼提供了方便。

二、国际条约的规定

中国也是许多涉及国际民商事案件管辖权问题的条约的参加国。因而在有关案件方面，根据国际法上的"条约必须信守原则"和中国法律的规定①，

---

① 中国1991年《民事诉讼法》第260条规定："中华人民共和国缔结或者参加的国际条约同本法有不同规定的，适用该国际条约的规定，但中华人民共和国声明保留的条款除外。"

中国人民法院管辖权的确定应受条约规定的约束。例如：

中国参加了 1929 年《关于统一国际航空运输某些规则的公约》。该公约适用于所有以航空器运送旅客、行李或货物而收取报酬的国际运输以及航空运输企业以航空器办理的免费运输。公约规定，承运人对旅客因死亡、受伤或身体上的任何其他损害而产生的损失，对于任何已登记的行李或货物因毁灭、遗失或损坏而产生的损失，以及对旅客、行李或货物在航空运输中因延误而造成的损失承担责任，因而一旦发生这些方面的追索损害赔偿的诉讼，原告有权在一个缔约国的领土内，向承运人住所地或其总管理机构所在地或签订合同的机构所在地法院提出，也可以向目的地法院提出。

中国还是 1951 年《国际铁路货物联运协定》的缔约国，依该协定第 29条的规定，凡有权向铁路提出赔偿请求的人，即有权根据运送契约提起诉讼。这种诉讼只能向受理赔偿请求的铁路国的适当法院提出。

中国参加的 1969 年订于布鲁塞尔的《国际油污损害民事责任公约》规定，此种损害如在一个或若干个缔约国领土（包括领海）内发生，或在上述领土（或领海）内采取了防止或减轻油污损害的预防措施的情况下，有关的赔偿诉讼便只能向上述一个或若干个缔约国的法院提出。每一缔约国都应保证它的法院具有处理上述赔偿诉讼的必要管辖权。

第二节　新加坡和泰国有关国际民事管辖权的制度

一、新加坡有关国际民事管辖权的制度①

（一）导言

在冲突法方面，与普通法适用的大多数领域一样，新加坡法院遵循的是英国法院制定和发展的法律制度。除了有关程序事项的法院规则和规定法院管辖权的法律规定，支配冲突法原则的法律制度很少，大多数情况下都是适用英国的普通法。

---

① 参见［美］迈克尔·普雷尼斯（Michael Pryles）主编：《亚洲的争议解决》（*Dispute Resolution in Asia*），1997 年英文版，第 207~212 页；查尔斯·柏拉图（Charles Platto）主编：《世界性诉讼的经济影响》（*Economic Consequences of Litigation World Wide*），1999 年英文版，第 123~127 页；何勤华、李秀清主编：《东南亚七国法律发达史》，法律出版社 2002 年版，第 530~536 页。

新加坡法院的这种立场可在《英国法适用条例》①找到法律依据。该《条例》第 3 条规定如下：（1）英国的普通法（包括衡平原则与规则），只要在 1993 年 11 月 12 日以前直接是新加坡法的一部分，将仍旧是新加坡法的一部分。（2）普通法在新加坡继续有效。其第 1 款规定，只要法律适用于新加坡的情况和居民，且当情况需要时，服从于对该法所做的修改。

但要解释在 1993 年 11 月 12 日前普通法直接适用的情况，必须参考已于 1993 年废止的《民法》第 5 条。该条规定英国法适用于所有商事事项，包括：合伙、公司、银行和银行业务、委托人和代理人、航空、陆地和海事的承运人（运输）、海上保险、海损、人身和火灾险，以及与此有关的一般意义上的商事法问题。随着该条款的废止，大量因第 5 条，特别是因“一般意义上的商事法”而产生的问题，随着《英国法适用条例》第 3 条而得以消除。

因此新加坡有关冲突法问题的态度与英国法并没有实质性的区别。下面我们将主要讨论与管辖权和程序问题有关的法律规定，尽管有些内容属于地方当局的管辖范围。

（二）新加坡法院的管辖权

新加坡的法律制度既以英国法为基础，法院系统也分为两大主要部分：最高法院和下级法院。它们对新加坡境内的所有民事或刑事诉讼行使管辖权。此外还有教会法，教会法有关管辖权方面的制度规定教会法院对婚姻和财产处分诉讼行使管辖权。

1. 最高法院

《新加坡最高法院司法条例》规定最高法院为新加坡的上级法院。最高法院由高等法院和上诉法院组成，高等法院既可行使初审权，也可行使民事、刑事案件的上诉审管辖权，上诉法院对上诉审的民、刑事案件具有管辖权。1989 年司法委员会通过的修正案，对枢密院司法委员会受理上诉案件的管辖权进行了限制。由于 1994 年 4 月，最终排除了枢密院司法委员会的上诉管辖权，因此，按照法律规定，上诉法院成为新加坡受理上诉案件的终审法院。

2. 民事管辖权

高等法院的民事管辖权建立在传票的送达和被告服从管辖的基础上。传票必须按照新加坡《法院规则》②的规定以有效的方式送达。新加坡《法院规

---

① 1994 年版，第 7A 章（Cap. 7A 1994 Rev. Ed）。

② 《新加坡最高法院司法条例》1985 年版，第 322 章第 16 条。

则》第 10 号令①对新加坡境内的传票送达作了规定。经签字盖章的法院令状必须直接送达到受送达人方为有效。开庭传唤令状、开庭申请通知（书）的送达要求也是一样的，无论是否要求出庭。故法院具有管辖权的主要依据是能否将传票送达到可能的被告。根据第 11 号令的规定，需要域外送达的有下列各种情形：（1）被告在新加坡居住或拥有财产，住所在新加坡境内，在新加坡从事商业活动；（2）申请法院签发禁止令，责令被告在新加坡为或禁止为一定行为；（3）当事人是诉讼的必需当事人或适当的其他当事人；（4）就违约提起的执行或救济之诉：该合同或在新加坡境内签订；或准据法为新加坡法；或合同载明了有效的管辖条款，约定法院具有管辖权；（5）违约行为发生在新加坡境内；（6）侵权发生在新加坡境内或由于侵权行为或在任何地方的不作为，对新加坡造成损害；（7）所有诉讼标的物是位于新加坡境内的不动产；（8）与诉讼有关的不动产位于新加坡境内；（9）涉及不动产担保的诉讼，该不动产位于新加坡；（10）涉及信托事项的诉讼；（11）死者住所在新加坡内，为在遗产管理诉讼中获得任何救济而提起的诉讼；（12）就遗嘱检验提起的诉讼；（13）因执行任何判决或仲裁裁决而提起的诉讼；（14）根据《腐败（没收财产）法》（第 65A 章）、《毒品走私（没收财产）法》（第 84A 章）或其他任何成文法的规定提起的诉讼；（15）在原告以收受金钱为诉由提出的诉讼中，被告所申辩的产生责任的违法行为发生在新加坡；（16）诉讼所基于的理由产生在新加坡；（17）在新加坡的诉讼中就可执行的责任所提起的责任分担或赔偿之诉；（18）被告服从或一致同意将有关事项的管辖权赋予法院而提起的诉讼；或（19）就任何成文法的解释、效力和实施提起的诉讼。

新规则要求一方当事人必须出具符合上述列举的任何理由，并作出书面正式陈述，在法院办公室申请对另一方当事人的传票。书面陈述必须包括：提出申请的理由，原告确信所提起的诉讼具有合适的理由，以及能够或可能找到被告的地点或国家。

由于这些规定均以英国的《最高法院规则》为依据，因而英国法院所适用的规定直接适用于新加坡。新加坡对这些规则的态度与英国并无实质不同，高等法院的民事管辖权除规定在《最高法院司法条例》第 16 条外，在 17 条中作了更为详尽的规定，其中包括有关离婚和婚姻诉讼、海事、破产或公司、未成年人和精神病人、监护人的任命和管理，以及遗嘱检验裁判权等。

---

① 1996 年法院规则，《新加坡最高法院司法条例》1985 年版，第 322 章的补充性立法。

高等法院同样具有上诉审民事管辖权，审理来自地区法院的上诉案件，以及区法院和治安官法庭在行使准刑事或民事性质的管辖权时提起的上诉案件。

3. 下级法院

《下级法院规则》规定下级法院的组成包括：地区法院；治安官法庭；未成年人法庭；死因调查法庭；小额索赔法庭（和解法庭）。上述法庭中，地区法院和治安官法庭可以行使有限的一审民事管辖权。

4. 地区法院

地区法院与高等法院在下列管辖权事项上具有同样的民事管辖权：

（1）向被告送达令状或其他初审传票：a. 以《法院规则》规定的方式向新加坡境内的被告送达；或 b. 在《法院规则》规定的情形和以规定的方式向位于新加坡境外的被告送达；

（2）被告同意服从某地区法院的管辖。

但是，地区法院对诉讼案件的管辖权是有限的，《法院规则》第 2 条规定法院得审理金额不超过 300 万元的遗嘱检验和遗嘱管理案件和诉讼请求金额不超过 10 万元的其他案件，并审理因合同或侵权而发生的债务或索赔，以及根据任何成文法的规定就追索财产之诉、衡平之诉和不动产恢复原状提起的诉讼具有管辖权。地区法院同时在某种情形下可以相互诉讼的方式给予救济。

5. 治安官法庭

治安官法庭行使初审民事管辖权。根据《法院规则》，对地区法院管辖权的限制条款同样适用于治安官法庭。第 2 条规定治安官法庭审理诉讼金额或争诉标的物价值不超过 3 万元的案件。治安官法庭因无权审理非金钱之诉，衡平请求权之诉或财产之诉，而被进一步限制了管辖权。

二、泰国有关国际民事管辖权的制度①

泰国法院管辖权的一般规定包含在《民事诉讼法典》（简称"CPC"）中。1991 年前这些规定适用于国内案件，决定哪一个泰国法院有权审理某一特殊案件，但 1991 年，泰国修改了有关法院管辖权的规定，并授予法院一项具有深远意义的管辖权，即对不在泰国居住的当事人行使管辖权。

《民事诉讼法典》规定，只有下列诉讼可以提交法院：（1）根据诉讼的性质和法院的等级，按照支配法院组织的法律的规定，这种法院有资格审理有关

---

① 参见［美］迈克尔·普雷尼斯主编：《亚洲的争议解决》，1997 年英文版，第 261~266 页。

案件；（2）根据《民事诉讼法典》关于管辖地的规定以及根据确立法院属地管辖权限的法律规定，案件属于法院属地管辖范围。

泰国法院的管辖权由两个基本部分组成，即一般管辖权和属地管辖权。

1. 管辖权

泰国法院分为三级，即：一审法院、上诉法院和最高法院（Dika Court）。

（1）最高法院。泰国只有一个最高法院，它是级别最高的终审法院。根据《民事诉讼法典》第 223 条和第 247~252 条的规定，最高法院对于不服上诉法院判决和裁定的上诉案件行使一般管辖权。此外，最高法院依据其他法律授予的管辖权审理案件。

（2）上诉法院。上诉法院包括一个中央上诉法院和三个地方上诉法院，后者的设立，在于减轻上诉法院的工作量。上诉法院的属地管辖权由确立其属地管辖权的法律规定。中央上诉法院在中央地区享有属地管辖权，第一地方上诉法院对东北和东部地区行使属地管辖权。第二地方上诉法院对北部地区行使属地管辖权。第三地方上诉法院在南部地区享有属地管辖权。上诉法院有资格审理和裁定在他们属地管辖权内不服一审法院判决的上诉案件。

（3）初审法院。根据法院管辖权的性质，初审法院分为三类：

第一类初审法院是民事法院。由中央民事法院、吞武里（Thonburi）民事法院和南曼谷民事法院组成，它们都位于曼谷，属地管辖权由设立它们的法律决定。民事法院对所有的民事案件行使一般管辖权。

第二类是省级法院。曼谷以外的每一个省至少有 1 个省级法院，省法院对民事和刑事案件行使一般管辖权，其属地管辖权由设立他们的法律决定。

第三类是区法院。区法院位于曼谷和一些省份，对一些小额或轻微的案件行使一般管辖权。例如，索赔额不超过 40000 泰铢的民事案件，被控犯罪的最低刑罚不超过 3 年监禁，或者罚金不超过 60000 泰铢的刑事案件，其属地管辖权由设立法院的法律决定。

2. 属地管辖权的基础

虽然法院对某一案件享有一般管辖权，但并不意味着所有的法院对某一案件都行使管辖权。法院的管辖权由其属地管辖权和案件性质间的关系决定，在这方面，《民事诉讼法典》将两种类型的争讼进行了区别，讨论如下：

（1）不涉及不动产或与此相关的权利和利益的诉讼。起诉状须提交给被告住所地或案由发生地行使属地管辖权的法院分述如下：

①被告住所地。

A. 住所的一般规定。

住所的含义被规定在民商法典（简称 CCC）中，自然人的住所是指其主要居住地，住所会随着居所的改变而改变。法人的住所，是指法人主要办事机构所在地或成立地，或组织章程中选择作为其专门住所的地方。当法人有几个成立地或有分支机构时，该成立地或分支机构所在地对在该地履行的行为而言，也可被认为是住所地。

B. 被告的推定住所。

值得注意的是泰国法院可对一名在泰国没有住所但现在或过去在泰国营业的被告行使管辖权。下述地方推定为被告的住所地，如果这些地方位于泰国，这样，对该地行使属地管辖权的法院有权审理这些案件。这些地方包括：a. 被告营业或过去营业的地方；b. 被告所有的或以前所有的为营业而设立的联络处；c. 被告代理人的居所。这些地点在起诉时或起诉之日前的两年内必须是被告的营业地。

②诉因。

尽管被告的住所不在泰国，泰国法院可以以诉讼理由产生于泰国而对此案件行使管辖权。然而有时泰国法院所认定的诉因，事实上并没有发生在泰国，但为了便于起诉而推定服从泰国法院管辖。例如，诉因发生在泰国领域外的泰国船舶或航空器的情形，由于这些发生在泰国境外的案件不隶属于任何一家法院的属地管辖权，《民事诉讼法典》规定由曼谷的民事法院可对此案件行使管辖权。

③如果被告在泰国没有住所或诉因未发生在泰国。

除了上述的住所和诉因，《民事诉讼法典》进一步规定法院有资格管辖被告住所不在泰国，诉因也不发生在泰国的案件，只要：a. 原告在泰国有住所。原告的住所将仅依据以前讨论的一般规定来决定。在这种情况下，诉讼应向原告住所地的有地域管辖权的法院提出。b. 原告是泰国公民。自然人的泰国国籍由泰国国籍法决定。自然人的国籍可因出生、结婚或入籍而取得，法人国籍的取得没有专门适用的法律。因此，泰国的冲突法的一般原则应予适用：即有关法人国籍冲突的案件，其国籍国是它主要营业地或成立地所在的国家，在这种案件中，由民事法院行使管辖权。c. 如果被告败诉，被告有可执行的财产，（这种财产可以是动产或不动产，不论财产是临时还是长期在泰国）。在这种案件中，起诉状将递交到财产所在地的法院。

（2）有关不动产或其他与不动产有关的权利的诉讼。

不动产被定义为土地、永久固定在土地上的固定物或附着物，还包括与土

73

地、固定物和附着物相关的其他不动产权利。在这类案件中，起诉状将递交到有地域管辖权的被告住所地的法院或不动产所在地法院。

第三节　菲律宾和印度有关国际民事管辖权的制度

一、菲律宾①

（一）引言

也许要归因于菲律宾人不喜欢诉讼的天性和因此而采取的抗辩式诉讼制度，也许还因为在菲律宾进行诉讼程序花费昂贵而程序进展缓慢，所以在菲律宾大部分的纠纷都是通过协商来解决的。即使诉诸法院进行诉讼，通常也是为了促使相对方进行谈判协商以解决问题，而不是真的想通过法院恢复公平与正义。

而且，菲律宾政府也鼓励那些可能提起诉讼的人进行庭外和解。因此，在民事案件中强制性地规定了预审程序，而且在 barangay（菲律宾语，意为基本政治单位）审判体系下，居住在同一城市或地区的个人之间产生的小纠纷都要求先提交给 Lupong tagapamayapa（菲律宾语，意为和平委员会，简称为"Lupon"）解决。Lupon 由 10~20 名 barangay 的成员组成，要求他们必须廉明、公正、思想独立并且有正义感和探索的精神。对于提交给 Lupon 的每一个纠纷，都由 Lupon 成员组成调解小组来解决。调解小组询问双方当事人及其证人，为和平友好解决问题寻求各种可能，一旦达成了和解或作出了决议，促成了纠纷的解决，就和法院的终局判决具有相同的执行力和效力，除非被当事人所否定或被法院宣布为无效。在 barangay 审判体系下的案件，要首先提交给 Lupon 解决是一种惯例，如果不提交 Lupon 而直接提交给法院解决，法院可以以此为理由而驳回案件。然而，barangay 不能受理一方当事人是公司的案件。

通常，公司团体间的商业纠纷，主要通过诉讼来解决。在调解和仲裁都越来越普及的今天，菲律宾目前的法律也为调解和仲裁的普及和发展提供了更广阔的空间。

（二）管辖权/裁判权规则

管辖权规则主要体现在一般的法律中，但是也受宪法、菲律宾政府签订的

---

① 参见［美］迈克尔·普雷尼斯主编：《亚洲的争议解决》，1997 年英文版，第 176~178 页、第 182~184 页；何勤华、李秀清主编：《东南亚七国法律发达史》，法律出版社 2002 年版，第 427~445 页。

国际公约、为一般国家所接受的国际法原则以及司法解释的约束。

菲律宾的司法体系包括最高法院、上诉法院、若干区审判法院和市/镇巡回审判法院。一方面，最高法院的管辖权由宪法予以规定和保护，宪法赋予其特定的不可剥夺和不可削减的权力。另一方面，上诉法院和低级法院的管辖权是由议会规定的。宪法授予议会完成双重任务：一是设立法院（最高法院之外的其他法院）的权力，二是详细规定这些法院的管辖权。

根据特别法，特别法院或准司法实体也可以享有对特殊的纠纷的管辖权。其中主要有：（1）对于国家税务专员和关税专员作出的决定，税收上诉法院拥有特殊的上诉管辖权；（2）对于公司内部的纠纷，证券交易委员会拥有管辖权；（3）对于通信设备和设施、广播和电视传播系统和类似公共设施的运作，国家电讯委员会拥有管辖权；（4）对于公共用地的转让和设备的运作，土地转让特许和管理委员会拥有管辖权；（5）对于因为雇佣关系而产生的纠纷，国家劳资关系委员会拥有管辖权。

一般来说，普遍接受的国际法基本原则和菲律宾政府签订的国际公约的条款构成了菲律宾法律的一部分，并且在这个意义上说，它们也可以对菲律宾法院的管辖权施加限制。

法学理论在构筑管辖权规则中也起到了重要的作用，它影响着对宪法和其他法律条款进行适当的解释，从而对不同的法院的管辖权产生了影响。

（三）管辖权的确定

无论何时，一个含有外国因素的案件提交给菲律宾法院，该法院首先要确定其对案件的标的物有没有管辖权，并且它能不能取得对当事人和物的管辖权。如果这些先决问题都已经可以得到很确定的回答，法院接着才可以确定其对该案件的管辖权。相反，如果既对案件标的物没有管辖权，又对当事人或对物没有管辖权，那么法院别无选择，只有驳回该案件。

对案件标的物享有管辖权是法院有权审理并作出该案件判决的基础。这样的管辖权是法律所赋予的，而不能由当事人之间的协议所赋予。对物管辖权就是法院对产生纠纷的物拥有管辖权，并且一般受属地原则的约束。

对当事人的管辖权就是法院有权作出判决，并且能保证该判决对案件的当事人有约束力。对原告或上诉人的管辖权是通过原告或上诉人向法院提交起诉状、上诉状或者恰当的自诉状而取得的。对被告或被上诉人的管辖权则是通过法院向其施加的强制性的法院程序而取得的，一般是通过送达传票的方式。被告或被上诉人自愿出庭或应诉也和送达传票有同等的效力。

（四）管辖权协议

合同的当事人可以自己限制菲律宾法院的管辖权。菲律宾《民法典》第1306条规定："只要他们认为方便，合同的当事人便可以约定一些条款、术语和条件，并只要与法律、道德、良好的习惯、公共秩序或公共政策不相抵触。"因此，当事人在因为合同产生的诉讼中可以约定管辖法院。

在1954年King Mau诉Sycip案中，法院解释说，如果法律对一个案件赋予不同法院以同等的管辖权，合同的当事人可以选择其中的一个法院为审判法院。法院明确地参考了《第二次冲突法重述》第80条第3款的规定："如果当事人已经以书面形式同意在他国提起诉讼，诉讼应该在该国法院提起，法院可以驳回案件或暂停诉讼程序，除非：（1）法律要求法院必须接受该诉讼；（2）由于迟延提起诉讼之外的理由，原告在他国不能得到有效的救济；（3）他国在审理案件方面，与本州相比，是实质上更不方便的法院；（4）关于诉讼地点的协议是通过误解、强迫、经济权力的滥用或者通过其他不合理手段取得的；（5）因为一些其他原因，执行该协议会产生不公平或不合理的结果。"

和上述内容相一致，菲律宾法院在审判该案中的利益是更明显的情况下，它会毫不犹豫地否定合同中的选择法院条款而确定菲律宾法院的管辖权。这在香港和上海银行公司诉西尔曼案中得到了很明确的体现。在该案中，1989年香港和上海银行公司（以下简称银行）向一家新加坡公司开出了透支的票据，公司名称是东方书报供应设备有限公司（以下简称公司）。这个透支的单据是由杰克·罗伯特·西尔曼、Deodato Reloj和Robin de Clive Lowe所担保的。西尔曼和Reloj都是菲律宾的居民。在担保协议中包含了下列法院选择条款："本担保协议和其中产生的权利、义务和责任都应该按照新加坡共和国的法律来解释、判决和执行。因此，我们同意新加坡法院对所有因本担保协议产生的纠纷拥有管辖权。"因为公司没有履行其责任，银行将西尔曼和Reloj告上了法庭。然而，银行没有理会其中的关于法院选择的规定而在菲律宾法院提起了诉讼。被告拒绝出庭，声称应该在新加坡提起诉讼，最高法院认为菲律宾法院在本案中享有管辖权。针对他们事先自由订立的上述法院选择条款，法院解释说："在国际法中所有的管辖权规则都是基于一个基本原则：一个国家在没有一些合理的基础行使管辖权的时候，就不应该拥有管辖权，而不论其诉讼是对物的、准对物的还是对人的。建立在一些很微弱的联系之上的管辖权，不符合公平竞争和实质正义的传统观念。实际上，正如原告银行方所指出的一样，现在的这个案件表现出了一种非常奇怪的状况。在一般生活习惯中，任何人在外国法院都可能会被拒绝提起诉讼，却更有可能成为被告。然而，在本案中，是

（被告）菲律宾的居民（这是无须争论的事实）宁愿到外国法院面对针对他们所提起的诉讼，而不愿意由菲律宾法院来审理这个案件，在这个过程中，会产生许多额外的费用，更不用说其中的不方便之处了。（被告的）这种态度让人很难理解，除非他们最后的目的只是为了逃避，或者至少是拖延履行其义务。"

香港银行案也告诉我们，法院选择条款的语言对于有效实施当事人的意图也是很重要的。在同一案件中，最高法院忽视法院选择条款提出的另一个理由是，当事人没有规定只有新加坡法院才能行使管辖权，也没有排除其他法院的管辖。从本案中可以得出一些教训，那些真正想表现他们对某国法院作唯一选择的当事人应该在合同中增加限定性和严格的词语，可以表明所提到的地点是当事人之间唯一同意的审判地点（即专属的或排他的）。

二、印度①

（一）导言

在印度，规定民事审判庭所遵循的诉讼程序的第一部《民事诉讼法典》于1908年颁布，其后多次修订，一直使用至今。它适用于印度全国民事法庭，但极少数因政治或文化的原因免予适用的特定地区除外。这些免于适用的地区有自己单独的《民事诉讼法典》，这些法典与1908年法典差别很大。

法庭拥有不可剥夺的权力发布实现正义的终极目的及确保法庭程序不被滥用的命令。这些固有权力在《民事诉讼法典》第151条中予以特别保留。该条明白无误地指出没有任何一条规定可限制或影响法庭对这种固有权力的行使。但是，在法典中有针对特定目的的、在有特殊规定的情况下不能援用法庭的这种固有权力的规定。

（二）管辖权的确立

1. 标的物管辖

印度州联邦政府通过地方立法的方式规定了小事件法庭和地区法院的金钱标的管辖权。同时，印度每一州联邦政府又有自己的高等法院，它的管辖权及于该州的全境。在高等法院之下有若干地区法院。地区法院的地域管辖是确定

---

① 参见［英］克里斯丁·T.坎贝尔主编：《国际民事诉讼》，1995年英文版，第359~361页。本书有关印度国际民事诉讼程序的阐述主要参考了坎贝尔主编的《国际民事诉讼》和何勤华、李秀清主编的《东南亚七国法律发达史》（法律出版社2002年版）、李双元与谢石松著的《国际民事诉讼法概论》（武汉大学出版社2001年版）等书。

的。这些高等法院都从属于设在新德里的最高法院。

2. 诉讼地

每一项诉讼必须提交到有标的额与地域管辖权的法院。法院的地域管辖权主要根据以下原则确定：诉因发生地或被告人居所所在地或营业地。诉因包括只要存在部分诉讼原因和被告，如果不只一个被告人，则意味着任何一个或数个被告人。

针对不动产的诉讼必须在不动产所在地的法院提起。对不动产以外的地域管辖权将依据诉讼原因发生之地，或被告人居所所在地，或营业地的原则予以确定。

3. 诉讼当事人

有相同诉因、相同的事实或法律问题的当事人，可合在一起作为共同原告提起诉讼。类似地，基于一个共同诉因被要求提供补偿救济的人也可作为共同被告。一个当事人可作为享有相同利益的集团的代表提出诉讼或辩护。

一项诉讼不会因为不合法的诉讼合并或欠缺共同诉讼人而归于无效。但是，如果不可或缺的一个当事人没有被提起诉讼，则诉讼会被驳回。在法庭因缺少不可或缺的当事人而决定驳回诉讼之前，法庭会给原告一个起诉该当事人的机会。只有在对该当事人的起诉不成功之后，法庭才会驳回案件。

一个不可或缺的当事人是指该当事人的出席、参与是至关重要的，并且他的缺席将使作出有效力的判决变得根本不可能。不可或缺的当事人不同于恰当的当事人，任何一个恰当的当事人并不一定就是不可或缺的当事人。未能成功地对不可或缺的当事人提出诉讼对诉讼来说是一个致命的缺陷，而未对恰当的当事人提起诉讼则并非至关重要。

当法庭认为替换或增补某原告或被告对决定诉讼中的实质争议尤为重要时，有权依据法庭提议或任何人的申请作出替换或增补决定。在认为有人参与诉讼为不恰当时，法庭亦有权命令该人不得参与诉讼。

一方面，每一诉讼必须包括原告基于诉因而有权提出的全部诉讼请求，亦有权放弃请求的任何部分。另一方面，原告可在一个诉讼中把所有诉因合并在一起而向同一被告提出，但原告不能基于同一诉因对同一被告提出一个以上的诉讼。

当事人可亲自出庭，也可由其代理人或律师出庭。一旦当事人要求他的代理人或律师出庭，法庭就会把诉讼文书、传票或通告通过他的代理人或律师送达当事人本人。当原告请求金钱补偿以及取消不动产抵押赎回权时，所有与该抵押担保或者与不动产赎回有利益关系的人均应加入诉讼。

第四节　日本、朝鲜和土耳其有关
国际民事管辖权的制度

一、日本

日本属于大陆法国家。法典和成文法是日本法律的主要渊源。虽然判例在日本不能作为法律的主要渊源，但在国际民事管辖权领域里，判例却起着相当重要的作用。

日本法院的管辖权制度主要规定在日本的《民事诉讼法典》中。日本的《民事诉讼法典》主要规定了纯国内案件的法院管辖权。根据该法典第 1~22 条的规定①，如果被告或相关的行为与日本领土有联系，日本法院就有管辖权。日本与其他大陆法国家一样，主要采取了原告就被告的原则，以被告的住所地作为管辖权的一般基础。除了一般管辖权外，日本还规定了协议管辖、应诉管辖、专属管辖和特殊管辖，如果侵权行为地、合同的履行地，或诉讼争议的财产在日本，日本法院对这些案件也有管辖权。

但是无论是日本的《民事诉讼法典》还是其他法规都没有规定国际民事管辖权制度。在过去，关于日本《民事诉讼法典》国内管辖权的规定能否适用于国际案件中，学者以及司法实践有不同的观点②。直到 1981 年，日本最高法院在 Goto et al v. Malaysian Airline System 一案③中，才建立了国际民事管辖权的一般标准，即"正义和合理"的标准。其具体判断有以下三个方面：（1）在日本，没有明确的法律条文规定国际民事管辖权制度；（2）国际民事管辖权的建立必须符合正义的原则，并保证当事人之间的公平以及正确和迅速地审理案件；（3）虽然在《民事诉讼法典》中分配地方法院管辖权的条文与国际管辖权无关，但只要国际案件符合《民事诉讼法典》所确立的国内管辖权的条件，被告必须接受日本法院的管辖权。简单地说，如果国际案件中存在《民事诉讼法典》规定的管辖权的基础，日本法院对该国际案件具有管辖权，

---

① 参见白绿铉编译：《日本新民事诉讼法》，中国法制出版社 2000 年版，第 32~39 页。

② T. Matswo, *Jurisdiction in Transnational Cases in Japan*, 23 *International Lawyer*, 1989.

③ *Japanese Annual of international Law* 1983.

除非管辖权的行使将违背正义和正当程序①。

二、朝鲜

朝鲜最高人民议会常务委员会 1995 年 9 月 6 日通过的《朝鲜民主主义人民共和国涉外民事关系法》② 的第五章（争议的解决）对朝鲜的司法或仲裁管辖权作了如下规定：

1. 法律适用

除本法有相反规定外，解决因涉外民事关系而产生的争议应适用朝鲜民主主义人民共和国的相关法律。

2. 协议管辖

因财产交易而产生争议的司法或仲裁管辖权应根据当事人之间的协议确定。

3. 普通管辖

如果财产交易的当事人未达成有关争议的司法或仲裁管辖权协议，对以下案件，朝鲜民主主义人民共和国的有权机构将行使管辖权：（1）被告在朝鲜民主主义人民共和国境内有住所或居所；（2）作为争议产生原因的财产损害发生于朝鲜民主主义人民共和国境内；（3）被告的财产或争议的标的在朝鲜民主主义人民共和国境内；或（4）导致争议产生的原因与任何在朝鲜民主主义人民共和国境内登记的不动产有关联。

4. 有关权利能力和行为能力的诉讼的管辖权

任何因认定无行为能力、限制行为能力、失踪或死亡而产生的争议如果与朝鲜民主主义人民共和国境内的法人、公民或财产有关，无论当事人的国籍及住所如何，朝鲜民主主义人民共和国的主管机关对该类争议有管辖权。

5. 有关婚姻、家庭及婚姻财产制的诉讼的管辖权

对任何因结婚或离婚而产生的争议，如果诉讼开始时被告在朝鲜民主主义人民共和国境内保留有居所，或者原告是居住于朝鲜民主主义人民共和国境内的公民的，朝鲜民主主义人民共和国的主管机关对该类争议具有管辖权。

对因婚姻财产而产生的争议，如果当事人在朝鲜民主主义人民共和国境内

---

① 参见徐伟功著：《不方便法院原则研究》，吉林人民出版社 2002 年版，第 286~287 页。

② 该法的中译本（刘仁山译，韩德培校）参见韩德培、黄进、余先予主编：《中国国际私法与比较法年刊》第五卷，法律出版社 2002 年版，第 578~587 页。

有居所，或者原被告双方有一方在朝鲜民主主义人民共和国境内有居所且有相关财产在朝鲜民主主义人民共和国境内的，朝鲜民主主义人民共和国的主管机关具有管辖权。

因收养、收养的解除、亲子关系、监护，或扶养而产生的争议，仅在争议所涉及的当事人居住于朝鲜民主主义人民共和国境内时，朝鲜民主主义人民共和国的主管机关具有管辖权。

6. 有关继承的诉讼的管辖权

因继承而产生的争议，如果继承人是在朝鲜民主主义人民共和国内居住的公民或无人继承财产位于朝鲜民主主义人民共和国境内的，无论继承人的国籍或居所如何，朝鲜民主主义人民共和国的主管机关具有管辖权。

7. 拒绝管辖

对以下案件，即使争议的任何一方当事人已向法院或仲裁机构提出了相应请求，法院或仲裁机构应驳回请求或中止相应程序：（1）根据本法，如果法院或仲裁机构对争议无管辖权的；（2）如果对同一争议的任何相关的诉讼或仲裁程序已在其他国家进行的；（3）如果案件当事人同意中止诉讼或仲裁的；或（4）如果根据朝鲜民主主义人民共和国的法律存在其他正当理由的。

三、土耳其

土耳其的有关立法是仿效瑞士法制定的。在土耳其法中，法院管辖权也与属地理由的内国权限一致。1982 年颁布的《土耳其国际私法和国际诉讼程序法》① 第 27 条规定："土耳其法院在国内的国际管辖权，依属地原则确定。"属地权限依被告住所地或经常居住地、法人所在地、不动产所在地、诉讼标的和担保标的所在地、合同履行地或生效地而定。特殊管辖有遗产继承法院、财产扣押法院、临时救济法院、反诉法院和侵权行为地法院。在物权诉讼和有关居住在国外的土耳其公民的身份、家庭和遗嘱检验的案件中，土耳其法院有专属管辖权。土耳其法原则上并不区分土耳其公民和外国人而予以差别对待；它也不考虑要求有互惠关系的存在。

在土耳其境内没有住所的土耳其人，有关其法律地位的诉讼，如果他们住所地（他们居住的国家）法院不管辖的，当事人在土耳其居所地的法院行使管辖权。当事人在土耳其没有居所的，由其在土耳其的最后住所地法院管辖，

①　该法的中译本可参见李双元、欧福永、熊之才编：《国际私法教学参考资料选编》（上册），北京大学出版社 2002 年版，第 160~166 页。

没有最后住所地的，由安卡拉、伊斯坦布尔或伊扎米尔法院管辖。

有关外国人法律地位的诉讼，在土耳其境内没有住所的外国人，有关他们监护、财产保管、失踪和死亡宣告的诉讼由他们在土耳其境内居住地法院管辖，没有居所地的，由他们财产所在地法院管辖。

有关财产继承的诉讼，由被继承人在土耳其的最后住所地法院管辖，没有最后住所地的，由遗产所在地法院管辖。

土耳其法也允许对合同争议由当事人进行协议管辖。在不违反土耳其法院的专属管辖权和公共秩序的前提下，当事人可以协议选择外国法院管辖。但是如果该外国法院认为对此案无管辖权的，案件由土耳其的有关法院管辖。

第五章　若干欧洲国家和欧盟有关国际民事管辖权的制度

第一节　英国和爱尔兰有关国际民事管辖权的制度

一、英国有关国际民事管辖权的制度

（一）管辖权的种类

传统意义上的英国法院的管辖区仅限于英格兰和威尔士，不包括苏格兰、海峡岛屿、曼恩岛和领水以外的其他任何地区。

英国颁布了《1982 年民事管辖权和判决法案》（CJJA1982）以便实施《1968 年关于民商事案件管辖权及判决的承认与执行的布鲁塞尔公约》（以下简称《布鲁塞尔公约》）。该公约在很大程度上使欧洲共同体成员国确立民事诉讼管辖权所适用的法律得到统一，它适用于含有涉外因素的任何争议。为了实施《卢迦诺公约》，英国颁布《1991 年民事管辖权和判决法》对《1982 年民事管辖权和判决法》作出了修订。《卢迦诺公约》使欧洲自由贸易联盟的成员国都加入了《布鲁塞尔公约》体系。尽管《卢迦诺公约》采用了《布鲁塞尔公约》的基本原则，但他们不是完全相同的。欧盟理事会 2000 年 12 月 22 日在布鲁塞尔通过了《关于民商事案件管辖权及判决承认与执行的规则》（2001/44/EC，2001 年第 44 号规则，已于 2002 年 3 月 1 日生效）①，除丹麦

---

① 该规则与《布鲁塞尔公约》的比较可参见刘卫翔著：《欧洲联盟国际私法》，法律出版社 2001 年版，第 309~313 页；肖永平主编：《欧盟统一国际私法研究》，武汉大学出版社 2002 年版，第 114~115 页。《布鲁塞尔公约》中译本可参见李双元、欧福永、熊之才编：《国际私法教学参考资料选编》（中册），北京大学出版社 2002 年版，第 1086~1098 页。欧盟理事会 2001 年第 44 号规则中译本可参见《中国国际私法与比较法年刊》第五卷，法律出版社 2002 年版，第 588~633 页。

外①，该规则将替代《布鲁塞尔公约》。为了实施欧盟理事会 2001 年第 44 号规则，英国颁布了《2001 年民事管辖权和判决令》，对《1982 年民事管辖权和判决法》作了修订。此外，欧盟理事会于 2000 年 5 月 29 日通过了《关于破产程序的规则》（2000/1346/EC，2000 年第 1346 号规则，已于 2002 年 5 月 31 日生效）②、于 2000 年 5 月 29 日通过了《关于婚姻案件和亲子关系监护案件管辖权及判决承认与执行的规则》（2000/1347/EC，2000 年第 1347 号规则，已于 2001 年 3 月 1 日生效）③。

然而，《布鲁塞尔公约》和欧盟理事会 2001 年第 44 号规则并没有涉及与欧盟成员国有关的所有案件。处于该公约和规则范围之外的诉讼，包括自然人的身份或权利能力、无偿债能力公司的破产或清算、司法调解或和解、社会保险、仲裁、婚姻财产权利、税收和关税、遗嘱和继承。

因此，在考虑英国法院对涉及非欧盟成员国的被告的案件或上述欧盟理事会规则管辖范围以外的案件是否具有管辖权时，有必要运用传统的英国管辖权规则。

1. 诉讼当事人的管辖权

（1）自然人

①《1982 年民事管辖权和判决法》

欧盟理事会 2001 年第 44 号法规确立管辖权的指导性原则是居住于某一缔约国的自然人应当在该国被起诉，仅在适用欧盟理事会 2001 年第 44 号规则的特殊管辖权规则的案件中，才可以在另一缔约国被起诉④。第 3 条规定了居住于缔约国的自然人在另一缔约国的法院被起诉的几种情况。

《布鲁塞尔公约》和欧盟理事会 2001 年第 44 号规则没有给住所下定义，要求各缔约国参照他们自己的国内法予以定义。为了便于确定管辖权，《1982 年民事管辖权和判决法》第 41~46 条对住所作出了定义，使英国法律与其他缔约国法律相一致。第 14 条规定了住所的确定：（a）如果他是英国居民并且他的居所的本质和环境状况表明他与英国有实质性的联系，那么，他的住所就在英国。（b）住所在英国的某一地方，如果他居住于该地区且他的居所的本

---

① 因丹麦在欧盟有关公约的议定书中，表明对内务司法合作事项不予参加。

② 该法规的内容及对其的评价可参见肖永平主编：《欧盟统一国际私法研究》，武汉大学出版社 2002 年版，第 206~214 页。

③ 该规则的内容可参见刘卫翔著：《欧洲联盟国际私法》，法律出版社 2001 年版，第 305~308 页。

④ 参见规则第 2 条。

质和状况表明他与该地区有实质性的联系。如果某人满足有关英国住所的要求，而不符合某个特定地区有关住所的要求，那么他居住的地方将被视为住所。（c）住所在英国的某一特定地区，如果他居住于英国某一地区且他在这个住所居住；以及（d）住所在除缔约国以外的第三国，如果他在该国居住，且他的居所的本质和状况表明他与该国有实质性的联系（虽然没有给居所下定义，但此处似乎单纯意味着居住于某个地方的事实。同样，虽然没有给实质性的联系下定义，但是当某个人在某地居住至少3个月就被假定为有实质性的联系）。

②传统规则

在普通法中，适当的传票送达手续足以确定管辖权。作为一般规则，管辖范围内的传票送达程序无须得到法庭的授权，而管辖范围外的传票送达程序（如果不属于《布鲁塞尔公约》和欧盟理事会上述规则的适用范围），有的需要得到法庭的允许才能进行，并取决于法庭的自由裁量。

根据1999年《英国民事诉讼规则》（以下简称规则）第6.19条①，无须法院许可，向域外的被告送达诉状格式的条件为：A. 诉状格式中载明向被告主张的全部诉讼请求，法院依《1982年民事管辖和判决法》皆有管辖权；B. 当事人之间并未因同一纠纷正在联合王国其他地区或其他任何公约地区②的法院进行诉讼程序；C. 被告住所位于联合王国或任何公约地区；D. 诉讼程序属《1982年民事管辖和判决法》附表1第16条、第3C条或第4条所指诉讼程序，或被告签订该法附表1第17条、第3C条或第4条所指的管辖权协议。如诉状格式中载明向被告主张的全部诉讼请求，为法院基于任何法律规定享有管辖权的，即便被告不在法院辖区内或者诉讼事由未发生在辖区内的，亦可向域外的被告送达诉状格式。

依《英国民事诉讼规则》第6.19条域外送达诉状格式的，原告须声明有权向域外送达诉状格式的理由。声明的一般格式为："兹声明，英格兰和威尔士高等法院根据《1982年民事管辖和判决法》的规定，有审理该诉讼的权力，以及，当事人之间并未因同一纠纷，正在苏格兰、北爱尔兰或任何其他公约缔约国（见该法第1条第3款规定）的法院进行诉讼程序。"送达诉状格式未附

---

① 参见徐昕译：《英国民事诉讼规则》，中国法制出版社2001年版，第30~31页；徐昕著：《英国民事诉讼与民事司法改革》，中国政法大学出版社2002年版，第123页。以下述及英国民事诉讼规则的内容均引自徐昕先生之书，不再一一注明。

② 所谓公约地区，指《布鲁塞尔公约》或《洛加诺公约》任何缔约国之管辖地区。

有诉状明细的，须一并送达第 N1C 号文书格式（致被告的备忘录）。

英国法院对在英格兰和威尔士的人主张行使管辖权，即使他们的停留是短暂的。合伙公司的员工按照以上规则也能被送达。另外，在公司的主要营业地（在管辖权内）也可以对在送达时对合伙公司有控制或管理权的任何人进行送达，或者通过普通的最快的邮寄方式，将一份令状寄到位于管辖权内的合伙公司的主要营业地，而不论合伙企业的任何成员是否在管辖权外①。

然而，法庭对驳回诉讼程序具有决定权，只要这些诉讼程序是对法院程序的滥用；同样，英国法院也有以不是"最方便法院"为根据，终止诉讼程序的决定权。

如果被告不是英格兰和威尔士的居民，当某一特别法令授予管辖权或如果被告自愿接受管辖，那么法院就可进行管辖。当来自海外的原告在英格兰和威尔士启动诉讼程序，英国法院可对原告提出的反诉拥有管辖权。

高等法院也可以在诉讼中根据最高法院规则 11 号法令阐述的理由行使管辖权②。在下列条件下，经法院许可，对位于管辖权外的被告可进行令状的送达：

A. 一般理由。提起诉讼所请求的救济，指向住所在管辖区内的人；提起诉讼，申请法院签发禁令，责令被告在管辖区内为或禁止为一定行为；向已送达或将送达诉状格式的人提起诉讼，以及原告与受送达人之间存在真实的争议，由法院审理合理正当的，且原告希望向有关诉讼必要或适当的其他当事人送达诉状格式的；提起第 20 章之诉，且就第 20 章之诉原告所提起之诉而言，受送达人为该诉讼必要或适当的当事人。

B. 临时性救济之诉。依《1982 年民事管辖和判决法》第 25 条第 1 款提起的临时性救济之诉。

C. 合同之诉。合同符合如下要件所提起合同之诉：合同签订地在管辖区内、合同由或通过代理人签订且签约代理人在管辖区内营业或居住、合同的准据法为英国法，或合同载明了协议管辖条款即约定某法院对涉及某合同的任何纠纷拥有管辖权；因在管辖区内违约而提起的诉讼；申请宣告合同不存在之诉。

D. 侵权之诉（Claims in tort）。由于侵权发生地位于管辖区内，或发生侵权的原因系管辖区内的行为而提起的侵权之诉。

---

① 《最高法院规则》第 18 号法令。

② 这与允许在法院管辖权外进行送达有联系。

E. 执行。因执行任何判决或仲裁裁决提起的诉讼或申请。

F. 对管辖区内的诉讼标的物提起的诉讼。

G. 涉及信托等事项的诉讼。信托执行应适用英国法，诉状格式的受送达人为受托人的，则为主张在诉讼中取得执行书面契约信托的救济而提起的诉讼；死者住所位于管辖区内，为在遗产管理诉讼中取得任何救济而提起的诉讼；在包括补正遗嘱的遗嘱认证程序中所提起的诉讼；如主张被告应承担的责任因管辖区内的行为而产生，对作为推定受托人（constructive trustee）的被告所提起的诉讼；如主张被告应承担的责任因管辖区内的行为而产生提起的恢复原状之诉。

H. 国内税务署特派员就纳税事项，对住所不在苏格兰或北爱尔兰的被告提起的诉讼。

I. 请求法院作出有利于或不利于诉讼外第三人的诉讼费用命令之诉。规则第48.2条规定了法院考虑是否行使自由裁量权，作出有利于或不利于诉讼外第三人的诉讼费用命令之程序。

J. 根据其他法规①提起的诉讼。

申请法院许可域外送达诉状格式的，须有书面证据支持，并载明：申请理由及法律依据（规则第6.20条的有关款项）；原告相信，有合理胜诉希望的；被告的送达地址，如果不清楚的，则陈述能够或可能找到被告的地点或国家。

如原告申请法院许可向苏格兰或北爱尔兰送达诉状格式，而在法院看来，原告亦有权在上述地点享有救济的，则法院在决定是否作出许可时，应对比在管辖区内外进行诉讼的成本和便利程度，并考虑苏格兰地方法院（the Sheriff Court）或北爱尔兰郡法院、简易程序法院的权力和管辖。

法院惟有认为英格兰和威尔士为提起诉讼的适当地点，方得作出许可。法院许可域外送达诉状格式的命令，须指明被告提交送达认收书、提出或送达自认书以及提交答辩状的期间。

（2）法人

①《1982年民事管辖权和判决法》（CJJA 1982）

---

① 第6B章诉讼指引第5.2条规定了如下法规：A.《1965年原子能装置法》；B.《1992年社会保险基金和利益法》；C. 欧共体理事会1976年3月5日签发的《第76/308/EEC号指令》，该指令规定向欧盟成员国实施送达；D.《1994年毒品交易法》；E.《1986年金融服务法》；F.《1987年银行法》；G.《1988年刑事司法法》第6章；H.《1987年移民（运送人法律责任）法》；I.《1999年移民和避难法》；J.《1971年移民法》附表二。

住所作为欧盟理事会 2001 年第 44 号规则确定管辖权的主要基础，确定住所的指导性原则不仅适用于自然人，同样适用于法人。欧盟理事会 2001 年第 44 号规则第 60 条规定："公司或其他法人或自然人或法人协会的住所位于：法定所在地或管理中心或主营业地。在联合王国和爱尔兰，法定所在地系指注册事务所；或无注册事务所时，则在组成地；若无组成地，则在其成立所依据法律的所属成员国。"然而，《布鲁塞尔公约》和欧盟理事会 2001 年第 44 号规则并没有给所在地下定义，缔约国须求助于国内法来作出定义。

《1982 年民事管辖权和判决法》第 42 条和第 43 条规定，法人的所在地在：A. 英国——如果它是根据英国某个地方的法律组成或设立，并且在英国有办事处或其他正式的地址，或在英国实施主要的管理和控制。B. 英国的某一特定地区——如果它的所在地在英国或在该地区有注册办事处或其他正式地址，或主要管理和控制在该地实施，或在该地有营业地。C. 英国的某一特定地方——如果它的所在地在英国的某一地方，并且在该地有注册办事处或其他正式地址，或在该地进行主要的管理和控制。D. 在英国以外的其他国家——如果它是根据该国法律组成或设立，并且它在该国有注册办事处或其他正式地址，或者主要管理和控制在该国实施，除非该国法院不愿把其所在地视为在该国。

正式的地址，是指依法要求进行登记及接收通知的地方，依据这些法律，一个法人可以拥有两个或更多的所在地。因此，应该依据第 21～23 条的规定解决管辖权冲突。第 16 条第 2 款规定：在涉及组织章程的合法性的诉讼中，在涉及公司、其他法人、自然人或法人协会的解散或机构的决议的无效或废除的诉讼中，缔约国法院（如果公司、法人、协会的所在地在该国）有排他性的管辖权，至于在此案件中的所在地的定义，参见《1982 年民事管辖权和判决法》第 43 条。

②传统规则

如上所述，在普通法中适当的送达程序足以确定管辖权，如一家公司在英国登记注册，那么诉状格式通过留置送达或邮寄送达至其注册办事处，英国法院就具有管辖权①。

如果一法人在国外设立，但它在英国有营业场所，它必须根据《1985 年公司法》第 691（1）（b）（ii）条的规定向公司的司法常务主任呈交被授权代表公司接受送达的英国居民的姓名及地址，如果该人接收送达，即使该公司不

---

① 1985 年公司法第 725（1）条。

再在英国营业，该送达仍然有效。

在罗马诉潘林加坡国家银行一案中①，法庭认为，没有必要由名字已送交公司司法常务主任的人接受送达，如诉状格式留置在送达地址，就足以产生效力，如果该指定的人不再在英国，或不愿接受送达或如果由于其他原因，不能采用此种方式进行送达，可将诉状格式留置在或邮寄到该公司在英国设立的任何营业地而送达②。最高法院的法令还规定，如果法人接受管辖或法院决定行使管辖权，也可进行送达。

（3）欧盟理事会 2001 年第 44 号规则第 3 条

欧盟理事会 2001 年第 44 号规则第 3 条规定：定居在缔约国的自然人仅依据规则第 5~26 条可以在另一缔约国的法院被诉。根据此规定，英国法院对下列阐述的案件具有管辖权③：

当事人双方（其中一方居住于某一缔约国）同意接受英国法院的管辖，并且如果双方达成书面协议，或有书面证据，或用与当事人之间确立的习惯做法或国际贸易惯例相符的形式达成一致，如果协议是用双方当事人知道或理应知道的形式所达成并且该形式广为知悉并通常为此类合同的当事方所遵守，那么英国法院就可根据第 23 条行使管辖权。

就消费和保险合同而言，当事各方必须遵守第 13、17、21 条，才能借助（依靠）第 23 条。在法院根据第 22 条拥有排他性管辖权的情况下，第 23 条将不产生效力。

按照第 22 条的规定，在下例案件中英国法院有排他性的（即专属的）管辖权，而不管当事人的住所在何处，以及是否达成管辖协议或管辖协议书：A. 对在英国境内的不动产提出的物权诉讼和以英国境内的不动产的租赁作为讼诉标的而提出的诉讼。B. 以公司章程的合法性作为诉讼标的而提起的诉讼。C. 如果登记注册保存在英国，以在公共登记注册中登记的合法性作为标的而提起的诉讼。D. 在涉及专利、商标或其他要求进行登记的权利的注册或有效性的诉讼中，如果该登记在英国已申请或已在英国进行，或根据认为在英国已生效的某一国际公约中的条款而登记或注册。E. 在涉及强制执行判决的讼诉中，如果该判决已经或将在英国强制执行。

---

① ［1989］1 WLR 1211.

② 1985 年公司法第 695（2）条。

③ 在《布鲁塞尔公约》和欧盟理事会 2001 年第 44 号规则的案例中，不能再依据被告出席法庭而拥有管辖权。

根据第 24 条的规定，如被告通过出庭的方式接受英国法院的管辖权，那么英国法院将具有管辖权，除非出庭是仅仅对法院的管辖权提出异议，或另一缔约国的法院根据规则第 22 条具有排他性的管辖权①。

依照第 5 条、第 6 条和第 7 条的规定，在下列案件中，即使被告的住所不在英国，原告可以选择在英国法院提起诉讼：A. 合同义务的履行地在英国，缔约国必须根据自己的冲突规则决定该争议中的法律关系应适用何国法律，并且根据该国法律界定合同义务的履行地，至于与个别雇佣合同有关的事务，合同义务履行地为受雇者惯常进行工作的地方。B. 有关抚养（赡养）的特定案件。C. 在有关侵权、不法行为或类似不法行为的案件中，如损失或导致损失发生的事件发生在英国。D. 在刑事诉讼中，针对居住在另一缔约国或苏格兰或北爱尔兰的被告而提起的损害赔偿的民事请求或恢复原状的民事请求，依据英国法律该法院在一定程度上对民事诉讼有管辖权。E. 因开办分支机构、代理处、其他机构而引起的争议，如该分支机构、代理处或其他机构位于英国境内。F. 针对信托人（财产授权人）、受托人或信托财产的受益人而提起的请求，如果信托财产位于英国②。G. 关于对在英国法院授权下的货物打捞（救助）要求偿付报酬的争议，如果货物因保证偿付而被扣留，或如果货物没有准许保释和提供其他担保，货物本已被扣留。被告必须对货物有权益，或必须在救助时有权益。H. 如果英国法院对由于使用船舶而引起的法律责任的诉讼有管辖权，英国法院对此种责任的时效而提出的诉讼有管辖权。I. 在有许多被告的案件中，其中一个在英国有住所。J. 在被告在英国进行的诉讼程序中被诉的案件中，决定由被告针对居住在另一缔约国或英国另一地区的人提出的第三方诉讼请求，除非启动诉讼程序是为了剥夺本有资格决定针对他的诉讼请求的国家的法院对第三方当事人的管辖权。K. 居住于另一缔约国或苏格兰或北爱尔兰的原告，在按照英国法律起诉时，英国法院有管辖权裁决由同一个合同或本诉所基于的事实所引起的反诉。L. 在与合同有关的诉讼中，如果该诉讼可以与针对同一被告而提出的位于英国的不动产物权诉讼合并审理。

欧盟理事会 2001 年第 44 号规则对保险合同和消费合同和个人雇用合同也规定了特别管辖条款③。

---

① 根据英国法，如何认定出席高等法院的相关程序规则包含在最高法院规则第 12 号令，规则 7、8 和 10 中。

② 依《1982 年民事管辖权与判决法》第 45 条确定信托财产位于何处。

③ 该规则第 8~21 条。

（4）居住在苏格兰或北爱尔兰的被告

《1982 年民事管辖权和判决法》第 16 条规定：为了在英国不同的法律体系中分配 1968 年公约范围内的案件的管辖权，《1982 年民事管辖权和判决法》附则 4 中的修正协定将产生效力。该法则参照 1968 年公约，但不完全相同，这些法则适用于诉讼标的物属于 1968 年公约范围的诉讼中（不论该公约对有关诉讼程序是否产生效力），并且被告居住于英格兰或诉讼程序属于 1968 年公约第 16 条管辖范围之内（不管住所在何处都有排他性的管辖权）。

根据 1968 年公约英国法院具有管辖权的案件中，必须求助于附则 4 确定英国各地管辖权的分配。附则 4 主要根据被告的住所来确定管辖权，为确定个人或法人是否在英国的某地有住所，须参考第 41（3）条和第 42（4）条的规定，其与 1968 年公约的不同之处包括以下几个方面：①第 5 条（A）款规定：以公司或其他法人或自然人和法人协会的决议作为诉讼标的的诉讼，可在公司所在地的英国某地区提起①。②第 5（3）条包括潜在的民事侵权行为，并且授予潜在民事侵权行为可能发生地的英国某法院以管辖权。③第 5（8）条规定：财产所在地的英国法院在下列诉讼中有管辖权：就在不动产上设立的债务而提起的诉讼；或就有关动产的财产权、所有权或担保权而提起的诉讼。④关于英国、苏格兰、北爱尔兰法院间管辖权的分配，公约第 17 条在 3 个方面为 CJJA 所修改：首先，CJJA 规定，如果双方当事人选择联合王国的某一地方的法院作为审判法院，那么，这些法院就有管辖权，然而，这种协议没有授予排他性的管辖权，原告能运用 CJJA 中所阐明的其他管辖权依据在联合王国的另一地区的法院起诉。其次，在协议的形式方面没有要求，尽管协议必须真实。最后，依据双方选择作为审判地的英国某地的法律，授予管辖权的协议必须是有效的。⑤1968 年公约有关保险和有关专利的排他性管辖权方面的规定，在英国不同法律制度间的管辖权分配方面并不适用②。

（二）审判地点

1. 一般规则

在英格兰和威尔士，许多民事案件的第一审要么在高等法院由大法官审理，要么在郡法院由登记官员或巡回法官审理。在民事诉讼中，中途聆讯一般在法庭由高等法院的聆案官（书记）或由郡法院的地方法官进行。

---

① 关于所在地的含义，参见 CJJA1982，第 43 条。

② 关于管辖权的详情，参见〔英〕科林斯等主编：《戴西和莫里斯论冲突法》（2000 年英文第 13 版）及〔英〕戚希尔和诺斯的《国际私法》（1999 年英文第 13 版）。

高等法院由三个部分组成。（1）衡平法院，它包括公司庭和专利庭；（2）王座分院，它包括海事法庭和商事法庭；（3）家庭分院。三个分院之间权限的分配主要依《最高法院 1981 法令》第 61 条。然而，三个分院拥有平等的管辖权，各自拥有广泛的权力；如果一案件在无管辖权的分院起诉，可把案件移交给其他分院或自己聆讯案件。

高等法院诉讼的启动要么在伦敦（皇室法院），要么在地方法律事务所。除几种特殊的案件外，高等法院的管辖权是无限的，高等法院基本上受理涉及复杂的法律或事实或巨大金额的案件，高等法院的诉讼程序由最高法院 1981 年法（该法分为许多法庭命令）和 1999 年《英国民事诉讼规则》调整。

郡法院的管辖权限于它所在的区域，关于郡法院诉讼程序应在何地启动的一般规则在《郡法院规则第 4 号令规则 2》中作出了阐述：一个诉讼可在被告或被告之一居住或从事营业活动的地方法院启动，或在诉因全部或部分发生的地方法院启动诉讼，或在迟延履行而提起诉讼的情况下，在任何郡法院启动。

如果一个案件在无管辖权的法院审理，该法院可决定继续审理或移交给有管辖权的法院审理，或命令剔除诉讼请求①。在与地产有关的诉讼中，诉讼必须在土地和土地任何部分所在区域的法院中启动②，郡法院的管辖权由《郡法院 1984 年法》第 2 部分规定。该部分被《1991 年高等法院和郡法院管辖权法令》所修正，虽然郡法院的管辖权很广，但并不是毫无限制的。

2. 审判地点的移转

（1）在地方法院注册处和伦敦的皇室法院之间的移转

以上案件的移交决定可在任何一方当事人的申请下作出，或在没有申请时由地方法官或书记官作出③。而且如果被告的居所、营业地或注册办事处（如果是有限公司）不在地方法院注册处区域内，且如果诉状格式没有背书表明原告的诉因全部或部分发生在该地区，被告可通过告知送达而申请移转案件。

（2）在高等法院分庭之间的移转

根据最高法院第 4 号令规则 3，经过申请，诉讼能在分庭之间移转，法庭有是否允许移转的自由裁量权，然而，为了提前审讯而要求移转通常是不允许的。

（3）高等法院之间的案件移送

---

① 《郡法院规则》第 16 号令，规则 2。
② 《郡法院规则》第 4 号令，规则 3。
③ 《最高法院规则》第 4 号法令，规则 5。

《英国民事诉讼规则》第30.2条第4~6款、第8款规定，高等法院根据移送管辖之标准，可责令在王座法院或区登记处进行的全部或部分诉讼程序，从王座法院移送到区登记处，或从区登记处移送到王座法院或其他区登记处。区登记处对本处审理、需详细评定诉讼费用的案件，如在其他区登记处审理更加便利或公平的，可责令移送到其他区登记处审理。遗嘱认证程序由王座法院衡平法庭或衡平法庭区登记处专属管辖。上述申请，如诉讼程序在区登记处进行的，须向诉讼进行的区登记处提出。

（4）由高等法院向郡法院的移转

依照《郡法院1984年法令》第40条，高等法院有权将高等法院的全部或部分诉讼程序移转给郡法院，当事人一方可通过传票向地方法官或书记官申请作出移转裁定，法庭也可自动作出申请移转该案件。

《最高法院规则》第107号令规则2规定：法院决不作出移转的裁决，除非当事人同意或有机会获取聆讯。法庭在决定是否移转时，将考虑经济因素、重要性、复杂性和审判的速度等因素①，《1991年高等法院和郡法院的管辖权令》也阐述了某些与价值有关的事实推定。

以上叙述的标准适用于没有事实推定的案件中，以上标准在当事人一方设法反驳该假定的案件中也是恰当的。如果所申请的金额少于25000英镑，那么诉讼程序在郡法院进行被认为比较合适，如果金额大于50000英镑，在高等法院审理被认为比较合适，对所涉金额在这两个数目之间的诉讼，没有事实推定，法庭将运用以上所阐明的标准。

（5）由郡法院向高等法院的移送

《郡法院1984年法令》第41条规定：根据《最高法院规则》第107号令，可向高等法院提出申请将郡法院的全部或部分诉讼移送给高等法院。另外，《郡法院1984年法令》第42条规定：郡法院如果认为合适，可应任何一方当事人的申请，裁定把全部或部分诉讼移送给高等法院。如果原告知道或应当知道必须在高等法院启动诉讼程序，不应由郡法院受理的案件必须移送给高等法院或剔除诉讼请求。

对能在两者当中任一法院审理的案件而言，法庭将使用以上陈述的同样标准和事实推定。然而，在所申请金额超过50000英镑的案件中，如果案件在郡法院提起不合适，法院将不会使用事实推定。

---

①　《1991年高等法院和郡法院管辖权令》第7条；1999年《英国民事诉讼规则》第30.3条。

（6）郡法院之间的案件移送

《英国民事诉讼规则》第 30.2 条第 1~3 款规定，如案件有关诉讼费用的详细评定，或判决、命令的执行，符合移送管辖标准，在其他郡法院进行更加便利或公平的，郡法院可责令全部或部分诉讼程序（如反诉或诉讼程序中的申请）移送至其他郡法院审理。向郡法院提起诉讼不适当的，法官可责令诉讼移送到本应提起诉讼的郡法院，或在提起诉讼的法院继续进行，或驳回起诉。但如其他法规要求向特定郡法院提起诉讼的，则案件不得移送至本不应提起诉讼的法院，亦不得责令在错误的法院继续进行诉讼，上述规则皆未授予有关法院责令移送诉讼程序至无管辖权郡法院或维持在错误法院继续程序的权力。案件移送申请，须向诉讼程序进行的郡法院提出。

（7）法院可责令诉讼程序移送至专门案件目录，亦可从专门案件目录移送为普通的民事诉讼

此类移送申请，须向主管有关专门案件目录的法官提出。

此外，还有执行程序的移送，规定在《郡法院规则》附表二第 25 号令；债权扣押诉讼的移送，规定于《郡法院规则》附表二第 30 号令等。

当事人对移送令不服的，可通过申请方式提起上诉，或者向作出命令的法院申请撤销移送令。

二、爱尔兰有关国际民事管辖权的制度①

（一）导言

爱尔兰法院的地区司法系统管辖属于爱尔兰的各个县，但其中不包括属于英联邦司法体系的北爱尔兰的六个县。与大部分欧洲国家的司法制度中的民法法系制度相反，爱尔兰共和国属于以判例法为基础的普通法法系，它的有关管辖权的一般法律原则是从具体案件的判决中概括出来的。

按照权力的递进顺序，法院包括小额索赔法院、地区法院、巡回法院、高等法院和最高法院。

1. 小额索赔法院

小额索赔法院建立在一些小城市中，它们是为索赔达到 500 爱尔兰元以下

---

① 参见［英］克里斯丁·T. 坎贝尔主编：《国际民事诉讼》，1995 年英文版，第 379~384 页。本书有关爱尔兰国际民事诉讼程序的阐述主要参考了［英］克里斯丁·T. 坎贝尔主编的《国际民事诉讼》；李双元、谢石松著：《国际民事诉讼法概论》，武汉大学出版社 2001 年版；沈达明著：《比较民事诉讼法初论》，中国法制出版社 2002 年版，等等。

而设计的，且不允许诉讼代理。

2. 地区法院

地区法院设立于爱尔兰的大部分的中型城镇。整个国家分成 24 个地区，这些地区进一步分为 249 个"地区法院区域"。

3. 巡回法院

巡回法院高于地区法院并接受来自地区法院的上诉案。它也可以是一审法院。一共有八个巡回区域。

4. 高等法院

高等法院高于巡回法院并接受来自巡回法院的上诉案。它也可以是一审法院，高等法院设置在都柏林。为接受个人侵权诉讼和采自巡回法院的上诉，它也巡回于爱尔兰的各个大城市，并通过被称之为"已陈述的案件之上诉方式"的程序受理法律争点的上诉。

在高等法院中有被称为主事官（Master）的官员，主事官法庭决定程序和实质问题，但只具有有限的司法权力，通常可决定：（1）与诉讼程序问题有关的当事方间的申请；（2）有关程序情事之单方面的申请；（3）综合情事之判决的申请。

5. 最高法院

最高法院接受来自高等法院的上诉。它不是初审法院而只接受法律和事实方面的上诉。

（二）确立司法管辖权

1. 对诉讼当事方的司法管辖

在法律上，不同身份的人是有差别的。立法可能明确规定政府或其他的个人不受立法的约束。

代理诉讼和当事人诉讼都被允许。对于代理诉讼，诉讼必须表明起诉或被诉的权利和能力。当某人缺乏参加诉讼的能力时，可由另一个人代他起诉或辩护，当参加诉讼的当事人是未成年人（即 18 岁以下）、破产者、无行为能力者或精神不正常者时，适用代理诉讼。

法人和公民参与诉讼是有区别的：一个公民可在法庭上代表自己，一个法人则必须由一诉讼律师或出庭律师代理。

2. 对诉讼标的物的管辖

地区法院对以下事件没有司法管辖权：口头或书面的诽谤、诱奸、权利诽谤、恶意指控或非法监禁。巡回法院对必须宣告合宪性或以前就已发现违宪的诉讼无管辖权。高等法院对除恶意损坏财产的所有案件都有初审管辖权。如某诉讼由较低一级法院管辖更合理，则高等法院不予管辖。

（1）财产索赔

涉及土地的财产争议的管辖权要参照一个评估体系加以决定。如巡回法院对评估价格不超过 200 爱尔兰元的案件享有管辖权。

（2）损害或侵权

①地区法院

地区法院对所有关于合同、侵权（包括雇佣买卖索赔）的诉讼，对由国家引起的诉讼以及索赔金额不超过 5000 爱尔兰元的收回不动产诉讼具有管辖权。当索赔金额超过 5000 爱尔兰元而原告又希望在低一级的法院提起诉讼时——比如，因为速度和高效的原因——那么原告可放弃超过 5000 爱尔兰元以上部分的索赔。但不允许为取得地区法院的司法管辖权而把一个诉讼分成每个索赔金额低于 5000 爱尔兰元的两个诉讼索赔。遇有这种情况，必须把该诉讼移交巡回法院。在关于地方税的补偿诉讼中，地区法院在司法管辖权方面则没有金额限制。

②巡回法院

巡回法院在涉及不超过 30000 爱尔兰元的索赔价值的合同、侵权的索赔诉讼时有司法管辖权。在各当事方书面同意时，巡回法院可享有无限制的司法管辖权。索赔方可以放弃超过 30000 爱尔兰元以上的索赔中的任何部分，或由被诉方同意而授予巡回法院无限制的司法管辖权。

③高等法院

高等法院在听审索赔方面拥有不受限制的司法管辖权。如一索赔方得到相当于或少于 30000 爱尔兰元金额的判决，那么他将仅仅按低一级法院的标准缴纳诉讼费。

（3）《布鲁塞尔公约》① 第 3 条和欧盟理事会有关规则

《布鲁塞尔公约》第 3 条规定，在缔约国有住所的个人必须在该国被诉。涉及爱尔兰，该公约特别排除了那些因被诉方暂时在该地而通过诉讼文书送达的方式确立司法管辖权的规则的适用。

但除丹麦外（即丹麦与其他欧盟成员国之间的民事管辖权仍依 1968 年

---

① 《布鲁塞尔公约》最初于 1973 年 2 月 1 日在欧共体的六个原始成员国间生效。但是，该公约的适用范围随着新的成员国加入共同市场而扩大。自此，它的适用范围已逐渐扩展至所有的十五个成员国。《布鲁塞尔公约》打算只接受欧洲法院的统一解释，从而使各成国之间的解释的分歧能得到消除。

《布鲁塞尔公约》进行)，欧盟理事会 2000 年《关于民商事案件管辖权及判决承认与执行的法规》已替代《布鲁塞尔公约》。对除丹麦外的欧盟成员国之间管辖权的确定依欧盟理事会 2000 年《关于民商事案件管辖权及判决承认与执行的法规》（2001 年第 44 号法规）和 2000 年《关于破产程序的法规》（2000 年第 1346 号法规）以及 2000 年《关于婚姻案件和亲子关系监护案件管辖权及判决承认与执行的法规》（2000 年第 1347 号法规）进行。

3. 审判地区

（1）一般原则

诉讼的受理和听审地区由法院的地域管辖权来决定。

爱尔兰已通过 1988 年的《法院的司法管辖权和（欧共体）判决的执行法令》来接受《民商事管辖权和判决的执行的布鲁塞尔公约》。故包含在公约中的司法管辖权规定已在爱尔兰生效。

1936 年的《法院法》第 53 章确定了爱尔兰所有法庭的司法管辖权规则。契约、侵权或收回不动产诉讼可由以下法官或法庭受理、听证和决定（由原告选择）：地区法院法官、被告的日常居住地或拥有任何职业、商业、占有物所在地的巡回法院，或分别由合同缔结地、侵权行为地、作为诉讼标的物的土地所在地的地区或巡回法院的法官。

①地区法院

在爱尔兰，最初的诉讼文书必须援引在每个具体的案件中拥有司法管辖权的适当地区和（管辖）区域的法庭。如果民事诉讼被提交到错误的地区或区域，该诉讼将被驳回，并且过失方将损失诉讼费。

②巡回法院

在巡回法院，每件诉讼文书原件必须注明意欲向其起诉的具体巡回区域和县。正确的巡回区域和县按以下标准区分：a. 在遗嘱检验诉讼中——留有遗嘱或未留遗嘱者死亡时的固定住所所在地；b. 在关于土地归属的诉讼中——土地所在地；c. 在合同或侵权诉讼中，由原告选择被告或被告之一的住所地或拥有任何商业、职业或财产所在地，或者任选诉讼原因发生地，即合同缔结地或侵权行为地；d. 涉及精神病的诉讼——在该精神失常的人的日常居所地；e. 在所有其他诉讼中——被告或被告之一的日常居所地或拥有任何商业、职业、财产的地区。

③高等法院

高等法院位于都柏林，它受理上诉案件。对涉及个人伤害和由巡回法院提交的上诉案件可在科克（Cork）、利姆雷克（Limerick）、盖勒韦（Galway）、斯里钩（Sligo）、敦大克（Dundalk）和基尔肯尼（Kilkenny）等城镇上开庭。在这些个人伤害诉讼中，原告可以选择案件被听讯的地方——都柏林或前面提及的其他地方——视方便而定。

（2）审判地点的转移

转移诉讼的审判地点，必须得到参与诉讼当事方的同意，或者由移送已诉案件的法院发布命令。但只有当事方不能达成协议时，法院才可发布命令。方便或便利——这要看案件的内容和背景——是发布这种命令的有效理由。应该注意，在缺少以下条件时巡回法院无权把案件向外移送：a. 接受案件的法院的同意；和 b. 参与诉讼的各当事人同意。

第二节　法国、意大利和西班牙有关国际民事管辖权的制度

一、法国有关国际民事管辖权的制度①

（一）导论

法国的法庭审判程序，尽管近几十年来，尤其是 1975 年 11 月 5 日第 75-1123 号公告通过了新的《民事诉讼法典》以后，法官的作用日益增大，仍采用抗辩制。虽然和普通法国家的抗辩制一样，获得最终判决结果所需的时间颇长，但相对而言，在法国诉讼所付出的时间还是较少。主要原因之一是它不要求审前告知，因此，当事人仅需提交他们欲依赖的诉讼文件。民事案件审理中没有陪审团参加，也加快了听证程序。并且，证据绝大多数要以书面形式提供，故听证本身花费的时间不多。

在法国的民事司法系统中，初审管辖权依据诉讼标的物被分配给各个法院，即使这些法院的判决都是可以向同一上诉法院提起上诉的。最高上诉法院

---

① 参见［英］克里斯丁·T. 坎贝尔主编：《国际民事诉讼》，1995 年英文版，第 241~249 页。本书有关法国国际民事诉讼程序的阐述主要参考了［英］克里斯丁·T. 坎贝尔主编的《国际民事诉讼》；查尔斯·柏拉图主编：《世界性诉讼的经济影响》，1999 年英文版，第 155~165 页；张卫平、陈刚著：《法国民事诉讼法导论》，中国政法大学出版社 1997 年版；沈达明著：《比较民事诉讼法初论》，中国法制出版社 2002 年版；李双元、谢石松著：《国际民事诉讼法概论》，武汉大学出版社 2001 年版；罗结珍译：《法国新民事诉讼法典》，中国法制出版社 1999 年版；罗结珍译：《法国民事执行程序法》，中国法制出版社 2002 年版。

对上诉法院的判决则仅仅进行法律审。

在法国，有三类管辖权原则：（1）一些规则是以诉讼标的物为依据，即众所周知的属物管辖权原则；（2）其他依法院的地域管辖权分配案件的规则；（3）最后，法国法院的涉外管辖权也依据成交规则确定。

（二）按标的物确立的管辖权

依据争议的标的物，下列各种法庭分别享有管辖权，但其中最重要的是大审法院和商业法庭。

1. 大审法院

除了专属于其他法庭的案件外，大审法院对所有的案件皆有管辖权。最高上诉法院（民事案件的最高法院）一直支持大审法院对整个案件的管辖权，即使它涉及不同的民事及商事诉讼请求，或案件中有几个被告。并且，大审法院对涉及个人身份、结婚、离婚、财产诉讼及涉外工业产权或知识产权的案件有专属管辖权。

在判决和其他强制性决定的执行上，根据新颁布的法规①，大审法院的法庭庭长——首席大法官——有权解决可执行性权利的执行困难和强制执行上发生的争议。

2. 对特殊案件有管辖权的法庭

某些专门法庭依传统对特定案件，诸如商业争议、社会保险、雇佣及租赁分别拥有专属管辖权。

（1）商业法庭

商业法庭对破产诉讼拥有专属管辖权。商业法庭也解决商人之间在他们的商务问题上及商业票据的争议、商业公司的股东之间的争议。发生在一个商人和一个非商人或消费者之间的交易可称为"混合交易"。在涉及混合交易争议的管辖权问题上，非商人当事方或消费者希望获得优先权，这一当事方如果是被告，就会反对商业法庭对此有管辖权；但假如他是原告，他可能选择将其案件提交给民事或商业法庭。不过，对于非商人身份的人的商事责任问题商业法庭有专属管辖权。

（2）初审法院

初审法院的管辖权仅限于人身或财产权利方面的小案件：①在无上诉权的初审和终审中，争议的诉讼请求不超过13000法郎；或②如果是上诉审，争议的诉讼请求金额不超过30000法郎。

---

① Law Number 91-650 of 9 July 1991.

（3）劳资纠纷仲裁法庭

劳资纠纷仲裁法庭对因雇佣合同及其他有关雇佣的法律问题导致的争议拥有专属管辖权。

（三）地域管辖权

在法国，通常的做法是被告的住所所在地的法院拥有对案件的管辖权①。假如被告为一个公司，其注册地法院拥有管辖权。但是，也可以向被告公司的机构所在地法院提起诉讼，只要公司的授权代表被发现在机构所在地有违法行为且诉讼涉及公司机构。

除了被告住所地原则外，也可以依诉讼标的物来确立诉讼管辖权。

对于侵权案件，原告可以选择向侵权行为地或损害结果发生地法院提起诉讼。但在法国法律中，对合同责任，通常不允许当事人自由选择诉讼请求；而且一个人也不能同时提出两种诉讼请求。如果是合同方面的诉讼，可以由货物送达地或服务实施地法院受理。

商业交易方面的法庭选择条款是有效的，假如达成协议的双方当事人有行为能力，且相关条款清晰、明确，并载入了当事人允诺遵守的文件，如签名的书面协议或共同交货条件中。

这些一般规则也有某些例外：例如，在不动产诉讼中，财产所在地法院有绝对的管辖权。但继承案件的纠纷却由纠纷发生地法院专属管辖。而且，衡平法官（公断法官）——为各种法庭如大审法院或商业法庭的首席法官——在救济措施实施地拥有管辖权，可下令采取强制措施。同样，在判决或决定的执行中遇到的问题，也可由债务人住所地或执行地法院来解决。

由于法国和普通法系国家属地管辖原则基于不同的观念，故在确定管辖权时，送达传票非必经程序，也不考虑是否存在有效合同。并且，不正确的送达虽可能导致送达及接下来的诉讼程序的无效，却不影响管辖权问题。

（四）法国法院的涉外管辖权

原则上，法国法院的涉外管辖权规则是以前面提及的适用于国内案件的管辖权规则为基础的。此规则是最高上诉法院于1955年制定的，它"使法国的属地管辖权原则具有国际性"。因此，按一般规则，如果被告居住在法国，则法国法院有管辖权。相应地，在合同中没有有效的管辖地选择条款时，因货物送达或服务履行地在法国的合同引起的诉讼请求可由原告选择法国法院管辖。如果侵权行为或损害结果发生在法国，侵权诉讼请求同样也可由法国法院

---

① 罗结珍译：《法国民事诉讼法典》第473条，中国法制出版社1999年版。

受理。

然而，涉外争议的管辖权问题也可以以其他方式来解决，主要是在下列情形下：（1）适用国际条约；（2）管辖地选择条款确定法国法院拥有管辖权；或（3）法国公民为争议的一方当事人。

1. 国际条约

法国是许多包含有涉外管辖权规则的多边司法协助和判决执行条约的缔约方。而且，某些多边条约赋予或剥夺了法国法院的司法管辖权。这一领域的最重要的条约是欧共体 1968 年 9 月 27 日生效的布鲁塞尔《关于民商事案件的管辖权和判决执行的公约》。另一公约，即 1988 年 9 月 16 日生效的《卢迦诺公约》，它将布鲁塞尔规则适用范围扩展至欧洲自由贸易联盟（EFTA）各成员国。至 1997 年《卢迦诺公约》已在荷兰、瑞士、芬兰、英国、意大利、卢森堡、挪威、葡萄牙、瑞典、奥地利、丹麦、德国、爱尔兰、冰岛、西班牙、列支敦士登和法国之间生效。

按一般规则，管辖权属于被告住所地的缔约国法院。但根据布鲁塞尔和《卢迦诺公约》第 5 条，住所位于缔约国的被告也可由原告自由起诉至：（1）在合同纠纷案件中，主要义务履行地法院；（2）在侵权诉讼案件中，侵权事件发生地法院。注意，根据欧洲法院的实践，当一侵权行为发生在一缔约国而损害结果发生在另一缔约国时，原告可向任一缔约国法院提起诉讼。

除丹麦外（即丹麦与其他欧盟成员国之间的民事管辖权仍依 1968 年《布鲁塞尔公约》确定），欧盟理事会 2000 年《关于民商事案件管辖权及判决承认与执行的法规》已替代《布鲁塞尔公约》。因此对除丹麦外的欧盟成员国之间管辖权的确定依欧盟理事会 2000 年《关于民商事案件管辖权及判决承认与执行的法规》和 2000 年《关于破产程序的法规》以及 2000 年《关于婚姻案件和亲子关系监护案件管辖权及判决承认与执行的法规》进行。

2. 管辖地选择条款

《布鲁塞尔公约》和《卢迦诺公约》都承认合同当事方一致同意的选择法院管辖权的条款的效力。如果存在这样的协议，根据两个公约的第 17 条，首先，各当事方选择的缔约国法院拥有管辖权（不能通过自由裁量否认此管辖权）。其次，此管辖权是排他的（即其他缔约国被剥夺了管辖权）。

要达成第 17 条要求的一个协议，需符合两个条件：（1）当事方应约定缔约国法院对他们之间在特定法律关系中已产生或将产生的争议有管辖权。（2）协议应符合如下某一要求：A. 为书面形式或有书面证据；或 B. 形式符合当事方之间形成的习惯做法（practices）；C. 在国际商贸案件中，形式符合当事知道或理应知道的、众所周知、并且通常为特定商贸合同的当事人所遵守的惯例或习惯（custom）。

3. 依法国国籍取得的管辖权

《法国民法典》第14~15条授予具有法国国籍的诉讼当事人管辖优先权，他可以：（1）向某一法国法院提起诉讼，无论被告具有何国国籍；（2）请求在法国法院应诉，无论案情如何。

法国法院基于这些条款的管辖权可以被援引至任何类型的诉讼，尽管《法国民法典》第14~15条仅提及"合同之债"。但是，当法国法院依另一标准拥有管辖权时，这些管辖依据是通用的。并且，像以上提及的国际条约一样常会规定管辖优先权的绝对性。因此，《布鲁塞尔公约》和《卢迦诺公约》第3条特别地排除了《法国民法典》第14~15条的适用。

但判例法显示了一种明显的对其管辖优先权予以放弃的观念，而且《法国民法典》第15条承认明示或默示的放弃。一般来讲，一个法国被告没有出庭答辩，是外国法院无管辖权的充分的表示，并且，约定的管辖权被视为放弃。但是，如果一个法国被告出现在外国法庭仅仅基于提出管辖权异议的目的，而不是为辩论案件的实质问题，这不能推断为第15条所称的放弃。

二、意大利有关国际民事管辖权的制度①

（一）导言

意大利的民事诉讼由《民事诉讼法典》调整，该法典于1940年10月28日经1443号皇家法令通过，后经过多次修订，其中尤以1950年7月14日第581号法令、1950年10月17日第857号总统令和1973年8月11日第533号法令对该法的修改颇大，并完全取代了第二部分关于劳动争议的条款。1990年，政府对诉讼程序进行了重大改革。1990年11月21日第353号法令包括民事诉讼紧急规则。1991年11月21日第274号法令建立起了新的一审法院、治

---

① 参见［英］克里斯丁·T. 坎贝尔主编：《国际民事诉讼》，1995年英文版，第419~423页；1995年《意大利国际私法制度改革法》，载李双元、欧福永、熊之才编：《国际私法教学参考资料选编》（上册），北京大学出版社2002年版，第343~453页。本书有关意大利国际民事诉讼程序的阐述主要参考了［英］克里斯丁·T. 坎贝尔主编：《国际民事诉讼》，1995年英文版；查尔斯·柏拉图主编：《世界性诉讼的经济影响》，1999年英文版，第203~229页；李双元、谢石松著：《国际民事诉讼法概论》，武汉大学出版社2001年第2版；沈达明著：《比较民事诉讼法初论》，中国法制出版社2002年版；1995年《意大利国际私法制度改革法》。

安法院以代替原来的最低一级的一审法院、调解法庭。在经历了一个过渡期后，这些新的条款于 1995 年 4 月全部生效。1995 年《意大利国际私法制度改革法》更废止了《民事诉讼法典》第 2 条、第 3 条、第 4 条、第 37 条第 2 款有关涉外民事管辖权的规定和第 796～805 条关于外国判决的承认与执行的规定。

（二）管辖权

在意大利的法律制度里，管辖权指的是国家通过其有关机构（法院）行使司法职能的权力，其目的在于使立法者所拟定的一般和抽象的法律制度得以实际施行。

在意大利，一般说来，民法调整的所有事项都受普通法院管辖。但如果涉及不同于实体权利的合法权益，并且行政机关为一方当事人，那么，这一事项则受行政法院的管辖，其中包括地区行政法庭、国家委员会或者其他特别法庭，例如账务纠纷法庭（该法庭除清查国家和其他公共实体的账务外，还行使政府退休金事项方面的司法职能）、公共用水法庭及税收委员会。

普通法院包括位于全国各地的治安法院、初审法院、上诉法院以及位于罗马的最高（上诉）法院。虽然根据第 353/90 号法令，法庭通常采取独任制形式，但有法律明确规定须采取合议制形式时得以合议庭的形式作出判决。

1995 年《意大利国际私法制度改革法》（1995 年 5 月 31 日第 218 号法令）废止了《民事诉讼法典》第 2 条、第 3 条、第 4 条、第 37 条第 2 款有关管辖权的规定。1995 年《意大利国际私法制度改革法》对意大利法院的管辖权作了如下规定：

1. 范围

该法决定意大利的管辖权，确立选定准据法的标准，并支配外国判决和裁定的效力。但它的规定不影响意大利作为缔约一方的任何国际公约的适用。对此类公约的解释应考虑公约的国际性特点以及一致适用的需要。

2. 意大利的管辖权

（1）管辖的范围

①如果被告的住所在意大利或在意大利居住，或在该国有一位依据《民事诉讼法典》第 77 条能够出席法院的代理人，以及存在法律规定的其他情况，意大利法院将享有管辖权。

②此外，根据由 1971 年 6 月 21 日第 804 号法案实施并经修正对意大利生效的 1968 年 9 月 27 日签署于布鲁塞尔的《民商事管辖权和判决执行公约》及《议定书》第二篇第二节、第三节、第四节确定的标准，包括对于被告住所不

在缔约国境内而属于公约适用范围的任何事项，意大利法院应享有管辖权。对于不属于公约适用范围的其他事项，其管辖权也应依据地域管辖权的标准而决定。

（2）管辖权的接受与限制

①在不能确定管辖权的情况下，如果当事人协议由意大利法院管辖，而且此类协议有书面证明，或被告未在其答辩陈述中作无权管辖抗辩而到庭应诉的，意大利法院有权管辖。

②如果有书面证明而且诉讼涉及可让渡的权利，则选择外国法院管辖或仲裁的协议，得限制任何意大利法院的管辖权。

③如果该外国法院或仲裁员拒绝管辖或无法审理诉讼，则此种限制不生效力。

（3）涉及位于国外的不动产物权的诉讼

意大利法院对于涉及位于国外的不动产物权的诉讼不具有管辖权。

（4）先决问题

对于不属于意大利管辖范围的问题，如其解决对决定在意大利法院提起的诉讼而言是必要的，意大利法院享有附带审判权。

（5）未决诉讼

①当在一项诉讼中提出了涉及相同当事人之间相同标的及相同权利诉讼的未决诉讼，意大利法院如认为外国法院的判决可在意大利得到承认，则其可中止意大利法院中的诉讼。如果外国法院拒绝管辖或该外国判决依意大利法律不能得到承认，意大利应有关当事人的请求可继续进行审理。

②未决诉讼的条件应依据诉讼提起地国的法律确定。

③如果意大利法院一项诉讼的结果取决于在外国法院进行的未决诉讼的结果，意大利法院若认为该外国判决可在意大利产生效力，亦可中止在意大利的诉讼。

（6）确定管辖权的时间因素

如果确定管辖权的事实和规则是在意大利进行的诉讼过程中伴随产生的，意大利法院仍有管辖权。

（7）任意管辖

除意大利法院具有的管辖权以及本法特别提到的情况之外，如果对其所做的判决涉及意大利国民或在意大利居住的人，或该判决涉及适用意大利法律的情形或关系，意大利法院具有管辖权。

（8）临时措施

如果临时措施将在意大利执行，或意大利法院对案件实质有管辖权，则意大利法院对于此类措施具有管辖权。

（9）对意大利管辖权的抗辩

只有已出庭且表示不接受意大利法院管辖权的被告，才可以在诉讼的任何阶段和任何场合下提出意大利不具有管辖权的抗辩。如果被告缺席，或在第5条（即对位于外国的不动产，意大利法院不具有管辖权）适用的情况下，或依据某一国际协议排除了意大利法院的管辖权，则在诉讼的任何阶段和程度下，法院应依职权申明不具有管辖权。

（10）支配司法诉讼程序的法律

在意大利法院进行的民事诉讼程序应由意大利法律支配。

如在某一具体的争讼中产生的案件普通法院是否有管辖权的问题，可由法院依《意大利民事诉讼法典》第187条所规定的方式在诉讼中的任一阶段提出。关于管辖权的裁定可以上诉，并由最高法院以合议的形式进行审查。另外，直至一审判决作出之时，当事人有权立即将管辖权问题交由最高法院以合议形式进行审查。

若最高法院对审查问题暂未作出裁决，法院可延长诉讼期限；但是于确认普通法院管辖权的通知作出后6个月内，诉讼必须重新恢复进行。

（三）权限

权限是每一个法院对某一具体争议所享有的实际司法权管辖范围，它由《民事诉讼法典》第7条及其后续条文调整。其主要内容包括关于诉讼的金额标准、标的物和地域管辖范围。其基本原则即诉讼金额适用于所有的案件，除非该法对诉讼标的另有规定。

从法院管辖权限的角度出发，争讼金额的计算视原告所提起的诉讼而定：如果对同一个人在同一诉讼中提出了一项以上的诉讼请求（即所谓标的累积），则两项诉讼请求加在一起来计算；如果一个以上的人提起诉讼，要求偿还同一债务中的一部分（即所谓的主体累积），则用整个债务来衡量诉讼金额，即使有些债务人或债权人并不出现于诉讼中。

治安法官对不超过5万里拉的动产案件有管辖权，除非法律规定这些案件由另一法院管辖；对标的额不超过30万里拉的交通工具所引起的损害赔偿案件有管辖权等。治安法官在解决关于边界纠纷、使用共有设施的程度和程序及房屋的所有者或者使用者间在关于清偿、噪音等方面的纠纷时管辖权不受限制。对依1990年10月9日第309号共和国总统令第75条所规定的行政处罚的诉讼亦是如此。

初审法院对那些即使与不动产有关，金额不超过 2000 万里拉又不属于治安法院管辖的案件及《民事诉讼法典》第二节第 8 条所规定的案件具有管辖权。充当劳动法院的初审法院对雇佣事务方面的个人纠纷及关于强制社会保障和健康保险方面的纠纷具有管辖权。

大审法院对价值超过 2000 万里拉，就诉讼标的而言又不属于初审法院或者治安法官管辖的案件具有管辖权。另外，大审法院对税收案件、对与身份和能力或者与名誉权有关的案件、在民事方面关于虚假文件的附带诉讼及原则上那些价值不能确定的案件有管辖权。

地域权限构成在同一类型的法院中分配案件的标准。地域和行使管辖权的法院的联系是确定地域管辖的基础，当依当事人的利益而确定。当事人间已以书面协议约定一项或多项具体事项的管辖，原则上可以排除地域管辖。

依地域而具有管辖权的司法机构（审判地）可以分为：（1）一般审判地。若案件没有被依法明确规定由另一地点审理，则该地点为被告当事人被传唤的地方。对于个人而言，这一地点为被告的住所、居所或惯常居住地。对于法人而言，这一地点为法人的法定地址所在地或管理机构所在地或被授权出庭的代理人所在地。（2）特别审判地，乃《意大利民事诉讼法典》规定其仅适用于一些特殊的纠纷的审判地。

双方当事人及法院可以在第一次审理前提出未遵守管辖权方面的规定。如果是违背关于地域管辖方面的规定，该问题仅可由被告在其答辩书中提出；如果未及时提出反对意见，该权利即依法丧失。

如果两个或更多的法院处理某一具体纠纷时发生管辖权冲突，则应向最高上诉法院提交解决管辖权冲突的诉讼请求。管辖权问题提出后，由向其提交纠纷的第一审法院裁决。如果法院认为其有管辖权，则或以明示的方式确认其管辖权，或通过就实质问题作出判决而默示确认其管辖权。如果法院发现自己不具有管辖权，它将判决自己不具有管辖权并将当事人的请求提交给它认为有管辖权的法院。如果后一法院认为自己不具有管辖权，可以依职权提起上述诉讼以解决管辖冲突。如果当事人认为被提交纠纷的法院所作的管辖权裁决损害了他的利益，该当事人亦可以提起解决管辖权的诉讼。

（四）国际立法

意大利是 1968 年《布鲁塞尔公约》和 1988 年《卢迦诺公约》的成员国。但除丹麦外（即丹麦与其他欧盟成员国之间的民事管辖权仍依 1968 年《布鲁塞尔公约》确定），欧盟理事会 2000 年《关于民商事案件管辖权及判决承认与执行的法规》已替代《布鲁塞尔公约》。因此对除丹麦外的欧盟成员国之间管辖权的确定依欧盟理事会 2000 年《关于民商事案件管辖权及判决承认与执行的法规》和 2000 年《关于破产程序的法规》以及 2000 年《关于婚姻案件和亲子关系监护案件管辖权及判决承认与执行的法规》进行。

三、西班牙有关国际民事管辖权的制度①

（一）引言

由 1994 年 11 月 9 日颁布的《1994 年第 16 号（Number 16/1994）司法组织法》所修改的 1985 年 7 月 1 日《1985 年第 6 号（Number 6/1985）司法组织法》（LOPJ）对西班牙法院管辖权的范围和限度作了规定，例如，根据该基本法第 21 条和第 22 条，西班牙法院具有所谓的国际司法权限。很明显，这些制度受到 1968 年 9 月 27 日通过的《关于民商事案件管辖权和判决执行的布鲁塞尔公约》的影响。特别应提到的是，该法第 21 条规定：任何人都有在西班牙法院进行诉讼的权利，不论其国籍如何（不论是西班牙人还是外国人）。然而，行使管辖权须具备以下两个条件：（1）不管诉讼的双方当事人是西班牙人、外国人还是西班牙人和外国人，在西班牙领土内引起的诉讼；（2）另外，这些诉讼应该符合《1985 年第 6 号司法组织法》的规定以及由西班牙吸收到国内立法中的《布鲁塞尔公约》的规定。

《1985 年第 6 号司法组织法》第 22 条规定的现存制度（该制度在 1978 年宪法规范的支持下而通过）提供一种全新的及完整的规则，自称是有系统的、有条理的。尽管如此，第 20 条下的规则一直没能够避免遭到相应的批评。其中，此种批评包括如下事实：有关国际司法管辖权的规则分离于并且独立于国内地域管辖权，两者除相互分离及独立外，相互之间还缺少协调，这导致在某些案件中（即西班牙法院具有国际管辖权时）难以确定哪一法院具有地域管辖权限。在许多案件中，这种情况的结果是：确定国际司法管辖权的法庭诉讼程序必须根据确定国内属地管辖权的规范进行。

（二）管辖权的种类

1. 对诉讼当事人的管辖权

---

① 参见［英］克里斯丁·T. 坎贝尔主编：《国际民事诉讼》，1995 年英文版，第 539~549 页。本书有关西班牙国际民事诉讼程序的阐述主要参考了［英］克里斯丁·T. 坎贝尔主编：《国际民事诉讼》，1995 年英文版；查尔斯·柏拉图主编：《世界性诉讼的经济影响》，1999 年英文版，第 289~320 页；李双元、谢石松著：《国际民事诉讼法概论》，武汉大学出版社 2001 年第 2 版；沈达明著：《比较民事诉讼法初论》，中国法制出版社 2002 年版等书。

（1）自然人

西班牙法院对双方当事人明示或默示向法院起诉的案件具有管辖权。这是西班牙法院确立管辖权的一般原则，被称为扩张性管辖权。

《1985 年第 6 号司法组织法》第 22 条第 2 款对这种扩张性管辖权作了规定，但是并没有说明行使这种管辖权的条件。此种条件在有关国内地域管辖权的规则中得到了详细的说明，并被转换到西班牙法院的国际管辖权的范围之内。在这种意义上，就明示提起诉讼而言，《民事诉讼法》（LEC）第 57 条规定了两个限制性条件：①放弃法院地的人身特权（personal privilege）；及②向当事人把案件交付其审理的法官表明其可默示放弃人身特权从而进入诉讼的可能性。

至于默示提起诉讼，《民事诉讼法》第 58 条要求：应该由原告提起诉讼，并且被告除出庭外，还应该有其他的作为。在这方面，根据西班牙法学界对这一行为的解释，要求应诉期的延长或中止诉讼程序构成此种额外的行为。

不允许西班牙法院放弃对某些诉讼标的（如《1985 年第 6 号司法组织法》第 22 条第 1 款中的诉讼标的）的管辖权。在严格的例外的基础上，西班牙法学界认为，约定这些诉讼标的由外国法院管辖的协议无效。

同样，西班牙法院对被告在西班牙领土内有住所的案件具有合法管辖权。正如前面所提到的，一般而言，原告应向争议财产所在地或被告住所地的管辖法院提起诉讼。一方面，这在国内地域管辖权的规定中有其渊源，另一方面，在《布鲁塞尔公约》中也有其渊源。

（2）法人

西班牙法院对下列问题具有特殊的排他性的管辖权：在西班牙领土内有住所的公司或法人的成立、有效、撤销、解散，以及与它们的执行机构的决议和协议有关的问题。

受到《布鲁塞尔公约》影响的法院地的专属管辖权中的三种专属权（专属地域管辖、双方当事人协议的排除以及不承认与其管辖权相冲突的外国判决），毫无疑问是新规则当中最引人注目的方面。

在考虑到引发诉讼的标的物性质的前提下，对因利用分支机构、代理机构或商业管理机构而引起的冲突问题，西班牙法院也具有特殊管辖权（当这些机构位于西班牙境内时）。然而，破产诉讼程序由支配他们的规则予以调整①。

2. 对诉讼标的的管辖权

---

① 《1985 年第 6 号司法组织法》第 22.4 条。

（1）对财产的诉求

当对某项财产提起返还财产的物权诉讼时，原则上必须区分其是动产还是不动产。就不动产而言，由于它是针对不动产的物权问题，西班牙法院具有专属管辖权，只要该项不动产位于西班牙领土内，这可以很清楚地从《1985年第6号司法组织法》第22条中推断出来。就针对动产而提起的任何诉讼而言，只要在提起诉讼时，该项财产位于西班牙境内，西班牙法院就拥有合适的管辖权。但是，这种管辖权不是排他性的，这意味着双方当事人可以明示或默示地同意向其他国家的法院提起诉讼。他们也可参与在被告住所地法院进行的诉讼。

（2）损害赔偿或侵权诉讼

在非合同义务损害赔偿诉讼中，西班牙法院在两种情况下具有管辖权，即：导致损害发生的事实发生在西班牙以及加害人和被害人惯常居住在西班牙境内。

当侵权表明了对合同义务的违反时，西班牙法院的管辖权扩展到以下案件：合同义务在西班牙发生或应该在西班牙履行。然而，这种管辖权并没有排除明示或默示地将案件提交别国法院管辖，也没有阻止双方当事人向被告住所地法院提起诉讼。

对于因合同义务而引发的诉讼，必须对《1985年第6号司法组织法》中所规定的特别案件进行区分。对于以下案件，西班牙法院具有管辖权：①在消费合同中，如果当事人就有形动产商品的销售规定分期付款或规定以贷款的方式取得合同标的物，且买方在西班牙有住所时；②在保险合同中，当保险人和被保险人在西班牙有住所时；③在其他提供服务或与动产有关的合同中，当事人已在西班牙境内亲自履行了服务合同，或者广告已在西班牙境内发布，或者消费者已在西班牙境内实施了对履行合同来说是必要的行为。

（3）《布鲁塞尔公约》第3条和欧盟理事会有关规则

西班牙《1985年第6号司法组织法》主要受到《布鲁塞尔公约》的影响。然而，它们之间有一些根本的区别。例如，有关管辖权的基本原则：《布鲁塞尔公约》仅提到了被告的住所，而西班牙《1985年第6号司法组织法》提到明示或默示地主动服从管辖。

而且，在合同义务诉讼里，如果合同义务在西班牙产生或在西班牙履行，《1985年第6号司法组织法》就授予西班牙法院合适的管辖权，但公约没有全部采纳这两种标准，而只采纳了一种。公约用比《1985年第6号司法组织法》更为全面和详细的方法规定了某些合同（如保险、消费合同）的管辖权。根据公约第 8 条的规定，在某一缔约国有住所的保险人可以在该国法院或在保单持有人住所地的其他缔约国法院被起诉。而且，保险人只能在被告住所地的缔约国法院提起诉讼。

但除丹麦外（即丹麦与其他欧盟成员国之间的民事管辖权仍依 1968 年《布鲁塞尔公约》确定），欧盟理事会 2000 年《关于民商事案件管辖权及判决承认与执行的法规》已替代《布鲁塞尔公约》。因此对除丹麦外的欧盟成员国之间管辖权的确定依欧盟理事会 2000 年《关于民商事案件管辖权及判决承认与执行的法规》和 2000 年《关于破产程序的法规》以及 2000 年《关于婚姻案件和亲子关系监护案件管辖权及判决承认与执行的法规》进行。

（三）法院的特定管辖地区

1. 基本原则

西班牙法院种类繁多，造成须在它们之间分配在西班牙境内发生的各种案件的管辖权的麻烦。大体上，《1985 年第 6 号司法组织法》第 26 条中包括的各种法院允许确立四种管辖权命令：民事、刑事、行政争议、公司事项。

根据《1985 年第 6 号司法组织法》第 9.2 条的规定，民事法院原则上处理与它们相关的诉讼以及没有专门划归到任何管辖权命令下的案件。这些民事法院为：第一审法院、省级法院、高等法院民事庭、最高法院民事庭。各种各样的法院机构具有不同程度的管辖权。法院依下列标准确立其管辖权，处理上面所提到的诉讼。

（1）客体管辖权（objective jurisdiction）

原告意向的性质是确立管辖权的标准之一，正如《民事诉讼法》第 54 条确立的金额也是确立管辖权的标准一样。就第一种情况而言，管辖权的分配是在决疑法（casuistic）的基础上实现的。就第二种情况而言，通过参考诉讼标的额而实现。

考虑到金额方面的标准，目前的规则确立了四种普通级的宣告性诉讼，即"大宗诉讼请求"（所申请的经济利益超过 160000000 比塞塔）；"较小的诉讼请求"（所申请的经济利益介于 800000 比塞塔和 160000000 比塞塔之间）；所谓的"宣告性诉讼"（所申请的经济利益超过 80000 比塞塔，但不超过 800000 比塞塔）；口头诉讼（申请的经济利益少于 80000 比塞塔）[1]。

有时，《民事诉讼法》本身把诉讼标的物标准与金额标准相结合，并规定个人名誉权诉讼依"大宗诉讼请求"裁定。下列案件必须用"较小的诉讼请

---

① 《民事诉讼法》第 486 条。

求"处理：那些与亲子关系、父权、个人的权利能力和婚姻状况相关的案件，以及金额难以估计或没有作出其他专门规定的案件。

（2）职能性管辖权（functional jurisdiction）

正如某些学者所评价的那样，职能性管辖权最重要的特征是其派生性质，也就是说，为了确定管辖权，必须从向特定管辖机关提起的，通过某些措施得到证实的但目前未决的（pending）诉讼开始。此种管辖权的主要表现是移交性救济措施（devolutive remedies）管辖权的分配（上诉、错误的申请、撤销申请）或对法官和治安法官的驳回进行调查的调查权的分配或者对由不同法院审理的共同诉讼作出裁决。

（3）属地管辖权

属地管辖权规范是通过被称为"规则"的标准而确定的，此种规则或许是习惯性的——通过双方当事人服从管辖而确立，或是法定性的——由法律将之确定为强制性的。

2. 管辖地点的转移

属地管辖权规则与客体管辖权和职能性管辖权规则不同，它能够被扩张，正如《民事诉讼法》第54条所规定的。因此，双方当事人可通过协议选择任何法院并向之提起民事诉讼，只要该法院根据《民事诉讼法》第56条的规定行使了普通管辖权，并且对于审理同类和同级别的案件有管辖权。

尽管如此，在某些案件当中，管辖权是通过确定性的和非延伸性的方式确立的。例如，在租赁诉讼中，唯一合适的法官是财产所在地的法官。至于就公司的协议（agreement of company）提出异议的诉讼，唯一合适的法官是公司经注册的办事处所在地的法官。这种情形还出现在有关注册商标或专利权的诉讼中。

在后面几种案件中，如果法官根据《1985年第6号司法组织法》第9.6条或51.2条，认为自己没有管辖权，他就不应主动地作出判决。否则，被告可通过两条特定途径对此种管辖权提出异议，这两条途径被称为"对管辖权的抗辩"和"请求中止诉讼令"。然而，在任何案件中，缺乏属地管辖权的诉讼程序并不是无效的。为了回到界定属地管辖权标准的规则，对于有关的特定规则须加以证明。第一个特定规则就是核实双方当事人是否明示向某一法院起诉。只有在没有明示提起诉讼时或者在默示提起诉讼（tacit submission）时，才能适用《民事诉讼法》第62条和第63条所详细规定的规则。

在分析这些律令之前，有必要指出的是：默示起诉与其说是一种确定管辖权的规则，还不如说是一种防止在管辖权问题上出现争议的技术手段。原告默示提起诉讼只需向具有客体管辖权的法官提起诉讼，而无须考虑属地管辖权方面的规则（如作出规定的而非作出禁止的规则）。然而，真正的默示诉讼是被告只须向原告所选择的法官实施任何事项，而非提交管辖权抗辩书。

一旦服从管辖，被告不能再通过抗辩或请求中止诉讼令对法官的管辖权提出异议，因为这些权利被排除了。对管辖权的抗辩是由被告向原告选择的法官提出的，被告认为法官对该案没有管辖权，该法官被要求放弃对此案件进行调查的资格，并把案件送交给被告指定的法官。请求中止诉讼令被提交给被告认为具有管辖权的法官，以便他能要求正在调查事实的法官将诉讼移交给他。

为解决这两个事项，相应的法官（被提出抗辩的法官或在被告请求下要求移交的法官，或就请求中止诉讼令而言，双方的上一级法院）将根据管辖权分配规则作出决定。如果被告已用适当的形式提出抗辩或提出中止诉讼的请求，因此避免了默示起诉，那么就有必要利用确定属地管辖权的标准。

主审法官运用的首要规则或法院地的特权是：法庭被搁置的明示协议。这体现在双方当事人清楚的、确定性的共同意愿：它们放弃有权向其起诉的管辖法院，并放弃指定具有管辖权的法官来审理将来在他们之间出现的诉讼。

如果没有明示或恰当地、默示地提起诉讼，或不能对此加以证明，那么，法官必须利用《民事诉讼法》确立的管辖权原则。首先，《民事诉讼法》第63条和第143条的所谓的特殊规则能与不包括在其中的其他程序规则一起使用。

为了目前研究的需要，根据最重要的规则对管辖权进行分类，管辖权存在于：（1）在行政机关陈述和批准有关账目的诉讼中，由财产所有人住所地的法官或此种陈述作出地的法官管辖。（2）在收回财产或偿还债务的听审中，由标的物所在地的法官或被告住所地法官管辖（由原告选择）。（3）在破产诉讼中，如果是自愿申请破产的话，由债务人住所地法官管辖；如果是强制性的破产，由执行措施采取地法官管辖。（4）在对公司股东大会通过的合同（协议）提出异议的诉讼中，由大会举行地的法官管辖。（5）在预防性扣押的案件中，由将被扣押的财产所在地的法官管辖。

在缺乏可适用的特殊规则时，可利用《民事诉讼法》第62条的所谓的一般规则。这些规则适用于对人诉讼、对物诉讼或混合诉讼。该条规定：（1）在对人诉讼中，通常由义务履行地的法官管辖；及（2）在对物诉讼中，如果合适的话，由不动产所在地的法官管辖。如果诉讼与动产或准动产相关，由财产所在地或被告住所地的法官管辖（原告可自由选择）。

最后，在没有明示或默示提起诉讼及没有特殊或一般特权时，被告的住所地法院具有自然管辖权，即使在法律中没有明确规定亦是如此。

第三节 荷兰和德国有关国际民事管辖权的制度

一、荷兰

（一）国际法

荷兰是欧共体 1968 年布鲁塞尔《关于民商事案件的管辖权和判决执行的公约》和 1988 年《卢迦诺公约》的成员国。《卢迦诺公约》将布鲁塞尔规则适用范围扩展至欧洲自由贸易联盟（EFTA）各成员国。至 1997 年《卢迦诺公约》已在瑞士、芬兰、英国、意大利、卢森堡、挪威、葡萄牙、瑞典、奥地利、丹麦、德国、爱尔兰、冰岛、西班牙、列支敦士登、法国和荷兰之间生效。

但除丹麦外（即丹麦与其他欧盟成员国之间的民事管辖权仍依 1968 年《布鲁塞尔公约》确定），欧盟理事会 2000 年《关于民商事案件管辖权及判决承认与执行的法规》已替代《布鲁塞尔公约》。因此对除丹麦外的欧盟成员国之间管辖权的确定依欧盟理事会 2000 年《关于民商事案件管辖权及判决承认与执行的法规》和 2000 年《关于破产程序的法规》以及 2000 年《关于婚姻案件和亲子关系监护案件管辖权及判决承认与执行的法规》进行。

（二）国内立法①

在荷兰，国际法优先于国内法，二者发生抵触时，适用前者的规定，这在民商事管辖权领域也是如此。在荷兰，诉讼程序以请愿书和传唤状（summon）两种方式开始。《民事诉讼法典》第 429c 条规定了以请愿书方式开始的诉讼的管辖权。请愿书方式适用于法律明确规定的情况以及不涉及当事人之间法律关系的一切案件，即非诉案件，法律另有规定的除外。具体包括所有的家庭案件（离婚、扶养、夫妻财产）、法人（公司、社团、基金）的管理、共有权、住宅租金争议、请求法院确认自然人的荷兰国籍、工作委员会争议等。在请愿书案件中，国际管辖权仅基于向荷兰法院提交请愿书而产生。申请人在荷兰的住所地或实际居所地法院享有管辖权，没有住所或实际居所的，位于海牙的地区法院享有管辖权。与传唤状程序不同，请愿书案件中通常没有被告，故无法

---

① 参见焦燕：《荷兰国际民商事诉讼法初探》，武汉大学 2000 年硕士论文，第 11~12 页。

按被告住所地确定管辖法院。在代理案件中，申请人和代理人的永久或实际居所都可确定相对管辖权，而在继承案件中，只有被继承人的最后居所地才可以。

就诉讼管辖而言，主要规则是，荷兰法院仍然要根据确定两个荷兰人之间的国内争议的地域管辖权原则，来决定由何地法院受理涉外案件，也就是说，荷兰法对国内不同地域法院之间管辖权的分配也决定了国际管辖权的归属。管辖权的分配规则主要规定在《民事诉讼法典》第 126 条中，主要内容有：

（1）以被告住所，在没有住所时以其实际居所，为法院行使管辖权的基本依据，即一个人即使不是荷兰居民，也可以在荷兰起诉，只要被诉方在荷兰有住所或实际居所即可。

（2）被告在荷兰既没有住所也没有居所时，原告住所地法院有管辖权。据此，荷兰法院可以传唤任何不是荷兰居民的被告出庭，只要原告是荷兰居民即可，尽管这样做可能导致不方便法院。该规定的重要性很明显，即使争议与荷兰没有或几乎没有什么法律联系，荷兰法院仍然无可争议地享有对原告住所地在荷兰的案件的管辖。

（3）《民事诉讼法典》第 765 条及其后面的规定对荷兰的国际诉讼实践有重大影响，进一步拓宽了原本就十分广泛的管辖权范围。根据这些条文，任何债权人都可以扣押当时位于荷兰境内的债务人的财产，而不论债权人与债务人是否为荷兰居民，实施扣押的荷兰法院因此获得对主诉（principal action）的管辖权。例如，一个英国债权人基于对船舶所有人的任何一种请求权，都可以扣押位于荷兰的一艘波兰籍船，据此可以向荷兰法院起诉，获得判决，并就该船执行判决。除细节上的不同，这些规定还适用于航空器、不动产和动产。

《民事诉法典》第 767 条规定，住所在国外的债权人可以对住所同样在国外的债务人向荷兰法院提起扣押第三人保管的财产的诉讼，只要该第三人，如一家金融机构位于荷兰即可，从而可以扣押债务人在该金融机构的存款。

（三）当事人意思自治

1985 年的 Piscator 案首次使荷兰意识到，一国国内的法律体系是国际法律共同体的组成部分，故必须考虑到国际法律实践。荷兰最高法院指出，应当承认争议当事方选择法院的自由（被认为具有中立性或专业性），尤其当双方当事人的住所位于不同国家时。这表明，只要存在合理的利益，当事人就可以自由地赋予荷兰法院管辖权。当然，反之亦然。

除非适用 1968 年《布鲁塞尔公约》第 17 条的规定，荷兰法对选择法院未作任何形式上的限制。但考虑到法院选择条款的可接受性，必须依据准据法确定该选择条款是否以合法、有效的方式订立，或者在多大程度上可以被撤销。就形式有效性而言，可以选择适用准据法或行为地法，若二者之一没有规定形式要求，则只依据准据法考虑实体问题。

二、德国有关国际民事管辖权的制度①

（一）管辖权的类型

在讨论管辖权的类型之前有必要对享有司法管辖权的法院（依标的而定）的类型作一个简短的概括。在德国有两种类型的民事法院，即所谓的普通法院和劳动法院。后者处理所有由劳工或雇佣合同引起的法律纠纷，其有着特殊的程序规则，不在我们的分析范围之内。本部分专门论及对所有其他民事案件有受理能力的普通法院。

一个民事案件由按地理因素决定的有管辖权的地区法院（Landgericht）或地方法院（Amtsgericht）开始一审程序。按照《法院组织法》第 23 条第 1 款并联系到第 71 条第 1 款地方法院受理的一审案件是争议价值不超过 1 万德国马克的给付货币诉求。此外，地方法院对地主与佃户之间的纠纷（如果该租用空间是用于生活目的而非商业目的的话）以及婚姻家庭方面的案件有专属管辖权。在地方法院，所有案件均由一名独立的职业法官进行审理和作出裁决。

对所有其他案件，也就是给付货币的请求超过 1 万德国马克和非给付货币请求的案件由地区法院作出一审。除处理商业事务纠纷的特别审判庭外，地区法院的审判由三名职业法官组成。根据《法院组织法》第 95 条，审理商业事务纠纷的特别审判庭审理以下案件：（1）商人、商业合伙企业及其公司相互之间在他们的业务往来中发生的纠纷；（2）涉及汇票、支票及其他商业票据的纠纷；（3）合伙人之间或公司股东之间的纠纷；（4）涉及商号、商业名称或商标的纠纷；（5）不公平竞争诉求；（6）海事纠纷；和（7）涉及普通股票发行的案件。

这些商业审判庭由一名职业法官和两名作为当地商业社团成员的非职业的

---

① 参见［英］克里斯丁·T. 坎贝尔主编：《国际民事诉讼》，1995 年英文版，第271～274 页。本书有关德国国际民事诉讼程序的阐述主要参考了［英］克里斯丁·T. 坎贝尔主编：《国际民事诉讼》，1995 年英文版；查尔斯·柏拉图主编：《世界性诉讼的经济影响》，1999 年英文版，第 167～201 页；沈达明著：《比较民事诉讼法初论》，中国法制出版社 2002 年版；李双元、谢石松著：《国际民事诉讼法概论》，武汉大学出版社 2001 年第 2版；谢怀栻译：《德意志联邦共和国民事诉讼法》，中国法制出版社 2001 年版等书。

法官组成。在地区法院和所有更高级的法院，各当事人必须由一名为该法院法庭认可的律师代理①。

必须指出的是，依据德国法律规定，国际管辖权遵循同国内管辖权一样的原则。因此，在谈及管辖权确立原则的同时也就自动地回答了国际民事管辖的问题。

（二）对诉讼当事人的管辖权

1. 自然人

根据《德国民事诉讼法》第 12 条和第 13 条的规定，导致德国法院享有国际管辖权的基本原则是被告在德国拥有居所的事实。

2. 公司

根据《德国民事诉讼法》第 12 条和第 17 条的规定，同样的原则适用于公司。公司的住所是其注册的办公室所在地。如果公司有分支机构，则涉及这些分支机构的案件，根据《德国民事诉讼法》第 21 条的规定，可由分支机构营业所在地的法院受理。

（三）对诉讼标的的管辖权

1. 财产诉求

不动产所有权问题由不动产所在地法院管辖。当不涉及所有权问题时，不动产所在地同样是确立有管辖权的法院的标准之一。

2. 损害或侵权

如果被指控为侵权，按照《德国民事诉讼法》第 32 条的规定，管辖法院被确立为侵权行为地法院。应予指出的是侵权行为地既包括侵权行为实施地也包括损害结果发生地。

3. 履行地

根据《德国民事诉讼法》第 29 条的规定，合同履行地可确立为有管辖权的法院所在地。合同履行地由合同准据法查明。如果适用德国法，必须提到的是合同履行地通常就是债务人的住所地或债务人的营业地②。

（四）与国际管辖权有关的条款

除前面提到的能确立管辖权的因素外，还可能通过约定确立管辖权。有关管辖权的排除和减损的规定被置于《德国民事诉讼法》第 38 条之中。通常，依德国法如果至少有合同一方当事人不居住在德国或在德国没有住所，则这样

---

① 《德国民事诉讼法》第 78 条。
② 《德国民法典》第 269 条第 1 款。

的约定就被认为是有效的。

（五）应诉

最后，必须提到的是，被告的应诉也能确立管辖权。此规则确立德国的管辖权，同时在承认诉讼（如承认外国诉讼程序的诉讼）中也被运用于支持外国法院的管辖权。如果一个被告承认在外国法院进行诉讼的便利，而未提出任何对该外国法院行使管辖权的异议，则德国法院将不予受理他对该外国法院管辖权提出的抗辩。然而，此规则在下述情形下并不适用：即如果该被告根据外国诉讼法，未得到有效的抗辩外国法院管辖权的机会，或可以预见外国法院将不会采纳他的抗辩主张。

（六）《布鲁塞尔公约》和欧盟理事会《关于民商事案件管辖权及判决承认与执行的法规》第 3 条

根据《德国民事诉讼法》第 23 条，如果一个被告在德国既没有住所，也没有居所和营业地，管辖权由他占有财产的所在地法院行使，此财产能否足够涵盖整个诉讼请求并不重要。然而，如果财产微不足道，德国法院将拒绝行使管辖权。除此以外，不存在"不方便法院"原则来缓解这种广泛的管辖权。根据《布鲁塞尔公约》和欧盟理事会《关于民商事案件管辖权及判决承认与执行的法规》（除丹麦外，在欧盟成员国之间本法规替代《布鲁塞尔公约》）第 3 条，《德国民事诉讼法》第 23 条不适用于成员国的公民。

第四节　芬兰和丹麦有关国际民事管辖权的制度

一、芬兰[1]

（一）管辖权的种类

在芬兰，根据宪法，管辖权被授予独立、常设的法院。受理绝大多数民事争议的普通法院按三级设立：在低层的地区低等法院、作为一般上诉法院的上诉法院和作为最终上诉救济的最高法院。

---

[1]　参见［英］克里斯丁·T. 坎贝尔主编：《国际民事诉讼》，1995 年英文版，第189~193 页。本书有关芬兰国际民事诉讼程序的阐述主要参考了［英］克里斯丁·T. 坎贝尔主编：《国际民事诉讼》，1995 年英文版；李双元、谢石松著：《国际民事诉讼法概论》，武汉大学出版社 2001 年第 2 版；沈达明著：《比较民事诉讼法初论》，中国法制出版社2002 年版等书。

一个或几个城镇或社区形成一个法院的管辖区域。每一个区域都有自己的当地地区法院。地区法院对其管辖区内的法庭事项有着独一无二的管辖权：所有的民事案件不管争议的重要与否，均首先在地区法院开始诉讼程序。

作为普通上诉法院，全国共有 6 个上诉法院。每一上诉法院对其辖区内的地区法院的裁决的上诉有管辖权。最高法院处于司法体系的最高地位。它对所有上诉法院的裁决的上诉都有管辖权。在民事诉讼程序中，最高法院仅处理那些被认为是先例性的或实体上特别重要的案件。除了普通法院之外，也有对特别事件享有管辖权的特别法院：（1）土地法院——受理与土地有关的争议；（2）水权利法院——受理与水权利有关的争议；（3）保险法庭——受理社会保障争议；（4）劳动法院——受理来自集体劳动协议方面的争议；（5）市场法院——受理与消费者保护、不正当市场行为和不正当竞争相关的纠纷。

由于普通法院对所有没有明确由特别法院管辖的案件享有管辖权，所以在芬兰大多数争议在地区法院开始诉讼程序。在仲裁案件中，当事人可能同意由仲裁庭来处理他们间的争议，从而排除了普通法院对这些案件的管辖。

（二）对当事人的管辖权

如果被告对原告的起诉予以应诉，而未首先对法院的管辖权提出异议，则对该诉讼当事人的管辖权可由任何一审法院确立。仅当争议交由对标的物有管辖权的法院处理时，审判地点才是绝对的，并且争议需要由法院依职权予以审理。

如果原告在对被告无管辖权的法院对被告提出诉讼，该案件必须被驳回。对诉讼当事人的管辖权规则通常是可自由裁量的，这意味着法院不必依职权确保对它们的遵守。

1. 自然人

自然人必须向被告的习惯住所地（habitual domicile）的地区法院提起诉讼①。芬兰《司法程序法典》规定了被告的一般管辖地。如果一个人在芬兰没有任何习惯住所，他可以在被告的当前居所地或被告的财产所在地法院提起诉讼。

2. 法人

法人的法定审判地是法人住所地的地区法院。法人的住所地是法人的登记住所所在地。在位于不同地区法院管辖区域的数个地方经营的法人可以在其中对争议发生地有管辖权的法院提起诉讼。合伙公司的合伙人在与其个人责任相

---

① 《司法程序法典》第十章第 1 条。

关的法律案件中有其法定审判地，即要么为合伙人的住所地法院，要么为公司住所地法院。对有限责任公司的董事会成员可以在公司住所地的地区法院提起对公司或对股东的个人责任的诉讼。

（三）对标的物的管辖权

当法院对标的物有管辖权时，审判地通常地成为绝对的。这意味着法院在诉讼的任何阶段都有考虑其管辖权的义务。在诉讼的任何阶段，诉讼当事人可以成功地请求法院的管辖。如果法院对标的物无管辖权，案件必须被驳回。

在芬兰，普通法院对标的物的管辖权最为普通的例子是与财产诉求相关的诉讼以及基于继承的诉讼。海事争议也通常集中在某些地区法院。前面提到的特别法院也同样对那些已确定由其受理的案件有着唯一的管辖权。

1. 财产诉求

根据《司法程序法典》，财产诉讼应交由不动产所在地法院审理①。并非所有与不动产相关的诉求都应在不动产所在地法院提起，只有那些直接与不动产相关的诉求归入这种管辖，这样的诉求的例子有：（1）关于不动产所有权的诉求；（2）关于不动产租赁以及占有的诉求；（3）关于法定分离权利（legal rights of severance）的诉求；（4）关于赎回权的诉求；（5）关于不动产的损害赔偿诉求。

2. 损害或侵权

关于损害赔偿的法定之诉可以在一般管辖地法院提起，正常的是被告住所地法院。这样的诉讼也可以向损害发生地法院提起，这两种审判地点都不是绝对的。

3. 《卢迦诺公约》和《布鲁塞尔公约》第3条

芬兰已加入了卢迦诺《民商事案件管辖权及判决执行的公约》和1968年《布鲁塞尔公约》。《卢迦诺公约》包含了1968年9月27日《布鲁塞尔公约》的所有实质部分。根据《卢迦诺公约》第3条，居住在一个国家的人仅由于被规定在该公约的第2~6条的规则才可以在另一国法院被提起诉讼。上述条款创立了其中包括合同、抚养、侵权民事损害诉求，各种与保险有关的诉求、消费合同以及不动产等方面的特别的管辖规则。《卢迦诺公约》的批准极大地扩大了芬兰法院对成员国公民的管辖权。

根据《卢迦诺公约》第3条第2款，芬兰已承认成员国的公民豁免于《司法程序法典》第十章第2条的第2~4句。上面提到的条文的第2句确立了

① 《司法程序法典》第十章第14条、第19条。

在当前居住国或财产所在地国内无习惯住所的当事人的管辖权；第 3 句确立了法院对已移居国外的芬兰公民的管辖权；第 4 句确立了现住在芬兰的外国人的管辖权。

但除丹麦外，欧盟理事会 2000 年《关于民商事案件管辖权及判决承认与执行的法规》已替代《布鲁塞尔公约》。

（四）欧盟理事会的有关规则

欧盟理事会 2000 年《关于民商事案件管辖权及判决承认与执行的法规》，欧盟理事会 2000 年《关于破产程序的法规》和欧盟理事会 2000 年《关于婚姻案件和亲子关系监护案件管辖权及判决承认与执行的法规》都有关于国际民事管辖权的规定①。

（五）审判地

1. 一般原则

根据芬兰审判地规则，自然人和法人的一般管辖地是被告住所地的地区法院。这种法院对针对被告的任何法律案件都有管辖权，除非这种管辖权为审判地特殊规则所排除。

在芬兰《司法程序法典》中审判地规则是十分复杂和特别陈旧的，在此处对审判地规则作一个详细的解释是不可能的。参照上面的管辖权类型，在民事诉讼中十分重要的管辖权类型包括：（1）一般管辖地（住所地法院）；（2）婚姻法案件管辖地（通常是住所地法院或是该对夫妇最后的共同住所地法院）；（3）遗嘱管辖地（遗产所在地）；（4）物权诉讼管辖地（诉争物所在地法院）；（5）基于事实联系的管辖地（事实联系地法院）。

诉争物所在地法院以及遗产所在地法院的管辖是强行性的。

2. 管辖的移送

在芬兰，所有的民事案件依原告的申请提交给法院。因此，法院没有当然的职权把案件移送给另一法院。如果法院根据管辖权规则或管辖地规则认为其无权处理争议中的案件，该案件必须被驳回，法院没有任何手段把该案件的审判转移给另一对该案件有权受理的法院。

在《芬兰民事诉讼法》中，合同当事人关于合同管辖法院的协议得到了极大程度的承认。然而，管辖地协议仅在关于任意的审判地方面有效。这样，

---

①　上述规则的有关内容可参见肖永平主编的《欧盟统一国际私法研究》（武汉大学出版社 2002 年版）和刘卫翔著的《欧洲联盟国际私法》（法律出版社 2001 年版）的有关部分。

关于不动产的诉求和继承的诉求的审判地是不能被改动的，管辖权协议不能影响专门法院的排他性专属管辖。有效的管辖权协议应以书面形式写成。

二、丹麦①

（一）引言

在丹麦，司法体系分为普通法院和特别法院。普通法院负责处理一切缺乏特别特征而不能提交其他法院或权力机关的一般案件。普通法院一般为低等法院，在丹麦总共有 82 个；在东部和西部分别有两个高等法院。最后，还有一个最高法院。另外，在哥本哈根还有一个专门负责处理海商事案件的特别普通法院。最重要的特别法院是遗嘱检验法庭和处理土地所有人与佃户关系的法庭。这两个法庭在级别上高于低等法院。

一般说来，法庭的初审判决能被上诉一次，如一审为低等法院可上诉到高等法院，一审为高等法院则可上诉到最高法院。在极其特殊的情况下，司法部可直接授权经低等法院一审判决的案件可直接上诉到最高法院。一项争议首先在低等法院受审还是在高等法院受审取决于争议标的金额的大小。一项争议标的价值超过 500000 丹麦克朗（相当于 80000 美元）将不经过低等法院而直接在高等法院开始诉讼。这就有利于判决可直接上诉到最高法院。另外，在高等法院审判时有 3 名法官，而在低等法院却只有 1 名法官。

《丹麦民事诉讼法》对法院组织与程序法规则均作了规定，它有 1000 多条。

（二）管辖权

1. 住所

（1）自然人。《丹麦民事诉讼法》第 235 条第（1）、（2）款规定，对被告的诉讼必须在被告住所所在地法院提出。在丹麦，住所被认为是被告人的居住地。如果被告在国内外均无固定居所，对其的诉讼可在被告当时所处地方的巡回法院提出。如果被告既无住所又不能确定其当时所处之地，则诉讼可在被告最近居住之地或最近出现的地方的巡回法院提出。

---

① 参见 [英] 克里斯丁·T. 坎贝尔主编：《国际民事诉讼》，1995 年英文版，第 75~78 页。本书有关丹麦国际民事诉讼程序的阐述主要参考了 [英] 克里斯丁·T. 坎贝尔主编：《国际民事诉讼》，1995 年英文版；查尔斯·柏拉图主编：《世界性诉讼的经济影响》，1999 年英文版，第 143~153 页；李双元、谢石松著：《国际民事诉讼法概论》，武汉大学出版社 2001 年第 2 版；沈达明著：《比较民事诉讼法初论》，中国法制出版社 2002 年版等书。

（2）公司和其他法人。对丹麦政府的诉讼必须向代表丹麦国家利益的当局的主要办公所在地的巡回法院提出。对法人公司、合伙企业或类似法人的诉讼应向他们的主要办公地的巡回法院提出。如果公司没有主要办公地或不能得到相关的信息，对公司的诉讼可向董事会或管理部门的成员的住所地的巡回法院提出。有限公司的住所地必须在公司章程中明确规定。公司章程是公开的、可获得的，故有限公司的住所所在地是容易确定的。

2. 有关管辖的补充规定

在一些特殊情况下，原告可不必去被告住所所在地的法庭提起诉讼。下面将阐述这一可能的重要性。

（1）商人。针对由商业活动引发的诉讼，原告可在商业行为开展之地的巡回法院提出诉讼，即使被告的住所在别的地方仍是可行的。

（2）不动产。关于不动产，向不动产所在地的巡回法院起诉。

（3）合同诉讼。对关于合同问题的诉讼，可在合同义务履行地法院对被告提出诉讼。然而，应当注意的是，这一关于管辖权的重要的补充性规定并不适用关于金钱支付的诉讼。其原因是依据丹麦法，有关合同履行的金钱求偿诉讼总是在债权人的住所所在地法院提起。

3. 国际管辖权

作为欧共体的一员，丹麦批准了经修改后的 1968 年《布鲁塞尔公约》。公约作出了对在欧盟内有住所的人的保护性规定，即当公约所有条件均被满足后案件只能在丹麦诉讼。现在，对住所在欧洲自由贸易联盟内的而非欧共体成员的挪威和瑞士通过《卢迦诺公约》也给予了类似的保护。

对住所不在欧共体与欧洲自由贸易联盟内的人，丹麦法院行使管辖权是基于当事人当前出现或基于被告人的财产。住所在丹麦的消费者被授权起诉住所不在丹麦的经销商或制造商，如果在正式购买之前经销商或制造商已在丹麦进行广告促销或者商品报价。

因丹麦在欧盟有关公约的议定书中表明对欧盟内务司法合作事项不予参加，故它与其他欧盟成员国之间不适用欧盟理事会 2000 年《关于民商事案件管辖权及判决承认与执行的法规》和 2000 年《关于破产程序的法规》以及 2000 年《关于婚姻案件和亲子关系监护案件管辖权及判决承认与执行的法规》。目前，丹麦与其他欧盟成员国之间国际管辖权的确定依 1968 年《布鲁塞尔公约》进行。

4. 管辖权协议

最后，管辖权可通过协议来确定。如果协议准确明了，则丹麦法院会接受协议管辖。唯一的例外是，丹麦法院不受理与丹麦无任何关系的争议事项。因而，丹麦法院并不为一般国际争议提供解决方案。

第五节　欧盟有关国际民事管辖权的制度

一、导言①

建立欧洲共同体（欧洲煤钢共同体、欧洲原子能共同体和欧洲经济共同体）的三个条约确立了欧洲共同体的机构——部长会议、议会、作为执行机构的委员会和欧洲法院，这些机构被授权作出对其成员国、自然人和法人具有拘束力的决定。然而只有前三个机构参与立法程序，欧洲法院的判决对于构建"统一的欧洲"有着巨大的影响。三个条约当中包括的有关欧洲法院的程序性规则有许多的一致性，这里仅限于对欧洲经济共同体所包括的诉讼行为进行分析研究，它近来由欧盟条约（该条约已于1993年11月1日生效）改名为欧洲联盟。

欧洲法院首要的任务是确保对欧洲共同体条约的解释和运用的一致性②。条约本身包括法院许多类型的程序条款。法院组织和程序的其他方面的规则是在法院的规程和议定书（议定书附属于欧洲共同体条约）以及由法院本身制定的程序规则中规定的。

1989年9月1日建立的初审法院的目的是为了减轻欧洲法院沉重的承办案件的负担，沉重的承办案件的负担已经影响了欧洲法院处理法律事务的司法审判效率。初审法院最初只是被授权处理有限的争议类别，特别是竞争领域的争议。但自1993年8月1日起，初审法院对于违背共同体机构规则和决定的所有的直接诉讼都有管辖权。

和欧洲法院或者初审法院不一样，欧洲委员会不是一个法院，而更像一个准执行机构，负责共同市场的协调工作。该委员会具有欧洲共同体的原初的立法权。从法律和实践的视角看，是该委员会推动成员国和其他共同体机构朝向

---

① 参见［英］克里斯丁·T. 坎贝尔主编：《国际民事诉讼》，1995年英文版，第781~791页。本书有关欧盟国际民事诉讼程序的阐述主要参考了［英］克里斯丁·T. 坎贝尔主编：《国际民事诉讼》，1995年英文版；邵景春著：《欧洲联盟的法律制度》，人民法院出版社1999年版；王世洲主编：《欧洲共同体法律的制定与执行》，法律出版社2000年版；戴炳然译：《欧洲共同体条约集》，复旦大学出版社1994年版等书。

② 《欧洲共同体条约》第164条。

超国家实体的方向迈进。例如，当一个成员国没能遵守条约或者其他的欧洲共同体规定时，一个由该委员会发起的行政程序必须优先于欧洲法院提起的诉讼。重要的是，该委员会对于处理公有公司、私人公司在竞争领域的事务方面同样具有广泛的权力。为了行使这些权力，该委员会可以对违法主体课以重罚和日常的处罚。然而，这些决定本身可以被上诉至初审法院。该委员会的广泛权力是由理事会规则确立的，尤其是 1962 年 2 月 6 日的 17/62 规则①。

二、确立管辖权

如果一诉讼涉及对共同体法律条款的解释，或者涉及对共同体法律的违反，可以把它提交给欧洲法院。相对地，初审法院只是审理那些直接违反共同体机构的诉讼行为，包括源自共同体机构的活动的损害赔偿之诉。

与成员国和共同体机构相比较而言，个人和公司利用欧洲共同体法院是受到限制的。例如一个对于共同体法律的解释问题可以由一个国家的法院向欧洲法院提出，以防止影响欧洲共同体法律规则与一个民族国家的法律的和谐共处。

1. 国际管辖权

委员会对于竞争事务享有管辖权，包括所有的协同行为、一致的实践、优势地位的滥用、具有实际或者潜在影响的合并或补贴，即使所涉公司在欧共体内并无总部或分支机构。然而，作为一个总的规则，欧洲共同体竞争规则只是在两个成员国之间的贸易受到影响时才是可适用的，如果不是这种情况，国家的竞争管理当局对这类案件具有排他的管辖权。

出于这个原因，产生了法律不计较琐事的规则。实际上，人们认为对于产品或者分配货物或者对于服务的协议不应属于欧洲共同体竞争规则的范畴，如果该公司拥有不超过 5% 的货物或者服务的相关市场以及如果参与的公司集体的年流动金额没有超过 2 亿欧洲通用货币（ECU）的话。

2. 管辖权的类型

有 6 种基本的诉讼可以向欧洲共同体法院提交：（1）合法性审查；（2）行为的不履行；（3）损害赔偿；（4）请求预先裁决；（5）违反共同体法律；（6）违反竞争规则。

（1）合法性审查

初审法院提供了一个对欧洲共同体机构作出的独断或滥用的行为提起诉讼

---

① OJ Eur. com. Numbor 13/204 of 21 February 1962.

的场所。任何人可以对共同体机构作出的对其不利的决定或裁定向初审法院提出异议。同样地，任何人亦可以对共同体机构制定的对其不利的规定或决定提出异议①。

不加选择地影响所有人的行为不能由私人单个地提出异议，除非他们由于对其很特别的原因而受到独特的伤害。例如，一方当事人受到一项共同体机构作出的行为的影响就对其提出异议，这种理由是不充分的，因为其仅仅是受该行为抽象影响的这一类主体中的一员。

绝大多数要求撤销一项决定的诉讼，都是由直接受该决定不利影响的私主体发起的，例如那些在竞争事务中的罚款。这些诉讼应在行为公告后的两个月内，或者在提出异议方当事人知晓后的两个月内或在提出异议方当事人获得实际的通知之日起的两个月内提出②。

有 4 种理由可以要求废止共同体机构作出的一项行为，这些理由都可以在法国的行政程序中找到其来源：①缺乏管辖权；②违反了必要的程序要求；③违反了欧共体条约或被欧共体条约采纳的法律规则；④滥用权力。

然而，这些根据一般是被初审法院援引作为受案的依据，然后向欧洲法院提起上诉，到目前为止，至于像反倾销一类的商业政策方面的事务仍然只有欧洲法院享有管辖权。其行为被宣告为无效的欧共体机构被要求作出必要的行动去遵守该判决。它可能被要求就其被废止的行为提供相应的损害赔偿，但是，那些损害赔偿金的给付应以《欧洲共同体条约》第 178 条和第 215 条的规定为基础。

（2）行为的不履行

当欧洲共同体机构被请求作出裁定，以适当的方式处理确定类型的事务以了结当事人提出的请求时，另一方当事人可以向初审法院或者欧洲法院提起诉讼，声称共同体机构没能充分履行其义务。例如，在竞争领域的事务中，原告就可以利用这种机会，目的是迫使委员会对于不正当竞争行为作出一种裁决或者对原告提出的请求作出一个回应。然而，由欧洲共同体机构作出的裁决只是一种对当事人不具有拘束力的建议或者观点，该裁决中有利的一方当事人没有权利依此裁决请求法院强制执行。

一项诉讼可以被提起，只要首次依原告方的要求被请求作出判决的是相关的机构（通常是委员会）。如果在请求提出的两个月内共同体机构仍然没有作

---

① 《欧洲共同体条约》第 173 条。

② 《欧洲共同体条约》第 173 条第 3 款。

出决定，那么在随后的两个月内可以强制请求其作出决定。应一方当事人的请求由委员会的高级官员作出的行政证书和一个没有违反竞争条款的声明构成了委员会行为的内容。而且，委员会对由原告方提出的一成员国违反了欧洲共同体法律的诉求没有作出一个对被告成员国不利的决议，不认为是行为的不履行。

一个不履行义务的机构将被声明违反了欧洲共同体条约，被要求履行判决，并且，因其不履行义务可能还要承担损害赔偿的责任，但是原告方对于损害赔偿的要求需要另行起诉。

（3）损害赔偿

欧洲共同体必须赔偿任何由其机构或者其工作人员执行职务的行为而给他人造成的损害。请求取消某项决议的诉讼或义务不履行的诉讼是一个方面，要求损害赔偿是另一方面，它们都是单独的和自治的诉讼，必须完全满足各自的要件。然而，对于受经济政策措施方面的立法行为影响的当事人而言，获得损害赔偿金是困难的。

仅当其明显违反了高层次的法律规则时，一个共同体机构才招致侵权赔偿责任，例如，违反了欧共体条约或者一般法律原则。在立法领域，共同体机构在共同体政策的执行方面享有广泛的自由裁量权，相关机构仅当其确切地和严重地超出了其权力的限度时才会出现承担赔偿责任的问题。

而且，如果损害赔偿的申请实际上直接违背了成员国当局运用共同体法律的目的，该诉讼请求将被驳回。这类诉讼请求应向其本国法院提出。请求归还已支付给欧共体成员国当局的金钱的诉讼，亦应向该成员国法院提起。

对抗欧共体机构的侵害行为的诉讼的时效期限是 5 年，从导致该诉讼事由的事件发生时起计算。

（4）请求预先裁决

欧洲法院对欧洲共同体条约的解释和共同体机构某项行为的解释和其有效性作出先决裁决具有排他的管辖权。这一类裁决是应成员国法院为了在一个未决案件作出判决之前必须澄清的欧洲共同体某个法律问题而提出的请求所作出的。

这类先决裁决的目的是确保由欧洲法院对欧洲共同体法律作出统一的解释。当被提出的问题是一个其作出的判决为终局判决的成员国法院（例如法国的最高（上诉）法院）的未决案件中出现的问题时，这些法院必须把该问题提交给欧洲法院。所有成员国的低级法院可以自由裁量决定是否要求欧洲法院作出一个先决裁决。他们也可以决定问题是否成熟到足以提起诉讼，不管该国家的诉讼已进行到了哪个阶段。

根据《欧洲共同体条约》第 177 条的目的，仲裁庭不能被理解为是一个法院，并且作为一种结果，其不可以请求欧洲法院作出一个先决裁决。然而，由专业团体组成的上诉委员会，其作出的决定可以影响欧洲共同体法律所授予的权利，从这个角度考虑，可以将其视为一个法院。

欧洲法院不可以直接对成员国法院提出的问题作出判决。欧洲法院将概括地给成员国法院提供对于欧洲共同体法律的解释，而且欧洲法院无权提出建议性的意见，因为只有对成员国法院提交的真正的争议，它才有管辖权作出裁定。

通过利用其权力作出先决裁决，欧洲法院对于发展和规范欧洲共同体法律作出了贡献。寻求欧洲法院的先决裁决，被证明是对成员国和欧洲共同体机构违反欧洲共同体法律的诉讼提出异议的公民可以得到的最好方式。

欧洲法院的裁决必须受到成员国法院的尊重，成员国法院必须把该裁决运用于该未决案件。然而，必须注意的是，欧洲法院作出的先决裁定对于欧洲共同体内部的所有人都是适用的，不仅仅限于被指定的当事人，当欧洲共同体机构的行为被裁定为无效时，这显得尤为清楚。

尊重先决裁定是一个成员国法院应遵守的义务的必然结果。然而，成员国法院总是可以对欧洲法院已经作出先决裁定的问题请求作出新的先决裁定。

在例外的情形下，欧洲法院可以决定它对共同体规则的解释仅从该裁定规定的日期起开始生效。当然，该裁定确定的财政后果对裁定对其不利的一方当事人可能是苛刻的。

（5）违反共同体法律

因一成员国违反欧洲共同体法律而受到损害的人可以向欧洲委员会提交起诉状①。这些人不可以直接起诉至初审法院或者欧洲法院。对于这类起诉状没有特别的要求，由欧洲委员会自由裁量是否受理该项诉讼。当委员会拒绝受理该诉讼，而没有法律救济方式存在时，是不可能以行为的不履行为由以委员会为被告提起诉讼的。

行政程序优先于司法程序本身。如果欧洲委员会判定一成员国没能完全履行欧洲共同体条约项下的义务时，它将给予该成员国一次为自己的令人不可信

---

① 《欧洲共同体条约》第 169 条。

的行为提供辩护的机会，在可预期的所有因素都被考虑之后，委员会将提出一个书面意见。就委员会提出的意见而言，只要成员国在恰当的期间内没能遵守该意见，委员会可以把该事务提交给欧洲法院。案件的主要部分将无须诉诸司法程序就将得到解决。

成员国也有以其他成员国违反共同体法律为由对其提起诉讼的能力。然而鉴于此行为属于挑战另一成员国的政治行为，其大多会产生政治方面的结果，因而在实践中很少采用。

如欧洲法院发现成员国没有履行条约义务，则上述成员国会被要求遵照这一规定，成员国对其公共机构及地方权力机关违反欧洲共同体法律的行为负有责任。而不管这种机构或权力机关是否依法独立于成员国。

诸多成员国已提出了一系列不遵循欧洲共同体法律的合法理由。然而这些理由一般都被法院驳回。一种常见的违反就是把欧共体命令拖延地、不适时地合并到成员国国家法律之中，延迟了欧洲共同市场的形成。欧洲法院一直不断地在谴责这种行为。

在最初的欧共体条约中没有一个正式的机构可使欧洲法院能强迫成员国遵循对他们作出的判决。1993 年 11 月 1 日《关于欧洲联盟的条约》开始实施，它对成员国的违法行为作出了征收罚款的规定。

（6）违反竞争规则

任何协议（agreement）或惯例（practice）的受害人，如果此协议或惯例违背了《欧洲共同体条约》第 85 条和第 86 条，受害人可向委员会（负责管理反托拉斯争议的权力机构）提出索赔。而委员会也可以对引起疑虑的协议或惯例提出起诉。

如果委员会没能在合理期限内，在收到起诉书之后宣布裁决，则原告可以提起诉讼以迫使裁决遵循《欧洲共同体条约》第 175 条的规定。控诉可以通过合理判断被驳回，原告方有两个月的时间（从不利裁决被宣布之日起）用于在初审法院提起撤销该裁决的诉讼。

当事情并没有呈现出足够的"共同体利益"时，委员会可选择放弃继续进行诉讼。在其决定这样做之前，它要证明原告人的利益会在国家法庭得到充分的保护。最近委员会刊出了一则声明阐明了关于在欧洲共同体反托拉斯问题中控诉的政策。在声明中，委员会宣布其只考虑最重大和最复杂的反托拉斯案件。当判例法完善时，国家法院能够且被要求直接适用欧共体法律。成员国法院可决定是否取消协议或惯例，并可把损害赔偿判给原告。相反，委员会则只能收取罚金和责成终止违反《欧洲共同体条约》的惯例。

第六节 俄罗斯、罗马尼亚和匈牙利
有关国际民事管辖权的制度

一、俄罗斯

2000 年最新修正的《俄罗斯联邦民事诉讼法》第 434.1 条规定："俄罗斯联邦共和国法院对当事人为外国公民、无国籍人、外国企业和组织的民事案件的管辖及一方当事人居住在国外的民事案件的管辖由苏联法律予以规定；若出现苏联立法未予规定的情形时，则依据本法典所规定的管辖规则。"① （"据俄罗斯联邦共和国最高苏维埃主席团 1977 年 6 月 14 日法律文本——《俄罗斯联邦共和国最高苏维埃公报》1977 年第 24 期第 586 号"）②

二、罗马尼亚

1992 年《罗马尼亚关于调整国际私法法律关系的第 105 号法》③ 第十二章第一节对罗马尼亚法院的国际民商事管辖权作了如下规定：

1. 普通管辖

只要符合下述条件，罗马尼亚法院即对案件拥有管辖权：（1）被告人或被告之一在罗马尼亚拥有住所或惯常居所或其经营资产在罗马尼亚境内；如果被告在国外其住所无法确定，则以原告提起诉讼时在国内的住所或惯常居所为准。（2）作为被告的法人营业所位于罗马尼亚境内。如果外国法人在罗马尼亚境内有子公司、分支机构、代理处或代表处，则视为在罗马尼亚有营业所。（3）对于要求扶养费的诉讼，原告在罗马尼亚有住所。（4）合同债务的成立地或将被履行或部分履行地位于罗马尼亚境内。（5）引起非合同之债的法律事实发生地或其效力发生地位于罗马尼亚。（6）旅客进出或货物装卸的火车

---

① 《俄罗斯联邦民事诉讼法》的管辖规则由其第 113~125 条规定，其内容可参见张西安、程丽庄译：《俄罗斯联邦民事诉讼法（执行程序法）》，中国法制出版社 2002 年版，第 41~50 页。

② 参见张西安、程丽庄译：《俄罗斯联邦民事诉讼法（执行程序法）》，中国法制出版社 2002 年版，第 176 页。

③ 该法的中译本（杜涛译，韩德培校）可参见李双元、欧福永、熊之才编：《国际私法教学参考资料选编》（上册），北京大学出版社 2002 年版，第 270~291 页。

站、汽车运输站以及码头或机场位于罗马尼亚。（7）被保险的货物所在地或保险事故发生地位于罗马尼亚。（8）被继承人最后住所地或其遗产所在地位于罗马尼亚。（9）引起争议的地产位于罗马尼亚。（第149条）

罗马尼亚法院对以下诉讼也有管辖权：（1）在罗马尼亚登记的婚姻状况方面的行为与事实引起的住所在外国的当事人间的诉讼，只要至少一方当事人具有罗马尼亚国籍。（2）对于住所在国外，具有罗马尼亚国籍的未成年人或无行为能力人的保护进行的诉讼。（3）对罗马尼亚公民的死亡宣告，即使该人是在国外失踪。在罗马尼亚法院作出采取临时措施的决定之后，外国法院所采取的临时措施即告失效。（4）关于保护住所在罗马尼亚的罗马尼亚人或无国籍人在外国取得的知识产权的诉讼，如果当事人没有选择其他法院管辖。（5）外国人之间关于在罗马尼亚的物或利益提起的诉讼，只要当事人有明确协议并且法律允许他们拥有此种权利。（6）在公海或公空发生的船舶或飞机碰撞以及事故中对人员和物品的援救引起的诉讼，只要：①船舶或飞机具有罗马尼亚国籍；②碰撞发生地或船舶或飞机最先到达的港口或机场位于罗马尼亚境内；③船舶或飞机在罗马尼亚被扣押；④被告在罗马尼亚有住所或居所。（7）破产或其他诉讼中，无支付能力的外国企业在罗马尼亚有营业所。（8）法律规定的其他诉讼。（第150条）

2. 专属管辖

罗马尼亚法院对由国际私法法律关系引起的以下列事项为标的的诉讼，具有专属管辖权：（1）在罗马尼亚实施的涉及在罗马尼亚有住所的罗马尼亚公民或无国籍人的有关婚姻状况的行为。（2）允许收养，只要收养人员是罗马尼亚公民或无国籍人，并在罗马尼亚有住所。（3）为保护在罗马尼亚有住所的罗马尼亚公民或无国籍人而设立的监护及监护人的职责。（4）对在罗马尼亚有住所的人剥夺法律行为能力。（5）婚姻的取消、解除或判定无效以及夫妻间的其他法律争议，只要提起诉讼时夫妻双方在罗马尼亚有住所并且其中一人具有罗马尼亚国籍或无国籍，但涉及在国外的地产的争议除外。（6）最后住所在罗马尼亚的人的遗产继承。（7）位于罗马尼亚的房地产。（8）法院执行令在罗马尼亚境内的强制执行。（第151条）

3. 保全措施管辖权

罗马尼亚法院在紧急情况下为了保护与法庭诉讼有关的权利、利益或物品可以决定采取保全措施，尽管按照本章规定从本质上并不属于其应该采取的措施之列。（第152条）

4. 必要管辖

如果外国法院对于具有罗马尼亚国籍的人提出的诉讼认为自己没有管辖权，则该诉讼可向与之有最密切联系的罗马尼亚法院提起。

5. 协议管辖

如果当事人对他们实施的法律行为所产生的或可能产生的彼此间的法律争议已协商确定了管辖法院，则该法院具有管辖权，除非：（1）所选出的法院为外国法院，而对该法律争议罗马尼亚法院有专属管辖权；（2）所选出的法院为罗马尼亚法院而当事人一方主张外国法院有专属管辖权。

6. 管辖法院

如果按照本章规定罗马尼亚法院拥有管辖权但不能确定由哪一法院行使管辖，则该诉讼或者由布加勒斯特市第一区地方法院或者由布加勒斯特市法院审理。

7. 平行诉讼

罗马尼亚法院根据第148条至第152条对某一案件所拥有的管辖权并不因为同一案件或相关案件被提交另一外国法院而被排除。

如果受诉法院对其是否拥有对国际私法法律关系的审判管辖权进行因公审查时，确定本法院以及罗马尼亚的其他法院都没有管辖权，则该项起诉由于罗马尼亚法院没有管辖权而被驳回。

三、匈牙利

匈牙利有关国际民商事管辖权的规则主要见于1979年《匈牙利关于国际私法的第13号法令》①（以下简称1979年法令）第九章中。匈牙利法院或其他机关可以审理该法令没有排除匈牙利法院或者其他机关的管辖权的一切案件。

2000年10月17日匈牙利议会采纳了2000年《匈牙利关于修改有关管辖权及外国判决的承认与执行的法律的某些规则的第110号（No. CX）法令》（以下简称2000年法令），它已于2001年5月1日生效。2000年法令对1979年法令的第九章和第十一章以及《匈牙利民事诉讼法典》（1952年第3号法令）有关管辖权的许多条文作了修改。

（一）2001年5月1日前的有关规定

1. 专属管辖权

---

① 1979年《匈牙利关于国际私法的第13号法令》可参见李双元、欧福永、熊之才编：《国际私法教学参考资料选编》（上册），北京大学出版社2002年版，第257~269页。

对于下列案件，匈牙利法院或者其他机关可以行使专属管辖权：（1）有关匈牙利公民个人身份的诉讼，但是按照本法令，外国法院或者其他机关在此问题上作出的判决应予承认的场合除外；（2）有关匈牙利不动产的诉讼；（3）对匈牙利籍遗嘱人遗下的匈牙利遗产的遗嘱检证诉讼；（4）对匈牙利国家、匈牙利国家机关或者行政机关提起的诉讼；（5）对作为在国外的外交代表或者有管辖豁免权的匈牙利公民提起的诉讼，根据国际条约或者互惠，在外国是不能对这种人提起诉讼的；（6）有关取消在匈牙利发行的有价证券或证件的诉讼；（7）有关许可延长或终止匈牙利工业产权保护的诉讼。

2. 管辖权协议

对于因国际经贸合同引起的法律争议，1979 年法令第 62 条赋予匈牙利当事人选择外国或匈牙利普通法院①或仲裁机构管辖的权利。在所有的争议中，管辖权协议必须是书面的。如果协议规定了专属管辖权，则其他的法院或仲裁机构不得审理。

3. 仲裁管辖权

对产生于商事交往中的争议，当事人通常约定由外国仲裁机构管辖并在许多情况下约定适用仲裁地法。然而，也存在匈牙利法被选为准据法而仲裁在维也纳进行或瑞士法被选为准据法而仲裁在苏黎世进行的情况，因为维也纳、苏黎世为两个吸引人的仲裁地。匈牙利于 1962 年批准了《1958 年 6 月 10 日关于承认与执行外国仲裁裁决的纽约公约》（公约由 1962 年第 25 号法令公布），公约裁决将依公约的规定在缔约国内得到承认与执行。

4. 普通法院的管辖权

（1）匈牙利当事人可自由服从或选择外国法院或匈牙利普通法院的管辖权。但外国普通法院的判决只有在下列情况下才能在匈牙利得到执行：①两国存在双边条约；②两国是有关承认与执行外国普通法院判决的国际公约的成员；③两国存在互惠。

除了纽约公约外，匈牙利没有参加其他有关承认与执行外国普通法院判决的国际条约。匈牙利与法国、匈牙利与希腊之间存在执行普通法院判决的双边条约。此外，匈牙利与经济互助委员会的成员国缔结了类似的协定。通过互换关于承认互惠的照会而确立的互惠只存在于匈牙利与德国之间。

如果当事人约定由与匈牙利不存在条约与互惠关系的国家的法院管辖它们之间的争议，上述法院的判决将得不到匈牙利法院的执行。但只要当事人约定

---

①　本书中的普通法院是与特别法院或专门法院相对而言的。

的管辖权不是专属管辖权，外方当事人可以向匈牙利有管辖权的法院起诉。在这种程序中，匈牙利法院将适用当事人选择的准据法，并把上述法院的判决作为证据采纳。

（2）如果当事人一方的住所在匈牙利，匈牙利法院可以审理非匈牙利公民之间关于个人身份的诉讼，但有关保佐的案件除外。匈牙利法院可以宣告属人法为非匈牙利法的人的死亡或者失踪，或者确定死亡的事，如果匈牙利国内的法律利益要求这样做的话。

如果非匈牙利公民的居所在匈牙利，匈牙利法院可以把他置于保佐制度之下或者终止保佐；匈牙利监护机关则可以命令为他设置保佐人或解除保佐。如果非匈牙利公民被监护或者保佐，并且其住所或者惯常居所在匈牙利，为了对其进行安置、抚养和照管，匈牙利监护机关可以采取必要措施。

对不能处理其事务的非匈牙利公民，匈牙利监护机关可指定法定代理人或者临时保佐人。为了安置、抚养或者照管居住在匈牙利的非匈牙利公民，匈牙利监护机关可以采取紧急措施。法院和监护机关应立即将所采取的措施通知当事人的有关外国机关，有效性至该机关作出不同的规定为止。

5. 管辖权的排除

除有关国家和外交豁免的案件外，对有关许可、延长或终止外国工业产权的诉讼，以及专门的法律规定排除匈牙利法院或者其他机关的管辖权的案件，匈牙利法院或者其他机关无管辖权。

（二）对1979年法令第九章（管辖权）的修改

根据修改后的法令第62条f项的规定，在有关财产请求权和资产产权的案件中，当事人有权约定由一国的普通法院或专门法院管辖他们之间已经发生或将来要发生的法律争议。当事人的约定可以采取以下形式：（1）书面形式；（2）口头形式，如果它由书面形式予以确认；（3）与当事人的通常贸易实践相一致的形式；（4）在国际贸易中，与当事人知道或应当知道的贸易惯例相一致的形式，以及为特定领域贸易的当事人知悉并在缔结此类合同时为其广泛遵守的形式（上述（2）、（3）、（4）项为新增加的规定）。

除非当事人有明确的相反的约定，当事人约定的法院有专属管辖权。

第六章 若干美洲国家有关国际民事管辖权的制度

第一节 美国和加拿大有关国际民事管辖权的制度

一、美国①

（一）导论

由于美国的民事诉讼程序规则具有联邦模式的特征，本部分的论述将以联邦民事诉讼程序规则提供的准则为重点。尽管美国的司法系统以普通法为基础，但联邦及其 50 个州的诉讼法制度大多是成文法。从某种程度上说，诉讼法律和规则要由普通法、某些原则比如公平、正义与经济和占统治地位的学说来解释。当案件中出现特殊的程序问题时，应考虑联邦民事诉讼程序规则或可适用的州民事诉讼法典以及法院地规则。此外，还应参照那些公认的包含有深入讨论联邦和州民事诉讼程序的条约。

1. 美国民事法院系统

美国法院的结构包括两套独立的、但有时是平行的系统：全国性的或联邦法院系统和美国 50 个州各自独立的法院系统。两套法院系统的主要区别在于由联邦宪法和议会授权联邦法院和/或州法院对实质问题的管辖权的性质上。这种管辖权的划分源于这样一个原则，即美国 50 个州每一个州都是一个主权政治实体，对其境内的人和财产拥有排他的主权，除非联邦宪法第 3 条明确将

---

① 参见［英］克里斯丁·T. 坎贝尔主编：《国际民事诉讼》，1995 年英文版，第 703~705 页。本书有关美国国际民事诉讼程序的阐述主要参考了张茂著：《美国国际民事诉讼法》，中国政法大学出版社 1999 年版；张茂译：《美国民事诉讼法导论》，中国政法大学出版社 1998 年版；汤维建著：《美国民事司法制度与民事诉讼程序》，中国法制出版社 2001 年版；李双元、谢石松著：《国际民事诉讼法概论》，武汉大学出版社 2001 年第 2 版等书。

该权力保留给联邦法院。

（1）联邦法院系统

联邦法院系统包括 95 个第一审联邦地区法院，一个由 13 个司法巡回区组成的上诉法院（又称巡回区法院）系统，以及一个终审法院即联邦最高法院。例如：在加利福尼亚州，联邦民事法院系统包括北部、中部、东部和南部 4 个联邦地区法院。中级上诉法院是联邦上诉法院第九巡回审判庭，负责审查来自阿拉斯加、加利福尼亚、夏威夷、蒙大拿、内华达、俄勒岗和华盛顿等州的联邦地区法院的判决。联邦最高法院是 13 个巡回上诉法院的终审法院，通过移送令状，联邦最高法院也可以审查州最高法院的终审判决。这些判决涉及联邦制定法和条约的有效性问题，州法违反宪法、条约、联邦制定法问题，以及宪法、条约、制定法、联邦委员会和联邦政府的资格、权利、特权或豁免问题。

在 1938 年，依据授权法规则①的授权，联邦最高法院有权为所有联邦地区法院和采纳了《联邦民事诉讼规则》的法院制定其适用的民事诉讼程序、证据和上诉程序的规则。1993 年 4 月 22 日，联邦最高法院授权大法官雷恩夸斯特将对美国民事诉讼法富有影响的彻底的修正建议案提交国会。紧接着是对该修正案激烈的公开讨论，国会没有通过该修正案。1993 年 12 月 1 日，没有经过任何修改的美国民事诉讼规则生效。

（2）州法院系统

美国 50 个州的法院系统由第一审法院、中级上诉法院和州最高法院，即各州的终审法院组成。虽然州法院的民事诉讼程序受各州自行采纳的规则支配，但大多数州要么采纳与美国《联邦民事诉讼规则》完全相同的规则，要么采取与之极为类似的规则。

2. 联邦民事诉讼程序规则

回顾可应用于联邦地区法院民事案件的程序规则，可以从整体上揭示两个相关概念的影响。这两个概念决定了美国民事诉讼程序的演进。第一个概念是居住在美国的所有当事人均有权平等进入司法审判系统，该司法系统有能力公正地审理案件。这体现在联邦宪法、制定法对联邦和州法院处理案件及对当事人运用权力的扩大与限制上。第二个概念是所有当事人均有权要求迅速、经济和公正地解决其诉讼请求与争议。因此，联邦规则规定及早进行相关信息的自愿交换，并授权法庭尽可能迅速、有效地处理案件的权力。

---

① 《美国法典》第二十八章（28 USC）第 2072 条。

（二）按标的物确定的管辖权

如果 A 在联邦地区法院提起一件对 B 的诉讼，首先提出的便是管辖的问题，即该院是否有权受理此案，或者由州法院审理该案是否合适。地区法院审理案件的权力受到宪法第 3 条和议会授予的司法权的限制。相反，州第一审法院具有普遍管辖权，可以审理各种类型的案件，除非审理所涉特定案件的权力排他地为联邦法院所保留。

1. 获得按标的物确定的管辖权

联邦地区法院可以审理的标的物由法律规定，受司法解释的限制。对事物的管辖权可以基于以下情况的存在而取得：联邦问题是原告提起的诉讼中的实质因素，或当事人具有不同州的州籍。

2. 基于存在联邦问题的按标的物确定的管辖权

《美国法典》第二十八章第 1331 条规定："地区法院对由《美国宪法》、法律、条约引起的一切民事案件拥有原始管辖权。"

如果当事人 A 在地区法院提起对 B 的诉讼，或向州法院起诉，当事人 B 要求将该案移送地区法院，寻求获得联邦问题管辖权，则必须证实构成当事人 A 诉讼实质基础的权利为《美国宪法》、条约或法律的一种解释所支持，并使一种相反的解释无效。联邦问题的存在必须出现在当事人 A 的指控中，但可以不由当事人 B 的答辩引起。当事人 A 也不能以捏造联邦为被告的起诉来创设管辖权。而且，在当事人 A 的控告为联邦问题辩护的情况下，当事人 B 不能以不对联邦问题答辩或根据美国法控告被告有效而使管辖权无效。

在当事人 A 控告一种行为的权利或原因由联邦法律规定的情况下，例如，基于专利法、版权法、商标法或民权法、反托拉斯法，联邦问题的存在通常是明确的。然而，在所涉的法律只规定或影响作为控诉原因的行为的情况下，这个问题就变得非常复杂了。

美国最高法院在科特诉阿斯伯一案中确立了据以决定联邦问题是否存在的四条标准：（1）原告及其利益是否受成文法保护的某集团的成员。（2）是否有立法证据表明该立法意欲创设或否认该类救济手段。（3）是否与立法计划中隐含的救济手段相一致。（4）这种控告请求权过去是否由州法管辖，以致由联邦法律默示该救济手段不适当。

3. 基于当事人具有不同州籍的按标的物确定的管辖权

《美国法典》第二十八章第 1332 条规定：地区法院对满足下列条件的所有民事诉讼具有原始的管辖权。除利息和诉讼费以外，争议事件的金额或价值超过 5 万美元，且该争议发生在下列当事人之间：（1）不同州的公民之间的争议。（2）一州的公民和外州的公民或诉讼标的之间的争议。（3）不同州的公民和位于该州之内的外州公民或诉讼标的被追加为当事方的争议。（4）如《美国法典》1603条第1款所规定的，外州人作为原告与同一州的公民或不同州公民之间的争议。

经常引用作为联邦法院管辖权合理依据的是，外州的当事人被允许在联邦地区法院起诉，以保护其免受州法院支持其本州公民的偏见的危险。正如我们将要讨论的，在一联邦法院拥有管辖权的诉讼在州法院提起的情况下，被告可以根据《美国法典》第二十八章第1441条的要求将该案移交联邦地区法院。

一方当事人公民资格的变更是一个联邦实体法上的问题，而不是州法上的问题，并且该问题应在提起诉讼的同时提出。一方当事人公民资格在起诉以后改变并不能取得或取消联邦法院的管辖权。当法律没有规定个人具有公民资格的州时，法院可以认为该人为其住所地州的公民，在美国具有永久居民身份的外国人将被视为该永久居住州的公民。

为了决定法人的国籍，法人得视为其成立地或主营业所所在地州的法人。尽管法人出于不同的目的可能具有双重州籍，无论其在多少州营业，也只能有一个主要营业地。一个主要营业地在外国的国内法人，不能出于不同的目的，将其视为一个外州的法人，以便使多样性的管辖权无效。然而，一个外国法人，即使它的主要营业地在美国的一个州，也可以因不同的目的将其视为外国法人。

法人的主要营业地是一个法律问题，要根据对该法人实际营业活动的分析来决定。在决定公司的主要营业地时，法院运用各种测试方法，包括指导、控制法人活动的地点，参考所谓的"神经中心测试"方法，法人的实际营运地和法人日常活动和管理中心地。

直接对保险公司提起的诉讼，在被保险人没有作为被告参与诉讼的情况下，除保险公司成立地或主要营业地所在州外，可将其视为被保险人具有公民资格的州的法人①。

4. 争议的联邦金额要件

为了获得基于不同州的公民之间的纠纷案件的管辖权，《美国法典》第1332条几乎无例外地要求除利息和诉讼费以外的争议金额要在5万美元以上。有鉴于此，争议的金额应由原告在诉讼中明确提出，并且一般根据索赔的损失额善意地决定。索赔额是否基于善意提出可由诉状的表面情况判定。

---

① 《美国法典》第二十八章第1332条第3款第1项。

从原告的观点看，在没有提出金钱赔偿的情况下，正如要求宣告性判决、强制性救济或恢复财产所有权的诉讼一样，争议的金额一般根据争议的财产、合同、权利或应偿付债务的款项来决定。

5. 按标的物确定的管辖权的诉讼程序的要件

当事人援引联邦标的物管辖权必须在诉状中列出一切必要事实来说明其存在。如果缺乏充足的事实或赖以确立标的物管辖权的证据，法院将推定对该案不具备标的物管辖权而不予受理。如果案件是由州法院移送联邦法院的，那么，将被发回原移送的州法院。

更为重要的是，标的物管辖权是一个建立在联邦对州的主权观念之上的宪法和法律要求。在不存在标的物管辖权的情况下，不能由当事人以任何方式授予法院对该案的标的物管辖权，缺乏标的物管辖权的案件必须被驳回。而且，管辖权可以在任何时候甚至在审判结束以后，以答辩书或申请书的方式提出异议。的确，无论任何时候，法院知悉案件缺乏标的物管辖权时，都必须撤销该案。

6. 追加的按标的物确定的管辖权

在诉状中提出多个诉讼请求的情况下，其中一些满足联邦诉讼管辖权要求，另一些不满足；或者被告以反诉的形式提出了对原告州法上的诉讼请求；或双方当事人彼此交叉提出诉讼请求；或第三方当事人对原诉讼中未指名（not named）的当事人提出诉讼请求；或原告修改其对第三方被告的诉讼请求的情况下，联邦法院发展了普通法上附属关联管辖权理论作为对相关诉讼请求和当事人管辖权的基础。

根据附属管辖权理论，为了司法的经济、便利和对当事人的公正，法院对非为联邦管辖权独立支持的诉讼请求可自由裁量决定是否受理。

通过制定法，国会在"附属关联管辖权"的标题下编纂了普通法上的附属关联管辖权。《美国法典》第 1367 条第 1 款赋予地区法院自由地对所有其他诉讼请求行使管辖权。在管辖权基于多种理由存在的情况下，法院可能不利用追加管辖权对那些向第三方提出或第三方寻求参加诉讼的请求行使管辖权。利用这种管辖权会与联邦管辖权的要求不一致。

而且，根据《美国法典》第 1367 条第 3 款，如果相关的诉讼请求引起了独特的或复杂的州法律问题；该相关诉讼请求对法院拥有管辖权的诉讼请求有实质优势；法院驳回了其拥有管辖权的所有其他诉讼；或特殊情况暗示管辖权会被拒绝行使，那么，地区法院可以拒绝追加管辖权。更为重要的是，《美国法典》第 1367 条第 4 款取消了根据第 1367 条第 1 款提出不予受理的追加诉讼请求的时效期限，任何其他诉讼请求均同时或在追加诉讼请求被驳回以后自动驳回。其待决期间和其被驳回期间为 30 天，除非州法院提供一个延缓时效。

（三）对人管辖权和传票送达

法院可以强迫当事人到庭，并对原告的起诉作出反应；要求当事人服从其发布的采用发现程序的命令；作出判决并强制执行该判决。这些权力由法庭对一方当事人或所涉财产（如果诉讼标的为动产或不动产）的管辖权决定。地区法院对一方当事人确立管辖权的方法得借助其发出传票的权力。这种权力受地理上的限制，特别是受联邦法律或联邦民事诉讼法、宪法第 15 条修正案以及宪法第 14 条修正案正当程序条款的限制。

《联邦民事诉讼规则》第 4 条第 11 款阐述了对传票送达的地域限制。根据《联邦民事诉讼规则》第 4 条第 11 款第 1 项的规定，送达传票或提出放弃送达声明书将确立法院对被告的管辖权：（1）根据联邦地区法院所在的州的法律，被告服从其管辖。（2）根据《联邦民事诉讼规则》第 14 条由被告提出作为第三方当事人参加诉讼的人，或者根据《联邦民事诉讼规则》第 19 条作为必要共同诉讼人参与诉讼的人，并且在距发出传唤状的法院所在地不超过 100 英里的司法区内接受了送达。（3）服从联邦法院的互相诉讼管辖权[1]。（4）由联邦制定法授权的人。而且，《联邦民事诉讼规则》第 4 条第 11 款第 2 项规定：在依据联邦法律提出的请求中，如果行使管辖权符合《美国宪法》和法律的规定，则送达传唤状或提交放弃送达的声明书，对任何不服从州法院管辖权的被告确定对人管辖权有效。送达传票的基本目的在于使送达一方当事人充分注意到该诉讼，为其在立案法院提供合理的陈述理由的机会。

1. 对位于地区法院所在州的当事人获得管辖权

除联邦法律另有规定，根据地区法院所在州或送达生效州的法律的规定，在美国境内的被告如拒绝放弃送达传唤状，根据《联邦民事诉讼规则》第 4 条第 5 款的规定，允许在美国任何司法管辖区内送达。

（1）向州内个人送达

对个人送达可采用下列方式：向个人交付传唤状和起诉状的副本；或者在送达时将传唤状和起诉状的副本在被告住所地交给与其同住的年龄适当并且具有判断能力的人；或者将传唤状和起诉状的副本送给被指定的或法律规定的接受传唤令状的代理人。

（2）向本州内法人和社团送达

---

① 《美国法典》第二十八章第 1335 条。

对未收到放弃送达请求书且未向法院提交放弃送达声明书的国内外法人、合伙人或非法人团体进行送达的方式如下：如果在美国司法管辖区内，采用《联邦民事诉讼规则》第 4 条第 5 款第 1 项对个人送达的方式，或向它们的高级职员、管理代理人或一般代理人，或根据委任或法律规定有权接受诉讼送达的任何代理人送达传唤状和起诉状的副本，也可以向被告邮寄传唤状和起诉状的副本。

2. 对位于地区法院所在州境外的当事人获得管辖权

对人管辖权通常由以下条件来保证，当事人 B 和当事人 A 在同一州境内，符合《联邦民事诉讼规则》第 4 条的程序要求。但是，如果 B 居住在或位于地区法院所在的州以外，或为外国居民，对法院运用其送达权力的限制存在争议，正如下面将要讨论的，有效送达的程序要件会更加复杂。

根据《联邦民事诉讼规则》第 4 条第 11 款第 1 项和第 4 条第 5 款、第 4 条第 6 款、第 4 条第 7 款、第 4 条第 8 款，对非本州居民当事人行使对人管辖权，用法院所在地州之外的程序进行送达，建立在"长臂管辖权"的基础上。它首先须根据案件事实，由"长臂管辖规则"是否有此规定来决定。其次，行使该管辖权不与联邦宪法第 14 条修正案的正当程序要求相抵触。大多数州的"长臂管辖规则"允许充分行使美国联邦宪法许可的管辖权。重要的是，如联邦级别管辖是基于不同州的公民之间的纠纷案件的管辖权，那么，将运用州法来判断该州非居民是否有满足州"长臂管辖规则"所要求的充分最低限度的接触。美国联邦最高法院在国际鞋业公司及其子公司一案中，运用双重检验来限制正当程序要求。

首先，通过一种积极的、有目的的行为，被请求接受管辖的当事人须与由原告提出诉讼请求的法院地州，或与该诉讼请求相关的法院地州具有某种最低限度的接触、关系或联系。尽管很难确立一个明确的说明被告联系充足的检测标准，但被告故意利用其在法院地活动的特权，使一个在该州毫无法律依据的诉讼对被告而言能够被预见，在这种情况下，法院找到了将被提出的充分最低限度的接触。然而，在一特定的州出售产品并非一独立的事件，而是直接或间接地为了制造商或分销商尝试在该州市场上出售产品服务，在这种情况下，法院很可能认为这种尝试构成充分的最低限度的接触，从而证明该州法院对由原告诉讼请求、包括因产品引起的诉讼中的制造商和分销商的管辖权是有法律依据的。

除与法院地州有最低限度接触外，第二个正当程序要求是确保诉讼不违反传统公平竞争和实质正义的观念。这一要求描述了法院地州对运用其法律处理争议的过程是否有特别利益。同时，对当事人诉讼相对方便也支持法院地州维持诉讼管辖权。

Command-Aire Corp 一案的判决在这点上是富有启发性的。该案涉及一桩在得克萨斯州联邦地区法院由一名得克萨斯州原告对一加拿大被告所提起的诉讼。被告从原告那里购买了特定的设备，由于该设备存在瑕疵，被告拒绝付款。被告的代理人去得克萨斯州同原告讨论发动机的规格和合同条款并带走了该设备。合同以电话和书面的方式最后签订，规定得克萨斯州法支配该买卖及由此而产生的任何争议。联邦地区法院驳回了被告以不具有对人管辖权为由要求驳回起诉的申请。

上诉法院对此予以确认。上诉法院发现得克萨斯州的"长臂管辖规则"允许充分行使宪法许可的管辖权并认为这样做与正当程序要求相符。有了该发现后，原告的诉讼请求就是由被告与得克萨斯州的接触产生的，法院坚持认为对被告行使管辖权并不违反传统的公平竞争与实质正义的观念。法院为下列事实所说服：加拿大当事人与在得克萨斯州的诉讼争议存在接触，其诉讼代理人来到这里，得克萨斯州在为其公民追索被告的债务提供有效手段方面拥有诉讼利益。

（1）对外国个人的送达

如果在外国境内的被告拒绝放弃送达，《联邦民事诉讼规则》第4条第6款第1项和第2项规定向外国个人送达可以采用下列方式：采用国际上协商一致的合理的通知方式，例如，采用《关于向外国送达民商事司法文书和司法外文书的海牙公约》中规定的方式送达，或者采用不为国际协议禁止的其他方式送达。没有国际协议，则允许采用其他方式送达，如果该送达是合理地发出通知，可以采用与该外国法一致的方式作出。在该外国法不禁止的情况下，向其本人送达或采用邮寄的方式向当事人送达也是恰当的。

（2）向在外国境内的外国法人、社团或合伙人送达

向美国境外的外国法人送达，如其拒绝放弃送达传唤状，则必须采用《联邦民事诉讼规则》第4条第6款对个人送达的规定。以前的《联邦民事诉讼规则》限制对联邦或州法规定的域外送达案件中的被告进行送达。《联邦民事诉讼规则》第4条第6款取消了这种限制，并明确采纳了国际公约，例如《海牙送达公约》，强制对拒绝在联邦法院诉讼中放弃送达的外国法人、团体或合伙人进行送达。《联邦民事诉讼规则》第4条第6款第3项规定，法院在不为公约或外国法禁止的情况下可选择采用送达的方式。按照《联邦民事诉讼规则》第4条第7款的规定，如果送达没有被放弃，则送达人应向法院提交

进行送达的证明书。如果送达在美国境外进行，送达证明必须符合适当的条约或公约。或在其他情况下，根据包括收件人签署的回执，或满足法院要求的其他送达证明，该送达才是有效的。

（3）根据《海牙送达公约》的送达

《海牙送达公约》是一个多边条约，由包括美国在内的 40 多个国家批准或加入。根据其条款，公约适用于所有向国外送达民商事司法文书或司法外文书的情形。公约的主要目的是使文书的送达更加便利。公约规定，除非违反送达地国家的法律，文书可以送达自愿接受它的收件人。送达不能自动进行，公约第 2 条至第 6 条要求每个成员国建立一个中央机关，在被请求时帮助其他国家执行送达程序。美国指定联邦司法部作为中央机关。

3. 放弃对人管辖权

标的物管辖权的要件旨在限制联邦法院的主权权力，而对人管辖权的要件旨在根据正当程序条款保护个人自由利益。由于所有个人权利均可放弃，宣称法院没有对人管辖权的当事人必须以积极的申诉请求提出。

4. 取得传唤状的方式方法

《联邦民事诉讼规则》第 4 条要求，传唤状必须由法院的书记官签署，加盖法院的印章，标明法院及原告律师的姓名和地址，并说明被告必须到庭和辩护的时限。传唤状必须告知被告如不这样做将导致缺席判决并不能提出申诉。传唤状可根据《联邦民事诉讼规则》第 4 条以起诉或向法院书记官提交传唤状要求签名盖印的方式取得。每一被告要求有一份独立的传唤状。

（1）个人送达

《联邦民事诉讼规则》第 4 条第 3 款第 1 项要求传唤状的送达必须附起诉状的副本。《联邦民事诉讼规则》允许由非诉讼当事人的任何人来完成送达，该人至少须满 18 岁，或者如经原告请求，法院可以指定美国联邦法院执行官或为此目的由法院委任的其他人送达。

（2）放弃送达传唤状

新修改的《联邦民事诉讼规则》第 4 条第 4 款文本实质上源于修改前的《联邦民事诉讼规则》第 4 条第 4 款第 9 项关于邮寄送达的用语，现在冠以"放弃送达传唤状；节省送达费用的义务；放弃送达传唤状的请求"的标题。《联邦民事诉讼规则》第 4 条第 4 款第 2 项要求被告接到了本规则规定方式的诉讼通知后，如无正当理由，没有放弃送达传唤状，那么法院应强制被告承担特定的送达费用。《联邦民事诉讼规则》第 4 条第 3 款规定，被告如及时地提交了放弃送达的声明书，他可在放弃送达声明书发出之日起 60 日内不对原告的起诉进行答辩；如果被告居住在美国司法辖区之外，他可以在放弃送达声明书发出之日起 90 日内不对原告的起诉答辩。这种对传唤状送达的放弃并不影响放弃审判地或法院对人管辖权的异议。如果被告放弃送达，法院不应要求原告提供送达证明。原告向法院提出放弃送达之时如同向被告已经送达一样，视为有效。

（3）送达传唤状的时限

重要的是，根据《联邦民事诉讼规则》，如果送达不是在起诉后 120 天内进行，法院必须不带偏见地驳回该起诉，除非原告表明没这样做有合理的理由。根据《联邦民事诉讼规则》第 4 条第 9 款之规定，该规则不适用于在外国境内的送达。

5. 对物管辖权及准对物诉讼

在我们假想的诉讼中，如果原告 A 对被告 B 提出诉讼请求。B 虽然没有在法院所在州出现，但在此有动产或不动产，这样，有管辖权的州的联邦法院或州法院是否能对被告 B 的财产恰当地行使管辖权的问题便出现了。

历史上，美国 50 个州的制定法规定了不同的制度。通过该制度，一方当事人可以对缺席的被告提起诉讼，只要缺席被告在该州有可供扣押的财产或通过取得对被告的准对物管辖权。美国最高法院在彭劳耶诉雷弗一案中确认这种管辖权符合联邦宪法的正当程序要求。仅仅利用在法院地州有被告的财产就可取得管辖权，无论该财产与原告提出的诉讼请求的关系如何，亦不论被告与法院地州接触的性质和程度如何。然而，1977 年美国最高法院在沙菲诉享特勒一案中，将国际鞋业公司诉华盛顿一案中最低限度接触的要求扩大到请求对外州居民送达的所有诉讼。在大多数对物诉讼中，若原告对人或不动产本身提出诉讼请求，比如确立排他的所有权，很可能会满足最低限度接触的标准。在书写法院意见时，大法官马歇尔特别讨论了这个问题。他暗示在这样的案件上，对被告位于该州的财产提出诉讼请求通常表明原告希望该州保护其利益。各州在确保其境内财产的可流通性及对财产占有争议提供和平解决的程序方面的强大利益，正如重要的记录和证人可能在该州被发现一样，也支持该州的管辖权。

而且，在联邦法院实施留置的诉讼中，或解除在不动产上设定的债权的诉讼中，或地区法院所在州州内的动产或不动产权利模糊的诉讼中，法院可以命令在本州内不能被送达或不愿到庭、缺席的财产所有人在特定的期限内到庭或答辩①。对法院要求在特定的期间到庭的被告，无论在哪里发现他，如果可

---

① 《美国法典》第二十八章第 1655 条。

能，必须对该缺席的被告送达传唤状和起诉书的副本，也可以对占有或掌管该财产的人进行送达。如果直接送达不能实现，可采用公告方式送达，法院可以在连续六周，每周不少于一次直接进行公告。若州内没有住所的居民不到庭，允许法院继续诉讼程序，就像该当事人到庭一样。判决可以只针对标的财产作出。而且，没有被直接送达，而没有到庭的被告从判决作出之日起有一年的时间可以出庭并对判决提出异议，在这种情况下法院必须宣告原判决无效。

然而，如果原告 A 对被告 B 的诉讼请求包括并非财产权本身的权利，例如在陆地上遭受伤害的诉讼请求，或由被告 B 违约造成的损失，法院行使对财产的管辖权并因而对缺席被告的财产行使管辖权变得更加不确定。管辖权的存在取决于被告与法院地州有必要的最低限度的接触。

存在最低限度接触，法院因而对财产行使管辖权是恰当的；除非法院对缺席的被告拥有管辖权，任何判决仅限于该财产的价值。而且，正当程序要求在判决作出前财产须置于法院的管辖权之下，并且由法律规定的替代送达的任何其他方式的目的在于给被告以实际的通知使其有被听证的机会。

（四）移送联邦地区法院管辖

原告 A 在一个州法院提起对被告 B 的诉讼，对于该诉讼，如果联邦地区法院有原始管辖权，根据《美国法典》第二十八章第 1441 条，在该案未被判决时，除议会另有规定以外，被告 B 可以将该案移送联邦地区法院。

1. 可以移送的诉讼

《美国法典》第二十八章第 1441 条第 2 款允许向联邦地区法院移送其拥有管辖权的任何诉讼或诉因。基于多种管辖权本可以在联邦地区法院提起的任何其他的诉求或诉因也可以被移送管辖，只要适当参与的有关利益方不是诉讼被提起的州的公民。所有被告必须得到移送通知，根据《美国法典》第 1441 条第 3 款，当原告把独立的诉讼请求与不相关州的诉讼合并，整个案件可以移送管辖，在州法占主导地位的州，地区法院可以根据其自由裁量权裁决所有问题或将所有问题发回州法院重审。在此情况下，只有对联邦问题拥有独立请求权或诉因的被告需要得到移送管辖的通知。

此外，在任何被告为外国政府的情况下，《美国法典》第 1441 条第 4 款允许作为被告的外国政府将整个案件移送联邦地区法院，即使提起的诉讼请求没有一个涉及联邦问题或基于不同州的公民之间的纠纷案件的管辖权，或即使没有其他被告参与移送。

2. 移送的程序

州法院民事诉讼案件的移送程序由《美国法典》第二十八章第 1446 条规定。一般来说，所有适当地参与诉讼与送达的被告可得到根据《联邦民事诉讼规则》第 11 条签署的移送案件的通知书。移送案件的通知书须包括对移送理由简洁明了的说明，各种诉状的副本，答辩书和对诉讼中的被告送达的命令。

除了基于不同州的公民之间的案件从最初起诉开始超过 1 年不能被移送以外，被告必须在收到下列文件之日起 30 天内向联邦地区法院提出移送案件的通知。这些文件包括原告在州法院最初起诉状的副本或传唤状，或如果最初的起诉不能移送，修改后的诉状或申请、其他文件，根据这些申请或文件该诉讼是可以移送的。《美国法典》第 1446 条第 4 款要求在向地区法院提交移送通知以后立即向所有的地方当事人送达书面的移送通知，移送通知的副本也必须提交尚未裁决案件的州法院，这使移送生效并阻止该州法院对该诉讼作进一步的审理。被告未能在 30 天期限内提出移送通知将被视为其放弃要求移送的权利，正如其他诉讼中的被告经证明在 30 天期限内有明示的放弃要求移送的权利一样。

3. 移送后的程序

假如被告 B 成功地将案件从州法院移送到联邦地区法院，如果原告 A 想对移送的有效性提出异议，他必须在被告提出移送通知之日起 30 天内向联邦地区法院提出要求发回重审的通知。如果没有及时提出发回重审的通知将构成对重审程序的放弃。然而，如在作出终审判决前的任何时候，情况表明联邦地区法院缺乏对物管辖权，必须将案件发回州法院重审。重要的是，在移送案件的诉讼中，没有答辩的被告必须在收到起诉状或传票后 20 天内，或在提出移送请求之日起 5 天内答辩或提出异议，以上两个期限以较长的为准①。而且，在移送前所有答辩状均已送达的情况下，除非当事人在移送之前根据州法提出了设立陪审团的要求，如有权要求陪审团的当事人是请求人，他须在提出移送案件通知之日起 10 天内要求陪审团作出判决；如有权要求陪审团的当事人是被请求人，则他可在收到移送案通知之日起 10 天内要求陪审团作出判决。没有提出设立陪审团的请求将导致丧失要求陪审团审判的权利。

最后，除由《美国法典》第二十八章第 1441 条规定的原因引起的重审案件可以上诉以外，《美国法典》第二十八章第 1447 条第 4 款规定，要求州法院重审的命令一般不能提起上诉。没有重审的案件会受到上诉审查。

（五）管辖地和不方便法院问题

即使有一个特殊的法院，它既对诉讼拥有标的物管辖权，又对被告享有对人管辖权，对诉讼而言该法院也可能不是合适的管辖地。法院特定管辖区的思

---

① 《联邦民事诉讼规则》第 81 条第 3 款。

想旨在保护被告免于在一个不公正、不方便的审判地被强制出庭。这样，当原告 A 可以在几个有管辖权的法院中作出选择时，法院特定管辖区的思想使原告 A 可以对被告 B 提起诉讼的地点进行限制。

1. 基于不同州的公民之间的案件中的法定强制管辖地

在联邦问题管辖权案件仅仅是基于纠纷当事人具有不同的州籍产生时，《美国法典》第二十八章第 1391 条第 1 款允许在下列地区法院提起诉讼，如果该地是：（1）被告的居住地；（2）事件的实质部分或不作为引起诉讼的地点，或作为诉讼标的物的财产所在地；（3）当且仅当根据以上两种方法不能确定管辖地时，由诉讼产生时对被告享有属人管辖权的地区法院管辖，如果没有这样的管辖地，就不能提起诉讼。

如被告是一外州或其代理人或代理机构，那么，下列任何地区都是合适的管辖地：（1）事件的实质部分或不作为引起诉讼的地方，或诉讼标的物的所在地；（2）如果诉讼请求是根据《美国法典》第 1605 条提出，那么船或货物所在地；（3）代理人或代理机构被允许进行活动的地点；（4）如果诉讼是对外州或政治实体提起，则在哥伦比亚特区联邦地区法院。

2. 在不涉及不同州公民的案件中法定的强制管辖地

在所有管辖权并不仅仅基于当事人有不同的州籍的案件中，除法律另有规定外，《美国法典》第 1391 条第 2 款允许诉讼在下列地区提起：（1）如所有被告居住在同一州，则为被告的住所地；（2）事件的实质部分或不作为引起该诉讼的地方，或作为诉讼标的的财产所在地；（3）如果以上两种方法都不适用，则被告的发现地；除法律另有规定以外，案件的性质参照特定的联邦诉讼确定，这些案件的管辖地由法律作出特别强制的规定。

为了确定管辖地，一般来说，自然人有正式的家庭或住所的居住地视为司法管辖区。《美国法典》第 1391 条第 3 款规定，为了确定管辖地，在起诉时法人将视为在对其享有对人管辖权的任何司法管辖区内居住。根据《美国法典》第 1391 条第 4 款的规定，外国人可以在任何地区被诉。

由于管辖地是方便当事人而不是方便法院对诉讼行使管辖权的，所以，当事人可以约定合适的管辖地并通过合同将管辖地特定化，被告可以通过积极应诉答辩的方式对管辖地不提出抗辩来放弃对不恰当的管辖地提出异议。

3. 管辖地的改变和不方便法院

（1）地区之间管辖地的转移

在不同的司法管辖区之间能否改变管辖地，《美国法典》第二十八章第 1404 条对此作了规定，为了司法利益和便利当事人、证人，该条授权地区法院可以根据任何一方当事人提出的转移申请，或所有当事人一致同意，或法官自行决定将任何民事诉讼转移到诉讼可能被提起的其他联邦地区法院。

（2）基于不方便法院驳回诉讼

在一地区法院判定州法院或外国法院是更方便法院的情况下，《美国法典》第 1404 条规定，它不能自由选择将该案移送上述法院。该法院要么保留该案，要么根据不方便法院的要求，驳回诉讼的申请而驳回起诉，在一方当事人或潜在的当事人是一外国居民，或者引起争议的一部分或全部事实发生在外国或一些或全部证人位于外国的情况下，这种可能性特别大。

联邦最高法院引用其作出的判决，包括海湾石油公司诉基尔伯特案，考斯特诉伦伯曼的共同意外事故公司案等，确认了如下司法政策：应尽量少地干预原告挑选法院。然而，当一个可供选择的法院有管辖权来审理本案，且在被选择的法院审理案件将构成对被告的压制、给被告带来麻烦，与给原告提供的便利不相称；或者，由于考虑到法院自身管理上和法律上的困难，所选择的法院是不恰当的。在以上情况下，法院可以合理行使自由裁量权来驳回起诉。

在评价地区法院运用不方便法院原则时，由于认识到不方便法院的主要要求是方便，法院将应考虑的因素分成两个范畴：首先，必须考虑与诉讼当事人私人利益相关的诸因素，包括相对容易地获得证据，对不愿参加诉讼的当事人的强制程序的有效性，自愿参加诉讼的证人可得的费用；以及所有其他能使案件的审判简便、快捷、费用低廉的其他实际问题。其次，不方便法院判决所影响的公共利益，包括：由于法院过重的负担造成的管理上的困难；在本州解决本地争议的本地利益；在本州法院审理纠纷的利益；避免不必要的法律冲突问题，或在外州法的利用方面及在一个毫不相干的法院要求公民承担陪审义务造成的不公正。

由于所有的事情都留待法院自由裁量，因此，除非法院明显滥用裁量权，不方便法院的判决不能被上诉推翻。法院在考虑了所有与公私利益相关的因素后，要对这些因素进行合理平衡。

二、加拿大①

（一）引言

1. 加拿大的司法体制

像加拿大这样的联邦国家是由许多拥有自己法定司法制度的区域组成的。

---

① 参见［英］克里斯丁·T. 坎贝尔主编：《国际民事诉讼》，1995 年英文版，第 19~29 页。本书有关加拿大国际民事诉讼程序的阐述主要参考了坎贝尔主编：《国际民事诉讼》；刘仁山著：《加拿大国际私法研究》，法律出版社 2001 年版；李双元、谢石松著：《国际民事诉讼法概论》，武汉大学出版社 2001 年第 2 版等书。

加拿大有 13 个管辖区：包括联邦加拿大、10 个省和两个地区（准省）。在司法等级系统中，对每个法院的特定管辖范围有些限制是符合宪法精神的。加拿大司法制度不仅有联邦制和地方制之间的等级制度，而且存在联邦法院和地方法院的职责区分。在加拿大联邦的司法体制中存在世界上两大法律体系：在魁北克省是大陆法系，在其他省或地区是普通法系。

在加拿大联邦制中，法院分为：联邦法院、高等省级法院和初等地方法院。

（1）联邦法院（federal courts）

联邦法院根据联邦法设立。联邦法院的法官由联邦任命。这样，最高层是由首席大法官和 8 名法官组成的加拿大最高法院，在其下是加拿大联邦法院、上诉庭、初审庭和税务法院。

（2）高等省级法院（superior provincial courts）

高等省级法院是根据省级法律设立的，但其法官由联邦任命，地区法院也是如此。高等法院既是上诉法院又是初审法院。此外，许多省已采用统一的家事法院系统。在该系统中，所有与家庭有关的案件包括离婚案都由联邦任命的法官审理。

（3）初等地方法院（inferior provincial courts）

初等地方法院由根据地方法规建立的法庭组成，其司法官员由地方任命。在其民事管辖权之内，初等地方法院包括没有采用统一制度的家事法庭和小额索赔法庭。

2. 民事管辖权的立法

（1）加拿大最高法院

支配加拿大最高法院的法律是《1985 年修订的关于加拿大最高法院的加拿大法规汇编：RSC 1985，c. S-26》①。只有涉及公众的重要案件或重要的法律问题或法律和事实的混合问题才可能诉诸最高法院。法院也能够对那些诸如宪法的解释、加拿大议会或省级和地区的立法机关的权力或者任何涉及联邦、省或地区的立法的案件，通过委托机制提出见解。

（2）加拿大联邦法院

一直影响着加拿大联邦法院的主要法律包括《1985 年修订的关于加拿大

---

①　Am. RSC 1985, c. 34（3rd Supp.）；SC 1990, c. 8.

联邦法院的加拿大法规汇编：RSC 1985，c. F-7》①。联邦法院上诉庭审理来自联邦法院初审庭的上诉案件，复审联邦委员会、调查团（commissions）和其他法庭的裁决，并且依据特定的联邦立法，比如所得税法和加拿大公民身份法作出判决。

在 1992 年以前，初审庭在某些领域享有专属管辖权，例如对反对联邦君权的诉讼。然而，管辖权改变的结果是：一致同意省级法院由联邦任命的司法官员组成。这种初审庭的专属管辖权仅仅在联邦法规有明确规定时存在。最近发展变化的结果是，原告可以在他们选择的法庭中提起诉讼反对联邦政府的权力。这种法院保留其他加拿大法院不享有的剩余管辖权且该法院极可能在诸如航空法、知识产权法、海事法和公民身份法等领域享有主要管辖权。

（3）加拿大税务法院

有关的主要立法包括 1985 年修订的《加拿大税务法院法规汇编：RSC1985，c. T—2》；修正加拿大税务法院法和其他的法令（包括 1985 年修订的《加拿大税务法院法规汇编：RSC 1985，c.51》）的修正案。这种法院的管辖权扩展于不服依《收入税法令》和《加拿大津贴计划法令》的征税而提出的上诉。

（4）高等省级法院

决定这种法院管辖范围的立法的最近修改已经在安大略省颁布。上诉庭受理来自于不服初审庭和诸如地方法院、县法院或遗嘱检验法院（surrogate court）的判决的上诉。初审庭——有时称为后座法庭、初审法院和最高法院——享有广泛的管辖权。它们初始的、最先的管辖权包括所有涉及"财产和公民权"和诸如家庭关系以及包括对地方委员会和法庭在内的行政行为进行司法审查的案件。县法院或地区法院保留了对一定金额内的所有的民事案件的管辖权，遗嘱检验法院对涉及遗嘱和遗嘱认证案件有管辖权。

（5）初等地方法院

少数没有采用统一的家事法院系统的省和地区保留了家事法庭。这些法庭对于根据地方法规进行的抚养费和抚养权方面的案件以及涉及收养和监护的案件有管辖权。小额索赔法庭由一些省根据它们享有的、取决于标的物价值的限额的管辖权建立，如：在艾尔贝特省是 4000 加元，在魁北克省是 1000 加元。最近，小额索赔法庭的管辖权有扩张的趋势。

---

① Am. RSC 1985，c. 41（1st Supp.）；RSC 1985，c. 30（2nd Supp.）；RSC 1985，c. 16（3rd Supp.）；RSC 1985，c. 51（4th Supp.）；SC 1990，c. 8.

（6）魁北克省

魁北克省的法院体制以及它的实体法和程序法是独立的，不同于其他的省和地区。

①上诉法院（Court of Appeal）。上诉法院是一个根据地方性法律设立的地方法院，但它的法官由联邦任命。它受理民事和刑事上诉案件。

②高等法院（Superior Court）。高等法院也是根据魁北克省的法律设立的，它的法官也由联邦任命。它享有民事和刑事案件的管辖权。

③魁北克法院（Court of Quebec）。魁北克法院与其他省的地方法院差不多是等同的，但实际上这个法院包括了原地方法庭、治安法官开庭的法庭、小额索赔法庭和青少年法庭的管辖权，该法院的法官由地方任命。法院被分成了三个部分：民事庭、刑事和刑罚庭以及青少年法庭。民事庭受理争议金额少于15000加元的争议，而民事庭的小额索赔分庭受理1000加元（含1000加元以下）的索赔案件。

④自治市法院（Municipal Courts）。自治市法院是按魁北克省法律规定建立的地方法院，它的法官由地方任命。它们的管辖权严格限制在违反地方法律和自治市法律规定的行为。

（二）管辖权的类型

1. 对于诉讼当事人的管辖权

整体而言，加拿大符合联邦国家的一般实践，即：用自然人的住所或居所来决定管辖权。对于公司的管辖权，主张依法人的成立地或在管辖范围内实施商业行为作为依据。然而，当居住在不同的管辖区范围之内的一些自然人是原告和诉讼中的多个公司作为被告且在不同的管辖区范围内成立或经营时，困难由此产生。此时的问题是如何决定哪个特定国家或州的法院应当或不应当进入诉讼以及给予其他国家或州的请求或判决以什么样的地位，如果要给予一定的地位的话。

加拿大最高法院在 Amchem Products Inc. et al. v. Workers' Compensation Board（BC）一案中已直接抨击了这一问题。在该案中，194 名在不列颠哥伦比亚使用石棉产品的企业工作的工人，控告在美国得克萨斯州的几家石棉制造商。控告的根据是工人们如今受到的伤害是由于他们暴露在产品中而导致的，而制造商对于产品的危险是已知的。这一诉讼被提起时，许多原告居住在加拿大的其他省和美国华盛顿州。这些制造商在美国不同的州成立，在得克萨斯州从事商业行为却不是在该地成立，他们与不列颠哥伦比亚没有任何的联系。

得克萨斯州法院确认了对这一案件的管辖权。然而，作为被告方的公司向不列颠哥伦比亚法院申请禁令，以阻止原告在得克萨斯州提出进一步的权利要求。不列颠哥伦比亚法院同意了公司发布禁诉命令的申请，且得到了上诉法院的支持。加拿大最高法院允许进一步申诉，同时确立了如下政策：外国法院有推定管辖权的根据，如果符合加拿大的法律制度，优先的原则是礼让原则。申请者有责任表明：外国法院推定的管辖权将是不公平的，例如，其剥夺了申请者某些合法的司法利益。

法院注意到在经济全球化和法院扩张对它们的区域范围外的事件和人的管辖权的趋势来说，上述决定特别重要。此时，法院注意到反禁诉命令在得克萨斯州已发布，其目的在于阻止在该案中向不列颠哥伦比亚法院提出进一步的申请。

加拿大最高法院承认，事实上当多个被告在许多管辖区内经营，而被居住在不同管辖区的原告控告时，确定引起诉讼的事件的发生地是困难的。在这种情形下，法院强调狭隘的解决途径应该避免，取而代之的是适当考虑与案件有最密切联系的外国法院，以始终确保阻止为了不正当的利益而"挑选（起诉）法院"。

法院复审了作出管辖权决定所依据的方法：首先，通过诉讼中止令，使原告在被告的请求下利用法院来决定另一法院被确认享有管辖权。其次，通过原告从另一有管辖权的法院的诉讼程序中申请禁诉命令去限制被告。后者被确认为对人诉讼命令而非直接针对外国法院本身。然而，这对其他法院的冲击引起了严重的礼让问题。中止诉讼令和禁诉命令的目的在于对特定的案件选择正确的管辖法院。然而诉讼中止令是法院关于它自己的管辖权的决定，禁诉命令则是对管辖权的直接干涉。法院在礼让方面的政策早在 Morguard Investments Ltd. et. al. v. De Savoye 一案①中就由那·弗雷斯特法官作了如下表述："礼让原则"在法律意义上一方面既不是绝对的义务，在另一方面也不仅仅是出于礼貌和美好愿望。然而，该原则已被确认为是一个国家允许在其领域内对其他国家的立法的、行政上的、司法的行为的适当尊重，这既是国家义务，又是为了便利以及使该国的公民或其他人能在其法律下得到保护。……

在 Amchem 案中，法院建议，禁诉命令作为一项政策必须谨慎使用，其唯一的目的是用于阻止无理缠讼的诉讼滥用法院系统。在重新审查许多加拿大省级高等法院的相关裁决之后，法院宣布了一项标准，该标准包括顾问团在 Société Nationale Industrielle Aerospatiale 中制定的原则和法院在 Morguard In-

---

① ［1990］3 SCR 1077, 1096.

vestment Inc. 中形成的自己的政策。

如此，一方面，对于当事人的禁诉命令申请，不管法院是否有管辖权，法院应该依据与诉讼和当事人有最密切联系这一原则作出裁定。如果法院裁定另一法院的管辖权应保留，则应驳回申请。另一方面，如果受理申请的法院推定另一法院的推定的管辖权据已确立的原则与受理申请的法院的原则相反，此时的问题是：受理申请的法院对申请的同意剥夺了原告在其他法院将被不公平地剥夺的权益吗？对这一问题的回答必须考虑被告遭受的任何不利。最后，如果外国法院行使管辖权的基础与加拿大的法律原则一致，这样，该法院所作出的裁决将会得到加拿大法院的尊重，且不受受理申请的法院作出第二次推定的约束。

2. 对诉讼标的物的管辖权

对于不动产、动产的管辖权，加拿大遵循普遍接受的原则，即不动产争议由不动产所在地法院管辖；对于动产争议，在服从动产所在地可转移性的前提下，由动产所在地法院管辖。然而，在争议涉及危害或妨害原告的权利时，为决定管辖权，受理权利请求的法院将把实际的和实质的联系标准与便利平衡联系在一起加以考虑。

当在某一管辖区承担义务而争议产生时一个或多个当事人已转移到另外的管辖区时，更多的复杂问题由此而产生。在这种情形之下，关于在哪里提起诉讼的决定与外国判决的可执行性是密切相联的。例如，一位加拿大萨斯喀彻温省的公民兼居民起诉在萨斯喀彻温省但属于美国内布拉斯加州的公民兼居民时，原告希望把萨斯喀彻温省的判决拿到加拿大新不伦瑞克省去执行，因为在新不伦瑞克省，该内布拉斯加州人拥有财产。此时新不伦瑞克法院如何决定这起诉讼裁决的可执行性呢？

最近，加拿大最高法院已经提出加拿大法院承认判决的问题，并在 Morguard Investments Ltd. v. De Savoye 一案①中寻求制定在一个像加拿大这样的联邦制国家适用的明确的政策。在联邦制国家中，有必要在确定民事诉讼向高等省级法院还是联邦法院提起方面制定明确的规则。加拿大已经让省级法院自行决定它们受理案件的范围。

在 Morguard 一案中，上诉人通过拥有在艾伯塔省的土地而对答辩人负有义务。在一抵押权的违约诉讼中，当答辩人到艾伯塔省的法院提起诉讼时，上诉人已经迁移到了不列颠哥伦比亚省。上诉人在不列颠哥伦比亚被及时送达，

---

① ［1990］3 SCR 1077.

但他既没有出庭，也没有对诉讼进行答辩，因此法院对这一违约案件作出了缺席判决。然后答辩人在不列颠哥伦比亚起诉，要求强制执行艾伯塔省法院的判决。加拿大最高法院于是决定解决联邦政府面临的这一关键性的问题——在什么情形下在某一省的对人诉讼判决能在姊妹省得到承认？

对 19 世纪在英国的 Emanuel v. Symon 一案①中所表达出来的、加拿大很长时间一直遵循的原则，法院认为其现在对现代化的世界已没有多大意义。一方面，管辖权是区域性的，意味着一个国家的法律超出它的管辖范围则没有约束力这一思想，必须让位于现代国家之间相互交流的事实。管辖权的互惠和礼让应该被用来帮助财产、技术和人员之间的跨国自由流动。同样，允许某人仅仅通过改变管辖区域而逃避法律责任被认为是不适当的。另一方面，已被确认的是，对被告公平的责任是有代价的，因此法院不应行使管辖权，除非在所受损害与管辖权之间有实际和客观的联系。因此，对管辖权这一概念不管作何种分析，应包括互惠礼让、完全守信、信用和真实、客观的联系。

如此，在 Morguard 一案中，原告提起的、要求强制执行艾伯塔省的判决的不列颠哥伦比亚诉讼被支持，是基于不列颠哥伦比亚的法院应强制执行由加拿大其他法院行使不列颠哥伦比亚的法院将行使的管辖权而作出的判决。

关于标的物管辖权，加拿大最高法院在 Ste. Anne Nackawic Pulp & Paper Co. v. CPU Local 219 一案②中，认为不管法院对雇主和雇佣者之间的无论罢工行动的后果甚至是过失行为的后果如何的案件是否有管辖权，案件受当事人之间有效的集体协议支配。在 Sfe. Anne 一案中，最高法院认为，法院对雇主请求赔偿由于非法的、又是违反可适用的集体协议的罢工导致的损害没有管辖权。最高法院法官伊斯提（Estey）声称："法院对超出集体协议规定的权利的诉求没有管辖权。在雇主和雇佣者之间无劳资集体谈判制度时依普通法产生的事件，如果对诉讼中的当事方有约束力的集体协议对诉争中的问题有规定——无论这种条款为了实施是否明文规定了诉讼程序和管辖地，法院对这些问题也不能作出适当的裁决。"

当集体协议对案件保持沉默和请求不是根据集体协议提出或涉及该集体协议的解释、适用或管理时，雇主似乎可以因受雇人的过失导致的损害而起诉受雇人。

---

① ［1908］1 KB 302（CA）.

② ［1986］1 SCR 704.

（三）审判地（venue）

1. 一般原则

一般来说，原告在起诉状的陈述中有权决定审判的地点。在选择审判地点时，原告应根据通常体现在程序法中的理性原则行动，以避免任意地选择与案件没有任何联系的审判地点。此外，有的地方性立法直接规定某种案件在何地审判。

2. 审判地的转移

申请人可要求改变审判地点。但申请人要阐明该审判地将更便利审判或有利于获得最佳的司法利益。程序规则规定了主审法官应考虑的标准，其中包括：（1）转移将加速还是迟延审判；（2）转移是否将减少所有当事人的费用；（3）转移是否将使包括专家在内的证人更便利；（4）转移是否将使法官更便利调查纷争的标的物；（5）是否将可能在原告选择的审判地点挑选公正的陪审团。

（四）魁北克法院的管辖权

1991 年《加拿大魁北克民法典》① 第 10 卷（国际私法）第三编对魁北克当局的国际管辖权作了如下规定：

1. 一般规定

（1）普通地域管辖。如果没有特别规定，如被告在魁北克有住所，则魁北克当局具有管辖权。

（2）不方便法院。尽管魁北克主管当局对某一争议有权受理，但如果它认为另一国有关当局能更好地解决该争议，则可作为例外，或应一方当事人的请求，放弃行使该项管辖权。

（3）必要管辖。如果某项诉讼不可能在外国进行，或者在外国提起该诉讼将会遇到极大困难，只要该诉讼与魁北克有足够联系，即使魁北克当局本来无权受理该项诉讼，亦可对其行使管辖权。

（4）平行诉讼。当某项诉讼被提交到魁北克当局时，如果另一项发生在相同当事人之间的、基于相同事实并有相同诉讼标的的诉讼已提交到某一外国当局，只要其能够导致一项可在魁北克被承认的裁决，或该外国当局已作出一项此种裁决，则魁北克当局可以应一方当事人的请求暂缓作出裁决。

---

① 该法的国际私法部分的中译本（粟烟涛、杜涛译，韩德培校）可参见李双元、欧福永、熊之才编：《国际私法教学参考资料选编》（上册），北京大学出版社 2002 年版，第 522～533 页。

（5）临时措施管辖权。即使魁北克当局对争议的内容无权受理，它仍可采取临时措施或保全措施。

（6）反诉管辖权。对本诉拥有管辖权的魁北克当局，对于附带请求或反诉也拥有管辖权。

（7）保护性管辖权。在紧急或严重不便情况下魁北克当局有权采取它认为必要的措施以保护在魁北克的人或保护其位于魁北克的财产。

2. 具体规定

（1）不具有财产性质的以及具有家庭性质的对人诉讼

①对于不具有财产性质的以及具有家庭性质的对人诉讼，如果所涉若干人中有一人定居于魁北克，则魁北克当局有管辖权。

②魁北克当局有权对子女的监护作出裁决，只要子女定居在魁北克。

③有关生活费用的诉讼，或者对于在外国作出的能为魁北克所承认的有关生活费用的判决进行审查的请求，如果当事人一方在魁北克有住所或居所，则魁北克当局可以对其行使裁判管辖权。

④对于婚姻的撤销，如果夫妻一方在魁北京有住所或居所，或者婚姻仪式在魁北克举行，则魁北克当局有管辖权。

⑤关于婚姻的效力问题，尤其是无论夫妻财产制如何对夫妻双方均有约束力的问题，只要夫妻一方在魁北克有住所或居所，魁北克当局有管辖权。

⑥关于夫妻分居，如果提起诉讼时夫妻一方在魁北克有住所或居所，魁北克当局有管辖权。

⑦有关亲子关系问题，只要子女或父母一方在魁北克有住所，魁北克当局有管辖权。

⑧有关收养问题，如果儿童或申请人在魁北克有住所，则魁北克当局有管辖权。

（2）具有财产性质的对人诉讼

①对于具有财产性质的对人诉讼，魁北克当局在以下情况下有管辖权：A. 被告在魁北克有住所或居所；B. 作为被告的法人在魁北克无住所但设有机构，而且争议与被告在魁北克的活动有关；C. 过失是在魁北克所犯，损害发生于魁北克，造成损害的事实发生于魁北克或合同中某项债务应在魁北克履行；D. 当事人通过协议将他们之间因某种特定法律关系而产生的争议提交到魁北克当局；E. 被告承认魁北克当局有管辖权。

但是如果当事人通过协议将他们之间因某种特定的法律关系而产生或将产生的争议置于外国当局或仲裁的管辖之下，魁北克当局则无管辖权，除非被告承认魁北克当局具有管辖权。

②对于基于消费合同或劳动合同而发生的诉讼，如果消费者或劳动者在魁北克有住所或居所，魁北克当局有权受理；消费者或劳动者对该管辖权的放弃不得作为对该管辖权的抗辩。

③对因保险合同而产生的诉讼，如果保单持有人、被保险人或合同受益人在魁北克有住所或居所，或者合同所涉及的保险利益位于魁北克，或者保险危险在魁北克发生，则魁北克当局有裁判管辖权。

④基于第3129条所规定的责任（即各种损害产生的民事责任）而产生的诉讼，魁北克当局对其第一审享有专属审判管辖权。

（3）对物诉讼和混合诉讼

①在对物诉讼中，如果财产位于魁北克，则魁北克当局对该诉讼有管辖权。

②对于遗产继承，如果继承在魁北克开始，或者被告或被告之一在魁北克有住所，或者死者已选择魁北克法为继承的准据法，则魁北克当局有管辖权。如果死者的财产位于魁北克，并且案件关系到对该财产的归属或转移作出裁决，则魁北克当局对此亦有管辖权。

③对于夫妻财产制问题，在以下情况下，魁北克当局有管辖权：A. 由于夫妻一方死亡，夫妻财产制已解除，并且魁北克当局对已死亡的夫妻一方的继承问题有管辖权；B. 诉讼的标的所涉及的财产位于魁北克。

在其他情况下，如果夫妻一方在诉讼提起时在魁北克有住所或居所，魁北克当局亦有管辖权。

第二节　墨西哥和委内瑞拉有关国际民事管辖权的制度

一、墨西哥[①]

墨西哥有31个州和一个联邦地区，每一个州都有它们自己的"民事诉讼

---

① 参见［英］克里斯丁·T. 坎贝尔主编：《国际民事诉讼》，1995年英文版，第495~499页。本书有关墨西哥国际民事诉讼程序的阐述主要参考了［英］克里斯丁·T. 坎贝尔主编：《国际民事诉讼》，1995年英文版；李双元、谢石松著：《国际民事诉讼法概论》，武汉大学出版社2001年第2版；沈达明著：《比较民事诉讼法初论》，中国法制出版社2002年版等书。

法典"。《联邦地区民事诉讼法典》规定了一般的行动准则和趋势，而其他各州的法典则倾向于仿效。虽然《联邦地区民事诉讼法典》在总体上被遵从，但是，每一个州都有它自己的诉讼规则、本地的诉讼时效规定、程序规则和其他需要特别加以具体规定的规则。本书所归纳的程序法一般原则适用于墨西哥各州的绝大部分事项①。

（一）管辖权的类型

1. 对诉讼当事人的管辖权

"管辖权"，一方面是指仲裁庭或法院的主权性的职能，据此，它的裁决对当事人各方具有约束力和强制执行力，即使违背了他们的意愿，管辖权也与管辖权限密切相关，管辖权限应理解为有管辖权的司法当局行使管辖权的权力范围。争讼的当事方若将其争议提交仲裁庭，则其受仲裁庭的管辖。法院所主张的管辖权类型完全决定于它的权限：地方法院拥有地方管辖权，联邦法院拥有联邦管辖权。通常，法院的管辖权一旦被限定，它就只能在其权力限度范围内行使其权力。

（1）自然人

一般地，有管辖权的法院是诉讼当事人明示同意选择的解决争议的法院。如果他们没有选择法院，那么，被告的住所地或者特定义务的履行地法院将具有管辖权，特别的例外是，对于不动产纠纷，不动产所在地法院具有管辖权。

（2）法人

对自然人或法人主张管辖权而言，没有其他的特别的准则。法人的主营业所所在地被视为法人的住所，除非其另有约定的住址且他们同意受该地法院管辖，或者他们在从事某项业务时受业务地法院管辖。

2. 对诉讼标的物的管辖权

（1）财产主张

对不动产的诉讼，该不动产所在地法院拥有管辖权。另一方面，依照诉讼标的物的不同自然属性，不同的法院可以主张管辖权。《联邦地区地方法院组

---

① 墨西哥是多个相关国际条约的成员方：《美洲国家间关于嘱托书的公约》、《美洲国家间域外取证的公约》、《美洲国家间有关汇票、本票和支票的法律冲突的公约》、《美洲国家间国际商事仲裁的公约》、《美洲国家间有关域外使用律师权力的法律制度公约》、《美洲国家间商事公司方面法律冲突的公约》、《美洲国家间有关国际私法一般规则的公约》、《美洲国家间国际私法中个人住址的公约》、《美洲国家间有关外国判决和仲裁的程序效力的公约》、《华盛顿律师权力统一法律制度议定书》、《联合国承认和执行外国仲裁裁决的国际公约》。

织法》第 48 条确立了下列法院的管辖权：①对于与不动产租赁争议相关的标的物，不动产所在地法院拥有管辖权，不管被租赁的房屋的用途如何①。②民事法庭对于任何自愿的或可引起诉讼的，且不属于任何其他法庭管辖的争讼拥有管辖权②。③家庭法庭管辖任何与家庭法律相关的经双方同意而产生的诉讼，同时还管辖婚姻、离婚、家庭财产关系、亲属关系、抚养费、父母子女关系和收养关系等其他相关事务。家庭法庭还对遗嘱诉讼、有生理缺陷或精神障碍的权利和监护问题以及这个法律领域内其他的事务拥有管辖权。④民事法庭对下述事务拥有补充管辖权，包括物权诉讼中的财产主张，也就是除不动产物权的处理和租赁外的其他诉讼事务。

（2）损害或侵犯（他人的）权利

在侵权案件当中，一般是被告住所地法院有权主张管辖权。但如果当事人事先已经有了一个关于管辖权问题的约定或有管辖权存的特别诉因，那么原告必须在该地的法院起诉被告，这个问题将在下文作进一步的探讨。

（二）法院的管辖地（venue）

1. 一般原则

墨西哥法律中的法院的特定管辖地区应理解为法院从事下列行为的可能性，即考虑对特殊事务具有管辖权，通过原告的主张和被告的抗辩行使解决争议的权力，审判该争议并执行判决。

传统地，决定正确的管辖地有 4 个标准：标的物、地域、等级和金额。作为辅助，另外两个可以被运用的标准为：轮流（turn）和预防（prevention）。

（1）标的物（主体）。就标的物而言，法院的管辖权是由特殊领域的法律决定的，这些特别法适用于民事诉讼并导致几个不同等级法院的区别。

（2）地域。地域本质上是指法院可以行使管辖权的地理范围。因此，一个联邦地区的法官将没有权力去审判莫里斯（Morelos）州和威斯武萨（Vica Versa）州的案件。

（3）等级。等级标准假定在司法体系内存在不同等级的法院，上级法院通常成为复审下级法院诉讼的机构，上级法院的判决对下级法院具有约束力，在民事诉讼中，每一个州的高等法院的法庭对一审法院的审判拥有复审权。

（4）金额。依据《联邦地区地方法院组织法》，民事法院有两个等级：初审法院和混合治安法院，前者处理诉讼金额超过联邦地区最低工资 182 倍的诉

---

① 《联邦地区地方法院组织法》第 60 条。
② 《联邦地区地方法院组织法》第 60 条。

讼事务，后者处理所有其他的案件。

（5）轮流。根据《联邦地区地方法院组织法》，存在为所有民事法院服务的起诉办公室，起诉办公室通过计算机系统随机地选择一个提交请求权的法院。这个制度的目的是为了防止原告选择某一法院进行诉讼。

（6）预防。根据《联邦地区地方法院组织法》第 258 条的规定，对一项特殊诉讼拥有管辖权的法院是原告的诉讼首次被受理的法院。

不管前面所规定的标准，法院的管辖权是根据《联邦地区地方法院组织法》第 156 条所规定的规则来决定的，总的说来，其确立的拥有管辖权的法院有：①被告表明为了司法需要去履行义务的法院；②合同规定的履行争议的义务所在地的法院；③不动产诉讼案件中或涉及不动产租赁协议中的土地所在地法院；④财产权、人身权诉讼案件中的被告住所地法院，如果有几个被告，原告可自主决定选择其中一个法院进行诉讼；⑤在遗嘱检验案件中，死者的最后住所地法院、遗嘱财产所在地法院和死者死亡时所在地法院皆有管辖权（依顺序）；⑥异议遗嘱检验裁决的诉讼，法官举行听证会所在地法院拥有管辖权；⑦在破产诉讼案件中，破产人被发现地法院；⑧在非争讼案件中，申请人的住所地法院，但对于不动产诉讼，必须是不动产所在地法院；⑨在精神病人和未成年人的监护人的选任案件中，他们的共同居所地法院，如果只有一个监护人，则为该监护人的住所地法院；⑩配偶之间的争议或涉及婚姻无效的争议，为婚姻住所地法院；⑪离婚案件中，为婚姻住所地法院，或⑫抚养费诉讼，原告的居所地和被告人居所地法院，原告可从其中任择一个。

2. 诉讼地点的转移

如果我们认为管辖权限是法院对于一个特殊个案可以行使其审判权的范围，当拥有管辖权的法院的范围发生变化时，那么诉讼地点也可以发生转移。因此，根据《联邦地区民事诉讼法典》的规定，地域管辖权限可以延伸，意思是说，除非法律严格限制他们选择管辖法院（财产主张、家庭法律诉讼等等），诉讼当事人可以自由地缔结法院选择条款，这将导致它们之间可能发生的任何争议都可能由一个特定的法院来管辖。

二、委内瑞拉

委内瑞拉法院的国际民事管辖权由 1998 年的《委内瑞拉国际私法》规定。其第 39 条规定："除法律授予委内瑞拉法院对定居国内者提起的诉讼享有管辖权外，共和国法院在本法第 40 条、第 41 条情况下对定居外国者提起的诉讼亦享有管辖权。

（一）委内瑞拉法院的裁判管辖权

（1）对于因财产权益而提起的诉讼，委内瑞拉法院享有裁判管辖权：①若该诉讼涉及共和国境内的动产与不动产的处置或占有；②若该诉讼涉及应在共和国境内履行的债务，或因在前述领域签订的合同或发生的事件而引起的债务；③若被告本人已在共和国境内被传讯；④若各方当事人均明示或默示服从委内瑞拉法院的管辖。

（2）对于因涉及财产整体而提起的诉讼，委内瑞拉法院享有裁判管辖权：①若依照本法规定，委内瑞拉法律适用于该争讼；②若构成某财产整体不可分割的部分的财产位于共和国境内。

（3）对于有关民事地位或家庭关系的诉讼，委内瑞拉法院享有裁判管辖权：①如果依照本法规定，委内瑞拉法律适用于该争讼；②各方当事人均明示或默示接受委内瑞拉法院的管辖，只要该争讼与共和国领域有实际联系。

（4）委内瑞拉法院即使对争讼无管辖权，仍有权采取临时措施以保护位于共和国境内的个人。

明示服从管辖应以书面形式作出。默示服从管辖，对原告可因提起诉讼的事实而产生，对被告则可因他在诉讼中不提起无管辖权抗辩或反对某预防措施，而亲自或通过全权代表实施任何其他行为的事实产生。对于有关不动产物权的设立、变更或消灭的诉讼，服从管辖无效，除非此种服从得到不动产所在地法许可。

委内瑞拉法院依照上述规定享有的管辖权，就那些涉及共和国境内的不动产物权的争讼，或涉及不得和解的事项或委内瑞拉公共秩序基本原则问题而言，不得因有利于外国法院或境外操纵诉讼的仲裁员的协议而受损抑。

《委内瑞拉国际私法》第48条规定："若委内瑞拉法院依照本章规定享有管辖权，国内各地方法院的管辖权限，依本法第49条、第50条和第51条规定。"

（二）有权作出裁判的法院

（1）对于有关财产权益的诉讼，有权作出裁判的法院为：①若诉讼涉及共和国境内动产或不动产的处置或占有，则为该财产所在地法院；②若诉讼涉及应在共和国境内履行的债务，或该债务因在前述领域签订的合同或发生的事件而引起，则为债务履行地、合同缔结地或事件发生地法院；③若被告本人在共和国境内已被传讯，则为作出传讯地法院；④若各方当事人以通常方式明确表示服从法院裁判，则为依照前三项规定享有管辖权的法院，否则为共和国首

都法院。（第 49 条）

（2）对于因涉及财产整体而提起的诉讼，有权作出裁判的法院为：①依照本法规定，委内瑞拉法为适用于该争讼的准据法时，则为委内瑞拉法律据以作为准据法的当事人的住所地法院；②若构成某财产整体不可分割部分的财产位于共和国境内，则为该财产整体中位于共和国境内的绝大部分财产所在地法院。（第 50 条）

（3）对于有关个人民事地位或家庭关系的诉讼，有权作出裁判的法院为：①若依照本法规定，委内瑞拉法律为适用于争讼的准据法，则为委内瑞拉法律据以作为准据法的当事人的住所地法院；②若各方当事人明示或默示服从委内瑞拉法院管辖，则为该争讼据以与共和国领域产生联系的所在地法院。（第 51 条）

《委内瑞拉国际私法》第 49 条、第 50 条和第 51 条规定不得排除其他法院依共和国其他法律享有的管辖权。

第七章 若干大洋洲和非洲国家有关国际民事管辖权的规定

第一节 澳大利亚和新西兰有关国际民事管辖权的规定

一、澳大利亚①

（一）对人诉讼的一般管辖权原则

澳大利亚对有关对人诉讼的管辖权基础是传票的送达，澳大利亚法院不能对非自愿服从管辖或没有被有效送达的外州（国）被告行使管辖权。

对非管辖区内被告的有效送达有三种情况：（1）被告在签发传票法院的管辖范围内被送达；（2）在该法院管辖范围外但在澳联邦境内被送达；（3）在澳联邦境外被送达。

1. 基于管辖范围内向被告送达传票的管辖权

（1）基于自然人有形出现送达的管辖权

根据普通法，在对人诉讼中对自然人的管辖权取决于被告在送达传票之时出现在法院管辖区内。除非有成文法另行规定，一般情况下，传票的送达不能逾越签发传票法院管辖的范围。澳大利亚高等法院、澳大利亚联邦法院和澳大利亚家庭法院签发的传票可向澳大利亚任何地方送达。

对被告的暂时或短暂出现进行的送达或对协议安排为接受送达而出现所进行的送达均为有效，除非被告的出现仅以被送达为目的而被强制或欺骗所致。

（2）基于合伙出现主张的管辖权

在某一州、地区营业的合伙可在该州、地区以该合伙的名义被诉。对管辖

区内的合伙人之一进行送达或者对管辖区内控制或管理合伙业务人进行送达，均为对该合伙主张管辖权的有效送达。不过，这种管辖权对传票签发时不在管辖区内的任何其他合伙个人都不具有拘束力。这一条款并不排除根据普通法或其他成文法规则对个人进行送达而主张管辖权的情况。

现在，澳大利亚各最高法院（除新南威尔士外），都规定合伙只要在管辖地内从事业务活动，就可以该合伙的名义被诉。对合伙人中的任何一人或数人的送达，或对在澳大利亚管辖地内有主要营业地并能控制或管理合伙业务的任何人的送达，均被视为对合伙的充分有效的送达。即使有些合伙人不在澳大利亚管辖区内，这也是对合伙的有效送达方式。如果向澳大利亚管辖地内的任何一个合伙人送达了传票，则可以针对澳大利亚联邦外的其他合伙人，以其为必要的和适当的当事人为理由，并根据管辖外送达的成文法条款送达传票。不过，判决只能针对合伙在澳大利亚联邦管辖区内的财产，或针对已被送达传票的或自愿接受管辖的合伙人个人的财产予以执行。

（3）基于公司或法人的出现主张的管辖权

根据普通法，某一外国法人（在法院地外组建的公司或法人）只要出现在法院地，该法人就可以被起诉，法院也就可以对其主张管辖权。外国法人的出现可根据其在某一特定的时间在法院地内的某一固定的地点所经营的业务性质来判定。一个在法院地没有设立办事处的外国受托公司，实际上可通过其约定的会计事务所和律师事务所从事商业活动或经营业务的实质部分。一公司也可以通过其有权以公司名义签订合同的代理人经营业务活动，对此，法院都可视其为出现在法院地而对其行使管辖权。但是，某一外国公司（法人）以前在管辖地内经营业务但在诉讼开始之前停止了它的业务经营活动，法院不能对其主张管辖权。

自从颁布了有关调整外国法人的《公司法》以后，普通法的重要性已日趋减退，澳大利亚《公司法》第343条要求在澳大利亚经营业务的外国法人必须在澳大利亚注册登记，并指定一个注册办事处和地方代理。该法第363条第1款规定诉讼文书可向该注册机构送达。即诉讼文书寄交或送交该注册办事处，外国法人在澳联邦的地方代理处，均被视为充分送达。

2. 基于被告自愿服从管辖而确立的管辖权

在对人诉讼中，一个本不受澳大利亚法院管辖的人，可以通过协议或自己的行为表示不反对法院的管辖，即可使澳大利亚法院取得对他的管辖权。其方法有多种：

（1）协议服从管辖

第一种是通过契约协议由某一特定州或地区法院管辖,这种协议必须是明示性的。在澳大利亚高等法院、联邦法院、首都地区、昆士兰州、塔斯马尼亚和西澳大利亚最高法院,都规定没有具体指明在管辖区内还是在管辖区外接受送达的管辖协议无效。被告在诉讼前指示其律师或代理人以被告的名义接受传票送达,也被视为被告自愿接受管辖。

(2)到庭应诉服从管辖

被告可通过到庭应诉,并对管辖权不提出异议而接受管辖。诉讼开始后,被告无条件出庭或出庭抗辩诉讼实体内容问题时,被视为服从法院的管辖。任何不是针对管辖权提出异议或抗辩的行为都被视为自愿服从管辖的表示。被告在出庭前请求与抗辩实质问题意愿一致的中间救济(或临时救济)也构成服从管辖权的根据。对其他地方未决诉讼要求终止诉讼的请求不能构成服从管辖的根据。

(3)作为原告提起诉讼

一外国被告可通过作为原告提起诉讼的方式服从管辖,这种行为通常情况下赋予法院受理被告提出的与主诉有关的或基于相同诉讼标的物的(无论诉因相同与否)反诉,或交叉诉讼的管辖权。如果某一被告出庭仅是为了对法院的管辖权表示异议,则出庭不能构成自愿接受该法院管辖的根据。另外,某一被告在前一诉讼中对管辖权提出抗辩失败并不排除其在上诉案中提出对其他是非实质问题抗辩的权利,即使在前一诉讼中被告对管辖提出异议遭到拒绝后又对该案事实内容进行过抗辩。

3. 向法院管辖范围外,但在澳联邦境内的被告送达而确立的管辖权

(1)联邦法院和高等法院

澳大利亚高等法院和联邦法院签发的传票可向澳大利亚任何地方的被告送达。

(2)州和地区法院

①传票送达。1993年4月10日及之后,澳各州或地区法院向被告签发或送达传票必须实施1992年的澳联邦《送达与执行程序法》。该法第8条第4项废除了以前各州或地区有关在澳联邦境内送达的规定。1992年《送达与执行程序法》于1993年4月10日正式实施。

②诉讼地的改变或中止诉讼。新《送达与执行程序法》规定在非相关的法院地法院被诉的被告不能以此为由而反对或不服从该法院的管辖。不过,在不适当的法院被诉的被告,可以根据交叉授权管辖法第5条第2项的规定申请转移诉讼,或者,如果传票是由另一个法院签发的,则可根据1992年的《送

达与执行程序法》第 20 条申请中止诉讼。

（二）根据其他成文立法向澳联邦管辖范围内送达

澳联邦经常会产生一些有关联邦实体法的问题，如涉及宪法或联邦成文法的解释等方面的问题。此外，还存在有关多州居民提起的诉讼等问题。这些问题主要由具有联邦管辖权的法院或多州籍管辖权的法院审理。确立这种联邦管辖权或多州籍管辖权的依据主要来自成文立法，如宪法、联邦法和交叉授权法等。

1. 联邦成文立法管辖权

（1）高等法院的联邦管辖权一般原则

高等法院的联邦管辖权原则是由宪法第 75 条授权高等法院对某些事项行使管辖权的原则。从国际私法的意义上讲有以下三种类型的事项：①有关不同州的居民之间的争议；②诉讼当事人为澳联邦或代表澳联邦利益的诉讼；③涉及不同州间的诉讼，或一州与另一州的居民之间的纠纷。高等法院对以上有关国内冲突和国际冲突问题都享有管辖权，但并非专属管辖权。只有州与州之间的法律冲突以及联邦与州之间的冲突问题才属于高等法院的专属管辖权范围。

1903 年的《司法法令》第 39 条第 1 款采取授权的方式授权州法院对宪法第 75 条规定（包括第 76 条）的事项行使联邦管辖权。宪法第 76 条赋予高等法院其他初审管辖权。这是由联邦议会以制定法授权高等法院对某些事项，如有关涉及宪法或对宪法的解释而产生的诉讼以及有关依联邦议会制定法提起的诉讼行使的初审管辖权。这种诉讼包括侵权和契约诉讼。

（2）高等法院对以澳联邦为诉讼当事人的管辖权

宪法第 75 条第 3 款赋予高等法院对所有以澳联邦或代表澳联邦利益的自然人为当事人的诉讼以初审管辖权，代表澳联邦的自然人被扩大解释为包括了澳联邦的下设机构（无论其有政府资格与否）。如同多州籍管辖，这种管辖权是直接由宪法赋予高等法院的。澳联邦与州之间（包括下属机构）的诉讼属于高等法院的专属管辖范围，其他牵涉到澳联邦的诉讼可根据《司法法令》第 39 条第 2 款在州法院和高等法院提起。高等法院有权根据《司法法令》第 44 条第 1 款将其享有管辖权的诉讼移送到任何一个联邦法院、州法院或地区法院审理。此外，高等法院可依据《司法法令》第 44 条第 2 款 A 向联邦法院移送任何诉讼。

（3）高等法院移送诉讼

移送的权限由《司法法令》第 44 条予以具体规定，这一规定允许高等法院按自己的意愿进行移送，即对移送诉案的问题具有自由裁量权。但被移送的诉讼限于初审案件和上诉案件。

2. 交叉授权管辖权

联邦交叉管辖授权立法《法院管辖（交叉授权）法》于 1988 年 7 月 1 日正式生效。交叉管辖立法实际是关于联邦与州之间的合作立法，它们也是联邦法院与州最高法院相互授权管辖和移送诉讼的立法。一州或地区最高法院根据交叉授权管辖立法行使管辖权时，如被告在送达时不在该法院的管辖区内时，必须根据 1992 年的联邦《送达与执行程序法》对被告进行管辖外送达。很明显，一州或地区的最高法院可以根据本州管辖外送达的规则或根据 1992 年的《联邦送达与执行程序法》对澳联邦内的被告主张管辖权。该法院还可通过《司法法令》第 39 条第 2 款或其他特别立法来行使联邦管辖权。联邦法院可以对有关州或地区的诉讼行使联邦管辖权。如果当事人对同一诉讼既援引交叉授权管辖权根据又援引其他管辖权根据时，法院应如何处理尚无规定。一般情况下，法院不能阻碍当事人对同一诉讼请求既援引交叉授权管辖权又援引其他管辖权根据。

（三）向澳联邦管辖范围外被告送达

当被告在外国或送达时不出现在管辖区内时，澳大利亚法院可根据各州或地区的成文法主张管辖权。澳大利亚各个管辖区法院都制定有关于向澳联邦管辖范围外的被告送达传票的规则，它是有关各管辖法院扩大其管辖权的规则。各管辖法院对送达许可或诉讼许可的规定不相一致。这种对管辖权的扩大行使权限，主要取决于各法院的自由裁量权。澳大利亚新南威尔士、维多利亚、昆士兰、塔斯马尼亚、南澳大利亚和北部地区的最高法院都不要求向管辖外被告送达传票之前申请送达许可。但是，如果被告不到庭，原告则必须申请诉讼许可，在得到这种许可之前或者之后，被告都可以以该送达不符合有关规则或原告选择的法院不适当为理由申请中止诉讼，或者申请取消传票送达。

澳大利亚高等法院、西澳大利亚、澳大利亚首都地区的最高法院都规定要求对管辖范围外的被告送达须事先申请送达许可。如要对被告进行强制性的送达通知或命令，也必须预先申请取得许可。澳大利亚联邦法院要求按照其法院规则第 8 条命令第 2 条事先申请对管辖范围外被告送达的许可令，或者当被告不出庭时根据第 2 条规则第（4）项申请诉讼许可。如果有规定要求送达前须申请许可，那么，得不到许可的送达则被视为无效。如果送达后仍要求申请诉讼许可者，得不到这种许可并不影响送达的效力，但是，最后取得的裁决或判决将被视为无效。

英联邦曾与许多国家签订了有关民商事方面的法律程序双边协议，这些协定都制定有确保该协定同样适用于澳大利亚的专门条款。根据这些协定的规定，向另一缔约国的有效送达须通过外交或领事途径，缔约国的法律另有规定者除外。

对非澳联邦管辖范围内被告的送达，澳大利亚法院具有很大的自由裁量权。它可仅以某一法院为不适当审理该诉案的法院为理由而拒绝签发或取消送达许可令或诉讼许可令。证明该法院为适当法院的举证责任由原告承担。法院在确定其是否为适当法院的问题时一般考虑以下几个问题：纠纷的性质以及所涉及到的法律或实践情况。这些情况包括地方知识、证人、花费、是否便利等情况。此外，法院还考虑是否存在另一诉因产生地法院，以及该诉讼是否可在该法院得到充分的审理并取得相同程度的救济情况。

向管辖范围外送达的一般根据有：契约诉讼、侵权、财产诉讼、遗产的管理、信托和中间禁令，等等。

（四）专属管辖权

1. 海事对物诉讼管辖权

在海事诉讼中，如果被告居住在管辖地内，诉讼可通过对人诉讼方法对被告提起诉讼。针对有关船舶或其货物提起的诉讼，澳大利亚联邦法院、各州和地区的最高法院都具有管辖权。这些法院对有关针对船舶或其货物提起属物诉讼的基本管辖根据，是该船舶或货物被送达诉讼传票，或者该船舶或其货物在澳联邦境内包括在其领水内被扣押。

2. 对物诉讼管辖权

澳大利亚 1988 年的联邦立法《海事法》第 10 条规定澳大利亚 10 个管辖法院均可对根据该法开始的对物诉讼行使联邦管辖权。该法允许法院在下列诉讼中行使管辖权：

（1）针对某船舶或船货的海事留置权诉讼，这种对物诉讼包括主张基于海难救助对船舶造成的损害、船主或船员对报酬的诉讼请求等。

（2）针对某船或某船舶的股份，诸如所有权或占有权，请求所有权益的诉讼，或由船舶、其股份或货物的抵押而产生的诉讼请求。

（3）对某船主或某船舶的让与承租人，或船货主请求一般海事赔偿的诉讼，如请求对船舶的管理或操作中引起的损害赔偿，或对该船舶货物的丢失或损坏请求赔偿的诉讼。这一条款中的对物诉讼只能针对船舶或船货，并在该诉因出现时该船舶或船货必须归其负有义务人所有、占有或控制，而该义务人在诉讼开始时应为该船舶的主人或转让承租人或船货主人。

3. 针对姊妹船舶的诉讼

对物诉讼可针对姊妹船或非负有义务或责任的船舶提起诉讼请求。这种情况要求诉讼开始时，该船主如同在对人诉讼中一样应是对诉讼负有义务的人，并且该船主在诉因产生时仍为该有关引起诉因的船舶的所有人、占有人、租船主或控制人。

二、新西兰①

新西兰作为普通法国家，其管辖权的法律主要来源于普通法的先例，还有一部分来源于成文规则，主要是高等法院的规定。在没有先例以及成文法的情况下，可以参考其他普通法国家的实践以及学者的权威著作。新西兰法院的管辖权分为对人诉讼管辖和对物诉讼管辖。作为一个普通法国家，新西兰法院对物诉讼管辖权的确定是以有关当事人的住所或有关标的物在其境内为基础。在对人诉讼管辖权中，管辖权的基础有以下三个方面：

（一）出现

新西兰普通法对人诉讼的一般管辖权基础是基于领土原则。正如 1894 年英国枢密院在 Sirdar Singh v. The Raiah of Faridkote 一案中②所言："所有的管辖权是具有适当的领土性……领土管辖权及于所有在领土范围内的人，不论其是常住的居民还是临时居住的人。但领土管辖权不能跟随已经离开的人们。"被告的出现以及在新西兰领土内被送达传票是管辖权存在的充分根据，即使被告仅仅是临时的游客和非本地居民。基于出现而行使管辖权的理论基础就是对主权的忠诚，该原则通常被称为有效原则。

（二）同意

被告的同意也是传统普通法管辖权的基础，与被告的出现相比较，同意具有更多的主观性，更少的客观性。同意的情况有以下几种：一种是被告与原告订有契约，契约中含有由新西兰法院处理争议的条款；另一种是原告在新西兰法院起诉，被告为了自己的利益委托他人接受送达或者被告到庭参加实质性的抗辩。当然，如果被告仅仅是出庭对管辖权作出抗辩，不能认为是同意新西兰法院的管辖权。

（三）成文规则

除了以上两种普通法基础外，还有一种可以称为"自由"的管辖权基础。

---

①　参见徐伟功著：《不方便法院原则研究》，吉林人民出版社 2002 年版，第 225~227 页。

②　A. C. 670（1894）．

自从 1883 年，新西兰高等法院允许对新西兰领域外的被告进行送达。这一自由裁量的管辖权是模仿英国《最高法院规则》第 11 条的规定。不过，新西兰法院对域外送达作了限制，仅仅在特殊的情况下才能赋予许可。原告如果申请对在新西兰法院领域外进行送达的许可，其必须证明案件是属于《高等法院规则》规定的范围且需要证明新西兰法院是适当的法院或方便的法院。1986 年，新西兰修改了《高等法院规则》。根据《高等法院规则》第 219 条的规定，如果诉讼当事人或诉讼原因与新西兰或新西兰法律存在着一定联系的，可以不要求原告申请送达许可直接向管辖外被告进行送达。如果不属于第 219 条的案件，可以根据第 220 条的规定，高等法院仍然具有域外送达的自由裁量权，即认为新西兰是方便的法院时，法院可以赋予域外送达的许可。这两个规则也可适用于海事诉讼。法院在行使自由裁量权时，必须考虑被送达的人住所地法院是否具有管辖权并比较在新西兰诉讼或在外国法院诉讼的便利以及费用。

第二节　尼日利亚、突尼斯有关国际民事管辖权的规定

一、尼日利亚①

（一）尼日利亚法院确定对物和对人诉讼管辖权的依据

尼日利亚目前没有专门的立法对涉外民商事案件的管辖权作出规定，不过从其法律实践上可以得出这样的结论：尼日利亚法院适用的是从英国法院发展而来的国际私法的普通法规则。作为一个普通法国家，尼日利亚法院对对物诉讼管辖权的确定是以有关当事人的住所或有关标的物在其境内为基础的。在尼日利亚能够受理涉外民商事案件的法院是其各个州的高等法院及联邦高等法院，它们对位于其各自管辖范围内的涉外民商事案件的标的物具有无限管辖权，即不受标的物类型或金钱赔偿数额的限制；而对对人诉讼管辖权的确定，尼日利亚法院的做法与普通法的规定有所不同。由于尼日利亚法院对对物诉讼管辖权的确定比较简单，下面主要就其对对人诉讼管辖权的确定进行探讨。

尼日利亚法院对对人诉讼管辖权的确定在遵循普通法传统规则的同时，也

---

① 参见朱伟东：《尼日利亚法院对涉外民商事案件管辖权的确定》，载北大法律信息网（http：//www.chinalawinfo.com）。

遵循尼日利亚法律所包含的附加规则，其对对人诉讼行使管辖权的依据可总结如下：

1. 以当事人在管辖权范围内"出现"或"存在"为依据行使管辖权

尼日利亚法院行使对人诉讼管辖权在普通法上的基本理论是传票能够送达相关当事人。如果案件的当事人出现在法院的管辖权范围内，传票就能非常容易地送达。另外，长期以来已形成这样一个普通法规则，即如果案件的当事人特别是被告，出现在法院的管辖权范围内，法院就能对其行使一般管辖权，即使他是外国人或诉因源于外国，甚至当事人在法院管辖权范围内暂时出现，例如，作为一个采访的外国居民，只要在管辖权范围内他能够被正当地送达法院传票，法院就能根据过境管辖规则对其行使一般管辖权。

法律层面上的"人"包括自然人和法人。在当事人是自然人的情况下，"出现"很明显是指在管辖权范围内当事人本身的出现。但在管辖权范围内作为法人的公司的"出现"，各国有不同的规定。在尼日利亚设立的、具有注册营业地的公司，在其设立期间，很明显是"存在"于尼日利亚法院管辖权范围内，因此它要服从尼日利亚法院的一般管辖权。

除了一些涉及参与政府合同或公共事业种类契约的外国公司的特殊情况外，每个意在尼日利亚经营的外国公司都要求依照尼日利亚法律在尼日利亚注册组建新的本地公司。一旦外国公司在尼日利亚设立了新公司，更恰当地说，在尼日利亚建立了新的企业实体，那么，很明显新实体就存在于尼日利亚，并服从尼日利亚法院的一般管辖权。但是，尼日利亚法院能否仅根据在本地设立新公司这样一个原因而对已作为附属公司的实体的外国母公司行使一般管辖权呢？尼日利亚最高法院对该问题作出了否定回答，尼日利亚最高法院规定仅仅拥有尼日利亚公司股票资本的外国公司并不表明该公司在尼日利亚存在或从事经营。

如果尼日利亚允许外国公司选择在本地设立分支机构代替目前法律上规定的必须组建新的本地公司的话，从法律上讲更为有利。在目前的法律框架内，这样的规定并不必然使尼日利亚失去对外国公司行使其意欲得到的控制能力。此外，这样的规定还有助于传达这样的信息：尼日利亚为国外商业和投资提供了宽松自由的商业环境。

2. 以法院传票能够送达被告为依据，对不在其管辖权范围内的被告行使管辖权

前文已提到尼日利亚法院的"长臂管辖权"，这是尼日利亚法院对有关涉及被告不在其管辖权范围内的争议行使管辖权的基本理论之一。根据"长臂

管辖权"理论，如果某一案件中争议的标的和法院之间存有某种特殊联系，那么法院就能对该争议行使管辖权。尼日利亚通常在其法院规则中对能够足以使其行使"长臂管辖权"的联结因素作出规定。例如，尼日利亚法院也许会许可对在其管辖权范围外的被告送达传票，如果诉讼的标的物是位于其管辖权范围内的土地；或诉讼是因发生在管辖权范围内的侵权行为提起；或诉讼是因涉及一项（1）在尼日利亚签订的，或（2）受尼日利亚法律支配的，或（3）不管在何地签订，但违约行为发生在尼日利亚的合同而提起。

尼日利亚法院是通过对外国管辖权范围内的被告送达传票而获得管辖权。原告必须请求并获得法院向管辖权范围外的被告送达传票的许可。这种许可不是自动产生的，因为法院有权自由决定是否对管辖范围外的传票送达给予许可。

3. 以被告服从法院的管辖为依据行使管辖权

尼日利亚法院对外国被告行使管辖权的另一个理论基础是被告服从了尼日利亚法院的管辖。这种情况可能以这种方式而发生：被告采取步骤对针对他而不正当提出的诉讼进行实体方面的辩护。如果一项诉讼是依据"长臂管辖权"对不在管辖权范围内的被告提起的，那么，被告要么可能提出管辖权异议，要么根本不理睬法院的诉讼程序（例如，如果被告的财产不在法院管辖权范围内，而其财产所在地法院又不承认和执行通过行使"长臂管辖权"作出的判决，那么被告就很可能不理睬法院的诉讼程序）。但是，如果被告采取了一些可能被认为等同于他对该诉讼进行辩护的措施，那么，他就会被认为已服从了该法院的管辖，对他的判决就能正当地作出。

（二）尼日利亚法院对管辖权条款的态度

如果涉外商事交易的当事人根据管辖权条款同意在尼日利亚法院解决他们的争议，那么法院就能根据他们的协议对双方行使管辖权，即使双方当事人，尤其是被告不是尼日利亚居民或没有在尼日利亚管辖权范围内出现。这种情况是对法院管辖权的一种预先妥协，不同于诉讼已经提起后的管辖权异议。它必须有个前提，即法院能对这些案件正当地行使管辖权。

依靠管辖权条款解决争议，在一方当事人企图请求尼日利亚法院撤销一个已在尼日利亚正当提起的案件而在一个外国法院提起诉讼的情况下，容易引起争议。像其他国家的法院一样，尼日利亚法院也注意维护自己的管辖权，不愿意失去对一个已在其内提出的案件行使管辖权。因此，尼日利亚法院不会主动地适用合同当中授予外国法院管辖权的条款。

近来，尼日利亚关于法院选择条款的最权威性论断是尼日利亚最高法院在索纳有限公司一案中作出的①。从本质上讲，尼日利亚法律已采纳并吸收了该案的论断。尼日利亚最高法院在该案中所表达的原则是尼日利亚法院无义务为了双方当事人所选择的外国法院的利益而撤销在本国进行的诉讼程序，但它有权自由决定通过发布命令以撤销原告在尼日利亚提起的诉讼，除非有充足理由表明证明责任由在尼日利亚起诉的原告承担而不这么做。

尼日利亚法院在决定是否给予涉外商事合同中当事人明示的管辖权条款以效力时，要考虑下列因素：（1）争议事实的证据位于哪个国家，或在哪个国家更容易获得，尼日利亚法院和外国法院审理案件的费用，哪一个更昂贵。（2）是否适用外国的法律，若适用，该法是否与尼日利亚法有本质的不同。（3）当事人与哪个国家有联系，及联系紧密程度。（4）被告是否真心希望在外国进行诉讼，或仅为寻求程序上的优势。（5）原告若不得不在外国法院进行诉讼，他是否会受到歧视。（6）当诉讼在外国法院已超过诉讼时效时，发布撤销诉讼命令是否会给原告带来不公正，因为撤销诉讼命令就等于永久拒绝了原告任何寻求救济的权利。

二、突尼斯

突尼斯法院的国际民商事管辖权规定于 1998 年的《突尼斯国际私法典》② 中。

（一）普通地域管辖

如果被告的住所位于突尼斯，则不论当事人的国籍如何，对于在他们之间发生的民事和商事争议，突尼斯司法机关均有权管辖。（第 3 条）

突尼斯司法机关在下列情况中也具有管辖权：（1）关于未成年人的亲子关系或保护未成年人的措施的诉讼，该未成年人居住在突尼斯；（2）关于扶养义务的诉讼，债权人居住在突尼斯的。（第 6 条）

如果无法查明被告在突尼斯的住所，案件应由原告住所地的法院管辖。当突尼斯法院有管辖权，而原被告双方均非突尼斯居民时，案件应由突尼斯城的法院管辖。（第 9 条）

（二）协议管辖

如果当事人各方指定由突尼斯司法机关管辖，或被告对此予以接受，突尼

---

①　A. Akin-Olugbade, "*Nigerian Courts and Forum Selection Clauses in Private International Contracts*", International Banking Law, 1990 (4), p. 159.

②　该法的中译本（粟烟涛、杜涛译）可参见李双元、欧福永、熊之才编：《国际私法教学参考资料选编》（上册），北京大学出版社 2002 年版，第 189～196 页。

斯司法机关有权管辖；除非争议的客体是与某项位于突尼斯境外的不动产有关的物权。（第4条）

（三）特别地域管辖

突尼斯司法机关在下列情况中同样具有管辖权：（1）关于侵权行为民事责任的诉讼，损害或引起该责任的事实发生在突尼斯境内的；（2）关于在或应在突尼斯履行的合同的诉讼，除非合同中的管辖权条款指定由外国法院管辖；（3）关于某项位于突尼斯的动产权利的争议；（4）关于知识产权的争议，当事人在突尼斯请求对该权利予以保护的（第5条）；（5）关于发生于突尼斯的继承的诉讼，以及关于因继承而引起的动产、不动产移转的诉讼，有关财产位于突尼斯的（第6条）。

（四）专属管辖

突尼斯司法机关在下列情况中具有专属管辖权：（1）关于授予、取得、丧失或剥夺突尼斯国籍的诉讼；（2）关于位于突尼斯的不动产的诉讼；（3）与发生在突尼斯的集团诉讼相关的诉讼，例如有关企业重整或破产的诉讼；（4）关涉到需在突尼斯执行的临时保全措施或执行措施的诉讼，诉讼标的是位于突尼斯的财产的；（5）根据法律的特别规定，突尼斯司法机关被授予了专属管辖权的（第8条）。

（五）管辖权抗辩

有关突尼斯司法机关无管辖权的抗辩，应当在实质性辩论开始之前提出（第10条）。

第八章 法院管辖权的限制——国家豁免、外交豁免和国际组织的豁免

第一节 国 家 豁 免

一、国家及其财产豁免权的概念与内容

国家主权原则具体体现在国际民事诉讼法领域就是国家及其财产享有豁免权。国家及其财产享受豁免权是国际公法，也是国际民事诉讼法上的一项重要原则，它是指一个国家及其财产未经该国明确同意不得在另一国家的法院被诉，其财产不得被另一国家扣押或用于强制执行。

根据国际社会的立法与司法实践以及各国学者的普遍理解，国家及其财产豁免权的内容一般包括以下三个方面：

1. 司法管辖豁免

即未经一国明确同意，任何其他国家的法院都不得受理以该外国国家为被告或者以该外国国家的财产为诉讼标的的案件。不过，与此相反，根据国际社会的一般做法，一国法院却可以受理外国国家作为原告提起的民事诉讼，且该外国法院也可审理该诉讼中被告提起的同该案直接有关的反诉。

2. 诉讼程序豁免

是指未经一国同意，不得强迫其出庭作证或提供证据，不得对该外国的国家财产采取诉讼保全等诉讼程序上的强制措施。

3. 强制执行豁免

非经该外国国家明确同意，受诉法院不得依据有关判决对该外国国家财产实行强制执行。

国家及其财产的豁免权问题，可以在内国法院于下列各种情况下提出：在国际民事诉讼中，因国家"直接被诉"，即被指控为被告，从而提出它是否应取得豁免权的问题，但更多的是在"间接被诉"的情况下，提出豁免权的问

题。例如对属于一国政府的财产，其他人在外国法院提出权利主张，为了维护其财产权而介入诉讼。有时，国家虽已明示或默示放弃了管辖豁免，但在判决作出前或作出后，因牵涉到对它所有的财产的扣押或执行，也会提出豁免的问题。因为依照国际惯例，国家放弃了管辖豁免，并不当然意味着也同时放弃了扣押和执行豁免。有时，一个国家已在他国法院参加了诉讼，但在诉讼进行中，对方向它提出了反诉，这时也可能提出豁免权的问题。因为在诉讼中，自愿接受管辖，虽扩大适用于上诉，但并不是必定适用于反诉，除非反诉是就本诉的同一法律关系或同一事实提出的。此外，国家在有关契约中，同意在发生争议时，提交某国仲裁机关仲裁，但这种同意仲裁也并不必然同时意味着自愿放弃了该仲裁机构所属国伪司法管辖豁免，所以，这时也可能提出这个问题。

国家及其财产的豁免权，均可通过国家的自愿放弃而排除。放弃豁免在以下两种情况下都会发生，即一些国家坚持绝对豁免原则，但出于政治上和经济上的考虑而愿意放弃此种豁免权，来协调自己与法院国之间的立场。其次，即令在采取限制豁免原则的国家，在它们认为不应给予豁免的案件中，也会提出外国国家自愿放弃豁免的问题。

放弃豁免，一般认为可以有以下几种方式：（1）通过条约、契约中的有关条款，明示放弃豁免；（2）争议发生后，双方通过协议，明示放弃豁免；（3）主动向他国法院起诉、应诉或提出反诉，即默示放弃豁免；（4）虽不提出豁免主张，但已就对它的诉讼的实质问题采取了诉讼步骤或行为，即默示放弃豁免（但采取的诉讼步骤或行为是为了提出豁免主张的，不得视为放弃豁免）。

二、绝对豁免说和限制豁免说

在国际上认为应该坚持国家及其财产豁免的原则，是为了保证国家能在国际上独立地、不受干扰地行使其权利和从事必要的民事活动，并且在 19 世纪就形成了绝对豁免的理论和实践。但是后来有人认为随着客观情况的发展，经济和商业活动已越来越成为各主权国家的主要活动领域，从而大大地改变了国家这类活动的性质，因而从 20 世纪 30 年代起，限制豁免或职能豁免的理论与实践便逐渐抬头和发展了起来，并且形成了尖锐的对立。

主张绝对豁免的人认为，国家及其财产的豁免来源于主权者平等以及"平等者之间无管辖权"这一习惯国际法原则。这一原则不允许任何国家对他国及其机构和财产行使主权权力。而且国家主权是一个统一的不可分割的整体，不可能认为它在从事统治权活动时是一个人格，而在从事事务权活动时又是另一个人格。他们还认为，如果采用限制豁免说，为了判定国家行为的性质，要求其他国家的法院依据国内法进行识别，这等于说国家所为的行为要受到外国法院和外国法律的支配。显然，这都是同国家主权原则不相容的。

而限制豁免论者则认为，没有一个国际法原则，没有一个判例，也没有任何一个法官的意见，竟然会同意一个拥有最高权力的国家为了它自己的利益，去作为一个商人，于从事商业活动并且承担了对私人的债务之后，再以国家的面目出现，以自己主权者的地位作辩护，主张它不能接受别国法院的管辖，而使对方当事人失去请求法律救助的可能。或者认为，尽管绝对豁免在过去曾经存在过，但是由于国家直接从事商业与民事活动已日趋频繁，从而改变了过去采用绝对豁免原则的客观根据，改变了国家活动的性质，国家活动已大大超出了"主权行为"或"统治权行为"的范围。在这种新的情况出现以后，国家及其财产的豁免，或者应该完全废除，或者应该作为一种例外，而把国家及其财产不享有豁免作为一项原则①。

目前，坚持绝对豁免说的国家虽仍占多数，但主张限制豁免说的已在不断增加，其中最有影响的有美国在 1976 年通过的《外国主权豁免法》、1976 年《欧洲豁免公约》和 1978 年英国的《国家豁免法》。尽管在这些立法中，仍不否认国家及其财产豁免是习惯国际法上的一项"一般原则"，但是它们规定的不予豁免的例外事项却是相当广泛的。

三、有关国家的立法与实践

（一）中国的理论和实践

中国理论界多认为，国家及其财产豁免于他国内国法院的管辖，直接来源于国家是主权者，而主权者是平等的，平等者之间无管辖权这一客观事实。其意义在于防止利用内国法院对其他主权国家滥用自己的司法管辖，以任意干涉和侵犯他国的主权和权利。这一点，即使在当今国家大量参加民商事活动的情况下，也应毫不动摇地加以承认。所以，在国际关系中，国家及其财产豁免于他国内国法院管辖的权利，仍然是国际上一项普遍的原则。

但是，随着国家经济职能的不断增加，国家直接参加国际民事活动日见增多，而民事活动的一个本质特征是双方当事人法律地位的平等，国家一旦进入

---

① 参见李双元著：《国际私法（冲突法篇）》，武汉大学出版社 1987 年版，第 295～299 页。

民事法律关系，它同样应该严格依照民事法律，履行其所承担的民事义务，并在它因自己的过错不履行某种民事义务时承担相应的民事责任。但是，为了追究国家的这种民事责任，可供利用的手段是多种多样的，除了对方当事人向特定国家的法院提起诉讼请求司法保护外，还可通过协商、调解、仲裁等方式。此外，在国家违反其契约义务而非法侵犯他国公民或法人的正当权益时，还可能引起他国行使外交保护，或投诉于国际法院。而在运用内国法院对外国国家及其财产行使司法管辖权时，则是必须以取得外国国家的明示或默示放弃上述豁免权为条件的。这就是说，必须坚决坚持国家及其财产在国际民事诉讼中享有司法豁免权，只有坚持这项原则，方有利于保证各主权国家之间进行平等的、互利的交往。但是，这并不意味着，国家不能主动表示放弃，比如在具体的民事活动中，有关国家之间通过条约、协议或合同，自愿放弃国家及其财产的司法豁免权。

限制豁免说尽管在当前已为越来越多的国家所接受，但它还没有形成为一项普遍的国际法原则。这不但是因为许多国家目前仍坚持绝对豁免原则，而且还因为它目前主要以国内法表现在若干国家的立法中，因而对于国家的哪些行为应享有豁免，用什么标准来判断国家的某项行为是统治权行为还是事务权行为（或公法行为还是私法行为），通过内国法院运用国内法来管辖其他主权国家的行为，怎样做才不致因各国实践上的重大分歧而破坏正常的国际经济和民事生活秩序，如此等等问题都还没有取得比较统一的认识。为此，联合国国际法委员会自1978年起，即着手编纂一部《国家及其财产管辖豁免公约》，试图协调和统一各国的立场。中国政府也十分关注并积极参加该项国际立法活动。

（二）泰国

泰国没有关于外国主权豁免的专门立法，也没有任何收入判例汇编的相关案件。因此，在泰国这个问题是不确定的。然而，值得注意的是，《泰国民事诉讼法》第1条第11款规定："当事人是指向法院起诉或被起诉的任何人。为了进行诉讼程序的目的，任何人有权依据法律自己或由其律师代表参与诉讼。"这意味着原告和被告必须是自然人或法人，法人只能依据民商法典或其他法律成立，目前，还没有将某外国国家定义为法人的法律，因此，外国国家在泰国法院中不是当事人，而不论其主权豁免①。

---

① 参见［美］迈克尔·普雷尼斯主编：《亚洲的争议解决》，1997年英文版，第266页。

（三）　新加坡①

1. 国家豁免

《新加坡共和国宪法》规定总统依主权豁免权豁免于诉讼，该法第 22K 条规定："（1）除了宪法第 4 条规定的以外，总统以其职务身份的作为或不作为，无论在任何法院被提起诉讼，均免于诉讼。（2）总统在其任职期间以私人身份的作为或不作为，任何法院不得在其任职期限内提出诉讼。（3）依法律规定，对任何人提起诉讼的诉讼时效的计算不包括某人任总统的时间。（4）第 1 款规定的豁免权不适用于下列情况：（a）根据第 22H 条提起的诉讼；（b）根据国会依第 22L 条通过的决议由法庭进行的调查；或（c）依第 93A 条向审理选区选举案件的法院提起的决定总统选举合法性的诉讼。"

《政府诉讼法》② 规定政府行政部门享有有限的豁免权。该法第 7 条规定："……不得对政府或任何国家官员在行使政府公共职能时因故意或过失或拒绝为一定行为提起诉讼，但违反合同的诉讼除外"。

国家可与个人签订书面协议，约定在某些交易或合同中国家享有豁免权。此外，如这种交易或合同是两个国家订立的，例如国际公法上的事务，则不适用此条款。

国家与个人订立的雇佣合同，如果该合同订立于新加坡，或合同的全部或部分在新加坡履行，则国家不享有豁免权。此处的豁免权被扩大至"与雇佣合同有关的诉讼"，该解释"包括合同当事人间有权就他们所有的或以合同雇主或雇员的主体资格拥有的任何法律上的权利和义务提起的诉讼"。

《国家豁免法》第 6 条第（2）款规定了在这类案件中对豁免权的限制，该条规定国家豁免权适用于下列案件：（a）诉讼提起时，该个人是有关国家的公民；（b）合同订立时，该个人既非新加坡的公民也非新加坡的常住居民；或（c）合同当事人另有书面约定。但是，对国家出于商业目的在新加坡设立的办事处、代理处或机构所为的行为，除非合同订立之时，该个人是该国的常住居民，否则，该国不受第 2 款（a）、（b）项的保护。当雇佣合同的双方当事人书面同意国家在新加坡享有豁免权时，这类案件中的国家豁免权的保护不能扩展到下列情形：即新加坡法律要求必须向新加坡法院提起诉讼。一国对其在新加坡境内的某种行为或过失而导致的死亡、人身伤害、有形财产的损害或

---

① 参见〔美〕迈克尔·普雷尼斯主编：《亚洲的争议解决》，1997 年英文版，第 213~218 页。

② 1985 年版第一百二十一章。

灭失而被提起的诉讼不享有豁免权。某些与国家责任有关的诉讼也不适用豁免权，只要这些国家责任是因关税、消费税、货物或服务税或国家出于商业目的占有的与房产有关的任何税收而产生。此处的"商业目的"是指《国家豁免法》第5条（2）款提及的交易或行为。

同样，在与所有权有关的诉讼中也不适用豁免权的规定。此类诉讼是因一国在新加坡占有或使用不动产，或国家由于动产或不动产继承、赠与、无人继承等原因获取利益而引起的。但是法庭可以受理对个人而不是对该国提起的诉讼，即使与此有关的财产由国家所有或控制或国家声称对它拥有利益（如果国家在将对它提起的诉讼中不享有豁免权）。

在知识产权领域，国家在任何与商标、专利、设计有关的诉讼中不享有豁免权，如果这些商标、专利、设计由该国所有并已在新加坡注册登记且受新加坡法律保护，或由于该国在新加坡使用这些商标、专利和设计。该规定同样适用于因某国侵害了专利、商标、设计或版权，而对该国提起的诉讼，或与在新加坡使用某个商标或商业名称的权利有关的诉讼。

关于仲裁，如一国已经书面同意将争议提交仲裁解决，在已经或可能提交仲裁的情况下，该国在与仲裁有关的诉讼中不享有豁免权。此条规定受任何与仲裁协议相反的约定的支配，且不适用于两国间订立的仲裁协议。

豁免权不适用于刑事诉讼，一国的武装部队在新加坡时，其所做的或与之有关的任何行为不适用豁免权的规定。事实上，关于诉讼程序的问题，豁免权受《来访军队法》的支配。该法适用于那些由总统命令指明的那些国家。该法第二部分规定：根据总统的命令指明的受《来访军队法》支配的某国的军事机关和军事法院，可在新加坡境内或属于该国政府的船舶、飞行器上，对那些受该国管辖的人员行使由该国法律所赋予的权力。

2. 涉及国家的案件的诉讼程序

涉及国家当事人的案件的诉讼程序（不包括物权诉讼），受《国家豁免法》第14条和第15条的支配。任何令状或其他起诉文书的送达经由新加坡外交部向有关国家的外交部转交，在有关国家的外交部收到令状或文件后，送达方视为有效。据此，当事人出庭时间为收到后的两个月，法院只有在已经证明送达与法律规定的送达方法一致且出庭的宽限期届满时才可作出缺席判决。但是，如国家同意，送达也可以其他方式进行，此外，第14条的规定不影响《法院规则》所要求的域外送达必须获得法院同意的效力。

关于证据的搜集，如作为诉讼当事人的国家不能或拒绝公开或提供任何与诉讼有关的文书或其他信息，对该国既不能施加罚金，也不能要求其承担义务。

（四）菲律宾①

菲律宾法院无权对针对主权国家的案件进行管辖，不论是针对菲律宾还是针对外国。因此，在 1949 年 Syquia v. Lopez 案中，最高法院支持了对驱逐案的驳回，该案中三栋大楼都租借给美国的军官使用，提起诉讼的是出租方。最高法院认为，这是因为该诉讼是针对美国政府的诉讼："很明显，菲律宾法院对本案没有管辖权。美国政府并没有同意提起该诉讼。该诉讼实质上是针对美国的，虽然名义上不是。"

然而，在 1985 年 American v. Ruiz 案中，最高法院却强调主权豁免理论只适用于国家的相关主权行为或政府行为。因此："国家豁免的传统理论不允许一个国家在另一个国家法院被提起诉讼，如果没有得到该国家的同意或放弃豁免权的通知的话。这个规则是国家平等和独立原则的必然结果。然而，国际法规则也不是一成不变的，它们是经常发展和变化的。而且因为国家的行为更加复杂，有必要对这些行为作出区分——区分什么是主权和政府行为，什么是私人、商业和财产行为。结果是国家豁免现在只能扩展到主权行为。现在美国、英国和西欧的其他国家都适用了严格的主权豁免规则。"

只有在诉讼是源于国家主权行为之外的商业交易、商业行为或者经济事务的行为时才能适用严格的主权豁免原则。不同的是，一个国家可以被认为是私法上的主体身份，即在一个国家签订商业合同的时候才能被认为是同意其可以被诉讼，当合同涉及到国家主权职能的行使时就不适用。在本案中，工程是海军基地的组成部分，而海军基地是用于美国和菲律宾的防卫的，毫无疑问，这是政府最高层次的职能的体现，它们既不是用于商业用途也不是用于经济用途。

（五）土耳其

根据《土耳其国际私法和国际诉讼程序法》第 33 条的规定，外国国家从事民事法律关系（或私法关系）的活动时，不得享受司法豁免权。在上述情况下，司法文书可以送达给国家的外交代表。

（六）匈牙利

根据 1979 年《匈牙利国际私法》（《1979 年匈牙利关于国际私法的第 13 号法令》）第 56 条的规定，除该法令另有规定外，匈牙利法院或者其他机关

---

① 参见［美］迈克尔·普雷尼斯主编：《亚洲的争议解决》，1997 年英文版，第 181~182 页。

对下列诉讼无管辖权：对外国国家、国家机关或行政机构提起的诉讼。其第57条规定：（1）如果外国国家明示放弃豁免，匈牙利法院或者其他机关可以审理对外国国家、国家机关或者行政机构以及作为在匈牙利的外交代表或者享有管辖豁免权的外国公民提起的诉讼；（2）在放弃豁免时，匈牙利法院或者其他机关的管辖权也可及于同一法律关系发生的反诉；（3）在此类诉讼中对外国一方作出的败诉判决，只有在外国国家明示放弃执行豁免时才能执行。

（七）俄罗斯

《俄罗斯联邦民事诉讼法》第435条（向外国提起的诉讼，外交豁免权）规定，对外国提起诉讼，对外国在苏联的财产实行诉讼保全和提起追索，只有征得有关国家的主管机关的同意才能进行。按照《苏联和各加盟共和国民事诉讼纲要》第61条的规定，如某一外国没有给苏维埃国家及其财产或苏维埃国家的代表提供与本条规定的苏联给外国及其财产或外国在苏联的代表提供的这种外交豁免权，苏联部长会议或其他主管机关可以规定对该国及其财产或该国的代表采取对等的措施。（据俄罗斯联邦共和国最高苏维埃主席团1980年8月1日法律文本——《俄罗斯联邦共和国最高苏维埃公报》1980年第32期第987号）①。

（八）美国

美国在1976年通过的《外国主权豁免法》主张限制豁免说。它虽不否认国家及其财产豁免是习惯国际法上的一项"一般原则"，但是它规定了相当广泛的不予豁免的例外事项，包括：（1）外国明示或默示放弃豁免；（2）诉讼是基于该外国在美国进行的商业活动，或者基于与该外国在别处的商业活动有关而在美国实施的行为；或者基于与该外国在别处的商业活动有关虽在美国以外进行但在美国发生直接影响的行为；（3）该外国违反国际法而取得的财产，或用该财产换得的任何现在在美国境内而且与该外国在美国进行工商活动有关的财产；（4）由于继承或馈赠而取得的在美国的财产权利，或者是涉及位于美国的不动产权利；（5）该外国任何官员或雇员在职务或雇用范围内的活动而发生的侵权责任（如在美国境内造成人身和财产损害等）；（6）为了对某外国的船只在船货行使海上留置权而提起的海事诉讼，并且诉讼是基于该外国的商业活动而提起的等。该法所指的外国国家，除包括国家的机构及政治分支单位外，还包括国家的代理机构及"工具"（instrumentality）（有人译为媒介），

---

① 参见张西安、程丽庄译：《俄罗斯联邦民事诉讼法（执行程序法）》，中国法制出版社2002年版，第176～177页。

主要是指外国国家组织的独立的社团法人（如国营贸易公司、中央储备银行、国有矿山企业、海运航运企业以及进出口贸易协会等）。美国立法委员会还指出，"一般的营利活动"均可推定为具有商业活动的性质，并可参照私人或私营公司是否也能从事该项活动来判定某种活动是否具有商业性质。

（九）突尼斯

1998 年的《突尼斯国际私法典》第四编对国家豁免问题作了如下规定：

根据互惠原则，外国、以主权名义行事或具有公共当局性质的外国公法法人可在突尼斯享有司法豁免。（第 19 条）

在以下情况中不存在司法豁免：根据其起因，某行为系商业行为或与具有私法特征的部门相关，并且该行为发生在突尼斯或在突尼斯产生了直接效果。

如果以明示的方式接受突尼斯法院的管辖，外国、本法典第 19 条所指的外国法人不享有豁免。即使外国、本法典第 19 条所指的外国法人不出庭，突尼斯法院仍将承认其享有司法豁免。

对于其位于突尼斯境内的、与关乎其主权的行为相关的或与某种公共目的相关的财产，外国、本法典第 19 条所指的外国法人享有执行豁免。外国、本法典第 19 条所指的外国法人的财产，与私法行为有关或具有商业特征的，不能享有执行豁免。

外国、本法典第 19 条所指的外国法人可以放弃对其财产所享有的执行豁免。此种放弃应当确定、明示并且毫不含糊。

第二节　外交豁免和国际组织的豁免

一、外交豁免

（一）概述

按照国际法或有关协议，在国家间互惠的基础上，为使一国外交代表在驻在国能够有效地执行任务，而由驻在国给予的特别权利和优遇，即称为外交特权与豁免。

对于外交特权与豁免（包括外交代表及其他有关人员的特权与豁免）的理论根据，曾有过三种学说：其一是治外法权说。即认为外交代表所在地象征派遣国领土的延伸，外交代表尽管身处驻在国，但在法律上假定他们仍然在派遣国境内，因而不可受驻在国法律的管辖。该说在往昔的国际实践中曾占主导地位。但因该说不符合实际情况，理论上也难以自圆其说，因而逐渐遭淘汰，至 20 世纪初就已无人问津了。其二是代表性质说。这一学说认为外交代表是派遣国的化身或代表，而国家之间是平等的，根据平等者之间无管辖权的国际法原则，驻在国不得对外交代表行使管辖权。其三是职务需要说。根据这一学说，赋予外交代表以特权和豁免只是因为它们是外交代表履行其职务所必不可少的。此种学说认为，外交代表享有特权和豁免可以使外交代表在不受驻在国的干扰和压力的条件下，自由地代表派遣国进行谈判，自由地跟派遣国政府进行联系，是国家之间保持平等的关系所必需的。《维也纳外交关系公约》摒弃了已经落伍的治外法权说，主要采用职务需要说，但同时又结合考虑了代表性质说①，并且把外交代表的权利概括为特权与豁免。

由于外交代表是代表派遣国的，因而在外交代表法定职权范围内所进行的行为，享有驻在国法院的管辖豁免权。应指出的是，外交人员享有的管辖豁免权只是其所享有的外交豁免权的一部分：管辖豁免权有很多限制或例外，而外交豁免权甚至可以扩及法定职权范围之外的行为。

（二）国际条约的规定

外交特权与豁免，是在各国互派使节，特别是互派常驻使节的实践的基础上产生和发展起来的一般国际法习惯。为了使此种国际法习惯上升到成文的国际法规范而便于各国遵循，根据 1958 年 12 月 5 日联合国大会通过的决议，81 个国家于 1961 年 3 月至 4 月在维也纳召开会议通过了《维也纳外交关系公约》。该公约系统地规定了外交代表及外交机构的其他人员的特权和豁免。

根据《维也纳外交关系公约》第 31 条的规定，外交代表不接受驻在国的刑事管辖、民事管辖和行政管辖，但外交代表在下列民事案件中不享有司法豁免权：（1）外交代表以私人身份在驻在国境内有关私有不动产物权的诉讼；（2）外交代表以私人身份为遗嘱执行人、遗产管理人、继承人或受遗赠人的继承事件的诉讼；（3）外交代表于驻在国境内在公务范围以外所从事的专业或商务活动的诉讼。

该公约第 32 条还规定，外交代表及其他依法享有司法豁免权的人，在下列情况下，也不享受司法豁免权：（1）明确表示放弃司法管辖豁免的诉讼。但此种自愿放弃司法豁免权，只能由派遣国作出表示，外交代表自己绝无此项权利，并且这种放弃表示必须是明示的。（2）主动在外国法院以原告身份提

---

① 该公约序言称："鉴于各国人民自古即已确认外交代表之地位……深信关于外交往来，特权及豁免之国际公约当能有助于各国间友好关系之发展……确认此等特权与豁免之目的不在于给予个人以利益而在于确保代表国家之使馆能有效执行职务。……"

起诉讼从而引起的与本诉直接相关的反诉。

该公约第 32 条第 4 款特别强调规定，外交代表以及其他依法享有司法豁免权的人，在民事或行政诉讼程序上放弃管辖豁免，不等于也默示放弃了判决强制执行豁免。对于判决强制执行豁免的放弃，必须单独作出，而且也必须是明示的。此外，根据该公约第 31 条第 2 款的规定，外交代表以及其他依法享有司法豁免权的人，没有以证人身份作证的义务。该条第 3 款还规定，对外交代表以及其他依法享有豁免权的人，驻在国不得为执行之处分，但是如果属于第 31 条第 1 款所列民事案件，并且执行处分又不构成其人身或寓所侵犯的，则不在此限。

根据《维也纳外交关系公约》第 37 条的规定，除外交代表外，下列人员在不同程度上享有特权与豁免：（1）外交代表的同户家属，如果不是接受国国民，则享有全部外交特权与豁免。（2）使馆行政技术人员及其家属，如果不是接受国国民而且不在接受国永久居住的，除民事和行政管辖豁免权不适用于执行职务以外的行为，其他同外交人员。（3）使馆服务人员，如果不是接受国国民而且不在接受国永久居住的，就其执行公务的行为享有豁免权。（4）使馆人员的私人服务人员，如果不是接受国国民而且不在接受国永久居住，也在接受国许可范围内享有特权与豁免。并且，接受国对他们的管辖应妥为行使，以免不当妨碍使馆职务的执行。

本来，领事官员和领事馆的雇佣人员在无国际条约的情况下，是不能基于习惯国际法而享有特权与豁免的。为了有助于各国间友好关系的发展，国际社会通过努力于 1963 年签订了《维也纳领事关系公约》。根据公约第 43 条的规定，领事官员和领事馆雇佣人员只有在与其公务行为有关的案件中才能享受接受国法院或行政机关的管辖豁免。但上述规定不适用于下列民事诉讼：（1）因领事官员或领事馆雇员并未明示或默示以派遣国代表身份而订立的契约所发生的诉讼；（2）第三者因车辆船舶或航空器在接受国内所造成的意外事故而要求赔偿的诉讼。此外，公约第 45 条就特权及豁免的放弃，作了与《维也纳外交关系公约》基本相同的规定。

（三）有关国家的规定

1. 中国的有关规定

中国 1991 年《民事诉讼法》第 239 条明确规定："对享有外交特权与豁免的外国人、外国组织或者国际组织提起的民事诉讼，应当依照中华人民共和国有关法律和中华人民共和国缔结或者参加的国际条约的规定办理。"就目前而言，中国缔结或者参加的这方面的国际条约主要就是指《维也纳外交关系公约》和《维也纳领事关系公约》以及大量的双边领事条约中的有关规定；而"中华人民共和国有关法律"则是指1986年9月5日颁布的《中华人民共和国外交特权与豁免条例》和1990年10月30日颁布的《中华人民共和国领事特权与豁免条例》。

根据《中华人民共和国外交特权与豁免条例》第14条的规定，外交代表享有民事管辖豁免和行政管辖豁免，但下列各项除外：（1）以私人身份进行的遗产继承的诉讼；（2）违反本条例第25条第3项规定，在中国境内从事公务范围以外的职业或者商业活动的诉讼。此外，外交代表一般免受强制执行，也无以证人身份作证的义务。根据该条例第15条规定，上述豁免可由派遣国政府明确表示放弃；外交代表和其他依法享有豁免的人，如果主动向中国人民法院起诉，对本诉直接有关的反诉，不得援用管辖豁免；放弃民事或行政管辖豁免的，不包括对判决的执行也放弃豁免，放弃对判决执行的豁免必须另作明确表示。

该条例第20条规定，与外交代表共同生活的配偶及未成年子女，如果不是中国公民，享有第12条至第18条所规定的特权与豁免；使馆行政技术人员和与其共同生活的配偶及未成年子女，如果不是中国公民并且不是在中国永久居留的，享有第12条至第17条所规定的特权与豁免，但民事和行政管辖豁免仅限于执行公务的行为。

该条例第21条规定，外交代表如果是中国公民或者获得在中国永久居留的外国人，仅就其执行公务的行为享有管辖豁免和不受侵犯。

依该条例23条的规定，来中国访问的外国国家元首、政府首脑、外交部长及其他具有同等身份的官员，享有本条例所规定的特权和豁免。

该条例第25条规定，享有外交特权与豁免的人员，应当尊重中国法律法规，不干涉中国内政，不得在中国境内为私人利益从事任何职业或商业活动，不得将使馆馆舍和使馆工作人员寓所充作与使馆职务不相符合的用途。

该条例第26条还规定，如果外国给予中国驻该国使馆、使馆人员以及临时去该国的有关人员的外交特权与豁免，低于中国按本条例给予该国驻中国使馆、使馆人员以及临时来中国的有关人员的外交特权与豁免，中国政府根据对等原则，可以给予该国驻中国使馆、使馆人员以及临时来中国的有关人员以相应的外交特权与豁免。

根据《中华人民共和国领事特权与豁免条例》第14条的规定，领事官员和领馆行政技术人员执行职务的行为享有司法和行政管辖豁免。领事官员执行职务以外的行为的管辖豁免，按照中国与外国签订的双边条约或者根据对等原则办理。但领事官员和领馆行政技术人员享有的司法管辖豁免不适用于下列民事诉讼：（1）涉及未明示以派遣国代表身份所订的契约的诉讼；（2）涉及在中国境内的私有不动产的诉讼；（3）与以私人身份进行的遗产继承的诉讼；（4）因车辆、船舶或航空器在中国境内造成的事故涉及损害赔偿的诉讼。

2. 泰国①

泰国于 1961 年 4 月 18 日批准了《维也纳外交关系公约》，该公约通过1984 年《外交豁免法》得到实施。根据该公约第 31 条，外交代表就其官方和私人行为享有免于泰国法院的刑事、民事和行政管辖的权利，但下列三种案件除外：（1）在驻在国境内的有关私有不动产的诉讼，除非是为了使团的目的；（2）外交代表以私人身份进行遗产继承的诉讼；（3）以私人资格从事的任何职业或商业活动有关的诉讼。

除了外交代表以外，下列人员也可以享有免于在泰国法院被诉的权利：（1）外交代表的家庭成员，如果他们不是泰国国民；（2）使馆的行政和技术人员以及他们的家庭成员，如果他们不是泰国国民或未永久居住在泰国，以及他们的行为属于职务范围之内。

3. 新加坡②

外交豁免权规定在《外交特权（英联邦国家和爱尔兰共和国）法》中，其第 5 条对免于诉讼和诉讼程序以及档案的不可侵犯权作了如下规定："英联邦的官员在新加坡同样享有免于诉讼和诉讼程序的权利，官方档案神圣不可侵犯权，这些特权通过新加坡的普通法或非成文法也授予领事官员。"此法适用于加拿大、澳大利亚、新兰西、印度、斯里兰卡和马来西亚。

在具体涉及领事官员对遗产的管理时，《领事公约法》授予外国的领事官员某些权利。此外，此法对警察和其他人员进入这些国家的领事馆规定了限制。《领事公约法》第 3 条规定警察未经领事馆官员允许不得进入领事馆，除非在特定环境下，如灭火和防止暴力犯罪。其第 6 条规定："尽管法律规定使馆官员的官方行为和使馆档案享有管辖豁免和特权，但使馆官员并非对其任何行为都享有豁免或特权，其所拥有的任何文件亦是如此。"

4. 菲律宾

通过签订条约，菲律宾政府可以自愿地限制其法院的管辖权。比如，菲律宾法院承认外交代表在诉讼中享有豁免权，其根据是《维也纳外交关系公

---

① 参见［美］迈克尔·普雷尼斯主编：《亚洲的争议解决》，1997 年英文版，第 267 页。

② 参见［美］迈克尔·普雷尼斯主编：《亚洲的争议解决》，1997 年英文版，第 219 页。

约》,该公约于 1962 年 4 月 18 日为菲律宾接受①。

5. 俄罗斯

《俄罗斯联邦民事诉讼法》第 435 条(向外国提起的诉讼,外交豁免权)规定,外国派驻苏联的外交代表和在有关的法律和国际协定中规定的其他人员,只是在国际法规范或与该国的协定所规定的范围内,才在民事案件方面受苏联法院的司法管辖。按照《苏联和各加盟共和国民事诉讼纲要》第 61 条的规定,如某一外国没有给苏维埃国家及其财产或苏维埃国家的代表提供与本条规定的苏联给外国及其财产或外国在苏联的代表提供的这种外交豁免权,苏联部长会议或其他主管机关可以规定对该国及其财产或该国的代表采取对等的措施。(据俄罗斯联邦共和国最高苏维埃主席团 1980 年 8 月 1 日法律文本——《俄罗斯联邦共和国最高苏维埃公报》1980 年第 32 期第 987 号)②

6. 匈牙利

根据 1979 年《匈牙利国际私法》第 56 条的规定,除该法令另有规定外,匈牙利法院或者其他机关对下列诉讼无管辖权:对作为在匈牙利的外交代表或者享有管辖豁免权的外国公民提起的诉讼。根据国际条约或者互惠,在匈牙利是不能对这种人提起诉讼的。

其第 57 条规定:(1)如果外国国家明示放弃豁免,匈牙利法院或者其他机关可以审理对外国国家、国家机关或者行政机构以及作为在匈牙利的外交代表或者享有管辖豁免权的外国公民提起的诉讼;(2)在放弃豁免时,匈牙利法院或者其他机关的管辖权也可及于同一法律关系发生的反诉;(3)在此类诉讼中对外国一方作出的败诉判决,只有在外国国家明示放弃执行豁免时才能执行。

二、国际组织的豁免

这里所讲的国际组织是指在国际范围内从事活动的由若干国家或政府通过条约设立并取得国际法人格的团体。其中首推联合国专门机构这类政府间组织。联合国大会第一届会议批准的《联合国特权及豁免公约》规定,这些组织的资产或财产,无论位于何地,也无论处于谁的控制下,都享有绝对豁免。

---

① 参见〔美〕迈克尔·普雷尼斯主编:《亚洲的争议解决》,1997 年英文版,第 181 页。

② 参见张西安、程丽庄译:《俄罗斯联邦民事诉讼法(执行程序法)》,中国法制出版社 2002 年版,第 176~177 页。

当然，它可以放弃这种特权与豁免。联合国组织享有在各会员国境内为进行其职务和达成其宗旨所必需的法律能力，并享有所必需的特权与豁免，而联合国各专门机构属政府间组织，根据 1947 年《关于联合国专门机构的特权与豁免公约》或组成有关专门机构的公约，同样享有上述豁免权。

第九章 平行诉讼与不方便法院原则

第一节 平 行 诉 讼

一、平行诉讼的含义

国际民事诉讼中的平行诉讼（parallel proceedings）是指相同当事人就同一争议基于相同事实以及相同目的同时在两个或两个以上国家的法院进行诉讼的现象。对此，有些国家称之为"诉讼竞合"、"一事两诉"或"双重起诉"。它有两种具体表现：一种是一方当事人作为原告在两个以上国家的法院提起诉讼；另一种是一方当事人作为原告在甲国以对方当事人为被告提起诉讼，而对方当事人又在乙国作为原告以该当事人为被告提起诉讼。

平行诉讼的产生是和平行管辖紧密联系在一起的。就国际民事管辖权制度而言，它是由专属管辖、平行管辖和拒绝管辖三方面的内容组成的。各国立法规定的专属管辖和拒绝管辖的情况只是极个别的，而更为广泛的案件都属于平行管辖的范畴。对于此类案件，国家在主张本国法院具有管辖权的同时，并不否认外国法院对之享有管辖权①。平行诉讼的产生固然使得当事人获得更多的诉讼机会，但在某些情况下，平行诉讼中的浪费、重复以及不公正现象也是非常严重的。更为重要的是，平行诉讼将给国际司法协助，尤其是判决的承认与执行带来许多难题②。因此，平行诉讼的解决有着重要的理论和现实意义。

---

① 参见李双元、谢石松著：《国际民事诉讼法概论》，武汉大学出版社 2001 年第 2版，第 173～178 页。

② 张茂：《国际民事诉讼中的诉讼竞合问题探讨》，载《法学研究》1996 年第5 期。

二、有关国家的立法与实践①

一般而言，有些国家并不认为国际民事诉讼中的平行诉讼是应当予以坚决反对的，与此相反，它们倾向于认可外国同时并存的平行诉讼，而且允许对本国和外国的诉讼都作出判决，以首先作出的判决来定案。更多的国家则认为，在某些情况下，平行诉讼的弊端是十分严重的，有必要在平行诉讼发生后，通过某种方式将诉讼限制在单一的法院内进行。此类方式从大体上来讲，主要有两种：其一是通过对本国司法权的自我抑制，中止本国诉讼，让位于外国诉讼；其二便是对外国司法权予以适当限制，阻止外国诉讼的进行。以上两种方式在各个国家的具体运用又有所不同。

（一）美国

美国法院在处理平行诉讼问题时主要依据普通法原则。一般而言，美国大多数法院均认可允许同时并存的平行诉讼的规则，倾向于忽略与外国法院的管辖权竞合，而允许对本国和外国的诉讼都作出判决，以首先作出的判决定案。然而，在某些情况下，平行诉讼带来的诸多问题，迫使美国法院确立普通法原则，以将国际民事诉讼限制于单一法院。这主要有三种方式：

第一种方式就是不方便法院原则，这将在本章第二节中阐述。

第二种方式是未决诉讼案件原则（The Lis Alibi Pendens Doctrine）；未决诉讼案件命令是一种允许美国法院为支持在他国法院进行的涉及相同或类似当事人及争议事项的诉讼，而中止本院诉讼的程序性方法。在发布未决诉讼案件中止令之后，外国法院可继续进行诉讼并予以判决，而且该判决通常将获得美国法院的承认。如果该外国诉讼没有继续进行下去，则美国法院的诉讼可以恢复。通常，只有在外国诉讼先于美国诉讼开始时才能发布未决诉讼案件中止令，但是，法律对此没有强加限制，实践中有些美国法院为支持在后提起的外国诉讼而中止本院诉讼。未决诉讼案件中止令主要由审理法院自由裁量，发布此种命令一般要考虑以下因素：礼让原则；替代法院可施救济的充分性；对司法效率的促进；两个诉讼中当事人及争议事项的一致性；替代法院及时处理的可能性；当事人、律师以及证人的方便；歧视的可能性。

---

① 对于平行诉讼，本节只阐述了部分国家的立法与实践和国际公约的规定，其他一些国家的立法与实践和国际公约的规定，可参见李旺著：《国际诉讼竞合》，中国政法大学出版社 2002 年版；徐卉著：《涉外民商事诉讼管辖权冲突研究》，中国政法大学出版社 2001 年版；徐伟功著：《不方便法院原则研究》，吉林人民出版社 2002 年版。

　　第三种方式就是禁诉命令（Antisuit Injunctions）。禁诉命令是指美国法院为使外国法院进行的司法诉讼终止而发布的命令，此类命令指示受到美国法院属人管辖的一方当事人不能参加预期的或未决的外国诉讼。尽管禁诉命令并不直接针对外国法院，但大多数美国法院认为此类禁令在实质上限制了外国法院行使其管辖权的能力①。需要发布禁诉命令的情况有以下几种：（1）在预期的美国诉讼中占有优势的一方当事人可以要求发布禁诉命令，以阻止处于劣势的当事人在外国法院就同一争议事项重新起诉；（2）美国法院诉讼的一方当事人为阻止对方当事人在外国法院进行有关同一争议的未决诉讼或预期诉讼而要求发布禁诉命令；（3）如果在两国法院提出相关但不相同的请求，一方当事人为将诉讼合并在他所选择的法院进行从而可要求发布禁诉命令；（4）法院可发布反禁诉命令（counter-injunction），以阻止一方当事人为反对在本院进行的诉讼而在外国法院取得的一项禁诉命令。由于禁诉命令涉及外国司法主权，所以美国法院通常很少行使权力以限制在外国法院进行的诉讼②。

　　此外，为了解决国际社会以及美国各州所面临的"平行诉讼"问题，1989 年美国律师协会国际法律与实践分委会制定了《管辖权冲突示范法》（以下简称"示范法"）。该"示范法"的拟定者认为，允许进行平行诉讼并不是解决多国诉讼问题的有效办法。立法管辖权和司法管辖权体现了不同的政策考虑，不必强求二者的一致性；如不损害他国主权而限制平行诉讼，就不能通过禁止当事人参加外国诉讼的方式，而应该通过限制外国判决的可执行性来实现这一目的。为此，"示范法"第 1 条规定："本国的一项重要公共政策就是鼓励跨国民事争议尽早确定审理法院，不鼓励困扰诉讼，而且仅仅执行与困扰诉讼、平行诉讼或非方便法院诉讼无关的外国判决。""示范法"第 2 条确立了两步骤分析法。第一步骤确定首先受理案件的有管辖权法院为审理法院，其中第 3 条又规定了判定适当审理法院所应参照的 14 种因素。这些因素多为对当事人的权益、司法便利、国际礼让、各国公共政策的综合考虑。第二步骤是关于审理法院所作判决的执行问题。"示范法"第 2 条确立了一般原则，即如果两个或两个以上的法院对同一争议同时进行审理，其中首先作出判决的法院为适当的审理法院，则对该判决应当予以执行。平行诉讼首先发生的法院有权对

---

　　① See Born, Westin, *International Civil Litigation in United States Courts*, 2nd ed., (1992), p. 323.

　　② See George A. Berman, "The Use of Anti-suit Injunctions in International Litigation", *Columbia Journal of Transnational Law*, Vol. 28, No. 3, (1990), pp. 589-590.

适当的审理法院作出书面的终局裁定；如果没有作出终局裁定，则被请求执行判决国家的法院可以依据"示范法"第3条和第4条来判定适当的审理法院。由此可见，"示范法"首先规定判断适当审理法院，然后运用判决的执行作为当事方自愿限制多重诉讼的手段。

该"示范法"虽然不可能解决所有问题，但它毕竟提供了确立单一诉讼的机会，同时发展了通过判决的执行来鼓励国际民事诉讼当事人主动减少重复的、不必要的、浪费的诉讼方式，它可以减少各国直接在平行管辖权的情况下主权和司法制度的冲突，为国际社会从超国家的角度解决平行诉讼的问题提供了框架。该"示范法"与许多国家的实践及现存多数国际公约的做法相一致，例如1968年《布鲁塞尔公约》和1988年《卢迦诺公约》。"示范法"在原则上允许首先受理案件的有管辖权法院决定对后来的平行诉讼予以适当处置。

当然，任何示范法的成功有赖于各国现存法律制度的接纳。该"示范法"的制定者希望它能够被国际社会采纳为一项条约，或由美国国家法律委员会采纳为统一法，至少作为一项示范法能够为各国或美国各州所采用。1991年，美国康涅狄格州即采纳了该"示范法"，作为其《关于国际债务和诉讼程序公共法令》的一部分。随着该"示范法"的进一步完善，它获得国际社会中多数国家接纳的可能性将是毋庸置疑的①。

（二）英国

英国对于平行诉讼问题的处理方式与美国类似，当事人可以在两种不同情况下请求英国法院中止在英国的诉讼或禁止在国外的诉讼：第一，同一原告在英国和国外对同一被告起诉；第二，英国诉讼的原告为国外诉讼的被告，而国外诉讼的原告为英国诉讼的被告。虽然适用于这两种情况的原则是一样的，但法院如被要求在第二种情况下中止诉讼，往往要求比第一种情况更为充分的理由。英国法院可以中止英国的诉讼或通过禁令制止在外国的诉讼，或要求原告选择他将进行的诉讼。英国法院在行使是否准予中止诉讼的自由裁量权时，要考虑案件的全部情况，尤其要考虑以下要素：（1）在何国可以取得证据，以及因此在英格兰或在国外审理的有关便利条件及费用；（2）契约是否适用该外国法律，如果适用，该外国法律与英国法有无重要区别；（3）订约各方与何国有联系，其密切程度如何；（4）被告是否真诚地希望该案在外国审理，或仅仅是谋求诉讼程序上的好处；（5）原告会不会由于不得不在该外国法院起诉而受到下列损害：他们可能会被剥夺对其提出的请求所提供的担保；或无

---

① 张茂：《国际民事诉讼中的诉讼竞合问题探讨》，载《法学研究》1996年第5期。

法执行对其有利的法院判决；或面临不适用英国的时效；或由于政治、种族、宗教或其他原因不可能得到公正的审判①。

（三）加拿大魁北克

1991 年《加拿大魁北克民法典》第 10 卷（国际私法）第 3137 条规定，当某项诉讼被提交到魁北克当局时，如果另一项发生在相同当事人之间的、基于相同事实并有相同诉讼标的的诉讼已提交到某一外国当局，只要其能够导致一项可在魁北克被承认的裁决，或该外国当局已作出一项此种裁决，则魁北克当局可以应一方当事人的请求暂缓作出裁决。

（四）新加坡

1. 诉讼在另案进行（Lis Alibi Pendens）②

对于平行诉讼，新加坡在考虑中止诉讼程序时，以霍吉利钻井公司一案中确定的"诉讼在另案进行"为根据。高等法院法官普卡希在此案中说："尊敬的高夫阁下在关于丹皮尔诉丹皮尔一案中确立了在这种情况下法院应采取的方法，即请求中止诉讼程序的理由之一是在某外国管辖地存在一涉及相同的当事人和相同争讼问题的未决诉讼，叙述如下：'根据在英格兰和苏格兰所适用的不方便法院原则，法院可根据其固有的管辖权，行使自由裁量权决定准予中止诉讼程序，如果法院确信存在另一具有合法管辖权的法院，案件在该法院审理，会更有利于当事人的利益和结果的公正'（参见西蒙诉罗宾诺［1892］19R（最高民事法庭判例集），第 665、668 页，最高法院法官肯耐尔）。"结果是，该国法院因此将首先考虑哪些因素将本案和另一管辖地联系在一起，根据平衡原则，如果法院初步认定存在另一更适合审理此案的管辖地，则通常会准予中止诉讼程序，除非存在法官要求的不应准予中止诉讼程序的情形（参见斯布拉达案［1987］上诉判例集，第 460 页、第 475～478 页）。

高等法院法官崔来苏在加亚、普查、昆多、印加和安哥港口与宋斯投资公司诉古斯海外投资公司案③中同样考虑了诉讼在另案进行的问题。此案中，第一原告是一家根据印度尼西亚法律组成的公司，第二原告和被告都是新加坡的股份公司，三方订立了一个联合企业协议，将他们位于巴丹群岛和印尼的土地

---

① 参见［英］戚希尔和诺思著：《国际私法》，1987 年英文第 11 版，第十二章；又见［英］莫里斯著：《冲突法》，1984 年英文第 3 版，第八章。

② 参见［美］迈克尔·普雷尼斯主编：《亚洲的争议解决》，1997 年英文版，第 224～227 页。

③ 1996 年裁决，1996 年第 395 号诉讼。

开发成度假区。后来产生争议，原告就其所指控的被告大量违反联合企业协议的事项提起诉讼，被告以新加坡法院不是审理案件的管辖法院为由申请中止所有诉讼程序，且同时在印尼法院开始诉讼程序。

根据不方便法院原则，在考虑"诉讼在另案进行"对中止诉讼程序产生的影响时，上诉法官莱尔提到了上议院在丹皮尔诉丹皮尔案①中主张的原则，在斯布拉达一案中阐明的这些原则与准予中止诉讼程序所根据的"不方便法院原则"是平等适用的，上诉法官莱尔认为拒绝授予诉讼中止的事实将导致在新加坡和国外产生繁多的法律程序，在适用"不方便法院"原则时这是一个相关的也是值得考虑的重要因素。

高等法院的赖法官继续指出，"诉讼在另案进行"须分两步进行考虑，首先须决定国外是否存在一家显然更适合的管辖法院，其次必须决定是否有合法的理由拒绝中止诉讼程序，这是因为高等法院的赖法官发现在新加坡和国外并存诉讼比只在一个国家进行诉讼，费用将会增加，且给当事人带来不便，原因是诉讼在另案进行会导致两个矛盾的判决和当事人为抢先获得判决而进行的不合适的竞赛等问题。

高等法院法官指出，"诉讼在另案进行"也可能根本就与案件无关，如果起诉只是为了证明某个合法管辖区的存在，或者诉讼程序还只处于最初的准备阶段。但如果是名副其实的诉讼，且已发展到对当事人间的纠纷产生影响，特别是这种影响可能具有持续性的作用时，则会给诉讼带来更多的关联性。在后一个案件中，高等法院法官发现涉外管辖权规则是否为解决当事人间的纠纷规定了适当的管辖地是一个值得考虑的相关因素。

2. 保留和程序问题——对外国诉讼程序的限制②

新加坡法关于外国诉讼程序的限制体现在枢密院对国有联合航空工业公司诉李·昆·杰克和奥斯一案③的判决中。该判决是针对一个不服文莱裁决的上诉，不直接约束新加坡的法院。新加坡上诉法院在其 1994 年对美国国有信托银行和储蓄协会诉丹吉民·卫德佳一案④的判决中适用了这一规则。国有航空公司一案是关于一起在文莱发生的空难，原告是空难受害者的遗产管理人和遗

---

① ［1988］1 AC. 92.

② 参见 ［美］迈克尔·普雷尼斯主编：《亚洲的争议解决》，1997 年英文版，第 235～239 页。

③ ［1987］2 MLJ 397.

④ ［1994］2 SLR 816.

婿，分别在文莱、法国和得克萨斯起诉。原告在文莱向失事飞机的操作人员，马来西亚人布斯托夫以及一家法国的公司制造商斯民尔斯起诉，在法国向斯民尔斯公司起诉，在得克萨斯向包括斯民尔斯和马来西亚布斯托夫在内的 8 个被告起诉。原告根据得克萨斯州的《非法致死法规》提起诉讼程序，此法规规定尽管死者和得克萨斯州之间没有什么联系，仍可请求适用此法规，得克萨斯州声称基于斯民尔斯公司在该州销售货物从事商业活动而享有管辖权。

枢密院在考虑了被告提出的申请（即被告请求获得禁止令，阻止原告继续在得克萨斯州的诉讼程序）后，大法官高夫就此案判决作了陈述，他再一次审视了有关限制外国诉讼程序的法律，概括了四条基本原则：

"……第一，得为结果公正的需要而行使管辖权。近年来，这一根本原则被再次重申，较有名的是由斯汉姆法官审理的卡斯顿霍案和迪罗克法官审理的英国航空公司委员会诉莱克航空公司案①。

……第二，如法院裁决准予颁发禁止令，制止在外国法院的诉讼程序时，其命令不是直接针对外国法院的，而是针对那些如此诉讼或威胁要起诉……的当事人（副法官约翰爵士在布什彼诉马蒂案，第 307 页）。

……第三，只有对有义务服从法院管辖权的某当事人进行限制时，才能颁发禁止令，而禁令是一种有效的对抗他的救济方法。

第四，必须强调的有关事项是：由于这种禁止令间接影响到外国法院，因而必须谨慎行使管辖权，参见案例柯亨诉罗斯菲尔德，第 413 页。"

所有这些，枢密院的贵族认为是不矛盾的，但是不得不承认并没有给一审的法官提供更多的指导，在任何特殊的案件中，他们不得不决定是否应行使管辖权。

枢密院进一步考虑了适用这些原则的案件种类。一类是有关遗产管理、破产申请或终止诉讼程序的，如法院发出禁止令，限制某人通过在外国法院提起诉讼而寻求获得某外国资产的全部收益的案件。在这类案件中，高夫法官发现：发布禁止令的目的可能会被说成是为了保护英国法院的管辖权。

第二类考虑的案件是：原告就相同的标的物在两个管辖区提出诉讼，而被告则请求法院强制原告选择一家法院起诉。高夫法官认为："……在这类案件中，法院的权力只能是限制原告在外国寻求诉讼，如果对该诉讼程序的追求被认为是令人难以接受的和无根据的……"

枢密院委员会发现在这类案件中运用了同样的检验标准——即有关的诉讼

---

① ［1985］A. C. 58 at 81.

程序是否是无根据的和令人难以接受的。但是，值得注意的是"……由于在整个管辖权中所贯穿的公正的基本原则，需强调的那些无根据和令人无法忍受的概念不应受定义的限制，委员会在对这类案件审查后作出如下结论：尽管大量的英国案件仍然规定了有用的指导方法，有关这一问题的法律一直处于持续发展的状态"。委员会进一步发现有关中止诉讼程序的原则应与那些与禁止令有关的原则是一样的，因此"……法院不会授予一项禁止令，如果这样将剥夺原告在外国管辖区的利益，而这对原告是不公正的……幸运的是……这个问题可由被告提供适当的担保，或者是根据适当的条款颁发一项禁止令而得到解决"。上诉法院在美国国家信托银行和储蓄协会诉丹吉民·卫得吉一案中全面适用了这些原则。

高等法院法官朱迪斯·派克斯对凯辛查·迪鲁穆·波瓦尼，阿龙诉尤利·凯辛查·波瓦尼，阿龙一案①作出的判决中，总结了在丹吉民·卫得吉一案中适用的原则：（1）只有当"结果公正"要求时，才能行使法院的管辖权；（2）当法院决定为制止在外国法院的诉讼程序而颁发禁止令时，其命令并不是直接针对外国法院发出，而是对如此诉讼或以起诉相威胁的当事人；（3）禁止令只能对有义务服从法院管辖的当事人发出，而禁令是一种有效的对抗他的救济方法；（4）因为法院的命令间接影响到外国法院，因而必须谨慎行使这种管辖权。

3. 国际诉讼的法律选择——涉外管辖权条款②

在考虑新加坡对涉外管辖权条款的立场时，先从高等法院法官容普豪在"亚州·普路托斯案"③ 中的判决开始思考会较有帮助。这是一起向内庭法官提起的上诉，登记官根据相关运输合同的规定，"任何对承运人提起的诉讼必须提交日本的东京区法院审理"，作出了中止新加坡对物诉讼的裁决。

高等法院法官容普豪说："法院在决定他们是否将受理当事人的诉讼或是否根据某涉外管辖权条款而中止诉讼行使广泛的自由裁量权。除了在一些根据地方立法而导致涉外管辖权条款无效的情况，在缺乏相应的法律规定的情况下，对这些问题进行裁决时，新加坡法院转而借助了英国法和英国法院的实践，只有在出于新加坡的本地情况的需要，根据民法（1985年版第四十三章）

---

① ［1996］2 SLR 1996.

② 参见［美］迈克尔·普雷尼斯主编：《亚洲的争议解决》，1997年英文版，第227~234页。

③ ［1990］2 MLJ 449.

的规定，才进行修正和修改……"

考虑到新加坡在这一问题上的立场，高等法院法官容普豪从高等法院法官布朗顿在"艾利费斯"案①中的判决开始，阐述了如下原则：（1）如原告违反将纠纷提交某外国法院的协议而在英格兰起诉，被告申请中止诉讼程序的，英国法院虽受理了主张存在另一管辖法院的诉讼，但不是必须要准予中止诉讼程序，而是具有自由裁量权决定是否准予；（2）除非提供了强有力的证据，否则法官可行使自由裁量权准予中止诉讼；（3）原告负有证明这种强有力的证据存在的义务；（4）在行使自由裁量权时，法院必须考虑到具体案件的所有情形；（5）要特别指出的是，在下列情形中，不应有歧视和偏见，而应正确地看待：①有关事实上的争讼点的证据位于哪一国家，或者在哪一国家更容易获得，以及由英国还是外国法院审理对案件的费用和便利将产生的影响。②是否适用外国的法律，如果是，外国法律在实质性方面与英国法是否有区别？③当事人与哪些国家有关系及关系的密切度。④被告是否真心愿意由外国法院审理案件，或仅仅只是寻求程序上的利益。⑤原告是否会因在外国法院起诉而遭到侵害，因为他们可能会：A. 被剥夺对他们诉求的保护；B. 不能执行任何已获得的判决；C. 面临不适用于英格兰的消灭诉讼时效；或 D. 因政治、种族、宗教或其他原因而不能得到公正的审理。

新加坡上诉法院在爱莫克木材公司诉查特沃思木材公司一案②中，适用了这些原则，但是上诉法院在适用时做了适当的修改。

当存在一涉外管辖权条款时，法院初步应该认定为有效，当事人必须确信同意将管辖权交与外国法院，并对法院如何运作以及能做什么或不能做什么具有可能的知识。但是，如果案件的事实和情况是这样的特殊以致成为"强有力的说服证据"，则法院有权作出拒绝中止诉讼程序的决定。

上诉法院在威士瓦·爱普瓦一案③中进一步考虑了该法的立场。此案中"威士瓦·爱普瓦"号船舶的货物所有人在新加坡提起了三起诉讼，"威士瓦·爱普瓦"号船与一艘希腊船舶发生碰撞并导致沉船事故，货物提单包含一专属管辖权条款，规定承运合同受印度法支配，争议必须在印度法院解决，而排除任何其他国家的法院。被告请求中止在新加坡的诉讼程序，但被高等法院的助理登记官和法官驳回，被告因此向上诉法院提起上诉。

---

① ［1969］1 Lloyd's Rep 237.

② ［1977］2 MLJ 181.

③ ［1992］2 SLR 175.

高等法院法官查恩·塞克·克宏在判决中描述了上诉法院对这一问题进行复审时的方法，他说："在对'爱莫克木材公司上诉案'作出判决后，对这类案件新加坡法规定，法官对是否准予中止诉讼拥有自由裁量权，而不考虑专属管辖权条款。这是一个已经确立的原则，即在一起对行使司法裁量权作出的裁决不服而提起的上诉中，上诉法院只能根据有限的理由进行干涉。"

在考虑法官本人是否作出了错误的指示时，高等法院法官查恩援引了法官容普豪在"亚州·普路托斯"案中所做的判决，并指出当法院决定是否准予中止诉讼，即是否执行当事人自由订立的合同而不得不对所有因素和情况进行平衡时，法院的根本目的是建立在对非公正和非理性进行试验的基础上的。为说明这点，查恩法官参照了丹宁阁下在特立克斯贸易公司诉瑞士银行案①中所做的相同的试验，上诉法院发现法官将实质上的不公正问题类推适用于费用问题，在推理中未发现错误。

但是法院继续指出，专属管辖权条款和"不方便法院"中运用的试验标准是单独的和分开的。查恩法官说："……在一起涉及专属管辖权条款的案件中，法院不应仅仅是通过对便利的权衡来公正地行使自由裁量权。在本案请求中，并未要求法院对新加坡或印度是否是更便利管辖地作出裁决，而是说明为什么应该允许原告解除其在印度起诉的合同义务。因此，原告有义务向法院出示强有力的证据，这意味着这种情形必须是一种例外，尽管近来在英国许多权威人士已经趋向于同化这两种试验标准，我们不认同新加坡对这一问题的看法，即这两种标准应该被同化。"

在决定是否必须剥夺专属管辖权条款时，得考虑争讼的问题，法院设想了审判法官须考虑的多种因素，这有利于在审理时依次进行审查。

（1）每一管辖区可追索的诉讼费用。上诉法院发现，因为可追索的诉讼费用会对双方当事人产生影响而考虑这个因素是错误的。因此，这是一个中立的或无关的因素。

（2）外汇管制以及因外汇管制而引起的延期汇款。法院发现这是一个无意义的因素，因此并不需要对其进行讨论，任何被告败诉的判决都会立即执行。正如高等法院法官查恩所说："被告立即支付的义务是从判决之日起，而不是从他们将获得外汇管制当局的批准可以支付之日起。"

（3）延期申请中止诉讼。在本案中，被告在送达令状后申请 190 天的中止诉讼期间，在向法院提交诉讼陈述后申请中止诉讼 37 天，考虑到与此因素

---

① ［1981］3 All ER 52.

的相关性，法院只考察了三个案例：第一个是"布斯克拉案"①，法官查恩认为申请人的律师误解了最高法院诉讼程序中的相关规则而导致延误是合理的。第二个考虑的案件是"辛帝·布斯鲁案"②，一个有关"不方便法院"的案件，查恩法官相信此案中被告律师为了申请中止诉讼，在他们的注意力转移到审前调查的需要后，他们会提起一个预备诉讼行为。这表明被告律师并无在埃及诉讼的意愿而仅仅是寻求延迟带来的在程序上的利益。法院最后援引的是"鲁本·马丁兹·威廉那（No.2）案"③，该案涉及一专属管辖权条款，上诉法官援引了查恩法官的判决，即在规定了一个令人误解的意愿表达条款后，以当事人不应该被允许改变意愿为由拒绝中止诉讼，原则上是错误的。查恩法官认为："……法院不会轻易得出结论，法院认为被告的行为尚不足自动弃权，而只是应该受到谴责，因此法院将合同视为自由酌情处理事项，而拒绝执行合同。法院要回答的第一个问题是，是否存在一个具有约束力的协议须将争议提交特定的法院……"

查恩法官概括立场如下："如果通过拖延来达到被告自动放弃依专属管辖权条款享有的权利，被告的拖延是一个有利于原告的因素。"在本案中，法院认为，由于原告从未被诱导相信被告将不会申请中止诉讼程序，因而被告没有自动弃权。法院进一步认为，上诉法院对为什么上诉人会延迟提出申请不需要作出任何裁决。

（4）证据的不可获得性。法院认为，如果所有的证人和文书都能到达新加坡，则考虑在新加坡审理是否会给一方当事人带来不便是错误的。根据上诉法院的观点，这个因素应该平等地适用于所有当事人。请求中止诉讼的当事人一方需证明如果他们的案件不得不在印度审理，将会带来极大的不便并且也是不公平的。

（5）新加坡是否是一个可接受的管辖地。法院认为在考虑专属管辖权条款的适用时，这是一个与之无关的因素。

（6）印度法的不确定性。法院认为，由于当事人已经对提单的准据法达成一致意见，印度法的不确定性不是一个需要更多进行权衡的因素。法院进一步认为，《海牙—维斯比规则》在新加坡适用的事实并不具有法律上的优势，因为这不是一个首先应适用管辖法院所在地法的案件。

---

① [1983] 2 Lloyd's Rep 5.
② [1987] 2 Lloyd's Rep 42.
③ [1988] 2 Lloyd's Rep 435.

（7）商船海运法的限制。法院认为，在"一起原告被一个有效的专属管辖权条款约束的案件中，商船海运法的限制不是一个合理的考虑因素"。法庭继续考虑了与是否允许中止诉讼程序有关的因素：①根据专属管辖权条款，诉讼与该专属管辖权的联系；②被告在由专属管辖权条款指定的管辖区起诉的意愿；③两个具有合法管辖权的法院作出矛盾的判决在理论上的可能性；④在合同规定的管辖区审判可能造成的延期。

在考虑延期是否会导致司法不公正时，法院认为需要考虑的事项与涉及"不方便法院"的案件是不同的，其特殊性在于，关键要考虑的问题是：法院是否应使双方当事人已经达成的约定具有效力。法院在作出裁判时，参考了荣法官在亚洲·普鲁托斯一案中的判决，该判决声称："……对预先约定的管辖地，当事人必须要使人相信，他们之所以进行这样的选择是具备足够的知识，知道其如何运作，什么能做，什么不能做，并且能够接受将面临的形势。如果当事人选择将他们间的争议提交一具有专属管辖权的外国法院，在一般情况下，当事人要对这个法院的程序提出抗议是很难的……"

（8）印度法必须由印度法院确定。法院认为这是有利于支持专属管辖权条款的"最重要的因素"。法院认为，由于提单的准据法是印度法且由于该法的不确定性，即是适用《海牙规则》还是适用《海牙—维斯比规则》，提单第17条的效力如何，印度法院必须审理该案件并宣告争议事项适用印度哪一有关法律。

法院进一步考虑了一个事实，即为上诉的目的，由外国法院决定外国法这一问题是一个事实问题，正如布朗顿法官在艾利弗斯案中所声称的"由该外国的法院来决定该外国法是更合适的"是个附加的理由。

查恩法官认为要给予专属管辖条款足够的重视："……我们应该对那些由双方当事人自愿约定的且未受'欺诈，不正当影响或权力过度'（参见首席法官威伦·波格尔审理的布瑞蒙诉扎帕海外投资公司一案，第522页）影响的专属管辖权条款保持认识上的一致。除非请求违反合同义务的原告能够证明'在合同管辖地审案将会非常的困难和不便，因为实践上的目的，以致原告将会被剥夺其出庭日。有根据表明让当事人遵守协议是不公平、不公正或无理的'（第525页）。……"

（五）菲律宾

在菲律宾，即使法院可以对一个案件行使管辖权，它也可以根据诉讼在另案进行的原因拒绝行使审判权。为了避免全球性选择法院的恶果，法院应该拒绝对一相似案件行使管辖权，如果与该案具有相同事实、当事人和诉求的诉讼已经在其他法院提起并且正在审理中①。

（六）瑞士、德国

此类国家通常主张，应该依据在外国诉讼中可能由外国法院作出的判决能否得到内国的承认而确定外国未决诉讼是否终止内国的诉讼程序。例如，1987年瑞士《联邦国际私法法规》第9条规定："（一）如果相同当事人间对相同标的已在国外进行诉讼，瑞士法院如预测外国法院在合理的期限内将作出能在瑞士得到承认的判决，瑞士法院即中止诉讼。（二）在确定一项诉讼在瑞士提起的日期时，为提起诉讼所进行的第一次必要的诉讼行为具有决定性意义。调解的传唤即为已足。（三）瑞士法院一旦收到外国法院作出的能在瑞士得到承认的判决，即放弃对案件的处理。"根据德国法律规定，如果外国正在进行的未决诉讼的判决可以获得承认，则不允许当事人另行提起诉讼②。

（七）意大利

1995年《意大利国际私法制度改革法》第7条（未决诉讼）规定：（1）当在一项诉讼中提出了涉及相同当事人之间相同标的及相同权利诉讼的未决诉讼抗辩，意大利法院如认为外国法院的判决可能在意大利法律制度中产生效力，则其可中止本院诉讼。如果外国法院拒绝管辖或该外国判决依意大利法律未获承认，意大利应有关当事人的请求可继续进行诉讼。（2）未决诉讼的条件应依据诉讼提起地国家的法律确定。（3）如果意大利法院一项诉讼的结果取决于在外国法院进行的未决诉讼的结果，意大利法院若认为该外国判决可能在意大利法律制度中产生效力，则其可中止本院诉讼。

（八）日本

在《日本民事诉讼法》中，根据起诉、诉讼成立并产生在特定法院审理特定当事人之间案件的状态，就叫做诉讼系属，它的一项最重要效果就是禁止重复起诉。日本学者认为，国际民事诉讼中的平行诉讼是指，同一当事人之间对同一请求的诉讼在外国法院处于诉讼系属之中，当事人能否在日本法院提起诉讼的问题。对此，日本有些法院的判例认为，即便是在外国诉讼系属中，并不妨碍当事人对同一请求向日本法院重复提起诉讼。但是，近来日本有些学者极力主张国内民事诉讼中为防止判决相抵触、诉讼经济的理念也适用于国际民

---

① 参见［美］迈克尔·普雷尼斯主编：《亚洲的争议解决》，1997年英文版，第184页。

② Friedrich K. Juenger，"Forum Shopping，Domestic and International"，6 Tul. L. Rev. 553，（1989），pp. 567-568.

事诉讼，因而在外国诉讼系属中的诉讼所作出的判决将来在日本获得承认的可能性很大时，应禁止国内重复起诉或者至少在外国诉讼的结局明确之前应中止国内诉讼①。

（九）泰国

在泰国，案件从进入诉讼时起，处于待决的阶段，不允许原告以相同的理由在同一家或其他法院起诉。当然这只适用于国内案件，因此，在外国法院待审的案件还可向有管辖权的泰国法院提交②。

三、有关国际公约的规定

对于国际民事诉讼中的平行诉讼问题，各国不仅通过国内立法方式来加以单边规定，而且在缔结有关管辖权、判决承认与执行的国际公约时，也以相应的条款来解决这一问题。在此类国际公约中，以 1968 年欧共体《关于民商事管辖权及判决执行的公约》和 1971 年海牙《关于承认和执行外国民事或商事判决的公约》最具代表性。

（一）1968 年《布鲁塞尔公约》

1968 年《布鲁塞尔公约》的一个重要目的就是要消除由于同一争议而在一个以上的缔约国进行的平行诉讼。根据这一目的，"公约"不仅确定了缔约国对特定争议的管辖权，而且规定，如果在一个以上的缔约国提起诉讼，除首先受理诉讼的法院外，所有其他法院必须拒绝管辖或中止诉讼（第 21 条）。"公约"只要求各个缔约国中止管辖，以让步于已在其他地方提起的诉讼，并没有授权首先受理诉讼的法院自行采取行动以阻止平行诉讼③。此外，"公约"还规定，如果相关的几个诉讼在不同缔约国法院提起，除了首先受理诉讼的法院，其他法院均可中止各自的诉讼（第 22 条）④。

即使是对于几个法院都有专属管辖权的诉讼，首先受理诉讼法院以外的法院也应放弃管辖权，让首先受理诉讼的法院受理（第 23 条）。

---

① 参见［日］兼子一、竹下守夫著：《民事诉讼法》，白绿铉译，法律出版社 1995 年版，第 62~65 页。

② 参见［美］迈克尔·普雷尼斯主编：《亚洲的争议解决》，1997 年英文版，第 268 页。

③ 但是，欧共体法院在审判实践中确立了一项规则，即首先受理诉讼的法院可以依据本国法律来决定它是否有管辖权。

④ 根据该条，如果几个诉讼联系紧密，如分别审理将会导致相互矛盾的判决，最好应合并审理，则这些诉讼就构成相关诉讼。

由于考虑到首先受理诉讼的法院可能裁定自己没有管辖权,从而拒绝对案件行使管辖,这就可能使案件处于无人管辖的状态。因此,在1988年《卢迦诺公约》和1989年圣塞瓦斯蒂安公约签订时,对1968年《布鲁塞尔公约》有关条款作出了修订,根据新规定,首先受理诉讼的法院以外的其他法院应主动中止诉讼直至另一法院的管辖权得以确定。在首先受理诉讼的法院的管辖权确定之前,其他法院不放弃管辖权。

在适用公约和上述规定时各国容易就"首先受理"的判断标准问题发生争议,因为各国往往对开始诉讼程序采取不同的方式。另外,应当指出的是,公约的以上规定只适用于发生于欧洲共同体内的诉讼。欧洲法院在1994年的一项判决中也明确指出,公约第21~23条的规定不适用于缔约国有关承认和执行非缔约国的民商事判决中的诉讼或争议。

(二) 海牙1971年《关于承认和执行外国民事或商事判决的公约》

1971年海牙国际私法会议第11届会议制定了《关于承认和执行外国民事或商事判决的公约》以及补充议定书,公约第20条即是关于"平行诉讼"的规定。其第1款规定,如果一国有义务依本公约的规定承认另一国法院在正在进行的诉讼中可能作出的裁决,则应驳回或中止向其提起的相同当事人之间、基于相同事实和相同目的的诉讼。同时,公约第5条第3款还规定,相同当事人之间,基于相同事实以及相同目的的诉讼,在 (1) 被请求国法院最初提出且正在进行审理; (2) 已由被请求国法院作出裁决; (3) 已由另一国法院作出裁决,并将依照被请求国法律予以承认与执行的情况下,可以拒绝承认与执行该诉讼作出的判决。然而,上述规定的施行,有赖于缔约国之间订立一项补充协定。因为根据公约第2条的规定,在本公约当事方的两个国家间缔结了一项补充协定的情况下,缔约一国作出的裁决方能依据上述各条规定,在缔约的另一国予以承认和执行。

四、中国有关立法的完善与发展

(一) 现行有关规定

在中国现存立法中,对于国际民事诉讼中的诉讼竞合问题没有明确规定,但1992年最高人民法院《关于适用〈中华人民共和国民事诉讼法〉若干问题的意见》(以下简称《意见》) 中,有两条规定涉及了这一问题。《意见》第306条规定:"中华人民共和国法院和外国法院都有管辖权的案件,一方当事人向外国法院起诉,而另一方当事人向中华人民共和国人民法院起诉的,人民法院可予受理。判决后,外国法院申请或者当事人请求人民法院承认和执行外国法院对本案作出的判决、裁定的，不予准许；但双方共同参加或签订的国际条约另有规定的除外"。《意见》第 15 条规定："中国公民一方居住在国外，一方居住在国内，不论哪一方向人民法院提起离婚诉讼，国内一方住所地的人民法院都有权管辖。如国外一方在居住国法院起诉，国内一方向人民法院起诉的，受诉人民法院有权管辖。"由此可见，在中国立法和司法实践中，如果两国法院对同一案件都有管辖权，则允许两国法院各自行使根据本国法院或者共同参加的国际条约而产生的司法管辖权。人民法院可以受理另一方当事人的起诉，而不问一方当事人是否已在他国法院起诉，或者他国法院是否已经接受起诉并正在进行审理。有人甚至认为，即使外国法院已经对此案件作出了终审判决，也不影响中国法院依一方当事人的起诉而受理此案。中国法院作出判决后，外国法院申请或者当事人请求人民法院承认和准许外国法院对本案作出的判决、裁定的，也不应准许①。

　　然而，在国内民事诉讼中，中国法律对于"平行诉讼"问题的态度却截然相反。中国 1991 年《民事诉讼法》第 33 条规定："两个以上人民法院都有管辖权的诉讼，原告可以向其中一个人民法院起诉；原告向两个以上有管辖权的人民法院起诉的，由最先立案的人民法院管辖。"《意见》第 33 条进一步规定："两个以上人民法院都有管辖权的诉讼，先立案的人民法院不得将案件移送给另一有管辖权的人民法院。人民法院在立案前发现其他有管辖权的人民法院已先立案的，不得重复立案；立案后发现其他有管辖权的人民法院已先立案的，裁定将案件移送给先立案的人民法院。"可见，中国法院对于国内民事诉讼中的平行诉讼基本持否定态度，这与中国法院在国际民事诉讼中所奉行的政策是根本不同的。

　　在中国与其他国家缔结的双边司法协助条约中，对诉讼竞合问题作了两种不同的处理。多数双边条约规定，在提出司法协助请求时，如果被请求国对于相同当事人就同一标的的案件正在进行审理，可拒绝承认与执行外国法院的判决。依此规定，只要有关诉讼正在被请求国审理，无论被请求国法院和作出判决的法院谁先受理诉讼，被请求国均可拒绝承认与准许对方法院的判决。另一方面，根据中国与意大利、蒙古等国缔结的司法协助条约的规定，被请求国法院不能因为案件正在由其审理而当然地拒绝承认与执行外国法院的判决，只有

---

① 马原主编：《〈民事诉讼法适用意见〉释疑》，中国检察出版社 1994 年版，第 217 页以下。

在被请求国法院比作出判决的中国法院先受理该诉讼时，才能拒绝承认与执行外国法院的判决①。

（二）立法建议

由上述可见，中国目前关于国际民事诉讼中诉讼竞合问题的规定还很不完善，其中多与当前国际社会的普遍实践不尽一致。我们并不反对在管辖方面维护本国的司法管辖权，但是，也不能因此而不考虑国际礼让原则在解决管辖权冲突方面的重要作用，不能不考虑国际合作与互助的必要性。尽管中国在司法实践中认为，如果双方之间有共同国际条约的存在，则双方应当遵守国际条约规定的义务，但是，我们也应当看到，中国所参加或缔结的此类国际条约毕竟十分有限，且其中有些条约的规定也不甚合理，这种状况无疑将不利于中国的对外民商事交往。为此，我们必须对上述规定进一步加以完善和发展。

我们认为，以下意见似为较合理的做法：（1）除中国缔结或者参加的国际条约另有规定外，在外国法院对相同当事人之间就同一诉讼标的进行的诉讼已经作出判决或者正在进行审理的情况下，如果预期该外国判决能够在中国法院得到承认或执行，中国法院对之一般不行使管辖权；已经受理的诉讼，应予中止，但外国法院不行使管辖，当事人合法权益无法得到有效保护，或将有损于中国的社会公共利益、法律基本原则的，则中国法院可以对同一诉讼行使管辖权。（2）如果中国法院对相同当事人之间基于相同事实就同一标的进行诉讼的案件已经作出了发生法律效力的判决，或者中国法院已经承认了第三国法院对同一案件作出的发生法律效力的判决的，中国法院对于相同当事人之间基于相同事实就同一标的进行诉讼的案件最先受理且正在进行审理的，则对外国法院作出的有关判决应予拒绝承认与执行。《中国国际私法示范法》第 54 条提出的建议与上述规定类似。

此外，中国在与外国缔结有关司法协助的双边条约中的第二种处理方法较为符合有关国际公约的精神，也更为有利于各国在这一领域的协调与合作，故此，我们建议政府有关部门日后在签订司法协助条约时，应当以第二种处理方式为标准。

---

① 参见费宗祎、唐承元主编：《中国司法协助的理论与实践》，人民法院出版社 1992年版，第 124～125 页。

第二节　不方便法院理论

一、不方便法院理论的含义与意义

（一）不方便法院理论的含义

在国际民事诉讼活动中，由于原告可自由选择一国法院而提起诉讼，他就可能选择对其有利而对被告不利的法院。该法院虽然对案件具有管辖权，但如审理此案将给当事人及司法带来种种不便之处，从而无法保障司法的公正，不能使争议得到迅速而有效的解决。此时，如果存在对诉讼同样有管辖权的可替代法院，则原法院可以自身属不方便法院作为根据，依职权或根据被告的请求作出自由裁量而拒绝行使管辖权。这就是国际民事诉讼中的不方便法院理论（forum non convenience doctrine）。

（二）不方便法院原则的意义

不方便法院理论虽然还存在这样或那样的缺陷与不足，但是它符合国际民事诉讼活动的根本宗旨，仍具有重要的意义。它要求各国从国际协调的角度出发对本国法院的管辖权进行自我抑制，它的产生是为了防止挑选法院（Forum Shopping）及其他对法院选择程序的滥用，并避免由原告选择一个不方便法院而导致被告及司法公正的实现陷入困境，使得司法任务简单化，便于国际民商事争议及时、有效地解决。美国法官法兰克福特（Frankfurter）称之为"文明司法体制的标志"，实不为过①。采用不方便法院理论非但不会损害一国的司法主权，相反地，它表明该国具有国际司法礼让精神，其他国家也将会本着互惠原则，对该国的司法主权予以尊重，并对其司法活动给予协助。因此，不方便法院理论的作用不仅在于解决国际民事管辖权的冲突，而且对国际司法协助也有着非常重要的意义。在国际司法协助实践中，由一个不方便法院作出的判决往往很难得到有关国家的承认与执行。有些国家甚至明确规定不执行非方便法院作出的判决。如美国 1962 年《承认外国金钱判决统一法》第 4 条第 2 款第 6 项规定，如果某外国法院只根据属人送达行使管辖，该法院即为审理诉讼的不方便法院，对其判决不必承认。一国法院的判决如不能得到有效的承认与执行，则表明其诉讼活动的目的落空，有悖于国际民事诉讼活动的根本宗旨。

----

① Baltimore and Ohio Rly. Co. v. Kepner 314 U. S. at. pp. 55-56.

二、不方便法院理论的起源和发展

(一) 起源和发展

从各国的立法及司法实践来看，对于不方便法院理论的产生，有关文献尚无准确的记载。一般认为，早在19世纪中叶，苏格兰法院就已开始采用这一原则，19世纪末美国一些法院也相继接受了苏格兰法院的做法①。此后，不方便法院理论盛行于英美普通法系国家②。

在其他国家中，有些也通过判例法确立了"不方便法院理论"，如荷兰、澳大利亚③等。还有许多国家在其司法实践中不同程度地运用了"不方便法院理论"④。

1. 美国

在美国，尽管不方便法院理论没有直接的宪法或联邦成文法根据，但这一原则一再受到美国最高法院的肯定。如前所述，美国一些州早在19世纪末就开始接受了不方便法院原则，但是，在1947年之前，美国仍有人怀疑联邦法院能否根据不方便法院理论来撤销一项诉讼。在海湾石油公司诉吉尔伯特一案中，美国最高法院消除了这种怀疑，并且确立了判定不方便法院的理论和标准。此后，美国国会通过了《美国法典》第1404条第1款，允许移送诉讼，从而把不方便法院理论编撰入内⑤。美国《统一州际和国际程序法》第1条第5节中，明确规定了不方便法院原则："当法院发现为了重大司法公正的利益，诉讼应在另一法院审理时，该法院可根据适当的条件中止或解除全部或部分诉讼。"⑥ 美国司法实践中涉及不方便法院理论的判例很多，其中具有代表性的除前述海湾石油公司案外，还有 Piper Aircraft Co. v. Reyno; Harrison v. Wyerh

---

① Andreas F. Lowenfeld, *International Litigation and Arbitration*, West Publishing Co., 1993, p. 263.

② 对于不方便法院理论，本节只阐述了部分国家的立法与实践和国际公约的规定，其他一些国家的立法与实践和国际公约的规定，可参见徐伟功著：《不方便法院原则研究》，吉林人民出版社2002年版。

③ J. P. Verheul, "Forum Non Convenience in English and Dutch Law and under Some International Conventions", 1986, vol. 35, I. C. L. Q, pp. 413-423.

④ ［日］兼子一、竹下守夫著，白绿铉译：《民事诉讼法》，法律出版社1995年版，第14页、第26页。

⑤ 据美国国会所作的立法报告中的解释，该法律是依据不方便法院理论制定的。

⑥ Robert C. Casad, *Jurisdiction in Civil Actions*, Butterworths, 2nd ed. (1991), Appendix A-1.

Laboratories，Re Bhopal 等①。

2. 英国

在英国，苏格兰最早采用了不方便法院理论，而英格兰开始采用的是方便法院理论（Forum Convenience Doctrine），它与不方便法院理论有以下区别：（1）不方便法院理论中所抗辩的法院通常为合适的但在特定情况下为不适当的法院；（2）方便法院是指通常不可获得，但在特定情况下显示其为合适的法院。这两种理论的运用，决定于一国的成文法或判例所规定的"自动法院"（automatic court）的数目多少。如果自动法院的数量较少，则国际民商事活动的发展就需要采用"方便法院"理论；如果它们的数量较多，就需要采用"不方便法院理论"来促进国际合作和礼让。这两种方式的出发点不同，但它们会产生相似的结果。后来，英格兰也逐步接受了"不方便法院理论"。在1978 年的 Mac Shanno v. Rockware Glass Ltd. 一案中，英格兰法院实际已采用了"不方便法院理论"，并且在1982 年《民事管辖权和判决法令》第49 条引入了"不方便法院"这一术语②。1984 年，英格兰法院在 The Abidin Daver 一案中原则上确认了"不方便法院"理论。

3. 加拿大魁北克

1991 年《加拿大魁北克民法典》第10 卷（国际私法）第3135 条规定，尽管魁北克主管当局对某一争议有权受理，但如果它认为另一国有关当局能更好地解决该争议，则可作为例外，或应一方当事人的请求，放弃行使该项管辖权。

4. 新加坡③

新加坡上诉法院1992 年在布克霍夫海上钻井公司诉艾斯特港口案④中，考虑了"不方便法院理论"在新加坡的适用。法院遵循上议院在斯布拉达海运公司诉斯布拉达、加苏克斯有限公司一案⑤判决中确立的原则，即如果表面上存在显然更合适的管辖地，则法院通常将中止诉讼程序，除非存在法官所要

---

① Bom，Westin，*International Civil Litigation in United States Courts*，2nd ed.（1992），pp. 275-318.

② 该节内容为："本法不应妨碍联合王国的法院根据"不方便法院"或其他原因而中止、撤销、驳回在本院进行的诉讼，只要这样做不违反1968 年《布鲁塞尔公约》。"

③ 参见［美］迈克尔·普雷尼斯主编：《亚洲的争议解决》，1997 年英文版，第220~224 页。

④ ［1992］2 SLR 776.

⑤ ［1986］3 All ER 843.

求的不应中止诉讼的情形，且法院在调查中将考虑到此案的所有情形。但是原告所依据的事实，即在英格兰提起诉讼具有合法的私人或审判优势，并不是决定性的，必须考虑到所有当事人的利益和结果公正。

此案起因于一起发生在印度尼西亚的飞机失事事件。一家印度尼西亚的公司，即本案被告，租用了该飞机，飞行于新加坡和印尼之间。原告是飞机失事的受害者和受害者的雇主，原告在时效期限期满前向新加坡高等法院申请了诉讼令状，并获许域外送达令状，被告则要求撤销令状或延缓诉讼。法院需决定两个问题：新加坡法院是否对此诉讼有管辖权，如果有，新加坡法院是否应该以不方便审理法院为由拒绝受理此案。法院认为此次飞行的目的地是新加坡，新加坡法院对此案有管辖权，理由是新加坡是运输合同的完成地点，因此，根据《最高法院司法条例》诉因产生在新加坡。

关于不方便法院问题，法院发现印度尼西亚是更合适的管辖地。法庭需特别注意的是：飞机失事发生在印尼，飞机在印尼注册，受印尼法律的管辖，证据存在于印尼，且飞机失事的调查人员也在印尼。法院进一步认为原告没有尽任何努力出示为什么不能授予诉讼中止令的证据，而是声称诉讼即将在印尼丧失时效，上诉法院适用了高等法院高夫法官在"斯布拉达"一案中阐述的"实际公正"，认定没有证据显示原告未在印尼提起诉讼的行为是合理的，高等法院曹法官说："……如果在某一案件中仅仅是以诉讼将会在管辖地丧失时效为由，而事实是该地方应是更适合起诉的地方，就认为不准许中止诉讼是正确的，那么这将意味着原告只需简单地等待，直到最后一分钟在他所选择的管辖地提出诉讼，使该管辖地的法院没有机会选择决定其他事情。如果原告已在新加坡选择理想的时间提起诉讼，而被告直到时效期限届满时，也未能申请到诉讼中止令，则须考虑一些基本的理由。事实摆在我们面前，很显然法官在行使自由裁量权时支持原告是没有根据的，原告并不能免除其证明存在特别的情形而使得该案的审理应在新加坡进行的举证责任。原告须承担其因本人的过错而产生的后果。"

在马来西亚派乌亚·哈布巴银行诉宋·朋一案①的判决中，高等法院法官崔来苏考虑了曹法官在布克霍夫海上公司一案中阐述的原则，并宣称，根据"不方便法院理论"，可采取两步试验，以决定是否存在必须授予中止诉讼的情形。根据高等法院法官莱尔的观点，首先需解决的问题是，是否存在另一个具有合法管辖权的管辖地能为所有当事人的利益和结果公正、合适地审理案

---

① ［1995］1 SLR 783.

件。如果第一个问题的答案是"是"，那么法院首先应该准予中止诉讼程序，莱尔法官提出被告对第一个问题负有举证责任，而原告有义务在第二个问题的范围内提起诉讼，也就是在更合适法院起诉。作出此判决后，莱尔进一步指出，法院必须考虑到与争议问题具有最密切联系的管辖地。

因此，很显然在适用"不方便法院理论"时，新加坡法院没有背离英国法院阐明的原则。

5. 泰国

泰国法律制度中没有不方便法院这一概念，因为每个法院的管辖权已由《民事诉讼法》作了明确的规定。在《民事诉讼法典》中没有专门的规定授予法院拒绝受理有管辖权案件的权力。因此，没有理由认为法院会因不方便法院的理由而拒绝受理案件①。

6. 菲律宾

在新加坡，不方便法院是法院在尽管对案件享有管辖权的情况下仍应该驳回案件的另一理由。在确定案件审判管辖权时的"不方便"主要体现在以下几个不同的方面：如不容易获得证据和询问证人，或者法院的议事日程受阻，或者菲律宾在该案中没有特殊或实体的利益，或者还有更方便的法院。在考虑哪个法院是最方便的法院时，通常应该考虑以下因素：（1）该法院是不是当事人最方便提起诉讼的法院；（2）该法院是不是处于能对法律和事实作出最合理判决的法院；（3）该法院是不是已经或者将会有权执行其判决②。

（二）发展前景

对于不方便法院理论也并非是一片赞同之声。例如在美国的海湾石油公司一案中，布莱克法官就提出了反对意见。他认为，既然国会已将审理争议的管辖权赋予法院，法院就不能自由裁量拒绝行使管辖权。根据先前的判例，对于每一桩属其管辖范围之内的案件，美国法院均有义务作出判决，并为诉讼当事人提供救济。他还提出警告："在根据与判决相关的混乱因素确定方便性问题方面，联邦法院所享有的广泛、不确定的自由裁量权，将不可避免地产生复杂状况，其中相近而无法区别的决定使得要对适当法院作出准确的推断，虽然不

---

① 参见［美］迈克尔·普雷尼斯主编：《亚洲的争议解决》，1997年英文版，第268页。

② 参见［美］迈克尔·普雷尼斯主编：《亚洲的争议解决》，1997年英文版，第184～185页。

是不可做到，但也是十分困难的。"① 道格特法官在卡斯特罗·阿尔法罗一案中，将不方便法院理论斥为"法律怪物"，强烈反对采用该理论。柯里也曾经指责不方便法院理论的错综复杂和模糊不定实在是臭名昭著②。

现代通信和交通技术消除了我们工作和生活中的许多不便之处。电子邮件和传真可以将文件瞬间发往世界各地，利用可视电话召开会议，费用低效率高，律师、证人等也可以十分方便地前往其他地方的法院出庭参加诉讼。而所有这一切正是不方便法院理论所要努力克服的。因此，有些学者则主张重构不方便法院理论，转而确定什么是进行诉讼最为方便的法院。这种主张实际上是授权审理法院来决定最为适当的法院，而不是由原告作出选择③。

三、不方便法院理论的具体操作

（一）不方便法院理论适用的条件

应当指出的是，不方便法院理论的适用是有一定先决条件的。英国大法官迪普洛克（Diplock）在 Mac Shannon v. Rockware Glass Ltd. 一案中指出不方便法院理论的适用必须符合两个条件（一个是肯定性的，一个是否定性的）：（1）被告必须向法院证实有另外一个替代法院，在该法院进行诉讼对双方当事人更为方便、费用更低；（2）中止诉讼不应剥夺原告在英国法院管辖下所能享有的合法的个人或司法便利④。在 Spiliada Maritime Corp. v. Cansalex Ltd. 一案中，英国上议院认为迪普洛克法官在 Mac Shannon 一案中过于强调"合法的私人或司法便利"，它认为，如果法院确认有另外的可替代法院，该法院为有管辖权审理诉讼的合适法院，即在该法院审理案件对于所有当事人及公正的结果更为合适，则可依据不方便法院理论中止诉讼⑤。戚希尔和诺思更把上述上议院的观点提升到了基本原则的高度⑥。

在其他国家的实践中，由于法律观念及司法制度的差异，有关不方便法院理论适用的条件也是不尽相同的，但是，一般认为，下列条件是必须具备的：

---

① 330 U. S. at 516.

② Currie, "Change of Venue and the Conflict of Laws", 22U. Chi. L. Rev. 405, 1955.

③ Stein, "Forum Non Convenience and the Redundancy of Court—Access Doctrine", 133U. Pa. L. Rev. 781, 1985.

④ ［英］戚希尔和诺思著：《国际私法》，1987年英文第11版，第222~236页。

⑤ 参见［英］科林斯等主编：《戴西和莫里斯论冲突法》，1993年英文第12版，第395~419页。

⑥ ［英］戚希尔和诺思著：《国际私法》，1999年英文第13版，第336页。

首先，该法院依照本国法律对诉讼享有管辖权。如果该法院对于诉讼根本就不具有任何管辖依据，它就不能称为不方便法院，没有资格对诉讼予以处分。其次，该法院行使管辖权将会给当事人及司法带来极大的不方便。最后，必须有一个同样具有管辖权、更为适当的可替代法院。

（二）确定一国法院为不方便法院的标准

对于确定一国法院为不方便法院的标准，各国在立法上没有明确的规定，在司法实践中形成的做法也不尽一致。一般情况下，各国法院会综合与诉讼有关的各种因素，对之进行通盘考虑和细致分析，以权衡利弊。在这些因素中，一类是涉及当事人私人权益的；另一类是涉及公共利益的。美国最高法院在海湾石油公司诉吉尔伯特一案中，确立了判断不方便法院的标准。在该案的判决中，杰克逊法官指出："最重要的是当事人的私人权益；取得证据来源的相对便利；强制不愿出庭者到庭程序的可获得性；愿出庭者及证人的出庭费用；如果诉讼中需作现场勘验，则进行现场勘验的可能性；以及其他使案件审理简便、迅速、费用低廉的实际因素。如果已作出判决，判决的可执行……"；"运用该原则同样也要考虑到公共利益因素：如果诉讼不在其发生地而在案件积压的法院进行而造成法院管理的困难；在支配争议法律所属国法院进行审理；陪审义务不应施加给与诉讼毫无关系的社区的公民；对众所关心的事件应在多数人的居住地进行审理，而不是在人们只能听报道的遥远的地方；对于在当地解决本地争议有本地的利益等等。"①

归纳起来，我们认为在判断不方便法院时，主要应考虑到以下一些具体因素：（1）原告选择法院的理由；（2）被告方便与否；（3）法律选择；（4）判决的可执行性；（5）证据的可取得性；（6）争议行为或交易的发生地位于何处；（7）对所有当事人送达的可能性；（8）外国正在进行的未决诉讼；（9）语言因素；（10）案件的积压情况。在各个国家的司法实践，往往对上述因素有不同的侧重。

（三）更为合适的替代法院的判定

如何判定是否存在一个更为合适的替代法院，在实践中也是一个难题。在开始进行不方便法院的调查之时，法院必须确定是否存在一个可替代法院。如果不存在可替代法院，不方便法院理论同样无法适用。对于可替代法院的条件，一般认为应当包括：（1）对该案具有管辖权；（2）与该诉讼的关系更为

---

① Born, Westin, *International Civil Litigation in United States Courts*, Kluwer, 2nd ed. (1992), p. 284.

密切。替代法院所属国实行的法律对原告是否有利，并不影响不方便法院理论的适用，因为如果要考虑到这一点，则必然带来复杂的法律选择分析。但如果替代法院所提供的救济明显不足或极不合理，以至于没有救济可寻，则此种法律的转换所造成的不公正后果应受到重视。

（四）适用不方便法院理论的结果

法院一旦决定适用不方便法院理论，则它就会撤销原告在本院提起的诉讼，或中止该诉讼，直至同一诉讼请求能在另一更为合适的法院进行审理。撤销诉讼意味着该法院失去对诉讼的管辖权；而在中止诉讼的情形下，如果外国诉讼有不当拖延，则该法院可重新恢复诉讼程序①。在美国，国会通过的《美国法典》第 1404 条第 1 款规定："为了当事人及证人的便利，为了司法利益，地区法院可将本可提起的诉讼移送其他地区法院或法庭。"因此，美国法院可不必撤销诉讼而将诉讼移送给另一法院。但是，它只适用于不同联邦法院之间的移送，而不适用于涉及外国法院的情况，后一类情况继续由关于不方便法院的普通法原则来支配。

对基于不方便法院理论作出的裁定可以提起上诉，但只有在审判法官明显滥用裁量权时，才可撤销这类裁定。

四、适用不方便法院理论时应注意的问题

第一，必须注意的是，不方便法院理论属于法院自由裁量的事项范围，而并非一项规则。为了判定某法院是否为不方便法院，以及是否存在一个可替代法院，有关当事人就必须担负相应的举证责任。按照罗马法中"证明是主张权利人义不容辞的责任，而不是否定人的责任"的论点，被告人若要以"不方便法院"为由抗辩原告在一国法院的起诉，他就必须担负举证责任，以证明该法院为不方便法院。在英国，被告的责任不在于指出英国法院不是适当法院，而要证实另一法院明显地比英国法院更为合适②。但是，如果法院有初步证据表明该法院为不方便法院，则举证责任发生转换，即由原告举证为何要在该法院审理诉讼的特殊情况。

第二，不方便法院理论的适用与管辖权选择有着重要联系。在当今各国的立法和司法实践中，一般都允许当事人享有选择法院的自由。这一自由如走向

---

① 韩德培、韩健著：《美国国际私法导论》，法律出版社 1994 年版，第 89 页。

② 参见〔英〕科林斯等主编：《戴西和莫里斯论冲突法》，1993 年英文第 12 版，第 403 页。

极端将导致挑选法院，而不方便法院理论构成了反向平衡①。在合同纠纷案件中，当事人一般已就解决争议的法院作出选择，其表现形式就是合同中的法院选择条款。法院选择条款的效力包括两个方面：其一，合同各方当事人已就在特定法院起诉达成一致意愿；其二，排除了本来对当事人及争议有管辖权的法院对该案的管辖权。在这种情况下，如果当事人的法院选择条款是真实、有效的，法院就应当对当事人的意思给予充分尊重。除非有特别重要的原因，否则当事人对法院的选择不应受到任何干扰。如果当事人所订立的法院选择条款选定当地法院，该法院能否以不方便法院为由而驳回原告的起诉呢？对此，各国的实践不尽相同。在英国，法院选择条款是英国为方便法院的初步证据②。在美国，各州的实践又有所不同，其中，纽约州的法律规定，如果当事人原已选定纽约州法院，选定纽约法为准据法，而且案值达 100 万美元，则法院不可以不方便法院为由而撤销诉讼。

　　第三，不方便法院理论的适用还常常涉及法律选择问题。法院在对案件进行审理时，要决定对于争议事项适用何种法律。如果选定本国法作为争议事项的准据法，则该国法院可继续行使管辖权；如果所要适用的法律为外国法，且该外国法院能够对争议事项进行审理，这时就会产生何者为方便法院的问题。一般认为，一国法院更为熟悉本国法律的内容，懂得如何正确适用本国法律，因此，由争议事项准据法所属国的法院来审理诉讼更为方便。

　　第四，就不方便法院理论的适用而言，如果原告在该不方便法院起诉的目的是为了规避外国方便法院实行的时效法规限制，此时能否适用不方便法院理论呢？对此，美国法院的判例表明，在这种情况下，如果要适用不方便法院理论，必须附加一定的条件，即被告放弃在外国法院的时效抗辩并且接受外国法院的管辖③。英国法院的判例区分两种情况：一种是原告故意规避外国法院规定的时效，从而寻求在英国起诉而享有更加宽松的时效；另一种是法院认为原告未能在外国法院规定的时效内提起诉讼是合理的。在前一种情况下，如果英国法院认定外国法院是审理案件明显更为方便的法院，则英国法院将毫不迟疑地中止诉讼，尽管这将造成原告的请求在外国法院受到时效抗辩。在第二种情

---

　　① *Journal of Maritime Law and Commerce*，1994，Vol. 24，No. 2，p. 381.

　　② ［英］戚希尔和诺思：《国际私法》，1987 年英文第 11 版，第 237～242 页。

　　③ Born, Westin, *International Civil Litigation in United States Courts*, Kluwer, 2nd ed. (1992)，pp. 307-308.

况下，英国法院不应当剥夺原告在时效范围于英国提起诉讼的权利①。

第五，不方便法院理论的适用与有关国际公约之间的关系。为了协调各国有关管辖权的冲突，促进国际社会的合作，在有关国际组织的推动和倡导下，出现了许多有关国际民商事诉讼管辖权的国际多边条约或双边协定。在这些国际条约中，往往已有共同的意志来接受某些法院而拒绝某些法院。拒绝的形式可能是称此类法院为过分的或过度的。这不是情感上的含义，只是因为这些法院未能被普遍接受。1968 年欧共体《关于民商事管辖权及判决执行的公约》第 2 条规定："除本公约另有规定外，凡在一个缔约国有住所的人，不论其所属国籍，均应在该国法院被诉。在某国有住所而非该国的国民，应遵循适用于该国国民的有关管辖的规定。"② 大陆法系的缔约代表指出，各缔约国不仅有权根据第 2 条的规定行使管辖权，同时也有义务这样做。使用不方便法院的概念来修正公约第 2 条的规定显然不必要。由此可见，《布鲁塞尔公约》并没有规定法院可以不方便法院为理由而拒绝行使管辖权。如果缔约国法院根据公约的规定而享有管辖权，一般来讲，该法院就必须受理诉讼。只有在公约不适用的情况下，法院才可保留拒绝行使管辖权的权力。

五、中国的立法完善

中国的涉外民事诉讼制度尚处于不断地完善与发展的状态中，现有制度存在许多不足之处，具体表现在管辖制度上，就是过分强调国家主权而忽视国际协调。为了扩大对外交往，在司法管辖问题上就必须从强调国家主权转为国家合作或国际礼让。为此，中国需要对涉外民事诉讼制度作进一步的修改和完善。其中，确立"不方便法院理论"是很有必要的，因为中国在一方面扩大本国管辖的同时，必然会与其他国家发生管辖权的冲突，如果不能以理智的态度来对待，则将导致其他国家的对等报复。如果采用了"不方便法院理论"，则可以缓和与其他国家的管辖权冲突，尤其是那些与中国没有共同条约关系的国家。同时，不方便法院理论的正确运用，还可使中国法院的司法任务简单化，不致牵涉与中国没有任何联系、案件的审理极为不便的诉讼活动中。应当记住，在当今时代，司法沙文主义是无助于本国对外交往发展的。

《中国国际私法示范法》第 51 条建议就不方便法院理论作如下规定："对

---

① Jack I. H. Jacokb, *Private International Litigation*, Longman, 1988, pp. 49-53.

② 参见李双元、欧福永、熊之才编：《国际私法教学参考资料选编》（上册），北京大学出版社 2002 年版，第 1086 页。

本法规定中华人民共和国法院享有管辖权的诉讼，如中华人民共和国法院认为实际行使管辖权时对当事人及案件的审理均极不方便，且有其他法院对该诉讼的审理更为方便时，经被告申请，可以决定不行使管辖权。"当然，这还只是学者的建议，尚需得到国家立法机关的认可。但愿这一建议能够尽早受到有关部门的关注，并尽快将其体现于立法当中。

第三编　第一审程序

一国法院审理案件，包括涉外的或国际性的民商事案件，原则上只适用内国的诉讼程序规范。对涉外的或国际民商事案件的审理，除有关法律根据涉外案件的特点作了特别规定以外，大多数国家均适用与国内案件审理相同的程序。

审理涉外民事案件或国际民事案件的特别程序规范，在各国国内立法中主要有以下几种表现形式：（1）在国际私法或民事诉讼法中列入专编或专章，比较系统地规定涉外或国际民事诉讼程序规范。如1979年《匈牙利关于国际私法的第13号法令》、1992年《罗马尼亚关于调整国际私法法律关系的第105号法》和中国1991年《民事诉讼法》（第四编自第259~283条也就涉外民事诉讼程序中的一般原则、管辖、送达和期间、财产保全、仲裁以及司法协助等作了特别规定）。（2）将涉外或国际民事诉讼程序规范分散规定在国际私法的有关条款中。如1989年生效的《瑞士联邦国际私法法规》。（3）在个别单行法规中，就某个方面的问题规定涉外或国际民事诉讼程序规范。例如1999年中国颁布的《海事诉讼特别程序法》对涉外海事诉讼程序专门作了规定。本编将阐述主要国家审理国际民商事案件的第一审程序。

第十章 诉讼的开始

第一节 若干欧洲国家和地区的制度（上）

一、英国

（一）起诉

1. 英国民事诉讼提起方式的改革

在 20 世纪 90 年代推行民事司法改革前，在英国向高等法院和郡法院提起诉讼应遵循不同的规则，即《最高法院规则》和《郡法院规则》，分别以令状（writ）和传唤令状（summon）的形式提起。此外，还存在多种诉讼提起方式，如开审令状、传唤令状、开审申请和呈请书等。伍尔夫勋爵推行的民事司法改革，统一了英格兰和威尔士高等法院、郡法院的适用规则，提起诉讼的方式也统一为诉状格式。诉状格式（claim forms）的对应词实际上就是先前的令状。从令状到诉状格式，意味着英国民事诉讼提起方式的简化和统一。目前，英国民事诉讼程序基本上通过诉状格式启动①。

法院基于原告申请签发诉状格式时，为诉讼提起。诉状格式自法院在诉状格式上载明的日期签发。但如法院办公室接受诉状格式的时间早于法院签发日期的，则就《1980 年诉讼时效法》及有关法规规定起诉的更早日期而言，该诉讼已经"提起"。法院接受诉状格式的日期，通过在法院存档的诉状格式或在送达诉状格式同时提交的函件上，载明日期印戳予以记录。当事人可就法院接受诉状格式的日期，直接向法院官员询问。

原告可使用单一诉状格式，依便利原则，提起二宗或二宗以上的诉讼，法院在同一诉讼程序中予以审理。这涉及共同当事人、诉的合并的情形。

---

① 徐昕著：《英国民事诉讼与民事司法改革》，中国政法大学出版社 2002 年版，第 31 页。

2. 诉状格式的内容

（1）原告提起诉讼的，应使用 N1 号文书格式（以 N1 号文书格式提起的诉讼，亦称第七章之诉）。提起第八章之诉，使用 N208 号文书格式。提起专门目录案件的诉讼，使用专门的文书格式。原告希望依 1999 年《英国民事诉讼规则》第八章提起或进行诉讼的，诉状格式应如此陈述。否则，诉讼应依第七章进行。专门目录案件以及依规则附表《最高法院规则》或《郡法院规则》提起的诉讼，适用有关特殊规定。

（2）规则第 16.2 条规定，诉状格式须：①准确陈述诉讼请求的性质；②确定原告请求的救济；③如原告提起给付金钱之诉的，依规则第 16.3 条的规定载明金额陈述；④载明有关诉讼指引规定的其他事项。原告以代表资格提起诉讼的，须陈述其所代表的资格是什么；被告以代表资格被诉的，诉状格式中须陈述其所代表的资格是什么。如切实可行的，应在诉状格式中列明诉状明细①。诉状明细未载明于诉状格式中，或未随诉状格式一并送达的，原告须在诉状格式上陈述，诉状明细将随后送达。诉状格式须经事实声明确认。

（3）给付金钱之诉，原告须在诉状格式中陈述：①原告提起诉讼的款项金额；②原告希望被告偿还的金额，是不超过 5000 英镑，或在 5000 英镑至 15000 英镑之间，抑或超过 15000 英镑；③原告无法明确希望被告偿还的金额。就人身损害赔偿诉讼而言，原告须陈述希望就所受痛苦、伤害以及舒适（comfort）的丧失而获得概括赔偿的金额，是否超过 1000 英镑。就承租人向出租人提起的房屋租赁诉讼而言，承租人要求出租人对住房进行修缮或其他工作的，须在诉状格式中陈述：①住房修缮或其他工作预计的费用是否超过 1000 英镑；②其他损害赔偿金额是否超过 1000 英镑。

如诉状格式由高等法院签发，诉状格式须载明：①原告请求偿还的金额超过 1000 英镑；②有关法规规定，只能向高等法院提起诉讼，并列明该法规；③如系人身损害赔偿诉讼，载明原告请求赔偿金额为 1000 英镑或以上；或者④该诉讼系高等法院专门案件目录中的案件，并列明该专门案件目录。但诉状格式中载明的金额陈述，不限制法院对其认为原告应享有权利的款项金额作出判决的权利。

（4）需域外送达的诉讼，为法院依《1982 年民事管辖和判决法》有权审理的案件，诉状格式或诉状明细应背书声明，指明法院依该法对案件拥有管辖

---

① 关于诉状明细参见徐昕著：《英国民事诉讼与民事司法改革》，中国政法大学出版社 2002 年版，第 38~42 页。

权，在苏格兰、北爱尔兰或其他公约地区的当事人间，没有基于同样诉讼请求的其他诉讼程序正在审理之中。

（5）诉讼标题（Title of Proceedings）。诉状格式及所有案情声明，须载明诉讼标题。标题应列明如下事项：诉讼编号、诉讼进行的法院或法庭、各方当事人全称、当事人的诉讼地位（即原告或被告）。

（二）案情声明与进一步信息①

1. 案情声明

案情声明（statement of case），是指在审前程序（主要是诉答程序）中通过运用诉答文书而表达当事人对案情的主张，主要是事实主张，也包括法律主张。依规则第 2.3 条的规定，案情声明包括：诉状格式、未载明于诉状格式中的诉状明细、答辩状、第二十章的诉状格式、再答辩状，以及依规则第 18.1 条当事人自行或依法院命令提供与案情声明相关的进一步信息。

案情声明最重要的功能在于，促使法院和当事人识别并固定案件系争点。法院进行案件管理，旨在甄别案情声明，保障当事人简明、准确地陈述案件所必需的事实要素。如案情声明不能表达诉辩的充分理由，法院可撤销当事人的案情声明；案情声明不当的，法院赋予当事人修正的机会；案情声明不充分的，法院可责令当事人提供进一步的信息。当事人可在案情声明中提起诉讼请求或答辩依据的事实、法律条款；列明拟传唤作证的证人姓名；附录或送达其认为对诉讼请求或答辩有必要的文书副本。案情声明旨在清楚地阐明案件事实和主张，如已依规则签发并送达诉状格式，法院认为案情清楚、明确的，可免除提出其他案情声明的义务，诉讼程序继续进行。案情声明的功能还包括：向他方当事人就其所面对案件进行公正、适当的通知；避免在审前和开庭审理时诉讼突袭；为双方当事人明确记录案件系争点，以贯彻禁止反言原则。

所有案情声明一般包括如下部分：（1）法院名称和案号。一般写明于案情声明的右上角。（2）诉讼标题。（3）案情声明正文。

规则第二十二章规定，所有案情声明、修正的案情声明、提供进一步信息的回复书等，需经事实声明确认。未以事实声明确认的，当事人不得依赖案情声明中列明的有关事项作为证据，法院可撤销未经事实声明确认的案情声明。确认案情声明的事实声明，如包括对案件事实没有诚实的信念，进行虚假陈述的，比照规则第 32.14 条（证人虚假陈述）承担法律责任，即可能被判处藐

---

① 参见徐昕著：《英国民事诉讼与民事司法改革》，中国政法大学出版社 2002 年版，第 133~137 页。

视法庭罪。

案情声明送达他方当事人前，当事人可自主修正案情声明。如案情声明已送达其他当事人的，则惟有经他方当事人书面同意，或经法院许可，方可对案情声明进行修正。当事人申请法院许可修正案情声明的，应提交申请书，且一并提交申请通卸书、建议修正的案情声明副本。法院许可当事人修正的，可就案情声明的修正及送达作出命令。申请人应在法院作出命令 14 日内或指定期间，向法院提交已修正的案情声明。案情声明经修正后已作实质性变更的，须重新以事实声明确认。当事人未经法院许可修正案情声明的，法院可拒绝承认。在修正的案情声明副本送达 14 日内，他方当事人可申请法院拒绝承认。

时效期间到期后，当事人可依规则第 17.4 条申请修正案情声明。如追加或变更新诉讼请求的事实，与在有关诉讼程序中当事人主张救济、请求修正的诉讼所依据的事实相同或基本相同的，法院可准许对案情声明进行修正，即使对案情声明修正将产生追加或变更新的诉讼请求的法律后果。

如当事人名称确有错误，且修正错误并不会产生对该当事人身份合理疑问的，法院可准许修正。如当事人提起诉讼前已经具备修正的新资格，或者提起诉讼后已取得新资格，则法院可准许修正提起诉讼的当事人的资格。

2. 进一步信息

规则第十八章规定了进一步信息，英国学者称之为"事实管理"。

（1）请求书方式。法院随时可责令当事人阐明诉讼程序中争议的任何事项；或就有关事项提供进一步信息，不论案情声明是否包括或涉及有关事项。被命令的当事人须提交回复书，并在指定期间向他方当事人送达。

当事人可通过请求书方式，申请法院作出上述命令。请求书须准确，范围严格限制，仅限定于当事人准备案情声明或理解有关案件合理、必要、适当的事项。内容包括：①在首部载明法院名称、诉讼标题和案号；②在首部陈述，其为根据规则第十八章提出的请求书，并标明请求方和被请求当事人、请求日期；③列明提供进一步信息和阐明的每一项请求，以数字编号；④如请求书涉及书证的，对该书证进行识别，并指明有关的段落或文字；⑤陈述请求方希望被请求方当事人回复的日期。

（2）对请求书的回复。回复采取书面形式，由被请求方当事人或其诉讼代理人载明日期并签署。内容包括：①在首部载明法院名称、诉讼标题和案号；②在首部标明其为对请求书的回复；③重复请求书每一项请求，并在其后写明对请求的回复；④提出并附录请求方尚未拥有但构成回复书一部分的任何书证的副本。在特定情形下，被请求方有权不予回复。

（3）运用进一步信息的限制。对一方当事人向他方当事人提供的进一步信息（不论是自愿提供，抑或是基于法院依规则第 18.1 条的命令提供），法院可命令只限于在提供信息的诉讼程序中运用，而不得用于其他任何目的。规则附表一《最高法院规则》第 82 号令，规定了在名誉侵权诉讼中不许可运用进一步信息的情形。

（三）诉答程序：送达认收书、自认和答辩①

1. 送达认收书

送达认收书（acknowledgment of service），不同于送达回证（certificate of service），前者指被告对原告诉讼请求的应答文书；而后者指对送达日期等予以证明的文书。规则第十章对送达认收书作了全面规定。

（1）期间。如向被告送达的诉状格式中陈述，诉状明细随后送达的，则提出送达认收书的期间为送达诉状明细之日起 14 日；在其他情形下，为送达诉状格式之日起 14 日。但《最高法院规则》第 11 号令第 1A 条（域外送达诉状格式时，提出送达认收书的期间如何计算）以及规则第 6.16 条第 4 款（在根据本规则作出命令的情形下，法院指定对诉状明细回复的期间）优先适用。法院一收到送达认收书后，须以书面形式通知原告。被告在提出送达认收书的期间内未提出送达认收书、进行答辩或自认的，原告可依规则第十二章取得缺席判决。

（2）签署。送达认收书使用 N9 号文书格式，须由被告或其诉讼代理人签署，并载明被告的送达地址。被告在送达认收书上签署的名称应为全名。被告为公司或其他法人的，该企业或公司中担任高级职位的人可代表被告签署，但须陈述其所担任的职位。被告为合伙的，送达认收书可由任何合伙人、控制或管理合伙业务的人签署。未成年人和精神病人只能通过其诉讼辅佐人或诉讼代理人签署，法院另有命令的除外。同一案件存在 2 名或 2 名以上被告的，通过同一诉讼代理人签署的，只需使用同一宗送达认收书。

如被告由诉讼代理人代理，且诉讼代理人签署送达认收书格式的，则送达地址为该诉讼代理人的营业地；在其他情形下，送达的地址依规则第 6.5 条及有关诉讼指引确定。另外，第 49A 章诉讼指引"有争议遗嘱认证程序"规定，希望就有争议的遗嘱认证程序请求提出答辩的，须提出送达认收书。规则附表一列明的《最高法院规则》第 81 号令，就对企业提起诉讼中的送达认收书作

---

① 徐昕著：《英国民事诉讼与民事司法改革》，中国政法大学出版社 2002 年版，第 137~143 页。

了特别规定。

惟有经法院准许的，方可修正或撤销送达认收书。被告就此申请法院准许的，须有证据支持。

2. 自认

所谓自认，是指一方当事人就对方当事人主张的案件事实和诉讼请求的认可。自认包括对案件事实的自认和对诉讼请求的自认。前者一般被视为证据法上无须证明的事实。法院亦可准许当事人修正或撤回自认。

(1) 自认期间。如诉状格式载明，诉状明细随后送达的，自认期间为诉状明细送达之日起 14 日；在其他情形下，自诉状格式送达之日起 14 日。但与提出送达认收书的期间一样，《最高法院规则》第 11 号令第 1A 条及规则第 6.16 条第 4 款优先适用。如原告未依规则第十二章取得缺席判决的，即便上述期间终结仍可自认，如同被告在自认期间内进行自认一样。

(2) 基于书面自认取得判决。原告请求的唯一救济是给付金钱的，可基于书面自认取得判决。规则第 14.3～14.7 条对此作了规定。被告自认的，原告有权请求作出缺席判决，除当事人为未成年人或精神病人之外。自认可采取书面通知形式，他方当事人可申请法院基于书面自认作出判决。规则还对给付特定金额款项诉讼请求的全部自认与部分自认、对给付不特定金额款项诉讼请求的全部付款责任的自认、对给付不特定金额款项诉讼请求的付款责任的部分自认和付款期间和利率的确定、重新确定和变更作了详细规定。

3. 答辩和再答辩

(1) 提出答辩。被告希望对原告诉讼请求的全部或部分予以抗辩的，须提出答辩，亦可同时提出反诉。被告反诉的，答辩状和反诉状通常应做成一宗诉讼文书，在答辩状后载明反诉。原告送达再答辩状及对反诉的答辩状的，再答辩状和对反诉的答辩状通常也应做成一宗诉讼文书，在再答辩状后载明对反诉的答辩。被告须将答辩状副本送达各方当事人。如不答辩，原告可依规则第十二章取得缺席判决。

(2) 答辩期间。提出答辩的期间一般为送达诉状明细之日起 14 日；如被告提出送达认收书的，为送达诉状明细之日起 28 日。但《最高法院规则》第 11 号令第 1B 条（域外送达诉状格式时，答辩期间的计算）、规则第 11 条（被告提出管辖权异议的，在开庭审理前无须提出答辩状）、第 24.4 条第 2 款（原告在被告答辩前申请简易判决的，被告在就简易判决举行审理程序前无须答辩）、以及规则第 6.16 条第 4 款（在根据本规则作出命令的情形下，法院指定对诉状明细回复的期间）优先适用。注意，被告可与原告达成协议，将答辩期间延长至 28 日，以书面形式通知法院。

（3）答辩状的内容。答辩状须对原告每一项主张进行回复，载明：①被告否认原告在诉状明细中的哪些主张、否认的理由，并可提出不同于原告陈述的案件事实；②被告不能自认或否认原告的主张，但要求原告提供证据证明；③被告对原告主张的自认。被告对原告主张的款项金额提出异议的，须陈述理由，并尽可能提出有关款项余额的己方陈述。被告可主张对原告享有金钱债权，作为对诉讼请求的抵消，而不论该抵消是否为第二十章之诉。被告以代表资格提出抗辩的，须陈述其所代表的资格是什么。主张诉讼时效过期的，应写明细节。被告未提交送达认收书的，须提供送达地址。答辩状须经事实声明确认。

如被告未回复原告的主张，但在答辩中明确了与原告主张有关的案件性质的，视为要求原告对主张提出证据进行证明。如原告提起的诉讼包括给付金钱的内容，除非被告明确自认外，皆视为被告要求原告对主张的有关款项金额进行证明。除此之外，被告对原告主张未回复的，视为对原告主张的自认。

规则还对人身损害赔偿诉讼、名誉权诉讼的答辩作了特别规定。

（4）对答辩的再答辩。原告对被告的答辩进行再答辩的，须在提出案件分配问题表时提交再答辩状，并送达各方当事人。对答辩状提出再答辩不得提起新的诉讼，如提出新请求或新事项的，应适用正当程序请求法院许可对案情声明进行修正。当事人在提出再答辩状后，未经法院许可，不得提交或送达任何案情声明。

未就被告的答辩提出再答辩的原告，不应视为自认被告答辩状中提出的事项。原告在再答辩中，未回复答辩状中的某一事项，应视为要求被告对该事项进行证明。

（5）诉讼中止。答辩状提出已履行债务。如原告主张的救济措施仅为要求给付一定金额的款项（包括对诉讼费用和利息的主张），且被告在答辩状中陈述，他已向原告支付所主张金额的款项的，则法院应向原告送达通知书，要求原告以书面形式陈述，是否希望诉讼程序继续进行。原告回复的，须向被告送达回复书副本。原告在 28 日内未回复的，诉讼中止。

答辩期间终结后 6 个月以上，被告未提出自认书、答辩状或反诉状，且原告亦未提出或请求依规则第十二章作出缺席判决或依第四章进行简易判决的，诉讼中止。任何当事人皆可申请法院解除诉讼中止，但申请人须就回复的延迟说明理由。

（四）第二十章之诉

第二十章之诉（Part 20 claims）即反诉和其他追加之诉，指原告向被告提起的诉讼之外的其他任何诉讼，包括：（1）被告向原告或向原告和其他诉讼当事人提起的反诉；（2）被告向任何人（不论是否已列为诉讼当事人）提出的承担连带责任或损害赔偿或其他救济之诉；以及（3）在对尚非诉讼当事人的其他人提起第二十章规定的诉讼中，被提起诉讼的该人对其他任何人（不论是否已列为诉讼当事人）提起的任何诉讼。

1. 反诉

（1）被告对原告提起的反诉。被告可通过提交反诉状明细向原告提起反诉。被告在答辩期间向原告提出反诉的，无须经法院许可，在其他期间提出反诉须经许可。原告拟对反诉进行抗辩的，规则第十章（送达认收书）不予适用。

（2）被告对原告以外的其他人提起的反诉。拟对原告以外其他人提起反诉的被告，须申请法院作出命令，要求追加被诉人为反诉被告。上述申请无须送达通知书，但法院另有命令的除外。法院作出命令的，应就有关案件管理作出命令。

2. 被告提起的请求共同被告承担连带责任或损害赔偿之诉

未提交送达认收书或进行答辩的被告，可依第二十章提出并向其他被告送达载明诉讼性质和理由的通知书，向其他被告提起要求其承担连带责任或损害赔偿之诉。

3. 其他的第二十章之诉

除反诉、请求共同被告承担连带责任或损害赔偿之诉外的其他第二十章之诉，自法院签发第二十章之诉状格式时提起。被告在答辩期间或提交答辩状时提起的，无须经法院许可，在其他期间提起须经许可。第二十章诉状明细，须包括于第二十章诉状中，或与第二十章诉状一并提交。如被提起其他第二十章之诉的当事人，未就此提交送达认收书或答辩状的，推定其承认第二十章之诉，并就第二十章之诉产生的任何相关事项而言，受主诉讼程序的有关裁决拘束。第二十章之诉的原告可依规则第十二章申请缺席判决。但如第二十章之诉的原告不符合为其作出缺席判决之条件，或希望取得连带责任、损害赔偿责任外的其他救济，则未经法院许可，不能取得缺席判决。法院亦可随时驳回或变更上述缺席判决。上述申请无须送达通知书，法院另有命令的除外。在司法实践中，还存在第三方当事人向被告或第四方当事人等提起的第二十章之诉①。

---

① 徐昕著：《英国民事诉讼与民事司法改革》，中国政法大学出版社 2002 年版，第52~53 页。

（五）当事人的变更

当事人的变更是指提起诉讼后当事人的追加、更换和撤销。申请变更当事人的当事人，通常需承担因变更而产生的诉讼费用。《民事诉讼规则》第十九章第 1 节对此作了规定。

1. 当事人变更的条件

（1）当事人追加的条件。法院认为追加新当事人适当，有助于解决诉讼程序中争议的全部事项；或者存在涉及新当事人和原当事人的系争点，该系争点与诉讼程序中争议事项相关联，法院认为追加新当事人适当，有助于争议解决的，法院方可责令追加有关主体为新诉讼当事人。追加原告或被告作为当事人参加诉讼的，人数不受限制。

（2）当事人更换的条件。原当事人的利害关系或法律责任已转移至新当事人，且法院认为更换当事人适当，有助于解决诉讼程序中争议事项的，法院方可责令原当事人更换为新当事人。

（3）当事人的撤销。法院认为任何人并非有关诉讼程序中适当的当事人，即当事人不适格的，可责令该人停止作为诉讼当事人。

2. 诉讼时效到期后追加或更换当事人的特别规定

在依《1980 年诉讼时效法》、《1984 年涉外诉讼时效期间法》、《1995 年海商法》第 190 条，或其他成文法确定的时效期间到期后变更当事人的，惟有符合如下条件，方可变更：诉讼提起时有关时效期间并未经过，且追加或更换当事人确有必要的。而所谓追加或更换当事人确有必要，包括如下情形：①诉状格式中原当事人的名称有误，需更换为新当事人的；②如在原当事人之间进行诉讼，程序不能适当地进行下去，需追加新当事人或者更换原告或被告的；③原当事人死亡或取得破产令，利害关系或法律责任转移至新当事人的。

3. 有关当事人变更的其他规则

（1）规则附表一列明的《最高法院规则》有关规定。包括：第 15 号令（就不动产提起的诉讼；陈述人和当事人代表）；第 17 号令（互争权利诉讼当事人）；第 81 号令（合伙人）；第 85 号令（行政诉讼）；第 93 号令（根据1985 年《司法裁判法》提起的诉讼）；第 97 号令（《出租人与承租人法》）；第 98 号令（根据 1982 年《地方政府财政法》提起的诉讼）；第 106 号令（根据 1974 年《律师法》提起的诉讼）。

（2）规则附表二列明的《郡法院规则》有关规定。包括：第 5 号令（代表人诉讼；对个人或集团的代表；无遗产管理人的遗产管理；就不动产提起的诉讼；合伙人；以他人名义进行业务的被告；当事人死亡后诉讼未继续进行；

判决后变更当事人的，向法院提起给付金钱之诉）。

（六）共同当事人

诉的合并包括共同诉讼的合并审理、独立案件共同系争点的合并审理以及主诉与第二十章之诉的合并审理。

在共同诉讼中，各诉讼请求具有独立性，属独立的案件，只是因案件涉及共同的法律或事实问题而合并审理，如各诉讼请求皆源于同一事件而引起的纠纷。共同当事人指因案件存在共同的法律问题或事实问题，而共同起诉或被诉的当事人。

规则第7.3条规定，原告可使用单一诉状格式，依便利原则，提起可由同一诉讼程序审理的所有诉讼。第19.3条规定，除遗嘱认证程序以外的任何诉讼，如其他人与原告共同享有原告所主张的救济，则所有共同享有该救济权利的人，皆应成为诉讼当事人，法院另有命令的除外。而如上述人不同意成为原告的，除法院另有命令外，须将其列为被告。

一般而言，在多名原告针对被告提起多项各自独立的诉讼时，被告总希望每一案件中存在可同时审理的相同点，以节省诉讼费用。法院可分别情形作出有关决定，比如：（1）法院可责令，如多宗案件具有实质性相似点的，可先行审理"试验性诉讼"，再确定该案对其他案件的拘束力。此种情形特别适合铁路、航空事故、同类债权案件；（2）法院可责令，对相继起诉的案件，法院在听取了所有案件的证据后才作出裁决；（3）法院可责令，所有诉讼合并审理，视为同一案件；（4）法院亦可将共同争议合并审理，再对具体争议分别审理。

（七）诉讼代表人

在特定情形下，与案件有法律上利害关系的多人不能以共同原告或被告的身份参加诉讼的，可通过诉讼代表人进行诉讼。规则第19.6条规定，如一个以上的人在诉讼中具有相同利害关系的，可由一个或多个具有相同利害关系的人，作为具有相同利害关系的其他任何人的代表提起诉讼，或者法院可责令，该诉讼由诉讼代表人继续进行。代表人诉讼的实质在于：代表人与所有被代表人受到了共同的威胁或侵害，因而他们所谋得的也是对全体有利的救济。

（八）集团诉讼

集团诉讼的原理与代表人诉讼相同，可称为代表人诉讼的放大和进一步适用。集团诉讼命令，指针对原告或被告人数众多的诉讼，依规则第19.11条作出，就产生共同或相关事实问题或法律问题（"集团诉讼命令事项"）规定案件管理的命令。当事人可申请法院作出集团诉讼命令，法院亦可依职权作出。

规则第 19.11 条规定，存在或可能存在产生集团诉讼命令事项的大量诉讼的，法院可作出集团诉讼命令。集团诉讼命令的内容包括：（1）集团诉讼命令须：①包括就集团登记作出命令，对基于集团诉讼命令管理的诉讼进行登记；②指定集团诉讼命令事项，标明有关诉讼根据集团诉讼命令进行管理；③指定基于集团登记对诉讼进行管理的管理法院。（2）集团诉讼命令可：①就提出一项或多项集团诉讼命令事项的诉讼而言，命令将诉讼移送至管理法院，责令诉讼中止，直至进一步的命令，以及命令依集团登记对诉讼进行登记；②责令自特定日期开始，向管理法院就产生一项或多项集团诉讼命令事项的案件提起诉讼，并进行集团登记；③就集团诉讼命令的公告作出命令。

二、爱尔兰

（一）起诉

1. 地区法院

民事诉讼以"民事传票（civil process）"的方式向地区法院提起。在民事传票中，必须把构成索赔基础的事实和诉讼请求一并提出，必须在每个民事传票的表面表明将由被告付给原告的诉讼费用，如果被告希望在进入全部程序之前就原告的索赔达成和解的话。在每个民事传票中还必须说明适当的地区、地区号码和范围；也必须提出支持法院管辖权的事实。在地区法院有三类民事传票：（1）简易民事传票；（2）收回不动产的民事传票；（3）普通民事传票。

简易民事传票被用作赔偿损失，比如，债务偿还（排除因与雇佣买卖协议有关的因素或根据 1933 年《租借法案》提起的诉讼）。当允许运用简易民事传票时，如被告未能成功辩护，法院不开庭即可作出针对被告的判决。这就是所谓的"在办公室中"判决。收回不动产的民事传票适用于收回租金少于 5000 爱尔兰元/英亩的土地的占有；普通民事传票适用于所有其他案件。民事传票提交地区法院办公室——不早于送达后 10 天，也不迟于送达后 14 天。

当索赔总额超过地区法院的管辖权并且原告愿意放弃超过金额标的管辖权的任何金额，这时必须在民事传票申请中声明。当原告通过代理人进行诉讼时，也须在民事传票中声明。

2. 巡回法院

原告通过民事诉状（civil bill）向巡回法院提起诉讼。民事诉状必须包含权利要求背书，背书应表明诉讼据以提起的根据的性质和范围、寻求的救济。如果救济是金钱方面的，在起诉时应表明其数额及利率和利息的数量（如果有的话）。如果诉讼请求不只一个，应在每一个诉讼请求和救济请求中分别列出具体的细节。

如果诉讼请求的金额超过巡回法院的管辖权限而原告又愿意放弃超过部分的金额，应在民事诉状中注明。如果原告通过代理人起诉，也应在民事诉状中列明。

在仅诉求债务的申请中，权利要求背书除列明请求的性质及其数额外，也应列明诉讼费用，上述债务和费用可由被告在民事诉状送达后的 6 天内支付。

民事诉状共有三种，在衡平程序中，民事诉状应被标明为"衡平诉状"且应包括诸如管辖权等事实。在收回不动产诉讼或确定土地所有权的诉讼中，民事诉状应标明"所有权诉状"且包括一个声明，说明其可估值不超过 200 爱尔兰元，以证明法院有管辖权。所有的其他民事诉状应标明"普通民事诉状"，且根据每一个特定案件的要求而改变。

3. 高等法院

高等法院的程序依据传唤令（originating summonses）来确立。传唤令共有三种：（1）概括传唤令；（2）特殊传唤令；和（3）全权传唤令。

每一种概括传唤令都应包含一个权利要求背书，以表明申诉的性质。一个特殊传唤令应包括一个特殊的权利要求背书来表明申诉的性质、声明及支持申诉的事实。一个全权传唤令应包括一个权利要求背书，它是一个原告申请的简明声明。一个概括传唤令应列明事实及原告申诉的性质及金额。传唤令有时被称为"传唤文书"或简单地称为"文书"。

按概括传唤方式确立的程序依照《高等法院规则》命令 2 规则 1 可分为：（1）要求被告以货币方式或支付利息或不支付利息地偿还债务的案件；（2）地主要求重新取得土地所有权的某些案件，其土地财产估价超过 20000 爱尔兰元。

按特别传唤方式确立的程序依照高等法院规则的命令 3 可分成 22 种，主要的种类如下：（1）由执行人、管理人或信托人经手的向法院支付；（2）对在任何资产或信托管理中产生的问题的裁决；（3）关于税票费用和由律师送达文据、文件、文书的申请；（4）抵押财产的买卖、赎回、让与或抵押人的财产的移送；（5）法院认为适用特殊传唤的其他案件。

通过全权传唤方式提起的诉讼在所有其他的案件中具有强制性，它包括关于侵权、违约及个人损害诉求的诉讼。

《高等法院规则》命令 20 规则 2 规定：一旦按全权传唤方式提起诉讼，原告可在提出全权传唤令的同时或在自送达之日起 21 天内的任何时间送交一个请求权声明或作为替代的通知。此请求权声明应表明其寻求的救济。声明应写明日期及充分的细节，告知被告其申诉的性质，以使被告能够决定是否提出反诉。

在某些类型的请求权中，程序以请愿的形式而不是以传唤令的形式开始。此类请求权的例子是：（1）清偿——依据《高等法院规则》命令74清算公司的程序；（2）依据《高等法院规则》命令67使某人监禁的程序；（3）破产——清理某个破产企业，清算它的财产并分配的程序。

（二）答辩的类型

1. 拒绝

（1）地区法院

被告人的唯一义务是发出辩护意向的通知，不必详叙辩护的实质。通知送达给原告的律师及法院办事人员。

（2）巡回法院

在送达后10天内被告应作出答复。这仅仅是被告向法庭办事员及原告律师表明其已收到诉状并打算应诉的一种通告。如被告未答复，原告获得缺席判决。

在答复后10天内被告应应诉，被告可反驳民事诉状中的每一个未承认的事实和请求，即使仅仅通过一般否认的方式亦可。

（3）高等法院

被告可在送达后8天内对概括或全权传唤令作出答复。被告可在听审前任何时间对特殊传唤令予以答复，但不能在程序中被听审，除非已经答复。被告应在答复之后28天内应诉（及提出可能的反诉）或在原告的权利要求书送达后应诉，以后一日期为准。

被告可以在其应诉中阐明他认为审判所依赖的每一个事实。他应阐明诉状中的每一个事实——不管是承认还是否认。他可以提出更多的事实来论证他承认的事实，他可以反对在法律上不可靠的诉讼请求。

在其反驳中，被告可以依赖抵消或反诉。所有这些反驳材料应（尽可能地）分别阐述，尤其当他们是基于不同的事实时。被告应具体阐述他否认其真实性的每一个事实和诉讼请求，但损害赔偿请求除外。

2. 否认——正面辩护

（1）地区法院

在地区法院中不需要否认原告的请求，应诉通知能充分对抗原告的请求。无论被告是否承认自己负有责任，在通知原告后，他在听证前都可以向法庭存放一笔金钱以满足原告的请求。如果原告最后没有被判给多于被告存放的金额，他将被迫支付当事人在资金存放后产生的所有诉讼费用。

（2）巡回法院

不管是承认还是否认，对诉状的抗辩应对其中的每一个事实和请求予以回答。并且，如答复已承认的事实，反驳应提出更进一步的事实证据。反驳也可形成反诉或抵消诉求。这种反诉或抵消诉求应有控诉行为的效果，以使法官能在同一案件中宣布最后的判决。如果被告以反驳来形成一个反诉，反诉也应包含被告反驳的细节。

（3）高等法院

不管是承认还是否认，对传唤令的反驳应针对诉状的事实和请求具体对待。并且，如答复已承认的事实，反驳应提出更进一步的证据，反驳也可形成反诉或抵消请求。如反驳形成反诉，反诉应包含针对原告原始传唤令而作出的答辩的具体事实。

像在巡回法院一样，在通知原告之后，被告可在反驳之前向法院交存一定数额金钱以满足原告的请求。如果原告没有接受，并且最后没有被判给多于被告存放的金额，他将被迫支付在资金存放后产生的诉讼费用。被告也可以增加以前存放的金额，但只有在有限的场合可以这样做。金钱的存放仅在法庭允许提出抗辩后才可进行。

3. 应诉回答

在地区法院不要求被告答辩，通知其答辩意向即可。在巡回法院和高等法院，对于被告的答辩不需要回答，但原告可以这样做。回答很少被送达，除非在答辩中包含宣誓或反诉。

4. 修正和补充答辩

在所有的法庭上，严格限制修正答辩。在所有当事人同意或在法庭作出命令的基础上，答辩才可以被修正。这种规定也适用于对答辩的补充。

5. 诉求和当事人的共同诉讼

共同诉讼将两个独立的案件合并成一个。当同一事实导致了案件的各自诉因时，为了方便，不同的案件也可由同一法官审理，但诉讼请求仍保持独立且不相联系。

（1）原告请求的共同诉讼（原告诉讼请求的合并）

地区法院规则中没有关于原告诉讼请求合并的规定，但是在巡回法院和高等法院中可以合并。

①巡回法院。当原告寻找救济对象时，他可以寻找两个或更多的被告。这样，要解决的问题就可以在所有当事人之间决定，没有必要向每一被告单独寻

求救济。法官将作出命令以防止任何被告被要求参与他并无利害关系的每一诉讼。

②高等法院。《高等法院规则》命令 18 规定了诉因的合并。命令 18 规则 1 规定，原告可以在同一案件中合并几个案由，但是，如果情况表明这样做不方便审判或处置时，法庭可以决定分别审理。一般来说，除非在特定情况下，没有案由可以和取得土地的案件相合并。《高等法院规则》命令 18 规则 8 规定，当原告把几个案由合并于一个诉讼中时，主张几个案由不可能在一起方便审理的被告，可以在任何时候向法庭申请限制这种行为。

（2）被告诉讼请求的合并

在地区法院中没有关于被告诉讼请求合并的规定，但是在巡回法院和高等法院中有这种规定。

①巡回法院。《巡回法院规则》命令 16 规则 1 规定，因同一交易或系列交易引起的争议的所有的人可以参与一个诉讼。根据《巡回法院规则》命令 30 规则 10，判决可能向一个或多个原告作出并反驳或支持一个或多个被告。这赋予了法庭固有的权力来决定具体案件中的问题。一方当事人一般由同一个律师代表，在他们之间没有利益冲突。未经其本人的同意，一个人不会成为原告，如未经他的同意即被列为原告，他可申请退出。

②高等法院。像原告诉讼请求的合并一样，当多个案由可以被一起便利地审判或处理时，被告可以请求合并。

6. 反诉

针对原告的诉讼请求，被告希望提起反诉或抵消请求的，他可以在听证之前送交反诉或抵消请求的通知，阐述这种反诉或抵消请求的细节，并将其送达至原告和法庭办事人员。被告可放弃任何超越法庭管辖权的反诉，或者向更高一级的法院单独提起诉讼。

如果反诉与原告的请求权并非来自同一事实或交易，基于反诉与原告的请求权不可能被同一法庭方便地审理或不能在同一时间审理这一理由，原告可以申请将诉讼请求和反诉独自审判的命令。

7. 相互提出诉讼请求

相互提出诉讼请求可能被当作反诉处理。通常，相互提出诉讼请求适用于同一当事人之间有不同的诉讼理由的场合。与反诉相对照，相互提出诉讼请求必须在向法院成功地申请了通过独立的诉讼来处理反诉的命令时才能提出。

8. 第三人的诉讼请求

这种诉讼请求通常产生于诉讼程序中的被告：（1）向任何一个尚未成为当事人的人提起分摊或赔偿之诉；（2）对任何人提出与诉讼中的标的物有关的救济方面的起诉；（3）要求决定与原先的标的物有关的问题，不论这些问题是存在于在原告和被告之间，还是他们一方或双方与其他人之间。

（1）地区法院

《地区法院规则》规定被告应在原告向其送达诉状后 10 天内向第三人送达通知。第三人通知包括被告对第三人的诉讼请求方面的声明。原告诉状复印件也应送达给第三人，被告通知的复印件也应送达给原告和法院办事员。

（2）巡回法院

巡回法院没有关于第三人参与诉讼的特殊规则，但有一个普遍规则表明：在无巡回法院规则时，可适用《高等法院规则》。

（3）高等法院

《高等法院规则》命令 16 有关于第三人参与诉讼的内容。第三人的参与申请以要求法院向第三人发出通知的方式提交法院。法庭可授权被告向第三人发出通知。

9. 要求第三人参加的诉讼和互相诉讼

当执行官或其他负责执行的官员扣押了货物或动产，而任何请求权人宣称他通过担保对财产拥有权利时，法庭可下令变卖全部或部分财产，并指示适用变卖程序。法庭也可以在互相诉讼程序中运用这种程序。

当执行债权人向执行官或其下属发出通知，表示承认请求权人的请求，执行官可因此撤回对请求的财产的占有，并可以申请一个命令以保护他不受有关上述扣押或占有的财产的纠纷的影响，同时法庭可以作出一个公正且合理的命令。

当执行债权人在指定时间内未承认或反驳请求权人的请求，而请求权人也未通过向执行官或其下属发出书面通知撤回其请求，那么执行官可以申请互相诉讼命令，法庭也可以基于这种互相诉讼程序的目的作出关于诉讼费、其他费用方面的公正且合理的命令。

10. 参与诉讼

在巡回法院中，参与诉讼仅适用于收回土地的诉讼。在高等法院中，参与诉讼可适用于收回土地的诉讼、海事对物诉讼、婚姻诉讼和遗嘱检验诉讼。参与任何此类诉讼程序的申请可依据《高等法院规则》命令 63 规则 1（13）提出。

三、德国

（一）起诉

1. 陈述基本要素和寻求的救济

关于起诉和答辩应具备的最低要件规定在《德国民事诉讼法》第 253 条第 2 款中。根据该条款，起诉状应表明当事人寻求的救济。原告必须明确到底是请求某一行为的履行，还是判令支付一笔金钱，还是宣告某一权利或是其他的欲从法院寻求的东西。举例来说，如果诉求转移一台汽车，则必须指明汽车的制造商和官方的登记牌号和其他细节。如果诉请支付金钱，则需指明准确的金额。

在理论上，原告和被告都无须引用法令或法规的任何条款或任何的法院判决（根据法官知法原则）。然而在实践中，律师将参照法律条款并引用对其观点有利的法律案例。

如果申请不够明确，该诉求应被视为不具可受理性而被驳回。此外，原告应详细地主张所有必要的事实。他应当提交有关其承担举证责任的所有问题的证据。然而这并不意味着每一个对当事人有用的信息都须记载于起诉状中。存在视争议中的主张的情况相应地修改诉状的可能性。然而，不管怎样，德国的诉状相对于大多数其他国家的诉状而言提供了更多的信息，尤其是相对于普通法系国家而言。诉状应能使当事人无须告知程序（discovery procedure）便明白他们的处境。

原告必须主张尽可能多的必需事实来获得他有权主张的结论。在此情形下，关键的东西是证据。起诉和答辩陈述都必须证实和指明案件的具体情形。这一义务在被告控制了所有有用信息资料的情况下似乎特别难以履行。然而，必须注意的是法理和判例法已经创设了双方当事人合作的义务以及在某些情形下举证责任的互换。

起诉状所要求的这种相关性和准确性的标准来自于《德国民事诉讼法》的一个基本准则，即禁止发现（discovery）。这一准则表明法院将只会在下述情况下命令取证，如果：（1）一个准确的实质性事实正处于争议中，并且（2）被当事人指明的证据对证明这些事实是实质性的。

仅仅是指控或者希望取证能有所效果或当事人的推测，将不会得到法院作出的收集证据的裁定。这一原则使得"钓鱼式的探索"实际上变得不可能。例如，如果一个当事人请求法院就一个被指控的合同或协议通过询问目击证人取证，这一请求将会因缺乏准确性而被法院拒绝。当事人必须把指定的证据具体化，即说出就一合同而将被询问的证人并指明被控合同涉及的时间、地点和人物以及为什么证人知道这些实质性事实。

这一原则的合理性来自两个方面：首先，它防止了司法机关时间和精力的浪费而有助于提高效率；其次，它保护了个人和公司，使其免受因取证而带来的麻烦、费用和对隐私权的干涉。基于一个只是推测之上的取证请求是不会被受理的。

有助于阐述这一原则的一个例子是：在一个由联邦法院判决的案件中，原告有一个合同性的诉讼请求将被其本身作为一股东的公司的行政管理机构承认，作为被告的公司其他股东则辩称原告没有必需的资格并试图用一个科学试验来证实他们的主张。联邦法院强调认为，在缺乏任何其他暗示表明原告没有资格的情况下，这样的试验像一个纯粹钓鱼式的探索，是不可取的。德国民法特别地规定，取证并非在于意图给当事人提供他在以前未有的材料，而且任何当事人都无须给他的对手提供其胜诉所必需的材料。当负有举证责任的一方当事人不能履行其举证责任，而另一方当事人却能轻易地提供这一信息时，这一僵硬的规则受到限制。与当事人这一诉讼义务的一般原则相一致，一个含糊的取证动机是不可能受理的。

上述原则支配各种不同的证据。

2. 分阶段诉讼（Action by Stages）

如果一方当事人一开始不能详细说明和证实他主张的权利，而另一方当事人又无义务提供该方面的信息，那么根据《德国民事诉讼法》第 254 条，剩下的唯一可能性就是开始一个分阶段诉讼。例如，如果原告有一个使他能够详细说明其"真正的"诉讼请求的寻求信息的诉求（claim for information），则该信息诉求发生在第一阶段，而真正的诉求则在第二阶段进行。这种寻求信息的诉求在某些案件中是为法律准允的。

例如，合伙中的合伙方，公司的股东或者处于离婚诉讼中的配偶，就有一个意义重大的寻求信息的诉求。如果没有这种特殊的关系，根据《德国民法典》第 810 条就适用一般的寻求信息的诉求。

根据《德国民法典》第 810 条的规定，某人有理由相信其他人占有他可据之反对该人的文书，则某人有权请求得到该文书的复印件。然而，他必须非常详细地说明这一文书以满足前面提到的具体化原则。

（二）答辩的类型

1. 否认

如果事实上的主张不够清晰，被告方甚至可以不对起诉陈述作出答辩，因为法院有义务驳回该不可受理的起诉。

从实践的视角来看，当面临一个存在不足的起诉状而对其不作答辩而寄希望于法院驳回起诉是一个十分危险的游戏。通常，律师会辩称起诉状与《德国民事诉讼法》的精确标准不一致。同时法官也会被问到他是否同意这一观点，如果他不同意，律师仍有机会对该问题提出抗辩。

通常，辩诉状被要求满足同起诉状一样的标准。这尤其意味着具体化原则是适用的。简单地否定原告的控诉是不充分的，被告必须否定原告的每一项事实性指控并给出否定的理由。作为替代，被告可通过指控另一套事实而否决原告陈述的事实。根据《德国民事诉讼法》第 138 条第 3 款的规定，没有被否决的事实就被认为是得到承认的事实。

2. 答辩

原告被授权就被告的实质性的主张作出答辩。法院可以决定是否在答辩前开始第一次审理或是否在审理前进一步交换案情要点。

（三）修改诉状

1. 事实

敦促当事人从诉讼一开始就提出全部案情要点的另一个因素是证据和事实指控的提出不断受到被阻止的威胁。根据《德国民事诉讼法》第 296 条第 1 款的规定，在指定的期限已过后提出的指控仅在没有延误诉讼或有关当事人能证明他没有行为上的过失的情况下才是可接受的。法院的裁决是自由裁量的，期限则规定在《德国民事诉讼法》中或由法院确定。

根据《德国民事诉讼法》第 296 条第 2 款的规定，当事人有促进诉讼顺利进行的一般义务，对未及时提出的指控，如果该当事人行为疏忽并延误了诉讼则同样是不可被接受的。

在《德国民事诉讼法》第 296 条中，"延误"一词的含义存在很大的争议。一种观点认为，如果审议新增加的指控，"延误"仅要求使诉讼花费的时间拉长。相反的观点是，必须考虑如果该新加的指控在期限未过前提出是否会拉长诉讼的时间。

该条款极为刺激当事人作出完整而又准确的陈述。该条款与可能的费用制裁一起确保不会有偶然的审判发生。《德国民事诉讼法》第 528 条含有类似的条款以保证不在法院的二审程序中提出新的指控。

2. 申请的更改

根据《德国民事诉讼法》第 263 条规定，一旦起诉状被送达被告，那么申请的改变只有在被告同意或法院认为适宜的情况下才具有可采性。

《德国民事诉讼法》第264条规定下列情形并不被视为申请的改变，因此通常是可接受的：（1）如果一方当事人的法律或事实主张被修改或提出了额外的观点；（2）如果申请被扩大或缩小，即诉讼开始时原告仅要求部分偿还，而后来则改为要求偿还全部债务；以及（3）如果由于构成基础的事实已改变而必须更改申请，即例如，诉讼起初是为了转移货物的占有，而在诉讼期间这些货物被损坏，在这种情况下，原告可要求赔偿而无须被告的同意或法院认为该申请的改变是适宜的。

如果被告对新的申请的是非曲直作出辩护而不表明该申请的更改是不可受理的，则将认为被告对该申请的更改作出了同意的表示。

即使《德国民事诉讼法》第264条不适用且被告不同意，法院可依然认为该更改是适宜的。在这方面法院有相当大的自由裁量权。如果有助于最终解决当事人间的争议和避免新的诉讼，法院就可认为该申请的改变是适宜的。

3. 补充诉状

根据《德国民事诉讼法》第260条的规定，在诉讼进行中，针对同一被告人的其他的诉讼请求也可被提出，如果该法院同样对这些诉求有权受理。此外，当事人可在任何时候提出或修改法律理由，甚至一方当事人有可能采纳运用其他当事人的法律理由或事实主张。

（四）诉求的合并和当事人的合并

在法律意义上，民事案件中仅有的当事人是原告和被告。然而合并的当事人作为原告或被告是可能的。诉求的合并是原告针对同一被告人提出两个或两个以上的诉讼。

1. 多方当事人合并的诉讼

多方当事人合并（作为原告或被告）的诉讼是可能的，当：（1）争议中的权利或义务由多数当事人共同享有或共同承担。例如连带的债务人，共同所有者或共同继承人①。（2）在法律或事实上出于同一事由被授予共同诉讼人资格，或被共同委托，例如买卖合同的共同买方、偶然事故中的受害方，以及（3）主张或义务在法律上是基于近似的理由或诉讼标的是缘于近似的事实，例如，保险公司针对几位投保人请求支付保险金的诉求②。

除了这些特别的前提条件外，对每一个共同诉讼人的一般程序前提应该被满足，即法院须对每一个诉讼当事人享有管辖权。如果不是这样，那么对这样

---

① 《德国民事诉讼法》第59条。

② 《德国民事诉讼法》第69条。

的当事人的共同诉讼是不能受理的。

多方当事人合并的诉讼意味着几个诉讼合并为一次审理和听证。仅仅诉讼是合并的，参加方当事人在法律上仍保持独立，不受案件中其他当事人行为的影响。相应地，参加方当事人可以作出不同甚至相反的诉讼行为，例如一被告可以申请驳回起诉而其他被告则承认这一起诉。因此，多方当事人合并的诉讼并不必然意味着一个统一的判决。

如果存在着必要的共同诉讼人，则适用专门的规则。当存在下列情形时，共同诉讼是必要的共同诉讼：（1）争议中的权利必须由参与方一致地决定；或（2）基于其他理由，共同诉讼是必要共同诉讼。

因此，当已结之案的效力适用于所有参加方当事人，当判决将改变一个对所有参加方当事人有影响的法律权利或法律地位（如否决股份公司股东会议决议的行为）或当参加方当事人必须共同地持有或处理一个根据实体法的权利（如共同继承）时，就将成立必要的共同诉讼。

如果成立一个必要的共同诉讼，判决对参加方当事人必须是统一的。为确保获得一个统一的判决，诉讼中由参加方当事人作出的相互矛盾的行为是没有效力的。例如，如一个被告申请驳回起诉，而其他被告已承认该起诉，则针对那些已承认该诉求的被告，法院将被阻止作出一个有关承认的判决。

2. 诉求的合并

只要同一种类的诉讼是可受理的，并且同一法院有权受理所有的诉讼请求，诉求的合并是可能的。

（五）反诉（counterclaim）

就反诉本身而言，如果所有一般性的程序性前提均已满足并且法院有权受理这一待审案件中的反诉，则反诉对被告而言是一种可采用的回击手段。此外，联邦法院一致的实践是要求起诉和反诉之间有法律上的联系，并且如果第三人同意或者在法院看来在同一诉讼中审理这一反诉请求是适宜的话，甚至可以允许反诉针对第三人提出。

（六）交叉诉讼（cross-claims）

在德国民事诉讼中，一个原告针对另一原告或者一个被告针对另一被告的交叉诉讼是不能受理的。

（七）第三人诉求（third party claims）

根据《德国民事诉讼法》第 72 条及以下条文，一方当事人可以通过送达第三人通知使第三人卷入诉讼。如果该第三人对一当事人负有责任或者可依待审案件的一个不利判决对一当事人提出诉求，则该当事人可以开始第三人通知程序。

该当事人用此通知要求第三人出庭支持诉讼，如果该第三人参与审理则适用介入条款。如果该第三人不参与审理，审判仍然进行而不管第三人的诉求。不论第三人参加审判与否，根据《德国民事诉讼法》第68条的规定，第三人通知还是具有介入效力的。相应地，在第三人与送达第三人通知的那方当事人之间后来发生的审判中，第三人不能辩称判决是不正确的或审判未充分进行或审判的进行是由于当事人的错误。

（八）要求诉讼第三人参加的诉讼（impleader）

第三人就待决案件的当事人之间的诉讼标的物主张权利可能引起一个针对待决案件双方当事人的诉讼。在这一新的诉讼中，待决案件的双方当事人将是共同被告。根据一方当事人的请求，法院可以中止待决案件的审理，直到对第三人发起的诉讼已作出最后判决。

（九）互相诉讼（interpleader）

如果被告准备支付债务但又不能确定真正的债权人，则该被诉支付一笔债务的被告可以送达一个第三人通知给诉称有权获得正在审理中的、存在争议的债权的人。如果该第三人参与审理，被告则将在提存正在争议中的款项后从案件中退出。诉讼改为就谁有资格获得此项权利的问题在原告和第三人之间继续进行①。

对被告诉请返还一个其占有但不享有法定所有权的物时适用同样或类似的原则。例如，作为佃户或保管人的被告可以送达一个第三人通知，如果在他看来，他必须将占有物返还给非为原告的第三人。如果第三人参加诉讼，则第三人将接替这一诉讼，继续被告与原告之间关于谁有资格获得该财物的诉讼，而被告从诉讼中退出。如果第三人不参加诉讼，被告可能承认这一诉求而将财物返还给原告。在这种情形下，第三人已被排除针对被告提出关于该笔占有物的任何请求。

（十）介入或参与诉讼（intervention）

根据《德国民事诉讼法》第66条的规定，第三人（介入者）可以加入一个待审诉讼以支持一方当事人，如果第三人在其支持的一方胜诉时享有合法利益。这一必需的合法利益当待审的判决影响到介入者的法律地位或身份时成立，例如：如果判决损害到他的法律地位；或他将受到判决的既判案件效力的约束；或假若作出一个不利判决，被支持的一方当事人将有一个针对他的

---

① 《德国民事诉讼法》第75条。

请求。

　　尽管实际上介入者不是诉讼中的当事人而仅是协助其所支持的一方当事人，介入者可以以各种还击和防御方式进行抗辩，除非这些方式将与其所支持的一方当事人在诉讼中的行为相矛盾。根据《德国民事诉讼法》第69条，有一个适用介入条款的例外情形，在此情形中介入者拥有更独立的地位而且可以作出与受支持方不一致的行为。但如同受支持方不得提出新的事实或新的证据一样，介入者也被阻止如此而为。

　　案件的判决是仅针对原告与被告作出的，但会在介入者同受支持方之间引起具体的介入效力。根据这一介入效力，介入者被阻止在后来的案件中针对受支持方辩称这一判决是不正确的。他被进一步阻止宣称诉讼是在被支持方的错误或者不充分的行为下进行的，除非介入者在介入时被阻止引入新的事实和证据或他未知的反击和辩护手段，而由于受支持方的故意或明显的过失受支持方也未能提出该反击和辩护手段。

第二节　若干欧洲国家和地区的制度（下）

一、法国

（一）起诉

1. 起诉的法律资格

　　原告应证明诉讼利益的正当性及合法性。并且，原告的利益应是明确、具体、当前现存且和本人直接相关的。这些要求产生了大量的判例法，并引起了关于诸如通过协会来保护实际上的共同利益的诉讼请求的可接受性问题的学术争论。

　　法律承认专业协会保护特定行业共同利益的权利及请求执行它代表的集团利益的权利。一个例子是1992年1月18日的第90-60号法令的第8条给予消费者的保护。它规定，当几个消费者分别遭受来自同一商业行为的损害时，国家批准承认的消费者组织可以代表他们对损害提起诉讼，假如它被至少两个利害关系当事人书面授权，而此授权并非因任何公告形式产生。近来产生的判例已宣布诸如宗教团体或反高速公路暴力联盟提出的诉讼请求是可以接受的，尽管最高上诉法院是否接受这种自由做法尚不得而知。

2. 起诉

　　诉讼于通过传票的送达来通知其他诉讼当事人而开始，通常也称之为送达。但是，某些诉讼程序和某些特殊法庭如劳资纠纷仲裁法庭、农村租约对等法庭和初审法院的诉讼采用简单的公告形式。无论送达或公告，起诉状的作用比美国的简易起诉状更广泛。一般说来，它是对案件事实和法律的最初声明，它包含了原告在初审阶段的论点。的确，它应该是充分的，以有利于被告的答辩。

送达通过具有宣誓法庭官员身份的有权送达人的执行而生效。如果被送达的被告在国外，传票将寄送至公诉人办事处，并通过外交途径完成，除非某一国际条约允许送达人将传票直接送达给利害关系当事人。国际条约如关于送达程序的海牙公约规定了许多送达方式。

在法国，传票应用法语书写，记载原告、传票送达者和被告的具体情况，以及受理案件的法庭、诉讼标的物、法律理由摘要及对未出席法庭的当事人的传唤通知。如果未记载这些情况，传票被视为是无效的。送达的传票在草拟时就应明确原告须出具的文件，尽管这些文件大部分是在以后的阶段送达给被告的，但是，在须紧急处理的案件中，一般的程序要求所有的文件应随传票送达给被告。并且，根据诉讼的性质或标的物，可要求某些陈述和正式手续。传票的送达通常中止可适用的诉讼时效法的实施。

（二）其他的诉状

法国民事诉讼惯例的一个重要内容是互换起诉书。互换起诉书的期间，因案件的复杂程序、紧急状况及特定法庭的工作量而不同，假设原告已在审判开始时在送达或公告中陈述了案件及最初辩护，那么他然后应提交他欲赖以作为证据的文书，以使被告能以抗辩书的形式作出答辩。

通常原告会反过来提交抗辩书以回应原告的答辩。即使抗辩已表达了原告的诉讼请求，因没有严格的时效限制，仍允许原告最迟在正式作出终结辩论命令之前，呈交修改的请求和抗辩。这标志着诉讼阶段发现的终结。法庭应宣布呈交的请求及出示的证据是否可采纳，除非认为有必要撤销辩论终结的裁定并允许其他当事人答辩。

因在特定案件中，法官在诉讼的任何时候都可提出标的物管辖权抗辩，被告通常应在提出其他程序异议的同时提出此类抗辩，事后此异议将被视为已放弃。与一当事人修正其初始诉讼请求的附加请求及原始被告对原告提出请求的反诉请求一样，附带诉讼请求可随时提起并包括在抗辩之中。共同诉讼可以是自愿的也可以是非自愿的。在介入案件中，抗辩还会送达给处于被告地位的第三人。

二、意大利

诉讼以签发传票的形式开始，原告通过传票行使其起诉权。传票有着双重功能，即一方面，传唤被告应诉；另一方面，向法院提出诉讼请求，以此确定诉讼标的。

传票中应包括的内容有：（1）指明提起诉讼的法院；（2）原告、被告及他们的代理人或者管理人的姓名、别名、住所；（3）诉讼标的；（4）事实陈述及寻求救济的理由；（5）原告试图出示的证据及文件；（6）被告最迟必须于第一次开庭的 20 天前应诉，若被告未遵守最后的期限，则被告将被取消提起反诉的权利及提起不被法院所怀疑的反对意见的权利；（7）原告的代理律师的教名（Christian Name）和姓名及代理律师的权限。

如果被告是法人或者社团，则传票上必须写明其名称及代表该法人或社团起诉的人。传票必须由代理律师签名，若不要求指定代理律师，则由原告签名。

根据《民事诉讼法典》第 164 条的规定，下列情况将导致传票无效：如果传票没有写明所指定的法院，当事人及诉讼标的写得根本不清楚；如果被告应诉的时间少于法律所规定的时间或者没有写明第一次开庭审理的日期；如果没有警示被告其未能及时应诉的后果或者没有写明诉讼的事由。如果被告应诉，或者法院指出了这些缺陷并命令修改传票，则该传票的无效可以纠正。

1. 送达

传票送达员把传票送达给被告，被告即进入诉讼。从这时起，诉讼即存在并等待判决。

如果由于传票送达员的疏忽使得送达无效①，则可以通过被告的应诉或者法院要求重新送达的命令而补正。送达的无效不会影响传票本身的效力。不过，受送达人的身份及传票本应生效的地点的瑕疵也会导致传票的无效，这一瑕疵使得传票不能达到其正常的效果。

2. 出庭

传票不能使当事人与法院建立正式关系，只有当事人的正式出庭才能达到此效果。在向书记员提交进入备审诉讼目录表的要求及载有初始传票和书面证据的文件，并送达传票后的 10 天内，原告必须出庭。

被告至少应于第一次审理前 5 天提交载有答辩状及文件的卷宗并出庭。在

---

① 《民事诉讼法典》第 160 条。

书面答辩状中，被告必须表明其对原告在传票里陈述的事实所持的立场，必须在面临丧失权利的惩罚的情况下提交其反诉以及那些不能由法院依职权提起的程序上和实体上的反对意见，必须表明他试图提交的证据，写明他的救济请求；根据具体的案情，表明其在第一次庭审中成为第三人的意图。根据《民事诉讼法典》第 171 条的规定，如当事人双方均未在法律规定的时间内出庭则诉讼将从备审案件目录表中排除。如果原告未能在法律规定的时间或者第一次庭审时出庭，则法院可以依被告的提议在原告缺席的情况下继续庭审。如果被告未在法律规定的时间或第一次庭审时出庭，则法院将在被告缺席的情况下继续庭审。

在出庭以后，双方当事人通常通过他们的代理人行事，传票及诉讼中的通知应送达给代理人，除非法律对一些特殊的案件另有规定。从此时开始，书记员成为当事人卷宗的保管人，将该案列入总的备审案件目录表中，把法院的卷宗都汇编在一起，所有关于本案的记录都必须放入法院卷宗中。

3. 当事人

诉讼当事人有原告和被告。原告的地位可以通过提起诉讼，加入未决诉讼或继承初始诉讼中一方当事人的地位而取得。那些具有法律能力的自然人和法人、社会团体、委员会、商事公司及一些诸如破产及继承之类的集团，法律承认其具有特别自主权的人都有资格成为诉讼当事人。

不是所有有资格成为当事人的人都有出庭进行诉讼，即具有有效地为程序行为的能力；无行为能力人必须通过其代理人出庭，代理人以被代理的当事人的名义并为被代理人的利益进行诉讼；未成年人及残废的人在他们的保佐人的协助下出庭；法人通过它们的代理人出庭。程序上的代理人在诉讼中以其自己的名义行为，但实际上是为维护其他人的权利，由于这种诉讼行为的结果也影响权利持有人的利益，因此，只有在法律有特别规定时才能产生此等代理人。

对于那些价值不超过 100 万里拉的案件、法院基于案件的性质和范围而授权的案件、劳动争议案件、有关强制社会保障的案件、未超过 25 万里拉的有关健康保险的案件，在民事诉讼中当事人可在治安法院出庭。原则上，在法律诉讼中，法律要求双方当事人由代理人代理。除了在治安法官前的诉讼，在上诉法院的诉讼中代理人必须是法庭认可的代理人，在最高法院的诉讼中代理人必须是特别登记册中的成员。代理人通常是由当事人以总括授权或特别授权的方式指定。无力支付诉讼费的当事方可以由国家支付费用而获得法律授助。

4. 检察官

检察官是国家建立的、确保那些不能单独由私人提起诉讼以保障那些保护普遍利益或者社会利益的法律的实施的权力机构。在法律有明确规定时，检察官可以作为原告提起诉讼。他不仅有义务参加由他本人提起的诉讼，而且有义务在婚姻纠纷（包括那些别居及婚姻的解除）、与个人的法律地位及法律能力有关的纠纷及其他法律规定的纠纷中参加诉讼。检察官有权参加任何他认为有必要保护公共利益的诉讼。

5. 多方当事人

当同一诉讼中有多方当事人时，则发生多方当事人诉讼。若只有几方当事人均参加诉讼中所主张的实质关系法院才能作出判决，则多方当事人诉讼是强制性的。若几方当事人在同一程序中进行诉讼的目的在于减少诉讼的次数及避免出现相互冲突的裁决；则多方当事人诉讼是任意性的。在后一种情况下，由于法律并未强制要求合并诉讼，因此，如果经所有的当事方提议，或者法院认为合并审理将拖延时间或者使得诉讼更繁杂，则每一诉讼可分别审理，以保持其独立性。

6. 共同诉讼

当外来的当事人（非初始诉讼当事人，例如第三人）加入已经开始的诉讼时，发生共同诉讼。后来者可以自主加入诉讼，称之为自愿的共同诉讼，或者由一方当事人或者法院要求参加诉讼，即强制的共同诉讼。

自愿的共同诉讼产生的基础在于法院作出的判决有可能对第三人产生间接影响。如果加入诉讼的人主张其自己的权利，且与原告和被告方的利益都相冲突，则共同诉讼人称之为主要的共同诉讼人。如果加入诉讼的人虽然保持其自己的独立性，但若他采取的立场与一方当事人相同或者平行，则他被称之为自主支持的共同诉讼人；如果后来加入诉讼的人虽然没有赞成或反对的自主权，但一方当事人的胜诉对他有利害关系，则他被称之为从属支持的共同诉讼人。

如果当事人认为第三人对案件有着共同利益或者需要第三人赔偿，或者法院发布命令要求一方当事人传唤第三人参加诉讼，则产生强制共同诉讼人。

7. 当事人的变更

在诉讼过程中，两种事情的发生将导致一方或多方当事人的变更：（1）当一方当事人停止存在时（例如公司的合并、法人的破产清算、自然人死亡或者其他原因），发生诉讼继承；及（2）讼争权利被单独转让而不是总括转让。

在第一种情况下，总括继承人继续进行诉讼，如果有不只一个继承人，则他们作为共同当事人参加诉讼。在第二种情况下，必须区分两种情形：一种情形是权利的转让是在生者之间因一项交易而发生，诉讼继续在初始当事人间进行，其效果也及于继承人；另一种情形是因死亡而发生权利转让，其诉讼由继承人提起或者针对继承人提起。

三、西班牙

（一）起诉

诉讼能力是主体出席法庭，在诉讼中实施有效行为或使此种行为有效的能力。这种能力可能与诉讼权利能力相当，尽管在这种情况下，两个概念之间并不完全相同。

尽管在通常情况下，适用当事人的属人法来确定其诉讼能力。但就外国原告或被告而言，在没有固定标准的情况下，适用诉讼所依据的法律来确定这种能力。适用于当事人诉讼行为能力的法律通过替代同样适用于当事人的实体能力。

具有上述所提到的不同种类的能力的人，并不总是足以能作出诉讼行为，因为由于所争议事项的复杂性以及诉讼程序的形式和技术性质，法律顾问参与诉讼是必要的。该参与由法院地法规范，就西班牙而言，由《民事诉讼法》第3.4条和第10条调整。

《民事诉讼法》第3条规定："必须由经合法授权可在聆讯案件的法院中行为，并由一名律师宣告其有足够的权利的初级律师出庭。"其第10条规定："当事人必须由一名被授权能在聆讯案件的法院行为的初级律师指导诉讼当事人。"

因此，通常的规则是要求由初级律师陈述案件，由大律师参与诉讼。在第一种情况下，这种陈述在性质上仅仅是形式上的，而在第2种情况下，参与诉讼包括研究、准备和草拟将由诉讼当事人提供的书面文件，或者出席口头宣告。

1. 陈述基本要件

控告是原告提起诉讼的程序性步骤。由于这是行使诉讼权利的正式手段，因此，它决定了争议的标的，尤其是判决书的内容。它应采用书面形式，但在"口头"诉讼程序中，要采用"诉讼开始令"形式。此外，原告必须呈递足够的文书的副本。

该令状首先向将审理此案的司法机关提出，并且正如《民事诉讼法》第524条明确要求的那样，载有律师确认被告人、被告人的诉讼代理人身份和有关他本人的委托行为的内容。而且，该文书明确地表示了诉讼的种类（宣告性、控诉性或者试验性诉讼）和审讯的种类。根据原告的主张，通过审讯，案件得以被证明是有根据的。

原告将会在诉讼开始令的最后部分向法院提出对具体保护的申请，即为人所知的"恳求"（suplico）。对正在寻求的救济作出明确的阐述是诉讼开始令最重要且最明显的要求。

2. 陈述所寻求的救济

诉求决定了原告所请求的保护的类型，因此，可以把诉讼分为三种："控诉"，即请求法官命令被告为某种行为；仅仅是宣告性诉讼，即原告意在使法庭宣告一个特别的权利或者一个明确的法律关系的存在、不存在或如何解释；试验性诉讼（test actions），即原告意在获得对一个权利或者法律关系的创设、变更或者撤销。

（二）答辩的类型

被告不管何时就同一事项采取任何积极的态度，即是对诉讼开始令的答辩。如果诉讼开始令是进行诉讼的正式手段，那么，该答辩便是被告对抗原告的诉讼的正式手段。在这种情况下，正如《民事诉讼法》第 540 条所示，该答辩传达了抗辩的主要特性、结构和性质。

答辩必须满足抗辩的形式要件。这意味着必须把事实与法律根据和对所寻求的救济的陈述清楚地区分开来。而且，答辩必须附有相应的证明文件。

1. 否认

在答辩中，被告可以只否认诉状中的事实，即便他这样做，也无须作进一步的解释。这样，证明事实的责任将转移到原告一方。然而，被告可能会承认原告所主张的事实的真实性，而否认原告试图从这些事实中推论出的法律效果。

在后一情况下只要对事实完全达成一致，就可大大地简化诉讼程序。诉讼局限于双方当事人已经认可的对价和事实范围内，这样，就没有必要经历呈送证据，甚至第二审（在大、小金额标的诉讼中和收回不动产诉讼中）阶段。

2. 拒绝和肯定的抗辩

有时，被告在其答复中包含某些新的案件事实，并且这些事实将由其进行证明，这种抗辩被称为"例外"。

例外不仅仅指被告提出的对新事实的主张，还可能包括下列事实：法官知悉事实或者应该知悉事实。如果这是真实的，法官将否定原告请求法院保护的权利，否则法官将会否决原告请求法官就该保护的可行性作出裁判的权利（例如，他们得否决原告的诉权）。

与上述相关联的是，必须对程序抗辩和实质抗辩进行区分。程序例外的目的在于否定原告请求法官对已进行的诉讼作出裁判的权利。

承认程序例外使得法官不对案件进行实质性审查（这是原告对已进行的诉讼享有的权利），便可宣布免除被告的责任。

在程序例外的范围内，有一组被称为"迟延例外"的例外，它只能在大额标的诉讼开始时提出。这些迟延例外会中止诉讼，一直到得到解决为止。当这些例外之一被承认为有效时，被告免于答辩。在任何情况下，除了诉求很小的案件，对诉状的答辩必须包括抗辩。

与程序例外形成对照，所谓的实质例外即是指新的事实如得到证明，将导致涉及案件实质（承认原告并无权受到其所请求的法院的保护）的履行判决。把新事实引入到案件中并不必然指诉讼标的的任何变化，这是因为如果这种情况发生，一方当事人面临的将不是抗辩，而是反诉。

像前述情况一样，在实质例外的范围内，单独地区分开两种例外是正常的，即适当的例外和非适当的例外。适当的例外赋予被告具有反诉权或反诉能力，当以此作为抗辩时，被告将可以避免被判存在过错。这种例外的典型例子是，时效——如果辩护成功的话，可能使得被告避免完成强制性诉讼。

适当的例外必须经请求才加以考虑，而非适当的例外必须由法官依职权辨别。之所以如此，是因为后述的例外意在说明：由原告启动的诉讼自始不存在（例如，因为合同无效），或该诉讼已经消灭了（因为已经付款了）。

（三）答辩

在同一答复(reply)中，原告可以只对反诉作出反应(respondence)，如果适当的话，或者放弃作出答复的权利，而仅对反诉作出反应(respondence)。如果呈送了答辩，被告即获得了第二次答辩的权利。如果原告放弃其答辩权，或者未能依据法律规定，在十天的期间内呈送答辩，那么，被告可能不会利用第二次答辩的权利。

（四）诉状的修正

答辩和第二次答辩包含有各种请求，这些请求的唯一目的是阐明并逐一列举起诉书和答辩状中的事实和请求。

正如在答辩中一样，对他方当事人主张的沉默和含糊其辞的答辩，可能会被认为是对该主张所依事实的承认。

根据《民事诉讼法》第548条的规定，禁止变更诉状，如果当事人在上面提及的抗辩中变更了原始请求、起诉状或者答辩状，便是对该禁止的违反。如果请求是不矛盾的，并与后者一致，且未改变其实质，尽管允许对除原始请求外的请求进行阐明或补充，但是最高法院的判例法仍赞成上述原则。

（五）诉的补充

尽管禁止改变诉状，但是西班牙法院的程序制度确实允许原告或者被告在特定情况下对诉状作出补充。增加这些请求的方法即是《民事诉讼法》第563条规定的所谓的"扩充的诉讼开始令"。根据该规定，如果对案件的解决有突出影响的事实被发现，或者当事人较早地知道他们发誓前所不知晓的类似事实，提出该诉讼开始令是可能的。为了便于他方当事人能够否认或承认事实，或者甚至请求其他能抵消扩充的诉讼开始令的事实，该诉讼开始令必须送达对方当事人。

（六）权利主张和当事人的合并

《民事诉讼法》第153条及以下条文规定了诉讼的合并，允许当主题之间存在明显关联时，在同一判决中同时解决相关争议。其最明显特征是一个原告在其抗辩中针对一个被告提起两个或更多的诉讼。

原告可以在最初或者在呈送诉状之后、被告呈送答辩之前，把数项主张合并入一个诉状。该后一种情况即是诉状的扩充。

当把针对单一被告的不同的诉讼进行合并时，最初对诉因的合并可能是"客体性的"，或者只要合并的诉讼是向不同的被告提出的或者是由不同的原告提起的，该诉讼即具有"主体性"。在后一情况下，除了一个合并诉讼外，还有共同诉讼。

尽管如此，这种区分并非结论性的。因为，既然这些诉讼可能引起单独的诉讼，却被一并审理，并在单一判决中得到解决，所有的主体上的合并诉讼代表了诉因的客体的合并。结果便是，"主体的"合并的条件必须总是与《民事诉讼法》第154条关于诉讼客体合并所规定的条件一致。

诉因的客体合并是原告的特权（永远不是其义务）。该诉讼的合并有两种方式：简单的合并或者不确定的合并。简单的合并对于彼此完全不同的那些诉讼或者对于那些具有法律联系的诉讼是可行的。这便使得对这些诉讼中的一个的承认，即意味着对所有其他的诉讼的承认。当把两个或更多的彼此矛盾的诉讼共同提起，以使法官只有在驳回第一个诉讼后才可以开始分析第二个诉讼的实质时，便发生了不确定的诉讼合并。

根据《民事诉讼法》第153、154条的规定，客体合并的条件如下所述：（1）同一原告针对同一被告提起不同的诉讼；（2）受理诉讼的法官对每一诉讼都有管辖权；（3）诉讼必须在性质相同的程序中被证明有根据；（4）原告企图合并的诉讼彼此不矛盾。

当《民事诉讼法》第154条规定的条件得到满足，并且这些条件"由单一的权利而引起或者基于相同的诉因时"，一个人对抗其他各种人的诉因的合并或者不同的原告对抗一个人的主体的合并是可能的。涉及不可再分的义务或对继承的债务的偿还时，诉讼合并便是可能发生的。对依其他情况针对数人的诉讼的合并，例如，针对可能受判决直接影响的数人，或者对案件结果有明显的合法利益的人，最高法院的判例放宽了合并诉讼的条件。

在主体合并中，合并诉因义务的实际结果是，在合并诉讼中对每个成员的审理活动将影响其他人的利益（虽然任何个人实施的损害行为对其他人将无效力，例如，当事人一方达成的和解）。

如原告在呈送诉状（诉状的扩充）后实施合并诉讼的行为，那么如上所述，这总是在对诉状答辩之前才能够实施。这种合并的唯一的特征是，对诉状答辩的期间从扩充的诉讼开始令送达被告时开始计算。

（七）反诉

在此，反诉被定义为：被告提起的针对原告的、在相同诉讼程序中审理的、与最初的控告一起由相同的判决解决的一个新诉讼。就反诉本身而言，原告将变成被告，被告将成为原告，但是他们在启动诉讼程序的诉状方面会保持其原先的地位。

在西班牙，提起反诉很容易，并不要求与诉讼标的存在关联。无论何时，只要被告在其答辩中包含任何其免责的请求，都可发生反诉。结果是，当被告的答辩包含有对新标的物的权利主张，而不是曾引起诉讼的权利主张时（例如，要求赔偿），被告总是提起反诉。尽管如此，最高法院也指出，反诉必须清楚明确地提出。

就反诉的形式而言，在缺乏法律规定时，必须认为反诉要符合任何诉求所应具备的要件。尽管反诉只是书面答辩的一个部分，但是必须把它与答辩区分开；反诉包含自己的事实、法律依据和诉求。反诉的提起有一个合乎逻辑的限制，即反诉与旨在解决具体事项的审理中的原始诉因必须有关系。与此相关的是，反诉必须能够在解决主要抗辩的同一诉讼中被审理。

审理主要抗辩的法官必须有权审理反诉。法律对事项（matters）和金额管辖权有明确的要求。在反诉案件中，与诉因程序相对照，并不将两个抗辩的金额加起来以决定管辖权问题。

最后，在反诉的要件的主题中，必须包含如下义务：被告（或者共同被告，如果有一个以上被告的话）的抗辩必须是针对原告，不得针对第三人。此后，将会审查被告针对一个共同被告反诉的可能性。

尽管可以假定，涉及反诉的被告人的资格通过承认该被告为主要抗辩的当事人而得到满足，但是反诉必须满足审判程序的所有条件。如果存在某个阻碍反诉的程序方面的瑕疵，例如，一个未决诉讼问题，原告可反对反诉。

（八）相互提出诉讼请求（Cross-claims）

相互提出诉讼请求，涉及那些共同被告或者共同原告间提出的，而不是针对涉及诉讼的其他方面的人提出的权利主张。针对共同被告，相互提出诉讼请求已被西班牙判例法所承认，并当作反诉对待。西班牙立法未明确涉及共同原告之间相互提出诉讼请求，然而，一个处于共同原告地位的人针对一个共同原告提起一个新的诉讼似乎并无障碍。如果牵涉到当事人中的任何人，并且其他必要的条件已满足，由同一个判决对两个案件作出处理也是可能的。

（九）第三人的权利主张（Third party claims）

西班牙的法律规则承认第三方当事人介入的两种方式。第三人为了维护他们的权利或者打算在未决诉讼中胜诉而参加诉讼是对其追索权的处分。

1. 第三人对所有权的主张

第三人主张所有权是法庭的一个诉令程序，通过该程序，第三人试图使特定财产解除扣押，这是因为该第三人而不是其占有的财产被扣押的人是财产的所有人，或者通过该程序，第三人保护其在强制取消抵押权案中将会受损的财产上的权利。第三人主张的求偿标的限于请求法官解除扣押。

第三人主张的必须是现行的权利，并且在扣押之前已被合并审理。尽管如此，第三人对所有权的主张是基于权利而不是占有，但这些权利是反对扣押或对财产（对财产的转让权，比如使用收益权，或对被扣押的房屋的转让金额所拥有的权利）将来的处分。

该财产一旦被扣押（即使是实施预防性的扣押），第三方当事人就可提出权利主张。对第三人权利主张的承认将会一直持续到该财产已被销售或者就该财产款项已作出了判决。

2. 第三人的首要权利（Paramount right of a third party）

第三方债权人在单一债权人提起的取消回赎权的诉讼中获得优先权，是第三方债权人的首要权利。因此，这与被归类于享有优先权的信托的存在是一致的，因为信托授权持票人在同一债务人的债权人之前收取款项。

在第三人对首要权利的主张中，根据法律的规定，必须提起两个合并的诉讼。该诉讼针对被取消赎回权的债务人，是一个基于履行真实的、到期的可偿还的债务的对人诉讼。

第三方原告还必须提起针对享有取消回赎权的债权人的诉讼，该债权人销售被扣押财产而不管债务人是否有其他债权人。诉讼旨在阻止执行债权人

（executing creditor）扣除其债务（加上利息和诉讼费用）①。该令状的例外在
1520 条有具体的规定，即对被扣押财产处分的收益不适用于任何其他尚未在
取消回赎权诉讼中被宣布为优先的事项。如果及时作出请求，并且其他的执行
债权人能够证明其优先权，这样便能够在判决中体现出来，那么，上述情况便
允许法官为了满足享有优先权的债权人，而变更通过处分财产而获得的金额的
用途。

法官的判决要求把第三方债权人对执行的授权和享有执行权的债权人的授
权进行比较，目的在于决定前者的权利是否是可执行的，或相对于后者该权利
是否享有优先权，简言之，正如《民法典》第 1921～1929 条和其他法律条文
所规定的，按优先权的顺序继续组织债权。

在取消回赎权的诉讼程序的任何阶段，第三人可以提出对所有权的主张或
者对其首要权利的主张。根据《民事诉讼法》第 1533 条，一旦文据（deed）
已经生效（formalised），或者对该财产处分的销售已经完成，或者一旦在付款
方面对执行债权人的权利主张已经作出了裁决，第三人的所有权主张不会被承
认。第二个权利主张（即首要权利的主张）尽管符合前述《民事诉讼法》第
1533 条的规定，但在向享有执行权的第三人支付后，将得不到承认。

3. 第三人权利主张共有的主要程序特征

为了阻止单纯为了拖延的目的提出权利主张，立法者制定了具体的预防措
施，这是第三人权利主张的最显著的特征。因此，为了法官继续审理权利主
张，原告首先被要求呈送为第三请求人权利的存在和有效提供表面证据的文
书。在此方面，判例法已经认可了各种不同的文书（销售合同、贷款协议、
在刑事判决中已被证明了的事实声明），但是在一般情况下，不予承认由第三
请求人单方面起草的文书。

值得注意的第二个条件是，第三请求人针对债务人和执行债权人的权利主
张必须同时提出。所以，这是合并诉讼的一种形式，该形式使以一方当事人的
缺席为抗辩而阻止法官宣布判决有了可能。法官也可能会依职权正确评价该事
实并阻止宣布判决。

执行债权人和被取消回赎权的人就第三人权利主张达成协议，或者如果双
方没有能够对该权利主张进行答辩，那么法官会立即宣布正式审理程序开始，
并传唤当事人以作出判决。依据《民事诉讼法》第 1541 条的规定，该判决可
被提起上诉。即使对第三人的权利主张没有作出答复，原则上可能会被认为是

---

① 《民事诉讼法》第 1520 条。

一个默示的同意。在有两个或更多的共同被告的案件中，真实的情况是，他们中的一个承认不能损害其他人，因为不然的话，该情况意味着对案件一致性的割裂，而且不应忘记第三人提起的诉讼是不可分的。

（十）要求诉讼第三人参加的诉讼（Impleader）

根据西班牙法律，在某些情况下，在审判中当事人一方为了扩大己方当事人，被准许请求此前尚未卷入该案件的第三人参加诉讼。可以通过告知第三人参加诉讼或者"向第三人提出请求"获得第三人的帮助以对付被告，或者创设一个其他权利例如担保或者补偿所依赖的事实情势。

第一，要求存在一个担保，即当合同外第三人对被转移物主张所有权时，购买方要求卖方提供保证。被诉的购买方要求出卖方参加诉讼是为了协助他在诉讼中防止所售出的东西由于基于出售前已存在的确定权利的判决而遭受损失。当销售者（第三方）收到审判仍在进行通知（该通知是法官应被告人的请求而作出的）时，该销售者可以采取两种将导致不同结果的态度。如果第三人决定出庭并对抗辩作出答辩，他将被承认为一方当事人，并且该购买者兼被告人将保持其作为当事人的地位。如果他不出庭，针对被告的诉讼将继续进行，但是如果后者败诉还失去了所销售的标的物的话，被告将被授权向销售方要求赔偿①。

第二，一个直接占有者（承租人或者用益权人）要求所有人作为当事人参加到对抗被告人的案件中来，该案中所有权人的权利也许会受到影响。这种可能性源于这样的一般原则，即直接占有人必须把可能影响第三人所有权的诉讼告知所有人，在逻辑上，这些影响所有权的诉讼被认为是包括针对直接占有人（即使法律对此并未作出明确的规定）提起的诉讼的。如果所有人应用益权人或者承租人的请求出庭，就必须承认他作为合并的诉讼中的一个当事人参加到诉讼程序中来。

第三个值得一提的情形是，继承人之一因死者死亡时遗留的财产的债务被债权人起诉时。因为《民法典》准许债权人向任何继承人（接受列明了利益的遗产的人除外）主张债务，该法典还准许被告提出的传唤共同继承人的请求（除非已使被告单独对债务的赔偿负责）。任何参加诉讼的共同继承人都会以共同诉讼人的身份行为。

（十一）互相诉讼（Interpleader）

依据西班牙现行法，并没有在所有方面与互相诉讼的概念相符的程序制

---

① 《民法典》第1481条。

度，该制度在讲英语国家的法律中规定得比较明确。尽管如此，人们常常会考虑其本质，据此被两个或更多人起诉的当事人可以声称他对财产诉求不享有利益，并请求调查所有权问题，并且声称他应免除所有责任。由于该制度扩大了诉讼的最初目标，所以会有人把此制度理解为前面研究过的反诉制度。

（十二）参与诉讼（Intervention）

除了法定的参与诉讼和当事人之一对涉及第三人的诉讼而请求第三人参与诉讼外，还有另一种参与诉讼的形式，法规并未对此种形式予以规范，但是判例法已承认了该形式，即我们所知的自愿参与诉讼。在这种情况下，第三人为了支持一方或另一方当事人而请求法官准许其成为涉及其他人的案件的一方当事人。

由于缺乏规则，因此仍存在一些未解决的问题，例如参与诉讼的当事人的诉讼地位问题。部分学说和判例认为，第三方当事人必须被授予与其所支持的一方当事人相同的诉讼能力，因为不然的话会存在欺诈的可能性，这恰是第三人想通过参与诉讼努力避免的。

除了上面提及的两种参与诉讼外，还有第三种，即西班牙法律所提到的具有独立权利主张的参与诉讼，其特征是第三人在一个诉讼中同时提起针对双方当事人的诉讼请求，请求与那些当事人利益相矛盾的法律保护。明确表述这三个诉讼（主要的抗辩加上第三人针对原告和被告同时提出的抗辩）存在令人烦恼的问题，但在德国和意大利法律制度中基本上已经有两个尚有缺陷的解决办法。西班牙法律对这种情形并未予以规范，但是采用单一判决（通过把 A 和 B 之间的诉讼与 C 针对 A 和 B 的诉讼同时合并起来）解决争议可发挥西班牙法律的长处。

四、芬兰

（一）诉状

自 1993 年 12 月 1 日起，在地区法院，民事案件的审理过程被划分为两个阶段：前期准备和主要审理。前期准备由法院进行，其目的是确定当事人的诉求、争议中的问题和被呈递的证据，以便于案件在一个口头的、集中和持续的审理中被考虑。某些并不复杂的案件可以在前期准备阶段通过简易程序解决。和解的可能性也由法院在前期预备阶段予以决定。

（二）传票的申请

民事案件由一个递呈给地区法院的书面传票（summons）申请发起。针对几个被告的诉讼只需要一份申请就可开始。传票的申请，像其他书面陈述和文书一样，可以用邮寄或专人递送的方式递交给地区法院。按照 1993 年 12 月 1 日起生效的法律，一份文书可以用邮寄的方式递交给一个地区法院，也可以用电子信息（即传真信息、电子邮件以及由司法部批准的、发送到由法院使用的信息系统的交换数据）。如果用电子邮件或数据交换而且如果该文件不得不以原始状态呈现，法院必须保留一个弥补错漏的机会，电子信息的发送人要承担转换的风险。

在 1993 年 12 月 1 日前，案件仅在传票已送达被告后才成为待决的。在新规则下，传票一经到达地区法院办公室就成为待决的。然而，某些时效期限，诸如债务的一般的 10 年期间以及某些汇票和支票的特别期间，从传票送达之日起算而不是从传票申请的提交日起算。

准备程序自申请到达法院时开始，申请构成准备程序阶段的基础，因此修改后的《司法程序法典》对申请的内容有详细的要求。下面的信息必须包含在申请中：（1）法院的名称；（2）当事人的姓名、职业和居所以及当事人的或他们的法定代表人或律师的电话号码、通信地址；（3）法院有管辖权的根据，除非其管辖权的根据能从该传票申请的根据中推定或附带在该文书中；（4）原告明确的救济请求；（5）详细的事实材料清单；（6）原告尽可能呈示的证据，以及原告所出示的每一个证据意图证明什么；（7）如果原告认为必要，诉讼费用的补偿请求。

同样值得建议的是要最初表明诉求的特性（例如，支付金钱的请求）。考虑到这一点以及上述的第（4）项，如果该诉求是请求支付金钱，如果不是指明的数目，申请应至少包含有明确的计算数目的根据。主要的原则是，民事诉讼在诉讼进行中不可以被更改，允许的例外被列明在法典中，而且在有些案件中没有呈现附属的或新的诉讼请求的可能性，因此申请应含有次要的或替代性的诉求。

由于法院有义务知道法律，并非严格要求原告对法律的可适用部分进行陈述。然而，对于法律争点，原告应在申请中表明他对可适用的法律条文的看法。在后一阶段，递呈新的事实材料仅在案件被认为未被更改时才是允许的。如果被告未提出书面答辩或没有出庭，呈递新的事实被认为是对诉讼的改变。此外，在主要审理期间提出一个未在准备程序阶段提出的事实的可能性被更严格的限制。

至于将被援引的证据、证人和其他将出庭受审的人的姓名、电话号码以及通信地址均应包括在申请中。在准备程序阶段，原告可以不受限制地提出新事实，甚至包括在提交传票申请时他已知的证据。在主要审理中提出新证据的可能性是被限制的。合同、委托书或其他原告提出的书面证据必须随附申请一起提交，除非争议将以简易程序解决。如果诉求是基于一张可议付的本票、汇票或一张支票，当实际诉求的证明材料被提交到法院时就可支付印花税（1.5%），该文书必须按原始状态同申请一起提交。

某些案件在一个简易程序中无须继续准备程序就能解决，例如，由于被告的承认。因此明确的诉讼费用补偿诉求常常是可取的并且常常是必要的，因为诉讼费用补偿不是依职权裁决的，并且诉讼甚至可以在原告没有要求时就可被缺席作出判决。就诉讼费用补偿作出一般性陈述是不充分的，必须明确其具体数目，如果诉讼继续，诉讼费用补偿诉求可以在后面的阶段提出。当然，诉讼费用补偿诉求可以在诉讼进行阶段被更改以反映超出原来主张的数目的额外费用。

申请必须由原告签名，如果他未书写该申请，则由书写该申请的人签名，其中他的职业和居所也应包括在内。律师的权限必须包括在内，然而如果该律师是芬兰律师协会的成员，或者是一名公共审判顾问（public trial counsel），则该律师的权限仅在法院特别要求时才须指出。

如果被告是一家登记注册的公司或社团，则必须附有该注册公司或社团登记的摘要。原告必须附有传票申请的复印件以及所有需送达给被告的文书的复印件（一个被告一份复印件）。如果原告没有这样做，原告将承担由法院准备这些复印件的费用。

在提交了传票申请后，法院将证实该申请是否满足要求。如果申请是不充分的，法院会提醒原告在规定的时间弥补其不完备的方面，如果这是继续准备程序所必需的话。原告将被告知申请是怎样的不充分并被告知申请可能被驳回或拒绝，除非原告在规定的期间内注意到了该提醒。

原告未能纠正申请的不完备性并不自动地导致驳回，法院只会驳回那种原告未能纠正不完备性而该申请又是如此的不完备以至法院认为没有适合的进行诉讼的根据的诉讼。如果法院出于其他的理由不能审理这一案件，也会驳回诉讼，例如，如果法院无权受理这一诉讼。

（三）简易程序

未被抗辩的案件可以用简易程序处理。在这些案件中，传票的申请在内容上可以更简单一些。如果原告表示按其所知，该标的不存在争议，并且该案涉及：（1）一笔金额明确的债务，（2）财产的归还，或（3）没收，则仅有诉求所基于的事实需要被包括在申请当中。这意味着既不要求一个详细的事实材料表，也不要求有关证据的信息。同样，也不须附带原告提及的合同、委托书或其他的书面证据。但这些文书应在传票申请中被准确地指明。由于无须附带书面文书，印花税未成为可支付的。

上述案件可以在一个简易程序的准备阶段被处理。然而如果被告否认这一诉讼而且诉讼可能不被缺席地支持，准备程序将继续，而且原告不得不提交诉求所基于的文书以及他所提及的同被延续的准备程序相关联的所有其他文书，并列明证据。

（四）传票和答辩

除非诉讼被驳回，法院将签发传票告知被告用书面形式对诉讼作出答辩。如果原告的诉求明显没有根据，法院将会立即禁止签发传票并裁决驳回。

对每一个被告都应签发独立的传票。如果表明口头答辩将会推进案件的审理或被告将不用书面形式作出答辩，他可以告知被告在预备审理中口头答辩。在被告的请求下并出于特别的理由，法院可以同意已被告知用书面形式答辩的被告，用口头形式答辩。然而，如果诉求是基于一张可议付的本票、汇票或支票并且原告没有要求被告被告知在审理中用口头形式答辩，被告将常被告知用书面形式答辩。这样做的目的是为了强调原告提出的不需经过口头审理、快速解决本案的需要。

附随传票申请的文书应送达被告。但如果案件将以简易程序处理，则附随传票申请的文书无须送达被告而且在传票中告知这些文书在地区法院办公室里备用，被告需要的话可以邮寄给他。传票应告知被告：书面答辩应在法院规定的自送达之日起的期间内呈送到法院办公室。这一期间主要依案件的特性和范围而定。由于特定的原因，法院规定的期间可以延长，如果这一请求在原定期间结束之前呈递到法院的话。

传票也应包含未递交书面答辩后果的告知，或一旦口头审理的话，未出庭的后果的告知。假若服从庭外和解，意味着本案可以在被告缺席时被解决。在不服从庭外和解的民事案件中不可由于未提交书面答辩而面临缺席判决的危险，准备程序继续进行。当被告被要求亲自出庭时，如果他不这样做将常常处于被课以罚金的危险之中。

被告的答辩应同传票申请一样详细，因此，在传票中被告被告知：（1）表明他是承认本诉讼还是否认本诉讼；（2）如果他否认本诉讼，提交与考虑本案的解决相关的否认根据；（3）尽可能列出他想援引的证据，每一个证据他意图证明什么，并列明证人和其他将出庭人员的通信地址和电话号码；（4）如果他认为必要的话，提出支付诉讼费用的请求；（5）同答辩一起提交作为否认根据的文书的原件或复印件，以及在答辩中所提到的书面证据；（6）提出不服本法院管辖的请求。

如果被告仅提出与他的否认不相关的理由，或如果是针对一张可议付的本票而被告没有足够的否认理由，准备程序可以不继续而本诉讼将会被缺席地支持。

被告也被告诫答辩状应包括一个传唤和通知可以被送达的程序地址。传票必须包含这样一种告知，即对被告文书的送达可以通过将文书送至答辩状中的地址的方式执行或如被告同意可用电子信息的方式执行。答辩必须由被告签名或如他没有书写答辩状则由书写答辩状的人签名。答辩状的书写人应在答辩状中写明他的职业、居所。

（五）诉讼的更改

主要的规则是民事案件不可以在诉讼进行中被更改，被允许的例外规定在《司法程序法典》第十四章中。提出支持本诉讼的新的事实不被视为诉讼的更改，除非它更改了本诉讼①。原告有权进行下列更改：（1）主张一个未在本诉讼中提出的履行，如果该主张是基于在诉讼进行中一个条件的改变或原告刚意识到的一个事实；（2）主张确认在诉讼中处于争议之中的当事人之间的法律关系，当这种关系的阐明构成解决本案其他部分的前提时；以及（3）实质上基于该同样的理由，主张权益或提出另一个辅助的诉求或甚至一个新的诉求。

低等法院改革的主要目的是在一个连续的审理中集中进行主要审理。因此，在新的规定下，该当事人可能由于被动，失去其提出新诉求或提出新事实或证据或呈递新证据的权利。因此，涉及上述第（2）项或第（3）项的诉求，如果他们不是在主要审理时提出，并且如对他们进行审理将整体延误对本案的审理的话，将被驳回。

假若不服从庭外和解，提出新诉求或新事实或呈递新证据的可能性将被进一步限制。在准备程序中法院可能告诫当事人在一个规定的期间里提出他的诉求以及其所凭借的根据，列出所有他想出示的证据，并且也出示他所有的、在规定的期限届满便不可以提出新的诉求或事实或出示新证据的威胁之下的书面证据，除非他确立了一个他可以不这样做的有效理由的可能性。相应地，在主要审理中，该当事人不可以提出他在准备程序中没有提出的事实或证据，除非他确定了一个有关不这样做的有效理由的可能性。

---

① 关于由原告提出的针对被告的几个诉讼的累积的规定，参见下面论述。

（六）民事案件的合并

合并的总的前提是几个案件被提交同一法院，该法院又有权审理该被合并的诉讼，同时该诉讼可以在同一程序中审理。

如果前提满足的话，在下列情形合并是必需的：（1）原告针对被告同时提出几个诉讼，如果这些诉讼实质上是基于同样的理由（诉求的合并）；（2）诉讼由一个原告针对几个被告或几个原告针对一个或几个被告在同一时间提起，如果这些诉讼实质上是基于同样的理由（当事人的合并）；（3）诉讼由被告基于同样的或有关联的标的或基于一个可以相互抵消的债务对原告提出（反诉）；（4）非诉讼当事人就争议中的标的对一个或几个当事人提出诉求并要求合并；（5）一个当事人，如果他在当前的案件中败诉，提出追索权的诉求或赔偿请求或针对第三人的类似诉求；（6）一个人在当前案件的最终结果的基础上针对一个或几个当事人提出上述第（5）项提到的诉求的诉讼。

被特别规定的是，针对不同被告提出的诉讼即第（2）项提及的诉讼可以全部在其中一个被告有义务答辩的法院审理，如果这些诉讼是在同一时间提出并且实质上是基于同样的理由的话。这种情形的一个例外是，当事人不受这样的安排的约束，没有义务在被提及的法院里应诉。同样被特别规定的是，第（3）项规定的反诉同在第（4）、（5）和（6）项中被提及的诉讼类型一样，将在原诉讼待决的法院审理。然而，如果在第（3）、（4）、（5）和（6）项中被提及的诉讼仅是在准备程序已完结之后才提出的，法院可以单独地审理这些案件，如果在同一诉讼程序中对他们进行审理有不当的不便。当事人于法院在准备程序中规定的提出诉求的期间已过的情况下提出第（3）和（5）项提及的诉讼，法院也可按此办理。

对于相同和不同当事人之间的案件，如果法院认为在同一诉讼程序中审理将有助于案件的进一步澄清，也可一并审理。在这样的情形下法院以后可以将一同审理的案件视为独立的案件。

尽管合并，案件的独立部分仍可以独立地准备，可以安排主要审理来对可以被独立处理的标的进行审理，同时法院可以作出部分判决。

（七）反请求（counterclaim）

如果案件与债务有关，被告可以不针对原告提出反诉就主张抵消。抵消的总的前提是被告的诉求是正当的并且是直接地针对原告的，然而，并非一定是无可争辩的。抵消的诉求应尽可能早地提出来，被告不可以在法院于准备程序阶段规定的提出诉求的期间届满之后或者在准备程序已告一段落之后提出一个新的反请求，除非他确立一个他有不这样做的有效理由的可能性。

如果原诉讼被非由于反请求的原因驳回或拒绝，则对本反请求不会作出判决。同样对反请求超出原诉求的部分也不会作出判决，如果被告希望对他的诉求作出判决，他将不得不针对该原告提出一个反诉（counteraction）。

（八）反诉（counteraction）

反诉将由受理原诉讼的法院审理。如果反诉是在法院于准备程序中规定的提出诉求的期间已届满之后提出的或者是在准备程序已完结之后提出的，该法院可以将反诉和本诉分别独立地加以审理，如果对它们在同一诉讼中加以审理有不当的不便。

（九）民事案件中的参与诉讼

如果一个人想作为参与人支持双方中的任何一方而加入诉讼，但不提出自己的诉讼，他必须向法院提交一个申请。参与的前提是参与人提出一个合理的理由表明本案事关他的权利。申请可以是书面的，也可以是口头的。如果申请是在口头审理中呈递的，当事人将被保留一个对该申请进行听证的机会。

如果参与未被拒绝，参与人有权作为一方当事人加入诉讼，例如，提出证据，但是他不可以更改、承认或取消本诉讼或采取与他支持的一方当事人采取的诉讼行为相反的其他措施。参与人无权对不服的判决或裁定提出上诉，除非他与一方当事人一起提出上诉。然而，如果判决对该参与人是可强制执行性的，好像他就是本诉讼的一方当事人一样，则该参与人在本诉讼中具有一方当事人的地位而有权上诉。

五、丹麦

（一）书面陈述诉讼请求

根据《民事诉讼法》第348节的规定，当令状（writ）呈交法院之时诉讼即为开始。令状必须包含《民事诉讼法》规定的最少信息。这些基本情况包括当事人的姓名和地址、相关的法院名称、原告的诉讼请求、将要提交的证据和对事实的简要陈述。在一些更复杂的问题中，对事实的陈述和法律争议的陈述将更广泛细致。

原告可能要求要么一定数量金钱的支付加上相关利息和费用开支，要么要求被告认可原告的有关权利。对权利的承认一般是在原告的财经价值（financial value）不能确定或无财金价值提出时才请求。另外，原告可能提出若干诉讼请求，可为累进的，或有选择性的，或有不同的排序。实际情况可能是原告首先要求若干金额的赔偿，然后才会请求减少赔偿额，这无论是在法律上还是在实际操作中均不会有损于原告的法律地位。

如果诉讼请求或法律争议没有通过书面形式呈交法院，法院对这类请求或争议将不予考虑。从某种程度上讲，如果法院认为文书还不是很清晰明了，有权要求当事人理清他们的法律文书。法院还可能指引当事人把注意力放在当事人未曾论及的法律症结上。但如果当事人由律师代理，法院可能极不情愿这样做。

（二）答辩

当令状已被送达被告人，法院将会召集首次会议，被告向法院递交他的答辩书。如果被告人没有出席，或没有递交答辩书，法院将会作出缺席判决。如果被告本人或其代理人参加了首次碰面会，法院通常毫无例外地会作出决定，适度延期以便被告能有充足的时间准备他的答辩状。在案件的准备期间，法院将召集当事人之间的预备会议。这些预备会议只是为交换书面答辩状，并不会作出裁决。这样的碰面会非常短，常常不足一分钟。如果当事人有委托代理人，通常会是助手或他的秘书代表他们出席。在预备会议时由当事人本人出席是不必要的，也是极少见的。

住所位于国外的被告必须注意：对丹麦法院管辖权的异议必须在第一次预备会议时提出，否则，被告人将被认为服从了丹麦法院的管辖。这一原则只有在极特殊的情况下才会允许改变，并且例外是不能足以依赖的。

即使被告没有出庭，法院随后作出有利于原告的缺席判决，被告仍可在一定的时间内要求重新审理案件，法院一般会附条件地同意这样的请求，条件是被告需提供担保，以补偿因案件重新审理而给原告带来的额外开支。

（三）答辩与再答辩

一般说来，双方当事人被允许就控辩内容作进一步的交换。在这里，不再有对控辩内容的正式要求，它们常集中在一些令状与抗辩书未详细论到的争议事项。随着最后的诉求与答辩书的相互交换，预备会议也将告一段落，从而决定最后开庭日期。从理论上来说，在预备会议之后，任何一方当事人仍可提交新的文书和新的法律辩论，但在实践中，实际情况并不如此，因为由此而必须给另一方当事人足够时间去考虑新的文书和争论。在即将最后开庭之前提交的文书和辩论是不会被接受的。

（四）原告诉讼请求的合并

原告有权在同一诉讼中对同一被告提出多项诉讼请求，同时，他也有权为独立的诉讼行为，每一诉讼处理一项独立的请求。

原告的这项权利仅限于丹麦法院有管辖权的诉讼。针对丹麦有管辖权但住所不在丹麦的被告的诉讼，法院并不会赋予原告权利以请求合并一项丹麦法院无管辖权的完全独立的、针对同一被告的诉讼。

（五）被告请求权的合并

被告不但被允许请求法院把原告的诉讼搁置一旁，而且可提出反诉，即使这样的反诉并不直接地与原告的诉讼相关联。同时，反诉必须是在丹麦法院对之拥有管辖权的情况下提出。

（六）当事人的合并

原告可在同一诉讼中对很多被告提出诉求，但只有在法院对这些诉求均有管辖权或这些诉讼在法院看来是如此紧密联系，以致它们应当在同一诉讼中予以定夺时，法院才会接受原告要求合并的请求。《布鲁塞尔公约》第 6 条赋予住所在国外的被告参与在丹麦法院进行的诉讼的权利。

（七）第三方的诉求

在诉讼中无论是原告还是被告均可要求第三方当事人加入，如果这些诉讼请求在一定程度上与这些案件相连并被认为应该在同一诉讼中予以解决。要求第三方当事人加入的请求应在尽量早的时候提出，以免不合理地延迟原来的原告与被告之间的主要诉讼。第三方当事人可因自己的动因而参与到一未决的诉讼中去。这一加入可能是使第三方当事人在诉讼中成为实际的当事人，或纯粹是为了支持原告或被告。

六、欧盟

（一）起诉

1. 初审法院和欧洲法院的诉讼

损害赔偿请求权、法律性的复审请求权和作为失败或不作为（failure to act）请求权可提交到初审法院，而含有商业政策的请求权则可提交到欧洲法院（均需通过写申请致函法院登记官）。申请必须包含下述内容："……申请人姓名、永久性住址、对签署者的描述、被控告方的姓名、争议的相关事件、意见、申请的事由。"同时它还必须包括一个在卢森堡的送达传票的地址①，及已被授权并表示愿意接受传票的人的姓名。此外，还必须提供相关的证据。

由私法支配的法律实体（如公司或合伙人）提出的申请必须附带其法律上存在的证据。另外，这种实体还必须提供证据证明代表其进行法律行为的律师的权力已被拥有必要权力的人授权。

---

① 《欧洲法院诉讼规则》第 38 条第 2 款和《欧洲初审法院诉讼规则》第 44 条第 2 款。

当国家法院的初步裁决被要求到欧洲法院进行复审时，国家法院可中止其诉讼。

个人或团体当事人可因成员国违反欧共体法律而向委员会提起诉讼。个人或团体当事人有权在进行第一次行政诉讼之后向欧洲法院提起诉讼。原告方无权在这类案件中在法庭上出席。有关案件的详细情况的通知由欧共体官方公报（C 系列）刊出。其中包括原告人的登记日期、当事人姓名、住址、诉讼的主要事件、申请人使用的决议类型及答辩状和主要支持协议的摘要。

2. 向委员会提交的竞争案件

违反欧共体竞争法的行为可被一纸简单申请告至委员会，申请书不需采用特别的形式，但必须提出这种被提出异议的行为影响了欧共体的内部贸易。申请书应附上证据，如可能也应包括对律师的授权。

对于欧共体法律范围内的协同行为和合并，可以（在某些案件上也必须）以一些特别形式通知委员会。这些形式要求有关当事人和市场条件的详细信息。

（二）抗辩

至于涉及对机构不作为的合法性进行审查的诉讼，申请会被送至被告机构。被告机构有一个月的时间进行答复。如有合理原因可由法院院长延长这一期限。

不同于上述的诉讼，根据《欧洲共同体条约》第 177 条提出的请求初步裁决的诉讼是非对抗性的（即原告不向被告提出指控）。然而，如果它是理事会诉讼，则该诉讼是把问题向欧洲法院提出的基础，当事人、成员国、委员会及理事会本身将会得到该请求的通知，并有权在通知的两个月内向法庭提出辩护。

至于原告向委员会提出的违反欧共体竞争法的控告，委员会不能在授予被告有机会听审案件的实质之前对被告作出判决。针对当事人的异议，委员会以书面形式通知当事人，并规定了他们作出答复的时限①。

被告当事人可以陈述与他们辩护有关的任何事实，其中包括支持被告人抗辩的任何有关资料。在判决中，法院只将裁决对其是非曲直已进行争辩的问题。任何违反这一原则的决议将受制于初审法院的撤销。当委员会审查已被通知的协同行为时，上述规则同样适用。《合并控制规则》中有类似的规定。

---

① 《规章 99/63》第 2 条。

（三）原告的回复

在对不作为的合法性或损害赔偿进行复审的诉讼中，开始诉讼的申请和被告人的答辩可由原告的答复和被告的再答辩而得到补充。法院院长确定提出这些诉状和答辩状的时间。

在向委员会提交的竞争案件的诉讼中，原告人回复被告人的答辩的权力并非法定的。

（四）追加的诉状/答辩状

在诉讼进行中不能提出进一步的答辩/抗辩，除非它建立在欧洲法院和初审法院诉讼过程中出现的法律和事实的基础上。当一方当事人被允许提出追加的诉状/答辩状时，法院院长可以允许另一方当事人安排回复新的答辩/抗辩的时间（即使提出答辩的日期已过）。

（五）介入

成员国和欧共体机构可能介入到欧洲法院和初审法院未决的案件中，就像其他与诉讼的结果有利害关系的人一样。然而，这种权利并不存在于成员国之间、共同体机构之间以及成员国与共同体机构之间的事务中。申请介入的诉状局限于支持由当事人一方呈送的诉状/答辩状。

申请介入必须在欧共体官方公报刊登诉讼通知后的三个月之内进行。介入的申请须包含对案件、当事人和介入方姓名和地址以及对当事人送达传票的地址的描述。同时还包括救济请求和介入者对案件结果享有的利益的声明。

介入申请被送达所有的当事人。法院院长允许当事人在其对申请作出裁决之前有机会呈送有关案件实质的书面和口头的争论。如果法院院长同意介入，介入方将收到已送达给其他当事人的每一份资料的复印件。另外，应当事人一方的要求，可把保密的文书省略。

在法院院长规定的时限内，介入者可呈送一个"介入声明"，它详细描述介入者为支持或反对当事人寻求的救济而请求的决议的形式、介入者的法律依据和争辩，以及如果适当的话，所提供的任何证据的性质。

在提出介入声明之后，一旦需要，当事人要在法院院长确定的时限内作出回复。在委员会未决的竞争法案件中，如果第三当事人被证实对诉讼结果有充分的利益，可以请求被听审。如果委员会打算依据规则17/62第2条作出否定性的了结或申请适用《欧共体条约》第85条而授予个体豁免，则其必须刊登申请或通知的摘要，并邀请所有的有利害关系的第三当事人在不超过一个月的时限内提出他们的意见。

（六）汇报法官的任命

在向初审法院提起诉讼或欧洲法院已登记案件之后，法院院长将指派一名汇报法官。在答辩之后，如果有任何文件被提交，院长将会确定一个时限让调查员将其初步报告呈送给法院。报告应建议是否应进行预备调查或采取其他措施，或是否应把案件提交给全体会议或由不同数量法官组成的法庭。

调整向委员会提出的竞争诉讼的规则并没有对这一主题作出特别规定。然而在实践中，将任命一个官员充当报告者。此官员做些基本的调查工作，决定委员会是否拥有相关信息，并起草一个最初报告呈送给负责作出裁决的人。

第三节　若干亚洲和美洲国家的制度

一、印度

诉讼一般由原告向法庭起诉而开始。一旦受理诉讼，法庭会签发传票，要求被告提出答辩。传票一般以规定的形式签发。

（一）传票签发

一旦提出诉讼，除非被告在原告诉讼状呈交之时出席并承认原告的诉讼请求，否则法庭将针对被告签发传票（同时附有原告诉状的复印件）。传票必须以规定的格式，并且由法庭所指定的官员或法官签发。传票必须分别送达每一个被告人，并由被告人签署传票回函。向被告的代理人送达也认为是合法有效的。

如果被告拒绝接受传票或找不到被告人，法庭的送达人员把传票粘贴在被告人平常住所或营业地的房子门外的显眼地方，也视为传票的有效送达。送达员将向法庭作出关于传票送达情况的报告。

当法庭有充分理由相信被告人要么故意回避传票送达，要么传票不能通过正常方式送达时，法庭将采用替代的送达方式予以送达。可以通过张贴在法庭布告栏或张贴在被告人最近住所地或营业地的房子显眼之处以及其他法庭认为合适的方式予以送达。一般正常程序是以在当地日报上刊登广告的方式送达。对于居住在印度国外的被告人的传票将通过邮件方式寄往该被告人的居所，如果该被告人在印度国内有授权的代理人接受传票，则送达给代理人也为有效送达。

（二）诉讼文书

诉讼文书只需包括对有关事实情况的简洁阐述，并不需要证据去证明它们。诉讼文书分成不同的部分，但应有全部细节，包括日期、金额和份数。诉讼文书一般不含有任何法律辩论事项。

不同案件的诉讼文书有不同的诉讼文书格式，《民事诉讼法典》附录 A 部分为诉状列出了基本格式。当有必要时，变动格式也是许可的。

1. 要件

诉状必须披露有关控诉或答辩的全部必需事实，必须包括一切细微之处，如日期、主要事项。如果诉讼文书中缺少某些重要细节，如案件本身可能，法庭会命令原告或被告作出关于诉讼请求或辩护的细节的声明，或对诉讼文书中某些未明了事项的进一步的详细说明。每一份诉讼文书都必须由当事人签字。在每一份诉讼文书的底部都必须有当事人的宣誓证明。这些宣誓证明均须是针对诉讼文书的段落编号，依次说明哪一项是基于知情予以确定的，哪一项是基于所接触到的而认为值得信赖的信息予以确定的。这些证明必须包括制作该项诉讼文书的人的亲笔签名与准确日期。

2. 修改

法庭可在诉讼程序的任一过程中允许对诉讼文书通过增补或变更的方式进行修改，就像法庭对当事人之间争议问题的看法可能会改变一样。法庭允许修改文书的权力是很广泛的，法庭还会考虑在诉讼提出之后双方产生的争论事项。但是，法庭不会允许当事人原先未能完全揭露事实而通过诉讼文书的修改来改变案件的实质。

（三）诉状

诉状必须包括以下内容：（1）合法拥有管辖权的法院名称；（2）原告的名字、原告住所的描述和住所所在地；（3）被告的名字、被告住所的描述和住所所在地；（4）原告人或被告人是否为未成年人，或智力不健全的人，以及对此所作的声明；（5）构成诉因的事实以及争议何时发生；（6）证明法院拥有管辖权的事实；（7）原告请求之救济；（8）原告在其诉讼请求中同意抵消或撤回的部分，抵消或撤回的数量；（9）为了管辖权和法庭诉讼费用的目的而对有关诉讼标的价值的声明。

原告必须披露被告人的利益与责任。法庭将驳回起诉，如果：（1）诉状未阐述清楚诉因；（2）诉讼请求之救济价值估算过低，应法庭要求改正价值估算，而在规定的时间内没有完成重新估算的；（3）诉讼请求之救济虽已正确地估算，但这些估算价值的证明不充分，应法庭要求原告未能在确定时间内提交可信度高的估算文件的；（4）从诉状中的声明看，法律禁止该诉讼。

若原告陈述之理由是合理的，法庭有权延长改正诉讼请求之救济价值的时间和适当确定法庭诉讼费。但是，如果起诉因上述原因被驳回，则在消除这些异议之后可重新提起诉讼。

民事诉讼中诉讼请求之救济的估算原则包含在 1887 年《诉讼估算法》中。

原告必须准备好他拥有的一切文书材料或依据他的权利尽量去证明这一案件。如果原告没有这些文书或超越了原告权利范围而不能获得这些文书，原告必须说明这些文书在谁的控制之下或为谁所持有。

（四）应诉

被告必须提出书面答辩。答辩状必须在第一次开庭时就已准备好，但是，法庭也许会同意被告在今后的时间里补充他的应诉材料。书面声明中必须包括被告在其辩诉书中提出的抗辩的相关事实理由。与书面声明一起，被告还必须准备好他将援引以支持他的抗辩、抵消或反诉的一切文书。如果被告人所依赖的文书在其权利范围之外或为他人所持有，则被告必须说明在谁的控制之下或为谁所持有。

任何一项有关事实的陈述，如果未通过特殊书面声明或在书面声明中给予必要的暗示予以否定，则这一陈述将被采纳。但是，法庭也许会依其自由裁量权要求原告对这些事实予以证明而不仅是通过这种认可的方式予以确定。被告有权针对原告之金钱请求提出抵消的诉讼请求。这笔要求抵消的款项必须是合法确定的，并且是依法能从原告那里取得的，同时也不能超过法院之金钱管辖范围。反诉将被视为一项单独的诉讼，被告必须为此支付相同的法庭诉讼费用。

如果被告未能在法庭规定的期限内呈交书面声明，法庭将对被告宣布判决或作出法庭认为合适之命令。判决一经宣布，判决书将随后作出。

（五）认可

一方面，诉讼当事人在其辩护状中应对其予以部分或全部认可的案件事实作出通知。

另一方面，一方当事人可要求另一方当事人在通告送达后的 15 日内对除例外部分以外的文书作出认可。若拒绝或否认通告，拒绝或否认的当事方必须支付证明任何这些文书的一切费用，除非法院另有命令。同样地，一方当事人可能在此类通知送达之后 6 日内向另一方表示认可相关事实。未能或疏忽依通告对事实作出反应的后果与未能或疏忽对认可文书的通告作出反应的结果一样。对文书和事实认可的通知格式规定在《民事诉讼法典》附录 C 中。

法官对经过认可的文书签注和签名。一些不相关的未经认可的文书将被驳回。如果任一当事人寻求援用这些被驳回的文书，该当事人将不得不依据证据法去证明它们。

二、菲律宾

在民事案件中，法律强制性地规定了预审程序。预审的目的之一是为对抗的当事人考虑友好解决纠纷或者将纠纷提交仲裁的可能性。法院或当事人所接受的第三人的调解，可以被用来达到该目的。在不同程度上，一些法官也可以友好调解的方式来解决纠纷①。

三、美国

《联邦民事诉讼规则》第 7 条仅允许特定的诉状向联邦地区法院提交。它们包括：起诉和答辩（如果答辩中包含交叉答辩）；对诉讼请求的答复；对交叉诉讼请求的答辩，如果一个非原诉讼当事人的人根据《联邦民事诉讼规则》被传讯；第三方当事人的控告；第三方当事人的答辩，如果第三方当事人的起诉被送达。

在全美管辖范围内民事程序规则的一个目标就是迅速揭示当事人之间争议的真实性质。该规则更进一步的目标就是基于案件本身的事实促进原告的诉讼请求和被告答辩的解决。《联邦民事诉讼规则》第 85 条采用了表格形式的附件，这些附件和《联邦民事诉讼规则》一致，旨在简化规则的意图。出于解释的目的，表格附件中列举了许多起诉状的格式样本。

（一）起诉

如前所论，在美国联邦地区法院提起的诉讼必须说明该法院对本案中的标的物有权作出判决的事实。所有起诉，无论在联邦法院抑或在州法院提起，必须提出符合成文法规定的管辖地的事实。在其他方面，《联邦民事诉讼规则》和大部分州的规则仅仅要求对诉求的性质和事实根据给予公正的通知。《联邦民事诉讼规则》第 8 条第 1 款要求提出诉讼请求和救济要求的诉讼文书必须包括：（1）简明地陈述该法院管辖权的依据；（2）简明地陈述答辩人（pleader）有权获得请求的救济；（3）答辩人所要求的救济判决。

《联邦民事诉讼规则》第 8 条第 5 款第 2 项允许当事人在一个法院或分别在几个法院提出选择性主张。一个当事人也可以提出多个单独的诉讼请求，不

---

① 参见［美］迈克尔·普雷尼斯主编：《亚洲的争议解决》，1997 年英文版，第 187页。

论它们是否具有一致性，也不论是基于普通法、衡平法或商法上的理由。

（二）抗辩和其他积极的答辩书

除法律另有规定外，根据《联邦民事诉讼规则》第 13 条被送达起诉状的当事人在收到送达的起诉状以后 20 日内应作出答复。在当事人对起诉状答辩的情况下，《联邦民事诉讼规则》第 8 条第 2 款规定了其内容：当事人应以简短明确的措辞，就对方当事人提出的每一个请求作出抗辩，或承认或否认对方当事人的事实主张。

（三）否认

如果答辩一方当事人没有足够的知识和信息来相信争论的事实，当事人必须在答辩中声明，这具有否认的效果。

（四）积极抗辩

《联邦民事诉讼规则》和大多数州的管辖权要求在答辩中陈述特定的积极抗辩。《联邦民事诉讼规则》第 8 条第 3 款要求答辩的当事方积极地提出特定的抗辩，包括同意（accord）和清偿（satisfaction），仲裁及裁决，时效法和任何其他构成无效或积极抗辩的事项。

（五）其他正式的书面答辩状

一般地，对正式的书面陈述可以自由地进行表述，表述应与实质正义相一致。然而，一个诉讼请求，无论是在本诉请求、反诉请求或第三人的起诉状中提出，如果违背《联邦民事诉讼规则》第 8 条第 5 款第 1 项的要求，即每一项诉讼请求应简单、明确、直接地提出，那么该起诉可能会被根据《联邦民事诉讼规则》第 12 条第 5 款驳回。而且，如果没能对诉讼请求所要求的每一因素进行抗辩，法院可以依《联邦民事诉讼规则》第 12 条第 2 款第 6 项提出的申请，以没有陈述授予救济的诉求为由，驳回诉讼。

（六）反请求和交叉请求

任何一方当事人如针对另一方当事人提出诉讼请求，无论是依衡平法还是成文法，都可以根据《联邦民事诉讼规则》，以反诉的方式向对方当事人提出，即使该诉讼请求不是由作为对方当事人请求的诉讼标的同一交易或事件而引起的。但是，任何基于同一交易或事件产生的诉讼请求必须作为一个反请求提出，否则是禁止提出的。因而，答辩的被告必须在其答辩中提出所有的强制性的反请求。而且，如一个被告对一共同被告有强制性的诉讼请求，则必须作为交叉请求向该共同被告提出。

如一方当事人由于错误、疏忽或可原谅的过失没能提出强制性的反请求，可以申请的方式获得法院的许可，在追加诉讼请求书中进行补充。

（七）修改或追加的诉讼文书

基于依争议本身的事实真相来解决争议的目的，正如反对以技术上的不充足（technical insufficiency）为由驳回诉讼请求或抗辩一样，《联邦民事诉讼规则》第 15 条第 1 款对此作了进一步的规定。该条允许当事人在回复的诉答文书送达以前，作为当然权利，可以对其诉讼文书作一次修改。在其他情况下，当事人只有经法院许可或对方当事人书面同意才可以修改其诉答文书。在正常情况下，除非导致对另一方当事人不公正，当为了正义之需要时，法院应自由地许可当事人修改诉答文书。

除了修改以纠正技术上的缺陷以外，诉答文书可以在任何时候进行修改，追加诉讼请求或抗辩，排除或增加当事人。允许修改诉答文书的决议由法院自由裁量，仅于上诉中基于滥用自由裁量权时才可以被推翻。总的来说，修改诉答文书是允许的，除非该修改不正当地损害了另一方当事人的利益或基于不正当的目的，比如拖延诉讼程序的进行，或修改方当事人已有充分的机会陈述诉讼请求或追加当事人。

重要的是，《联邦民事诉讼规则》第 15 条第 3 款一般性地规定，如果该诉讼请求不被可适用的诉讼时效法所禁止，或该修改的诉讼请求、抗辩是基于最初诉答文书中提出的同一行为、交易或事件产生的，被修改的诉答文书的追溯力可及于最初诉答文书提出的日期。修改后的诉答文书追加的当事人同样具有溯及力，如果该请求与最初提出的诉讼请求相关并且新当事人在诉讼中的抗辩没有受到损害，但是，缺乏标的物管辖权不能通过修改诉答文书予以纠正。

（八）当事人合并

《联邦民事诉讼规则》第 19 条第 2 款规定，必须驳回没有说明必不可缺的当事人的起诉书。必不可缺的当事人是指在其缺席的情况下，法院不能根据衡平与良心在既存的当事人之间继续进行诉讼，因为完全的救济不被准许，或缺席的当事人对诉讼标的提出利益请求且处于以下境地：（1）在该当事人缺席的情况下，处理该案事实上可能削弱该当事人保护其利益的能力。（2）将造成其他诉讼当事人承担更多的或前后矛盾的义务。

此外，新当事人可以根据《联邦民事诉讼规则》第 20 条第 1 款关于允许合并的条款参加诉讼。一般地，所有当事人必须具有相同的诉讼请求，该请求基于同一交易或事件而产生，并涉及共同的事实或法律问题。反之，所有当事人均对其提出诉讼请求的人可以作为被告参加诉讼。

（九）集团诉讼

为了由非特定人员组成的集团的利益或者反对此集团的利益而提起诉讼的

方法由《联邦民事诉讼规则》第 23 条规定。为了使代表集团的一个或数个成员能够起诉或被诉，当事人提起诉讼时必须证明：集团人数众多，以至于不能合并成一个单独整体；该集团有共同的法律或事实问题；作为代表的当事人的请求或抗辩是集团中有代表性的请求或抗辩；作为代表的当事人能公正而充分地维护集团成员的利益。

如果一个诉讼已基本具备《联邦民事诉讼规则》第 23 条中的先决条件并且满足如下条件，则该诉讼可以作为集团诉讼继续进行：即由集团成员个别提起诉讼或应诉，将会使非诉讼当事人的集团成员承担不一致的后果和潜在的损害；或者集团的对方当事人基于一般适用于整个集团的理由而作为或不作为，从而请求法院针对整个集团授予适当的禁止令救济或宣告性的救济；或者，法院判断认为，集团成员的共同的法律上和事实上的问题，相对于仅仅影响个别成员的问题占优势地位，而且对纠纷作出公正和有效的裁决来说，集团诉讼是最好的、可行的方法。

此外，《联邦民事诉讼规则》第 23 条还规定，一旦集团诉讼被提起，法院应尽快决定诉讼是否应继续进行下去。作出此决定并不需要考虑该案件潜在的法律依据。《联邦民事诉讼规则》第 23 条特别规定了集团成员请求把他们的权利排除在集团诉讼之外的通知的要求。此外，规则还授权法院在诉讼中，在有必要促进判决的有效性和公正性时可以发布更广泛的通知。

（十）互相诉讼（interpleader）

由于数人对原告享有请求权，当他们的请求可能使当事人承担复合责任时，他们可以要求参与并被要求进行互相诉讼。例如：根据《联邦民事诉讼规则》第 22 条的规定，在一起保险诉讼中，数个当事人彼此间对其他人的收益权产生了争论，对该数个当事人承担责任的保险人可以支付法庭费用，同时提起互相诉讼，要求法院判定互相对抗的当事人各自的收益权。

（十一）参与诉讼

根据向法院提出的申请，如果申请人请求的利益涉及作为诉讼标的的财产或交易；或者当联邦法律赋予申请人无条件地参与诉讼的权利时，《联邦民事诉讼规则》第 24 条第 1 款要求法院允许该当事人参与诉讼。《联邦民事诉讼规则》第 24 条第 2 款规定，如果申请人的请求或抗辩与本诉有共同的法律上的或事实上的问题，或者当联邦制定法授予了附条件的诉讼参与权时，其他人也可以被允许参与诉讼。在这些情况下合并诉讼是允许的，并且法院是否作出允许参与诉讼的决议将取决于参与诉讼是否会过分地延误或侵害原当事人的权利。

四、加拿大

（一）起诉、答辩（answer）和答复（reply）的类型

依据加拿大的实践，原始传票（originating process）送达后，在双方当事人之间交换的诉状、书面陈述旨在确定和通知当事人以及法院如下事项：争议和诉因；主要事实和寻求的救济。这些书面文书常以起诉书、答辩陈述、答复陈述的形式出现，构成诉讼要素并决定其他事项，诸如：任何关于发现（dicovery）方式的中间程序或者有关法律或事实的预备决定；可被采纳的证据范围和救济的性质。上述文书构成任何判决或其后上诉的基础并为该诉讼未来的当事人提供诉讼记录。

程序法为所有的诉状或答辩状规定了诉状格式。有关诉状的规则可简要表述如下：（1）诉状将包括重要事实而不是支持诉因的证据；（2）只要所有支持该结论的重要事实被抗辩，法律争点可能被抗辩（pleaded）；（3）一方当事人无需抗辩依法推定的事实，如那些根据《汇票法》（加拿大1985年修订的法规汇编：RSC 1985, c. B-5）推定的事实；（4）允许替代性的事实主张。然而，当在答复陈述书中提出主张时，必须与先前的起诉书一致；（5）把默示协议作为事实主张是充分有效的，而无须辩护据以推论出默示的事件；（6）欺诈行为、虚伪的陈述和违反诚实信用必须被完全详尽地抗辩；（7）任何请求的救济必须详述已知道的已导致的危害的详情，其他进一步的危害详情一旦知晓要及时提交，但不得迟于审判开始之时；（8）总的损害无须定量；（9）宣告性的命令作为单独的救济形式可能被抗辩；（10）如果法院同意修改，出现在提交答辩之后的事实能被抗辩；（11）具体的法律条文必须被抗辩。

程序规则也对答辩陈述和答复陈述之抗辩提出了要求。这样：（1）每一事实主张将被否认，否则将被视为已经接受；（2）一方当事人可以对事实进行不同方面的抗辩，而不是仅仅否认另外一方的观点；（3）答辩中的每一事项均可被抗辩；（4）纯粹地否认协议不过是否认协议的签订或该协议中包含的事实；（5）合同合法性的否认必须被特别抗辩；（6）除非明确承认，损害赔偿额将一直是争点。

（二）诉状或答辩状的修改

在过去20年期间，大多数加拿大的管辖区已着手修订程序规则，其目的在于确保该规则能保证正义、每一民事诉讼在其是非曲直上的决定的作出是最迅速和最少耗费的。对于答辩程序，已产生了一个更为宽松的方式。然而，关于开始的模式仍然存在问题。如果当事人提出合理的诉讼理由，法院准备忽略

诉状或答辩状草案的缺陷，这样，攻击未提出诉讼理由或无意义和无根据的诉状或答辩状的抗辩已更难继续了。

选择性的答辩易于被接受，一方当事人也可以抗辩不一致的诉讼理由，如同时对无效合同和有效的债权关系进行抗辩。同时，根据确保所有争讼中的问题都提交法院这一政策，法院已允许采用一个愈加宽松的途径去修改诉状或答辩状，即使增加了新的诉因。甚至是过失的或应受指责的迟延抗辩也不必然影响答辩状的修改。这样的迟延可能意味着有时在某些相关的时效届满之后可请求对答辩状进行修改，但是，当为写错姓名之类的抗辩错误（如诉讼针对死者而不是他的遗产执行人提起）时，法院已采用了普遍的意识（common sense）和同情的方式。萨斯喀彻温上诉法院在 G&R Trucking Ltd. v. Walbaum 一案①中，已经试图鉴别在诉讼时效届满之后，法院应该行使其自由裁量权允许修改诉状或答辩状的九种场合。

在这种宽松形式的实践中，对于范围广泛和后来的修改申请，有何保护提供给被告方？在 Seaway Trust Co. v. Markle 一案中，安大略省法院宣布了在这方面应遵守的三个标准：（1）修改诉因使在费用上不能得到补偿的对方当事人蒙受不公平吗？（2）修改答辩从一开始就已经违反了诉讼程序规则吗？（3）修改明确提出了合理的诉因或答辩吗？

（三）补充的诉状或答辩状

根据加拿大的实践，有关补充诉状或答辩状的规定有：（1）应其他当事人的要求提供详情；（2）对答辩状自身的修改；（3）书面质问；（4）承认；（5）在预备问题上向法院提出临时申请。在这些答辩步骤完成后，当事人对争议中的事实和争点应有一个清楚的蓝图。然后继续进行诉讼和关注审判并通过合适的法庭官员把副本送达给所有当事人。尽管如此，在绝大多数案件中，当争议问题和重要事实已成定局时，对诉状或答辩状的修改仍然可能。

（四）共同主张和共同诉讼

现行的加拿大规则在调整共同诉讼和共同请求方面是宽松自由的，它是以推定来支持共同诉讼的，除非这种选择使诉讼不适当地复杂化或迟延或导致对一方当事人的不当偏见。此时，在诉讼中法院将同意反对共同诉讼的救济。其自由程度已意味着有更大量的诉讼涉及多个原告和多个被告。

对被联合起来控告对方当事人的诉讼请求的数量来说没有限制。当该原则不禁止几个当事人控告几个被告时，毫无疑问，诉讼越复杂，越有可能把权利

---

① （1983），2 WWR 622（Sask. Ca）.

要求加以分割。这意味着原告能把所有的权利要求联合在一起对抗众多的被告。在这些被告中没有一人对诉讼中的所有救济权利要求单独负责。

基本上，原告或被告的共同诉讼是在法院没有授权时进行的，如果（1）有些共同的事实或法律问题在所有的诉讼程序中必须出现；（2）所有请求的救济都是源于相同的事务或系列事务。相反，一反对的当事人，依据在诉讼中提出的请求，可以申请一项法令，旨在：（1）撤去任何诉讼当事人；（2）增加任何其他人作为诉讼当事人；或（3）由于某种偏见，提出把案件分开审理的申请。

在实践中，这意味着原告能依各种身份提起诉讼。例如，在人身伤害或死亡诉讼中，原告可以作为受益人、作为遗嘱执行人或作为诉讼监护人独立出庭。

该规则要求某些人作为诉讼当事人被合并在一起。然而在大多数诉讼中，原告方当事人之间没有外部的鼓励也将联合，此时他们自愿联合在一起，而没有什么规则强迫他们这样做。

关于被告方当事人，有两个附加的标准适用于他们：（1）当对诉讼请求所针对的当事人存有疑问或原告遭受几个当事人带来的损害时，即使有不同的权利要求，共同诉讼是可允许的。（2）在复杂的诉讼中，当今的实践倾向于否定具有驳回部分诉讼效果的请求，并且即使是已确定有不适当的原告人或被告人合并的可能性，仍命令诉讼程序继续。

（五）反诉

被告可以通过反诉来维护任何权利或要求以对抗原告，即使反诉的标的物与诉求的标的物无关，被告也可以联合任何其他必要的作为被告的当事人提出反诉。同时，法院有自由裁量权决定该反诉应被单独审理，尽管加拿大的诉讼程序规则推定反诉应与主要诉讼一并审理。

然而，有一个要求是反诉要与被告的书面陈述一起提出，除非允许原告继续诉讼程序而不允许被告进行补充是明显不公平的。

（六）相互主张权利（cross-claims）

被告能主张权利来对抗某一共同被告或第三人，当后者对任何原告方当事人的诉讼请求负有义务或对与争执标的物有关的救济负有义务时。现在的程序规则通过允许共同被告如此相互主张权利免除了第三人诉讼的必要。当一位被告依据共同过失立法针对一共同被告提出分担责任主张时必须通过相互主张权利进行。主张由部分原告分担责任的被告必须通过反诉进行。

对在利益上处于不利地位的相互主张权利的当事人可以要求告知以相互对

抗，这发生于对主诉讼和相互主张权利的审判之前。

（七）第三方当事人主张权利

当某一被告被控告时，对于原告的诉讼请求，被告有独立的请求权对抗共同被告或第三人。例如，某一工厂雇主的雇员因暴露在某产品下受到伤害，而该产品是由一公司销售给该雇主的，且该产品由另一公司在许可下生产，该生产公司则通过另一颁发许可证的公司而拥有生产许可，此时，该雇员可以控告其雇主，其雇主反过来可控告销售者作为第三当事人，销售者反过来又可控告生产商作为第四当事人，而生产商可控告颁发许可证者作为第五当事人。所有这些权利主张可在同一诉讼中审理。

一旦对第三方当事人的权利要求被发布，所有与主诉讼有关的文书应送达给第三方当事人，以及对第三方当事人的权利主张在利益上处于不利地位的当事人可以互相告知。应何时决定使用第三方当事人程序的法律制度特别模糊。

（八）互相诉讼（interpleader）

共同诉讼的这种形式被用于在面临两个竞争的权利要求时，持有动产但没有动产所有权的人希望把动产交给有权利的当事方。某些管辖区已扩展了其诉讼规则而把不动产包括在内①。互相诉讼被典型用于两人把契据交付给已同意在将来把契据返还的第三方当事人保存。此后，其中一人提起诉讼控告该契据持有者对他人的动产非法扣留，此时，第三方当事人将发表声明，请求把另一人作为诉讼的被告。现代的诉讼规则把两种互相诉讼作了区分：由保管保证金的人提起的诉讼和由司法行政官员提起的诉讼。

支持上述要求的正式书面陈述应包括如下主张：（1）两个或两个以上的人针对同一的标的物主张权利要求；（2）申请人面对或希望面对的诉讼详情；（3）该申请人与任何其他当事人不是共谋；（4）该申请人希望把财产交付给法院或通过法院直接处置财产。

当司法行政官员根据执行令状已接受财产时，除了判决的债务人主张财产权利之外，该官员对其他任何人的互相诉讼申请有追索权。在这种情形下，案件的结果常常通过主张权益之人对司法行政官员的权利主张通知书而开始。此后，司法行政官员对每一执行债权人发出权利要求通知书。如果那些被送达通知的人承认权利要求，则司法行政官员可能会解除财产，此时司法行政官员可能不申请互相诉讼救济。此领域的法律制度不太完善。

当一方当事人对互相诉讼命令提出上诉时，请求应与中止未决的听审程序

①　See Rule of Court of New Brunswick R 43. 02.

申请联合在一起。近年来上诉的可能根据已被争讼。

（九）参与诉讼（intervention）

加拿大诉讼程序规则允许法院在诉讼程序中许可非诉讼当事人参加诉讼：（1）当参与者对诉讼或诉讼结果有某些利益；（2）该人是法庭的朋友（法庭之友）；或（3）该人是法院指定的专家。

一方面，当介入诉讼的当事人作为附加的当事方加入时，他们有权抗辩、举证、询问和盘问证人，像其他当事人一样出席讨论和提出上诉。为了达到该法律地位，介入诉讼当事人必须通过提出申请通知书的方式，使法院确信他们对诉讼标的物有利益或该案件的任何判决将不利的影响介入诉讼当事人。在另一方面，当介入诉讼当事人作为法庭之友，而不是当事方加入时，他们通过提供书面的或口头论据来协助法庭。由于作为法庭之友的介入程度是任意的，有时两类介入诉讼当事人之间的区分可能变得模糊不清，可以说，一般追加的当事人比法庭之友更多地涉入案件。在两类介入诉讼当事人之间，主要的差别是在费用方面：追加的当事人自己承担费用而那些法庭之友的费用由当事方承担。

可以预期，改革加拿大程序规则之时介入诉讼将很少被批准，事实是加拿大许多诉讼的发展超出了处理两个当事人之间争议的狭隘的判决。如此，常有私人或公共利益团体提出申请，他们希望被追加以获得听取一些关于司法判决的观点的机会，这些司法判决将对大多数公众有一定影响。这在影响妇女或未成年人或诸如劳工流动或环境问题方面特别真实。因此法官在同公众利益支持者们保持一致与保护在公共的困境中受损的原始争论者的利益之间面临艰难选择。在一方当事人要求或法院的申请下，法院委任的专家可能被追加。专家和法庭之友之间的区别在于对前者的限制——限制前者只在事实的或非常技术性的事项，诸如在建筑争讼中的工程学原理方面协助法院。

与此主题近似的是关于集团诉讼的规则，这种规则被定义为：当有大量的人在一诉讼或案件中有同样的利益，为了所有有利害关系的人的利益，他们当中的一人或更多的人可以起诉或被诉，或由法院批准提出抗辩。

虽然该规则看似简单，但法院过去的判决已严格限制了该规则的效果。因为这种被强加的标准对所有团体太严厉，只有少数团体能符合要求：（1）该集团必须被适当地定义；（2）成员们必须有共同的利益；（3）对所有人来说必须受到共同的伤害；（4）除了数量之外，对所有人而言都有相同的损害；（5）寻求的救济必须对所有人有利；（6）在集团成员中没有一人在利益上是相反的。

结果是这种规则仅仅被由处于相同境地的人组成的少数集团成功适用。例如，共同所有权人。安大略省已率先通过两项立法来尝试改革——集团诉讼法案（SO 1992，C. 6）和社会法修正法案（集团诉讼基金）（SO 1992，C. 7，从1993 年 1 月 1 日生效）。该立法的关键条款包含聘请集团律师、集团的证明方法、可选择的程序、共同争议的审判模式、损害估价和分配、安排集团诉讼的和解和建立集团诉讼基金去帮助在这样的诉讼中的当事人。其他省在行动前可能等待着安大略省的进展，尽管一些其他的省已经发布了他们自己对自由裁量的问题的研究成果。

五、墨西哥

（一）起诉

起诉是由原告向一个或几个被告提出诉讼主张和救济要求的书面程序行为。起诉状应包含诉讼的必要要素，依据《联邦地区民事诉讼法典》第 255条的规定，起诉状必须表明：（1）提起诉讼的法院；（2）原告的名称和接受通知的地址；（3）被告的名称及其地址；（4）救济要求；（5）原告主张所依据的事实，这应以一种简明和清晰的方式列明，以便被告提出相关的答辩；（6）被提出的诉讼的类型和支配该程序和诉因的法律条款；（7）救济要求的金额，如果这与决定有管辖权的法院相关。

另外，《联邦地区民事诉讼法典》第 95、96 条要求起诉状需附带下列文件材料：（1）当原告由另一个人代理时，用以证明代表资格的委托书；（2）支持诉讼主张的文件材料和原告提起诉讼行为的理由；（3）送达给被告的起诉状和相关证据的副本，如果这些副本没有提交，法院将要求原告在特定时间内补交，否则将视为撤回起诉。起诉状必须用西班牙文作成，用其他语言作成的文件必须由高等法院法官授权的专家将其译成官方的西班牙文。文件的文本中不允许有任何缩写或不清晰的表达。

起诉状中对于救济要求的表述和与案件有关的事实必须表达清楚，如果在起诉状文本中存有错误和不一致，那么法院将要求原告在三天之内作出修正或者补充。

《联邦地区民事诉讼法典》要求，救济要求的表述必须与起诉状中的事实表述保持一致。起诉状必须列明所有的救济要求，因为根据《联邦地区民事诉讼法典》第 31 条的规定，任何救济的省略将被视为原告的放弃，并等待在其他任何时间另行请求。针对同一被告的源于同一件事实的诉讼理由必须在同一个诉讼中解决。

《联邦地区民事诉讼法典》第 34 条表明，一旦起诉被受理，就不能够被更改。

只要对救济要求的描述和案件事实是足够清楚的，表明被提起的诉讼的类型不是原告必须遵守的绝对要件。因此，允许法院去解释被提起的诉讼的类型（这符合当事人提供事实，法院确定法律这个总的司法原则）。

（二）答辩的类型

原则上，答辩必须满足与起诉状相同的形式要件，另外，抗辩理由和反诉要求都可以包含在其中。

1. 否认

《联邦地区民事诉讼法典》第 266 条指出：在被告的答辩状中必须提及起诉状中的每一事实。被告必须要么承认事实（承认这些事实的真实性）或者否认它们并说明这些事实不真实或与本诉讼无关，被告的沉默或前后矛盾将被理解为对这些事实的承认。这些规则适用于除家庭事务或房屋租赁争议外的所有案件。

总之，被告可以使用下列方式中的一种去答复起诉状中宣称的事实："被答辩的事实是真实的，所以在那方面不存在争议"；"被答辩的事实是错误的，所以应该被否定，表明那……"或"被答辩的事实既不是已经证实的也不是否定的，而是与本诉讼无关"。

2. 拒绝和积极抗辩

积极抗辩是被告就原告起诉中提出的事实或诉讼理由提出的答辩。它们可能涉及程序或实体问题，目的是替被告减轻原告救济请求中的责任。

这些抗辩必须在答辩时提出，但在诉讼过程中可能出现的补充抗辩除外。后者被理解为因出现被告在提出答辩时尚不知悉的情势或答辩提出之后出现的事实，在这些案件中被告可以在最后的判决作出之前和他知悉这些事实存在后的三天时间内提出抗辩[1]。

在这类诉讼中，即使抗辩没有清楚地在答辩中说明，只要它们所依据的事实被明确地陈述，抗辩也是有效的。

没有任何抗辩会阻止诉讼的进行。如果抗辩被法院承认，原告则有三天的期限提出必要的陈述。

被告可以主张两类抗辩：延诉抗辩（dilatory defences）和绝对抗辩（absolute defences）。延诉抗辩只针对程序问题，其目的是阻挠原告提出的诉

---

[1] 《联邦地区民事诉讼法典》第 273 条。

讼，但不涉及诉讼的实体问题。这些抗辩在最后的判决中裁定，如果他们中的任何部分被裁决可予适用，法院不再对诉讼的实体问题进行裁决而撤销案件，原告的权利继续存在。只有对于缺乏管辖权、共同诉讼、未决的请求和已判决的事件的抗辩，必须在审理前解决，以避免一切不必要的诉讼。绝对抗辩是指使原告的诉讼主张无效的抗辩，因此其涉及实体的请求，在诉讼中，当进行最后判决时，这些抗辩与其他的问题同时裁决。

（三）答辩

当被告对起诉状提出答辩时，答辩必须与原告主张的事实相关。原告对被告提出的答辩和抗辩有三天的期间作出陈述，如果被告提出反诉，原告有时间提出答辩①。

（四）正式书面答辩状的修改

《联邦地区民事诉讼法典》第 34 条规定，一旦正式的书面答辩状向法院提交，就不允许再进行修改，这个规则便利了诉讼的进行，防止当事人提出新的问题，以延缓最后判决的作出。

（五）正式书面答辩状的补充

出于同一个原因，《联邦地区民事诉讼法典》第 34 条规定，对正式书面的答辩状的补充也是不可能的。所以，原告和被告在准备他们的答辩状时必须始终保持一致，因为没有第二次提出诉求或反诉求的机会。

（六）诉讼请求和当事人的合并

诉讼请求或诉讼的合并在墨西哥民事诉讼制度中可以通过下面的两种不同的申请获得："关联的诉讼"或"未决的诉讼"，这两类案件的诉讼目的是合并相应的诉讼以防止在同一当事人间就同一诉因提出不同诉讼。

在这种意义上，"关联的诉讼"是一个延诉抗辩。根据《联邦地区民事诉讼法典》第 39 条的规定，其目的是把案件从提起抗辩的法院转移到第一次参与关联诉讼的法院。当诉因同一时，关联诉讼的抗辩可被运用。只要诉讼源自同一个诉因，争议的标的和当事人可以不同。

《联邦地区民事诉讼法典》第 37 条规定："未决诉讼的抗辩适用于当另一个法院已经处理该同一案件，而且该诉讼也是针对同一被告的。被告必须清楚地表明首先受理法院正在进行处理。如果抗辩被准许，当该法院与首先受理该案的法院在同一上诉法院的管辖区内时，卷宗材料应该送交至首先受理该案的法院，如果这两个法院不在同一上诉法院的管辖区，那么后者的程序只是简单

---

① 《联邦地区民事诉讼法典》第 273 条。

地被终止和撤销。"

"关联的诉讼"和"未决的诉讼"抗辩之间的区别在于"关联的诉讼"导致了一个诉讼的合并，因为不管当事人和诉讼标的是否相同，两个诉讼的诉因是同一的。第二种抗辩适用于两个案件具有完全的同一性，其结果不是真正的合并，而是第二个诉讼消灭。

在关联抗辩中，合并的诉讼是各自进行的，但都在最后的判决中解决，以防出现相互矛盾的裁决。这类抗辩不适用于下列情形：（1）当其中一个诉讼由上诉法院审理；（2）当处理案件的法院隶属于不同的上诉法院时；或（3）如果其中一个诉讼由外国法院审理时。

依据《联邦地区民事诉讼法典》第41条的规定，被告提出关联抗辩时必须提交一份起诉状副本和对第一个诉讼的答辩状；同样地，这种抗辩所需要的惟一证据是对另一个法院卷宗材料的调查。

如果传票还没有送达，关联的抗辩是不能被适用的，这建立在以下原则之上，即向被告送达传票具有承认法院拥有审理这些当事人之间的诉讼的权力的效果。如果关联关系存在，这个诉讼将与第一次送达传票的法院审理的案件合并。

（七）原告提出的合并诉讼主张

只有被告能够提出合并诉讼主张，原告没有权利提出诉讼合并的主张，因为该申请是作为一个抗辩提出来的，这是被告才有权要求的。原告有权决定最先向哪个法院起诉，因此不能再主张诉讼合并。如果一个新的诉讼在另外一个地方提起，该新诉讼中的被告才有权提起相关的抗辩。

（八）反诉

反诉是被告提出的对抗原告的诉讼，必须针对原告提起的诉讼提出。根据《联邦地区民事诉讼法典》第260条的规定，被告可以在答辩状中提出反诉。该法第272条更清楚地表明被告在提交了答辩状之后不可以再提出反诉。

反诉必须同样满足《联邦地区民事诉讼法典》第255条规定的起诉应具备的要件，原告有9天的期限对反诉进行答辩。《联邦地区民事诉讼法典》第261条指出：反诉将和原诉讼同时在最后的判决期间进行讨论和裁决。反诉避免了在同一对当事人间提起两个单独的诉讼。

（九）互相主张权利（Cross-claims）

互相主张权利被程序法规则定义为：在同一案件中被告对原告提出诉讼请求。互相主张权利被证明是一种在一个单一的最后判决中，解决具有特殊利益关系的双方当事人争议的一种合理的方式。

如果被告决定在一个不同的诉讼中提出诉讼主张，那么这个最初的原告可以提出一个关联诉讼的抗辩，互相主张权利的诉讼将被同一个法院处理，并且将受制于与原始诉讼所要求的相同的一个诉讼程序。然而，两个诉讼将在同一判决中解决，最后判定每一方当事人主张的有效性。

（十）第三方的主张

只有有限的第三方申请和参与才属于《联邦地区民事诉讼法典》和墨西哥一般程序法规则的关注范围。第三方有权利参与影响他们权利的诉讼。当第三方在一个业已存在的诉讼中提出一个主张，第三方就成为诉讼中的一方当事人。

1. 要求诉讼第三方当事人参加的诉讼

诉讼第三方当事人有两种类型：一类是被要求参与诉讼但其与诉因无关（例如：证人和鉴定人），另一类是因其与本案的结果具有某些利害关系而参与诉讼的。

根据《联邦地区民事诉讼法典》第 652 条的规定，一个要求诉讼第三方当事人参加诉讼的申请发生于当第三方当事人被要求参与一个即将发生的诉讼，其在该诉讼中享有不同于原告和被告的利益的时候。如果第三方当事人与原告或被告有共同的利益，那么它将作为共同原告或共同被告加入诉讼。

出现在《联邦地区民事诉讼法典》第 653 条规定的"第三方诉讼"中的第三方，在法官听审案件之前，必须像原始诉讼一样系统地阐述案情。这个诉讼将被同一个法官视为主要诉讼的附属问题加以解决。

总之，第三方当事人参与诉讼将有其自己的目的，要么是辅助的，要么是排他的。辅助的诉讼是指那些第三方与其他一方因具有共同一致的利益而与之合作参与的诉讼。第三方当事人可以在最后判决之前的任何阶段提出申请。第三方当事人可以实施所有必要的行为去保护其相关的权利，并且甚至可以继续提出主张，如果最初发起该诉讼的当事人撤销诉讼的话。

排他的诉讼是指那些被视为拥有合法权利的第三方，寻找根据去撤销已判定的财产或权利的诉讼。第三方为了获得一个有利的裁决，他必须证明他对那些财产具有更多的权利。第三方必须提出必要的、证明它的权利的文件，以便于其他方当事人有机会对其权利提出异议，也便于法官对该申请进行裁决。

2. 互相诉讼（Interpleader）

依据《联邦地区民事诉讼法典》第 32 条的规定，没有人能够被强迫去开始一个诉讼或提出一个申请，但下面这些案件除外：（1）当一方当事人拥有一个依赖于另一方当事人有权提起的诉讼的诉因或者抗辩，该另一方当事人可被要求提起他有权提出的诉讼，以便这个问题可以被解决。如果该另一方当事人拒绝提起这个诉讼，那么他方当事人可以行使他自己的诉权去寻求司法解决。（2）当第三方当事人提出的主张数额超出了原法院的管辖权，这就迫使原本具有管辖权的法院放弃对该诉讼的管辖，并且迫使第三方到另一法院去提起诉讼。

第十一章 审前获取信息

第一节 若干欧洲国家和地区的审前
获取信息制度（上）

一、英国

在审判前获得信息的过程通常称为披露或发现（discovery）。

（一）披露的种类

1. 供词记录（depositions）

供词记录是在审理前宣誓后的证人所做的口头证据的书面笔录。与美国的做法不同，在英国的诉讼程序中，很少使用供词记录，只有在特殊的情况下才由法院作出命令使用供词记录。

法庭在任何诉讼或案件中，为了公正起见，有权命令在法官、官员或法庭询问官前诘问宣誓人。这一权力的行使具有酌情性，但通常作出这种命令的理由为证人年纪太大或病重不能参加审理，或在审判前有可能去世或准备出国。

指定的诘问官通常安排一个方便的时间和地点进行诘问，双方代理人能参加诘问并用通常的方式获取证据①。这种命令的申请在书记官前通过传票提出，如果申请不是经双方同意提出，它必须得到誓章（affidavit）支持，详细地阐述有关情况，包括将被诘问的证人的名字。

如果将被诘问的证人位于英格兰和威尔士以外，高等法院可向有关国家的司法部门发出请求书，要求他们进行诘问或由英国领事官员进行诘问（通常就与英国订立公约的国家而言，比如《关于从国外调取民事或商事证据的公约》）。法庭对这一权力的行使正如前面所述具有酌情性，由于域外取证的费用比较高，通常只有在不能用其他形式获取证据的情况下，才行使这一权力。

---

① 参见下文的审判。

2. 对当事人的讯问（书）（interrogatories to parties）

讯问与事实的披露有关，是通过盘问从另一方当事人获取供认或信息的有用方法。允许任何一方当事人在未经法庭的许可下，实施与申请人和诉讼中的其他当事方之间的争议事实相关的讯问，这对公正处理诉讼或节省诉讼费用都很有必要。"钓鱼式的探索（fishing expeditions）"将不会被允许，并且规则特别规定：不允许讯问仅与被讯问方的信用和证词相关的问题。

未经法庭允许，讯问书只能送达两次，要求讯问的当事方必须指定一段时间（从送达之日起不少于 28 天）进行讯问，如果一方当事人不能充分或根本不能对讯问作出答复，法庭可命令驳回诉讼或剔除辩护。

被送交讯问书的当事方可以向法庭申请对讯问书作出修改或撤销，并且一经得到这样的申请，法庭可作出它认为合适的命令。讯问书首先必须由宣誓的文书作出答复，除非法庭作出不同的命令。文件披露的特权（privilege）原则同样适用于讯问书。

3. 文件的披露

狭义上的披露指一方当事人向另一方透露与诉讼有关的由当事方占有、保管或拥有的文件。其基本原则在 Compagnie Firanciere du Paivfique v. Peruvian Guano Co. 一案①中作出了详细说明——任何文书必须透露。

披露并不必限于可作为证据接受的文件。然而，为了找出一些请求或辩护，不能为了"钓鱼式的探索"而使用披露。披露是一种衡平的救济方法。因此，法庭有是否允许披露的自由决定权并能作出适宜的命令防止压迫性地使用救济方法。

文件的披露包括任何信息记录的披露，例如录音、录像、图片和电脑记录。披露文件的义务是持续性的，但所披露的文件只能根据它们所披露的方式在诉讼中得到使用。

在大多数由诉状格式启动的诉讼中，一般性的披露自动发生。在完成诉状后，当事人必须用规定的方式交换所有相关的由他们占有、保管或所有的文件清单，必须将文件准备好以便审查，并且检查方有权取得文件的复制品。在实践中，当事方通常同意延长披露的时间。在英国法院中，外国诉讼当事人同国内当事人一样，有同样的披露义务。

为抨击（attack）另一方当事人的披露，当事人可获取要求对方提供宣誓文书的命令，核实清单，提供更进一步和更好的清单，提供誓词阐明是否有关

---

① ［1882］11 QB 55 at 63.

文件由或曾经由他占有、保管或所有，如果曾经由他保存，什么时候不再由他保存。如果一方当事人未作出披露，法庭将作出命令：除非在一定的时间内作出披露，否则将驳回诉讼或剔除辩护。

表面上看来，披露这一救济方法只能对已成为诉讼当事方的人采取。在第三方当事人和原告间通常不采取披露，仅仅为了获取披露而让第三方成为诉讼当事方是不适宜的。这一规则的例外情况如下：（1）人身伤害诉讼；（2）根据在 Norwich Pharmacal Co. and Others v. Customs Excise Commissioners① 一案中制订的规则。在此案中，一非诉讼当事人的人已卷入别人的侵权行为，以致使他们的侵权行为更为便利，他个人可能不承担法律责任，但他有义务通过向被侵权人提供详细信息及透露侵权人的身份来帮助被侵权人。

4. 披露真凭实据

法庭可命令扣押、监管、保存任何财产（该项财产为诉讼标的物，或会产生有关该项财产的任何问题）或命令检查由诉讼一方当事人占有的此类财产。

法庭有权为此目的授予任何人进入当事人所占有的任何土地或建筑物，有权授权及命令对样品进行取样，进行观察或进行实验。根据《1981 年最高法院法》第 33 条（1）的规定，在诉讼程序开始前，在人身伤害的案件中，就并非诉讼当事人的财产或由他占有的财产而言，法庭也有同样的权利。

除了规则中所规定的权利外，法庭还有权授予"安东·比尔命令（Anton Piller）"，允许原告或潜在原告进入被告或潜在被告的房屋，检查、带走有关的文件或物品。在任何诉讼中，都可提出此种申请（但通常在专利和版权诉讼中），并且通常单方面提出申请。

上诉法院在 Anton Piller KG v. Manufacturing Process Limited（1976）一案中首次批准这种命令。当法庭确信申请者有强有力的表面证据表明，申请者所遭受的潜在或实际损害极其严重，被告拥有表明其有罪的文件或证据，在提出申请前被告很可能毁灭此种证据时，可作出此种命令。

在授予安东·比尔命令时，法庭将要求原告作出以下承诺：（1）命令和支持性的证据将由律师送交给被告，并且由律师向被告解释命令的措辞，并建议他立即寻求法律咨询。（2）所获文件的使用只能限于该悬而未决的诉讼。（3）如在发出诉状格式之前作出命令，将发出一份诉状格式。（4）对命令可能造成的损害进行赔偿的承诺。对于安东·比尔命令的授予而言，注意到法庭

①　1974 AC 133.

对被告拥有管辖权或对外国当事人的管辖不应当基于单方面的申请，以及在外方当事人有机会提出异议以前不应对外方当事人进行管辖这一点至关重要。在Cook Industries Incorporate v. Galliber 一案中，人们普遍认为英国法院有权命令它有权管辖的外方被告以被告的名义透露位于管辖区外的公寓中的财物。然而，是否行使此种管辖权，则取决于法庭的自由裁量。

应该注意到由于该命令的侵扰性质，司法界对授予安东·比尔命令表示关注，特别是当单方面地作出并在被告没能获取法律咨询的阶段强制实施时，因此安东·比尔命令不像以前那样轻易地授予，法院对授予此种命令的情况作出了限制。

(二) 披露在审判中的使用

1. 供词记录

在审理过程中，供词记录不会被接受为证据，除非供词记录是根据法庭的命令作出，并且得到所供证据对其不利的人的同意或证明供述人已去世或处于法庭的管辖区外或由于有病、身体虚弱不能参加审判。在审判中打算使用供词记录作为证据的当事方必须在审判前的合理时间内将他的意向通知另一方当事人。

2. 讯问

在审理过程中，当事方可只提供部分讯问答复或答复的某部分作为证据，而不需提供其他答复或答复的整个部分。然而，法庭可查看整个答复，如果法庭认为任何答复或某答复的任何其他部分与作为证据使用的答复或其部分如此密切以致该部分不能与其他部分分开使用，则法庭可以指示其他答复或某部分作为证据①。把讯问作为证据的当事方没有义务一定要承认它们的真实性，而是可提出与它们相抵触的其他证据。

3. 文件证据

提供文件作为证据的当事方必须向法庭证明文件的真实性。

通常，如果当事人在审判过程中希望提出一份文件作为证据，他必须拿出原始文件，如果不能拿出原始文件，必须对它的丢失或毁坏予以证明。在原始证据由另一方当事人占有的情况下，应该向该方当事人送达一份通知书要求他提供通知书中指定的文件。如果一方当事人已被送达了一份文件清单，该当事人被认为在审理过程中已被送达一份通知书要求提供那些文件。

在实践中，当文件清单被送达时，一般由双方当事人的律师共同商议就审

①《最高法院规则》命令26，规则7。

判中使用的文件达成一致看法。应该注意到，在通常情况下，向反对方所透露的文件是那些由另一方当事人占有、保管或拥有的文件，由证人占有的文件只能在审判中做首次展示。

然而，法庭可要求任何人参加任何诉讼程序（临时聆讯和/或审讯）并为诉讼程序的需要出示任何必需的文件。然而，这一规则并没有授予针对非诉讼当事人的人的额外的披露权。在大多数案件中，这一规则并不会使文件在审讯前被充分出示以便得到考虑。为克服这一问题，已形成了一种习惯做法：在誓章证据（affidavit evidence）的支持下，向法院提出一项申请，要求提前审判日期以便被送达传票的证人提供所需文件。

二、爱尔兰

（一）发现的种类

1. 证言

实际上，在爱尔兰民事程序中很少使用证言，没有法庭的命令，证言不会被用做证据。在缺乏口头证据时，法官依赖专员收集的证据。一般来讲，仅仅在提供证据的人在管辖范围之外且不愿出庭或他们出席法庭不可能（如因疾病）时，方采用专员收集证据方式。

地区法院没有关于使用证言的规定，在巡回法院和高等法院，法院规则规定法庭可以命令调查任何人或依法庭的要求，以证据形式提供证言。

2. 询问当事人

地区法院没有关于询问的规定。巡回法院规则没有关于询问的特殊规则，但规则规定在缺乏特殊规则时，高等法院规则可适用于巡回法院。

在适当的时候，高等法院规则允许原告或被告在起诉状或答辩状送达后送交对对方的询问笔录，并且，询问笔录只有在法庭允许时才能送交。

每一当事人可以请求法庭决定询问是否合理或麻烦，或因为它的啰嗦、不必要、不相关、不合理或令人反感而应取消。如果法院没有答复，要求答复的当事人可请求法庭签发命令指示被询问人答复。

3. 财产的发现与提供（物证）

（1）地区法院

地区法院没有关于证据调查的规则，但一当事人可通过送达通知促使其他当事人在听审时出示证据，以使被要求出示的证据具体化，或通过传票方式传唤目击者，使被传唤之人出庭，出示书证及其他证据。

（2）巡回法院和高等法院

任一当事方可向法庭申请命令，指示诉讼的其他当事方通过对他拥有或控制的文书的宣誓来作证。实践中，如果要求签发命令的当事人在自愿的基础上已预先要求发现（discovery），那么可以颁发命令。也可颁发允许请求发现的当事人检查涉及宣誓的原始证据的命令。某一当事人可以基于特权反对出示证据，例如，当事人与律师之间的交流。宣誓应根据诉讼特权表明证据的性质及提出特权的原因。如果证据是否为特权的客体存在争议时，法庭应作出决定。

调查、寻找证据的当事人有权复印证据。如果当事人不能通过发现来履行针对他的命令，命令所支持的当事人可以申请扣押令。不能提供证据的当事人也许会发现法庭将宣布他的诉讼或答辩无效，或如果他为被告，则答辩无效。巡回法院没有规定允许对不是诉讼当事人的第三人进行调查。提供由第三人控制的证据的方法是通过发布通知或传唤——同样的程序适用于地区法院。

高等法院规则允许对不是诉讼当事人的第三人进行调查。如果向高等法院法官表明第三人拥有、控制着相关的证据，法庭可以要求第三人出示证据。要求取证的当事人有责任为出示证据的当事人支付费用。

（二）发现在审判中的使用

在审判中允许进行充分的发现。证据的可靠性可按下列方法之一来证明：（1）传唤作为目击者的文件制作者；（2）传唤文书制作的目击者；（3）证实笔迹；（4）证实文件的证书；或（5）确保对方承认其真实性。

三、德国

《德国民事诉讼法》并没有区分审理阶段和审前阶段。诉讼程序从请求权的陈述开始。请求权的陈述和抗辩包括当事人的事实主张和当事人对其负有举证责任的问题的证据说明以及法律争论。在此基础上，法庭将决定哪些问题需要证明并确定审理的日期。

第二节　若干欧洲国家和地区的审前
获取信息制度（下）

一、法国

在法国民事诉讼中没有审前要求告知（或发现）制度，作证、讯问及相似方法都应保密。法国和其他民法法系国家一样，不仅要求告知完全不为人所知，而且它通过颁布一个禁止为审前要求告知目的而收集信息的所谓的"冻结法令"，强烈反对普通法式的审前要求告知。在某些方面，法国用来替代审前要求告知的主要措施是文件出示和专家调查。

1. 文件出示

在听审之前，当事人应互换他们各自欲依赖的文件，使每一方都有机会分析并详细了解另一方的证据。并且，当事人有权要求法庭命令另一方当事人或第三人将持有的文件出示。但请求方应确知有这样的文件使他可以依赖其举证。因此，在实践中，这种权利仅针对特别重要的文件行使，并极少为法庭所认可。

2. 法庭指定的专家

专家证据不是由当事人雇佣的专家提供，而是由法庭指定的中立的专家提供。

在向法庭或法庭指定的专家分析案件、推断或介绍案情时，当事人可自由选择律师来辅助它们。法庭有权选择任何人来执行如下任务：（1）调查事实；（2）向法庭提出建议；或（3）向法庭提供专家调查结果。按一般规则，法庭仅仅对不能被提出该主张的当事人证明的主张可以命令调查，法庭不能自行采取调查措施来减轻当事人的证明责任。

通常专家被指派执行上述第（3）项任务。法庭会列出其经常选派的各个技术领域的专家名单，专家一旦被选派，即可获得一笔由法庭确定的预付报酬。专家被授权要求当事人出示专家认为可免除其责任的任何证据，如有必要，法庭将命令这种出示。法庭指定的专家的调查据说是纠问式的，这意味着专家应倾听并考虑所有涉讼当事人的陈述，独立于当事人完成这个任务。禁止单方面会见当事人或与任何当事人的其他接触，任何接触应是在所有当事人或他们的代理人都在场的情况下进行。

专家调查结果通常以书面形式提交法庭，尽管法庭可授权在审理时提供口头证据。实践中，法庭有时会要求专家出席法庭审理以回答问题，或阐述他的报告中的调查总结。虽然法庭不受专家的调查结果的约束，但通常不会忽视它包含的必要信息，因此，通常要遵循它们。

法庭可以自愿地或应一方当事人的请求，为了维护或确认某种事实，命令它认为是适当的调查。

在提起诉讼前甚至在随后不提起诉讼的情况下，当事人可以请求法庭预先选派专家。实践中，潜在的诉讼当事人可能广泛地运用这种方式从而有机会确认事实或获得在以后的诉讼中会至关重要的专家证据。在所谓的紧急审理的快速程序中，当事人可获得这种命令，尽管在那个阶段不存在任何紧急状况或关于所涉权利的激烈争执。

二、西班牙

（一）要求告知（或发现）的类型

1. 笔录供词

任何想提起诉讼的人可以索要与他打算起诉的人有关的宣过誓的声明书，该声明书是关于与该人的品格有关的事实的，无此声明书便不能提起诉讼。

2. 对当事人的书面质问

通常在向法院提起诉讼之后，才能向当事人提出书面质问。《西班牙民事诉讼法》第 502 条规定，在证人年事很高，面临迫在眉睫的生命威胁的情况下，或者，在难以取得联系时或即使联系上也将会延误时作紧急证据保全的情况下，对禁止证人在审理前陈述的规则来说是一个例外。

3. 要求告知和提供财产

如果合适的话，财产的要求告知和提供（物证）将成为对持有该财产的人所提起的对物诉讼或者混合之诉的标的。《西班牙民事诉讼法》第 497.2 条对此作了规定，并且具有预防的目的。其目的是使将来的被告处于保管人的地位，警告被告要把财产保管到法院解决争议时。如果被要求交出财产的人在诉讼的任何时候或者稍后的任何时候拒绝提供财产，一旦对其作出了判决，如果法官没有其他强制性方法来迫使其交出，则请求人可以在将来的主要诉讼中或者在为此目的的一个其他的诉讼中请求损害赔偿。

（二）审判中要求告知的使用

如果存在经发誓而作成的声明书，正如《民事诉讼法》第 497.1 条所规定的，诉讼的目的是为了在审判中获得承认，直到获得被告的自我承认宣告为止。《民事诉讼法》第 502 条规定，在对当事人提出书面质问时，依《民事诉讼法》第 637～659 条的规定进行。最后，在要求告知和提供财产的情况下（这也是原告的诉求），在提起诉讼的令状中必须描述该财产。

如果《民事诉讼法》第 499 条所指的令状的描述提到了要求告知和提供财产，必须认为这也适用于对当事人的书面质问，因为即使《民事诉讼法》第 497.1 条或者第 498 条没有明确提及该情况，但《民事诉讼法》第 502 条对此作了十分明确的规定，并且通过对这些条款的扩大解释，这也适用于被告经发誓后所作的声明书。

三、芬兰

在民事案件中，芬兰法律并没有规定在诉讼提起前通过发现获取信息的可能性。与证据有关的审前行为是以证据的保存为目的的措施以及随后的呈递。如果一个人的权利有赖于证据的采纳而且本证据有灭失或事后难以提交的危险，地区法院可以准予为一个尚未成为待决的案件提前提交证据。

为确保将来的证据提交而保全证据也可以诉诸一般的预防措施。尽管在准备程序中，在对方当事人的请求下，一方当事人有义务表明他是否拥有为该反对方当事人所提及的证据，但法律没有规定对忽略这一义务的制裁。

四、丹麦

（一）在提交诉讼状之前发现信息

对实物证据而言，在向法院提交诉讼状之前，有必要确定这类证据的存在。为了保证这类证据的价值，通过当事各方共同取证是尤其重要的。当事人单方面从专家证人那里获得的证词与声明的价值是有限的，因为这会引起另一方当事人对单独取证方的证据的可信度产生怀疑。

1. 专家证人的庭外声明

争议当事方可通过协议使争议事项在经专家审查和考虑前无须事先提交法庭。如果当事人已同意接受庭外专家证词，这一协议通常会被解释为在正式审理之前由专家提供的证词在随后的诉讼中能够被用做证据。如果庭外审查已合理地实行，同时，对该专家的知识和中立性也没有合理的异议，这样，由该专家提供的证词或声明将被认为与法庭指定的专家提出的证词具有同等的证明效力。

2. 诉前庭内专家证人的声明

在丹麦法律中，在提起诉讼前请求法院先任命专家是完全可能的。任命和审查均是按照《民事诉讼法》第196条及以下条文的规定进行的。法庭指定专家并确定付给专家的费用。提出指定专家的当事人将承担全部费用，这包括付给专家和法庭的费用。援引专家程序的当事人不必补偿另一方当事人付给律师和其他专家的费用。

3. 独立取证

有关独立取证的请求必须向证据所在地，如证人住所地法院提出。对实物的审查请求，必须向证据所能发现地的法院提出。如果证据必须在国外收集，由此而产生的单独取证请求必须向随后提出诉讼状的法院提出。

根据《民事诉讼法》第343条的规定，法庭可命令援引这一程序的当事方对由此而给另一方当事人带来的损失予以补偿。

（二）庭审之前的证据发现

在诉讼状已整理提交法院之后到确定的庭审日期到来之前，任一当事人仍有权去自由获得新的信息，提交新的文书和新的证据。

1. 出示证据义务

民事诉讼案件双方当事人有义务向法庭出示他们拥有的证据和支持他的立场和诉讼请求的证据。原告将在诉讼状中列出必要的证据和有关文件，并且，原告须把他掌握的文件的复印件与诉状一起递交法庭。对被告适用同样的规定。被告可向法庭提交他想利用的任何文书，以及针对原告的答辩书。这与《民事诉讼法》第351条的规定是一致的。然而，这一规定并不妨碍当事人随后提出更多更新的文书。

在口头控辩之前，当事人可彼此要求对方呈交文书和其他实物证据。如果当事人忘记递交对支持他们的请求至关重要的文书，这将导致法庭撤销诉讼，或者被告人被判决承担在诉讼状中所宣称的责任。如果一方当事人忽略了履行另一当事人的请求去提交另一方当事人在申诉中所提到的文书，其结果与该当事人在口头控辩时未能成功作出解释一样。当法官在判定证据时，根据《民事诉讼法》第298条的规定，一方当事人的举证失败将有利于另一方当事人。

根据《民事诉讼法》第299条的规定，第三方当事人有义务递交相关文书，若第三方当事人不提供他们的证据，可把旨在针对证人提交证据的法律义务与责任同样用来针对第三方当事人。

在法庭命令其他当事方与第三当事方提交文书之前，该当事方将有机会在法庭作出决定之前提出任何反对意见。根据《民事诉讼法》第339条的规定，法庭有可能会要求一当事方出示证据，法庭可依职权作出此要求。如果被要求方未能遵照法庭的要求，根据《民事诉讼法》第344条的规定，法庭有权作出针对未遵守要求方而有利于另一当事方的决定。

2. 审判中的专家声明

《民事诉讼法》中有关法庭内的专家证词的规则隐含地指出法庭在证据审查时的作用及影响很大，因此法庭会影响证据的发现。法庭可能会拒绝一个专家证人的指定申请，如果法庭发现对专家的指定及其证明的有关问题与争论事项无关。同时，若法庭发现争议的问题超过了正在讨论的专家的知识与工作能力，法庭也可拒绝请求。

3. 专业机构的声明

在一些案件中，当事人常常会请求有关领域的机构或协会提供一份对于争议问题至关重要、但措辞通俗的声明。因此，这类声明常被用来替代传统的专家声明。

4. 口头辩论之前的解释与证词

有助于案件判决的全部证据应在法庭辩论过程中直接递交法院，这是一项基本原则。在极其特别的情况下，法庭可能会在口头辩论之前讯问当事人、证人和专家证人，这种讯问也许会发生在另一法院，特别是在下述情况下：例如证人距离案件审判地法院很远，或者证人或当事人患重病。案件审判地法院因此有权决定是否有必要或在哪儿进行审判前的讯问。

（三）辩论中的证据使用

在口头辩论过程中，所有事项将呈交法庭，文书中与案件相关的部分也将被选出。若讯问在为庭审做准备时没有进行，接下来便是讯问当事人、证人和专家证人。当事人没有义务在审讯过程中口头阐述他们的立场观点。但是，当事人未能在庭审中作出适当的解释将导致其处于不利境地，依据《民事诉讼法》第 344 条的规定，法庭将可能作出有利于另一方当事人的解释。这一条同样适用于当事人提出口头解释之后未能针对特殊问题作出回答的情形。

如一方或双方当事人要求，证人、专家证人有义务在辩论过程中提供补充的解释。《民事诉讼法》第十八章对有关证人的事项作了明确的规定。这一章还规定，当事人的亲属或与之关系密切的人免于出庭作证。

五、欧盟

（一）欧洲法院或初审法院

在听取法律顾问发言和当事人请求的争辩之后，欧洲法院和初审法院将就需要证明的事实发布命令，并要求下列的全部或一些：（1）当事人亲自出庭；（2）要求提供文书和信息；（3）证言；（4）委托提出专家报告；（5）对争议的地点和物品进行检查①。

这些证据可由法院本身，或一特别任命的法官或起草报告的法官记录。当进行调查时，当事人可在场。

（二）获取在委员会未决的案件的资料

至于委员会诉讼，人们必须区分以成员国违反共同体法律（第 169 条诉讼）为特征的诉讼中的调查措施与涉及个人和/或公司为当事人的竞争诉讼中的调查措施。

---

① 《欧洲法院诉讼规则》第 45 条第 2 款和《欧洲初审法院诉讼规则》第 65 条。

1. 针对成员国的诉讼

次级共同体立法经常要求成员国向委员会通知其执行进程。未能传达上述信息本身就是对共同体机构和成员国之间合作要求的一种严重违反，应受到法院的制裁。

在成员国有机会对一个详尽论述的观点作出回答之前，委员会不应控诉成员国。委员会在获得的信息（这些信息来源于原告、委员会与成员国的联系，以及其他各种渠道，如欧洲议会的议员）的基础上，准备了上述详尽论述的观点。如果存在问题的成员国能证明在法院诉讼开始之前能使其法律与欧共体法律一致，该诉讼将被终止。然而，如果成员国在司法诉讼开始之后才作出使其法律与欧共体法律一致的保证，则委员会可继续这一案件，直到法院发现在保证作出前的违法行为为止。

2. 竞争问题

在调查竞争问题时，委员会依据"资料请求"和"检查"收集证据。

（1）提供资料请求

委员会可能首先作出对资料的请求①。请求必须说明委员会调查的法律基础和请求的目的，同时也要说明对提供错误资料的惩罚。当一个公司或联合公司提供不完的资料或没能在委员会规定的期限内提供所要求的资料时，委员会将作出决议，根据该决议强制要求提供被请求的资料。决议指明需要什么样的资料，规定资料被提供的时限，说明如果决议没有被完全遵守可能会扣押财产，同时还通知公司其有权向欧洲法院提出复审决议的要求。

这种两个阶段的程序已由欧洲法院批准。至于前面提到的制裁（收取罚金），罚金最多为5000欧洲通用货币单位（ECU）或日罚金最多为1000欧洲通用货币单位。委员会经常从竞争者和一项被异议的协议或协同行为的当事人的顾客处获取资料。

（2）检查

对委员会在反托拉斯案件中享有的调查公司的权力已产生了众多的判例法。委员会被授权检查公司账簿和其他商业记录，并复制或摘录账簿和记录及进入公司的任何经营场所或财产。委员会也可在公司的经营场所向其办事员和职员进行突然袭击式的询问。

虽然委员会官员有上述广泛的权力，但必须向被调查的当事人出示调查已由委员会授权的书面证明，详细说明主要事件和调查的目的。委员会还必须通

---

① 《规章 17/62》第 11 条。

知被调查当事人：如其拒绝合作将会受到惩罚。公司可能会拒绝同意调查官员进入其经营场所。

在大多数案件中，委员会将作出强制性的判决。如公司未能遵守则将会被处以罚金和/或定期的罚款（罚金和罚款的数量与不遵守提供资料请求的罚金和罚款的数量相当）。公司可向初审法院提出对裁决的异议。上诉是否能阻止检查的进行是有疑问的，但如果上诉最后成功，法院会禁止委员会使用资料。

如果公司继续拒绝遵守委员会的判决（一些公司更愿意阻止调查，并把罚款视为一种商业开支），委员会官员可以请求相关成员国权力机关的协助，以强迫其遵照执行。

委员会在合并控制诉讼中有类似的事实调查权力。

第三节　若干亚洲和美洲国家的审前获取信息制度

一、印度

法庭有权就文书发现、讯问书的回答、文书的认可和采取减少和缩小当事方之间的争论分歧的其他步骤等事项作出命令。法庭也有权传唤证人和强迫证人出庭作证。

（一）讯问

任一当事人，经法庭许可，可向另一方当事人提交讯问书。讯问书应以附录 C 所规定的形式作成。对讯问之回答须采宣誓书的形式。对讯问作出回答的形式在附录 C 中也有规定。

（二）文书披露

同样地，任何当事人可提出申请，请求法院作出命令，指示另一方当事人承诺披露其所掌握的文书或其他当事方所掌握的与诉讼争议相关的问题，法庭可能会准许这一请求。如果从已履行的情况证明披露在此阶段是不必要的，法庭会拒绝或推迟该请求。披露只有在法庭认为为了公平处理诉讼或为了节省费用的目的时才会被允许。

任一当事人可以通知另一当事人提交他将援用或在他的诉讼文书中所提到的问题的原始文书，并且此当事人有权核对并复印这些文书。如果当事人未能提供所要求的文书，除非法院许可，该当事人在随后的诉讼中将不得再援用这些文书。要求提交文书的通知必须符合法典附录 C 所要求的书面形式。

（三）未履行的后果

若当事人未能就法庭的讯问作出回答，或未能对文书的披露与核对作出反应，则若该当事人为原告，他将承受诉讼被撤销的后果，若为被告，则他的抗辩将被驳回。如果诉讼因上述原因被撤销，原告将被禁止就同一诉因提出新的诉讼。

二、菲律宾

对菲律宾之外的证人的证言，可以以委托的方式取得，并作为证据使用。当进行域外取证时，证据采集必须在大使或者公使的秘书或总领事、领事、副领事或者菲律宾政府的领事代理机构，或者由委员会或调查委托书所指定的人或官员之前进行。

域外取证中取得的公文书或者私人文件都可以被作为证据使用。然而，用外国语言（除英语之外的其他语言）写成的文件必须与被翻译成英语或者菲律宾语的译本一致①。

三、美国

美国民事诉讼程序很独特的方面之一是联邦规则允许审判前非常广泛地发现证据。确实，《联邦民事诉讼规则》第 26 条允许当事人去获得与发现与案件有关的任何事项，但不包括保密特权，这些事项与诉讼标的有关并能合理地导致发现在审判中允许使用的证据。

（一）发现方法

美国普通法上非常广泛地收集证据的做法与广泛运用于世界其他地区的发现方法截然相反。贯穿于美国证据发现制度中的一个显而易见的原则是所有当事人都有获得相关证据的平等权利。

修改后的现行《联邦民事诉讼规则》确立了两条原则，这意味着通过这两条原则当事人可以得到相关证据的发现。第一条原则是新的自愿出示要求。第二条原则是传统的从当事人或非当事人的证人处获得发现的方法。这些方法包括：通过口头询问或书面质问得到的庭外证言；书面询问；出示文件或物件；允许为调查及其他目的而进入土地或其他财产的许可；身体和精神状态的检查；要求自认。

---

① 参见［美］迈克尔·普雷尼斯主编：《亚洲的争议解决》，1997 年英文版，第 187 页。

1. 新《联邦民事诉讼规则》第 26 条的自愿出示义务

（1）一般规定

1994 年 12 月 1 日对《联邦民事诉讼规则》最重要的改变是大规模修改了支配发现行为的规则。特别是，现行《联邦民事诉讼规则》第 26 条第 1 款要求在发现开始之前当事人之间自愿出示特定的基本信息。这种出示包括：①每一个可能拥有与诉答文书中主张的特定争执事实有关的可供发现的信息的人的身份；②各种文件的复印件或说明，或者与诉答文书中主张的特定的争执事实有关的有形财产；③出示一方当事人所请求的各种损害赔偿金的计算方法以及所依据的文书；④任何可适用的保险契约。

自动出示必须在《联邦民事诉讼规则》第 26 条第 6 款规定的当事人会议后 10 天内进行。

（2）《联邦民事诉讼规则》第 26 条第 6 款规定的当事人会议

《联邦民事诉讼规则》第 26 条第 6 款要求当事人或他们的律师，在根据本规则第 16 条第 2 款的规定，作出日程安排的会议召开之前 14 日或截至作出日程安排命令之时尽快会晤。会议的实质目的在于为案件准备一个发现计划。因此，《联邦民事诉讼规则》第 26 条第 6 款要求当事人讨论他们各自的诉讼请求和抗辩的性质和依据及早日解决案件的可能性，以及根据《联邦民事诉讼规则》第 26 条第 1 款第 1 项为自愿交换所要求的信息作出安排。当事人同样必须提出一个共同的发现计划，说明每一方当事人关于本案发现程序的观点和建议。除非《联邦民事诉讼规则》、当地法规或当事人协议允许，在当事人会议召开之前，不能从任何来源得到正式的发现。

（3）出示专家证言

当将在审判中提供包含专家观点的证言时，《联邦民事诉讼规则》第 26 条第 1 款第 2 项要求当事人出示他们的专家证言。该种出示必须包括一份书面报告书，说明专家表达的所有观点；支持的原因和根据；专家考虑的所有信息；被用来支持观点的所有证物；专家的资格证明；专家的补偿以及在前四年内该专家证人提供过证据的所有其他案件。这种出示应当在不迟于开庭审理日之前 90 日的期间内作出，最后的期限可从驳回专家证据之日起延长 30 日。没能出示专家证言可能导致在审理时禁止专家作证。

（4）追加义务和庭审前的出示

当事人被要求基于可以合理利用的信息为出示行为，尚未完成调查的事实不能作为辩解的理由。《联邦民事诉讼规则》第 26 条也要求当事人承担义务，通过后来获得的信息来补充或修正他们的出示。修正后的《联邦民事诉讼规则》第 26 条第 1 款第 3 项要求至少在开庭前 30 日为庭审前出示，出示证人的身份和文件或其他将在庭审中使用的物证。反对运用已出示的证据的一方当事人必须在出示后 14 天内提出反对及反对的依据并进行送达。没有提出反对将产生放弃反对证据的权利的效果。

2. 法院控制发现程序的权利

《联邦民事诉讼规则》授予联邦法院广泛的权力，使它根据本规则控制各种发现方法运用的频率和程序来管理发现程序。因此，《联邦民事诉讼规则》第 26 条第 2 款第 2 项直接授权法院改变本规则所允许的质问书和庭外证言的份数，以及《联邦民事诉讼规则》第 30 条所规定的庭外证言的长度和《联邦民事诉讼规则》第 36 条第 2 款要求自认的庭外证言的数量。

（1）一般规定

基本上，一份庭外证言是在法庭外在授权执行誓言或宣誓的人面前询问得到的法庭证言。修改后的《联邦民事诉讼规则》允许任何当事人取得任何人或遵守了《联邦民事诉讼规则》第 26 条第 6 款的当事人会议要求之后的当事人的庭外证言。《联邦民事诉讼规则》第 30 条第 1 款第 2 项（A）部分将每一集团（group）的庭外取证限制在 10 次以内。额外的庭外证言只有在书面申请获得法庭的许可后才能进行。

（2）特别要求

应当向所有的诉讼当事人发出合理的通知，说明取得庭外证言的时间、地点以及被询问的人的姓名和记录方法。由当事人或非当事人证人提供的文书也必须在通知中载明。

修改后的《联邦民事诉讼规则》第 30 条第 2 款第 2 项允许不经法院的事先许可以录音、录像或速记的方式记录证人证言。在预先通知庭外证人和其他当事人的情况下，任何其他当事人均可以采用另外的记录方式。而且，根据当事人的书面约定或根据法院命令，可通过电话或其他远距离通信方式作证。

录制庭外证言的官员必须确证庭外证人已作适当的宣誓，记录或转录是庭外证人所作证言的真实记录。经庭外证人或一方当事人的要求，《联邦民事诉讼规则》第 30 条允许庭外证人有 30 天的时间查阅记录，如果对记录的形式和内容有所修改，则庭外证人应作出一份附有确认修改及修改理由的签名的声明。官员必须在证明书中陈述证人是否提出了查阅要求，如果提出了，则应附有庭外证人对记录所作的修改以及这种修改是在允许的期间作出的说明。最后，《联邦民事诉讼规则》第 5 条第 4 项允许法院经当事人的申请或依职权决定不必向法院提交发现材料。

（3）庭外取证的进行

询问和任何交叉询问的进行，正如在审理中作证一样，受《联邦证据规则》的支配。所有异议都应由记录庭外证言的官员在记录中予以记载。除询问形式以外的异议都受保护。为了减少发现的障碍（这些障碍经常来自律师为证人回答提供建议而作出的反对言词），《联邦民事诉讼规则》第 30 条第 4 款要求对所有的反对意见都进行明确的说明，并以一种无可争辩的和非建议性的方式提出。而且，律师不能指示证人不回答问题，除非是为了保护保密特权以执行法院指示的对证据的限制或是根据《联邦民事诉讼规则》第 30 条第 4 款第 3 项提出法院制裁的申请。

（4）在外国进行庭外取证

修改后的现行《联邦民事诉讼规则》鼓励有效利用海牙《关于从国外获取民事或商事证据的公约》。《联邦民事诉讼规则》第 28 条第 2 款允许按照有效的条约或公约和请求书从外国获取庭外证言；庭外取证在根据外国法或美国法授权执行誓言的人之前，或由法院任命的人之前进行。请求书或委任书通过申请从法院获取，并由法院公正和适当地作出。

（5）在庭审或其他法院程序中庭外证言的运用

在庭审或其他法院程序中运用庭外证言由《联邦民事诉讼法》第 32 条和《联邦证据规则》支配。庭外证言，只要为证据规则认可，根据《联邦民事诉讼规则》第 32 条的规定，可以被任何当事人用来反对任何其他当事人，包括在庭外取证之时本人或其代理人出席的当事人或者被合理通知过进行庭外取证的人。这样，庭外证言就可以用来反驳或弹劾庭外证人在出庭作证时的证言，或者以任何为《联邦证据规则》所允许的其他目的而使用。如果庭外证人是一对方当事人或在庭外取证时庭外证人是官员、董事、经理或经授权代表对方当事人作证的其他人，那么，该证言可以被任何当事人为任何目的而使用。而且，如果证人不能在诉讼程序中被强制到庭，例如证人死亡或居住在法院传唤令能送达的范围之外，那么，非当事人的证人的庭外证言可以为任何目的而使用。正如被录取庭外证言的人出庭作证并且有从证据中排除证言的理由时，当事人可以提出异议一样，对庭外证言可以提出同样的异议。

3. 书面质问书

（1）一般规定

质问书是由一方当事人向另一方当事人送达的以书面形式提出的质问。《联邦民事诉讼规则》最重要的修改是把对当事人提出的质问限制在 25 个问题之内，包括所有根据自由裁量提出的分问题。这种限制只有经当事人的协议或法院的允许才可以被突破。《联邦民事诉讼规则》第33条同样禁止不经法院许可或当事人协议，在根据《联邦民事诉讼规则》第26条第6款召开当事人会议以前送达质问书。

（2）特别要求

《联邦民事诉讼规则》第33条支配这种形式的发现程序，要求被送达质问书的人对每一项质问作出完整的答复。如果受送达的人是法人、合伙或社团，则应由任何应为当事人提供这些信息的高级职员或经理答复。该答复必须由作出答复的人宣誓后签名。

对质问书的异议可以替代答复，除非被要求答复的当事人必须答复质问书。对任何质问书的所有异议理由必须予以特别声明，否则未加说明的理由将视为放弃，除非法院以正当的原因予以原谅。所有的异议应由律师签名。对方当事人必须在收到送达的质问书30天内向提出质问的当事人送达答复书。该期限可由当事人以书面协议的方式予以延长，但应受《联邦民事诉讼规则》第29条禁止不适当的耽搁的限制。

（3）在开庭审理或其他诉讼程序中使用对质问书的答复

根据证据规则，对质问书的答复可以在开庭审理或其他法院诉讼程序中使用。而且，如果包含有关事实或对事实适用法律的意见或内容的质问书是正当的，法院可以延长答复质问书的时间，直到特定的具体发现程序完成以后，或者审理前会议召开以后。

4. 提供文件和物件以及为调查目的而进入土地的要求

（1）一般规定

这种形式的发现程序由《联邦民事诉讼规则》第34条支配，该条允许任何当事人向其他当事人送达如下要求书：调查并复制提供的文件，或者去调查并复制、检验或抽查任何组成或包含规则第26条第2款规定范围内的任何物件，并且该物件为被送达要求书的当事人所占有、保管或控制。需重点强调的是：本规则第34条对术语"文件"下了广泛的定义，包括"……文字、图画、表格、图表、照片、照片记录以及如果必要，其他数据的汇编，只要该汇编可由被要求方通过使用检测手段将信息转换为适合于使用的形态的。"

除了文件和物件外，允许请求为调查、测定、测量、拍照、试验或抽查财产或任何指定物体或调查经营等目的，在本规则第26条第2款规定的范围内，进入被送达要求书的当事人占有或控制的指定土地或其他财产。

（2）特别要求

要求书必须合理、详细地说明每一文件或物件，或文件、物件的目录，合理的时间、地点和检测方式或相关行为。根据《联邦民事诉讼规则》第26条第6款，在缺少法院许可或当事人书面协议的情况下，该规则第34条规定的要求书不能在当事人会议以前送达。

虽然依照《联邦民事诉讼规则》第29条的规定，当事人可以书面协议的方式延长答复的时间，但收到《联邦民事诉讼规则》第34条的要求书的当事人必须在收到该要求书的30天内以书面的方式作出答复。作出答复的当事人也可以正当的理由要求法院延长答复的时间。对于每一项要求，答复必须说明答复人同意调查或相关行为，除非对要求提出异议，在这种情况下，必须说明异议的理由。如果仅有请求的一部分被提出异议，应当指明遭到异议的那部分，并且允许调查其余的部分。任何供调查的文件，当事人应按照正常的商业活动中保存的状态提供或按要求书中的类别进行整理。

5. 要求自认

（1）一般要求

《联邦民事诉讼规则》第36条第1款允许当事人为了未决诉讼的目的向任何其他当事人送达自认任何事实真实性的书面自认书，其中分别陈述要求书中所提到的文件的真实性、关于事实或对事实适用法律的陈述或意见的真实性。

（2）特别要求

自认书所记载的事项的范围受《联邦民事诉讼规则》第26条第2款第1项的限制。和其他正式发现程序一样，没有法院的允许或所有当事人的协议，自认书不能在据《联邦民事诉讼规则》第26条第6款召开当事人会议以前送达。

如果被送达自认要求书的当事人不在收到要求书后30天内作出答复或提出异议，则视为自认了要求其自认的各事项。依照《联邦民事诉讼规则》第29条的规定，作出答复的时间可以通过法院命令或当事人的书面协议缩短或延长。答复必须承认或具体否认所要求的事项，或者作出答复的当事人不能承认事实的原因。《联邦民事诉讼规则》第36条也要求否认必须充分满足所要求的内容。在诚实信用要求仅否认要求自认事项的一部分或作出有限的答复时，答复的当事人应承认真实的那部分事实，而对其余的部分作出有限的回答或否认。正如所有其他形式的发现程序一样，对自认要求书的答复必须由当事人或当事人的律师签名。

（二）根据《联邦民事诉讼规则》和《海牙域外取证公约》获得外国发现的程序

在一审判地在美国，而涉及非美国当事人的民事诉讼中，当事人不可避免地必须决定是否根据《联邦民事诉讼规则》、《海牙域外取证公约》，或其他相关条约去启动发现程序。作出这种决定将受下列因素的影响：诉讼的审判地，当事人的国籍，进行国外发现程序的必要性与费用及方便之间的平衡，对发现作出答复的外国当事人的策略。为简化从国外获得发现的程序，已通过立法、国际条约、判例以及对《联邦民事诉讼规则》的修正的方式进行了尝试。

1. Aerospatiale 案：美国最高法院对《联邦民事诉讼规则》与对外国主权的关心的权衡

1987 年美国最高法院被提请判定《海牙取证公约》是否为从已加入该公约的外国领域内获取文件和信息规定了排他的强制性程序。在 Aerospatiale 案中，法院对是否应当首先采用公约的发现程序这一问题进行了分析。虽然，在 Aerospatiale 案中，少数人建议首先求助于公约是恰当的，但大多数人坚持认为寻求发现的当事人必须权衡"特殊的事实、主权利益以及求助公约程序将被证明有效的可能性"。美国最高法院得出结论认为，当公约成员国的公民受美国法院的管辖时，美国对公约的签署并不取代《联邦民事诉讼规则》中的发现条款。

重要的是，大多数人的观点并没有说明在决定是否利用公约程序这个问题上谁应承担举证责任这一焦点。低级法院补充了 Aerospatiale 案对相关事实、相关主权利益以及公约程序有效性的分析，允许在有少许例外的情况下，将证明公约有效性的义务加给提出利用公约的当事人。

2. 低级法院对 Aerospatiale 案的反应

（1）美国地区法院

在 Aerospatiale 案中，联邦最高法院暗示"低级法院应该对任何外国所表达的主权利益以及外国诉讼当事人由于其国籍或营业地点上的原因所面临的特殊问题表示适当的尊重。"低级法院的判决没有反映出最高法院对礼让的关心。低级联邦法院几乎一致裁决美国的诉讼当事人利用公约程序的负担和费用超过外国当事人表达的对主权的关心。因此，大多数低级联邦法院将在 Aerospatiale 案中分析的负担和证明义务加在希望利用公约的发现程序的当事人身上。在 Aerospatiale 案中承担证明义务的当事人都败诉了。

在 Haynes v. Kleinwefers 一案中，纽约的法院发现西德被告没能提供任何利用公约程序而不利用《联邦民事诉讼规则》的有说服力的理由。法院在西德被告根据公约利用发现程序的利益与考虑不方便及耽搁执行请求书之间进行了权衡。法院得出结论，《联邦民事诉讼规则》将导致迅速完成发现程序并成功地获得所要求发现的文件。

在 Benton Graphics v. Uddeholm Corp. 一案中，被告极力主张公约应服务于瑞典的重要利益。包括：①充当不同法律制度之间合作的一个有效机制。②使美国和瑞典法律制度之间的冲突减到最小的程度。③使瑞典法院在诸如商业秘密和国家安全这样的为瑞典法规定为敏感的和受保护的领域里限制发现程序。法院得出结论认为，由于被告没有在特定的证据要求中表明特殊的利益，根据公约继续进行已耽搁的发现程序不能被批准。

在继 Aerospatiale 案之后的一个联邦判例中，纽约州地区法院坚持认为首先利用公约是适宜的。纽约地区法院在 Hudson v. Hermann pfanter GmbHG Co. 一案中遵照大法官布莱克蒙在 Aerospatiale 案中的少数人分析，而不是更接近多数人的分析。为了遵守公约的程序，法院所持的观点是：《联邦民事诉讼规则》对民法法系国家的主权利益而言更具有冒犯性，并且原告没能确证应用公约将使他们发现的努力受挫折。

（2）州法院

州法院像镜子一样反映了联邦法院的判决。一得克萨斯州法院在 Sandsend Financial Consultants Ltd. v. Wood 一案中没有讨论其在权衡决定发现应根据《联邦民事诉讼规则》进行时应考虑的因素，法院得出结论认为，法院有明显的原因可以感到发现程序需要提高效率，通过其他程序来发现也不可行。同样地，纽约州法院在 Scarminach v. Coldwell GmbH 一案中也持有这样的观点。该案是一人身伤害诉讼，法人被告没有同意要求原告使用公约程序的义务。法院承认 Aerospatiale 案中关于哪一方当事人承担举证义务的主要决议不完全清楚，因而参照了后来的联邦判决。法院选择将举证的义务加在要求采用公约一方当事人的身上，并且认为被告没能证实在答复质问书时被告的国籍这一特殊问题，没有表明原告所寻求的发现程序如何涉及特殊的主权利益，并且没有表明公约的程序怎样才能有效。

在 Orlich v. Hilm Bros Inc. 一案中，诉讼请求涉及疏忽、严格责任以及合同请求。一纽约州法院认为，任何关于西德制造商的财产的文件的发现必须根据公约进行。该法院认为，如果寻求发现来自一外国管辖的非当事人的人，根据国际礼让，运用公约实际上是强制性的。法院注意到，既然在民法（法系）国家收集事实是一司法程序，在西德领土内的非司法取证便是有意侵犯他们的主权，特别是在答复者不是当事人的情况下。

低级联邦法院和州法院对 Aerospatiale 案的判决的反应表明，由美国最高法院建议的礼让分析没能为在美国的诉讼当事人在国外进行发现的固有冲突提供一个一致的解决方案。大多数低级法院对其他国家的主权利益与根据《联邦民事诉讼规则》对在有效进行的诉讼程序中的美国当事人的利益进行了平衡，并认为"效率"优先。这样，在某些情况下，美国的诉讼当事人可以成功地辩论，在经极力抗辩运用《联邦民事诉讼规则》消耗了时间以后，强制利用公约的程序不能得到保证。根据《联邦民事诉讼规则》，对发现要求作出答复的外国当事人应承认，在许多管辖区内他们需要提供各种证据，就像依海牙公约也要提供这些证据一样。只有在能够对一具体发现请求提出特定的反对时才能对《联邦民事诉讼规则》提出异议。

美国法院被授权强制对之拥有对人管辖权的被告提供证据，即使这被答辩的当事人所主张的制定法所禁止。未能根据法院的命令提供证据，构成制裁的理由。这样的制裁可能包括金钱、禁令，针对不遵守规则的当事人的事实发现作出针对不守规则的当事人的决议，导致撤销案件。在基于制定法拒绝遵守法院命令的情况下，美国法院在实施制裁时进行一种与礼让有关的平衡检验。根据这种检验，问题并非制定法是否有效，而是承认它们的有效性，考虑其能否作为被告不遵守一项已发出的命令的理由。美国法院不承认制定法是对发现命令进行抗辩的理由，而是仅仅作为对没有提供证据的被告选择制裁方式时的减轻因素。

3. 获得和答复根据公约进行的外国发现

公约规定了公约成员获得证据的三种基本途径：通过请求书取证，通过外交或领事官员取证和通过私人的特派人员取证。在决定是否运用公约程序来取证时，起诉或作出答复的当事人应当首先考虑：在美国所想要的证人是否受传唤状的约束，或是否自愿到庭。在以上任何一种情况下，应优先适用《联邦民事诉讼规则》的正常发现程序。然而，在启动发现程序的美国当事人面临来自国外答复的当事人的反对的情况下，根据《联邦民事诉讼规则》进行的发现程序可能难以进行，耗时过长，费用昂贵，且与运用海牙公约相比，最终成功发现重要证据的概率要小一些。

对决定利用公约来发现文件的当事人而言，在美国境内充分发现，以积累"提出获得资料的具体要求"所需的事实，这是可取的。加入公约的多数国家对根据公约第 23 条为获得庭审前的发现资料而发出的请求书保留拒绝执行的权利。某些国家对提供资料实行一揽子拒绝。有证据表明，绝对拒绝执行要求提供资料的请求的主要目的在于将发现限制在与诉讼相关的、对诉讼来说是必要的而且须经特别证明的发现资料。

（1）请求书

根据公约制作的请求书可用来对有关人员进行询问，对证人提出具体的问题，调查文件和动产或不动产。提出要求的一方当事人必须在美国法院提出一项申请，在该法院中，诉讼根据当地法院规则正在进行。提出请求书的国家的任何司法当局可以发出一封请求信。根据公约，一次性提出请求书应包含的信息：①提出要求的当局的信息、被要求获取证据的当局的信息。②诉讼当事人的名称、地址及其代理人。③拟询问的当事人名称和地址。④对诉讼请求性质的描述。⑤列出拟向证人提出的问题或对拟询问的标的物的陈述和/或对拟寻求文件的详细说明。

对诉讼请求的描述应重点说明：①程序涉及商事事项（公约仅适用于涉及商事事项的司法程序）；和②案件正在审理和所寻求的证据需要审理。公约的参加者区分了可以发现的、构成庭审证据的证据和不能发现的仅仅导致证据在庭审中被采纳的证据。因此，提出请求的美国当事人应该仅仅要求那些可以经鉴别认为是庭审必需的证据，否则作出答复的国家的法院不会执行该请求。

外国律师可以建议通过采用请求书的形式来获取庭外证言和文件，从而节省美国当事人的时间和金钱。在适当的情况下，在把请求书提交给美国法院以决定它符合外国审判实践之前，美国当事人应该雇用外国律师来审查请求书的形式。

一旦请求书由请求法院签发以后，该请求书要么通过司法部转递，要么直接传递给拟获取的证据所在国的中央机关，再由它交给有法定资格的主管机关去执行。司法当局据以执行请求书的程序因国（家）而异，因此，在程序的各个阶段有外国律师的参与是很重要的。外国律师可以护送请求书通过各级官僚机构，从而节省时间。

通常，接收请求书的国家的法律和程序支配请求书的执行。然而，公约的第 9 条和第 10 条规定，收到请求书的国家一定要遵守请求国提出的使用特殊的方法或程序来收集证据的请求，除非这种要求与被请求国的国内法不一致或不可能执行。因而，公约允许提出要求的当事人将逐字地详细说明的正式文本或在一些情况下的录像带制成庭外的证言，并且庭外证人采用和美国庭外证人相同的方式宣誓。提出要求的当事人也可以要求出庭并对庭外证言提问①。

收到请求书的国家将根据外国请求书强制地提供证据，就像其本国当局在一国内诉讼程序中发出的命令一样，但国外的强制手段和程度可能不如在美国国内根据《联邦民事诉规则》所应用的强制手段和程度那么有意义。假如根据公约进行的发现程序由于缺少答复人的合作而没有成功，提出请求的当事人

---

① 《海牙取证公约》第 7~9 条。

然后可以根据《联邦民事诉讼规则》继续诉讼程序并利用美国的制裁手段。一个外国当事人对美国发现程序的答复可以以拖延发现的方式得到一些利益，但他将面临因这样做而受到美国法院严厉制裁的后果。

（2）外交或领事人员和特派员

公约第15～22条规定了以外交或领事人员和特派员的方式从美国国外取证的方式。运用这些程序，驻在加入了公约并接受了取证任务的美国的外交和领事人员可以从居住在该国的美国公民那里取得在美国法院进行的诉讼中可以使用的证据。作为替代，一个美国当事人可以请求公约的参加国任命一特派员在该国取证。由于根据这些程序获得证据未通过外国司法机关进行，取证的人没有权力强制要求证人提供证据。然而，这些自愿发现程序比根据请求书进行的强制程序在实践中应用得更加广泛。

通过外交或领事人员或特派员获取证据的程序类似于获得请求书的程序。希望通过外交或领事人员取证的当事人必须向诉讼尚待裁决的美国法院申请一项命令。根据发出的命令，口头询问美国当事人或证人可以在美国大使馆内，在官员或特派员面前进行。应该如前面在请求书部分所讨论的一样，在保证证人的利益方面，对作出答复的当事人应作同样的考虑。

四、加拿大

（一）要求告知的类型

要求告知的目的包括：（1）查明支持当事人诉讼请求的证据；（2）获取支持己方或对对方当事人不利的承认；（3）为确定任何事实的真相或任何文件的真实性；（4）为更准确地确定争议问题；（5）为得到驳回诉讼请求或作出判决的命令。

加拿大的程序规则包含不同类型的要求告知：（1）提供证书清单；（2）为告知而询问；（3）查勘财产；（4）对当事人进行体格检查。不管是通过口头询问还是通过书面询问，都应遵循有关告知的规则。

1. 为告知而询问

任何在利益上处于不利的当事方有权对任何当事人以及在得到许可时对确信拥有与诉讼有关的资料的非当事方进行口头询问。有单独的规则调整对某些当事人的询问，诸如公司的高级职员、总裁或经理；无行为能力人的诉讼监护人或委托人可能被询问；破产中的破产者和受托管理者可能同时被询问。

多年的诉讼程序改革已扩大了告知的范围，以致证据可以被发现，并且除了证人的可信度以外，允许交叉询问受审人的书证。在此诉讼程序中，被询问者被要求用他的知识、信息和信念来回答任何在诉讼中与争议有关的适当问题。此后，如果一方当事人认识到其所作的回答是错误的、不完全的或已超出了案件本身，该当事人有义务用书面形式提供最新的信息给每一其他当事人。

除非在同意的情况下，拒绝回答适当的问题或依据特权拒绝回答问题要面临答复不能在审判中被采纳的风险。为了当事人的利益在询问中，委托人可以代替当事人作出回答，这对当事人有约束力，除非该当事人在询问结束前拒绝接受。

在实践中，为了告知，委托人在询问中应提出所有的问题，因此，法院命令的第二次的询问可能仅仅在一方当事人已拒绝回答时才能得到。

告知的进一步的意图旨在促进证据的完全揭露并因此缩短审判时间。该程序规则允许对有或很可能有与诉讼中的实质性系争点有关的信息的任何人进行询问，允许告知的当事人的范围包括被雇佣者、代理人、合伙人、一方当事人的配偶；公司高级职员、总裁或审计员；子公司高级职员、专家证人，除非这些人在审判中没有被传唤；以及无行为能力人。在诉讼中，为了得到与关键性的系争点有关的信息，这些当事人可能被询问。直接对任何潜在的证人的审前盘问是不允许的。法院保留完全控制该诉讼程序和限制被询问的人数的权利，以防止滥用、迟延审判或昂贵的费用。

在当事人收到送达的书证之前，不能对他或她送达询问通知，这已导致了一场完成书面答辩状、送达附加了询问通知的文书的竞赛。然而法院已坚持"最先到达邮局（first pass the post）"的实践，近来的判例法表明在案件的公正利益上，法官将改变实践以击败钻法律空子的人①。

2. 对当事人的书面询问

在未征得法院同意的情形下，大部分加拿大的诉讼制度不允许同时使用口头和书面的询问。实际上，在加拿大书面形式的询问相对较少。"取得许可"这一要件已成为强加的，以避免陷入美国的双重询问实践，即在书面的询问之后进行口头的询问。然而，毫无疑问，在处理非常专门性的案件以及一方当事人不能交流或当事人在另一个管辖区时，书面询问是适当的。

当一方当事人拒绝回答任何问题时，他们必须采用正式书面陈述，并附有理由；当这些回答不令人满意时，一系列新的问题可能被提出；当这些回答是推托的或不可靠的，法院的裁决可能支持口头询问。

3. 财产的告知和提供

---

① See Sanford v. Halifax Insur. Co. (1992), 5 CPC (3d) 53 (NSCA).

考虑到现代技术的发展，"文件"一词已被广泛地定义为不仅仅包括胶片、录像带和有效的录音，也包括用任何设备储存的信息。

任何赔偿诉讼中一方当事人的保险单是可以发现的。在诸如子公司或分公司或任何直接或间接受诉讼一方当事人控制的公司的非当事方的所有物中发现文据是允许的。

要求非当事方告知的权利局限于与诉讼中关键性系争点有关的文据。这种扩大的发现模式的意义在于通过提供审判前的调查程序揭示关键的材料或关键的证人，便利和解以及由此使审判成为不必要。

然而，对文据诸如磁带录音的剪辑以及在审判前将录像资料透露给媒体产生了许多问题，这需要法院就它们的可采纳性作出司法裁定。

4. 文件证明书（affidavit of documents）

所有与争议中任何事件有关的文件都要公开，即公开一方当事人已掌握、控制的所有文件，无论对任何特定的文件是否主张了特权（privilege）。为了告知，在答辩终结之后，每一位当事人被要求送达文件证明书作为享有询问权的前提条件。正式书面陈述包含下列几种：（1）将提供的文件；（2）不再持有的文件；（3）请求特权的文件。对特权请求，必须提供支持的根据，同时必须提供足够的细节，以便于辨别文件。告知责任一直伴随，这是因为要纠正初始的正式书面陈述中的错误及采纳以后取得的文件。

如果文件出示可能对一方当事人有严重的损害，文件的出示和审查可能通过法院裁定被延迟或被否认。当有特权请求时，文件在审判中可能不被使用，除非对证人表示怀疑或经法院许可。当一方当事人非故意地没有主张特权时，通过一份补充的正式书面陈述可以主张该特权。

在此领域内最有争议的问题是特权请求权，以及对能否提出该诉讼请求作出决定时的依据。复印件的容易获得性和它们通过传真机的传送已经导致了问题的产生。近年来，特许问题在所有省的法院都已经出现。加拿大联邦最高法院承认的一个例外是：律师应为她或他已准备好的遗嘱发言。最近的一些判决已经涉及到特许的放弃，不管是明示的或暗示的，或者特许能被非故意地丧失。

下列情形已经成为惯例，即法院能够命令限制对诸如在要求告知程序中得到的公司的运作详情这样的信息的使用，但的确很少禁止诉状本身的公布。"是否存在不得滥用告知程序的隐含义务"这一问题已被提出。对暗示义务的争议以及公众在知情方面的利益与私人在保密方面的利益之间取得平衡的上诉裁决仍处于未决中。

（二）要求告知在审判中的运用

对要求告知程序在审判中的运用，不仅在法官中，而且在律师中产生了相当多的不同意见。在本质上，一方当事人可以阅读他方当事人应告知的、可为法庭接受的证据的任何部分。在询问下得到的证据可被用来质疑证人的不一致的陈述。如果被询问的当事方在审判时不能出庭，在许可的情况下，该当事人的询问可以作为证据使用。

五、墨西哥

（一）发现的类型

在审判之前获取信息总是作为司法程序的一部分而存在。不像在普通法国家，当事人在整个诉讼中寻找证据是惯常的，法院只是以次要的和有限的方式参与，墨西哥程序法规则要求所有的证据在法院的严密监督和参与之下被收集和准备。只有那些曾向法院提供，并且被法院认可的并相应地被准备的证据才可以构成恰当的证据用于最后的判决。

从纯理论的角度讲，墨西哥程序法没有规定要求告知。在诉讼的基础形成之后（起诉和答辩被提出后），诉讼双方当事人被允许提出它们的证据，要求批准它们作出的承认和它们准备的材料。

1. 证言

司法外程序取得的证言是得不到支持的，也不能成为墨西哥程序法的一部分。私下的面谈和讨论记录如果它们当时没有法院的参与，并且也未能成为现存诉讼的一部分，那么其仅作为当事人的陈述在法律上是无效的。

那些可采纳的证言事实上是法院承认的，并表现为证言（如果作证的人是证人）或供词（如果作证的人是诉讼的一方当事人）的证据。

2. 当事人陈述

案件中当事人的陈述是供词的基本部分，这些证据将在本书的相关部分进行分析。

3. 物证的发现和提供

审判前提供物证不是《联邦地区民事诉讼法典》所认为的必经程序阶段，也不是墨西哥的一般程序规则。尽管这样，《联邦地区民事诉讼法典》确实规定，一些案件在诉讼开始之前提出申请，即"预备性申请"是可能的。这些申请是为了获得在一个可能的连续诉讼中所有必要使用的事实或情况的宣告性的确认。

预备性申请由《联邦地区民事诉讼法典》规范，包括一般性诉讼和执行性诉讼的预备性申请。

一般性诉讼的预备性申请在下列情形下可以提出：（1）请求对作为诉讼标的的动产的交付（对物诉权）；（2）请求货物的交付，其中申请人有权从中选择；（3）请求交付遗嘱，申请人相信其有权利作为遗产继承人、遗产共同继承人或受遗赠人；（4）请求交付货物的清单，该清单易于变动，不管是因卖方还是买方的行为；（5）请求由法院讯问得到证言，当证人年龄很大，濒临死亡危险或将很快离开该地而导致联系非常困难或非常复杂；（6）一般说来，请求审查由外国法院审理的诉讼所需要的陈述或证言。

在提出预备性申请时，申请人必须清楚地表述其递交的申请的目的和该申请不能等到相关的诉讼已经提出时再提交的理由。

根据《联邦地区民事诉讼法典》的规定，在一个预备性申请中，被请求交付货物、文件或信息资料的人必须行动迅速勤勉。如果该人拒绝执行，法院可以给予制裁。如果文件或者信息已被毁坏，被请求方必须赔偿请求方因此而导致的损失，甚至可因前者的疏忽导致独立的刑事责任[1]。

执行性诉讼的预备性申请由《联邦地区民事诉讼法典》第 201 条规定。执行性诉讼可以通过请求被告承认确定性债务的存在而实现，法院将确定一个日期和时间进行审理，债务人必须亲自出庭和了解审理的用意、被主张的金额和原始的诉因。如果债务人经第一次传唤没有出庭，法院将会送达第二次传票并对债务人施以罚款。如果债务人经第二次合法传唤没有正当理由拒不到庭，法院将依据债权人所主张的金额裁定债权债务关系有效成立。

执行性诉讼的预备性申请的目的是，当承认或裁决债务存在时，债权人可以该陈述作为提出执行诉讼的基础（代替一般的诉讼）。

（二）要求告知在审判中的使用

在审判中使用预备性申请的目的是提供有关在该申请中已提及的确定性事实的证据，这样，当最后的请求提出时同样的证据就无须加以证明了。

在墨西哥程序法中要求告知的含义十分狭窄。私人当事人在诉讼期间不能自由地寻求与案件相关的信息。在诉讼期间墨西哥法院支配整个证据收集阶段并掌管证据的准备。

---

① 《联邦地区民事诉讼法典》第 200 条。

第十二章　送达与取证

第一节　国际司法协助中的送达与取证

一、国际司法协助概述

（一）国际司法协助的概念和范围

国际司法协助，又简称为司法协助，一般是指一国法院或其他主管机关，根据另一国法院或其他主管机关或有关当事人的请求，代为或协助实行与诉讼有关的某些司法行为。

从当前各国的司法实践来看，司法协助涉及民事诉讼、刑事诉讼①，在有些国家之间还涉及行政诉讼②。在本书中，则专指民事司法协助。

从司法协助的内容或范围来看，则因各国法律制度和学者主张的不同，而有狭义和广义两种主张。持狭义观点的认为，司法协助仅限于两国之间送达诉讼文书、代为询问当事人和证人以及收集证据。英美国家、德国和日本的学者多持此种狭义观点。中国有些学者对司法协助也作狭义理解，认为司法协助只包括诉讼文书的送达、询问证人和调查取证。持广义观点的认为，司法协助不只限于两国之间送达诉讼文书、代为询问证人、调查取证，还包括外国法院判决和外国仲裁机构裁决的承认与执行。法国、匈牙利等国学者多持此种广义观点。尤其是在法国，法学界把司法协助作更为广泛的理解，它基本上包含了在民事诉讼中的各种国际合作，除上述狭义司法协助内容外，还包括外国法院判

---

① 参见 1987 年《中华人民共和国和波兰人民共和国关于民事和刑事司法协助的协定》、1989 年《中华人民共和国和蒙古人民共和国关于民事和刑事司法协助的条约》、1991 年《中华人民共和国和罗马尼亚人民共和国关于民事和刑事司法协助的协定》、1992 年《中华人民共和国和俄罗斯联邦关于民事和刑事司法协助的条约》等。

② 参见欧洲委员会于 1977 年通过的《关于在行政案件中向国外送达文书的欧洲公约》。

决的承认与执行，以及免除外国人的诉讼费用和诉讼费用担保等。

中国也有学者持狭义的司法协助观点。但在中国的实践中，则是持广义司法协助做法的。中国 1991 年通过的新《民事诉讼法》在第四编第二十九章"司法协助"的标题下对送达文书、调查取证和法院判决（仲裁裁决）的承认与执行作了比较详细的规定。在中国跟外国缔结的司法协助协定或条约中，一般都对（民事）司法协助的三项主要内容，即送达文书、调查取证以及外国法院民事判决的承认与执行一并加以规定。在中国跟法国缔结的司法协助协定中，更将"根据请求提供本国民事、商事法律、法规文本以及本国在民事、商事诉讼程序方面司法实践的情报资料"包括在内①。缔结双边司法协助条约，对于司法协助的内容或范围，必须由缔结双方取得共识，才能在司法协助条约中予以规定。因而，中国跟泰国、比利时等缔结的司法协助条约仅涉及送达文书和调查取证，而没有包括民事判决的域外承认与执行。这并不意味着中国在不同场合对司法协助的内容或范围有不同理解。

此外，中国跟外国缔结的司法协助条约中，出于实际需要，还往往包括如下内容：（1）外国人在民事诉讼中的法律地位；（2）交流法律情报资料；（3）免除文书认证和文书证明效力；（4）户籍文件的送交；（5）外国仲裁裁决的承认与执行②。

本书作者对司法协助持广义观点，只是考虑到判决的域外承认与执行的重要性，而单独对它进行阐述。

（二）司法协助的依据

根据国际社会的普遍看法，存在条约或互惠关系是进行司法协助的依据或前提。应当指出的是，司法协助条约只能由国家与国家之间订立，两国地方司法部门之间的司法协助协议往往是不予认可的③。

在实践中，还有一种情况，这就是一国向另一国提供司法协助时，既无条约作依据，也无互惠关系的存在。这主要是，要么两国间关系较好，在长期的实践中，已经形成了一种事实上的互惠关系，而不必另行作出明示的承诺；或者一国基于外交上的考虑，认为给予司法协助便于促进与请求国之间的关系；也可能是案件涉及本国利益，给予司法协助有利于维护本国在有关案件中的

---

① 参见 1987 年《中法司法协助协定》第 2 条。

② 如参见 1991 年《中意司法协助条约》第 2 条、第 6 条、第 7 条。

③ 参见最高人民法院 1995 年 1 月 28 日发布的《关于终止地方法院与国外地方法院司法部门司法协助协议的通知》。

利益。

中国 1991 年通过的《民事诉讼法》第 262 条规定："根据中华人民共和国缔结或者参加的国际条约，或者按照互惠原则，人民法院和外国法院可以相互请求，代为送达文书、调查取证以及进行其他诉讼行为。"中国《民事诉讼法》第 263 条进一步规定，如果没有条约关系，请求和提供司法协助，应通过外交途径进行。1992 年中国最高人民法院《关于适用〈中华人民共和国民事诉讼法〉若干问题的意见》第 319 条还规定，与中国没有司法协助协议又无互惠关系的国家的法院，未通过外交途径，直接请求中国法院司法协助的，中国法院应予退回，并说明理由。

如果外国当事人请求中国人民法院承认和执行外国判决，而该外国跟中国既无条约关系存在，也无互惠关系存在，该如何办呢？对此，中国最高人民法院在 1992 年发布的《关于适用〈中华人民共和国民事诉讼法〉若干问题的意见》第 318 条作了规定："当事人向中华人民共和国有管辖权的中级人民法院申请承认和执行外国法院作出的发生法律效力的判决、裁定的，如果该法院所在国与中华人民共和国没有缔结或者共同参加国际条约，也没有互惠关系的，当事人可以向人民法院起诉，由有管辖权的人民法院作出判决，予以执行。"应该说，在既无条约又无互惠关系的情况下，不能给予司法协助时，中国上述规定作为一种补救措施是完全基于当事人的考虑，是为了保护当事人利益而作出的，是值得肯定的。

（三）司法协助中的法律适用和公共秩序

1. 司法协助中的法律适用

法律适用，原本是国际私法中的一个专门术语。在司法协助中，请求方和被请求方是两个不同的国家，因而，具有诉讼性质或者说司法性质的司法协助行为，如送达文书、调查取证等，如果不根据一定的法律予以实施，就难以保证其效力。这就是说，在开展司法协助时也有必要明确其法律适用，必须按照某个准据法进行。当然，国际私法中的法律适用跟司法协助中所涉及的法律适用，二者是有很大不同的①。

对于司法协助应适用的准据法，中国国内法和与外国缔结的司法协助条约均作了明确规定。例如 1991 年通过的《民事诉讼法》第 279 条就规定："人民法院提供司法协助，依照中华人民共和国法律规定的程序进行。"《中华人民共和国和法兰西共和国关于民事、商事司法协助的协定》第 4 条"司法协助适用的法律"也规定："缔约双方在本国领域内实施司法协助的措施，各自

---

① 参见李双元等著：《中国国际私法通论》，法律出版社 2003 年版，第 555 页。

适用其本国法，但本协定另有规定的除外。"相关的国际条约也作了类似规定。例如中国参加的 1965 年《关于向国外送达民事或商事司法文书和司法外文书公约》第 5 条规定，被请求方送达文书时应"按照其国内法规定的在国内诉讼中对在其境内的人员送达文书的方法"进行。

这里应指出的是，在司法协助中，尽管通常是应适用被请求国的国内法，但这也不是绝对的。在一定情况下，被请求方司法机关也可以根据请求一方的请求，适用请求一方的某些诉讼程序规则。这是因为不同国家对诉讼程序规范作了不同规定，如在取证程序中，有些国家要求证人宣誓，而有些国家则没有规定证人宣誓，等等。而国际社会一般都认为，在国外提取的证据效力既应由法官根据取证地的法律来认定，同时也应根据请求国的法律认定被认为是有效的。因此，各国法律也允许在一定条件下在司法协助中适用请求国的法律。请求一方提出的应根据某一特别程序执行有关请求的要求一般应由被请求一方的机构遵照执行，但这必须以该特别程序不与被请求国的立法或强制性规范相冲突为前提。中国 1991 年《民事诉讼法》第 279 条对此就作了规定："外国法院请求采用特殊方式的，也可以按照其请求的特殊方式进行，但请求采用的特殊方式不得违反中华人民共和国法律。"

2. 司法协助中的公共秩序

在司法协助中，公共秩序是有其特殊的含义的，它是指如果请求国提出的司法协助事项跟被请求国的公共秩序相抵触，被请求国有权拒绝提供司法协助。这里应注意的是，司法协助中的公共秩序跟国际私法上的公共秩序还是有所不同的。在国际私法中，运用公共秩序的后果是法院在审理涉外民事案件时排除适用根据内国冲突法规则本应适用的某一外国法律或国际立法，但法院仍应适用本国法或其他法律作为准据法继续审理案件。而在司法协助中，适用公共秩序的后果则是拒绝给予司法协助，从而导致司法协助程序的终止。

目前国际社会普遍肯定了公共秩序这一制度。例如 1965 年订于海牙的《关于向国外送达民事或商事司法文书和司法外文书公约》第 13 条也规定，"如果送达请求书符合本公约的规定，则文书发往国只在其认为执行请求将损害其主权或安全时才可拒绝执行。"1970 年订于海牙的《关于从国外调取民事或商事证据的公约》第 12 条也规定，被请求国认为其主权或安全将会由此受到损害，才可以拒绝执行请求书。

中国国内法以及中国跟外国缔结的双边司法协助条约中也肯定了公共秩序制度。只是在具体措辞时，一般是把公共秩序表述为"主权和安全"或者"社会公共利益"、"公共秩序"、"法律的基本原则"等。例如中国 1991 年通过的《民事诉讼法》第 276 条第 2 款规定："外国法院请求协助的事项有损于中华人民共和国的主权、安全或者社会公共利益的，人民法院不予执行。"又如，1991 年《中华人民共和国和意大利共和国关于民事司法协助的条约》第 19 条也规定，如果被请求的行为有损于被请求的缔约一方的主权、安全或违反其法律制度的基本原则，则拒绝提供协助。只是在此种情况下，被请求的缔约一方将拒绝的理由通知提出请求的缔约一方。

除了请求事项违反内国公共秩序，内国可拒绝提供司法协助外，有的双边或多边国际条约还规定了可以拒绝给予司法协助的其他原由。例如 1954 年订于海牙的《民事诉讼程序公约》第 11 条规定，如果文件的真实性未被证实或者在被请求国执行嘱托不属于司法机关权限时，可以拒绝执行嘱托。中国和比利时 1987 年《民事司法协助协定》第 7 条也规定，除了违背公共秩序外，如果按照被请求国法律，该项请求不属于该协定所指主管机关的职权范围内，也可以拒绝提供司法协助。

（四）司法协助中的机关

1. 中央机关

司法协助中的中央机关，是指一国根据本国缔结或参加的国际条约的规定而指定建立在司法协助中起联系或转递作用的机关。

往昔，一国法院需要外国法院代为执行有关司法行为，其请求通常要经过外交途径转递①。只是，通过外交途径转递司法协助的请求手续繁琐，程序复杂，况且外交机关在司法协助中也仅起到一个纯粹转递的作用，难以对请求进行把关审查。因此，为了方便各国之间司法协助请求的转递，减轻各国外交机关在司法协助上的工作压力，1965 年海牙国际私法会议成员国在缔结《关于向国外送达民事或商事司法文书和司法外文书公约》时，创建了"中央机关"制度，也即各缔约国应指定或组建中央机关取代外交机关作为司法协助专门的联系途径或工作机关②。此后，有关的司法协助方面的国际条约以及各国间的双边司法协助条约纷纷仿效，普遍采用了中央机关制度。

在实践上，各国为司法协助目的而指定的中央机关不尽相同。以上述 1965 年海牙送达公约为例，大多数缔约国如法国、比利时、芬兰、挪威、西班牙、葡萄牙、土耳其、原捷克斯洛伐克、埃及等国，是指定本国的司法部为

---

① 现今，如果两国间无条约关系时，此种请求仍应通过外交途径进行，如中国 1991 年《民事诉讼法》第 277 条的规定。

② 该公约第 2 条规定：每一缔约国应指定一个中央机关，负责根据该公约第 3 条至第 6 条的规定，接收来自其他缔约国的送达请求书，并予以转递。每一缔约国应依其本国法律组建中央机关。

中央机关。美国于 1973 年后也改为指定司法部为中央机关。而意大利、荷兰、卢森堡、以色列等国则指定本国的最高法院为中央机关。根据上述海牙送达公约第 18 条关于联邦制国家有权指定一个以上中央机关的规定，德国和加拿大分别指定了各州的中央机关（一般为各州的司法部）。加拿大还特别指定外交部为全国统一的中央机关。

中国 1991 年加入《关于向国外送达民事或商事司法文书和司法外文书公约》和 1997 年加入《关于从国外调取民事或商事证据的公约》时指定中华人民共和国司法部为中央机关和有权接收外国通过领事途径转递的文书的机关。此外，中国跟外国缔结的双边司法协助条约中都有专门条款规定司法协助的联系途径为缔约双方的中央机关。从已有的双边司法协助条约来看，中国指定何者为中央机关有以下三种情形：（1）指定中国司法部作为中央机关；（2）同时指定司法部和最高人民法院为中国方面的中央机关；（3）同时指定司法部和最高人民检察院为中国方面的中央机关。

2. 主管机关

司法协助中的主管机关，是指根据条约或国内法规定有权向外国提出司法协助请求并有权执行外国提出的司法协助请求的机关。

一般而言，各国通过司法协助程序完成的协助行为主要还是一种诉讼行为，因而，各国司法协助中的主管机关主要也是司法机关。但由于各国国情和司法制度的差异，有些国家除了司法机关外，其他机关或人员也可以执行外国提出的司法协助请求。例如，在比利时等国，有关送达文书的请求，通常由司法执达员完成，而司法执达员只是司法助理人员，其地位跟律师相似，显然不属于司法机关或司法机关工作人员。又如，在波兰，对于民商案件，除了法院是主管机关外，公证处也有权处理数额不大的财产纠纷以及关于遗嘱有效性方面的纠纷。在中国，对于民商案件均由人民法院管辖，司法执行人员也属于法院工作人员，因此，在（民事）司法协助方面中国的主管机关是法院。

鉴于各国对主管机关认识的差异，中国跟外国缔结的司法协助条约中，有些对主管机关作了专门规定。这可分为两种情形：其一是中国跟比利时缔结的司法协助协定所采用的，即在条文中分别规定缔约双方的主管机关。依该协定第 3 条第 2 款的规定，主管机关，在中国方面是指司法机关，在比利时方面是指司法机关和司法执达员。其二是中国跟蒙古缔结的司法协助条约所采用的那种对主管机关只作不完全列举。依中蒙条约第 2 条第 2 款的规定，主管机关是指法院、检察院和其他主管民事或刑事案件的机关。至于具体哪些机关是两国的其他主管民事的机关，则依缔约双方的国内法去确定。

3. 外交机关

在司法协助中，根据条约和中国的司法实践，外交机关的作用主要有以下几个方面：

（1）作为司法协助的联系途径。在此种情形下，外交机关只起一个联系、转递的作用，其作用相当于上述"中央机关"。国际社会普遍认为，如果没有缔结或参加有关司法协助方面的双边或多边条约，则两国之间的司法协助一般应通过外交途径进行。如 1986 年 8 月 14 日最高人民法院、外交部、司法部专门就此问题发布了《关于中国法院和外国法院通过外交途径相互委托送达法律文书若干问题的通知》。以送文书为例，按该通知规定，应由该国驻华使馆将法律文书交外交部领事司转递给有关高级人民法院，再由该高级人民法院指定有关中级人民法院送达给当事人。当事人在所附送达回证上签字后，中级人民法院将送达回证退高级人民法院，再通过外交部领事司转退给对方。

（2）作为解决司法协助条约纠纷的途径。中国跟外国缔结的双边司法协助条约一般规定，因实施或解释条约而产生的困难或争议应通过外交途径解决。如《中国和波兰司法协助协定》第 29 条就规定："本协定执行过程中所产生的任何困难均应通过外交途径解决。"

（3）查明外国法方面的作用。如根据中国和法国司法协助协定第 28 条的规定，"有关缔约一方法律、法规、习惯和司法实践的证明，可以由本国的外交或领事代表机关或者其他有资格的机关或个人以出具证明书的方式提交给缔约另一方法院"。此外，根据中国最高人民法院 1988 年《关于贯彻执行〈中华人民共和国民法通则〉若干问题的意见（试行）》第 193 条的规定，中国人民法院适用外国法的途径包括"由中国驻该国使领馆提供"和"由该国驻中国使领馆提供"。

（4）出具诉讼费用减免证明书方面的作用。根据中国跟外国缔结的双边司法协助条约，申请减免诉讼费用所需的证明书，在通常情况下，应由当事人住所地或居所地的主管机关出具，但是，如申请人在缔约双方境内均无住所或居所时，亦可由其本国的外交或领事机关出具①。

二、域外送达

（一）域外送达的概念

域外送达，是指一国法院根据国际条约或本国法律或按照互惠原则将司法

---

① 如 1992 年中国和俄罗斯《关于民事和刑事司法协助条约》第 10 条第 2 款规定："缔约一方国民申请免除诉讼费用，应由其住所或居所所在地的主管机关出具说明其身份及财产状况的证明书；如果该申请人在缔约双方境内均无住所或居所，亦可由其本国的外交或领事代表机关出具上述证明书。"

文书和司法外文书送交给居住在国外的诉讼当事人或其他诉讼参与人的行为。

司法文书的送达是一种很重要的司法行为。因为只有合法送达了司法文书，法院才能行使司法审判权。同时，许多诉讼期间也是以有关司法文书的送达而开始计算的。由于司法文书的送达是一国司法机关代表国家行使国家主权的一种表现，因此而具有严格的属地性。一方面，一国的司法机关在未征得有关国家同意的情况下不能在该国境内向任何人（包括其本国国民）实施送达行为；另一方面，内国也不承认外国司法机关在没有法律规定和条约依据的情况下在内国所实施的送达。因此，各国一方面在其国内立法中对司法文书的域外送达和外国司法文书在内国的送达作了专门规定，另一方面订立了各种涉及域外送达的双边和多边条约，为各国提供了多种送达途径，逐步建立和完善了域外送达制度。

关于域外送达的国际立法最主要的有 1965 年在海牙订立的《关于向国外送达民事或商事司法文书和司法外文书公约》（简称《海牙送达公约》），欧盟理事会 2000 年 5 月 29 日通过的《成员国间民商事司法文书及司法外文书域外送达的规则》①（即 2000 年第 1348 号关于域外送达的规则，共 17 个条文，已于 2001 年 5 月 31 日生效），以及各国间缔结的大量的双边司法协助条约和领事条约。至 2003 年 3 月 20 日，《海牙送达公约》已有 51 个成员（含中国香港和中国澳门）②，公约于 1992 年 1 月 1 日对中国生效。

司法文书的域外送达是通过以下两种途径来进行的：其一是直接送达，即由内国法院根据内国法律和国际条约的有关规定通过一定的方式直接送达；其

---

① 该规则的内容及对其评价可参见刘卫翔著：《欧洲联盟国际私法》，法律出版社 2001 年版，第 278~283 页；肖永平主编：《欧盟统一国际私法研究》，武汉大学出版社 2002 年版，第 174~189 页。

② 这些成员包括：阿根廷、比利时、保加利亚、加拿大、中国（包括中国香港、中国澳门）、捷克共和国、塞浦路斯、丹麦、埃及、爱沙尼亚、芬兰、法国、德国、希腊、爱尔兰、以色列、意大利、日本、朝鲜、科威特、拉脱维亚、卢森堡、墨西哥、荷兰、挪威、波兰、葡萄牙、斯洛伐克共和国、斯洛文尼亚、西班牙、瑞典、瑞士、土耳其、英国、美国、委内瑞拉、安提瓜和巴布达、巴哈马、巴巴多斯、白俄罗斯、博茨瓦纳、立陶宛、马拉维、巴基斯坦、俄罗斯联邦、塞舌尔、斯里兰卡、乌克兰、圣马力诺。2001 年 7 月 1 日前公约的签署、批准、生效情况，可参见李双元、欧福永、熊之才编：《国际私法教学参考资料选编》（中册），北京大学出版社 2002 年版，附录。海牙国际私法会议通过的所有公约的英文或法文本及各公约的签署、批准、生效和保留情况及海牙国际私法会议的成员国，可参见：http://www.hcch.net；这些公约每年的签署、批准或接受、生效和保留情况亦可见当年的《荷兰国际法评论》（*Netherlands International Law Review*，NILR）公布的关于海牙国际私法公约的信息（近年均在当年的第 2 期上公布）。

二是间接送达，即由内国法院根据内国法律和国际条约的有关规定通过一定的途径委托外国的中央机关代为送达。后一种方法即是通过国际司法协助的途径来进行送达。

（二）直接送达

一般而言，直接送达的方式，大概有以下几种：

1. 外交代表或领事送达

即内国法院将需要在国外送达的法律文书委托给内国驻有关国家的外交代表或领事代为送达。这是国际社会所普遍承认和采用的一种方式。许多国家的国内立法和有关国际条约都对这种方式的送达作了明确规定。1963 年《维也纳领事关系公约》第 5 条，1954 年《民事诉讼程序公约》第 6 条对此作了规定。一般来说，采用这种方式进行域外送达的对象只能是所属国国民，并且不能采取强制措施。

2. 邮寄送达

即内国法院通过邮局直接将法律文书寄给国外的诉讼当事人或其他诉讼参与人。对于这种方式的送达，各国立法和司法实践所持的态度都不相同。如1954 年《民事诉讼程序公约》第 6 条和 1965 年《海牙送达公约》第 10 条都规定内国法院有权通过邮局直接将法律文书寄给在外国的有关人员。包括美国、法国在内的多数国家在批准或加入这两个条约时都认可了这一规定，但也有一些国家如德国、瑞士、卢森堡、挪威、土耳其、埃及等明确表示反对，中国在加入该公约时也对此提出了保留。

3. 个人送达

即内国法院将司法文书委托给具有一定身份的个人代为送达。这种个人可能是有关当事人的诉讼代理人，也有可能是当事人选定的人或与当事人关系密切的人。个人送达方式一般为英美法系各国所承认和采用。

4. 公告送达

即将需要送达的司法文书的内容用张贴公告或登报的方法告知有关的当事人或其他诉讼参与人，自公告之日起经过一定的时间即视为送达。许多国家的民事诉讼法都规定在一定条件下可适用公告送达的方式。中国也规定在一定条件下可采用公告送达。

5. 按当事人协商的方式送达

这是英美法系国家所采用的一种送达方式。如依美国法规定，对外国国家的代理人或代理处，对外国国家或外国的政治实体的送达，可以依诉讼双方当事人间特别协商的办法进行。英国法甚至规定合同当事人可以在其合同中规定接受送达的方式。

（三）间接送达

间接送达，也即通过国际司法协助的途径来进行送达，它必须按照双方共同缔结或参加的双边或多边条约的规定，通过缔约国的中央机关来进行。根据各国法律和有关司法协助的条约，此种间接送达必须经过特别的程序。

1. 请求的提出

（1）有权提出请求的机关和人员。在实践上，许多国家对有权提出请求的机关并未作出统一的规定。1965 年《海牙送达公约》第 3 条将有权提出请求的主体规定为"依文书发出国法律有权主管的当局或司法助理人员"。何为"有权主管的当局或司法助理人员"，缔约国之间也有不同理解。一般而言，对有权提出请求的主体，应根据请求国的法律来界定，而对于被请求国来说，中央机关收到缔约另一国某机关提出的请求后，则可不必了解该机关是否有权提出该项请求。

对于中国而言，由于送达文书属于法院职权范围，因此，有权向外国提出请求的主体只能是法院。

（2）提出请求的途径。中国 1991 年《民事诉讼法》第 277 条第 1 款规定："请求和提供司法协助，应当依照中华人民共和国缔结或者参加的国际条约所规定的途径进行；没有条约关系的，通过外交途径进行。"中国与外国缔结的双边司法协助条约也都规定，此类请求应通过缔约双方指定的中央机关提出①。

但应注意的是，中国参加的 1965 年《海牙送达公约》并不要求此类请求必须通过双方的中央机关提出，也可由请求机关直接向被请求方的中央机关提出②。至于请求机关提出请求是否必须通过本国的中央机关，则由各缔约国自行决定。在实践中，有些国家未作统一要求，也有些国家如法国、芬兰和埃及等国家为了统一掌握本国与外国在域外送达方面的情况，规定只有本国的中央机关才能作为统一向外国提出请求的机关。中国最高人民法院、外交部、司法部 1992 年发布的《关于执行〈关于向国外送达民事或商事司法文书和司法外文书公约〉有关程序的通知》中也规定，中国法院向外国提出文书送达请求，应通过统一的途径提出，"有关中级人民法院或专门人民法院应将请求书和所

---

① 如 1992 年《中西（班牙）司法协助条约》第 6 条等。

② 该公约第 18 条第 2 款规定，"但在任何情况下，申请者均有权将请求书直接送交中央机关"。

送司法文书送有关高级人民法院转最高人民法院，由最高人民法院送司法部转送给该国指定的中央机关；必要时，也可由最高人民法院送中国驻该国使馆转送给该国指定的中央机关"①。

（3）请求书的格式和要求。根据中国参加的 1965 年《海牙送达公约》，送达请求书、送达证明书、被送达文书概要均必须以该公约所附的标准格式提出。根据公约第 3 条第 2 款的规定，送达请求书和所附文书均应一式两份。根据 1977 年海牙国际私法会议特别委员会会议建议，被请求国用其中一份完成送达后，应将另一份文书连同送达证明一起退回请求机关，以便请求机关准确地认定是哪些文书已被送达。

根据公约第 7 条的规定，公约所附范本（即请求书、送达证明书、被送达文书概要）的标准栏目均应用法文或英文或请求国官方文字填写，相应空格应用被请求国文字或法文或英文填写。此外，公约第 5 条第 3 款还规定，如果依正式方式送达文书，被请求国中央机关可要求该文书以该国的文字填写或译为该种文字。由于公约对文字仅作任意性选择规定，在实践上，各国对此要求也就各有不同。

总之，对于请求书内容和格式，首先应根据两国间有关司法协助的双边条约的规定办理，无双边条约而又同为 1965 年《海牙送达公约》成员国的，则应按海牙送达公约规定办理。没有条约关系的，一般可参照上述海牙送达公约办理。

2. 请求的执行

根据《海牙送达公约》和有关国家的实践，一国执行外国提出的送达请求，主要有以下三种方式：（1）正式送达。《海牙送达公约》第 5 条第 1 款规定，被请求国中央机关应按照其国内法规定的在国内诉讼中对在其境内的人员送达文书的方法自行送达该文书，或安排经由一适当机构使之得以送达。（2）特定方式送达。《海牙送达公约》第 5 条第 1 款第 2 项规定，文书可按照请求方要求采用的特定方法进行送达，但此种特定方法不得与被请求国的法律相抵触。（3）非正式递交。公约第 5 条第 2 款对此作了规定，即在被送达人自愿接收时向其送达文书，而不必严格遵守公约所规定的有关译文等形式上的要求。法国、比利时、荷兰、瑞典等国通常在接到送达请求时先采用非正式送达，但在被送达人拒绝时，再改用正式送达。

应指出的是，中国跟外国缔结的双边司法协助条约中，通常只规定正式送

---

① 《最高人民法院公报》1992 年第 2 期。

达和特定方式送达两类,而未规定非正式送达。因此,有双边条约的,当应按双边条约规定办理。

3. 送达结果的通知

《海牙送达公约》第 6 条规定,被请求国中央机关或该国为此目的可能指定的任何机关应依公约规定格式出具证明书。证明书应说明文书已经送达,并应包括送达的方法、地点和日期,以及文书被交付人。如文书并未送达,则证明书中应载明妨碍送达的原因。申请者可要求非中央机关或司法机关出具的证明书由上述一个机关副署。

中国跟外国缔结的双边司法协助条约对此也作了专门规定,因而如有此条约关系的,则应另依此类条约办理。

4. 费用的承担

《海牙送达公约》第 12 条规定,发自缔约一国的司法文书的送达不应产生因文件发往国提供服务所引起的税款或费用的支付或补偿。但申请者应支付或补偿下列两种情况下产生的费用:其一是有司法助理人员或依送达目的地国法律主管人员的参加;其二是特定送达方法的使用。

中国跟外国缔结的双边司法协助条约一般规定,代为送达司法文书和司法外文书应当免费①。未有条约关系时,在收费问题上中国采取对等原则,但根据请求方要求采用特殊方式送达文书所引起的费用,则由请求一方负担。

5. 对送达请求的异议和拒绝

(1) 地址不详。《海牙送达公约》第 1 条第 2 款规定,"在文书的受送达人地址不明的情况下,本公约不予适用"。中国跟外国缔结的双边司法协助条约对此问题通常是这样规定的:如收件人地址不完全或不确切,被请求一方的中央机关仍应努力满足向它提出的请求。为此,它可要求请求一方提供能使其查明和找到有关人员的补充材料。如果经过努力,仍无法确定地址,被请求一方的中央机关应当通知请求一方,并退还请求送达的司法文书和司法外文书②。

(2) 请求书不符合要求。《海牙送达公约》第 4 条规定,如被请求国中央机关认为请求书不符合公约的规定,应及时通知请求方,并说明其对请求书的异议。上述异议主要是涉及请求书的形式要件,如未附有正式译本,文书没有一式两份等。请求文书因此而被退回后,请求方还可对请求书予以修正,使之符合公约规定的形式要件,被请求方一般也仍可接受请求方重新提出的请求。

---

①　如 1987 年《中法司法协助协定》第 10 条、1987 年《中波司法协助协定》第 9 条第 1 款等。

②　如 1987 年《中法司法协助协定》第 8 条等。

（3）执行请求将有损于被请求国公共秩序。《海牙送达公约》第 13 条和中国跟外国缔结的双边司法协助条约都规定，在被请求国认为执行请求将有损于其主权或安全时，可以拒绝提供司法协助。中国 1991 年《民事诉讼法》第 276 条第 2 款也规定，外国法院请求协助的事项有损于中华人民共和国的主权、安全或者社会公共利益的，人民法院不予执行。

此外，《海牙送达公约》第 13 条第 2 款还特别指出，一国不得仅因为其主张对该项请求所依据的案件标的具有专属管辖权或其国内法不允许该项诉讼为理由拒绝执行请求。中国跟泰国订立的双边司法协助协定也重复了上述内容。这是对拒绝理由的限制规定，显然是为了便利文书在更大程度上予以送达而规定的。

三、域外调查取证

（一）域外调查取证的概念、范围和方式

域外调查取证，是指一国司法机关请求外国主管机关代为收集、提取在该国境内的与案件有关的证据，或者受诉法院国有关机关直接提取有关案件所需的证据。

调查取证和送达文书一样，都是诉讼活动中必须进行的一项必要程序。根据目前国际社会的普遍看法，调查取证，作为行使国家司法主权的一种行为，更具有严格的属地性。因而，如果没有外国的同意，是不能在该外国境内实施取证行为的。

为了协调各国不同的取证制度，便于域外取证的开展，国际社会通过努力，缔结了大量的双边和多边条约。在多边条约中，较有影响的有 1954 年 3 月 1 日订于海牙的《民事诉讼程序公约》（该公约第二章专门规定了域外调查取证，截至 2001 年 6 月 1 日，该公约共有 43 个成员，它已适用于中国澳门，但中国未加入公约）以及 1970 年 3 月 18 日订于海牙的《关于从国外调取民事或商事证据的公约》（简称《海牙取证公约》），截至 2001 年 7 月 1 日，美国、英国、法国、德国、荷兰、意大利等 39 个国家或地区①已经批准或加入

---

① 这些国家或地区包括：阿根廷、澳大利亚、保加利亚、中国（包括中国香港、中国澳门）、捷克共和国、塞浦路斯、丹麦、爱沙尼亚、芬兰、法国、德国、以色列、意大利、拉脱维亚、卢森堡、墨西哥、摩洛哥、荷兰、挪威、波兰、葡萄牙、斯洛伐克共和国、斯洛文尼亚、西班牙、瑞典、瑞士、土耳其、英国、美国、委内瑞拉、巴巴多斯、立陶宛、俄罗斯联邦、新加坡、南非、斯里兰卡、乌克兰。2001 年 7 月 1 日前公约的签署、批准、生效情况，可参见李双元、欧福永、熊之才编：《国际私法教学参考资料选编》（中册），北京大学出版社 2002 年版，附录。

了该公约。中国已于 1997 年 7 月 3 日作出加入《海牙取证公约》的决定。此外，公约已适用于香港和澳门。此外，欧盟理事会于 2001 年 5 月 28 日通过了《关于民商事案件域外取证协助规则》①（2001/1206/EC），它适用于除丹麦以外的欧盟成员国之间。规则共三章，24 个条文，其基本内容有：第一，建立请求国法院与被请求国法院间直接协助进行域外取证的制度；第二，不排除在特殊情况下，由请求国法院在被请求国境内直接取证。规则自 2001 年 7 月 1 日起生效，2004 年 1 月 1 日起执行，其中有部分条款自 2001 年 7 月 1 日起执行。

由于各国法律的差异，关于调查取证的范围，有关国际条约和双边司法协助条约通常都不作明确规定。中国跟外国缔结的双边司法协助条约一般规定，域外调查取证的范围包括：询问当事人、证人和鉴定人，进行鉴定和司法勘验，以及其他与调查取证有关的诉讼行为②。而中国跟泰国缔结的双边司法协助协定则未规定调查取证的范围。因此，需要调取哪些证据，通常应依有关国家的内国法确定。

关于域外调查取证的方式，有直接、间接两类。直接取证是指受诉法院国直接提取有关案件所需的证据；间接取证是指受诉法院国通过司法协助的途径采用请求书方式委托有关国家的主管机构进行取证。间接取证采用请求书的方式，在有的国家又叫嘱托书方式取证。

（二）直接取证

直接取证不涉及取证地国家主管机关的司法行为，其方式主要有如下三种：

1. 外交和领事人员取证

领事取证，系指一国法院通过该国驻他国的领事或外交人员在其驻在国直接调取证据。领事取证有两种情形：一是对本国公民取证，二是对驻在国公民或第三国公民取证。对于第一种情形，即领事在驻在国对其本国公民取证，为大多数国家所普遍接受。《维也纳领事关系公约》以及大量的双边领事条约都肯定了这一做法。这是因为领事的主要职务之一就是保护驻在国境内的本国公民的利益。但也有少数国家，如葡萄牙、丹麦和挪威等国，则要求领事取证必

---

① 该规则的有关内容可参见肖永平主编：《欧盟统一国际私法研究》，武汉大学出版社 2002 年版，第 190~200 页。

② 如 1989 年《中蒙司法协助条约》第 13 条、1987 年《中比司法协助协定》第 9 条、1991 年《中罗司法协助条约》第 17 条等。

须事先征得该国同意。

对于第二种情形，即领事在驻在国对驻在国或第三国公民取证，则各国做法不一。德国、法国、卢森堡、荷兰、意大利、挪威、丹麦、瑞典、摩纳哥、以色列等国要求领事对驻在国或第三国公民取证必须事先经驻在国当局许可。其中法国、卢森堡、荷兰等国还详细规定了取得此种许可的条件，而德国则表示在任何情况下外国领事都不得对德国公民取证。英国则规定，是否应取得许可，完全基于对等。葡萄牙、阿根廷、新加坡等则根本不准外国领事在其境内对其公民或第三国公民取证。

中国国内法和对外缔结的双边司法协助条约对领事取证作了规定，只是领事取证的对象局限于领事所属国公民而不允许外国领事在中国境内向中国公民或第三国公民取证，并且不得采取强制措施①。

2. 特派员取证

特派员取证，系指法院在审理涉外民商事案件时委派专门的官员去外国境内调查取证的行为。

根据《海牙取证公约》第 17 条的规定，在民商事案件中，被合法地专门指定为特派员的人在缔约另一国境内，如果得到取证地国家指定的主管机关已给予一般性或对特定案件的许可，并且遵守主管机关在许可中设定的条件，则可在不加强制的情况下进行取证②。特派员在取证时可以按照派遣国法律所规定的方式和程序进行，但此种方式和程序不能是取证地国家法律所禁止的。（《海牙取证公约》第 21 条）

葡萄牙、丹麦、阿根廷、新加坡等国完全禁止外国特派员在其境内取证。法国、德国、意大利、荷兰、卢森堡、挪威、瑞典、摩纳哥、以色列等国要求外国特派员取证需事先征得该国许可。英国则表示需在对等基础上决定是否同意外国特派员在其境内取证。

中国跟外国缔结的双边司法协助条约对特派员取证未作任何规定。但依中国 1991 年《民事诉讼法》第 277 条第 3 款规定，"未经中华人民共和国主管机关准许，任何外国机关或者个人不得在中华人民共和国领域内送达文书、调查取证"，因此，中国在原则上不允许外国特派员在中国境内取证，但在特殊情况下也可特许外国特派员在中国境内取证。

---

① 参见 1991 年《民事诉讼法》第 277 条第 2 款、1987 年《中法司法协助协定》第 14 条、1987 年《中比司法协助协定》第 11 条等。

② 依《海牙取证公约》第 33 条的规定，对第 17 条的规定，各缔结国可声明保留。

3. 当事人或诉讼代理人自行取证

这种取证方式主要存在于一些普通法国家，尤其是美国。《海牙取证公约》第23条规定，缔结国在签署、批准或加入时可以声明不执行"普通法国家旨在进行审判前文件调查"的程序。尽管公约在原则上并不否认普通法国家的这一取证方式，但同时也允许缔约国对此声明保留，而在实际上，这种取证方式遭到大多数国家的强烈反对，除美国以外的所有其他缔约国都对此作了声明保留。根据中国《民事诉讼法》第263条第3款的规定，未经中国主管机关准许，外国当事人或其诉讼代理人都不得在中国境内自行取证。

（三）间接取证

由于在其他国家境内直接调查取证往往受到种种限制，给取证带来不便，因此大多数国家普遍采用间接取证这一种主要域外取证方式，间接取证方式也是《海牙取证公约》规定的主要方式。《海牙取证公约》第1~14条对这一取证方式的各项程序作了详尽规定，主要有：

1. 请求的提出

公约第2条规定每一缔约国应指定一个中央机关，负责收受缔约另一国司法机关发来的请求书，并转交给主管机关执行。在任何情况下，请求书均可送交中央机关。公约还规定取证请求书可直接送交执行国中央机关，无须通过该国任何其他机关转交。

公约第3条规定了请求书应载明的内容，公约第4条规定了请求书使用的语言。请求书应用被请求执行的机关的文字作成，或附有该种文字的译本。除非缔约国根据公约规定提出保留，则应接受用英文或法文作成的或译为上述任何一种文字的请求书。缔约一国也可以声明方式指明向中央机关提出请求书可使用的公约规定提及的文字以外的文字。公约并规定请求书所附之任何译文，均应经外交官员或领事代表或宣过誓的译员，或有关两国之任何一国授权的任何其他人员证明。

2. 请求的执行及执行情况的通知

公约第9条明确规定请求书应予迅速执行。如中央机关认为请求不符合本公约的规定，则应迅速通知递交该请求书的请求国机关，并指明对该请求书的异议。如收到请求书的机关无权执行，则应将请求书及时送交该国依其本国法律规定有权执行的机关。公约第9条规定执行请求的司法机关在须遵循的方法和程序方面应适用其本国法。

但是，应采纳请求机关提出的采用特殊方法或程序的请求，除非其与执行国的国内法相抵触，或因其国内惯例和程序因存在实际困难而不能实行。并且，被请求机关在执行请求书时，应在与其国内法规定的执行其本国机关发出的决定或执行当事人在其本国诉讼程序中提出请求同等的情况和范围内，采取适当的强制措施。公约第 11 条还规定在执行请求书过程中有关人员如依有关法律有免除特权或义务拒绝提供证据，则可拒绝提供证据。

此外，公约第 7 条规定，在执行过程中，被请求机关得根据请求机关的要求，将进行取证行为的时间和地点通知请求机关，也可以根据请求机关的要求将通知直接寄给有关的关系人或代理人。缔约国还可以声明允许获得其主管机关的授权的请求机关的司法人员在执行请求时出席。

关于执行情况的通知，公约第 13 条规定，证明执行请求书的文书由被请求机关通过请求机关所采用的同一途径送交请求机关。如请求书全部或部分未予执行，应通过同一途径及时将此通知请求机关，并告知理由。

3. 请求的拒绝

公约第 12 条明确规定只有在下列范围内可以拒绝执行请求书：（1）在执行国，该请求书的执行不属于司法机关的职权范围；（2）被请求国认为其主权或安全将会由此受损害。公约同时明确规定不得仅根据下列理由拒绝执行，即依其国内法，执行国主张对该项诉讼标的专属管辖权，或其国内法不允许提起该项诉讼的权利。

4. 请求的费用

公约第 14 条规定请求书的执行不得引起任何性质的税费的补偿，但执行国有权要求请求国补偿支付给鉴定人和译员的费用和因使用请求国要求采取的特殊程序所发生的费用。如被请求国法律规定当事人自己有义务收集证据，且被请求机关不能亲自执行请求，则在征得请求机关同意后，可指定一位适当的人执行。在征得此种同意时，被请求机关应指明这一程序将发生的费用的大致数额。如请求机关表示同意，则应补偿所发生的任何费用，否则请求机关对上述费用不承担责任。

（四）中国的域外取证制度

在中国，关于域外取证的规范，其一是规定在国内法中。如中国 1991 年《民事诉讼法》第 276 条规定，中国人民法院与外国法院，可以依据国际条约或互惠原则，相互请求代为调查取证。但外国法院请求中国法院代为调查取证，不得有损于中国的主权、安全和社会公共利益，否则不予执行。该法第 263 条第 2 款又规定，外国驻中国使领馆可以向该国公民调查取证，但不得违反中华人民共和国法律，也不得采取强制措施。此外，1986 年 8 月 14 日最高人民法院、外交部、司法部《关于中国法院和外国法院通过外交途径相互委托送达法律文书若干问题的通知》中指出，中国法院和外国法院通过外交途径相互委托代为调查或取证，可参照该通知有关规定办理。

2001 年最高人民法院《关于内地与澳门特别行政区法院就民商事案件相互委托送达司法文书和调取证据的安排》对双方相互委托调取证据作了特别规定。其主要内容有：委托方法院请求调取的证据只能是用于与诉讼有关的证据。代为调取证据的范围包括：代为询问当事人、证人和鉴定人，代为进行鉴定和司法勘验，调取其他与诉讼有关的证据。如委托方法院提出要求，受委托方法院应当将取证的时间、地点通知委托方法院，以便有关当事人及其诉讼代理人能够出席。受委托方法院在执行委托调取证据时，根据委托方法院的请求，可以允许委托方法院派司法人员出席。必要时，经受委托方允许，委托方法院的司法人员可以向证人、鉴定人等发问。受委托方法院完成委托调取证据的事项后，应当向委托方法院书面说明。受委托方法院可以根据委托方法院的请求，并经证人、鉴定人同意，协助安排其辖区的证人、鉴定人到对方辖区出庭作证，证人、鉴定人在委托方地域内逗留期间享有司法、行政豁免。证人、鉴定人到委托方法院出庭而导致的费用及补偿，由委托方法院预付。上述所指出庭作证人员，在澳门特别行政区还包括当事人。受委托方法院取证时，被调查的当事人、证人、鉴定人等的代理人可以出席。受委托方法院可以根据委托方法院的请求代为查询并提供本辖区的有关法律。

目前，中国内地与香港特别行政区法院和台湾地区法院在民商事案件调取证据方面尚无规则可循。双方应该在充分协商的基础上，达成与上述类似的"安排"来解决此问题。

其二是规定在中国跟外国缔结的双边司法协助条约中（中国已跟 29 个国家签订了民事方面的司法协助协定或条约，这些协定或条约均含有域外取证的规定。上述 29 个国家的名单详见本书第一章第一节"国际民事诉讼法的渊源"部分）有条约关系的，则应按照各该条约的规定进行域外取证。

其三是 1997 年 7 月 3 日第八届全国人大常委会第二十六次会议决定加入的 1970 年海牙《关于从国外调取民事或商事证据的公约》，同时作了如下声明与保留：（1）根据公约第 2 条的规定，指定中华人民共和国司法部为负责接收来自另一缔约国司法机关的请求书，并将其转交给执行请求的主管机关的中央机关；（2）根据公约第 23 条的规定，声明对于普通法国家旨在进行审判前文件调查的请求书，仅执行已在请求书中列明并与案件有直接密切联系的文件调查请求；（3）根据公约第 33 条的规定，声明除第 15 条以外，不适用公约第二章的规定，即对公约第二章"由外交或领事人员和特派员获取证据"

的所有规定，中国只承诺履行其第 15 条所规定的内容：“在民事或商事方面，缔约国的外交或领事人员可以在另一缔约国境内以及其行使职权的区域内不受限制地进行只涉及其侨民而且属于该国法院受理的诉讼的所有预审行动”；但“每个缔约国有权宣布这一行动必须由上述人员或其代表向声明国指定的主管当局提出申请并得到许可后才能进行”。

第二节　若干欧洲国家的送达制度（上）

欧盟理事会于 2000 年 5 月 29 日通过的《成员国间民商事司法文书及司法外文书域外送达的规则》（即 2000 年第 1348 号关于域外送达的规则，共 17 个条文，已于 2001 年 5 月 31 日生效）优先于《海牙送达公约》适用于欧盟成员国（丹麦除外）之间的域外送达。此外，除奥地利外，欧盟其他的 14 个成员国（德国、法国、意大利、荷兰、比利时、卢森堡、爱尔兰、英国、丹麦、希腊、西班牙、葡萄牙、芬兰和瑞典）均是《海牙送达公约》的成员国，因此它们与《海牙送达公约》其他公约成员国之间的送达依公约进行。

一、英国

（一）直接送达和邮寄送达

《最高法院规则》第 10 号法令规则 1（1）规定：诉状格式必须由原告或诉讼代理人直接送达每一位被告。《最高法院规则》第 65 号法令规则 2 规定：通过向被送达人留置一份送达文件进行直接送达。然而，《最高法院规则》第 10 号法令规则 1（2）规定：在被告处于管辖权范围内的案件中，可使用邮寄送达作为替代方法。1999 年《英国民事诉讼规则》第六章对送达的方式、送达人、送达地址、送达回证、诉状格式、送达的特别规定、有关域外送达的特别规定作了规定。其第 6.1 条规定了直接送达、密封邮寄送达、留置送达、通过文书交换方式送达、电子送达和替代送达等方式。

对个人而言，送达的适当地址为他们惯常或最后的地址，而对合伙而言，合适的送达地址为其主要营业地，对有限公司而言，合适的送达地址为其注册办事处。通过邮寄送达的诉状格式的送达日期或投入被告住址的信箱的送达日期（不同于依据《1985 年公司法》第 725 条对作为被告的公司的送达），为副本邮寄或投入被告信箱的第 7 天，除非表明有不同的规定。

诉状格式不可通过挂号邮件或记录投递送达，因为这些方法给被告提供了拒绝接受诉状的机会。依照《1985 年公司法》的规定，对公司的邮寄送达不必用最快捷的方式邮寄，而被推定为用普通邮寄方式投递。至于有限公司，除非表明有不同的规定，如果用最快捷的方式邮寄，则送达日期为邮寄后的第2个工作日，如果用第二流的方式邮寄，则送达日期为邮寄后的第4个工作日。

根据《最高法院规则》第11号法令规则5和1999年《英国民事诉讼规则》第六章第3节的规定，要送达到管辖权外的诉讼状不必直接送达，只要根据送达地的法律送达即可，也不必由原告或他的代理人送达，但能通过英国领事官员或该国政府或司法官员送达，或由海牙送达公约指定的该国的其他官员送达。

（二）公告送达

对于那些必须亲自送达的文件或如果由于任何原因用规定的方式送达显得不可行，法院可裁定用替代方法进行送达。法院通过采取直接将文件通知被送达人的步骤进行送达，它可采取信函、公告或其他认为合适的形式送达。在被告处于管辖权外的案件中，不能裁定采取公告送达，但如被告为逃避送达而处于管辖权以外，则可裁定采用公告送达。

（三）外国司法文书在英格兰和威尔士的送达

与许多国家不同，联合王国对在本国进行的外国司法文书的送达不实施任何实质性的限制，原告可依据相关外国法院的程序规则自由采用任何送达方式。由外国法院来决定所采用的送达方式是否符合法院的"适当程序"要求。

英国国内法要求原告应当适当尊重英格兰和威尔士的、规范个人行为的实体法，例如，不能采取等于是侵权行为的方式进行送达。因此，在英国进行司法文书送达必须首先详尽考虑诉讼仍然未决的法院所在地的规则。

然而，有必要考虑英国与相关外国达成的、规定两国间的外国文书送达方式的条约所确立的义务，这种条约可能是任意性的（因为它们确立了进行送达的各种机制，这种机制作为每个国家法律所允许的其他送达方式的替代性方法而存在），也可能是强制性的（因为任何在两国间进行的送达必须根据公约所确定的步骤进行）。

（四）1965年11月15日订立的海牙公约

海牙《关于向国外送达民事或商事司法文书和司法外文书公约》是一规范由一缔约国发出的文书在另一缔约国进行送达的多边条约，联合王国是该公约的缔约国，该条约第1条规定该条约具有强制性。目前，普遍持有的观点是如果加入了海牙送达公约，那么应该遵守该公约。该公约所确立的域外送达的基本机制是在相关两国的中央机关间进行文书的交付，公约成员国须指定一中央机关来处理正式的送达请求。

在英格兰和威尔士，中央机关为国家外务秘书或为最高法院的资深法官。在实践中，所有送达请求均由资深法官处理，送交资深法官的送达请求必须在形式和在内容上符合海牙公约和《最高法院规则》的要求，资深法官应按照《最高法院规则》第 69 号法令和 1999 年《英国民事诉讼规则》的规定进行送达。

一旦送达，资深法官将一个盖有法院印章的证明送达给请求人，说明何时送达及如何送达。海牙公约除了设立中央机构送达程序外，还承认及允许使用下列方法进行送达：

1. 领事官员送达（领事送达）

根据公约第 8 条的规定，联合王国允许其他公约缔约国的外交或领事人员对居住在辖区内的被告进行文书的直接送达。

2. 邮寄送达

根据海牙公约第 10 条（a）款的规定，联合王国允许国外的原告通过向被告邮寄文书的方式对居住在辖区内的被告送达。

3. 司法官员、政府官员或目的地国家其他有资格的人送达

这种方式在实践中可能运用得最为频繁，它允许由英国法律指定为"司法官员、政府官员或其他有资格的英国人"在英国直接送达外国司法文书。联合王国已书面向海牙国际私法会议常设事务局证实：海牙公约第 10 条（b）和（c）款解释为允许另一缔约国的对在该国进行的诉讼程序有利害关系的任何人（包括律师）通过英国律师直接在英国进行送达。律师将依照英国法律的普通规则进行送达，并将作出类似的宣誓。将由外国律师来决定英国律师所做的宣誓是否符合该国法院的程序要求。

公约参加国有权反对使用上述任何或全部送达方式在该国领域内进行送达。

（五）《布鲁塞尔公约》

公约 1968 年议定书第 4 条设立了类似于海牙公约中央机关的送达程序。司法文书可这样送交："拟定司法文书的国家的适当公共官员直接将司法文书送交给被送达人所在国的适当公共官员。"收件的公共官员将文书送达并发出证书证明他们已将文书送达。

二、爱尔兰

爱尔兰法规定了几种送达方式，同时爱尔兰已签署和批准了 1965 年海牙《关于向国外送达民事或商事司法文书和司法外文书公约》。

对地区法院和巡回法院而言，起诉书原件和一份送达的宣示或正式书面陈述在适当的情况下须在送达后的 14 天内送到法庭办公室。在高等法院诉讼中，起诉文件被保存并且送达的正式书面陈述要宣誓。

（一）邮寄

按照《公司法》第 379 条的规定，任何文件可以通过邮寄一份同样的复印件给公司的注册办事处的方式而完成对公司的（无论它的属性）的送达。

1. 地区和巡回法院

除非要求传票送达员直接送达，要把已付款的登记了的挂号邮件寄送给受送达人的最后已知住所地或在本国的营业地，送达才生效。如果送达不能通过此方式生效，那么在起诉文书通过通常的付款邮件送达前（当对一公司送达时除外），需要获得法庭发布的一个命令。

2. 高等法院

《高等法院规则》规定了直接送达。对于在高等法院的诉讼，送达可能仅仅在法庭命令的基础上通过邮寄（挂号/普通）的方式进行。当对一公司送达时，则不需要这样的命令。

（二）直接送达

1. 地区和巡回法院

如果一传票送达员已被指派到某一特定地区，那么送达通常一定要通过该特定地区的送达员的直接送达的方式才能生效。如一传票送达员未被指派到某一特定地区，那么送达只能通过在法庭命令之基础上的直接送达方式（通过个人不是传票送达员）而生效。现在几乎没有传票送达员了，因为他们退休后无人接替。

2. 高等法院

高等法院往往采用直接送达方式，除非法院发布了一个相反的命令。

（三）领事或外交途径

《最高法院规则（RSC）》命令 121 规则 9 允许对在爱尔兰的个人送达法律文书："……当任何民商事案件在一外国法院或仲裁庭待决时，上述法院或仲裁庭提出的要求对位于爱尔兰的任何人送达传票或传唤的请求书，须经外交部长转交高等法院大法官，同时表明希望送达回证通过同样的方式送回。"另外，地区法院、巡回法院和高等法院各自有权决定发布替代送达的命令。因此，任何法院都有权发布命令通过领事或外交途径进行送达。

（四）公告

在所有法院的诉讼程序中，在法院发布命令的基础上，送达可通过公告进行。

三、德国

（一）德国法规定的一般程序

依《德国民事诉讼法》，送达是由法院执行的一种官方行为。诉讼请求陈述与答辩声明以及任何其他包含正式的动议的双方当事人的声明必须由法院送达。法院通过邮政服务把这些诉讼文书传递给各有关当事人。

信件的送达人必须填写和签署一种送达公文以资证明。这种文件上含有送达时间、地点和送达方式等内容。文书可以送达给当事人本人、其法定代表人、企业办公室的雇员或其家庭成员，但文书若送达给一个在法律上得到正式授权的律师则并不需要这种正式的公文程序。

假若文书既不能送达给当事人本人，也不能送达给其他可受领该文书的人，则该文书可被保存在邮政部门并将通知留在当事人的邮箱中。

如果被送达当事人的住所地址不明，又不知晓可代其接受文书的代表，就可采用公告送达的方式。在这种情形下，送达通知被公布在法院建筑物的公告栏上。

德国法不允许通过邮寄方式的直接送达和通过当事人或其代理人的直接送达。

（二）外国诉讼文书的送达

1. 条约

发生在德国境外的诉讼，其文书的送达规则基本上规定在双边条约和多边条约之中。

至 2001 年 7 月 1 日，1954 年海牙《关于民事诉讼程序的公约》已在德国同阿根廷、奥地利、比利时、中国澳门、克罗地亚、塞浦路斯、捷克、丹麦、埃及、芬兰、马其顿、法兰西、匈牙利、以色列、意大利、日本、黎巴嫩、拉脱维亚、卢森堡、摩洛哥、荷兰、挪威、波兰、葡萄牙、罗马尼亚、斯洛文尼亚、瑞典、瑞士、斯洛伐克共和国、西班牙、苏里南、叙利亚、土耳其和南斯拉夫、亚美尼亚、白俄罗斯、波斯尼亚和黑塞哥维那、梵蒂冈、吉尔吉斯斯坦、摩尔多瓦、尼日尔、俄罗斯联邦、乌克兰、乌兹别克斯坦等国家和地区间生效①。根据这一条约，送达通常是通过领事途径完成的。

---

① 公约的中文译文可参见李双元、欧福永、熊之才编：《国际私法教学参考资料选编》（中册），北京大学出版社 2002 年版，第 1064～1068 页。

上述送达程序因与下列国家签订的补充协议而变得更为便利，它们是：奥地利、比利时、法兰西、卢森堡、荷兰、挪威、瑞典和瑞士。

1965 年 11 月 15 日通过的海牙《关于外国民事或商事司法文书和司法外文书的送达公约》在德国和下列国家间取代了上述 1954 年海牙公约的第 1~7 条。它们是：巴巴多斯、比利时、博茨瓦纳、丹麦、埃及、芬兰、法国、以色列、日本、卢森堡、马拉维、荷兰、挪威、葡萄牙、瑞典、土耳其、英国和美国等国。这样一来，就无须再通过领事送达这一途径了，而是由有关的法院当局相互协助，直接为之。

1905 年 7 月 17 日海牙《关于民事诉讼程序的公约》仅在德国和冰岛间生效。

除上面提到的三个海牙公约外，德国与以下国家间也可适用双边条约：奥地利、加拿大、希腊、突尼斯、土耳其、英国、美国和新西兰。

2. 自治法

在没有国际公法的情况下，德国当局通常仍然提供代为送达传票、文书的服务。然而，德国采取对等原则，对拒绝为自己提供送达服务的外国也同样不为其提供送达服务而拒绝其在该方面的协助请求。这一程序被规定在《法律援助法》第 57、66 条中。根据该法令，诉讼文书收件人住所或居所地的法院能够受理和处理这方面的请求。但是在上述情形下，被执行的送达仅限于非正式的送达。这意味着只有收件人在审查过后自愿接收该文书并且被告知他无须非得接受它时，文书才按指明的地址得到送达。

第三节　若干欧洲国家的送达制度（下）

一、意大利

1995 年《意大利国际私法制度改革法》第 71 条对外国文书的送达作了如下规定：

在外国主管机关出庭的传票的送达以及任何其他文书的送达应由文书送达地有管辖权的法院的公诉人批准。如果文书送达申请通过外交途径提出，那么应由公诉人指定法警按照所提供的要求实施该行为。送达文书应遵循意大利法，但是，外国主管机关要求的送达方式应得到满足，如果不违反意大利法的基本原则，并且如果送达人员向被送达人送达文书，被送达人愿意接受这些文书。

意大利已加入了 1965 年《海牙送达公约》，公约成员国之间的送达依公约进行。

二、西班牙

（一）邮寄送达

正如《1985 年第 6 号司法组织法》第 271 条和《民事诉讼法》第 260 条所规定的那样，通知是一种司法行为，通过此种行为将司法裁决或法庭秘书安排的措施告知双方当事人及相关人员。

西班牙规则将诉讼程序中的可传达事件分成狭义上的通知（裁决的传达）、传票（表明当事人出庭的日期和时间）、诉讼程序进度的安排以及禁止令（立即或在指定时间内做或不能做所规定的事情的法庭通知）。

《西班牙民事诉讼法》第 261 条规定，通过附有回执的挂号邮件来发送通知。当出现特定情况或需要加快速度时，可通过电报或其他合适的传达方式进行通知。《1985 年第 6 号司法组织法》第 271 条也提到了这些方法。

（二）直接送达

如果挂号邮件发出后 15 天内没有收到任何答复，并且通知是否定性的，是向当事人一方或必须成为当事方的人发出的，且他们是否参与诉讼取决于此种通知（此种通知常采取禁令的形式），那么将采用"普通制度"规定的通知方式。

《西班牙民事诉讼法》中的所谓"普通制度"[①] 规定，向为该目的所设立的有权机关的办事处或住所作出通知的可能性。法庭秘书或官员必须在这里宣读裁决并向有义务对所附说明进行签字以证明此种裁决的被通知人送交副本。

在被通知方和他（她）的代理人都不亲自出庭的案件中，一种特殊的通知方式（但并非不常用）是住所通知。如果被通知方不在他的住所，可以用《西班牙民事诉讼法》第 266 条规定的方式向其亲属、佣人或邻居送交传票来作出通知。

（三）领事或外交途径

西班牙已加入 1954 年 3 月 1 日海牙《民事诉讼程序公约》和 1965 年 11 月 15 日的《海牙送达公约》。此外，西班牙还与我国签订了民事、商事和刑事司法协助条约，该条约对送达问题作了规定。

---

① 《西班牙民事诉讼法》第 262 条及以下。

1954 年 3 月 1 日的海牙《民事诉讼程序公约》对向位于国外的个人通知司法行为的制度作了规定。其中，其第 1~7 条为 1965 年 11 月 15 日的《海牙送达公约》所修改。后一文本规定了几种更为快捷的通知国外司法程序的方法。但当有关国家认为适宜时，公约并没有阻止使用领事或外交途径。

概括而言，1954 年海牙公约所规定的制度大致如下：请求通知国（发出委托调查书的国家）的领事向接收国的有关部门提出请求。请求书必须说明所需送达的文件来自哪一部门、双方当事人的姓名及状况、最后收件人的地址以及文件的性质（文件需以接受委托调查书的国家的文字书写）。

请求被接收以后，被请求方就将通知移交最后收件人。它仅将文件移交给收件人以便其自愿接受，除非委托调查发出国特别指明用特定的方式执行请求。然后该部门将向调查书发出国的领事移交文件，证明通知已送达或表明不能送达的事实。

（四）公告

如果自始没有关于通知的接收人的住所或位置的记载，此种通告将以公告的方式进行送达。采取此种通知方式时，将传票（包含一份裁决正本和被通知方的详细情况）贴在法院的公告栏并登载在报纸上。当认为有必要时，可以公告在政府公报上。

除了上面所提到的一般情况外，当被送达人的身份和人数还没有确定时，通知需要当庭宣读（被称为法庭内通知）。然而，由于对此种制度的某种不信任，《民事诉讼法》规定：令状所通知的裁决以及传票应该以公告的方式公布。公告应专门公布在"法官和地方法官举行审判的地方的门上"，并且最后判决应载入正式的出版物中。

（五）海牙公约规定的方式

1965 年《海牙送达公约》尽力避免《1954 年民事程序公约》确立的通知制度存在的问题。更加具体地说，公约在保留通知接收人的程序保证的同时，设法加快诉讼程序。

1965 年《海牙送达公约》规定，各国应指定一中央机关接收委托调查书。在西班牙，这一角色由司法部技术秘书长办公室担任。由部级机关或法院当局直接向委托调查书收受国的中央机关提出通知请求。在不损害公约的这一创新的情况下，各国（如果它们觉得合适的话）可使用领事或外交途径或在各自部门间直接传达（如果所涉各国这样决定）。而且，可以由目的国法院或各部的公职人员直接通过邮寄进行通知。

三、芬兰

传票和通知的送达规则被规定在《司法程序法典》第十一章中。根据1993年12月1日新生效的条款，法院视情况依职权自由决定传票和通知的送达。法院可以任命一法庭书记员或法警完成该任务。在当事人的请求下，法院也可以由该当事人送达通知，如果其认为这样做有充分理由。

送达给公司、合作社或协会或国际企业的通知将送达给有权代表单位收受通知的人。如果将要被送达的决定或决议在法院办公室或在审理中已对受领人宣布则视为受领人那时已收到通知。如果通知的收件人由一个待决案件中的代理律师代理，则通知可以送达给该律师。传票仅在被告特别授权律师有权接受的情况下才可以送达给律师。然而，一个要求某人亲自出席的文件或要求某人承担某些得亲自完成的事情的文件必须送达给指定人。

1. 邮寄送达

当法院在执行送达通知的任务时，主要的规则是送达必须用附有回执的邮寄的方式送达。当送达该通知时，法院将通知邮政当局送达最迟不得不完成的日期。也可以用官方公函的方式将文书送达，如果可以预计该地址可以收到该公函并且可以在一个规定的期限内收回送达的回执证明。

2. 程序地址

当法院执行通知的送达时，除了传唤外，最为普通的方法是受领人程序地址的运用。在传票的申请中，原告必须包括一个可以将通知送达给他的程序地址，传票告诫被告在答辩时应包括他的程序地址，通知的送达在通知被寄出7天后即被视为已经送达。替代正在使用的邮政地址，通知也可以用电子信息（传真、电子邮件、数据交换）的方式送达，如果这种方式已被该方当事人宣告的话。一方当事人的程序地址也可以是他的律师或法定代理人的地址。

3. 法警

如果用邮寄的方式送达已经失败或认为可能不能用邮寄的方式送达或有其他专门的理由，法警被用于亲自将通知送达给受领人。无论在何时，通知的送达由一当事人执行时都必须用到法警。法院将告知法警送达的日期、最迟什么时候要送达以及回执最迟在什么时间应提交法院。在送达传票的情形中，原告将被告知回执必须在一个指定的时间寄回，否则有被撤诉的危险。

如果法警已经找到了芬兰人的居所但未找到他或他的代表人并且情势表明受领人在回避该通知的送达，法警也可用邮寄文件的方式执行送达：（1）邮给受领人的已满15岁的家庭成员；或（2）如受领人从事业务，邮给其从事该业务的雇员；或（3）如上面的一个人也未找到的话，邮给当地的警察当局。在这些情形中，法警将他的送达行为用一封邮到受领人家庭住址的信件告知受领人。而且该通知在该告知被寄出之日起视为已经送达，这一方法也可用于没有人授权签收文书的已进行商业登记的公司。

4. 有关公约和欧盟理事会有关规则规定的方法

如果一个通知的受领人居住在国外并且他的地址是已知的，法院将把文件送给外国的特定当局或已与外国达成协议的外国当局。根据在北欧国家间（芬兰、丹麦、冰岛、挪威和瑞典）适用的哥本哈根公约，送达请求直接交给对正在争议中的问题负有送达责任的外国政府当局。

芬兰也已加入了海牙《关于外国民事或商事司法和非司法文书送达公约》，如果受领人居住在已加入海牙公约的国家（非上述北欧国家），送达请求将直接送给外国司法部，否则将送给外交部，除非公约未作规定或未达成协议。欧盟成员国（丹麦除外）之间诉讼文书或诉讼外文书的送达依 2000 年欧盟理事会《成员国间民商事司法文书及司法外文书域外送达的规则》（2000/1348/EC，于 2001 年 5 月 31 日生效）进行①。

5. 公告

如果不能找到受领人或被他授权接收送达的人的地址，法院将用公告的方式执行送达。公告的完成需要法院将该文书及其附件保存在法院办公室备查，并将其内容的梗概和保存地点发布在芬兰的官方报纸上，公告还必须贴在法院的通知栏上。如果一个通知已按公告的方式送达给受领人，对同一案件中的同一受领人的其他通知的送达无需在该官方报纸上公布，但必须在法院办公室里留存备查。

如果涉及两方或多方当事人，文书必须分别送达给每个当事人。然而，如果该文书分别送达给这么多当事人十分困难，法院可以决定送达给其中一个当事人并且在官方报纸上对此发布一个公告。

6. 通知送达的失败

如果送达是由法院执行的并且一方当事人在答辩或陈述中诉称送达没有在规定的期限内完成或被错误地执行，则对该案件的进一步考虑将会被中止或将重新规定一个新的上呈答辩或陈述的期限，除非法院认为送达中的这一小错误

---

① 该规则的有关内容可参见肖永平主编：《欧盟统一国际私法研究》，武汉大学出版社 2002 年版，第 169~189 页；刘卫翔著：《欧洲联盟国际私法》，法律出版社 2001 年版，第 278~283 页。

无关宏旨。相应地，如果该当事人未能如期递交所要求的书面答辩或未出庭并且通知的送达没有在规定的期限内完成或送达被错误地执行，该送达必须被重新执行，除非法院认为错误无关宏旨，重新送达没有必要。

如果传票由原告送达而原告又没有在一个确定的期限里递交该送达被正确执行的证明，案件将被撤销，除非被告没有提出撤销申请而是予以答辩或法院对原规定的期限授予了宽限期，决定了一个新的期限或决定亲自负责送达。如果当事人没有递呈除传票之外的文书的送达证明，法院将负责送达。

四、丹麦

在丹麦，当诉讼状为法庭接受时诉讼开始。法庭将会安排对被告的送达。同时被告还会收到一份指南，告诉他如何维护他的权益。如果文书未被合理送达，法庭将不会作出缺席判决。

1. 国内送达

国内送达采用邮寄或直接送达方式。（1）邮件送达。通过邮政服务，诉讼状将直接寄往被告。（2）直接送达。法庭雇员将亲自把文书送至被告住所、他当前的居所或工作地。如果不能找到被告本人，文书将由其家庭成员或雇主转交。

法庭有权决定文书送达是通过邮寄方式还是通过直接送达方式。如果这两种送达都未成功，经原告请求，法庭将在官方公报上公告送达。

2. 国外送达

如果被告在国外有住所或居所，文书将尽可能地通过外国当局送至被告。丹麦已批准了1965年11月15日的《海牙送达公约》，公约规定了域外送达的详细规则。

第四节　若干亚洲和美洲国家的送达制度

一、中国

1. 《民事诉讼法》第267条的规定

根据中国1991年《民事诉讼法》第267条的规定，人民法院对在中华人民共和国领域内没有住所的当事人送达诉讼文书，可以采用下列七种方式：（1）依照受送达人所在国与中华人民共和国缔结或者共同参加的国际条约中规定的方式送达。应注意的是，如有双边司法协助条约，应优先适用双边条约，没有双边条约关系的，则按共同参加的多边条约（目前主要是《海牙送达公约》）办理。（2）通过外交途径送达。（3）对具有中华人民共和国国籍的受送达人，可以委托中华人民共和国驻受送达人所在国的使领馆代为送达。（4）向受送达人委托的有权代其接受送达的诉讼代理人送达。（5）向受送达人在中国设立的代表机构送达，或者向受送达人在中国设立的并有权接受送达的分支机构、业务代办人送达。（6）邮寄送达。受送达人所在国的法律允许邮寄送达的，可以邮寄送达。自邮寄之日起满 3 个月，送达回证没有退回，但根据各种情况足以认定已经送达的，期间届满之日视为送达。1965 年《海牙送达公约》规定此种情况的期间为"自递送文书之日起不少于 3 个月"。因此中国法律的这一规定和公约是一致的。（7）公告送达。不能用上述方式送达的，公告送达。公告期间为自公告之日起满 3 个月。公告期间届满，即视为送达。

此外，最高人民法院 2002 年 6 月 18 日公布、6 月 22 日起施行的《关于向外国公司送达司法文书能否向其驻华代表机构送达并适用留置送达问题的批复》指出："《关于向国外送达民事或商事司法文书和司法外文书公约》（以下简称《海牙送达公约》）第 1 条规定：'在所有民事或商事案件中，如有须递送司法文书或司法外文书以便向国外送达的情形，均应适用本公约。'"根据《中华人民共和国民事诉讼法》（以下简称《民事诉讼法》）第 267 条的规定，人民法院对在中华人民共和国领域内没有住所的当事人送达诉讼文书，可以依照受送达人所在国与中华人民共和国缔结或者共同参加的国际条约中规定的方式送达；当受送达人在中华人民共和国领域内设有代表机构时，便不再属于海牙送达公约规定的"有须递送司法文书或司法外文书以便向国外送达的情形"。因此，人民法院可以根据民事诉讼法第 267 条第（5）项的规定向受送达人在中华人民共和国领域内设立的代表机构送达诉讼文书，而不必根据《海牙送达公约》向国外送达。

2. 《民事诉讼法》第 277 条及有关司法解释的规定

对于外国与中国相互送达法律文书，根据中国 1991 年《民事诉讼法》第 277 条的规定及有关司法解释，可以采用以下途径：

（1）对与中国缔结有司法协助协定的国家（目前，我国已与 29 个国家签订了民事方面的司法协助协定或条约，它们均规定了域外送达问题），缔约的外国一方请求中国人民法院提供司法协助，经最高人民法院审查后，交有关高级人民法院指定有关中级人民法院（含专门人民法院，下同）办理。办妥后，有关中级人民法院应将有关材料及送达回证经高级人民法院退最高人民法院外事局。中国人民法院需向缔约的外国一方请求提供司法协助，应按协定的规定提出请求书、所附文件及相应的译文，经有关高级人民法院审核后报最高人民法院外事局办理。

（2）对尚未与中国缔结司法协助协定的国家，只要其是《海牙送达公约》的成员国，双方可根据《海牙送达公约》进行送达。文书送达按最高人民法院、外交部、司法部 1992 年 3 月 4 日《关于执行〈海牙送达公约〉有关程序的通知》和 1992 年 9 月 19 日司法部、最高人民法院、外交部联合发布的《关于执行〈海牙送达公约〉的实施办法》办理。

（3）既未与中国缔结司法协助协定的国家，又非《海牙送达公约》成员国，相互之间需要提供司法协助的，仍按最高人民法院、外交部、司法部 1986 年 8 月 14 日《关于中国法院和外国法院通过外交途径相互委托送达法律文书若干问题的通知》的规定执行。

3.《海牙送达公约》

为了进一步适应中国对外开放的需要，1991 年 3 月 2 日，第七届全国人民代表大会常务委员会第十八次会议决定：批准加入 1965 年 11 月 15 日订于海牙的《关于向国外送达民事或商事司法文书和司法外文书公约》，同时作了如下声明与保留：（1）根据公约第 2 条和第 9 条的规定，指定中华人民共和国司法部为中央机关和有权接收外国通过领事途径转递的文书的机关。（2）根据公约第 8 条第 2 款声明，只在文书须送达给文书发出国国民时，才能采用该条第 1 款所规定的方式在中华人民共和国境内进行送达。（3）反对采用公约第 10 条所规定的方式在中华人民共和国境内进行送达。（4）根据公约第 15 条第 2 款声明，在符合该款规定的各项条件的情况下，即使未收到任何送达或交付的证明书，法官仍可不顾该条第 1 款的规定，作出判决。（5）根据第 16 条第 3 款的声明，被告要求免除丧失上诉权效果的申请只能在自判决之日起的一年内提出，否则不予受理。

4. 最高人民法院《关于内地与香港特别行政区法院相互委托送达民商事司法文书的安排》

该安排经最高人民法院与香港特别行政区代表协商达成，于 1998 年 12 月 30 日由最高人民法院审判委员会通过。在内地自 1999 年 3 月 30 日起施行。它的主要内容有：

内地法院和香港特别行政区法院可以相互委托送达民商事司法文书。双方委托送达司法文书，均须通过各高级人民法院和香港特别行政区高等法院进行。最高人民法院司法文书可以直接委托香港特别行政区高等法院送达。委托方请求送达司法文书，须出具盖有其印章的委托书，并须在委托书中说明委托机关的名称、受送达人的姓名或者名称、详细地址及案件的性质。委托书应当以中文文本提出。所附司法文书没有中文文本的，应当提供中文译本。以上文件一式两份。受送达人为两人以上的，每人一式两份。受委托方如果认为委托书与本安排的规定不符，应当通知委托方，并说明对委托书的异议。必要时可以要求委托方补充材料。不论司法文书中确定的出庭日期或者期限是否已过，受委托方均应送达。委托方应当尽量在合理期限内提出委托请求。受委托方接到委托书后，应当及时完成送达，最迟不得超过自收到委托书之日起两个月。送达司法文书后，内地人民法院应当出具送达回证；香港特别行政区法院应当出具送达证明书。受委托方无法送达的，应当在送达回证或者证明书上说明妨碍送达的原因、拒收事由和日期，并及时退回委托书及所附全部文书。送达司法文书，应当依照受委托方所在地法律规定的程序进行。受委托方对委托方委托送达的司法文书的内容和后果不负法律责任。委托送达司法文书费用互免。但委托方在委托书中以特定送达方式送达所产生的费用，由委托方负担。本安排中的司法文书在内地包括：起诉状副本、上诉状副本、授权委托书、传票、判决书、调解书、裁定书、决定书、通知书、证明书、送达回证；在香港特别行政区包括：起诉状副本、上诉状副本、传票、状词、誓章、判案书、判决书、裁决书、通知书、法庭命令、送达证明。上述委托送达的司法文书以互换司法文书样本为准。本安排在执行过程中遇有问题和修改，应当通过最高人民法院与香港特别行政区高等法院协商解决。

5. 最高人民法院《关于内地与澳门特别行政区法院就民商事案件相互委托送达司法文书和调取证据的安排》

该安排经最高人民法院与澳门特别行政区代表协商达成，于2001年8月7日由最高人民法院审判委员会通过。在内地自2001年9月15日起施行。该安排中有关送达的规定与上述内地与香港达成的安排基本相同。不同的是，本安排第8条对请求的不予执行作了规定：受委托方法院收到委托书后，不得以其本辖区法律规定对委托方法院审理的该民商案件有专属管辖权或不承认对该请求事项提起诉讼的权利为由，不执行受托事项。受委托方法院在执行受托事项时，如果该事项不属于法院职权范围，或者内地人民法院认为在内地执行该受托事项将违反其基本法律原则或者社会公共利益，或者澳门特别行政区法院认为在澳门特别行政区执行该受托事项将违反其基本法律原则或公共秩序的，可以不予执行，但应当及时向委托方法院说明不予执行的理由。

值得注意的是，目前，大陆与台湾地区法院在民商事案件相互委托送达司法文书方面尚无规则可循。双方应该在充分协商的基础上，达成与上述类似的"安排"来解决此问题。

二、印度

传票由法庭所指定的官员或法官签发。传票必须分别送达给每一个被告人，并由被告人签署传票回函。传票送达被告人的代理人也认为是合法有效的。

如果被告拒绝接受传票或找不到被告人，则法庭的送达人员把传票粘贴在被告人经常居住地或营业地的房子门外的显眼地方，也视为传票的有效送达。送达员将向法庭作出关于传票送达情况的报告。

当法庭有充分理由相信被告人要么故意逃避传票送达，要么传票不能通过正常方式送达时，法庭将采用替代的送达方式予以送达。可以通过张贴在法庭布告栏或张贴在被告人最近住所地或营业地的房子显眼之处以及其他法庭认为合适的方式予以送达。一般地，正常程序是以在当地日报上刊登广告的方式送达。对于居住在印度国外的被告人的传票送达将通过邮件方式寄往该被告人的居所，除非该被告人在印度国内设有授权的代理人接受传票。如有授权代理人，则送达给代理人也为有效送达。

三、菲律宾①

通常，传票必须送达到被告或被上诉人本人手中，也就是说，向其本人送达传票的复印件，或者如果他拒绝接受的话，必须向其出示传票。如果试图向其本人送达的努力没有成功的话，传票也可以替代送达，主要方式如下："第一，将传票副本留给被告的住宅或居所中的适龄的人，或使用自由裁量权留给其中居住的其他人；第二，将传票副本留在被告的办公室，或者其通常进行商务活动的场所，或者留给其中的负责人。"

向国内的私人公司送达传票一般都是送达给董事长、经理、秘书、出纳、代理人或者其管理人。在 Far Corporation 诉佛朗西斯科一案中，最高法院裁定，在对国内的公司进行传票送达时，亲自送达给董事会是合法的传票送达方式。在巅峰贸易和发展公司诉 Avendano 案中，最高法院甚至允许将传票送达给董事长的秘书，因为法院认为他是董事长的代理人。该法院随后进行了解

---

① 参见［美］迈克尔·普雷尼斯主编：《亚洲的争议解决》，1997 年英文版，第 178~180 页。

释：一般来说将传票送达给公司董事长的秘书是不恰当的，但是在本案中的确是恰当的，因为董事长和外界的联系一般都是通过其秘书进行的，并且进一步考虑到将传票送达给他也确实达到了通知整个公司的效果。

对在菲律宾做生意的外国私人公司送达传票时，可以直接送达给：（1）外国公司的常驻代理机构；或者，如果没有的话，（2）根据法律指定的政府官员或机构（如证券交易委员会）；或者（3）在菲律宾的任何外国公司的官员或代理机构。

如果将传票送达到证券交易委员会，那么后者必须通过信函将传票的复印件转交给该公司的住所或主要办公地。

值得提出的是，作为一般规则，没有在菲律宾做生意的外国公司不在菲律宾法院的地域管辖范围之内，因此不能在菲律宾被提起诉讼。然而，这个规则有一个例外，一个外国公司尽管没有在菲律宾做生意，但可以在菲律宾法院提起针对在菲律宾的一个人或几个人的诉讼。这种例外的原理是基于最高法院在 Facilities Management Corporation v. De la Osa 案中提出的原则，即"实际上，如果一家外国公司没有在菲律宾开展业务活动，这也并不表示就禁止它们从菲律宾法院得到救济，相应的，同一公司不能免除在菲律宾法院被起诉的义务，如果它提起了针对菲律宾的一个人或几个人的诉讼的话"。同样，如果外国公司自己在菲律宾法院提起了诉讼，该诉讼中的被告可以针对该外国公司提出反诉。

如果案件中的被告不在菲律宾定居，并且在菲律宾境内无法找到他，经法院允许，在下列案件中可以进行跨国境的传票送达：（1）影响原告的个人身份的诉讼；（2）诉讼与菲律宾境内的财产相关或诉讼标的是其境内的财产，在该诉讼中被告享有或主张抵押权或利益——不论是确定的还是待决的，或者诉讼中所要求的救济（不论是全部还是部分）在于使被告不能获得其中的任何利益；或（3）被告的财产在菲律宾境内被扣押的诉讼。

跨国境送达可以通过如下方式进行：（1）向菲律宾之外的被告进行直接送达；（2）在该地普遍发行的报纸上公告送达，另外，传票的副本和法院的裁定可以挂号信的方式送到所知的被告最后住所；或者（3）法院认为适当的其他任何方式。

应该强调的是，公告送达传票的方式不是很恰当的方式，尤其是在关于人的身份的案件中，在这样的案件中一般都要求法院把传票送达到本人。然而，为了改变这种状况，原告可以扣押被告的财产，这样诉讼就可变成对物诉讼或准对物诉讼。在这样的案件中，通过公告送达的方式就是合法的了。最高法院在国民担保和保险有限公司诉 Melencio-Herrera 一案中也是这么认为的：

"我们同意法官的观点，在对人诉讼中，如果被告不出庭，而且法院也没有对被告本人送达传票的话，法院不能合法地取得管辖权。在这样的情况下债权人作为原告，最恰当的求助方式就是扣押债务人的财产，不管是动产还是不动产，虽然现在可能不知道被告住址，但是这样就可以使其满足第 57 号法令第 1 条第 6 款的规定。在这样的案件中，这种控制使诉讼转化为对物诉讼或者准对物诉讼，这样通过公告的方式送达传票就可以被视为合法和有效。"

根据第 57 号法令第 1 条第 5 款，这种在诉讼中扣押财产的方式在一些诉讼中是允许的，但是被告必须是"居住在菲律宾之外的当事人，或者可以通过公告方式送达传票。"在 Claude Neon Lights 和美国联邦有限公司诉菲律宾广告公司一案中，最高法院详细解释了第 57 号法令第 1 条第 5 款（也就是《民事诉讼法典》第 424 条第 2 款），认为其不适用于经过合法许可在菲律宾做生意的外国公司，因为其中所表述的"居住在菲律宾之外的当事人"仅指自然人。

四、美国

美国的送达制度已在第二编阐述其管辖权时作了阐述。

五、加拿大

（一）邮寄送达和直接送达

当"直接送达（personal service）"意味着对个人准确地直接送达时，在省级法院的管辖范围内送达原始文书的规则已经过时了。因此，例如通过保证邮件（certified mail）送达与直接送达被同等对待，或在当事人的居所送达文书并在随后通过邮件呈递文书的副本将满足送达的要求。已发展的送达规则是：随被送达的当事方的法定身份的不同采用不同的送达方法。

在下列情形下，文书已被送达：（1）自然人，通过把副本交给个人；（2）市属社团，通过把副本交给市长或法务官这样的官员；（3）法人，通过把副本交给其高级职员、总裁、代理人或任何掌管公司事务的人；（4）非法人社团，通过把副本交给其高级职员或任何掌管该社团事务的人；（5）董事会或委员会，通过送达给秘书、高级职员或董事会、委员会成员时；（6）在管辖区内从事商业的公司，通过送达给当事人的有接受权力的代表；（7）无行为能力人，通过直接送达给管理受影响的当事人的事务的委员会；（8）未成年人，通过有效送达给监管当事人的父母或监护人；（9）合伙人，通过送达给任何合作伙伴或管理某营业所的人；（10）独资企业，通过送达给企业所有人或形式上管理营业所的人。

对新不伦瑞克省（或其他省）政府和加拿大政府、精神病患者和继承遗产人的送达受相关立法①支配。

除了上述类型的送达之外，还有送达给当事人的律师的可能性。不知道公司总部或公司在其他区域经营的情形下，向适当的政府管理机构提供的公司最后地址送达是可能的。除最初文书（originating documents）以外的材料可被直接或邮寄送达。但是，在收到最初文书之后，当事方将经常由律师代表，故答辩状或正式书面陈述在送达给当事人的律师时产生效力。

（二）公告送达

在某些情形下，最初文书的直接送达将不可能，或者当事人逃避送达或找不到当事人，在这种情形下，申请法院发布命令，要求在不同的管辖区内的主要报刊上用公告形式代替送达是适当的。为了说服法院授予这样的命令，有必要向法院解释送达为何不能实施和代替送达使答辩人知情以及对时效、纷争和费用问题提出抗辩的可能性。送达于公告发布之日起生效。

（三）管辖区之外的送达

在一些省，单方面申请向管辖范围以外送达最初文书要取得法院的同意，这要通过正式书面陈述表明当事人将可能被找到和有支持申请的根据。典型的根据是当诉讼标的物位于管辖区范围之内或者侵权行为发生在管辖范围之内。该诉讼程序规则也规定了一些措施以确保一方当事人不受无正当根据的管辖地管辖。因此，受如此送达的当事人被允许向法院提出申请，以该送达不为地方规则准许，或在争讼中该法院无管辖权，或该地方法院不是方便法院为根据，请求宣告送达无效、延迟执行或当场驳回诉讼。由于地方性规则的多样性，最好用图表形式来说明此问题。

加拿大的城外送达

送达	是否许可	申请宣告送达无效
纽芬兰省	规则 6.07　许可列举的项目。	规则 10.05　在提出答辩或出庭之前。理由：没有及时送达申请不视为服从管辖。
新斯科舍省	规则 10　就加拿大或美国而言不许可；其他地方许可。	规则 11　在提出答辩或出庭之前。没有明确的理由。申请不视为服从管辖。

---

① 例如《针对政府的诉讼法令》、《政府责任法》、《精神健康法》和《推定死亡法》。

续表

送达	是否许可	申请宣告送达无效
爱德华王子岛省	规则10 就加拿大或美国而言不许可；其他地方许可。	规则11 在提出答辩或出庭之前。没有规定理由。 申请不视为服从管辖。
新不伦瑞克省 魁北克省	规则19 不许可。 当一方或多方当事人居住在加拿大的新不伦瑞克和有必要确保司法的威慑力时，许可列举的项目（18）。 根据《民事诉讼法典》（CPC）第137条，在加拿大许可。	规则19 在提出答辩这一期限内。 理由：规则没有授权。 不存在方便法院的管辖权。 申请不视为服从管辖。
安大略省	规则17 列举的项目不许可。其他许可。	规则17 在提交答辩状之前。 理由：规则没有授权。授予许可的命令应被宣告无效。 方便法院。
马尼托巴省	规则28~30 列举的项目不许可。涉及合同、判决或抚养费和被告在马尼托巴有资产时许可。	
萨斯喀彻温省	规则31 列举的项目不许可。其他方面许可。	规则33 在提交答辩状之前。 理由：不应该进行送达。法院应拒绝管辖。未能提出支持陈述的理由。
艾伯特省	规则30 许可列举的项目。	规则27 在提交答辩状之前。 理由：不合法的诉讼程序。申请不视为服从管辖。
不列颠哥伦比亚省	规则13（1）（3）列举的项目不许可。其他方面许可。	规则13（10）没有出庭。不应该进行送达。
		规则14（6）没有出庭。 理由：诉讼程序无效或时效已过或送达无效。无论是否到庭。 理由：法院无管辖权或法院应拒绝管辖。 申请不视为服从管辖。

六、墨西哥

《联邦地区民事诉讼法典》第 111 条规定了在法院程序中向当事人送达传票的方法。下述送达方式没有必然的优先顺序，每一种方式都有必须满足的不同要件。

（一）邮寄

邮寄送达只适用于法院的专家和除诉讼当事人以外的证人。使用挂号的邮件是必要的，因此而产生的费用应该由建议相关证据的当事方承担。

（二）直接送达

《联邦地区民事诉讼法典》第 114 条规定，在下列案件中直接送达是必需的：（1）对被告送达传票和有关诉讼的第一次通知事项，甚至包括在诉讼的准备阶段的送达；（2）需要双方当事人中任何一方作证或认可文书的裁决的送达；（3）如果诉讼程序因为任何原因中止超过了 6 个月；（4）紧急案件中的事项；（5）要求一方当事人施行特定行为的裁决的送达；（6）要求承租人取消房屋租赁协议的裁决；（7）法律明确地表明需要直接送达的其他任何案件。

对于以上每一项，《联邦地区民事诉讼法典》为直接送达规定了需要遵循的特殊规则和要求。

（三）领事和外交途径送达

《联邦地区民事诉讼法典》第 604 条规定了领事和外交途径送达。该条的"国际性程序的合作"部分规定，对任何调查委托书形式的送达必须遵照如下规则：（1）被请求执行送达的法院必须遵从《联邦地区民事诉讼法典》和外国法院的请求，除非该请求有违墨西哥的公共政策；及（2）提出请求的外国法院交付请求时必须一式两份，留一份复印件存档作为已发出的传票的证据。

根据上述规定，很明显，所有与外国文书送达相关的通知必须通过已授权的法院执行，外交或领事渠道只是送达那些文书的方式。送达程序就像证据的调查和搜集一样，同样可以被执行。

此外，墨西哥加入的《海牙送达公约》也规定了领事和外交途径的送达方式。

（四）公告送达（publication）

唯一允许的经公告送达的通知要通过《司法公告》（Judicial Bulletin）发布。这个公告由最高法院发布，包含据以签发裁决的所有诉讼程序的资料，其目的是告知有利害关系的当事人去相关法院领取裁决的复印件。根据《联邦地区民事诉讼法典》第 123 条的规定，当事人必须在公告之日 3 日内到法院，否则，依据《联邦地区民事诉讼法典》第 125 条的规定，当事人将被视为从已提及的三天期间的最后一天起算的 12 个小时内已被正式告知。

实际上，司法公告被诉讼当事人视为一种判断其参与的相关诉讼是否已经作出裁决的一种方式。一旦当事人得知相关的判决已经作出，他们必须到法院要求查看卷宗以得到一份判决书的复印件。

根据《联邦地区民事诉讼法典》第 125 条的规定，上述通知将被视为是有效的，除非该通知的内容有关个人隐私，这类案件的卷宗内容不允许查看，除非相关方当事人交付正式的书面保证书。

只有在那些由于存在错误或遗漏，某一诉讼不具有可辨别性的情形，一方当事人才能够对司法公告中以公告的方式制作的通知提出异议①。每一个法院将在司法布告栏中制作一个布告的样本，以便当通知被异议时起一种澄清作用。

实际上，公告中的一个小错误将成为该通知被视为无效的一个理由，因而需要再制作一个公告。最后，根据《联邦地区民事诉讼法典》第 127 条的规定，法院的法官应该确保司法布告栏中每一个判决的公告资料都是准确无误的。

（五）布告（edicts）

《联邦地区民事诉讼法典》同时也关注布告形式的通知方式。布告被定义为通过行政或司法命令的方式作出的公众通告，目的是为了告知被通知当事方了解他们希望知道的或需要遵照执行的有关决议。根据《联邦地区民事诉讼法典》第 122 条的规定，下列案件必须以发布布告的方式通知：（1）尚不知道诉讼的当事人；（2）诉讼当事人住址不确知，尽管已经利用了警察的力量；以及（3）当一不动产纠纷已被判决，需要通知可能受到损害的当事人。

在前两类案件中，布告需在司法布告栏和法院选择的本地报纸上每三天发布一次，共发布三次。这个布告将表明相关的诉讼当事人必须在布告发布后 15 ~ 70 天内到法院去。在第三类案件中，布告将在《联邦官方公报》、《司法公告》、《州官方公报》和一种主要报刊上发布一次。

（六）海牙公约

墨西哥已加入了《海牙送达公约》，公约规定了域外送达的详细规则。

---

① 《联邦地区民事诉讼法典》第 126 条。

第十三章　临时或预防措施

第一节　概　　述

诉讼中的临时或预防措施包括对有关当事人的财产采取的措施（一般称为财产保全）和对有关当事人采取的要求其作为或不作为的措施（可称为行为保全）。

一、国际民事诉讼中的财产保全

（一）概述

财产保全是指法院在判决作出之前为保证将来判决的执行而应当事人的要求或者依职权对有关当事人的财产所采取的一种强制措施[1]。诉讼保全最早规定在 1806 年《法国民事诉讼法典》和 1877 年《德国民事诉讼法》中，现在各国都把诉讼保全作为民事诉讼法的一部分而加以专门规定。在国际民事诉讼中，特别是那些涉及贸易、运输和海事纠纷的案件，不但案情复杂、争议金额大，而且诉讼周期往往较长。因此，为了确保法院日后作出的判决能够得到执行，当今各国的民事诉讼法律都规定了诉讼保全制度并同等地适用于国际民事诉讼中的内外国当事人。

财产保全在有些国家比如德国，称之为假扣押、假处分[2]。所谓假扣押，一般是指对金钱请求或者可以变为金钱请求的案件所采取的保全措施。假处分则是指对金钱以外的权利标的物包括物权、债权和其他财产权所采取的保全

---

① 中国 1982 年《民事诉讼法》（试行）第 92 条至第 96 条、第 199 条称诉讼保全；但中国 1991 年《民事诉讼法》第 92 条至第 99 条、第 251 条至第 254 条已改称"财产保全"。

② 参见 1877 年《德国民事诉讼法》（1999 年最后修改）第 916 条第 1 款、第 938 条。

措施。

财产保全具有以下特点：第一，财产保全是一种强制措施，它是应当事人申请或依职权由法院采取的。第二，财产保全是一项紧急措施。例如依中国1991年《民事诉讼法》第92条、第93条的规定，人民法院接受申请后，对情况紧急的，必须在48小时内作出裁定，裁定采取财产保全措施的，应当立即开始执行。第三，财产保全是一项临时措施，并不是法院对案件的最终判决，对被申请人采取财产保全措施，并不意味着申请人一定胜诉而被申请人一定败诉。申请人败诉的，应当赔偿被申请人因财产保全所遭受的损失。

（二）财产保全的申请和条件

一般说来，财产保全既可以基于一方当事人的申请由法院裁定实施，也可以由法院依职权主动采取。例如1976年实施的新《法国民事诉讼法典》（1998年版本）第515条规定："除法定的假执行外，在法官认为必要或在案件性质许可的情况下，可以根据当事人的请求，或法官自动地命令凡非法律禁止的假执行。"根据中国1991年《民事诉讼法》第92条和第93条的规定，当事人和利害关系人可以向人民法院申请财产保全，即使当事人没有提出申请的，人民法院在必要时也可以裁定采取财产保全措施。但是在国际民事诉讼中，根据1991年《民事诉讼法》第251条的规定，财产保全只能基于当事人申请或者在起诉前基于利害关系人的申请而由人民法院裁定实施。在国际民事诉讼中，中国人民法院并不依职权主动采取财产保全措施。依中国1991年《民事诉讼法》第252条的规定，人民法院裁定准许诉前财产保全后，申请人应在获得准许后的30日内提起诉讼，逾期不起诉的，人民法院应当解除财产保全。

财产保全的申请，一般应由申请人用书面形式向受诉法院提出。申请人应在申请书上简明陈述案件的有关情况，并详细说明日后难以或无法强制执行判决的理由。受诉法院收到申请书后，对情况紧急的，应立即进行审查并作出裁定；经审查如认为不符合诉讼保全条件的，则裁定驳回其申请；如认为符合条件的，则应作出采取财产保全的裁定并立即实施。当事人对财产保全的裁定不服的可申请法院复议一次。

对于财产保全的条件，上述《德国民事诉讼法》对假扣押和假处分分别规定了条件。该法第917条（物的假扣押的理由）规定：（1）如不实行假扣押，判决即无法执行或甚难执行时，始得实施对物的假扣押；（2）判决必须在外国执行时，即为有充足的假扣押理由。该法第935条关于争执标的物的假处分规定，如现状变更，当事人的权利即不能实现，或难以实现时，准许对于争执标的物实施假处分。根据中国 1991 年《民事诉讼法》第 92 条和第 93 条的规定，人民法院对于可能因当事人一方的行为或者其他原因，使判决不能执行或者难以执行的案件，可以根据对方当事人的申请，作出财产保全的裁定；利害关系人因情况紧急，不立即申请财产保全将会使其合法权益受到难以弥补的损害的，也可以在起诉前向人民法院申请采取财产保全措施。

（三）财产保全的范围和方法

上述《德国民事诉讼法》把诉讼保全分为假扣押和假处分。依该法第 938 条第 2 款规定，实施假处分，可以交付保管人保管，或命令对方当事人为一定行为或禁止对方当事人为一定行为，特别是禁止对土地、已登记的船舶或建造中船舶进行让与、设置负担或抵押。依该法第 918 条的规定，在特殊情况下还可以实施人的保全假扣押，即限制债务人的人身自由，以促使其履行义务。根据中国 1991 年《民事诉讼法》的有关规定，国际民事诉讼中的财产保全，可以采取提供担保、查封、扣押、冻结或者法律规定的其他方法；在被申请人提供担保后人民法院应当解除财产保全；至于财产保全的范围则限于请求的范围，或者与该案有关的财物①。另依中国 1991 年《民事诉讼法》第 93 条的规定，申请财产保全的申请人也应提供担保，拒绝提供担保的，人民法院则驳回其申请。申请有错误的（包括申请人撤诉或败诉），申请人应当赔偿被申请人因财产保全所遭受的损失（第 254 条）。

二、国际民事诉讼中的行为保全

行为保全是指法院在判决作出之前为保护申请人的合法权益或保证将来判决的执行而应申请人的请求或者依职权要求被请求人作为或不作为的措施。例如我国 1999 年《海事诉讼特别程序法》根据中国司法和航运的实践，科学地借鉴了一些国家海事立法的合理内容，制定了类似于行为保全性质的海事强制令制度。其目的是为了避免或减少损失，保护当事人的合法权益。

海事强制令是指海事法院根据请求人的申请，为使其合法权益免受侵害，责令被请求人作为或者不作为的强制措施。海事审判实践中，常常出现一些不能归属于财产保全的保全申请，如货主要求承运人接收货物后签发提单或者及时交付货物；承运人要求托运人及时清关或者要求收货人及时提货；船舶所有人要求租船人交回船舶等。这类请求无法通过现行的财产保全或先予执行程序得到解决，因为 1991 年《民事诉讼法》仅规定了财产保全程序。

---

①　中国 1991 年《民事诉讼法》第 92、94、95 条。

第二节　若干亚洲国家的临时或预防措施制度

一、中国

（一）财产保全

1. 《民事诉讼法》的规定

根据中国 1991 年《民事诉讼法》第 92 条和第 93 条的规定，人民法院对于可能因当事人一方的行为或者其他原因，使判决不能执行或者难以执行的案件，可以根据对方当事人的申请，作出财产保全的裁定；利害关系人因情况紧急，不立即申请财产保全将会使其合法权益受到难以弥补的损害的，也可以在起诉前向人民法院申请采取财产保全措施。但是在国际民事诉讼中，根据《民事诉讼法》第 251 条的规定，财产保全只能基于当事人申请或者在起诉前基于利害关系人的申请而由人民法院裁定实施。在国际民事诉讼中，中国人民法院并不依职权主动采取财产保全措施。

依《民事诉讼法》第 93 条的规定，申请财产保全的申请人应提供担保，拒绝提供担保的，人民法院则驳回其申请。申请有错误的（包括申请人撤诉或败诉），申请人应当赔偿被申请人因财产保全所遭受的损失（第 254 条）。依《民事诉讼法》第 92 条、第 93 条的规定，人民法院接受申请后，对情况紧急的，必须在 48 小时内作出裁定，裁定采取财产保全措施的，应当立即开始执行。依《民事诉讼法》第 252 条的规定，人民法院裁定准许诉前财产保全后，申请人应在获得准许后的 30 日内提起诉讼，逾期不起诉的，人民法院应当解除财产保全。

根据《民事诉讼法》的有关规定，国际民事诉讼中的财产保全，可以采取提供担保、查封、扣押、冻结或者法律规定的其他方法；在被申请人提供担保后人民法院应当解除财产保全；至于财产保全的范围则限于请求的范围，或者与该案有关的财物①。

2. 《海事诉讼特别程序法》的规定

在国际民事诉讼中，当事人申请财产保全，通常应在诉讼开始后在判决作出前向法院提出，只有利害关系人才可以在诉前申请诉讼保全。而在国际海事诉讼中，则常常允许海事请求权人申请诉前扣押财产，以保证海事请求权得以

---

① 中国 1991 年《民事诉讼法》第 92、94、95 条。

行使。在国际海事诉讼中，诉讼前扣押财产还是有关法院取得案件管辖权的手段之一。

中国最高人民法院 1994 年 7 月 6 日发布的《关于海事法院诉讼前扣押船舶的规定》对诉前扣押船舶作了规定（已被《海事诉讼特别程序法》废止），1999 年《海事诉讼特别程序法》（以下简称《海诉法》）在它的基础上作了进一步规定。《海诉法》第三章对海事请求保全的规定主要有：

海事请求保全是指海事法院根据海事请求人的申请，为保障其海事请求的实现，对被请求人的财产所采取的强制措施。

当事人在起诉前申请海事请求保全，应当向被保全的财产所在地的海事法院提出。海事请求保全不受当事人之间关于该海事请求的诉讼管辖协议或者仲裁协议的约束。海事请求人申请海事请求保全，应当向海事法院提交书面申请。申请书应当载明海事请求事项、申请理由、保全的标的物以及要求提供担保的数额，并附有关证据。海事法院受理海事请求保全申请，可以责令海事请求人提供担保。海事请求人不提供的，驳回其申请。海事法院接受申请后，应当在 48 小时内作出裁定。裁定采取海事请求保全措施的，应当立即执行；对不符合海事请求保全条件的，裁定驳回其申请。

当事人对裁定不服的，可以在收到裁定书之日起 5 日内申请复议一次。海事法院应当在收到复议申请之日起 5 日内作出复议决定。复议期间不停止裁定的执行。利害关系人对海事请求保全提出异议，海事法院经审查，认为理由成立的，应当解除对其财产的保全。海事请求人在本法规定的期间内，未提起诉讼或者未按照仲裁协议申请仲裁的，海事法院应当及时解除保全或者返还担保。海事请求保全执行后，有关海事纠纷未进入诉讼或者仲裁程序的，当事人就该海事请求，可以向采取海事请求保全的海事法院或者其他有管辖权的海事法院提起诉讼，但当事人之间订有诉讼管辖协议或者仲裁协议的除外。海事请求人申请海事请求保全错误的，应当赔偿被请求人或者利害关系人因此所遭受的损失。

在海事请求保全中，主要涉及船舶的扣押和拍卖以及船载货物的扣押与拍卖。《海诉法》第 21~43 条对此作了详细的规定。

（二）海事强制令

海事强制令是指海事法院根据请求人的申请，为使其合法权益免受侵害，责令被请求人作为或者不作为的强制措施。海事审判实践中，常常出现一些不能归属于财产保全的保全申请，如货主要求承运人接收货物后签发提单或者及时交付货物；承运人要求托运人及时清关或者要求收货人及时提货；船舶所有人要求租船人交回船舶等。这类请求无法通过现行的财产保全或先予执行程序得到解决，因为1991年《民事诉讼法》仅规定了财产保全程序。

《海诉法》根据中国司法和航运的实践，科学地借鉴了一些国家海事立法的合理内容，制定了类似于行为保全性质的海事强制令制度。其目的是为了避免或减少损失，保护当事人合法权益。《海诉法》规定作出海事强制令应具备下列条件：请求人有具体的海事请求；需要纠正被请求人违反法律规定或者约定的行为；情况紧急，不立即作出海事强制令将造成损害或者损害扩大。海事法院接受申请后，应当在48小时内作出裁定。裁定作出海事强制令的，应当立即执行；对不符合海事强制条件的，裁定驳回其申请。

二、印度

（一）拘捕与扣押

法院可签发拘捕令逮捕被告，审问被告对他的出庭未能提供担保的原因，只要法庭根据申请人的陈述或其他原因确信：（1）被告故意拖延诉讼程序，或逃避任何法庭程序，阻碍或拖延任何针对他本人的命令的执行：①已潜逃或离开法院管辖的地域范围；②将要潜逃或离开法院管辖的地域范围；③已经处理或转移了在法院管辖范围的财产。（2）被告将离开印度，在此情况下将使得针对被告的判决的执行受阻或不得不推迟执行。

然而，如果被告人向执行拘捕的官员支付一笔特定数额的担保并且足以满足原告的诉讼请求（这笔款项将存放在法庭，直到法庭作出下一步决定），被告人就不会被拘捕。

如果法庭依正式的书面陈述或因其他原因认为被告通过下述行为故意阻挠或拖延判决对他的执行：（1）将要处置其全部或部分财产；（2）将转移法庭地域管辖之内的财产，法庭会要求被告要么提供足够的担保，以便能执行可能针对他的判决，要么出庭解释他未能提供担保的理由。

如果被告未能这样做，则法庭将命令扣押其财产或者扣押足以满足针对被告的判决的执行的部分财产。拘捕令与财产扣押令可在诉讼的任何阶段作出。

（二）中间命令与强制令

法庭会签发临时性的禁令以限制可能导致对原告或诉讼中有争议的财产的损坏或损失的行为，如果有书面陈述或其他理由证明：（1）诉讼中任何有争议的财产处于被浪费、破坏或转移的危险境地，或因令状的执行而被错误地出售；（2）被告威胁，或有意识欺骗债权人以达到转移或处分其财产的目的；

或（3）被告威胁剥夺原告权益或在诉讼中争议的财产方面使原告遭受损失。

法庭也许会签发禁令，禁止不法行为或违约行为的重复或继续，或禁止所控诉的损害行为。禁令也许还会包括法庭认为合适的条款。若有人不服从法院的强制令，法庭可命令对过错方的财产进行扣押或把有过错之人暂时羁押于民事监狱。

作为一般原则，法庭不会在没有预先通知另一方当事人的情况下发布临时强制令。然而，如果法庭认为延迟将会影响扣押所能达到的目的，法庭可以在没有通知的情况下发布强制令，只要法庭能够记录下单方面授予禁令的理由，在禁令授予之后要求申请人把他的宣誓书的复印件、所援用的文书和诉状的复印件转交另一方。在禁令签发之前，申请人会被要求提供宣誓书，声明已满足上述所要求的条件。禁令在单方面授予之后，法庭将尽力在禁令授予之后 30 日内最终处理好申请。

（三）涉诉财产管理人的任命

法庭会任命一名涉诉财产管理人在判决之前或之后对财产进行管理，或禁止任何人对财产的占有与监管。涉诉财产管理人将对财产进行管理和控制。

三、泰国

根据《民事诉讼法》的规定，对于非小额案件①，原告有权在起诉或审判前的任何时候书面请求法院发出临时禁令，禁止被告转移与争议有关的任何财产，直到案件终结或法院采取其他措施②。

四、菲律宾

一般地，主要是通过扣押或由法院颁布禁令的方式限制被告转移其财产。扣押是一项临时性的措施，对于可获得扣押行为的当事人来说，扣押可以在诉讼刚开始时，也可以在其后的任何时间进行，目的是为了保证判决的执行，保证原告得到赔偿。对被告是居住在菲律宾之外的诉讼来说，扣押是特别适合的。此外，禁令也是阻止被告转移其财产的有效手段。

法院签发的暂时的限制令或者禁令只有在签发法院的地域管辖范围之内才

---

① 《民事诉讼法》第 189 条规定，小额案件是指请求的救济不超过 40000 泰铢的案件和追回在提起诉讼时不动产月租金不超过 4000 泰铢的案件。

② 参见［美］迈克尔·普雷尼斯主编：《亚洲的争议解决》，1997 年英文版，第 271 页。

可以得到执行。外国当然是不在菲律宾法院的地域管辖范围之内的①。

<h2>第三节 若干欧洲国家和地区的临时或预防措施制度（上）</h2>

一、英国

在案件中，当原告担心被告挥霍或隐藏其财产以使针对他的判决失去价值或难以执行时，原告可向法庭申请马瑞瓦禁令（Mareva injunction），它将有效冻结被告的财产。这一救济方式首先在 Mareva Comparnia Nariera SA v. International Bulk Carriers SA the Mareva 一案②中得到上诉法院的赞同，该程序在《1981 年最高法院法》第 37（3）条中得到体现："高等法院在当事人（经常或目前）居住在和不居住在管辖范围内的案件中，可行使授予临时强制令的权力，限制诉讼当事方从高等法院管辖范围内撤出或用其他方法处置位于管辖范围内的资产。"

在通常情况下，在颁布马瑞瓦禁令以前，原告必须使法庭相信法庭对诉讼的优先求偿权具有管辖权且理由充分，被告在管辖范围内有资产，且资产确实有被处理和撤出的危险，并且他能履行作出的赔偿承诺。然而，应注意的是，法庭将把这些要求与禁令可能给被告或第三方当事人所造成的困难或损害进行权衡。

对马瑞瓦禁令的初步申请是单方面提出的，申请者必须向法庭出示诉状格式（或诉状格式草案）、誓章（affidavit）、禁令草案，原告有义务作出详细和坦白的陈述，所以誓章必须给出申请的合适细节，阐述被告有可能提出的任何论据。原告必须立即把命令、令状、誓章的措辞通知被告，告知受到法庭影响的第三方当事人有权向法院申请对命令作出修改。

马瑞瓦禁令允许被告提取合理的生活、生产及法律费用，并且还应考虑到任何的特殊情况。被告可能被要求对他的资产进行披露或进行调查以确保禁令是有效的。

在极少数案件中，法庭可能认为适宜对位于管辖范围外的资产颁发马瑞瓦

---

① 参见［美］迈克尔·普雷尼斯主编：《亚洲的争议解决》，1997 年英文版，第 186 页。

② ［1980］1 All ER 213.

禁令。在位于国外的资产很有可能被处置以及位于英国的资产不足以履行一项判决的情况下，颁发世界性的马瑞瓦禁令或许有道理。然而，法庭将要确信被告没有受到压制并受到申请人作出的赔偿可能造成的损失的承诺的保护，不因命令披露而受到滥用信息的影响，以及第三方也可得到保护。在下列案件中，法庭已颁发世界性的马瑞瓦禁令：Babanaft International SA v. Bassatne①，Derby v. Weldon（第6号）②，等等。

二、德国

在普通程序中，可能要花费数年才可获得最终判决。待审案件中债务人可能处分其财产或通过其他手段而使最终判决难以执行。因此，要让债权人获得由即决审判提供的临时救济和/或在诉讼结束与判决成为终局前获得执行判决的机会。

（一）临时性扣押

扣押程序（arrest procedure）——如中间禁令③，是在普通程序开始前或者待审普通诉讼未来判决的执行受到威胁时，由即决判决提供的临时救济。扣押（arrest）（临时性扣押）是在特别程序中，法院为一个金钱支付的诉求或可能会变为一个金钱给付的诉求在未来的执行提供担保的命令。

1. 扣押程序

扣押令只会在若没有此种命令则在普通诉讼中作出的判决的执行将会处于危险不定之中或很可能变得特别复杂和困难时才会被授予。申请扣押令状时，申请人必须确立他的诉权存在以及他推定执行将面临危险的初步证据。申请可以送达给财产所在地的地方法院或有权受理该普通诉讼的地方法院。

对于该申请，法院可在未经口头审理前用裁定授予扣押令（由其自由裁量），或根据口头审理用判决授予扣押令。扣押令是一个有效的可执行文书。在其决议中法院必须宣布债务人处理一笔指定数额的金钱的行为是阻碍执行的行为。

2. 执行

扣押令必须在其送达债务人起一个月内通过债权人占有动产或取得土地抵押登记而执行。根据扣押令，对抵押品的进一步变卖是不可能的。

---

① ［1990］Ch 13.

② ［1990］Ch 65.［1990］All ER 263.

③ 参见下述的中间禁令。

（二）中间禁令

与担保金钱给付的请求不同，中间禁令是一个从法院获取的临时性命令。法院可以为防止出现也许会使某项权利的实现变得不可能或实质上特别困难的威胁性变化而签发这种禁令，或者为防止实质性损害或由于其他原因而使得对争议作出临时裁决变得必需时，签发此种禁令。

除了这些微小的区别外，中间禁令的程序近似于扣押程序。

（三）临时的可执行性

执行以具有可执行性的权利文书为前提。除了被规定在《德国民事诉讼法》第794条中的诸如庭内和解、可强制执行的收回拖欠债务的令状或可强制执行的文据等文书证实执行外，最为重要的具有强制执行力的文书是最终判决和宣布有暂时可执行性的判决。根据《德国民事诉讼法》第794条，一个非最终的和可上诉的判决如被法院宣布为暂时性的可强制执行，则其可被执行。

原则上，任何判决都会被法院依职权宣布为暂时性可强制执行，除非该判决是终局性的并因此无需宣布就可强制执行。

判决的撤销终止它的暂时的可强制执行性。如果暂时可强制执行的判决变为终局性的，所有因暂时性强制执行导致的限制将停止，而判决成为终局性的可强制执行判决。

在宣布暂时性的可强制执行时，法院必须决定是否必须提供担保。

1. 根据担保的暂时性执行

原则上，法院应只根据担保才宣布判决为暂时可强制执行的。法院必须根据自己的判断决定担保的种类和数量。至于担保的数量，法院必须估计如果判决被上诉撤销，那么由于债权人的暂时执行会给债务人带来的可能损失。要求提供担保的命令使得只有债权人业已提供了担保后才能开始该判决的执行①

2. 无担保的暂时性执行

只有提供担保才可取得判决暂时可强制执行性的规则的惟一例外被明确规定在《德国民事诉讼法》第708条中。按照此条的规定，根据放弃诉求或承认作出的判决、缺席判决和高等地区法院就债权诉求作出的判决将被宣布为暂时性可强制执行的，而无需提供担保。

除了法院依职权宣布一判决是暂时性可强制执行的以外，《德国民事诉讼法》第710条规定，当要求提供担保会导致对债权人（债权人的保护）的根

---

① 《德国民事诉讼法》第751条第2款。

本性损害时，则债权人可向法院申请，要求法院宣布一个仅凭担保才能暂时强制执行的判决例外地成为一个无须担保即可暂时强制执行的判决。

一个根据担保的暂时可强制执行的金钱支付判决可能会在没有提供担保时被执行，如果该执行局限于保证措施的话。例如，扣押动产和土地抵押登记。

3. 债务人的保护

《德国民事诉讼法》为债务人提供了一个通过提供担保来阻止暂时性强制执行裁决的机会。

根据《德国民事诉讼法》第708条第4~11款的规定，如果一个判决是无担保的暂时性可强制执行的，法院必须告诉债务人须提供担保才能阻止执行，除非债权人自己在执行前已提供了担保。

根据《德国民事诉讼法》第712条的规定，债务人甚至可以在债权人业已提供了担保，但如果执行会给债务人带来不可挽回的损害的情况下，申请阻止执行的决定。如果债务人能使法院确信执行会给其带来无可挽回的损失，法院可能进一步宣布执行局限于保证措施或甚至宣布判决为不可强制执行的，如果债务人不适于提供担保的话。

除了这些具体的债务人保护条款之外，如果针对暂时性可执行的判决已提出上诉的话，《德国民事诉讼法》第719条和第707条提供了通过担保或不通过担保来中止执行的机会，仅允许根据担保的进一步执行或根据法院的命令通过担保来搁置执行措施。

三、法国

有两种临时的财产扣押方式。当请求似乎很有根据和有危害债务履行的情况发生时，执行法官可授权采取临时扣押措施。在特定情况下，如债权人持有可强制执行的判决、流通票据、本票、支票或未付租金的债务，他甚至不需向法院提出财产扣押申请。在其他情况下，债权人应通过单方面请求获得执行法官的授权。

执行请求的时效非常严格，如果债权人没有基于可执行的权利作出的命令进行财产扣押，那么他应在获得此权利的一个月之内提起适当的诉讼。一旦法庭签发了命令，扣押应在之后的三个月内执行。留置和抵押也可以经债权人请求由法庭作出裁定，其条件通常与上面提到的扣押条件相似，尽管股票或可转让证券的留置或抵押可以转让，但其在公布方面往往没有严格要求。

第四节　若干欧洲国家和地区的临时或 预防措施制度（下）

一、意大利

（一）性质

预防措施起一种手段上的作用，因为它们的目的在于使对案件的审判及执行有结果。事实上，在一些期限特别长的诉讼里，被告的财政状况很可能发生变化，因此，原告具有最终得不到满意的结果的危险。在满足两个条件，并作一简要审查后，当事人可申请法院发布一项临时措施。其中的两个条件包括：（1）（合法权利的合理出现）构成正常诉讼的目的的权利可能存在；（2）（迟延的危险）可能由于正常诉讼中审理实质问题所需的时间过长而使得原告可能遭受损害。

预防保护措施的主要特征在于其临时性。法院所发布的预防措施并不一定能解决处于危险中的问题。

（二）程序

根据《民事诉讼法典》第 669 条所作的新规定，预防措施分三个阶段进行：（1）授予阶段。法院在证实存在发布预防措施的条件后，根据案件的具体情况，以命令或裁定的形式，授予或者否决预防措施；（2）实施或者执行阶段。这一阶段由发布预防措施的同一法院执行或者由执行法院执行；及（3）对预防措施的异议阶段。该阶段在整个程序中很少见，在非发布预防措施的法院进行。

要求预防措施的请求以申请书形式提出，该申请书提交给对本案有管辖权的法院和书记官（或者在提起诉讼之前提出或者包含在仲裁条款里）。在提交申请书后，法院可以：（1）要求双方当事人出庭，省去所有不必要的形式要件，以最适当的方式开始审查；及（2）必须避免实施预防措施而造成损害，在没有审理反对方的情况下以裁决的形式发布此类措施，不过要作一简要调查。

在上述第二种情况下，法院在同一个裁决中指定关于双方当事人亲自出庭的审理及将申请书送达另一方当事人的最后期限。在这两种情况下，程序均由法院发布驳回或许可申请的命令结束。若情况发生了新的变化，或者有新的事实理由或者法律要求，则可以重新提起已被驳回的申请。如果在正常诉讼开始之前提交的申请得到了法院的认可，则法院的命令必须确定不超过 30 天的最后期限以开始对案件的实质部分进行审理。在下列情况下，预防措施失去效力：（1）法院没有在最后期限内对实质问题进行审理，或者在开始审理后，又停止了；或者（2）没有交存法院所要求的防止可能造成损害的保证金；及（3）已经同意的预防措施中受保护的权利被判决宣布不存在，即使该判决不是最后判决。

即使案件的实质部分由外国法院管辖，或者根据有效的仲裁协议由意大利或外国的仲裁机构仲裁，意大利法院可授权采取预防措施。在这些案件中，如果申请预防措施的当事人没有在法律或者国际条约规定的最后期限内在意大利寻求执行外国法院判决或仲裁裁决，则预防措施失效；在外国法院判决或仲裁裁决宣布预防措施所保护的权利不存在时亦是如此。

（三）监督

对预防措施可实施两类监督：（1）如果情况发生变化，在法院对案件的实质问题悬而未决前，应单方面的请求，法院可以发布命令以修改或者撤销预防措施，即使该预防措施的命令于提起诉讼前发布；（2）允许对所发布的预防措施的合法性或者可取性提出新的评估的异议，它可以于发布预防措施的命令作出后的 10 天内向另一个法院提出，并以合议的形式审理异议。

在传唤当事人后，法院于收到异议申请后的 20 天内发布一项不可上诉的命令，以确认修改或者撤销预防措施。当由于事后发生的原因使得预防措施导致严重损害时，有权对反对意见作出裁决的合议庭中的主审法庭可以决定暂停实施预防措施，或者要求申请人缴纳适当的保证金。

（四）特别预防程序

在上面的程序中加入一些细节，即适用于多种特别预防措施。

1. 争执物的保管

争执物的保管是一种预防形式的保护，以在必要期限内保存财产和防止对特定财产的处分，以解决纠纷或者保护原告的权利。《民事诉讼法典》规定了两种类型的保管：

（1）司法保管。其目的在于确保对所有权或者占有权有争议的动产、不动产或者概括财产的监管，或者扣押那些当事人不一定能展示或者揭示但将作为证据的书籍、登记册或者其他东西，以及保管那些有合理的保管理由的东西。

（2）保存性保管。其目的在于冻结债务人的非特定的财产，以防止其移动或变动，从某种意义上说，这是一种建立在合法请求权的合理出现和有合理的理由担心将失去诉讼请求的担保的危险的基础之上的预先保管。

当对实质问题的判决确定了权利的存在时，保管的预防功能即充分实现了。因此，在对特定财产进行保管的司法性保管中，请求保管的债权人将自主地占有特定的财产，而在保存性保管中，在法院作出可执行的判决时，保管即变成扣押措施。

2. 宣布新工程无效或警告可能的损害

宣布新工程无效的目的在于防止由于其他人对邻居的财产所从事的行为而造成原告对财产的享有危险或限制。但是，如果工程已经完工了或者工程已经开始一年多了，则不能提起该诉讼。

警告可能的损害的目的在于防止邻居的建筑物对树木或者其他东西产生严重的或直接的损害的危险。两种诉讼都可以由另一不动产权利的所有者或持有者提起，或者由受新工程或者可能的损害所影响的财产的占有者提起。如果受预防措施约束的当事人违反了从事损害行为的禁令或者改变了现状，则法院在其他当事方的要求下，可命令恢复原状，因此而产生的费用由侵犯者负责。占有诉讼则可提供一种更快的救济措施以恢复到占有被侵犯之前的状态，该诉讼不管占有者是否对该物享有所有权。

3. 占有诉讼

占有诉讼提供了一种快速恢复占有状态的救济，该诉讼的进行独立于占有权背后的本权。

重新占有之诉即被暴力或者秘密剥夺占有权的人要求重新获得占有权的诉讼。

维持之诉的目的在于保护对不动产或总括不动产在事实上或法律上至少占有一年①的人不受侵犯。

（五）紧急措施

《民事诉讼法典》第 700 条属于概括性条款，其目的在于暂时确保法院随后对实质问题所作的判决结果的实现，这具有临时性及附属性的特征。依第 700 条发布紧急措施的先决条件是：存在一方当事人的权利可能不能实现的有根据的理由；如果通过正常的诉讼程序主张该权利，在此期间将产生威胁权利的即刻的和不能挽回的损害。只有在没有其他救济措施可以适用的情况下，才能诉诸第 700 条。

属于第 700 条中的紧急措施的例子有：在国内纠纷中，在夫妻分居的诉讼

---

① 《民法典》第 1170 条和《民事诉讼法典》第 703 条。

中，关于保护儿童的措施；在扶养的诉讼中，决定扶养费的临时措施；在竞争的诉讼中，禁止使用相同商标的禁令；在关于人身权的诉讼中，禁止非法使用另一个人的姓名并因此造成损害的禁令。当这些紧急措施被已成为终局的关于实质问题的判决所取代和吸收时，这些紧急措施自动失效。

近些年来，《民事诉讼法典》第700条所规定的程序的适用已扩展到可以称之为过分的程度，这一点可以清楚地从法院希望找到一种快捷的，仅仅是临时的方法以克服普通诉讼中的停滞状态的事实中看出。事实上，这一趋势所导致的"紧急措施"常常扰乱民事诉讼中的正当程序，最近对《民事诉讼法典》的修改主要是关于审查根据第700条而发布的紧急措施的可能性。该修改试图在紧急案件中临时性地避免损害和确保对诉讼权利的公正和非轻率地考虑恢复适当的平衡。

二、西班牙

在西班牙法律中，有一种预防性的、暂时性的司法制度，它包括与被称为预防性的、暂时性的措施类似的措施。

这些措施可以明确地解释如下：在一个已开始的程序或在法定期限内即将开始的程序中，目的在于为保证未决的或将来的判决的效力而被批准的措施，这些判决可能具有经济内容，或者要求一方当事人做或禁止做某事，或者在相关的诉讼中提供或维护一个必须的或在法律上适当的地位。

规定这些措施的基本理由是为了阻止信誉差的债务人逃避履行义务，防止其破产或隐匿诉讼所涉及的财物，防止挥霍其财富或者甚至失踪。因此，这些措施旨在保护债权人的权利，同时，防止债务人做任何可能阻碍执行相关判决的事情。

这些预防性的措施主要是一些临时性措施，因为它们持续的时间只与未决的或者即将开始的诉讼程序一样长。虽然如此，但在通常情况下，对请求采取这些措施的当事人来说，采取这些措施是有一定条件的，即要缴付保证金，这样以便对其他当事人，尤其是该请求方败诉时所造成的损害进行赔偿。

在保证判决的执行的预防性措施中，最主要的是预防性的扣押和在不动产登记簿上对起诉的临时性注释以及没收。在提供或者维护在诉讼中的地位的措施中，有上诉人的保证金（这是为了保证对上诉的许可）、判决的临时执行和待复审判决的中止执行。

《民事诉讼法》第1397条及以下诸条包括在实践中有重大意义的预防性扣押条款。这些条款要求，在请求扣押时应予提交证明债务存在的文书，同时该文书要证明债务人是尚未通过归化取得西班牙公民权的外国人，或者不知道该尚未归化的外国人的住所地，或者该人不拥有任何不动产，或者在可要求赔偿债务的地方不拥有养殖、生产或者商业企业。

即使有上述规定，在债务人从住所地或营业地失踪，且无任何委托人，或者已委托某人但该人并不知晓债务人的下落时，亦可以实施预防性扣押措施。当债务人藏匿或者挥霍其财富从而损及其债权人时，也可实行预防性扣押措施。

因此，当解释上述主观条件和采取预防性扣押时，担心当事人潜逃和该人是外国人的事实是两个要考虑的重要事项。但是当债权人请求扣押是依据其所主张的初步证据时，例如，依据一份公文书、汇票、本票或支票，或者任何合法的票据持有人或记名证券或者书面商业合同，按照《民事诉讼法》第1401条的规定和1966年7月23日《第96号法令》中关于市镇或当地的法官的管辖权的规定，上述主观条件是没有必要考虑的。

当满足了上述条件，预防性扣押得到批准时，如果被扣押人偿付、交付所欠数目的保证金，或者交付与所主张的金额相当的保证金，此时，该扣押并不予以执行。否则，执行扣押，并且主要诉讼程序开始。此时，债权人必须在扣押生效后的20天内提出确认该扣押的请求，债务人可以扣押与法律相悖并且不可接受为由而对之提出异议①。

三、芬兰

（一）预防措施

作为低等法院改革的一部分，从1993年12月1日起，预防措施的申请转由普通法院审理，规定预防措施的审理的新条款被包含在《司法程序法典》的第七章，而有关预防措施裁定的执行的规则却被置于《执行法》的第七章，当事人可获得的预防措施被规定在《司法程序法典》第七章的第1~3条。

根据当事人的申请法院可以对下列财产裁定扣押：（1）为保证债务的支付而对对方的动产或不动产，或（2）由对方占有的、申请人主张拥有更充分权利的具体物品，或其他指定的财产。根据《司法程序法典》的规定，法院可以：（1）禁止对方当事人为一定行为或要求对方当事人为一定行为，这两者都有被罚款的威胁；（2）授权申请人为一定行为或叫别人为一定行为；（3）裁定对方的财产应处在信托人的管理和照料之下；（4）为保证申请人的权利，

---

① 《民事诉讼法》第1416条。

命令采取的其他必需措施。

没有为对方当事人保留一个接受听证的机会的预防措施的申请将不会被准许。然而，如果预防措施的目的将因此可能遭到损害，在申请人的请求下法院可以不保留上面提到的机会而在预防措施方面作出临时性裁定。预防措施的效率性要求它们应在简易程序中被紧急地考虑，并且临时性的、保全性的决定甚至在没有保留一个给对方当事人听证的机会时就可以签发。作为补偿，申请人有义务赔偿对方当事人因不必要的预防措施而造成的损害和费用，而且在预防措施被执行前，交存一个涵盖可能的损失和费用的保证金。

（二）扣押

不动产和动产扣押的一般前提是：（1）申请人能确立一个可能性，即他拥有一笔可支付的债务，以及（2）存在对方当事人隐藏、损坏或转移该标的或争议中财产或采取其他行为损害申请人权利的危险。财产也包括应收账款、无形权利以及其他无形财产。

金钱诉求或对标的或其他被担保的财产的诉求，可通过法院的裁定成为可强制执行的，或根据《执行法》第三章第1条第1款通过一些其他的法院决议成为可强制执行的：即在一个民事案件中，已获得法律效力的法院决议、由法院认可的和解、仲裁裁决或在芬兰可执行的外国的判决和仲裁判决。

（三）一般预防措施

裁定授予一般预防措施的要件是：（1）申请人能够确立一个可能性，即他有一些针对对方当事人的非金钱诉求或对标的或其他可执行财产享有的权利；（2）存在着对方当事人通过立据出让、诉讼或忽略或用其他方式妨碍或减损申请人权利的实现的危险或实质地减轻其价值或重要性的危险。在决定一般预防措施的时候，法院有义务考虑对方当事人没有遭受不当的不便。

（四）有管辖权的法院

预防措施问题由普通法院审议，通常是主要诉讼待决的法院。如果主要争议的审理已告完结，但裁决仍可上诉或规定的上诉答辩期间还没有过，则有管辖权的法院是刚审理该主要诉讼的法院。如果对主要诉讼有管辖权的法院还未确定，有权审理一般预防措施的法院则根据《司法程序法典》第十章的一般管辖规则确定。

如果双方当事人同意主要争议由仲裁裁决或由于其他原因，没有一个普通法院能审理该主要争议，一般预防措施的申请人有三种替代方式可供选择：（1）对方当事人居所所在地的地区法院；（2）争议中的财产所在地或相当一部分财产所在地的地区法院；（3）一般预防措施的目的可被实现的地区法院。

（五）预防措施的诉讼

预防措施的申请必须用书面的方式递交，而且可以被包含在主要争议的传票申请当中。如果主要争议已在一个普通法院待决，申请也可提交给正在审理该主要争议的法院。预防措施的申请必须被紧迫的考虑，而且在前面提到的条件下，法院可以在没有保留给对方当事人听证的机会的情况下就授予临时裁定。

如果预防措施的申请是在主要争议的诉讼开始之前提出的，则申请人必须在预防措施的裁定签发之日起1个月内就主要争议提起诉讼。如果预防措施已经指向不动产以保证未到期的债务的支付，而该不动产是债务的担保，则一个月的期间从债务到期之日起开始起算。也可能在债务到期之前申请预防措施并获得预防措施裁定，然而，该债务在提起诉讼之时，必须到期，而且提起主要诉讼的期间是1个月。根据法律，企业重组程序的开始通常阻止了寻求预防措施的机会。

如果一方当事人不当地采取了预防措施，他有责任赔偿对方当事人因这些措施及其执行所致的损害，以及因此产生的费用。预防措施裁定的执行要求申请人提供抵押或保证，通常是银行担保，涵盖因不当的预防措施的执行可能导致的损失。如果申请人不能提供这样的保证，并且法院认为申请人的权利显然是正当的，法院可以在申请人的请求下减轻他的保证义务。

支付因请求预防措施的执行所带来的费用的义务，在一方当事人的请求下，可连同主要争议的审理一起解决。关于预防措施的裁定受制于独立的上诉，然而，关于临时预防措施的决议并不受上诉的约束。

（六）预防措施的执行

预防措施的裁定通常由扣押书记官执行，有些预防措施的执行需要有首席执行官的命令。扣押书记官可以要求申请人预先支付执行费用。

如果预防措施的裁定还是可上诉的，扣押书记官必须在执行前通知对方当事人，除非有理由相信该对方当事人正在逃避执行。然而对关于临时性的预防措施的裁定的执行可以不事先通知。在提起主要争议的诉讼的一个月期间已过后的两个星期内，申请人必须向扣押书记官证实该诉讼已被提起。否则，如果对方当事人要求取消预防措施的执行的话，扣押书记官就可以取消。用来替代对动产的扣押，扣押书记官可以使该动产处于禁止分散（dispersion）的禁令之下，如果申请人同意如此或该动产分散的风险甚少的话。

如果对方当事人提供保证，将不会执行对动产或不动产的扣押。如果这种执行已经发生，它将被撤回。为保证申请人对特定的标的或财产的权利而执行的预防措施，只有在申请人同意该保证，或该保证妥当并充分地满足保护申请人的需要的情况下，才能被阻止或被撤回。

(七) 预防措施的撤销

如果预防措施所凭借的理由不再存在，在任何一方当事人的请求下预防措施都将会被法院撤销。如果主要争议被取消，法院则将依职权撤销该预防措施。法院在处理主要争议时将决定该预防措施的效力维持多长时间。如果该主要诉讼被拒绝或被驳回，法院可以同时决定预防措施的效力维持到该主要决议成为终局性的为止。

在对方当事人的请求下，通过扣押书记官的裁定，预防措施可被撤回，如果：(1) 主要诉讼没有在前面提到的一个月期间内提起；(2) 主要诉讼被撤销、被驳回或被否决；或 (3) 对方当事人提供了来自申请人的书面陈述或其他清楚可靠的证据，表明债务已被偿还。

四、丹麦

(一) 导言

在民事诉讼的范围内，丹麦法律规定了两种临时法律措施：一是暂时扣押或发布禁令，用来冻结债务人的特定财产；二是在审判过程中发布禁令或禁止令，禁止另一当事方采取其他特殊行动。这种临时性措施的一个显著的特点就是原告的权利还没有被法庭判决予以确定。所以，采取这种临时性措施的一个前提条件就是原告必须提供担保，通常是一个银行担保，以便在采取错误的临时法律措施之后能够给予救济补偿。要求银行提供金融担保的费用将不会计算在要求债务人赔偿的诉讼请求内。

在签发了暂时的扣押令或临时禁令之后，原告随后将提交一份诉状给普通法庭以说明该案为有正当理由的案件。必须通过普通法院的正常程序确定原告是否拥有其主张的权利及采取临时性法律措施是否正确。

不管在协议中是否有关于仲裁或在国外起诉的条款，临时措施问题由丹麦法院依据丹麦法决定。有关扣押和禁令的规则在《民事诉讼法》第 627～640 条和第 641～653 条中分别规定。采取临时性措施的条件在 1989 年被大幅压缩了。为了实现临时的扣押，必须指出一种特别情势，这种情势表明债务人极有可能影响原告诉讼请求的实现。

(二) 临时性财产扣押

扣押是一项临时性程序，只能用来保证对金钱诉讼请求的实现。扣押的目的是为了维持财产的现状，这些财产在将来能够被出售而对原告的请求予以赔偿。然而，临时性财产扣押并不能阻止其他债权人对扣押财产寻求补偿。事实上，临时扣押在实际操作中是为了保证所有债权人的利益。换句话来说，临时财产扣押只能起到防止债务人自己处分财产的作用。

对财产临时扣押的申请必须通过书面形式向财产所在地的巡回法院的遗嘱检验庭提出。请求书中要阐述某些特殊情势的存在将威胁到原告今后获得补偿的可能性。原告还应在请求书中列出他援用的文书。如果这些基本的必须的文书材料没有备齐的话，遗嘱检验法庭将驳回申请。

原告必须尽可能地提供有关可能的事实，这些事实将会使原告在今后受偿更加困难。原告还必须指出有关债务人的个人或财政的具体状况。这些合理根据可通过文书材料或证人予以证实。原告并需提供实质性的文书以便证实对债务人的求偿的存在。只有在显而易见地就能判定求偿不存在的情况下才会排除扣押，此时原告必须证实合理求偿的正当理由。

遗嘱检验法庭总会在实施财产扣押之前要求提供担保，例如，一份不可撤销的、符合要求的银行担保。这笔担保的数额在法院禁令执行前是允许变动的。作为一条主要原则，担保金的数额将大致等同于债权人的诉求加上有关案件的费用。在有些情况下，条件的成就已相当清楚，法庭可能不会再要求担保。在债权人的住所不在丹麦的情况下，法庭倾向于要求提供比债权人所请求的数目更高的担保。至于船舶的扣押，担保将相当于 3~5 天的租船费用。

法院程序可在遗嘱检验法庭所在地进行，但常常会在无预先通知的情况下在债务人住所所在地或营业地进行。债务人可以通过提供相当于债权人的求偿额加上预期可得利益和有关开支，包括随后审判中的费用的担保后而免予扣押。

在有关现金执行的情形下，财产常会被置于遗嘱检验法庭的控制之下。关于可转让债券或股票或者仓单，债权人将把财产置于他的控制之下以防任何第三方在善意的情况下获得对财产的权利。关于房屋的扣押，债权人必须去房产登记部门登记房产的扣押，以对抗善意取得的权利。

如果债务人在财产扣押执行完之后仍否定原告请求的存在，债权人有必要在扣押之后一周之内向普通法庭提出书面诉状。申请人在诉状中必须讲明支付已到期，必须阐明扣押是合理的。如果法庭正考虑的案件的诉讼请求是否存在涉及一外国法庭，则这一期限将会延长至两周。若诉状不能及时完成，将导致扣押无效。

在法庭审判的最后，若发现扣押的执行是不正当的，或者扣押金额太大，或者扣押的根据已变化，法庭将全部或部分地撤销扣押。与此相关的债权人必须对因不合理扣押致债务人的损失给予补偿。如果诉讼请求并不存在，则实行严格责任制度。在其他方面，责任建立在过失的基础上。若债务人已被宣告破产或死去的债务人的遗产不足以偿还债务，预先扣押是无效的。如果债务人已登记了暂停全部费用支付，则扣押是不能执行的。

（三）禁令（prohibition）

通过签发禁令，遗嘱检验法庭能够命令相关当事人或公司停止为危及原告的不良行为。禁令的目的是为了确保义务能够被履行，禁令是通过权宜的方式去禁止损害或威胁申诉人权益的特别行为。实施禁令的条件如下：第一，原告提出并证明他请求的被禁止之行为将损害他的权利；第二，被告将采取这一行为；第三，如果原告通过普通审理去维护他的权利，他的权利将会受损甚至灭失。

如果法庭发现法律的一般条款有对损害进行处罚和补偿之规定，或者针对原告的权利，被告提供了任何可能的经济担保，遗嘱检验法庭可以拒绝执行禁令。然而，通常说来，被告不能仅通过设立经济担保就能免予执行禁令。同样地，根据公平原则，如果禁令的执行将给被告带来不便或导致损失，并且这一不便或损失与原告的利益明显比例失调，这时遗嘱检验法庭无权执行禁令。因而，遗嘱检验法庭必须首先针对原告的诉求进行广泛的调查。如果原告不能及时证明禁令执行的合理性，遗嘱检验法庭可以要求提供经济担保，通常要求银行担保，以便不正当执行禁令导致损害赔偿责任时承担赔偿责任。担保的数额大小有赖于所涉事件的具体情况。一般地，在原告提供了符合要求的担保之后，遗嘱检验法庭将禁令的执行通知当事方。

有关请求执行禁令的申请必须以书面的形式，向拥有管辖权的被告住所地的地区遗嘱检验法庭提出。有关程序规则与在初审中普通民事审判的程序规则大同小异。

与民事诉讼的一般规则一致，被告没有义务出席遗嘱检验法庭的会议也无义务提供任何声明。只要请求已被合适地送达禁令便能执行。有时禁令的执行并不要求预先通知被告人，如果这样做对于禁令目标的实现是至关重要的。然而，若没有预先通知被告人并且在执行过程中也没有遇到被告人，只有原告的请求能满足禁令执行的条件时，禁令的执行才会进行。

遗嘱检验法庭在禁令执行过程中，如果需要，可以要求警力协助。遗嘱检验法庭可没收一切动产，如果这些动产被用于违反禁令的行为，或者有理由认为这些动产被用于这一目的。这些动产的保管费用由原告支付。在有意违反禁令的情况下，法律授权原告提起刑事诉讼对被告处以罚金或拘留。另外，被告有义务对损害予以补偿。

在禁令执行后两周之内，原告必须向法庭提交启动普通审理的令状以证明禁令执行的正当合理性。这些规定同样适用于关于法院强制令（injunction）的合理性问题。

（四）有关强制令（injunction）与禁令（prohibition）的特殊规定

除了《民事诉讼法》以外，丹麦还有一些有关强制令与禁令的法律法规：当飞机是国有财产或用于公共交通目的时，1938 年第 387 号令包含有若干免予强制令与禁令的条款。另外，1950 年第 198 号令规定了有关属于外国国家的船舶的强制令与禁令的执行可能性问题。《海商法》第 12A 章规定了为了担保海事诉讼而禁止船舶驶离港口的禁令问题。在《市场实践法》第 14 条和第 16 条中也有关于禁令的规定。针对违反《市场实践法》的行为，《市场实践法》规定消费者意见调查官有权实施预先的禁令。

最后，值得一提的是，《民事诉讼法》第 653 条规定，遗嘱检验法庭即为欧盟 1986 年 12 月 1 日第 3842/86 号法规所指的主管当局，有权就伪造产品进入市场采取包括发布禁令在内的保护性措施。

五、欧盟

当向初审法院对共同体法令提出异议时，当事人可以寻求临时救济以阻止法令的实施。法院也可指示采取临时措施。另外，委员会被授权在竞争法案件中命令临时措施。

（一）对共同体法令的临时禁令

如果法院认为需要，可命令中止被异议的法令。另外，法院院长可通过简单程序对申请作出裁决以中止实施共同体法令。对请求中止共同体机构采取的措施的申请，只有申请人也希望在法院的未决诉讼中寻求对该措施的永久性救济时，才会被听审。

申请必须包括对争议标的的陈述，提出立即救济的理由以及被用来确立该请求临时禁令的案件有表面证据的那些事实和法律抗辩。法院院长可为反方当事人呈送一个书面或口头的回复规定一段较短的时间。然而，作出回应的权利并不是绝对的，法院可在呈送回复之前批准申请。法院可自由修改或撤销其裁决。

作为对申请的回应，法院必须发布一个合理的决议。通常作出终裁时决议终止，决议只具有临时效力，并且不使法院的终裁受到影响。

最后，当事人可在条件变化时申请修改或撤销决议。

（二）其他情况下的临时救济

必须区别法院作出的临时救济和委员会作出的救济。

1. 法院命令的救济

欧洲法院和初审法院可在任何案件向它们提起之前，采取它们认为需要的临时措施。

另外，法院院长也可依据简单程序采取行动。同样的规定可与那些适用于被异议的共同体法令的规定一样被适用。因此，提出申请的当事人必须证明其请求的临时措施是必需的。法院必须确信案件的紧迫性和对上位规则的表面违反是存在的。

2. 在委员会未决的竞争案件

虽然没有明确的法律或行政的规定授权委员会批准临时救济，但欧洲法院认为这种权力存在于规则 17/62 中。虽然 Camera Care 一案的判决赋予了规则 17/62 在实践中的效力，但法院仍设置了一个严格的标准（大部分涉及占优势地位的公司的滥用实践），在委员会批准临时救济之前必须符合该标准。最有名的案件是 ECS 案。ECS 是一个小型英国公司，该公司针对 AKZO Chimie——共同体最大的有机过氧化物生产者，请求并获得了临时性保护。委员会发现 AKZO 在从事掠夺性定价，因为它正在向 ECS 的顾客亏本销售产品，这一行为会使 ECS 退出市场。委员会禁止了 AKZO 以低于市场价销售产品的行为。

委员会仅能在审查相关的当事人和公司正当利益之后批准临时措施。实际上，必须满足以下的条件：（1）表面违反了《欧洲共同体条约》第 85 条或第 86 条；（2）对公共利益有严重和不可弥补损害的危险；（3）采取的措施具有暂时性，并由于其暂时性而受到限制；（4）辩护的权利必须受到尊重；（5）措施必须以受其损害的任何当事人能提出异议的形式采取。

委员会不能因为其在第一次审查这一案件时，没有发现严重的、明显的对欧共体竞争规则的违反而拒绝批准临时救济。必须注意《合并控制规则》授权委员会可禁止合并。

第五节 若干美洲和大洋洲国家的临时或预防措施制度

一、加拿大

（一）临时性扣押财产

扣押令或者对勘查和保全财产来说是必要的，或者指向对诉讼中的争议问题的裁决来说是必要的财产。在效果上后者更为广泛，由于财产的概念没有限定在争议的标的物上，而是扩大到诸如物证的勘查和保存以及其他相关的材料。也有条文规定，应补偿由于这样的勘查而导致的任何损害。例如，在财产调查过程中，树木被砍伐或转移时，补偿令能被援引。

除调查之外，为了财产扣押、财产保全或财产保管，法院既可授予扣押令，又可授予变卖易腐烂物质的命令。一方当事人合理地担心非居住本地的人可能逃离管辖范围或担心另一方当事人有可能欺诈性地处理财产时，该查封令特别地适合。当财产在抵押权下持有时，该财产可以通过向法院支付货币的方式赎回。通过使用追回原物的诉讼命令或财产收回命令，在审判前可以获得个人财产的临时性收回。现已证明，通过上级法院固有的自由裁量权，在禁令保护方面法院已经拥有的权力比诉讼程序规则中明确规定的权力在范围上更大。

（二）临时禁令

在诉讼开始前可以获得禁令救济。如果该禁令被错误授予，申请此禁令的当事方被视为有义务赔偿其他当事方。对授予临时禁令（所谓的 Mareva 禁令）的适当标准已经有一些争论。这些争论已导致了一些管辖区对授予临时禁令标准的编纂和其他管辖区不同的司法意见。

根据目前的实践，对所有重大案件，申请者被要求作出完全和直率的披露；提供关于他们的抗辩实力与不足的清楚陈述；关于对争论中的财产的预期风险的陈述；以及对可能的损失的赔偿义务。与临时程序有关联的是当事人可获得待决诉讼证明书，每当土地所有权或土地利益存在争议时，该证明书可能被发给。

二、墨西哥

（一）临时性扣押

根据《联邦地区民事诉讼法典》第 235 条的规定，对货物的临时性扣押是一种预防性措施，被允许在有限的场合下使用。下列案件可以适用临时性扣押：（1）根据收货行为反馈的信息得知，货物有可能灭失，或被转移；或（2）当担心被告没有其他的财产可供支付，并且现存的财产可能灭失或者被转移时。

临时性扣押请求可以在诉讼之前或诉讼期间提出。法院将审查案件的事实真相以决定扣押是否必要。在请求临时性扣押时，诉讼请求的价值必须标明，以便法院对债务人的财产进行临时性扣押时确定一个需要被担保的金额。如果扣押请求不是依一份已被认可（recognised）的文件材料作出，请求方必须提交保证金以保证补偿扣押被撤销或如果被告最后被判定不承担任何责任而可能造成的损失。

如果债务人证明还存有其他财产可用于担保债务，临时性扣押将不会被执行或债务人可以要求解除。即使扣押措施已经执行，债务人也可以提交一份担保书以解除该扣押措施。如果债务人认为该扣押措施不合法，也可以通过上诉方式对该命令提出异议。

如果该扣押措施是在诉前提出的，若诉讼将在同一个地方审理，请求方必须在扣押措施执行后的三天时间内提交诉状，如果诉讼将在异地审理，起诉期间将根据法官的自由裁量和依据诉讼提起的地点适当地被延长。如果诉讼没有在规定的时间和法院确认的时间内提起，那么扣押措施将被立即解除。

（二）临时禁令

临时禁令不是墨西哥《联邦地区民事诉讼法典》和一般程序规则关注的程序性步骤。

三、澳大利亚

澳大利亚各管辖法院都规定，允许诉请禁止令救济之诉讼，向管辖范围外送达传票。这一条款的主要目的是允许法院对本管辖区内作出的某种行为给予某种地方性法律补救，即使该行为是外国授意或指导所为。不过，如果诉案纠纷与禁止令管辖法院没有联系，该原则不能作为根据对该案主张管辖权。禁止令必须是限制或禁止被告在管辖区内作出某种侵害原告权利的行为，并且最后作出的禁止令判决可在本管辖地执行。

澳大利亚高等法院可以作出临时禁令以防止或限制诉讼当事人（不论该当事人是否在法院地出现或有住所或居所）将法院管辖范围内的财产转移到其管辖范围外的地方，或者防止该当事人将位于法院管辖范围内的财产予以处置。法院可针对位于澳大利亚另一管辖地，包括澳大利亚领域内的财产发出临时禁令。如果被告在管辖区内，那么，该临时禁令可限制该被告处置其位于外国的财产。这种命令包括：（1）要求公布财产的性质和近况的命令；（2）指定财产管理人的命令；（3）将特定财产交付指定人的命令；（4）限制被告离开审判法院的命令。

第十四章　即决审判①和其他特别程序

第一节　若干欧洲国家和地区的即决审判和其他特别程序（上）

一、英国

为促进纠纷的迅速、简易解决，1999 年《英国民事诉讼规则》设置了无须开庭审理而直接处理纠纷的广泛机制，如和解、第三十章要约和第三十六章付款、缺席判决、简易程序、撤诉、基于自认的判决等②。

（一）和解

规则从多方面便利和促进和解：当事人之间的和解要约"不受损害"；为诉讼和解法院可责令中止诉讼程序等。如规则第 26.4 条规定，当事人在完成案件分配问题表并提交法院时，可通过书面形式请求法院中止诉讼程序的进行，由当事人尝试通过可选择争议解决方式或其他方式解决纠纷。所有当事人皆申请中止诉讼的，法院将责令诉讼中止，法院亦可依职权自行中止诉讼。诉讼中止期一般不超过 1 个月，法院酌情可延长，甚至可多次延期。如果双方当事人达成和解，他们的任何诉讼权利将被和解协议下的权利所代替。达成和解后，双方当事人可通过撤销诉讼或获取一双方同意的判决而结束诉讼。

（二）第三十六章和解要约和第三十六章付款

当事人可在任何诉讼阶段（包括在上诉程序中），对全部或部分诉讼请求或诉讼中任何事项，依规则第三十六章提出书面和解要约。通过向法院付款方

---

① 即决审判（Summary Judgments）一般是指无须开庭审理或陪审团听审而径行处理纠纷的机制。

② 参见徐昕著：《英国民事诉讼与民事司法改革》，中国政法大学出版社 2002 年版，第 143~146 页。

式提出的，为"第三十六章付款"，其他情形为"第三十六章要约"。在给付金钱之诉中，被告提出的和解要约以第三十六章付款为要件，其他和解要约不产生第三十六章规定的法律后果。第三十六章和解系一类特定的和解，是法律明确规定了要件、程序及法律后果的和解。当事人还可通过其他方式和解。除诉讼费用外，第三十六章要约视为"不受损害"。除非已对所有需裁判的法律责任、系争事项及款项金额作出裁决，否则当事人不得向审理法官开示已提出第三十六章付款的事实。

（三）缺席判决

缺席判决是指被告未提出送达认收书或答辩状的情形下，法院不经开庭审理而径行作出的判决。

1. 缺席判决的要件

规则第12.3条规定，被告未提出送达认收书或未进行答辩，且提出送达认收书或答辩状的期间①已届满的，原告方可基于被告未提出送达认收书而取得缺席判决。被告已提出送达认收书，但未提出答辩，且答辩期间届满，原告方可基于被告未提出答辩状而取得缺席判决。规则第6.14条规定，如原告向被告送达诉状格式，原告唯有提交送达回证的，方可取得缺席判决。

但如下情形不能取得缺席判决：（1）运用规则第八章诉讼程序（可选择诉讼程序）的；（2）基于《1974年消费信用法》所指协议主张交付财物的诉讼；（3）适用《最高法院规则》第88号令（抵押权诉讼）的诉讼，或者如诉讼程序在郡法院进行的，采取抵押形式担保的给付金钱之诉，在上述两种情形下，原告取得法院许可的；（4）依规则第四十九章及其补充的诉讼指引规定的诉讼程序，如海事诉讼、仲裁程序、有争议遗嘱认证程序、临时性损害赔偿诉讼，或者不要求提交送达认收书或答辩状的诉讼，或者关于缺席判决的取得有特别规定的诉讼；（5）被告依规则第二十四章申请简易判决，且有关申请尚未审理的；（6）被告已满足原告请求判决的所有诉讼请求（包括对诉讼费用的主张）的；（7）原告提起的诉讼系金钱之诉，且被告提出付款期间时提出或向原告送达自认书的。

2. 取得缺席判决的程序

缺席判决的取得有两种方式：一是请求书方式；二是申请书方式。请求书方式一般适用于如下情形：给付之诉；如诉讼请求系交付财物，但赋予被告给

---

① 诉状格式送达后，被告有14天的时间告知送达。就欧共体《民商事管辖权及判决执行公约》的缔约国而言，《1982年民事管辖权及判决法》将时间定为21天。

付金钱选择权；或仅要求承担固定诉讼费用的。申请书方式适用的情形主要包括：（1）对未成年人或精神病人提起的诉讼；（2）仅要求承担诉讼费用（不包括固定诉讼费用）的诉讼；（3）向配偶提起的侵权诉讼；（4）要求交付财物的诉讼，不允许被告支付价款替代的；（5）对王国政府提起的诉讼；（6）对基于《1968年国际组织法》和《1981年国际组织法》享有民事管辖豁免权的人或组织提起的诉讼。

3. 撤销或变更缺席判决

缺席判决不符合法定要件，或在作出缺席判决前，全部诉讼请求皆已清偿的，法院可撤销缺席判决。撤销或变更缺席判决的主要情形包括：（1）被告对诉讼请求的答辩有实质性胜诉希望；（2）法院认为存在其他充分理由，应撤销或变更缺席判决，或应准许被告进行答辩的。法院对此须考虑的事项包括：请求撤销或变更的当事人是否立即提出申请。缺席判决撤销时，原放弃的诉讼请求重新恢复。

（四）简易程序

1. 简易程序的两种模式

在新《民事诉讼规则》的框架下，法院拥有积极管理案件之权力。规则第1.4条第2款第c项规定了对系争点进行简易审理，无须经开庭审理和充分调查。为此，规则赋予法院依当事人申请或依职权行使两种权力：一是撤销案情声明之权力，对诉辩未提出充分理由的案情声明，或者案情声明滥用法院诉讼程序，或可能阻碍诉讼程序公正审理的，规则第3.4条授权法院可撤销全部或部分案情声明；二是简易判决之权力，对于当事人的诉讼请求或抗辩没有胜诉真正希望的，规则第24.2条授权法院对原告或被告作出简易判决。法院行使上述两种权力，既可基于当事人的申请，也可依职权自行行使。

2. 简易判决

（1）条件。法院认为：①原告的诉讼请求或某一系争点，或被告对原告诉讼请求或系争点的抗辩，没有胜诉希望的；②没有其他理由应对该案件或系争点举行审理程序的，可就全部诉讼请求或某一特定系争点，对原告或被告作出简易判决。

（2）案件类型。除如下类型的诉讼外，法院皆可对原告作出简易判决：①对抵押人、承租人或在租赁期终结后占有权仍受《1977年租赁法》或《1988年住房法》保护的居住人提起的住房占有诉讼；②对物海事诉讼；③有争议遗嘱认证程序。

（3）程序。唯有被请求作出简易判决的被告已提交送达认收书、答辩状的，原告方可申请简易判决，但法院许可或诉讼指引另有规定的除外。简易判决的申请书，可以如下法律或证据为基础：法律点（包括文书解释的问题）；可合理预期在开庭审理时将提交或者不能提交的证据。申请通知书须陈述，依规则第二十四章申请法院作出简易判决。对申请的审理程序，一般由聆案官或区法官主持。聆案官或区法官可作出命令，由高等法院法官（如案件由高等法院审理的）或巡回法官（如案件由郡法院审理的）对申请进行审理程序。法院可作出的命令包括：①对诉讼请求的判决；②驳回或撤销诉讼请求；③驳回申请；④附条件命令。被申请人未出席对申请的审理程序的，可申请撤销或变更简易判决。

3. 撤销案情声明

（1）表面看来符合撤销案情声明情形的诉辩。法院官员认为，当事人请求签发的诉状格式符合撤销案情声明情形的，可先签发诉状格式，但在将诉状格式退还原告或向被告送达前，可向法官咨询。法官可依职权立即责令：①中止诉讼至进一步命令；②诉状格式由法院保留，不进行送达，至诉讼中止解除时止；③原告须提交进一步书证。法院官员认为，表面看来符合撤销案情声明情形的答辩，亦可向法官咨询。法官可依职权径行驳回答辩，并延长被告提出适当答辩的期间；亦可要求被告在指定期间对答辩状进行阐明，或提供进一步的信息，否则驳回答辩。法官作出上述命令的，可酌情给予当事人听审机会。

（2）法院撤销案情声明的，可就有关法律后果作出适当的命令。法院撤销原告的案情声明，责令原告向被告支付诉讼费用的，若原告在支付有关诉讼费用前，基于与法院撤销案情声明之诉相同或基本相同的事实，向同一被告另行提出新诉的，法院可根据被告申请，中止新诉的进行，直至原诉有关诉讼费用付清为止。如原告的诉讼请求系给付特定款项，金额由法院裁决，或请求交付财物，但被告可选择给付款项的，在法院撤销案情声明后，当事人可通过提交申请书，缴纳诉讼费用，无须经开庭审理径行取得判决。申请书须陈述，请求作出判决的权利因他方未遵守法院命令而产生。但上述判决承担义务的当事人，可在不迟于判决送达申请人14日内，向法院申请撤销有关判决。如判决作出时并未产生作出判决的权利的，法院须撤销判决。

4. 简易中止和简易驳回

法院的此种权力主要针对程序权滥用的情形。如当事人滥用诉讼权利、欺诈性诉讼、骚扰性诉讼、显无根据的诉讼、不存在法律上诉因的诉讼、运用法院程序谋求不正当目的的诉讼等，法院可无须经审理程序，以简易方式径行中止诉讼或驳回其诉讼请求。

（五）由于没有检控而驳回诉讼（dismissal for failure to prosecute）

在某些程序要件未得到遵守时，法庭有以缺少检控为由而驳回诉讼的明示权利。这些程序要件包括：没有送达诉讼请求陈述书、没有作出披露、没有对讯问作出答复、没有发出指示传票、没有为审讯指定日期。当一方当事人没有遵守根据《最高法院规则》第42号令规则2作出的先决或最终命令时，法庭也有权剔除（strike out）一项诉讼。

除了《最高法院规则》的明示规定外，法庭可根据其固有的管辖权剔除一项诉讼。当法庭要求驳回诉讼时，不管是根据其明示权利还是根据其固有的管辖权驳回诉讼，法庭将适用的原则是相同的。在原告没有犯故意错误的情况下，被告必须证明原告已造成过度和不可原谅的迟延。另外，被告必须证明存在实质性的危险：将不可能进行公正审判或延迟可能已给被告造成不利。

（六）撤诉

1. 撤诉权

规则第三十六章规定，原告可随时就全部或部分被告撤回全部或部分诉讼请求。例外情形有：（1）法院已签发临时性禁令，或当事人已向法院提供担保的，撤诉须经法院准许；（2）原告已接受中期付款的，唯有中期付款的被告以书面形式表示同意，或法院准许的，方可撤诉；（3）有多名原告的，唯有各原告以书面形式表示同意，或法院准许的，方可撤诉。

2. 重新起诉

如原告在被告提交答辩状后撤诉，撤诉原告拟对同一被告重新起诉的，若新诉依据的事实与所撤回诉讼基于的事实相同或基本相同的，重新起诉须经法院准许。

二、爱尔兰

（一）未经审理或经特殊程序的判决

对即时索取债务的诉讼或清偿诉讼，不经审理即作出判决的程序存在于所有的一审法院中。

1. 地区法院

如果被告未通知其答辩意向，那么在指定的法庭期限届满时原告可得到即决审判。在指定的法庭期限届满后，原告可通过向地区法院书记员申请地区法院命令——这是作出判决和执行的文书（一种使原告能够执行其判决的文书）——的方式，请求作出判决。

如果被告未通知其答辩意向，那么可以缺席判决。如果被告不出庭不应诉，原告可以申请对被告不利的判决，通常这种申请会得到支持，特别是通过对债务的宣誓证实了原告的诉讼请求时。

如果被告不出庭应诉，原告也可以：（1）当被告的答辩非常繁琐仅在于拖延审判时，可建议驳回答辩；（2）送达审理的通知，在此基础上可充分地审理案件。

2. 高等法院

如果被告未能出庭，原告可向法院总办公室出示文件，包括原告的还债宣誓，来获得对被告的即决审判。

如果高等法院的法官认为案件有争议且被告也提交了答辩，那么他可以将案件交给一高等法院法官进行全权审理，被告可以答辩，然后被送达审判通知，由高等法院法官进行案件的全权审理。

（二）缺席判决

1. 地区法院

在即决审判程序中，如果被告不答辩，法官可以缺席判决。在所有的其他类型的程序中，即使被告不出庭，原告仍应向地区法院法官证明其案件，尽管被告可能不被允许答辩或出庭。

2. 巡回法院

在即决审判程序中，如果被告不出庭或不应诉，原告也可以获得判决。在所有其他类型的程序中，原告可向巡回法院法官提出判决申请。在原告第一次申请判决时，法庭通常给予被告一段时间让其出庭及答辩。

但是，如果被告仍然不出庭，法官将根据第二个缺席判决申请进行审判。即使原告成功地获得了缺席审判，他仍然应该出庭以论证他的诉讼请求。然而，此时将不再允许被告出庭答辩。

3. 高等法院

若被告不应诉，在即决审判程序中法院可以作出缺席判决。

一旦被告在即决审判程序中出庭，就不能再在办公室里判决，原告应以建议的方式提出申请。

在非即决审判程序中，当被告在适当时间里未提交答辩，原告将有责任建议进行缺席判决。即使原告获得缺席审判，他仍应论证他的诉讼请求，但是不允许被告出庭。

（三）其他非完全审判的终结方式

在爱尔兰，其他非完全审判的终结方式是自愿撤诉及因未能提出指控的撤诉，在爱尔兰没有司法协助下的和解。

1. 自愿撤诉

（1）地区法院。地区法院规则没有规定在审判之前原告终结诉讼程序的方式。实际上，如果有自愿撤诉的要求，法庭将终结诉讼程序。

（2）巡回法院和高等法院。在任何时候原告都可以通过通知，请求终止对所有或任一被告的诉讼（或撤回他任一部分或全部的起诉理由），然后支付被告的诉讼费用，或者，如果诉讼未完全终止，某些特殊费用可收回。

2. 因未能提出指控的撤诉

（1）地区法院。在传票送达后，因为原告没有义务进行下一步的程序，地区法院规则没有关于不提出指控的规定。如果原告不断地延期以致不利于被告答辩，在审判阶段被告可以撤诉或由法庭自行作出撤诉决定。

（2）巡回法院和高等法院。被告可以因原告未提出指控而申请驳回起诉。如果原告或被告不遵守要求告知命令，他将对传票负责，也将对驳回起诉（如为原告）或驳回答辩（如为被告）负责。实践中，法庭不会因为未提出指控而驳回起诉，除非大约两年期限届满，已完成了诉讼程序的最后一步。

三、德国

在正常的法律程序之外，《德国民事诉讼法》规定了简易程序和终结法律程序的特别方式。

（一）未经审理或经特别程序作出裁决

《民事诉讼法》第688条及以下条文规定了未经审判获取一个可执行的收回拖欠债务的令状的简易程序。这些程序仅对偿还金钱债务是可采用的。该程序由申请支付债务的命令开始。该命令由对申请人或债权人的法定住所有管辖权的地方法院作出。

法院只会审查申请的可受理性，然后就会在未经审理和未加审查起诉诉求的情况下，根据债权人的申请对债务人签发支付令。

如果对方在支付令被送达两个星期内提出异议，简易程序就被中止，诉求将根据申请依普通程序加以裁决。如果两个星期内没有反对意见提出，法院将会签发一个可执行的收回拖欠债务的令状。这个可执行的收回拖欠债务的令状如在被送达后两个星期内未被提出反对意见，它将变成终局裁决。根据在两星期内提出的异议，法院将会把该案移送有管辖权的普通程序法院审理。由该法院审查异议的可采性，并根据案件的是非曲直对诉求作出判决（如果该异议是可采信的）。

（二）简易判决

根据《德国民事诉讼法》第 592 条及以下条文，要经过审理的简易程序仅限于书面证据的程序（书面审理），该程序仅可适用于支付请求。

在这些程序中，原告必须提供必需的用以证实其诉求的书面证据，并且被告被限于仅能就他能用书面证据证明的问题进行抗辩，反诉是被排斥在外的。

如果该书面审理是可行的，原告能够提供足够的书面证据来支持他的诉求，而被告却未能对该诉求提出任何抗辩，或不能用书面证据支持他的抗辩，则法院将作出临时裁决来支持原告。该临时裁决是可执行的。

被告可以在简易程序中针对该临时裁决提出上诉，或者在后面的诉讼中申请撤销该临时裁决，即在各种证据都可采纳的普通程序中申请撤销该临时裁决。

（三）缺席判决

规定在《德国民事诉讼法》第 330 条及以下条文之中的一个更为简易的程序是通过缺席诉讼程序获得可执行的缺席判决。

如果一方当事人不参加法院审理或一方当事人在法庭上不作答辩而对方当事人又申请缺席裁判时，将出现缺席程序。如果《德国民事诉讼法》第 335 条所规定的缺席判决可采纳性的前提条件（例如适当的传唤）以及第 330 条及以下条文规定的具体要件均被满足，则法院必须根据出庭审理的一方当事人的要求作出缺席判决。如果原告未出席法庭审理，法院将在未加考查案件的是非曲直的情况下就会作出一个缺席判决来支持被告。

假若被告方缺席，法院必须审查诉求是否具备可受理性，以及是否有充分的根据。在此意义上说，原告的主张被认为已为被告承认。就在这些情形下被证明合理的诉求而言，法院将作出一个缺席判决并驳回其他诉求。这一缺席判决是可执行的。

根据《德国民事诉讼法》第 338 条及以下条文，通过提出异议，缺席判决是可上诉的。异议必须在缺席判决被送达后两个星期内用书面形式向作出缺席判决的法院提出。如异议是可采纳的，法院将确定由新的法庭来审理，并根据案件的是非曲直对异议作出裁决。如果法院得出结论认为缺席判决是不正确的，法院就将推翻缺席判决并根据诉求的是非曲直作出新裁决。否则法院会维持原缺席判决。

（四）其他终结方式

1. 自动撤诉

（1）放弃诉求（waiver of claim）

原告可以在诉讼的任何阶段放弃他的诉求。一旦放弃诉求，如果被告申请驳回起诉的话，法院在未加审查诉求的情况下就把该诉求视为没有充分根据而予以驳回①。

（2）撤诉（withdrawal of the action）

原告也可以撤回诉讼。撤回将使得在未就案件是非曲直作出裁决的情形下就终止诉讼。撤销（withdrawal）（例如，在上诉阶段）将使就同一标的作出的判决（例如在一审中）无效。

当口头的法庭审理已经发生时，撤诉必须经被告同意。在口头审理开始前原告可以不经被告同意就撤回诉讼。在就同一标的业已作出一个最终判决之前，原告可以在诉讼中的任何阶段（如果必要的话征得被告的同意）撤回诉讼。

撤回诉讼后，原告可以把该案再次呈递法院，只要他补偿了被告因其终止诉讼而蒙受的损失。

2. 实质性争议的终止

在诉讼过程中，争议可能因偶然的事实（intervening facts）而变为过时的东西，例如，被告偿还了被请求的债务。

在这种情形下原告将不会放弃诉求或撤回诉讼，因为一旦放弃或撤回他将被要求支付诉讼费用，尽管事实上他的诉求直到该偶然的事实发生前是（或可能是）有充分根据的。原告可以因此向法院提出一个申请，宣布争议的终止并请求法院作出一个针对被告的讼诉费用命令。

如果被告同意宣布争议如何处理的申请，案件在未对费用问题加以裁决的情况下就将终止。

如果被告不同意宣告争议过时的申请，法院必须判断原告的过时性主张是否被证实。如果诉讼在使其变得过时的偶然的事实之前一直是可受理的和有充分根据的，法院将宣布争议已经过时并退回原告的诉讼费，否则法院将驳回起诉。

3. 法庭和解

当事人可以在法庭内和解他们的争议，法院也应力争和支持在诉讼的任何阶段和解。

法庭和解将被记录在法庭审理笔录中。由法院记录的和解等同于具有强制执行力的双方同意的判决，据此可签发执行令。就和解处理争议中的问题而

---

① 《德国民事诉讼法》第 709 条。

言，和解在法院未作出裁决时就终结诉讼，并且使法庭原先对同一标的作出的非终局判决无效。

4. 承认

被告可以在诉讼的任何时间和阶段承认原告的诉讼请求。如果原告申请根据被告的承认作出判决，法院必须在不对诉求的是非曲直作出判定就作出对被告的裁决。这一承认判决在被告承认全部诉求的条件下终结诉讼，否则法院根据承认作出一个部分判决并就其他方面继续进行审理。

第二节　若干欧洲国家和地区的即决审判和其他特别程序（下）

一、法国

法国没有类似于普通法的即决审判程序，这可能是因为没有陪审团的审判制度更先进些。但是，如下所述的程序是加速的程序。

（一）请求签发支付令

支付令程序允许拥有确定数额债权的债权人在短时间内——通常不超过四星期——获得一个强制债务人还债的支付令。根据债务是民事性质还是商事性质，请求要么向初审法院，要么向商业法庭庭长提出。

从发出支付令到送达给债务人，该程序一直是单方面的（ex parte）。如果债务人在支付令送达给他之后的一个月内向法庭审判人员提出异议，程序才成为抗辩式的。债务人仅仅可以通过对支付令提出异议来对抗支付令，并要求作出一个完全对抗式的（adversarial）裁定。但是，如果债务人在一个月内未提出异议，而债权人请求审判员加盖执行印章，那么支付令必须执行，无任何上诉余地①。

（二）关于临时裁定的即决程序

日渐增多的诉讼会提出获得快速的临时裁定的要求，其主要目的是命令快速采取如下措施：（1）没有被提出强烈反对意见的措施；或（2）由存在的争议证明有必要的措施。即使在遭到强烈反对的情况下，也可以签发临时裁定以防止立即的损害或制止已显露出来的非法破坏。如果强制令未遭到强烈的反对，应裁定支付暂时赔偿金或实际履行。和其他调查措施一样，在临时裁定程

---

① 《民事诉讼法典》第 1422 条。

序中，也可命令指派专家。

临时裁定程序开始于向其他当事人送达诉状，因此它是一个抗辩式程序。大审法院和商业法庭的庭长都有作出临时裁定的权力。听证通常非常简便——最多几分钟——并且有时在送达陈述之后不久（几天或甚至几小时）即进行。

其他快速程序包括缺席判决和更常见的对席判决（judgments deemed adversavial）。缺席判决不适用于如下情形：（1）被告没有被直接送达；且（2）判决不可上诉①。

在事实上无被告参加诉讼的程序中作出的其他判决"被视为对席判决"，因此只能对它们提出上诉。但是，在上诉程序中，法院可能会对案件进行充分的重新审查。

二、意大利

特别程序在本质和程序上与普通诉讼程序有所区别。它们主要由《民事诉讼法典》第四篇第 633 条及以下条文调整，部分内容由特别法或民法典规定，并可分为三大类：（1）对应普通程序的简易程序，除了案件审理的初始阶段可采用简易方式外，法院在大致了解案情后可作出临时决定；（2）自愿管辖程序或法官室程序，其中，当事人只需向法院提交一份书面请求，其余程序均以口头方式进行；（3）其他基本上不能归入上述两类程序的特别程序。

（一）简易程序

1. 强制令程序

强制令程序是为法院简要审查诉讼请求而提供的一种特别的简易程序，其直接后果是导致法院发布要求债务人偿还一定数额金钱或移交特定种类动产的命令。这种命令可基于债权人的请求而签发，无须债务人出庭，然而，债务人能对此提出抗辩。此后，诉讼程序是否继续进行由收到该命令的当事人决定。有权发布此种强制令的法院是依普通诉讼程序享有管辖权的法院。

（1）程序

根据《民事诉讼法典》第 633 条的规定，下列当事人有权获得支付令：数额确定且已到期的金钱债务的债权人，有权获取一定数量种类物或特定种类动产的人；律师、法院书记员、传票送达人以及任何从事与诉讼程序有关的正式职业、希望追索报酬或应得款项的人，公证人和那些从事涉及关税的自由职业或贸易工作、希望追索他们的报酬和成本的人。通常，债权人须以书面证据

---

① 《民事诉讼法典》第 473 条。

证明其权利的存在。适格的书面证据主要包括但不限于以下几种：保险单；以私人手迹和电报形式存在的单方承诺；商事主体制作的关于要求提供货物或支付金钱的、经过认证的账目记录的摘录。

申请支付令时必须在书记员办公室登记一项请求并提交相应的证明文件，法院将根据提交的证明文件作出决定。如果依《民事诉讼法典》的规定，其第 633 条适用于这些情形，法院将根据一方当事人的请求命令另一方当事人在 20 天内支付金钱或交付财产，同时告知他也可以在此期限之内提出反对意见，否则将予以强制执行。支付金钱或交付财产的期限并非是固定不变的，因为在下列情形中，法院可能基于请求人的要求，命令先予执行其请求：请求人以可流通的汇票、本票、银行支票、现金支票、股权凭证、公证人或其他政府官员出具的文件作为担保请求先予执行，或迟延执行将导致严重的不公。其中，法院的命令和当事人的请求都须指向债务人，履行债务或提出异议的 20 天的期限从命令发布之日起计算。命令如在签发后的 40 天内未能送达则失效。

（2）异议

异议是债务人认为命令不公正时用来保护自己的一种手段，其法律后果是双方当事人一同出现在发布支付令的法院以对簿公堂。在异议程序中，双方当事人的角色发生了调换，申请发布命令的债权人成为异议的被告，被申请发布命令的债务人成为异议的原告。异议方可以提出各种有利于证明其权利的证据。

在诉讼过程中，检验法官可以命令先予执行（如果异议不是以书面形式提出和申请先予执行的人提出充分的担保），或者基于正当理由延迟执行。如果债务人未能在指定的期限内提出反对，或在提出反对后无故缺席或反对被驳回，命令将自动生效。同样的情形在法院签发终结诉讼的命令时也将出现。

2. 租约终结和驱逐程序

（1）性质

此程序的目的在于获得法院的裁决，以保证因租赁者违约支付租金而发生的终结租约或强制迁出的通知和宣布租约无效的通知的有效性。此程序适用于包括耕作土地合同和农业合同在内的所有契约，尽管其主要适用于租用商业和居住用房租约中。法律规定了适用此程序的 3 种情形：①为防止租约自动重新生效而在其期限届满前提前宣布租约将于到期后失效的通知；②在合同期限届满后要求租赁人迁出的通知；③在承租人违约未在规定期限内支付租金时要求其迁出的通知。

（2）程序

在上述 3 种场合下，程序将基于出租人要求承租人退出不动产的请求而启动，承租人被要求到庭对出租人的要求的有效性作出答辩。第一次答辩是非常重要的，因为它可能导致下列情形的出现：①如果被告未到庭或尽管到庭但未能对出租人要求终结契约或要求其迁出的通知的有效性作出有效抗辩，法院将确认通知的有效性，下达执行命令；②如果承租人到庭，他可以对出租人的要求提出有效异议，导致此程序转化为普通诉讼程序，后者将由初审法院在遵守适用于解决劳动争议的特别程序的前提下进行审理。

因违约不支付租金导致的要求强制承租人迁出的通知具有如下额外的特点：即强制迁出要求只有在法院确认承租人的违约处于持续状态时才会被确认为有效。如果出租人提出此类要求，法院将颁布支付令要求承租人支付迁出不动产前欠缴的和到期的租金。如果承租人对应付数额提出异议，法院将命令他在 20 天内先行给付无争议的部分。否则，法院将确认强制迁出要求有效并颁布支付令强制其支付所有金额。

（二）诉讼程序的中断

当发生影响当事人及其法定代表人、代理人参与诉讼的事件时，引起诉讼中断。这些事件包括一方当事人的死亡或者由于禁治产、残废、破产而引起丧失法律能力，或者法定代表人的死亡或丧失法律能力；代理人的死亡，无行为能力或者中止代理①。

诉讼必须于诉讼中断的原因消除后的 6 个月内由最具谨慎的当事方送达传票而重新进行。如果诉讼未于该期限内重新进行，则诉讼消灭。

（三）消灭

消灭是由于出现阻止诉讼继续进行的原因而提前终止诉讼。《民事诉讼法典》规定了两种消灭原因：（1）一方当事人亲自或者通过特别代理律师放弃诉讼，而且这种放弃必须由对继续进行诉讼可能有利益的另一方当事人接受；或者（2）当事人的不行为，例如案件在从备审案件目录表中被排除后的一年内未重新进行诉讼，或者有权继续、重新提起或者合并诉讼的当事人未能在法律或者法院规定的最后期限内进行上述行为。

在初审法院或者治安法院中的诉讼与充当独任法官法庭的大审法院中的诉讼在本质特征方面并无不同，就法律适用而言，它们受同样的法律规则的调整。根据《民事诉讼法典》第 312 条和第 313 条的规定，当事人在陈述事实时提到可能知道事实真相的人时，初审法院或者治安法院可以依职权在证人出

---

① 《民事诉讼法典》第 299 条。

示证据后继续进行诉讼。另外，在提起不实之诉时，如果它认为受到异议的文书与案件的判决有关，初审法院或者治安法院可以中止诉讼并将案件提交大审法院，但是，在当事人的单方面提议下，法院可以继续处理那些可独立于受到异议的文书而判决的案件。在初审法院进行的诉讼所应遵循的程序与适用于大审法院中的诉讼的程序一样。

三、西班牙

（一）期满

在第一审中程序的终结可以通过期间的届满而发生。

根据《民事诉讼法》第411条的规定，在各种案件中，诉讼程序被认为已经由当事人放弃并已过时效，如果：该案仍处于一审，在4年的期间内并未主张继续该程序；或处于二审，在2年内未主张继续该程序；或为未决的撤销（repeal）请求，在1年内未主张继续该程序，该期间和所有其他的期间从最后一次通知当事人的日期起算。

期满的效果是审判的终结，该问题由令状（Writ）解决，且法官总是依职权对此予以宣布。如果终止发生在一审，卷宗将存档；或者如果在二审或撤销期间届满发生，则判决获得了最终判决的地位。发生在一审程序中的终结使权利主张未得到判决，如果原告希望的话，可重新提出该权利主张①。

（二）即决判决

当法院在任何阶段确定地解决了一审或普通、特殊上诉案件中的争议事项时，或当它们依据抗辩最终决定了诉求的标的时，或者当它们发现由于诉讼当事人缺席而不能进行审理时，法院可以判决书的形式作出判决。

同样地，另一种司法上的宣告、裁决可能解决审判过程中发生的、要求单独作出判决的、并与确定的判决相分开的事项。

（三）缺席判决

当确定的期限届满，被告人或其最近的亲属或者同户亲属经传唤拒不出庭的，法院将作出缺席判决。《民事诉讼法》第766条规定，无论缺席当事人的诉讼地位如何，他都将被视为诉讼的当事人，且该案的实体程序都将考虑缺席当事人——尽管由于时效的经过有些规则不能适用。

在《民事诉讼法》第281、527、762条中，"缺席"仅当法院当局宣告时才发生效力。缺席要产生效力，必须通知有关当事人，而被告是否愿意出庭则

---

① 《民事诉讼法》第418条。

在所不问。

（四）其他未经完全审判而终止诉讼的情形

通过一系列程序，如承认诉求、放弃（abandonment）、弃权（waiver，亦称自动放弃）与和解，双方当事人可以直接或间接终结审判。相应地，法院将作出判决或决议，审判在诉讼程序未完结时即告中断。

1. 自动撤回

被告可在诉讼程序的任何时候作出承认对方诉求的声明，由此承认原告的主张。原则上这会导致审判终止及被告有责任的判决，除非这种声明违背公共秩序或公共利益或者损害第三人的利益——在此情况下审判将进行到正常程序终了为止。

此类程序并非意指诉讼费用一定得由被告承担。具体而言，若在该主张得到满足之前发生自动驳回，就无评估被告的诉讼费用之必要了。不过，如果由于被告之过错，原告必须提起此项主张，那么将进行诉讼费的评估。

撤回并不以被告的同意为有效的条件，但当被告应诉并反对撤回，且其利益在审判中一直存在时，则似乎应要求被告的同意——除非此种利益不存在。

2. 不成功起诉的放弃

原告放弃（abandonment）时，放弃的是审判而非其主张。原告弃权时签署声明使其主张归于无效，从而放弃请求法院保护之权利，这导致法院作出赦免判决，该判决一旦作出，无论事实状况如何，该赦免判决将持久有效，审判无须继续。

如同抛弃行为一样，弃权要求律师享有代理人的特殊权利，原告所授予的提起诉讼的总括权利是不足够的。如缺乏此类权利，弃权可经原告追认而生效。此类弃权无需被告同意。

3. 司法协助下的和解

接受对方主张及弃权都是通过审判作出判决，判定被告有责任或无责任，从而终结审判。与此相对照的是，司法协助下的和解则是无须经法院审判而终结诉讼的。为达到此种效果，法官有必要出庭参与该程序。若该和解是在诉讼外达成的，则既不终结此案也不免除判决之必要，因为此和解非司法和解。

和解必须有法官在场，且须由法官、秘书以及当事人签字；律师只有获得特别授权方可代理当事人直接签署此类规定，这也适用于口头审理和大标的案件的审理，尽管法无明文规定。

因为该程序是专门决定案件中当事人间的关系的，不能产生既判案件的法律效力。但法律赋予了其可执行力，和解协议可以通过判决执行程序得到执行。

四、芬兰

(一) 先发制人的 (pre-emptive) 驳回或否决

如果原告不能弥补传票申请的不足而且该不足是如此严重以致法院认为没有进行诉讼的基础，法院可以不签发传票而驳回该诉讼。法院也可以因其他原因而不能审理该案件，例如法院对本诉讼没有管辖权而驳回诉讼。驳回没有既判案件的效力。如果原告的诉求明显地没有根据，法院也可以阻止签发传票，并立即用判决否决该诉讼。

(二) 驳回

如果存在诉讼的障碍，该案件必须被驳回。延期的抗辩必须在被告对案件第一次答辩时提出。如果延期的抗辩被事后提出，它将被驳回，除非它涉及法院将依职权予以考虑的程序上的请求。

(三) 诉讼的撤回

原告可以撤回起诉，但该诉讼可以在后来再提起。然而，如果原告在被告已经答辩后希望撤回一个服从庭外和解 (amenable to out-of-court settlement) 的诉讼，如果被告提出请求，案件将因而由判决予以解决。

(四) 简易和缺席判决

1. 简易程序中的缺席判决

通常，准备程序附随一个口头审理，但是一些案件可以在准备程序中用简易判决予以解决。如果在一个服从庭外和解的案件里被告没有在规定的期间内提出被要求的答复，或没有提供他的否认理由或反而提出一些明显与本案无关的理由，则本案将在无需继续准备程序的情况下被解决。如果原告的诉求是基于一张可支付的本票、汇票或一张支票，简易判决的可能性就更大。如果被告没有提供被要求的答复或没有提供其否认的合理理由或没有提供一个最终判决、可接受的、可用于抵消的、可转让的本票、汇票或支票，这样的案件可无须继续准备程序而被解决。

在上面提到的两种情形中，诉讼因被告的怠职 (default) 而受到支持，即使原告没有如此要求。然而，这样的诉讼也可能被用判决驳回，一方面是因原告放弃了诉讼，另一方面是因为该诉讼明显没有根据。

2. 一方当事人的消极 (passivity)

如果双方当事人都缺席，不管是预备审理还是主要审理，案件将被撤销。

由于一方当事人的消极，一个服从庭外和解的案件可以在准备程序里被缺席裁决。如果一方当事人未能出庭或没有提出被要求的表明其意愿的书面陈述，另一方当事人有权让本案在缺席的情况下得到解决。如果他没有要求作出缺席的决议，本案将被撤销。

如果案件是针对被告缺席而解决的，诉讼将被支持。然而，案件有可能被判决驳回，原因是原告放弃诉讼或诉讼明显没有根据。相应地，如果案件是在原告缺席的情况下被解决的，则除了被告已经承认的部分或明显正当而被支持的部分，诉讼将会被判决否决。

在被告对诉讼作出答辩之后，有权让案件缺席解决的当事人，也有权让本案用判决解决，并出示为达到这一目的所必需的证据，这样可以避免申诉的可能性，但这项权利仅限在主要审理中使用。

3. 申诉（petition）

请求对案件作出缺席裁决的当事人必须确保决议的通知被送达对方当事人。这当然适用于原告，如果案件在简易程序中因缺席而受到支持。被缺席判决的当事人有权针对决议向作出该决议的法院申诉，但无权针对该决议在上诉法院上诉。申诉必须在缺席决议被送达后 30 天内提交法院。

如果申诉方超过上面提到的期间提出申诉，则该申诉将被驳回。申诉必须包含一个修正该决议的理由。如果缺席决议是由于缺席方没有提出表明其就被要求的问题所持的意愿的书面陈述，则在申诉书中必须表明其意愿。如果申诉书在前面提到的根据方面是不充分的而且申诉当事人又没有补救其不足，则该申诉将被驳回。

4. 司法协助的和解

在准备程序中，法院将决定是否存在和解的可能性。《司法程序法典》明确地规定，对服从于庭外和解的诉讼案件，法院将尽力劝说双方当事人和解案件。在这种角色中，法院可以尽力促进和解，在考虑双方当事人的意愿、案件的特点以及其他因素的基础上提出建议。由法院确认的和解是可强制执行的。

五、丹麦

一般地说，法庭的决定以判决书、命令和裁决的形式予以宣布。

（一）不经审判或经特别程序作出判决

程序规则并不一定要遵行，因为这些程序规则可以被当事人以协议的方式予以修订。但是，有些协议是无效的，例如协议可能会干涉法庭的正常组织或会偏离正当程序原则。当事人可以通过明确的协议或单边声明表明某些要求或事实并不是争论的问题或将不被援用，或以撤销某些诉讼请求的方式限制或阐明有关案件。

（二）简易判决

在丹麦程序制度中不存在简易程序判决。然而，需要指出的是，如果当事方要求，法庭可以宣告一个有关正式程序的简易裁决，例如，在审判地不合适或弄错了被告的身份时撤销诉讼。

（三）缺席判决

如果被告人未能出庭或以其他合适的方式代表被告人出庭，法庭可作出缺席判决。根据丹麦法律，把文书合理送达以给被告合适出庭的机会是宣布缺席判决的前提条件。

被告人的缺席通常是被告主动作出选择不出庭，例如，被告承认诉讼请求或者被告纯粹是放弃该争议。被告的缺席还有可能是因为失误或是意外事故。当被告缺席或忽略了递交书面答复，或者没有提出任何文书，而它们都是被告将援用的，这时法庭可宣布作出缺席判决。未能出庭是法庭缺席判决最普遍的根据。

在确定的庭审口头控辩之日，被告若没及时出席并不会必然导致法庭的缺席判决。如果被告已出席或由丹麦律师代为出庭，法庭在没有预先通知被告的情况下是极不情愿作出缺席判决的。

作为一项主要原则，缺席判决一般根据原告的诉讼请求作出。法庭的审查将仅限于原告的诉讼请求是否与起诉状中的事实相符合。对原告提出的事实的接受是判决的基本依据。如果诉讼请求与诉状中的事实不相符，判决将可能会有利于被告。如果所提供的事实只部分证实了原告的诉讼请求，法庭将只作出对应的有利于原告的判决。如果所提供的事实证据不充分，法庭可能决定撤销案件或作出有利于被告的判决。但是，原告能够请求推迟作出判决以补充证据或改正已提供的证据。

然而，即使被告未能出庭，法庭有权暂缓作出缺席判决并推迟审判案件以及重新召集碰面会。与此相关，法庭将考虑缺席是否有正当合理的理由或其他可以原谅的情形，以及原告对推迟审判的立场。

（四）其他未经正式审判而结束审判的情形

1. 主动撤诉

一件庭审案件未经法庭作出判决或裁决而终止可看做是原告的主动撤诉。根据《民事诉讼法》第 354 条的规定，如果原告主动要求撤诉或双方当事人均未出庭则法庭可终止案件审理。原告可在 3 个月之内对同一诉因提起新的诉讼，而不须重新支付诉讼费。另外，如果当事人同意，当事人可在法庭考虑对争议作出裁决之时撤销案件。通常地，法庭也愿意在作出裁决前的一刻，在双方同意的条件下，接受撤诉。

原告可在庭审辩论的最后一刻单方面请求撤诉。有关规定在《民事诉讼法》第359条至第366条之中。在控辩之后，撤销须经被告人的同意，因为被告可能希望获得有利于自己的判决。此外，被告可以反诉或在针对同一事件提起的新的诉讼中保护自己。

在上诉案件中，原告未经被告同意不得撤销上诉。

2. 法庭撤销案件

根据《民事诉讼法》第354条第1款的规定，如果原告在第一次正式法庭会议时未能出席，法庭可以依职权撤销案件。有关撤销案件的通知将送达当事各方。若案件被撤销，被告可获得与该案相关的费用的补偿。有关原告向被告支付补偿的裁决仍然有效，即使原告在后来对案件的庭审中获得了对他有利的判决。

原告即使已出庭，但未提交他在诉状中所援用的文书，或者诉讼请求不明了，法庭仍有可能撤销案件。

3. 司法和解

在所有民事案件的一审中，法庭有义务尽力帮助当事方以主动和解方式解决纠纷，只有法庭认为主动和解不可能时才作出判决。当事人可以达成庭内和解协议或认可由法庭提出的和解协议。和解协议一般在经过口头辩论，法庭非正式地表达了它对案件的观点后才达成。通过这一方法，当事人可迅速获得结果。对法庭而言，它可不必花时间与精力去起草一份有可能引发上诉的判决。庭审案件的庭内和解记载在法庭的备忘录中。与和解相关的还有，当事人同意合理分摊诉讼费用，或者当事人决定由法庭单独就费用问题作出裁决。

案件的庭内和解被看做当事方之间的一项协议，和解的有效性建立在合同法之上，而非建立在程序法的规定上。对和解的违反被看做对合同条款的违反。但是，写在法庭备忘录上的庭内和解协议仍可从执行程序规则中受益。如果和解是关于一笔款项的支付，如果被告没有履行协议，原告可在两周之后行使请求遗嘱检验法庭协助执行的特别请求权。

考虑到实体法，应该指出的是，一项新的法庭诉讼如其系争点与法庭和解的诉讼相同并不导致诉讼被撤销；相反，根据"一罪不二审"的原则，可能导致有利于被告的裁决。

六、欧盟

缺席判决是对已被正式传唤却未能提出抗辩的当事人作出的判决。为了驳回判决，缺席的当事人可在其被通知的 1 个月之内对判决提出异议。除非法院作出决定，否则提出的异议不能停止缺席判决的执行。在竞争案件中，在委员会对涉及《欧洲共同体条约》第 85 条或第 86 条适用的事项或实施制裁的事项作出决议之前，委员会有义务保证在委员会曾收到异议的事项上给予企业被听审的机会。同样的规则适用于《合并控制规则》。如相关公司不行使这个权利，委员会则可能单方面地对此案作出裁决。

第三节 若干亚洲和美洲国家的即决审判和其他特别程序

一、印度

（一）缺席诉讼的驳回

当事人必须在法庭确定的日期出庭。当事人可亲自出庭或委托他人代为出庭。如果听证没有推迟的话将会如期开庭。

如果任一方当事人均未在开庭之日出庭，诉讼将被撤销。然而，原告有权就该案提出新的诉讼或向法庭解释未能出庭的原因，若法庭认为原告有足够的未能出庭的理由，则不会撤销诉讼并重新确定开庭之日。

如果原告未能采取合适措施使传票送达被告人（如，支付送达费用、邮资并向法庭提交诉状的复印件），并且原告不能使法庭相信他已是足够勤勉、细致，或者没有失误的充分理由，则法庭将撤销诉讼。但这并不能阻止原告基于时效原则提出新的诉讼。

如果文书已合理送达被告人，但被告未能出庭，则法庭会单方开庭（如被告缺席）。但是，如果被告在推迟的日期之际或之前出庭并且说明了他先前缺席的理由，法庭将会准许被告参与听证，就像参与正式出庭之日的听证一样。在单独听证之后，法庭可能作出有利于原告的判决。总之，即使缺席判决已作出，如果被告向法庭证明传票未合理送达，或者他因意外事故而不能及时出庭，法庭将撤销针对被告的缺席判决。

若只有被告出庭，原告没有出庭，并且被告不承认原告的部分或全部诉讼请求，则法庭将驳回诉讼，或对承认的部分作出判决而对剩余部分则予以撤销。在这类案件中，原告不能就同一诉因再提出诉讼。但是，原告可向法庭解释缺席的理由，若理由充分，则可申请暂时搁置撤销决定。如果法庭认为原告之缺席是有足够理由的，则会取消撤销决定，继续进行审判程序。

尽管存在上述情况，法庭可能原谅任何的超过时效、延期或缺席，法庭可能会要求增加费用开支和给过错一方添加其认为合适的责任。

（二）撤诉与诉讼更改

原告可在诉讼提出后的任何时间提出撤诉或部分撤诉。当事人可在任何时候进行和解，法庭将作出和解判决。

（三）简易程序

《民事诉讼法典》第 37 条规定了简易审判程序。依据这一程序，被告并不必然必须上法庭辩护。简易程序适用于以下诉讼：（1）有关汇票、邦恩帝斯（bundis，一种当地流通票据）与本票。（2）原告仅追索债务或要求被告偿还订定额度的赔偿的诉讼，不管有无利息，由以下原因引发：①书面合同；或者②依据法律，追索的金额是一笔应当予以支付的确定的金额或本质上是债务而非处罚；③担保，针对主债务人的仅是关于债务或订金的求偿。

一件适用简易程序的诉讼在提出时应特别指出适用《民事诉讼法典》第 37 条。在诉状提交之后，传票将依据《民事诉讼法典》附录 B 的要求签发。传票与诉讼状复印件以及其他附件一起送达被告人。

被告在传票送达后不迟于 10 天内出庭（enter appearance）。一旦出庭，被告必须向法庭提供通知送达的地址，并且必须把已出庭一事通知原告。一旦被告出庭，原告必须依据附录 B 所要求的格式向被告送达判决传票（summons for judgment）。判决传票必须有宣誓书的支持，核实诉因与求偿总额，并阐明原告确信被告在此诉讼中无任何抗辩。

在判决传票送达 10 天内，被告可通过披露事实真相的办法请求授予他抗辩的机会。如果法庭认可了被告所揭露的事实，认为诉讼是应予审理的，并且被告有足够的抗辩理由，则法庭会附条件地或不附条件地准许公开审理。法庭可能授予被告针对全部或部分诉讼请求提出抗辩的机会。

在这类判决传票的听证会上，若被告没有申请要求抗辩，或申请被驳回，则原告将直接得到判决结果。即使被告被允许就全部或部分诉讼请求提出抗辩，法庭会要求被告在判决作出之前提供担保，若被告未能及时提供担保，原告有权马上获得判决结果。

如果被告在要求出庭与申请公开正式审理上有上述的足够理由，法庭会原谅被告人的迟延。如果法庭同意被告就原告的诉讼提出抗辩的申请，则简易诉讼变为普通诉讼，其诉讼程序也将适用普通诉讼程序。

（四）取消抵押品赎回权的诉讼

对取消抵押品赎回权的诉讼，如果原告胜诉，法庭将作出初步裁决。依照初步裁决，至初步裁决作出之日的财产总价值及利息将会公开宣布，被告可在6个月的时间内支付上述金额。如果被告支付了判决所规定的额度，原告将把被告交给的有关抵押品的文书完整地交还被告。如果被告不能如期付款，原告可申请法庭作出最后判决。最后判决作出后，被告人将不再有赎回抵押财产的权利。

如果被告有充分合理的理由，则支付期可适当延长。

二、泰国①

在泰国，调解具有很好的社会基础，社会最基本的价值观和信念反映了对调解的支持。如受佛教的影响，做人应该纯洁和善良的价值观。受社会阶层的影响，泰国人尊重、服从长者，这些观念与法庭诉讼程序复杂、费用昂贵的观点结合在一起，使调解这种解决争议的方法比诉讼更受欢迎。

从前，争议双方通常把他们的争议交由一位他们都尊敬的长者解决。不管是赢是输，当事方都会无争议地接受裁决。输的一方会很乐意地执行决定，因为如果他不这样做，社会将会制裁他，而且他也不会觉得服从长者的决定会使他丢面子。当事人双方的关系不会被破坏，社会也保持稳定。这种由长者解决争议的方法很简单，通常先进行简单的谈判，如果不能解决问题，则由长者作出决定。尽管这种决定对双方无法律约束力，但尚无任何记载表明败诉一方对胜诉一方提起了诉讼。这种方法类似于现在的调解方法（下面将讨论）。

尽管现在泰国发生了巨大的变化，这种解决争议的方法依然很盛行，但是仍没有专门的法律法规来支配调解。调解通常是由一个或多个中立的第三方协助解决争议的一种私人的非正式的方法。调解从定义上看与仲裁是有区别的，因为它不具有法律约束力和强制执行力。调解员的角色与仲裁员的角色不同，他不是迫使当事人达成一致意见而是设法促成谈判使他们能一起解决问题。因此只要双方愿意，调解是一种非常有效的解决争议的办法。

然而，根据《民事诉讼法》的规定，如果这种无约束力的决定以书面形式出现并由争议双方签署，就会成为一个有约束力的协议。在这个协议中，当

---

① 参见〔美〕迈克尔·普雷尼斯主编：《亚洲的争议解决》，1997年英文版，第271~274页。

事人双方的权利义务将被重新确立。

在泰国司法系统中，这种有趣的调解方式被分为两类，第一种是在全国范围内由一般法院的法官调解，另一种是由民事法院提出的一种特别方案。

1. 法院调解

《民事诉讼法》规定，法院在案件审理的任何阶段都有权就争议事项尽量使双方妥协达成一致。这意味着法官可在审判的任何阶段在当事人之间进行调解。实践中，法官一般在审判开始时就进行调解，特别是在解决争议的那一天。如果当事双方达成一项和解协议，法官将会依照协议作出相应的书面判决。

2. 民事法院的调解方案

1994年民事法院为了减少待处理案件的数量而制订了调解方案。这个方案以"方便、迅速、经济、公平"为运作的方向，规定法官的角色是帮助当事人找到一个双方都可接受的解决方案。换句话说，这个方案强调法官的角色是解决争议（特别是在审前会议中），而不是作出判决。

根据民事法院的有关调解规则，调解的原则是当事双方必须自愿。该计划独立于民事法院，法官自愿参与该项计划，并全天扮演调解员的角色，以便能集中精力进行调解工作。不过，他们仍以审判者身份工作。因此，如果调解不成功，参加了调解过程的法官则不能再担任该案的法官，这是为了避免法官在调解过程中因了解到在审理中不可能知道的事实，而对在调解过程中不合作的一方作出不利判决。此外，调解中的文书、档案都将被销毁，这些在调解中被认为是机密的文件在正常的审判中都不能作为事实采用。这样做的目的是鼓励当事双方在调解时无所畏惧的自由讨论、谈判。

民事法院尝试在一间特殊的房间而不是法庭进行协商，以营造一种非正式的氛围，房间内配有电话、照相机、传真机并提供饮料，并规定法官和律师在调解过程中不穿法衣长袍。

只要双方当事人自愿，各种案件都能被纳入调解计划。法官会鼓励他们提供信息，表达自己的意愿，并从根本上找出当事人的需要，帮助他们找到能够满足自身意愿的创造性的解决办法。如果调解成功，原告将会撤回起诉，或者法官会根据调解协议作出裁决。如果调解失败，则案子将会回到正式的审理中。

民事法院制定了法官担任调解员的指导方针。比如，他必须仔细了解案情并找出双方当事人的真实需要，确保能提出一个令人满意的使双方结束争议的解决办法；他必须能营造一种使双方放松、自由交换看法的非正式的氛围；法官必须保持中立，尽管从案件事实的角度而言只有一方是正确的，但他还是必须耐心听取双方的意见。

该方案一个成功的范例是 1994 年马波库戎案。此案事实涉及马波库戎的股东为获得大部分公司股份而产生的争议。马波库戎公司在曼谷拥有一间大型的百货公司。第一次诉讼开始于 1989 年，审理了 4 个月，当时有 60 个相关的案子在民事法庭、上诉法院和最高法院审理。民事法院举行了 5 次调解会议，最后双方达成了一项令人满意的结果并从法院撤诉。

三、美国

（一）未经充分审理的驳回

《联邦民事诉讼规则》和所有州法院的民事程序规则允许法院在大多数管辖权问题上或没有什么事实需要审判员决定的案件中，对具体问题作出简易判决。此外，在特定情况下，法院有权不经审理并且不对案件的实质作出判决而撤销案件。

1. 简易判决和对系争点的简易裁决

在任何重要事实不存在要由事实审判者解决的真正系争点时，《联邦民事诉讼规则》第 56 条允许法院不经审理而裁决案件或裁决案件中的特殊问题。当然，该规则的意图是当继续进行审判已没有意义和提出申请的人有权获得对法律问题的判决的情况下，消除对案件的拖延和节省审理的费用。就其更进一步的目标而言，《联邦民事诉讼规则》第 56 条允许当事人在下列情况下获得简易判决：只要宣誓陈述书、庭外证言、对质问书的答复或/和被记录的自认中详细陈述的事实，根据最有利于对方当事人的考虑，对主要事实没有实质性争议时即可获得简易判决。

根据起诉状、交叉诉状或第三人诉状和任何答辩状的表面情况以及根据最有利于对方当事人的考虑，对主要事实没有实质性争议的情况下，根据《联邦民事诉讼规则》第 12 条第 3 款的规定，申请根据诉答文书作出判决是适宜的。例如，1994 年 8 月 20 日当事人 A 起诉，提出违反书面合同的诉讼请求，诉状控告的违约发生在 1988 年 5 月。当事人 B 答辩并在积极抗辩中主张该诉讼请求为 6 年的法定时效所禁止。当事人 A 在起诉状中没有提出延迟起诉的理由。由于诉答文书本身确定地证明如有违约，则当对违约发生的时间不存在争议时，当事人 B 可以根据违约的诉讼请求为法定时效所禁止而有权申请根据诉答文书作出判决。然而，在法院必须审查诉状以外的事项时，申请简易程序来决定该事项是适宜的方式。

2. 为原告作出的判决

《联邦民事诉讼规则》第 56 条第 1 款允许请求方在诉讼开始日起 20 日届满后，或向对方当事人送达简易判决申请书后，随时可以使用或不使用宣誓陈述书申请获得其全部或部分胜诉的简易判决。

我们假定上例中的诉答文书表明违约时间存在争议，那么根据诉答文书申请判决便是不适宜的。然而，发现程序证实从违约发生到起诉不到 6 年。当事人 A 便可以根据发现程序显示的从违约发生到起诉不到 6 年，申请一简易判决对当事人 B 提出的 6 年法定时效期限进行积极抗辩，并且当事人 A 可以根据法定时效的抗辩获得一个法律问题的判决。

3. 为被告作出的判决

根据《联邦民事诉讼规则》第 26 条第 2 款的规定，在原告必须在诉讼开始 20 天后申请简易判决的情况下，答辩的当事人可以随时，甚至在提出对诉答文书的答复前使用或不使用宣誓陈述书寻求简易判决。

此外，《联邦民事诉讼规则》要求所有的简易判决申请至少在听证日期之前 10 天送达（注意，联邦法院的地方规则可以要求在听证前 28 天送达）。反对一方当事人可以在听证前随时送达反对的宣誓陈述书。重要的是，在诉答文书和证据显示一部分但不是所有的重要事实存在真正的争议的情况下，《联邦民事诉讼规则》第 56 条第 4 款允许法院确定特定事实不存在实质争议，并且命令庭审程序仅仅依据其余真实的、经过辩论的主要事实继续进行。

4. 缺席裁判

根据《联邦民事诉讼规则》第 55 条第 1 款的规定，被寻求肯定性救济的当事人不应诉或不提出其他抗辩，可对之作出缺席判决。在对被告提出的诉讼请求是确定的金额时，法院的书记官在原告通过宣誓陈述书明确该金额已到期的情况下，应当应原告的请求提出判决（enter judgment）。在其他情况下，原告必须向法院申请作出判决。如果被告在诉讼中出庭，原告必须至少在听审前 3 天将申请判决的通知送给被告。在这类案件中，法院在必要时可以命令听证或其他程序，以便适当地决定任何问题，包括拟判决的损害赔偿的数额。

然而，《联邦民事诉讼规则》第 55 条第 3 款规定，甚至在判决被作出后，法院如有正当理由，可根据该规则第 60 条第 2 款的规定撤销已作出的缺席判决。根据《联邦民事诉讼规则》第 60 条第 2 款提出的缺席判决救济，由法院自由裁量作出决定。一般地，提出申请的当事人必须证明在这种情况下其有抗辩权且原告不受歧视。《联邦民事诉讼规则》第 60 条第 2 款也允许法院授予这种救济，当该救济为新发现的证据支持，而这些证据是在依据本规则第 59

条第 2 款规定重新申请审理的期间内，即使尽可能的注意也不能发现的证据，或是根据欺诈、虚假表示或当事人的其他不良行为提出申请授予这种救济。

5. 因未继续进行诉讼而撤诉

对寻求肯定性救济的一方当事人作出缺席判决的有效方法是《联邦民事诉讼规则》第 41 条第 2 款的非自愿撤诉。该条规定，如果原告不继续进行诉讼或不遵守本规则以及服从法院命令时，被告可以申请撤销诉讼或驳回其诉讼请求。作为一个实际问题，只有原告因十分不谨慎未提起诉讼或公然地、多次不遵守法律或法院命令的情况下，这种申请通常才得到承认。撤诉的命令由法院自由裁量作出。

（二）预审和替代性争议解决方法

由于向联邦和州法院提起的诉讼急剧增长，经常导致延迟审判和增加所涉当事人的民事诉讼费用。这给联邦和州法院带来了空前的压力，影响其更高效和更有效地提高处理诉讼的速度。相应地，所有的管辖区已实施了司法计划，该计划旨在给法院以下列方式处理案件的广泛权力，使法院集中处理真正的争议问题，将发现程序限制于必要的发现，鼓励为早日解决争议提供创造性的机制。

1. 预审会议和司法协助下的和解

（1）一般规定

鼓励更高效地解决案件的政策根本没有最近对《联邦民事诉讼规则》的修正案更有效。特别地，《联邦民事诉讼规则》第 16 条第 1 款允许法院命令律师为参加庭审前会议而出庭，加速处理案件；建立早期和连续的控制以避免因缺乏管理而拖延诉讼；减少不必要的庭审前活动；通过更全面的准备提高开庭审理的质量；便利和解。

（2）预审会议和《联邦民事诉讼规则》第 26 条

在收到来自当事人根据规则第 26 条第 6 款的报告以后或与律师协商后，根据规则第 16 条第 2 款，法院被要求发出日程命令，限制当事人可以追加当事人或修改诉答文书、提出申请以及完成发现程序的时间。这与规则第 26 条有重要的关系，因为规则第 26 条的自愿出示条款规定：当事人、他们的律师及法院在正式发现开始之前可以去了解有关争议的真正性质、范围及基础。根据《联邦民事诉讼规则》第 16 条的规定，法院在律师和当事人的参与下能够更有效地聚焦于发现并且为快速解决问题而工作。

在这方面，规则第 16 条第 3 款列举了法院在庭审前会议可能考虑的一系列事项，根据这些事项法院可能进行诉讼，旨在更有效地处理案件。这些事项包括对问题的阐述和简化，根据规则第 56 条作出简易判决的适当性和时间安排，避免不必要的举证和重复证据，以及为帮助解决争议而和解并使用特别程序。

（3）最后一次预审会议

正如规则第 16 条第 4 款所要求的，最后一次预审会议应根据情况在临近开庭审理的合理时间举行。最后一次预审会议的目的在于制订一个审理计划，包括使采用证据变得容易的方法。至少在将要进行的审理中代表每一当事人的律师必须参加。而且，大多数当地法院规则要求提交审理前会议陈述，该陈述必须说明将出庭作证的证人以及任何人在审判中将采用的文件。

2. 替代性争议解决程序

现在经常听到的短语"替代性争议解决程序"（ADR），包括不经开庭审理解决争议在内的范围广泛的方法。这包括：前面已讨论的法院辅助和解机制；在不能达成和解的情况下，数量不断增长的私人替代性争议解决程序；自愿替代性争议解决程序。他们在促进和解或使判决顺利进行方面起特殊的作用。最重要的是，不同的方法和替代性争议解决程序的结合可适合于解决特定争议。

（1）私人替代性争议解决方法

最常用的替代性争议解决程序是协商、仲裁和调解。其他的替代性争议解决方法还包括调解—仲裁、微型审判、适当的和解会议、中立地发现事实、私人裁决，或者是各种方法的组合。私人争议解决程序可以随时开始，该程序可以提供方便快速的结果，实质上节省时间、费用，还能保密。这些程序通常没有法院的诉讼程序那么正规，避免使用严格的规则。

（2）协商和调解

当事人和/或他们的律师之间直接协商是最广泛的实际争议解决形式，通常没有中立的第三人介入。调解包括在争议当事人中间试图促进和解、协商的中立第三人。调解的参与者包括当事人、他们的律师或代理人和调解人。调解人能区分当事人想要什么及为什么想要，集中于他们的需要和利益，为当事人保留信任，消除敌意，减少感情因素的负面影响，为达成一种解决方法建议可替代性和创造性的方式。

（3）仲裁

仲裁包括将争议提交给一个中立的仲裁员，由他根据听证作出判决。通常有三种仲裁方式：通过争议前的仲裁协议、争议后的仲裁协议或州法院命令的仲裁。在争议前的仲裁协议中，当事人达成协议将未来发生的争议提交仲裁。

在争议后的仲裁协议中，当事人将现存的争议提交仲裁。在法院命令的仲裁中，法官命令当事人在诉讼中就一些问题进行仲裁。仲裁包括听证，该听证通过证人和/或文件提供证据。而且，仲裁员一般不要求严格遵守程序规则或证据规则，仲裁员通常根据听证，通过发布书面仲裁裁决来处理案件。仲裁裁决是有约束力的最终裁决，不允许上诉。仲裁裁决在 50 个州和联邦法院有法律约束力和强制执行力。各州和《联邦民事诉讼规则》允许当事人"确认"仲裁裁决为可执行的判决。

(4) 调解—仲裁

在调解—仲裁程序中当事人首先应尝试调解争议，如果调解失败，他们然后申请仲裁。在当事人间调解争议的中立者可以是仲裁员或其他的人。调解程序可以解决全部争议，或仅解决部分争议，而用仲裁解决余下的问题。

(5) 微型审判

微型审判是在商业实体间大量存在的解决争议的精巧的调停形式。作为一种替代性的争议解决程序，微型审判是在每一方当事人选出的代表组成的专家小组前进行陈述的私人的、双方同意的程序。律师提供证据和文件形式的证言摘要，进行充分的讨论。该程序的目的是：在诉讼的早期阶段，基于实际的商业考虑，由当事人的裁判者促成和解。

(6) 调停—和解会议

调停—和解会议是在当事人和他们的律师之间评价案件、形成和解协议的专题会议。审判律师（trial attorneys）在一个公正的第三人面前提供他们的案件事实。该第三人通常是律师，由他评价案件，作出建议和不具约束力的观点以供当事人进行协商之用。

(7) 中立地发现事实

当要求提供专家意见的事实争议构成和解的重要障碍时，中立地发现事实可被考虑。当该争议涉及复杂的技术、科技和经济问题以及当事人对法院将怎样判决这些争议持有广泛的不同观点时，这一方法特别有帮助。中立地发现事实可能被单独地援引或与另一个替代性争议解决程序相结合。

(8) 私人裁决

当事人也可以将他们的争议提交给私人裁判者，由其在审理后作出裁决。一些州制订了允许私人裁判者作出判决的法律，该私人裁判者通常是前任或退休的法院法官。该裁决能像判决一样被执行。选择私人裁判者的一个优点是当事人可以选择对所涉争议的解决具有特殊经验的裁判者。也许最重要的是，私人裁判者可让当事人选择特定的审判日期。

（9）私人争议解决组织

现在存在许多私人争议解决组织，它是专门为涉及特殊争议的当事人设立的。这些组织的实例包括国际仲裁协会、美国仲裁协会以及司法仲裁与调停服务机构。这些组织都有其自己的规则，规定采用何种争议解决形式，哪些文件要提交给该组织，以及应对另一方当事人发出怎样的通知。

四、加拿大

（一）未经审判或通过特别程序作出判决

通过以下方式某一诉讼可能终结：（1）放弃（discontinuance）；（2）撤回诉讼（withdrawal）；（3）驳回诉讼（dismissal）；（4）诉讼中止。第（1）、（2）项有终止诉讼程序的效力，提出申请的当事人有主动权；第（3）、（4）项是双方当事人之间协议的结果或者依赖法院的许可。一方面，诉讼中止意味着在经法院许可时，诉讼以后可以被重新启动。对整个诉讼的放弃可不经许可而作出，但其他当事方为诉讼费可自由向法院提出申请。撤回诉讼常常局限于当事人中的一方提出的一些诉讼请求，而驳回诉讼通常表示争议以和解的方式结束。另一方面，诉讼中止可能代表当事方"冻结"未决诉讼的意愿以便提出建议的和解方案的细节。

不经审判，存在可以结束诉讼的其他三种诉讼程序：（1）在审判前裁决争议问题①；（2）根据陈述的案情裁决法律问题——在当事方已经对事实、法律问题和救济措施取得一致意见时，法院可以据此作出判决；（3）攻击（attack）诉状没有揭示合理的诉因的申请；（4）由于法院无管辖权。

（二）即决判决

以前的诉讼程序实践仅仅在有限的情况下同意原告的即决判决申请。现在的规则已经扩大了不经审判的处分模式，使被告方也可提出即决判决申请，伴随而来的结果是在所有的管辖区内出现了大量的这样的申请。提出请求的当事方被要求提交正式书面陈述材料或其他的证据并对盘问作出回答。

（三）缺席判决

原告可以启动缺席诉讼程序，如果：（1）被告未能提供答辩陈述；或（2）答辩被驳回。

当出现以上情形时，原告可以要求法庭官员记录缺席的被告并因此裁定被

---

① 例如，根据工人赔偿立法和诉讼时效法提出的停止诉讼的申请：Rostland Corp. v. Toronto（City）（1991），2 OR（3d）421（Gen. Div.）.

告已经承认原告在诉讼请求陈述中的所有主张的真实性。在许可的情况下，被告可能使缺席记录被撤销。在此程序之后，原告可以请求得到由法庭官员签署的判决（当争议涉及债务、已判定的损害赔偿金请求权或涉及土地或有形财产的诉讼请求时），或者（当争议涉及的不是上面所直接列举的项目时）原告可以在法官面前用宣誓证据支持而请求作出判决。在该后者的听审中，法官可以作出判决或把案件搁置下来候审。法院在如此条件下有撤销或改变缺席判决的权力。

在上述撤销诉讼中，在名义上使用相同的程序规则的不同省份之间的差别已经有了发展。这些差别集中表现在撤销缺席记录和缺席判决是否应当有相同的标准或者撤销缺席记录的标准是否应当变得不严格些。

但撤销缺席判决的标准更加固定且包括：（1）被告一旦知情，必须尽快提出撤销缺席判决的申请；（2）被告必须用正式书面陈述表明缺席判决出现的原因；（3）被告必须通过披露表明他或她的辩护主张有法律依据的事实，以此来支持其正式书面陈述。

（四）不经完整审判的其他终止方法

1. 自动驳回诉讼

在答辩结束之后，只有在取得许可的情况下原告才可以放弃诉讼。该规则的目的在于确保诉讼的放弃构成基于同样的诉因而提出的任何后继诉讼的一种抗辩。当原告提出放弃诉讼请求对抗有反诉请求的被告时，被告有义务作出继续诉讼的声明。如果未作出声明，反诉被驳回，被告应承担相应的诉讼费用。

当原告放弃诉讼对抗有相互请求权或提出第三方当事人权利要求的被告时，除非法院有不同的命令，这些诉讼被认为已被驳回且提出者承担相应的诉讼费用。

2. 因未能提出控诉而驳回诉讼

被告方在没有缺席时可以延期为由请求驳回诉讼，当原告没有：（1）及时送达权利要求声明；（2）通知没有提出辩护声明的被告；或（3）在答辩结束后6个月内，未能确定审判的日期。

此时的驳回诉讼是给予未跟上诉讼步伐并因此违背诉讼规则的宗旨——提高诉讼的效率和使争议的所有当事方更快获得诉讼结果——的当事人的惩罚。为达到这一目标，法庭官员被授权采用案件目录表（case-lists）和要求当事方在法院根据提供的所有信息决定的时间参加地位听证会（status-hearings）。对特定的纷争，这是最迅速的诉讼程序方式。在行使自由裁量权时，法院可以宣布一个日程表，列出审理前将采用的所有步骤。

3. 司法协助的和解

司法协助和解争议的政策包含在支配预审会议的规定中。和解由法官或其他法庭官员主持，目的在于：（1）简化争议；（2）获得对事实和文件的承认；（3）明确已请求的损害赔偿额；（4）保证正式书面的答辩状或其他文书的修订；（5）在被传唤的证人数量上取得一致；（6）把一些应当在主要诉讼之前审理的争议分离出来，例如合宪性争议。

在这些讨论中主持法官的目的在于：（1）达成和解；或（2）促成一更快、成本更低的审判。

主持审判前会议的法官不得主持审判。在讨论结束时，当事方可以签署文件，列举同意的损害项目、他们各自的承诺和留待解决的问题，该文件对当事方有约束力。除上述情形之外，有时当事方将起草一份和解协议，该协议授权今后的任何违反将引起提出判决申请，由法院行使对这样的命令固有的自由裁量权。

五、墨西哥

墨西哥《联邦地区民事诉讼法典》和一般的程序规则规定了几个可以无须经完全审判而宣布裁决的情形。

（一）简易审判

总的来看，简易程序已经在墨西哥民事诉讼制度中被取消。然而，仍有一些特别的诉讼或审判（特别审判），构成不同于一般诉讼的特别程序，旨在完成对一些更紧急的争议案的处理。它们包括执行诉讼、取消回赎权特别诉讼和收回租地的诉讼。

1. 执行诉讼

执行诉讼由自动执行文件的存在来支持，它允许扣押财产。

下面是由《联邦地区民事诉讼法典》第443条列举的有效的文件：（1）首次被认证的由法官或公证人发出的公文据的副本，此公文据由该法官或公证人授予，或者其通过司法命令签发的后来的副本；（2）其他被充分证明了的公文据；（3）任何经被指控的人或导致其发布的人承认的私文据，为了该目的，只要这个人承认附着在文件上的签名是他（她）的签名就足够了；（4）债务人或他（她）的合法代表在主持法官面前的承认；（5）由双方当事人或卷入诉讼的第三方当事人在主持法官面前达成的和解协议；（6）在公共中间人（public broker）调停下达成的合同原始草案；（7）由主持法官承认或同意的会计师的统一意见。

而且,《联邦地区民事诉讼法典》第 444 条认为下面的文件为可执行的文件:终审判决书、司法协议（judicial agreement）、在联邦消费者保护协会达成的协议和由该协会作出的裁决。

执行诉讼依证明支付、履行或交付义务的文件进行。执行诉讼的目的就是执行由文件证明了的权利,该文件是诉讼的主要理由。

当提出执行诉讼,请求支付流动债务时,一旦起诉被受理,法院将命令债务人偿付债务。如果债务人拒绝遵守法院发出的命令,法院将再次发出一个扣押债务人的财产的命令,使其充分担保对未清偿账目的支付。债务人应在 9 个工作日内决定到法院去偿债或者在他（她）的抗辩中提出必要的请求或声明。

执行诉讼被分成两个部分:第一部分（基本部分）将涉及起诉状、答辩状和最后判决书的有关内容;第二部分（执行部分）将包括债务人财产的扣押和与扣押相关的诉讼行为。

最后,在扣押债务人的财产之后,执行诉讼将根据有关一般诉讼的规则进行处理①。

如果与执行诉讼相关的判决最后有利于原告,那么法院将发出一个对已被扣押的财产进行公开拍卖的命令,拍卖的通知将送达债权人②。

2. 取消（抵押）回赎权特别诉讼

这个程序是为了抵押的创设、延伸、分离或者登记,同时也是为了请求和确保它的取消或者加速由抵押担保的债权的支付。

如果这个程序是为了请求和担保债权的支付而开始的,那就要求该抵押为在财产所在地的财产公共登记机构进行正式登记的公文据证明的抵押③。证明抵押的公文据必须附在起诉状后。

在提交起诉状时,法官将命令抵押契约的签订和登记。法院将通知债务人,债务人在其后将有 9 个工作日的期间到法院去作必要的辩解和提出相应的抗辩。在前面的几个步骤完成后,诉讼将依照一般诉讼的规则进行下去。

与抵押契约相关联,文件材料将包括对证明抵押权的公文据的简明描述。同样地,抵押契约将包括一个命令,要求公众或任何当局不要取消回赎权、占有抵押财产、对已被抵押的财产采取其他将干扰诉讼的进行或违反原告债权人已取得的权利的任何行为。

---

① 《联邦地区民事诉讼法典》第 453 条。
② 《联邦地区民事诉讼法典》第 461 条。
③ 《联邦地区民事诉讼法典》第 453 条。

为了公布的目的，抵押契约应该到财产公证登记处进行登记。拥有该财产的人将是财产的合法保管人。所有从该财物上发掘的东西和由该财物产生的利润或孳息都属于该财物。为了这些目的并经债务人请求，法院将提供一个所有利润、孳息或与该财物相关的发掘物品的详细清单，交由财物保管人保管。

在送达判决书后，如果诉讼以支持原告债权人的方式解决，法院将作出一个公开拍卖该财物的决议。

3. 收回租地程序

这个特别程序当承租人拖欠两个或两个月以上的租金时适用，原告必须在起诉状上附加租约作为起诉的根据。

一旦起诉状被提交并且被法院受理，法官将命令被告支付未清算的租金或者提供其已清偿的证据。如果被告不能证明其清偿了过去的租金，那么他（她）拥有的足够多的财产将被扣押以担保债务的清偿。同时，如果租地位于住宅区，被告将被通知在 30 天内腾空该租地，如果是在商业区或工业区，则将在 40 天内，如果是农地，将在 90 天内腾空该租地，否则会被警告将被强迫收回租地。与此同时，被告将被通知必须在 9 天内向法院提出答辩。

如果被告提供证据证明其已对未清偿账单支付了现金，或者提供已向某个法院提存的正式书面陈述，或者已经直接支付，一旦由原告提供承认单据；这个案件将被撤销①。

如果在上面提及的腾空租地的期间，承租人送交文件材料证明租金已经冲账或已完全支付，那么这个案件将被撤销。然而，如果在收回租地期间过后，这些租金才被支付或这些文件才被提交，那么被告将被要求支付律师费和诉讼费。

如果被告提出答辩，答辩意见将受制于原告提出的反对意见。法院将规定一个证明期间，在这之后将作出最后判决。如果最后判决宣告收回财产，承租人将被要求腾空租地，除非其当场清偿未清偿的租金。

（二）缺席裁判

《联邦地区民事诉讼法典》第 637~651 条规定了缺席裁判。在所有的案件中，法院将表明案件的处理与未出庭的被告有关。

《联邦地区民事诉讼法典》第 637 条规定，所有的经法院通知而被告没有出庭的案件，将没有进一步传唤被告的通知。所有在这之后作出的裁决将在《司法布告》中以公告的方式通知。

---

① 《联邦地区民事诉讼法典》第 491 条。

命令证明期间开始的裁决或者审理提供的预备证据而作出的裁决以及那些作出最后判定的裁决必须由法院每3天一次在《司法布告》上公布两次，并且由法院自由决定在当地主要报刊上公布。

最后，在这些诉讼程序中，作为一种额外的措施，在原告请求的基础上，法官可以作出对被告财产进行扣押直到诉讼结束的决议。如果是通过公告的形式送达，那么终局判决将在最后一次公告发布后的3个月后执行，除非原告签署保证对可能的损害进行赔偿的契约。

如果反对的被告在举证期间参与了诉讼，只要被告证明是由于不可抗力的原因阻止他（或她）在更早的阶段参与诉讼，那么他（她）将有权提交绝对抗辩的证据（那些涉及诉讼主张的实质性争议的抗辩）。

（三）未经完全审判结束诉讼的其他方式

1. 自动撤诉

有两种不同的撤诉方式：（1）诉讼权的撤销（dismissal of the action）；（2）诉讼程序的撤销（dismissal of the proceedings）。

诉讼权的撤销的法律效力是原告放弃了向相关法院提起的向被告求偿的诉讼的权利。诉讼权的撤销可以在诉讼的任何阶段提起，不需要被告同意原告的撤诉行为。然而，如果该撤诉行为是在诉讼通知送达之后提出的，那么原告必须支付律师费用和诉讼费，除非被同意不这样做。

诉讼程序的撤销，就它的法律效力而言，是指原告放弃其在起诉状中提出的损害赔偿主张，但是并没有放弃在新的程序下起诉对方的权利。因此，诉讼程序的撤销，也是我们所熟知的起诉状的撤销，使情势回复到提起诉讼以前的状态。

如果诉讼程序的撤销是在传票送达之后提起的，原告必须支付律师费用和诉讼费，除非被同意不这样做。同样地，如果撤销是在传票已经送达之后提出的，必须征得被告的同意，否则诉讼必须继续进行。

2. 大指控失败的撤销

诉讼程序的期满受《联邦地区民事诉讼法典》第137条的支配。该条规定，如果双方当事人在180个工作日内都没有实施诉讼行为，那么诉讼无论到了哪个阶段都将被宣告撤销。撤销的期间因当事人提起诉讼或因法院的诉讼行为而中断。

撤销的理由是一个公共秩序问题，是不可放弃和不受制于双方当事人的协议的，法官可以直接宣告撤销或在一方当事人的要求下宣告撤销。撤销消灭的是诉讼程序而不是诉讼的理由。因此，原告可以在法律规定的有效期内提起新的诉讼。

指控失败的撤销将导致：除有关管辖权、既存诉讼、诉因的合并、当事人的能力和授权的终局裁决外，所有在被撤销的诉讼程序中作出的诉讼行为无效。在上诉程序中，这个撤销将导致被上诉裁决成为终局裁决。

上述撤销的理由不适用于破产或遗嘱检验诉讼，也不适用于非对抗式诉讼，同样也不适用于家庭法律诉讼或那些向治安法官提起的诉讼。

3. 司法协助下的和解

司法和解决定是指那些进入诉讼程序解决争议的当事方，在主持法官的参与下所达成的协议。法院将审查该协议以确定其是否包含与法律相违背的条款，经审查之后，该协议将被批准并且赋予其相当于终局判决的地位，像已判决的案件一样对双方当事人有拘束力。

如果该司法协议没有被冲突中的任何一方所遵守，那么另一方可以请求法院强制执行，就像其是由法院作出的终局判决一样。执行诉讼将以简易程序的方式进行。

第十五章 审 理

第一节 若干欧洲国家和地区的审理程序（上）

一、英国

英国民事诉讼改革最重要的措施是法院根据诉讼请求金额、诉讼复杂性等因素，将民事案件（指抗辩式案件）分配适用不同的案件审理之，即小额索赔审理制、快捷审理制和多轨审理制。英国民事诉讼规则对案件分配的标准——案件审理制的适用范围、案件分配程序及小额索赔审理制、快捷审理制和多轨审理制的具体程序作了规定。由于前人对上述内容已有研究①，此处不再赘述。

英国有关民事证据的立法主要有：1968 年、1972 年、1995 年《民事证据法》、1988 年《（苏格兰）民事证据法》、1995 年《（苏格兰）（家事调解）民事证据法》等。这些证据法也并非是包纳全部证据规则的法典大全，实体法领域还有一些非常重要的证据规则，比如侵权法中的事实不证自明之原则、合同法领域的口头证据规则、刑法中对伪证和妨碍司法施加刑事制裁以及有关时效的法律等，而且大量的证据规则还见于判例法中。英国 20 世纪 90 年代中期以来的民事司法改革，对民事证据法亦作了修订和重新编纂，新规则主要见之于 1999 年 4 月 26 日生效的《民事诉讼规则》和《诉讼指引》中，并逐步通过《诉讼指引》的过渡性条款，不再适用先前的证据法。但由于英国法的超连续性特点，先前的证据规则尤其是判例法确立的规则并没有大的改变。英国

---

① 参见徐昕译的《英国民事诉讼规则》的有关部分，中国法制出版社 2001 年版；徐昕著：《英国民事诉讼与民事司法改革》，中国政法大学出版社 2002 年版，第 161～198 页。

证据法中的证据种类包括证人证言、传闻、书证和实物证据等①。

二、爱尔兰

（一）准备案件审理

1. 地区法院

审理日期在送达给被告的传票中指定。没有其他的步骤对准备审理案件来说是必要的。

2. 巡回法院

《巡回法院规则》规定，当已作出适当的答辩时，原告或被告可送达审判通知。审判通知是准备案件审理的文件，使案件登记在审理日程表中。

3. 高等法院

送达开审通知和准备案件审理有区别。开审通知在准备案件审理之前发出。如果在发出审判通知后 14 天内某一当事方不开始诉讼，审判通知将不再有效。要求进行审理的当事人要向法庭送交一份审判通知复印件，一起提交的还有两份完整的诉讼请求复印件，其中一份供法官审判时使用。

（二）审理的范围及顺序

在任何案件中，法庭有权决定任何争议问题。在原告送交起诉状、所有目击者提供证据之后，他们互相质证。原告然后可以反诘（re-examine）目击者在质证中提出的情况。在原告送交起诉状之后，将由被告送达答辩状。被告的所有证人首先举证，然后是相互质证及被告对质证中提出的情况进行反诘问。在民事案件中原告可以根据可能差额（balance of probabilities）证明他的诉讼请求。

（三）提交证据

实践中，大多数诉讼程序使用英文。诉讼者有决定是用英文还是爱尔兰文进行诉讼的宪法权利，但无权要求在整个诉讼程序中均使用英文或爱尔兰文审判。每个人都有权请求翻译的帮助。

任何一方可以基于案件审判的目的送出附列各种事实的通知，要求对方承认各种具体事实或通知中列明的事实。在新的审判中，基于审判的目的承认没有约束力。对通知不予答复不是对所说的事实的承认。任何承认如不是在审理

---

① 英国有关民事证据的立法的内容及评价可参见徐昕译的《英国民事诉讼规则》的有关部分，中国法制出版社 2001 年版；徐昕著：《英国民事诉讼与民事司法改革》，中国政法大学出版社 2002 年版，第 220~362 页。

期间作出，应采用书面形式。在法庭上承认可以由一方当事人以口头形式作出。由于一种正式承认具有法律约束力，所以任何其他证据已无必要。但是，该承认应是清楚明白的。

举证责任要求当事人去证明其提出的主张。原告应首先证明他有权要求救济的事实，而被告然后应反驳原告的救济主张。

对特定事实的证明责任可通过诸如司法认知（judicial notice）、推断（presumption）等可接受的规则来予以减轻。司法认知指不需要专家证明的一般意识及法官可以从日常生活中感知的东西（例如，在爱尔兰，汽车行驶在道路的左边）。现实中也存在着大量的法律推理，它源于法规或普通法的规定。一些推理是一般推理，而其他的推理依赖于特殊事实的证明。推理的作用是将举证责任由一方转移到另一方。

（四）证据的种类

1. 书证

与案件有关的证据是可接受的，如果（1）它们具有证明力；并且（2）它们不享有特权。

文书可通过下列方式生效并具有证明力：（1）传唤作为证据的书证的制作者；（2）传唤书证制作的目击者；（3）验证笔迹；（4）证实书证的真实性；以及（5）当事人承认书证。

如果在调查之后原始证据被损坏或不能发现，书证的内容由第二手证据来证明。同样，如果出示原始证据在物质或法律上已不能，书证内容也可由第二手证据证明。在普通法中，如果出示原始证据将引起极大的不方便，第二手证据也可用于证明公文书的内容。

大量的法规规定，可以用第二手证据来证明各种公文书或司法文书的内容，这通常采取经审核、经证明的文本或正式文本。一份经审核的文本是经保管原件的官员签名并证明是准确的文本。一份正式文本是在法庭办公室制作，并由法庭封缄的具有约束力的文本。

2. 特权（privilege）

在民事诉讼中，特权产生于如下情况：（1）反对自我归罪的特权（民事诉讼中被询问的目击者，如果回答，可能会导致针对他的犯罪诉讼）；（2）丈夫特权；（3）律师特权或法律职业特权；（4）"无损害（without prejudice）"交流。

一般说来，在爱尔兰涉及民事诉讼的特权类型只有律师——当事人特权和"非歧视"交流特权。法律职业特权涉及两个基本方面：（1）当事人和他的律师之间的交流；（2）当事人和第三人的交流。

没有当事人的同意，当事人和律师的交流不能作为证据。然而，为了获得法律职业特权，交流必须发生于法律职业关系之中。特权属于视情况如何而可决定是否放弃特权的当事人。根据爱尔兰法，允许该诉讼的当事人在上述诉讼中作证。

法律职业特权的第二方面涉及当事人和第三人间或法律顾问与第三人之间的、以待决或期待的诉讼为目的的交流。待决诉讼是指法律诉讼已提起但尚未完成的状态。期待诉讼是指期待法律诉讼提起的状态。不要求诉讼是交流的惟一目的，仅仅要求诉讼是交流的主要目的。

特权仅仅依附于"交流"。这种意义上的交流可以是口头的，也可以是书面的。特权不适用于出示物证，或诸如有关当事人举止或表现的问题。通过放弃可丧失特权。当事人不能仅仅提供将导致对该当事人有利的那部分证据披露的书证。如果允许用作证据，所有的书证将丧失特权。

存在对法律职业特权的限制，即限于阻止第三人获得特权信息。特权仅仅涉及证据的提供。换句话说，特权防止诉讼的对方当事人获取证据。但是如果对方获得了证据，那么特权问题就无关紧要了，因为证据现在已在对方的掌握中。然而，值得注意的是，爱尔兰法庭如果认为适当，会因获取证据的方式而拒绝承认该证据。

3. "无损害"的交流

如果诉讼的一方当事人在诉讼中提出和解的建议，当其提议遭到拒绝且诉讼继续进行时，可能削弱他的地位。因此法律规定，没有和解建议提出者和接受者的同意，"无损害"的建议不能成为证据。如果当事人达成协议，则停止适用特权，将由协议条款决定"无损害"交流问题。对这种情况的最好的概括是："无损害"意味着如果建议遭到拒绝，不应对建议者造成歧视。

三、德国

（一）审理阶段

根据德国法，没有审判中和审判前的区别，故此处仅对德国的审判模式以及当事人和法官扮演的角色作些一般性的评价。

1. 对抗制及法官的作用

除了家庭及与此相关的案件，德国民事诉讼法基本上是对抗制的。这在只有当事人自己可以引入事实这一基本程序原则中得以体现。法院仅可以考虑当事人已经提交给他的事实而不可以自己去找寻新的证据材料。然而，总体上德国法官在审判期间有着更多重要的角色去扮演，特别是在递交证据的过程中。

根据《德国民事诉讼法》第 139 条第 1 款的规定，主审法官应确保当事人就所有有关的实质性事实作出充分解释和提出适当的救济要求，特别要确保他们补充不充分的陈述或已宣称的事实以及指明证据的来源。在履行这一义务的过程中，法官有权就争议的事实方面和法律方面的问题同当事人讨论并对他们提出问题，这就是所谓的"阐明的义务"，然而该义务是有限制的。首先，必须强调，不可以给法官加上一个去调查案件的独立任务，而不管该案件已被如何抗辩。法院甚至无权从事此行为，而是被严格地限于在这些主张的基础之上进行调查。

近来联邦法院表示，在所有由律师作为代理人的案件中，"阐明的义务"被免除而留给法官自由裁量。由于当争议的标的价值超过 10000 马克时，必须由律师作为代理人，这就意味着在地区法院和高等法院，法官仅在小额案件中承担这个义务。这一决定没有受到律师界的批评，但受到了那些主张法官应扮演更多的角色和对当事人承担更大的披露义务的学者们的批评。

然而，法官有权协助当事人，只要他不违反其保持中立的义务。在这方面虽然没有统计性证据可以提供，但在司法实践中，法官曾运用过这种权力则是可以肯定的。

2. 准备案件审理

法院可以根据《德国民事诉讼法》第 275 条的规定，指定一个早期的第一次审理并且在命令被告准备答辩的时候规定此次审理的日期。当案件看起来简洁明了，或法院预计将会存在一个缺席判决或承认判决或有和解的极大可能性时，这种替代性审理可被选择运用。

根据《德国民事诉讼法》第 276 条的规定，替代性审理采用书面程序。在这种替代性审判方式下，法院会要求被告在一个指定的时间内递交答辩陈述，并随后决定为准备开庭审理是否需要任一方当事人补充诉讼要点。

根据《德国民事诉讼法》第 273 条的规定，法院按下列方式积极地为审判日作准备：(1) 要求双方当事人修改或解释他们的诉讼要点，并要求他们在法院指定的时间内提出他们援引的文据或异议；(2) 如果有官方机构卷入本案的话，要求它们提供信息；(3) 要求当事人亲自出庭；(4) 要求证人或专家在法院审判日期出庭。

(二) 证据

在法官最终决定哪一实质性主张需要证据（可能在各方当事人交流了几次诉讼要点和经过几次审理之后）之后，相应的证据即可被提取。

1. 证据的目的

根据《德国民事诉讼法》第 355 条的规定，证据由法院采纳。证据的目的是向法庭证明一些事实性的判断。通常每一方当事人应证明所有对其有利的事实。

2. 证据的种类

《德国民事诉讼法》承认五种不同种类的证据，即专家证据、由法院作出的检验、证人证据、书面证据以及在一个非常有限的范围内当事人自身的证据。

（1）目击证人

当证据通过目击证人获取时，法官强有力的地位变得十分明显。根据《德国民事诉讼法》第 396 条第 1 款的规定，法庭必须保证证人在一个连续性的叙述中讲述他知道的某一事件或情况。此后，法官首先有权向证人提出解释性的问题，然后律师才可能被准许提出额外的问题。

（2）专家证据

根据《德国民事诉讼法》第 404 条第 1 款第 1 句的规定，专家证据由法院选择。双方当事人也可以提出专家证据，但通常法院只会听从独立的由法院指定的专家的意见。专家们必须向法院和审理中的双方当事人解释他们的书面意见。

（3）当事人的角色

原则上，当事人无帮助对方或帮助法院查明真相的义务。当事人不存在披露所有对其有利或不利的书面证据的义务。通常地，不会发生对当事人的质问。依德国法，当事人证言的价值被极度地怀疑，当事人不被认为是证人。在其余当事人根据《德国民事诉讼法》第 445 条提出请求，或根据《德国民事诉讼法》第 448 条法院确信用其他方法不可能查明真相时，当事人才可以作证。而无论如何，当事人证词的分量轻于其他证据。

根据《德国民事诉讼法》第 446 条的规定，一个当事人不能被强迫作证。在当事人拒绝作证的情况下，由法院在考虑了全部案情，特别是否认的理由后，依自由心证判断当事人所主张的事实可否视为已得到证明。

在当事人不由律师代理而是他们亲自行为时，这一情形又当然变得不同。然而即便在此时，他们的判断不被视为证词。但是，根据《德国民事诉讼法》第 138 条第 1 款的规定，在列明了事实的案情摘要中，当事人有揭示案件真相的法定义务。

这种概念反映了 19 世纪当《德国民事诉讼法》被制定时的自由主义的观点，它表示了一个纯粹的对抗制。然而若保持不变的话，这种制度在相当多的情形下将导致不公平的结果。在原告只拥有少量或没有信息而被告不费什么劲就能提供这一信息的情况下，因为原告不能清晰、准确地陈述案情而被驳回这一诉讼就将显得不公平。因此法院已经创设了某些机制来调整这种体制。

这些机制之一是转换举证的责任。通常的原则是每一方当事人主张和证明对其有利的东西。在那些原告没有充分的证据并且不能从转换举证责任中获助的案件中，被告能够简单地通过否认诉求阻止诉讼。

原告启动案件的利益和被告的利益（如专门的商业秘密、不被法院诉讼所骚扰的希望）被认为具有同等价值。这同《德国民事诉讼法》的总体规划以及禁止调查和专门的"钓鱼式的试探"是一致的。只考虑到原告的需要和愿望而不注意到被告那是错误的。所有的法庭程序都涉及麻烦和骚扰，被告因此在应对那些晦涩又难以回答的诉求时应受到保护。必须提到的是，越来越多的法学家主张，实在法应给当事人更广泛的义务来使他们互助并帮助法院查明真相。虽然这些学者们的主张如此之多，但对判例法的发展并无实质意义的影响。

（4）文据

①当事人

首先必须指出，《德国民事诉讼法》从狭隘的文据定义出发，将文据仅局限于书面文本。德国程序法不包含任何披露文据的一般义务，当事人仅在两种情形下有披露和出示文书的义务。根据《德国民事诉讼法》第423条的规定，如果当事人在诉讼中为举证而引用在他自己手中的文书时，以及在诉求陈述中或在答辩中或诉讼要点中已经提到了该文书，则引起披露的义务。根据《德国民事诉讼法》第422条的规定，当事人有义务出示其他当事人根据实体法条款享有权利的文书，这意味着，例如，其他当事人对《德国民法典》第371条规定的收据享有利益。后面的条款主要适用于当事人依法应收集的文书，即税务申报单、商业账簿。然而《德国民事诉讼法》第422条受调查禁令的约束。因此，被希望的文书必须被精确地描述。不存在一种可能性使得该条款被适用于获得内部研究和对手的文书。

尽管法院已经签发出示文书的命令，而一方当事人仍不出示文书时，则被主张的文书的内容将被视为是真实的。这一推定仅在法院确信当事人已适当地搜集该文书和当事人确实没有该文书时被推翻。

必须提到的是偶尔有人提议在德国民事程序中引入一般的披露文书的义务。根据《德国民事诉讼法》第138条的规定，这一义务已经存在于"阐明义务"之下。因此，这一观点在实践中并无多大影响，仅为少数学者所坚持。

②非当事人的人

非当事人的人仅在要求该文书的当事人对这些文书依实体法享有权利时，才有义务出示。如果该非当事人的人拒绝出示，当事人除了启动针对该非当事人的人的独立的诉讼外别无他法。

（5）免证特权（privilege）

德国法不把当事人视为证人，因此必须就当事人和证人的免证特权分别进行分析。

①当事人

当事人仅在一个非常有限的范围内需要特权。一般地，他们无需为他们的对手提供有价值的信息。在诉讼运筹中准备的文据并不需要披露。依据德国法，没有一种诉求需要这些文据的披露。当事人不能被强迫作证的事实大大地削弱了特权的实际重要性。然而下列两个问题必须被提到：

德国法未规定针对"自证其罪"的一般特权。案件所涉及的利益均应得到权衡和分析。为避免在民事程序中的证据和可能的刑事或行政控诉中的证据之间的相互冲突，法院已经创设了民事程序中的证据不能用于刑事程序的原则。

就当事人而言没有专门的保护商业秘密的特权。法院能够限制律师接近这些秘密，但这些秘密并没有被特权化。

②非当事人的人

非当事人的人依德国法享有非常广泛的特权。根据《德国民事诉讼法》第383条第1款第1~3项，亲属和配偶被授权拒绝提供任何证据。对神父、记者以及那些根据其职业伦理有保守秘密义务的人们而言，特权同样适用。

律师被归为后面的那类人，他们的特权被宽泛地解释。如果他们不正当地披露所掌握的秘密，根据《德国刑法典》的规定最高可判处三年监禁。

根据《德国民事诉讼法》第384条的规定，如果证词将导致经济损失或有引起刑事检举的危险或将披露商业或贸易秘密，所有证人可拒绝作证。商业秘密的含义非常宽泛，包括所有不为公众知悉而证人意图保守的秘密。

第二节 若干欧洲国家和地区的审理程序（下）

一、法国

在法国的民商事诉讼中没有陪审团，这可能部分地解释了其证据规则的缺乏。

（一）审理

通常不由独任法官审理案件并作出判决。原则上法庭应由多数法官组成（一般为三人），这被认为是公正审判的保证，但是，因处理简易案件的需要造成了不断增加的例外情况。

当在大审法院由三名法官审议案件时，庭长可以将案件提交给独任法官审判，但这受任一当事人请求将案件返回给合议庭的权利的约束。同样，在商业法庭中，通常由三名法官组成的合议法庭来处理案件。但是被赋予监督案件的准备工作职责的独任法官，同样也可以独自进行案件的审理，除非任一当事人请求合议庭审理案件。并且，特别的程序如上面谈及的临时裁定程序和处理执行问题的程序同样也可由独任法官来审理。

（二）为审判作准备

在审理的准备阶段，互换请求书与抗辩书是最重要的，因为它表明了各方当事人的各种请求和系争点。一旦作出终止审理准备的裁定，当事人之间通常不能再进一步交流，案件也被提交审理。

（三）审理的范围和顺序

法庭审理时间远远短于普通法程序的审理，因为它仅仅由代理人的一系列陈述和论辩组成，花费的时间也许为几分钟到几小时。在民事或商事诉讼中对实质问题的审理时间依据法庭的开庭期而有所不同，它可能为法庭审理的整个半天期间。

（四）提交证据

在大审法院中，仅仅是在不常见的场合，如非常复杂的案件中，代理人会实际提交精心安排的辩护词。法律通常要求律师在审理之前向法庭提交包括他们的书面证据在内的案卷，以便其在审理时如有必要可以提问。在大审法院和上诉法院，在审理结束后，案卷要留给法庭。

（五）证据

1. 证据的性质和目的

法国的诉讼程序和普通法系的诉讼程序之间最引人注目的区别是在审理时几乎没有证人证据。在法国法庭审理民商事案件时，很少听到任何证人证言，并且，一旦有证人证言提供，将通常是书面誓言多于口头的证人证言。另一主要区别是证据采纳规则很不严格。在法国诉讼的普通法国家当事人最感惊奇的是发现没有关于传闻或证据、补救措施或调解可行性方面的规则。

在法国的民事审判制度中，只有提供了可产生辩论权的法律事实或行为的证据，才可获得辩论的法律许可。要想胜诉，原告应对其提出的事实予以证明。很明显，只有原告提出了他的主张，被告然后才能提出抗辩，原告然后才有责任证明它。仅仅存在争论的事实需要证明，辩论的主要内容是围绕它展开的。

按一般规则，某一法律行为，如合同，应由所谓的"合法"证据如文书证据来证明，无论它是否经过公证。另外，事实也经常由证人证言来确定，并且在商业法庭上证据的采纳据说是自由的。

2. 证据的种类

（1）书证

一般说来，仅在争议金额超过 5000 法郎的非商务性的债务关系中需要书证。在法国诉讼中，书面证据至关重要，例如，证人证言通常不能反驳书面证据。另一方面，如已提交了书面证据，就不再要求提交非书面证据。

（2）证人证言

通常不要求提供证人证言，当被要求提供时，一般应采取证人书面誓词的形式。在决定证人证言的证明价值时法庭可自由裁量。

证人书面誓词应符合一定的形式要求，它们应仅仅是关于证人本身亲眼目睹的事实。目击者应写明他的姓名全称、出生日期和地点、住址及职业、他与当事人的关系或他是否被当事人雇佣或与他们有某种形式的共同利益。目击者应年满 18 周岁。除了该人无作证的资格外，宣誓应是强制性的。这样的书面誓词的提供者应声明：誓词制作的目的是在法庭上出示，并且他知道提供虚假信息是作伪证，因此是一种犯罪。誓词应是手写的，注明日期并签名，并附有一份盖章的正式确认书的复印件①。

当事人不得打断、责问或试图影响证人作证，亦不得直接向证人发问、说话，否则，法庭可把他赶出法庭。法官如认为有必要，可以在询问证人之后提出当事人向其提交的问题。证人不得宣读事先准备好的任何稿子。

（3）当事人陈述

在法国的诉讼中，当事人不能作证。他们可以依法庭的自由裁量出席法庭受审。但他们不可以通过发誓来作证，并且他们的陈述的真实性很值得怀疑。实践中，当事人不经常在法庭上出现。但是如果当事人经法庭传唤而未出席法庭，可能会导致各种法律后果，法庭也许将其作为充分的证据而放弃所有的其他可接受的证据。

在某些特殊案件中，一方当事人可向对方发誓，此即"决定性誓言"。同

---

① 《民事诉讼法典》第 202 条。

样法庭也可向一方当事人发誓——这即"司法誓言"。如果发誓人未遭到反对，他可能被认为已获得默许。但是，这种情况很少见。

（4）特权

法国法禁止在法庭上使用某些证据。代理人所知道的证据具有绝对特许权。然而，医疗特权是各个判例法不一致的主题。并且，刑事侦查的秘密性也常受到新闻发布的侵犯。

英美法系国家的商人及其律师应特别注意这样的一个事实，即在与法国当局进行的诉讼程序中，机构内部的代理人（in-house counsel）并无任何特权，这包括不豁免于主管反托拉斯执行的当局进行的调查。

二、意大利

（一）审理的开始

审理的第一阶段是处理（trattaztione）及预审（istruzione）。处理的意思是处理一件事情或一桩生意。因此，trattezione 一词可以译为"处理"，指的是从诉讼开始到判决即将作出前这一期间所进行的诉讼行为。处理包括"审查"这个阶段，该阶段主要是收集证据及对相关建议的可行性进行辩论及处理其他程序性问题。在独任法庭即治安法院或者初审法院中，对案件的处理及预审的责任都单独由一个法官承担，或者，如果争议由大审法院管辖则由院长从合议庭中指定一个成员以充当检查法官。

（二）检查法官（examing judge）的作用

《民事诉讼法典》第 175 条规定：检查法官将行使所有的权力使得诉讼取得最快捷的发展。其职责是在诉讼开始直至答辩期间在合议庭的指导下为诉讼行为。检查法官在记录法官的权限范围内为合议庭的成员。

实质上，检查法官的这一职能是预备性质的，在经第 359/90 号法令修改的法律施行后，这种性质将得到根本的改变：认为案件已适合于作出判决的检查法官将继续直接对案件作出判决，但专门保留给合议庭作出判决的八类案件除外。

检查法官通常以命令的形式采取措施，这些命令可以由检查法官或者合议庭撤销或修改。负责处理本案的检查法官有权在诉讼过程中命令惩罚性支付，要求一方当事人提供保证金，发布预防性措施。

（三）预备阶段

至少要有一方当事人出庭，案件才能开始处理。如果双方当事人在开始审理的时候都未出庭，那么，检查法官将命令将案件从预备案件目录表中删除。

除非案件在一年内重新开始审理，否则，审查法官将命令清除该案。只要原告出庭，案件即可在被告缺席的情况下继续审理。如果只有被告出庭，且其明确提议继续对本案进行审理，则检查法官将继续本案的审理，或者在被告没有出庭或者没有提出动议时，检查法官将命令案件从预审案件目录表中删除及宣告诉讼的结束。

另外，检查法官将首先证明双方当事人的出庭正常与否，以确定是否符合有关代表、监督、授权方面的规则的规定。

1. 第一次听审

检查法官将自由询问出庭的双方当事人，在案情许可的情况下，尽量促成调解，这些都是法官在主持第一次听审时应进行的一些基本行为①。案件的判决结果将考虑双方当事人没有正当理由而未出庭的行为。

检查法官将以双方当事人所主张的事实为基础，要求他们作出适当的澄清并指出能依职权提出的及他认为适合处理的一些事情；除非检查法官授权，否则不允许对已提交的救济请求、反对意见及抗辩进行修改。

2. 判决作出前的措施

为了满足即时要求及阻止迟延策略，第 353/90 号法令规定检查法官可以在诉讼进行中作出裁决，该裁决可以全部或者部分地预见到判决可能得到的结果。

确实，《民事诉讼法典》第 186 条规定，在提交最终的救济请求时，检查法官可以根据单方面的提议而命令支付当事人间没有争议的金钱债务。这一命令对案件的判决结果不会产生影响，而且这一命令的依据可以在最后的辩论中得到反驳。

根据《民事诉讼法典》第 186 条的规定，如果《民事诉讼法典》第 633 条所规定的发布"支付令（decreto ingiuntivo）"的条件得到了满足，则检查法官可以在检查的过程中发布支付金钱的命令或者发布交付特定动产的命令。如果支付命令或者交付命令与诉讼标的有关，而被告没有出庭，或者没有提出反对意见，则诉讼因此而终结，该命令即成为终局性的。

正是从这个角度来说，命令必须评估诉讼费。然而，如果命令与争议标的无关，或者被告提出了反对意见，则诉讼将继续进行，命令可能会被取消或修改。这对最后对实际问题的判决不会产生不利影响。

如果诉讼终止，支付或者支付命令并不因此而失效。如果该命令并非是不

---

① 《民事诉讼法典》第 183 条。

可执行的，则成为可执行的命令。

（四）准备判决

在载有初步处理的确定性措施的命令里，检查法官将指定专人审理以继续对本案的审查。如果案件表明已适于作出判决，不再需要额外的证据（例如，如果争议仅存在于法律观点上），则由审查法官把该案提交合议庭，除非他必须像独任法官一样裁决本案。如果案件需要解决预备问题，检查法官将自由裁量以确定是否推迟至最后判决之时才解决这些争议问题，同时，继续取证，或者确定是否将当事人提交合议庭以单独就这些预备问题作出裁决。

（五）提交证据

如果没有出现预备问题且有必要记录证据，则检查法官通常允许提交他认为与判决有关的证据。解决提交证据的问题可能需要足够的辩论，每一方当事人都可以提出推迟审理本案。如果延迟审理，检查法官将为一方当事人指定一个出示文件及提交新证据的最后期限及给另一方当事人指定新的提交反对证据的最后期限。

未遵守这些时间限制将导致排除提交证据的申请的后果。同时，第二次听审后即不能再提出新的证据，除非检查法官认为当事人是由于不可控制的原因而未能遵守时间限制，或者由于新的证据由法院依职权承认，使得一方当事人有必要提交新的证据。

（六）记录证据（taking of evidence）

审查证据（包括记录证据）对于在处理过程中所发现和辩论的问题的判决是必要的。提交证据通常是诉讼过程中的一个关键阶段，因为根据《民法典》第 2697 条的规定，"在司法诉讼中主张权利的人必须证明权利据以存在的事实"，及"主张这些事实无效或者主张权利已被更改或者终止的人必须证明该辩护赖以存在的事实"。如果当事人未能提供此类证据，则他将败诉。如果原告证明了其诉讼请求据以存在的事实，则举证责任由被告承担。如果争议的问题与能被当事人处分的权利有关或者对举证责任的相反约定或更改不致使得权利的行使过分地困难，则当事人可以以明示协议就举证责任作出相反的约定或更改①。

证据可以由检查法官单独记录或在专家的协助下记录；根据检查法官的授权，可由需记录的证据所在地的初审法院记录；或者在必要时由合议庭记录。确定时间、地点和程序的命令规定证据的记录。当事人须证明其提交的证据的

---

① 《民法典》第 2698 条。

合法性及相关性。

法院不能把其判决建立在未被当事人证明或者在适用检察官提供的事实时，未被检察官证明的事实的基础上。不过，法院可以依经过法院自己审查的事项进行判决，并可考虑那些普遍的、共同的知识。法院也可以从当事人在诉讼中的行为中推断出一些因素以作出判决。一旦证据已被收集，法院将以一种谨慎评估的态度，自由地评估这些证据，除非是一些严格限制了法院行为的所谓的"法律证据（legal evidence）"。

在意大利法律制度中，证据是一个实体法上的问题，它确保权利的确定性，以使权利得到保护，但它在程序法中也起着根本性的作用，因此，也受《民事诉讼法典》的调整。

1. 书面证据

书面证据载于诉讼开始前即已存在的文件中。《民法典》规定了两种书面证据：（1）公文书，这是由公证员或其他公务员起草的符合相应形式要求的书面文件，此种书面文件具有公共信赖性；（2）私文书，它不是由公务员，而是由当事人起草的。

除非被证明是虚假的，由公务员起草的书面证据具有完全的证明效力，由公务员在现场证明或由公务员提出的宣言或事实亦是如此。

除非被证明是虚假的，如果书面证据所针对的人在法庭上承认其签名，或者该签名得到了法律的承认，则该私人行为即构成书面证据中所宣布的原文的充分证据。由公证员或经其他被授权的公务员证实的签名视为已被承认。如果书面证据所针对的人不承认签名，则仍试图得到此类证据的人，必须举出他认为适当的证据以证明签名的真实性。确认真实性的裁决由合议庭作出。

当事人在诉讼的任何阶段都可以提出请求以查明公文书，或被承认的、经认证、证明的私文书的虚假性。对于该诉讼请求的裁决由合议庭以判决的形式作出，如果该诉讼请求被驳回则将判决退还书面证据，并由原告支付行政罚款，如果查明其确实是虚假的，则将发布撤销或修改书面证据的命令。

2. 确立的证据（evidence to be established）

在审判过程中形成的、并不预先存在的证据形式主要有承认、宣誓、证言。它们的共同特征是均为关于纠纷的事实的口头陈述。

（1）承认

承认是一方当事人陈述对其不利而对另一方当事人有利的事实的真实性的声明。承认必须由一方当事人亲自作出，如果承认由没有权利处分与承认有关的权利的人作出，则该承认是无效的。在司法程序之外所作的承认（即司法外承认）要在法庭上得到证实；司法承认具有完全的证据价值——它能约束法院所做的判决，并使与承认相冲突的证据无效。

（2）宣誓

宣誓是法律规定的一种形式严肃的陈述。当事人利用宣誓以主张对自己有利的事实的真实性。有两种类型的宣誓：①决定性的宣誓，即由一方当事人向另一方当事人所作的全部或部分构成判决基础的宣誓。②补充性宣誓。在诉讼请求或辩护没有得到充分证明，但也并非完全没有证据的时候，法官依职权利用补充性宣誓控告一方当事人以作出判决。

价值宣誓（valuation oath）是一种特殊类型的补充性宣誓，即如果法官不能用其他方法查明诉讼标的物的价值，则利用价值宣誓以查明诉讼标的物的价值，宣誓由当事人亲自作出。如果未能出庭宣誓，或者虽已出庭但未宣誓，则他将在以宣誓标的物作为诉讼标的的案件中败诉。宣誓是一种非常有效的法律证据形式，因为法院必须宣判宣誓方胜诉，另一方败诉，且不允许另一方证明其反对意见，而仅仅是：如果宣誓方在刑事诉讼中被控作伪证，则其可以要求损害赔偿。

（3）证言

证言或者证人证据是非诉讼当事人的人及对纠纷没有利益的人在法庭前就纠纷事实所作的陈述。由于证言并不是一种有着不可争议的可信赖性的证据类型，因此，法律对证言的采纳规定了一些限制性条件：证言要接受法官的自由评价，且法官必须评价被揭露的事实及证人的真实可靠性。下列案件不允许使用证人证据：①在据以发生纠纷的行为中，书面形式被认为是实质性问题。②证言的证明对象是价值高于 5000 里拉的合同、支付或者债务减免；及③不管被证言证明的对象的价值是多少，证言的对象是对证书进行补充的契约或与证书内容相反的契约，并且证言认为，契约签订于文件之前或者与文书同时签订。

根据《民法典》第 2724 条的规定，通常允许在下列情形中使用证人证据：①当存在表面书面证据时；②不管缔约方是确实还是实质上不可能得到书面证据时；及③当合同当事人无过错地丢失证明文件时。

希望提交证人证据的当事人必须分别提出要被询问的证人的名字以及每一个证人将要证明的事实，在第一次答辩时另一方当事人必须提交反对证据，然后法院就是采纳还是拒绝证言发布一项命令。

（4）调查

法院必须依职权得到的另一种形式的证据是司法调查。法院可以——可能在法院所任命的专家的协助下——调查一件事或一个地方以完整地得到关于该事或该地方的特征方面的知识①。根据《民事诉讼法典》第 261 条的规定,检查法官可以提供由标的物、文件及所在地所构成的模型、印痕及（也可以是照片及在必要时是电影片）复制品。他也可以命令重复一件事件以确定该争议是否会在特定的方式下发生（即所谓的试验）,他还可以用照片或者电影片的方式把该情景记录下来。

在整个诉讼过程中,若有必要,检查法官可以聘任一个或更多的技术咨询员以进行某些行为或进行咨询。他可以从那些在特定领域有专门知识的人中选择。如果聘任了一个这样的咨询员,双方当事人可以轮流各自指定自己的技术咨询员出席技术咨询会议或者对后者的报告进行评述。技术咨询员必须在宣誓后履行职责,就检查法官提交的特定问题作出报告。

账目虽然不能视为一种证据,但却是一种可适用举证责任规则和有关证据收集方式的规则。如果法院命令提交账目,则账目必须与支持该账目的文件一道交付书记员办公室,如果审查法官认可了这些账目,则他将命令支付应支付的款项。如果一方当事人对账目提出怀疑,则检查法官将继续审查该案,并提交给合议庭作最后判决②。

(七) 缩略程序

1. 合并

当与同一纠纷或相关纠纷有关的诉讼正在同一个法院进行时,法院可以发布对这些诉讼进行合并的命令。

《民事诉讼法典》第 1 部分第 273 条规定,如果有关相同纠纷的各单个诉讼在同一法院进行,法院必须甚至是依职权发布合并诉讼的命令。但是,如果不同的诉讼在同一法院中的不同法官或不同合议庭的主持下进行,则将由主审法官发布合并诉讼的命令。另一方面,如果同样的纠纷由非同一法院的两个不同法官主持审理,则依《民事诉讼法典》第 39 条的规定,发生权能的转移,一个法院继续对其中的一个纠纷进行审理,另一个纠纷则从备审案件目录表中排除,或者在依法具有权能的法院中重新进行审理。同样,若一个以上相关纠纷（即至少有一个共同因素的纠纷）在同一法院提起,法院甚至将依职权命令合并这些纠纷;如果相关纠纷由同一法院的不同法官主持审理,主审法官将命令把那些他认为适当的纠纷交由同一法官审理。因此,在这种情况下,只有

① 《民事诉讼法典》第 258~262 条。
② 《民事诉讼法典》第 201 条。

在他认为命令是适当时，才可以命令合并审理。

不过，如果相关诉讼正在不同法院进行，则依《民事诉讼法典》第40条的规定，将发生权能的转换，并且该条为双方当事人在有权审理主要纠纷的法院，及在其他的一些案例中，在早先受理的法院重新提起次要纠纷规定了最后期限。

也可能会发生对《民事诉讼法典》第103条和第104条规定的共同提起的诉讼或者在后一阶段进行的合并诉讼之类的相关纠纷，法院裁定对它们合并处理是不恰当的。《民事诉讼法典》第103条和第104规定，在这种情况下，主审法官或者陪审团可以在审判或作出裁决的过程中，依所有当事人的提议，或者当继续共同处理将拖延这些诉讼或者使得审理更不具效率时，命令分开审理在同一程序中累积的诉讼。

2. 未出庭

如果一方当事人未出庭，则适用调整缺席程序的规则。检查法官通常在第一次审理时宣告有关当事人未出庭，但在没有证实之前不能作这种宣告。

如果将被宣告未出庭的当事方是原告，法律规定被告应该明确表示其继续进行诉讼的愿望。否则，该案将立即从备审案件目录表中排除并消灭。

如果将被宣告未出庭的是被告，法院考虑到其未出庭的原因可能是由于没有经过正当的送达程序使得被告不知道诉讼的开始，检查法官将检查送达是否正常，如果发现送达有缺陷，则规定一个重新送达的最后期限。

如果法院宣告一方当事人未出庭，除了《民事诉讼法典》第292条明确规定某些信息必须亲自送达至缺席方外，其他诉讼程序继续照常进行。缺席方可以在以后各阶段出庭直至对案件作出判决。

如果被告证明他未参加诉讼是由于他不可控制的原因，而申请授权补救后面的出庭，检查法官可以允许他参加本将排除他参加的活动。否则，他仅能接受现阶段进行的诉讼。

3. 诉讼的中止

当对案件的判决依赖另一案件的结果或者所有当事方都申请中止诉讼时，可以中止诉讼。如果法院没有指定重新开始诉讼的日期，双方当事人必须提出申请，由法院确定新的审理日期。在强制中止的原因不再存在时，当事人应从知道该原因起6个月内提交申请；在协议中止的情况下，在当事人约定的中止日期届满的前10天提交申请。

（八）特别程序

1. 自愿（任意）管辖（voluntary jurisdiction）

《民事诉讼法典》未对自愿管辖下定义，而是将有关规范统一规定在以法官室程序（proceedings in chambers）为标题的一个条款中。在一定程度上，它类似于美国法中的无对方当事人的或单方面的程序。在这种场合下，法院不超越当事人的举动，而是与他们相互合作，以形成、改变或取消一种私法法律关系。

此程序由向适格的法院提交一份申请而引起，法院将在经过法庭决策程序后发布一项命令，双方当事人及检察官能对此项命令向上级法院提出申诉（反对），然而，申诉必须在命令颁发之日起 10 日内提出。除了在紧急情况下法院规定命令须立即执行的情形外，命令将在规定的期限届满时生效。当然，尽管命令会产生持续性的效力，它并非一成不变的终局决定。在为保护善意第三人的权益时，命令可能在任何时候被法院修改或撤销。此外，命令不能被最高法院再审。

在《民法典》和《民事诉讼法典》规定的各种自愿管辖程序中，除了那些涉及未成年人和无民事行为能力的人、继承遗产及其权益、宣告失踪或死亡的程序外，特别有代表性的是那些关于离婚、发布禁令和宣布某人为禁治产人的程序①。适用于离婚的程序的目的在于获得法院准许离婚的裁定以产生《民法典》第 156 条规定的效果，存在着如下两种离婚形式：（1）由一方当事人针对另一方当事人提出的司法离婚；（2）双方当事人就离婚条件达成合意时的协议离婚。

在司法离婚中，程序由法官主持，体现了司法性质，具有管辖权的法院是被告住所地或居所地的法院。程序分为两个阶段：第一阶段由法庭的一名主审法官主持，另一可能的阶段由一名指定的检查法官负责。在第一阶段中，主审法官首先应尽量调解以使之和好，如未成功，他有权采取他认为对维护双方当事人和小孩的利益都适合的临时性的或紧急的措施。其后，他必须指定一名检查法官及听取双方当事人的有关申诉，接下来，程序将以普通程序的形式继续进行。

在协议离婚中，在经过由主审法官主持的、同上述内容一致的第一阶段程序后，程序将在法庭继续进行，由陪审团发布一个命令，作出决定确认当事人协议的有效性，这种命令体现了自愿管辖措施的本质。

宣布某人为禁治产人或无民事行为能力人的程序的目的在于为维护缺乏理解能力和意思能力的人的利益而确定一种禁治产或无能力（无限制民事行为

---

① 《民事诉讼法典》第 732 条，《民法典》第 320 条。

能力）的法律状态。这种程序由向将被宣布为限制/无民事行为能力人住所地或居所地法院递交一份请求开始。配偶、4 等亲内的血亲、2 等亲内的姻亲、监护人或精神病患者的保佐人以及公诉人都有资格提交此类请求。如果限制/无民事（行为）能力人处于父母或单亲的监护下，仅有父母或公诉人有权提出此类请求。

程序的第一阶段由法庭的主审法官主持，主审法官将对请求作出初步确认以免开始不必要的程序。如果主审法官没有拒绝此项请求，他将指定一名检查法官及听取请求人、被请求人及他认为适于提供证据的人的当面陈述，请求人应使请求和命令都针对适合的对象，指定检查法官的命令也将通知公诉人。检查法官将继续主持进行的程序，检查被申请人的智力情况，听取申请人的意见，并收集所有他认为有利于作出裁决的证据。在完成所有调查后，案件将被递交给陪审团，程序将以作出一个判决而告终。

2. 仲裁

《民事诉讼法典》第 806~840 条对仲裁程序作了规定，1983 年 9 月第 28 号法令对其作了重大修改，以确保它与有关仲裁的国际公约相一致，1994 年 1 月 5 日第 25 号法令又对其进行了实质性的修订①，增加了两篇共 9 条的新内容，即"涉外仲裁"和"外国仲裁裁决的承认与执行"。

（1）国内仲裁——正式的和非正式的

这部分内容涉及规定在《民事诉讼法典》中的、通常被称为"（正式的）仲裁"的程序问题。但是，意大利国内实践中还包括一种被称为"（非正式的）仲裁"的特别仲裁。在正式仲裁里，仲裁员实际上担负着普通法官的职责，只要初审法院确认仲裁协议和仲裁裁决符合《民事诉讼法典》规定的条件，他们的裁决像正式的法院裁判一样可直接予以执行。在非正式仲裁里，仲裁者被视为经双方当事人授权的、通过提供文件的方式解决争议的代理人，这些文件更多地体现了争议解决协议而非司法裁判的本质。非正式仲裁不受《民事诉讼法典》或其他任何特别法规的限制，其裁决不能以与执行正式仲裁裁决同样的程序执行，而必须像执行一份合同一样提起诉讼，通过执行法院针对它作出判决的方式得以生效。

（2）国际仲裁

---

① 修订后的《民事诉讼法典》第 806~840 条的中文译文可参见李双元、欧福永、熊之才编：《国际私法教学参考资料选编》（中册），北京大学出版社 2002 年版，第 923~930 页。

除了《民事诉讼法典》第 832 条到第 838 条修正的内容外，所有适用于国内仲裁的规则同样适用于国际仲裁。当在签订仲裁条款或仲裁协议时，至少一方当事人是一名外国人或在国外有实际的营业所的争议或者争议所引发的相关义务必须在国外才能得以履行时，仲裁才被视为是"国际性的"。《民事诉讼法典》的有关规定将平等地适用于任何国际协议。

包含于标准合同条件或格式中的仲裁条款无需特别批准就有效。当事人所达成协议中仲裁条款也视为有效形式，如果当事人知道或只要具有一般谨慎就将知道存在这种情况的话。当事人有权约定仲裁员应适用的规则或授权仲裁员在公正、平等的基础上作出裁决。在没有此项约定的情况下，将适用与案件有最密切联系地的法律。在上述两种场合，仲裁员都应考虑合同的真实意图和有关商业惯例。仲裁员也有权在当事人无约定时根据有关情形决定仲裁所用的语言。

除非当事人另有不同约定：①对仲裁员可按照《民事诉讼法典》第 815 条提出异议；②仲裁裁决将由仲裁员通过集体协商或电视电话的方式作出，再做成书面形式；及③仲裁裁决不因无效的原因被异议（如果仲裁员未遵守法律规定），也不因请求撤销仲裁裁决、第三人提出异议而被异议；在对仲裁裁决的有效性提出异议时，上诉法院也无权裁决争议的是非曲直。

（九）特别法庭

1. 初审法院诉讼

在初审法院裁决案件时，经第 353/90 号法律修改的《民事诉讼法典》授予它两种选择：（1）在处理及检查完毕案件后，初审法院指示当事人提交最后救济请求，交换最后辩护书和答辩书，然后自提交答辩书最后期限起的 30 日内将判决存放在书记员办公室里①。（2）如果初审法院没有依第 314 条采取行动，它可以命令当事人立即就此案进行口头辩论，并立即作出判决，同时向当事人宣读判决，简要叙述该判决的事实和法律理由。

2. 治安法官诉讼

第 374/91 号法令规定了一种新的独任法官法庭，即治安法官，以取代调解员。《民事诉讼法典》第 316~322 条规定的目的在于简化在这种法院进行的诉讼。诉讼请求以书面或者口头形式向法官提出，法官将作诉讼记录并指定一个审理日期，要求原告为送达行为。诉讼标的未超过 100 万里拉的案件不必由律师代理，即使超过 100 万里拉，若法官授权，亦不必由律师代理。案件的处

---

① 《民事诉讼法典》第 311 条。

理不得超过两次审判。在第一次审理时，法官须询问当事人，并试图进行调解，该调解记录经过整理能以扣押的方式强制执行。如果没有达成调解协议，则继续进行诉讼。当法官认为案件适合于判决时，他可命令当事人提交他们最后的救济请求并就案件进行辩论，然后在 15 天内将判决存放在书记员办公室里。

若治安法官已在公正和衡平的基础上作出判决，并且诉讼标的不超过 200 万里拉，则该判决不能上诉。该法亦规定了不经正式诉讼的调解程序。它甚至包括可以口头提交申请书。如果纠纷属于治安法官的管辖范围，则正式记录是可以强制执行的。如果纠纷不属于治安法官的管辖，则其具有在司法程序上得到了承认的私人书面的效力。

3. 劳动诉讼

（1）特征

劳动诉讼是一种特别程序，由 1973 年 8 月 11 日第 533 号法规定。该特别程序调整个人劳动纠纷及有关社会保障和强制医疗保险纠纷方面的诉讼。该程序的特征在于审理快捷，合并判案及采取口头辩护措施。

为了减少司法诉讼，《民事诉讼法典》第 40 条规定了一种由特别委员会主持的可选择的调解制度。那些试图对与这些事情有关的行为进行诉讼的人可以直接或通过单位或雇工协会申请调解。调解委员会由省劳动办公室主任充当主席，由全国工会总代表指定 4 名雇员代表和 4 名雇主代表组成。

不管调解意图成功与否，都必须起草程序经过的官方记录，提交给法院书记员办公室，并通过初审法院的命令执行。另外，关于调解的意图也可向工会及雇主协会提出。

（2）标的及权限

初审法院对所有第一审劳动争议具有专属的职能管辖权。第二审诉讼由大审法院管辖。地域管辖权属于雇佣劳动关系产生地法院或者雇员被指定工作的商业分支机构所在地法院。如果雇主是个人，辅助性诉讼地是被告的住所、居所或者经常居住地。

调整私人劳动纠纷的规则适用于所有下列有关纠纷：①私人的从属雇佣关系，即使与商业经营无关；②农业雇佣合同，除了那些属于特别农业法庭管辖的合同；③具有人身性质，导致持续和协作服务的行纪、市场代理及其他合作关系，即使不属于从属工作类型；④仅仅或主要从事经济贸易合作的公共机构的雇员的雇佣关系；⑤从事非经济行为的国家或其他地方公共机构所引起的雇员雇佣关系，如果它们依法不属其他法院管辖。

（3）程序

诉讼以口头形式进行，只有诉讼请求书、被告的答辩状及判决是书面形式。劳动纠纷诉讼以诉讼请求书的形式提起，诉讼请求首先提交法官，然后送达被告。诉讼请求必须载有法院、原告和被告的详细情况，由原告指定法院所在的乡的地址、诉讼标的、事实及诉讼的法律依据以及救济情况，特别应提及——可以放弃——原告试图提交的证据，特别是将展示的文件。

初审法院将在诉讼状的底部确定一个审理时间，然后将其送达被告。被告必须于审理前 10 天内出庭，向书记员办公室提交一份答辩书，在答辩书里，除指定法院所在的乡的地址外，他必须——可以放弃——提出反诉及程序性或实质性的反对意见；就原告的主张简要地表明立场；在事实上和法律上全力进行辩护；特别叙述——可以放弃——他试图提交的证据，特别是他必须同时展示的文件证明。如果被告提出反诉，他必须在答辩书中要求法院指定一个新的出庭审理日期。

一般说来，当事人都由律师代理诉讼，但如果诉讼标的不超过 25 万里拉，他们亦可以自己进行诉讼。法院确定的口头辩论审理是整个诉讼中最重要的部分。其目的在于促成当事人首次接触，使得法院介入并自由地就至关重要的事实对当事人进行审查以试图对纠纷进行友好调解。这就是法典要求当事人有义务在审理案件时亲自出庭的原因。法院可能从当事人未出庭的行为中得出结论。

在审理过程中，当存在重大理由及经法院授权时，当事人可以修改早已提交的诉讼请求、辩护及救济请求，但不能提出新的诉讼请求。在审理过程中，法院将就当事人所提交的证据的可采性进行裁决。法院对控制诉讼程序享有广泛的权力。相应地，它可以：①随时提醒当事人注意可以补救的不符合要求的诉签文书和文件，并为其规定补救期限；②除了决定性的宣誓外，允许在任何时候依职权提出证据，即使此项做法超出了《民法典》的限制；③如果有必要，在一方当事人的申请下，对工作地点进行一次调查，质问该地的证人；以及④要求当事人指定的工会和雇主联盟提供书面形式或口头形式的情况说明或评论意见。

在完成调查取证后，初审法院要求当事人进行口头辩论并提出最终的权利请求，初审法院在听取双方的结论性意见后将作出裁决。根据《民事诉讼法典》第 431 条的规定，如果裁决认为应向被雇佣人提供救济，则其实体内容能立即得到执行。然而，如果裁决结果存在着最严重的偏见或者其需要执行的数额超过 50 万里拉，雇主可以向法庭申请延迟履行，并向劳动争议法庭提出上诉。根据 1990 年第 353 号法令对《民事诉讼法典》第 431 条的修正，有利于雇主的判决同样可立即得到执行。在这种情形下，如果存在正当的理由，裁决结果也可以全部或部分地推迟执行。

初审法院针对争议作出的所有需执行的、标的额超过 50 万里拉的一审判决均可以被提起上诉，数额低于这个标准的判决则仅仅可向最高法院申请再审。

4. 社会劳动保障和强制健康保险诉讼

解决个人劳动争议的特别程序同样适用于处理涉及社会劳动保障和强制人身保险的争议。除了管辖权属于原告居住地所在的大审法院地区的主要城镇的初审法院，以及特别立法规定的解决争议的程序如能在行政（机关）层次上提出时便不能向法院提出外，其他程序规则都相同。

三、西班牙

西班牙民事诉讼中的主要原则之一是：由当事人自己决定是否提起诉讼，且自行提供证据，因此与其他强调调查原则的法律制度不同的是，该法官不独立地提出当事人所主张的事实或证据，法官的作用在于严格依法判案。

当事人提供事实的责任体现在起诉文书以及答辩状中，取决于原被告各自的立场，亦体现在预审的举证阶段，此时法官可能指导或采取合理的措施接受或拒绝某些形式的证据，或是制止质问见证人——倘若法官认为此类证据与本案无关或毫无用处的话①。

当需向法院举证时，西班牙民事诉讼程序依靠当事人提供证据的原则；评估证据时，则依靠证据评估原则；由此，立法者已经建立起证据种类的封闭体系——包括正式讯问、公文书，而较少采信证人证言。

这一僵硬的、封闭的分类使得向法院提交其他形式的证据一直很困难。尽管技术飞速发展，录音录像制品等等其他形式的证据非常普遍，但仅限于法学理论上的探讨而已。

证明程序划分为两个阶段，提议（proposition）和实施（practice）。提议期限为 20 天，实施期限为 30 天，除非须向国外取证；国外取证期限因证据所在地而有所不同，立法规定欧洲取证为 4 个月，在世界其他地方为 6 个月，这考虑到了获取证据的困难程度。

为有效利用这一额外的取证期限，需要满足四个要件：（1）在收到证明

---

① 《民事诉讼法》第 566、639、649 条。

程序开始的通知之日起 3 日内提出利用此期限的要求；（2）法律事实发生在证据所在地的外国领域内；（3）证人居住在海外；（4）证人证言、书证能被证实，接受质问/讯问之人能被确定住所。

（一）书证

《民事诉讼法》及《民法典》调整公文书或私文书的证明价值。文书指的是从程序法角度来看，被认为是书证的东西；换句话说，指的是以书面形式表达的思想，而不指任何别的表现形式，如录音带、录像带等。

公文书必须是由公证人或经授权的公职人员所发布的文书，包括正式的公文、公证文书、判决书以及行政文件。此类书证向第三人证明如下事实：签发文书的事由、日期、合同、当事人的陈述、经授权的公证人或公职人员的姓名。

尽管对私文书并无明确定义，但《民事诉讼法》规定：由诉讼对方在法官面前立誓作证而被认可者，具有与公文书同等的证明力。私文书若用于修正公文书的内容，则对第三人无拘束力。

（二）当事人口供（depositions）

当事人口供（depositions）指的是在审判过程中当事人作出的作为证据的任何陈述。目的是为了确定与当事人直接相关的诸多事实的真实性。

提供口供必须由本人亲自为之，不得通过代表人或代理人进行，因此提供口供者必须享有诉讼当事方的权利，也须具有作出相关陈述的行为能力。如果宣誓作证方为法人或社团时，宣誓作证将通过相应的法律机构或法律事务代表人进行。

提供口供者主要承担三项义务，否则将导致当事方的作证被不予采信的后果：（1）法官必须在场；（2）答为所问；（3）直接回答对方当事人的提问，是承认还是否认必须明确①。

提供口供不仅可以在证明期间进行，而且可以在证明期间开始之后直到法院准备宣判的通知作出前的任何时候进行。

原则上，提供口供者可以仅作"是"或者"不是"的回答，而不能作模糊的回答；但是事实上法律允许当事方对自己的陈述加以评论，以澄清其所作肯定或否定回答的范围和内容。

法官除要求提供口供者对其陈述作出额外的解释外，可指定公布口供的日期及时间。法官可以采信亦可拒绝不符合法定的清晰、精确和具体条件的问

① 《民事诉讼法》第 583 条和 586 条。

题。不同的当事人就同一事实分别作出证言陈述的，法官将采取通常的谨慎态度。

口供必须在宣誓或承诺讲真话后才能作出；当事人陈述时并不需要律师的协助。陈述一旦被采信，该陈述将被制作成书面记录，并由在场的人签名。

（三）证人证言

未卷入诉讼的第三人即此处所指的目击证人，法律并不要求其具有参与审判的能力或行为能力，只要求其具有自然能力（natural capacity）就可以，即能够讲述其亲身经历的事件就行，因此，疯子、精神不正常者，由于不具有自然能力而不允许其作为见证人；盲人、聋子在口供分别取决于视、听两感官时也不允许作见证人；以及年龄在 14 岁以下者不能作见证人。与诉讼当事方或诉讼标的有着特别关系的人也不允许作该案的见证人①。

在进行这一证明程序之前，必须提出书面申请，附上问题清单供法官审查评估，以删除那些不清晰、不精确或与本案涉诉事项无关的问题。在合理期限内，另一方当事人亦将提供质证问题清单，所提问题须由见证人作答。

法院一旦认可了证人陈述以及所需回答的问题，当事方必须呈交一份见证人全称及地址的详细清单。在由法院认可证人证言的通知发出后的 10 天内，法官不得拒绝接受该清单。

证人作证应当分别进行。首先由法官质询以验明身份，并且决定是否存在不得作证的事由，然后审查问题清单以及质证问题清单。

证人不适格之事由，必须通过所谓的"弹劾证人"程序在陈述作出后的 4 天内提出，该问题将作为最后判决的一部分加以解决。

四、芬兰

案件自传票申请到达法院即成为待决的。下述的"审判"是指如诉讼没在简易程序中被缺席判决并且准备程序被继续而采取的措施。

（一）为审判作准备

民事案件的处理分两个阶段，准备程序和主要审理。除非案件已在简易程序中被裁决，准备程序都被口头审理接替。在此之前如果法院认为必要的话，它将提醒当事人就将由法院裁决的争议递交一个书面陈述。要特别强调的是，当事人应做好充分的准备以免案件的审理不会因他的疏忽而被推迟。

---

① 《民法典》第 1247 条。

（二）审判的范围

审判的范围在很大程度上是由原告提出的诉讼请求决定的。在诉讼进行中更改诉讼或提出新诉求或新事实或呈递新证据的可能性前面已予讨论。

（三）准备程序的继续

准备程序是由口头及书面准备程序组成的。口头准备程序必须不迟延地完结，并且如果可能的话在当事人被传唤的法院里一次处理完结。如果法院认为必要的话，也可以告诫当事人在法庭预审期间提交一个书面陈述。下面的问题将在准备程序里予以考虑：（1）当事人的诉求及其理由；（2）争议中的问题；（3）将被呈递的证据以及每一个证据所意图证明的内容；以及（4）是否有和解的可能。案件的独立部分或程序性问题可以由法院独自准备。

在预备审理中，案件被口头地审理并且当事人不得宣读、解释或提交他的诉讼要点或其他书面陈述，然而却自然地准许诉诸书面记录来支持一个人的记忆。一方当事人也可以大声宣读他的诉求、直接引用司法实践及教科书以及含有技术和数学数据的文献。在准备程序中，一方当事人必须提出其诉求及其所凭借的理由，并且表达出他对对方当事人所提出的意见的看法。法院有义务确保双方当事人陈述了所有他们想提及的事实。

对一个有义务庭外和解的案件，法院可告诫当事人提出他的诉求及其所有他想提交的证据，并提交所有在事后他不能提出新诉求或新事实或新证据的威胁之下的书面证据，除非他能确立一个他有可以不这样做的有效理由的可能性。

当在准备程序中被讨论的问题已被考虑或当继续准备程序不再便利迅速时，法院会结束准备程序而将案件移送主要审理。一个独立的主要审理可用于裁决一个可能独立处理的标的，甚至在该案件的准备程序尚未完结时就这样做。

（四）主要审理及准备程序

为避免复杂的主要审理的后果（迟延、额外的费用等），主要审理有可能被直接地连同预备审理一起进行。这要求双方当事人同意或案情是清楚的。在最近被提交的每一事项都将被审理，除非法院另有决定。在誓言或别的方式下，对证人或当事人的审理经常必须在主要审理中进行。

（五）主要审理

主要审理的主要原则是它必须是直接的、集中的以及口头的审理。因此主持准备程序的法官在主要审理中将担任审判长或合议庭成员，并且只有已经在主要审理中被提交的审判材料才会在判决里被考虑。所有的证据都将在主要审理里被收到，而在准备程序里由一方当事人提出的陈述将不会在主要审理中宣读。

当主要审理开始时，法院将考虑决定案件是否可以得到一个最后决议。法院可以决定将整个案件或将案件的一部分退回重新准备。这一部分将在主要审理中停止审理或被取消，甚至在法院的主要审理完结以后，如果法院认为必要的话，还可以补充考虑主要审理。如果争议中的问题是简单的或是不重要的，法院可以就该争议中的问题要求当事人提出书面陈述，否则该考虑将由继续的主要审理所补充或被一个新的主要审理所补充。

通常主要审理含有一个公开的讨论。其中原告提出他的诉求及理由，被告陈述他是承认还是否认本诉讼，并且双方当事人阐明他们的陈述并表示他们对对方当事人陈述的意见。在证据被呈递之后和讨论最后结束时，双方当事人提出他们的总结抗辩。上述也是主要审理将进行的程序，除非法院出于特别的原因决定不这样做。

如果一个主要审理不能在 1 天之内进行，则其可以被中断。如果可能的话，在连续的几天里并且在每周至少 3 个工作日里进行主要审理。涉及面广、复杂的案件可以最多中止 3 个星期，以准许当事人为提供最后总结抗辩作准备。

如果被要求亲自出庭的当事人或其他被要求亲自出庭的人没有出庭或存在对案件作出最后决议的其他障碍，则主要审理可能不会开始。在这样的情况下，将宣布一个新的主要审理日期。然而，尽管取消了主要审理，在某些特定的案件中口头证据仍可被接收。在这些情形中，如接收证据特别重要，仍可审理案件的其他部分。然而，如果有理由推测尽管有上面提到的障碍，本案的审理却不需要被停止，主要审理也可以开始而并不取消。例如该障碍可预期在主要审理期间会停止存在。甚至当本案的审理将由于障碍而被中止时，主要审理也可能开始，如果该中止不会导致不当的困难，并且如果有理由推测停止的总时间不会超过下面提到的期限。

只有根据《司法程序法典》第十章第 10 条，主要审理才可能被停止。根据该条的规定，主要审理仅在下列情况下被中止：法院知晓了新的重要证据并且该证据在以后才能收集到，或由于一个不可预料的事实或其他重要原因（例如被允许的诉讼更改）主要审理不可避免要被中止。自然地，尽管有障碍，如果主要审理仍已开始，则其在以后也还可被中止。如果主要审理被中止了一次或几次，而中止的时间已持续超过了 14 天，则将进行一个新的主要审理。然而，如果出于一个特定的原因，按照本案的性质新的主要审理被认为是不必要的，并且如果尽管有这样的停止和中断，主要审理的继续被认为不受影响，则只要中止还未持续超过 45 天，就不需要进行一个新的主要审理。

如果进行一个新的主要审理，案件在总体上将被重新审理。并且如果没有采纳上的障碍，对本案有重要意义的证据将被重新采纳一次。就口头诉讼这一原则而言，适用于口头准备程序的相应条款同样适用于主要审理。如果主要审理在一方当事人未出庭的情况下仍然进行，法院将诉诸于文书并解释未出庭方已作的陈述。

在一个有义务庭外和解的案件中，一方当事人不可以在主要审理中提出他没有在准备程序中提到的事实或证据，除非他确立一个可能性，即他有不这样做的合理理由。

（六）证据的提交

除非有法律的特别规定，所有证据都应在主要审理中被递交。准备程序的目的是在主要审理前让法庭和当事人熟悉每一证据及其所证实的内容。因此在准备程序中，当事人应列出所有他想提交的证据以及每一个证据意图证实的内容。此外，在准备程序中一方当事人在对方当事人的请求下应表明他对书面证据的立场或对由对方当事人提出的可能与案件相关的异议的立场。

为获取有关专家意见、提出书面证据、安排检查以及其他准备措施的裁定，将在准备程序中被作出，如果这些措施为确保这些证据在主要审理时可用是必需的话。上述措施的请求必须由当事人在准备程序中提出。如果一方当事人想在主要审理中提出他没有在准备程序中列出的证据，他必须不迟延地将其提交法院并表明他意图用本证据所证明的内容，并说明他没有在准备程序中提交该证据的有效理由。

当一个将出庭受审的人已经参加了主要审理时，法院即可以采纳口头证据。甚至在该主要审理被取消的情况下，如果有理由假定本证据不必或不可能在主要审理中又一次被提交或如果该人再次出席主要审理将导致不适当的费用或不适当的困难的话，也是如此。

出于特定的原因，在主要审理外接受（receive）文书或听审证人、专家或当事人或安排调查时，法庭将决定邀请当事人参加该听审。在主要审理中，于主要审理外接受的证据必须再一次被接受，除非接受有障碍。这也同样适用于当事人没有提交而证据已接受的情形。如果证据是在主要审理外接受的，该证据也可由下一级法院接收。

（七）证据的出示

主要的规则是双方当事人应获取案件的必要证据。然而，法院也可以决定获取其认为必要的证据。如果案件有义务庭外和解，则法院不可在没有双方当事人的同意时决定证人的听审或文书的出示。法院可阻止不相关证据的出示。对证人、专家或当事人的听审将由法庭的审判官来执行。如果适宜的话，法庭也可将其交由当事人来执行。在下级法院改革和引入准备程序以后，这将会变得越来越普遍。审判长必须依职权制止显然不相关的、误导性及其他不适宜的问题，仅在特殊原因存在时才允许诱导式提问。

（八）证据

1. 证据的性质和目的

民事案件的原告必须证明事实来支持他的诉求。如果被告提出一个事实来支持他自己，他也必须相应地证实它。证据的审理是基于证据的自由心证和自由提出的原则之上。有伤风化的证据无需呈递。如果适用外国法而法院对其不熟悉，且如果法律没有其他特别的规定，法院将要求当事人提供证据证明其内容。如果当事人不能提供被要求的证据，法院将会适用芬兰法。如果在有义务庭外和解的案件中当事人承认某一事实，则该事实成为无争辩的而不再需提交证据予以证明。如果该当事人事后撤回他的承认，法院会在呈递的撤回理由以及其他事实的基础上，考虑该承认作为证据的意义。

2. 证据的类型

由《司法程序法典》认可的证据形式有：书面证据、证言、专家鉴定、勘验笔录以及对当事人的听审①。

（1）文书。作为证据使用的文书必须以原件呈递，除非法院认为用复印件呈递是充分的。如果该文书含有特别信息或不能被揭露的信息，则该文书可以以摘录形式提交，而上面提到的信息被删除了。在地区法院，某人为已经开始或将开始的审判写的私人性质的报告将不会被作为证据使用，除非有法律的特别规定，例如基于本票否决本诉讼，或法院出于特定原因授予许可。拥有十分重要的作为证据使用的文书的人有义务将其递交到法院，法院也可以责令其提交，否则他将有被课以罚金的危险，法院也可命令扣押书记官将其递交到法院。

（2）特权。一方当事人的亲属没有义务违背其意愿作为证人，相应地当事人或他的亲属没有义务提交含有他们间交流或其他亲属间交流信息的文书。

政府官员或执行公务的人可以不去证实由于其职位必须保守秘密的事情。

---

① 《司法程序法典》第十七章。

律师可以不证实他的当事人对他作出限制的事，除非他的当事人同意如此。特定的保密责任条款同样适用于医生及其他医务人员、教士以及从事国家安全事务中的任何人。这些规定也适用于在宣誓之下被听证的当事人。有保密义务的人可以不提交文书。如果该文书被推定为含有其不能作证的信息的话，有此特权的当事人也没有义务提交这样的文书。

证人或在宣誓下被听证的当事人可以拒绝回答将连累他的问题，也可拒绝揭露这样的事实，这也同样适用于文书的提交或待勘验的物件。如果将披露一商业秘密或职业秘密，一个人也可拒绝作证、提交文书或提交一待勘验物品，除非重大案件有如此要求。这也适用在宣誓下被听证的当事人和专家。

芬兰法律中也有为保护出版界和其他媒体的特别规定。

（3）对一方当事人的听证。为获取证据，一方当事可以被听证。当事人也可在与案件的解决特别相关的事实方面在宣誓后被听证，这也同样适用于他的法定代表人。

（4）专家。专家由法院根据它自己的提议或根据一方当事人的提议任命，对需要专门知识的案件中的问题提出意见。如果当事人信赖未经法院任命的人作为专家，则该人将被视为证人。在专家被任命之前，法院将为双方当事人保留表达他们的意见的机会，若双方当事人同意某人为专家，除非存在障碍，则该人将被任命为专家。法院也可任命一名额外的（additional）专家。没有人可以被违背其意愿被任命为专家，除非由于他的职位或法律的特别规定他有义务充当专家。

（5）勘验检查。适用于提交文书的相应条款也同样适用于提交待勘验检查的物件的义务。

3. 域外取证

欧盟成员国（丹麦除外）间的域外取证依 2001 年欧盟理事会《关于民商事案件域外取证协助规则》（2001/1206/EC）进行①。1970 年海牙《关于从国外调取民事或商事证据的公约》②（自 1976 年 6 月 6 日起对芬兰生效），缔约国之间的域外取证依本公约进行。

---

① 该规则的有关内容可参见肖永平主编：《欧盟统一国际私法研究》，武汉大学出版社 2002 年版，第 190～200 页。

② 公约的中文本及各成员国可参见李双元、欧福永、熊之才编：《国际私法教学参考资料选编》（中册），北京大学出版社 2002 年版，第 1107～1112 页及附录二。

五、丹麦

(一) 审理阶段

1. 为审判作准备

在当事人交换了有关程序文件，如起诉书、原告的答辩与被告的反驳、其他可能要补充的书面声明的副本以及提交任何专家证人的书面声明之后，民事法庭将准备确定口头法庭程序的日期。在准备期间，法庭将对案件是属于法律争议还是事实争议予以区分，根据《民事诉讼法》第355条的规定，这一步骤常在法庭特别预备会议中决定。

在庭审之前的最后一次法庭预备会议中，当事人必须上报法庭哪些当事人、证人和专家证人在庭审程序中将会出庭。另外，当事人将要估算一下他还需多少小时或多少天为庭审做准备。法庭将视其在争议中所承担的工作的轻重，将在庭审程序的3个月至12月前确定正式开庭之日。正式开庭日一经确定，原告必须支付占案件价值0.2%的附加法庭费用。

如果案件在高等法院或最高法院悬而未决，原告律师必须在庭审程序开始之前，并且在不超过两周的时间内把全部文书的复印件或全部文书的摘录提交庭审。在口头诉讼程序之前的合理时间内，任何一方当事人将通知自己的证人使他们能够及时出席庭审程序。如果有任何证人不愿出庭，法庭可命令他们出庭。

2. 审理的范围和次序

一般说来，法庭成员在庭审程序之前并不知道与案件有关的文书和详细的案情。原因是：根据《民事诉讼法》第148条，丹麦的程序法是建立在直接评价原则的基础上的。总的来说，应该在庭审程序中所提交的证据的基础之上就案件作出判决。庭审程序的目标就是为法庭对争议作出判决打下基础。根据直接评价的原则，有关争议问题的任何特别重要之处必须在庭审时予以细致阐述。在庭审程序开始之初，每一方的律师均要宣读他的当事人提出的诉讼请求。律师们也许会提出包含有诉讼请求和指控的非正式文书。有时，法庭会要求律师在庭审程序开始之际提交当事人的主要依据的概要，以便法庭在庭审程序期间能够明白其所提交证据的真正目的。

根据《民事诉讼法》第663条的规定，在庭审程序开始之后，任何一方当事人可反对另一方当事人提出的新诉讼请求、指控或证据。如果这一迟延是可原谅的或如同意该反对将给提出新请求的当事人带来不合理的损失，法庭也许会对反对不予理睬。即使其他一方未作出任何反对，法庭也可积极主动地拒绝新的诉讼请求、指控或证据。在律师陈述完诉讼请求后，原告方律师将解说案件的事实情况。包括在案件书面准备时提交的信息中或文书中的、与案件有关的任何事实情况都将予以阐明。

在整个案件陈述完后，当事人和证人才被听审。在全部证据（其中包括证人的声明）被陈述后，律师才开始为其当事人的立场辩护。律师将着重强调实际情况以支持各自被代理人的立场。与这些事实情况相关，律师还必须适当运用法律引证。法律引证包括相关的立法条款的解释以及法庭在类似领域的实践。

在律师抗辩之后，法庭随即会提出自己对该案的初步的直接的看法。如果法庭由数名法官组成，在法庭宣布正式立场之前将会短暂休庭，在这期间，法官们将认真考虑判决。在法官表明他们的观点后，当事人可以在法庭提出的基本原则的基础上自由选择用和解的方法解决争议。如果双方当事人不希望法庭提出对案件的初步立场，或双方当事人不愿接受法庭的观点，法庭将重新考虑争议事项。在法庭简短商讨之后，判决将以书面形式作出，这通常发生于口头程序结束后 3 个月内。

3. 证据提交

全部相关证据在庭审程序准备时予以编号并提交法庭。在原告律师的庭审陈述之后，如果必要，这些证据将会被描述并有可能记入案卷。在对当事人与证人的听证期间，证人和当事人可被要求提出他们对部分书面证据的评论。在律师辩论的最后阶段，他们将被要求重述书面证据的核心内容。

当事人与证人的观点在一定程度上会通过在案件准备过程中相互交换的文书表现出来。但是，有关文书毕竟不是证据。当事人和证人在庭审过程中的解释才是至关重要的。如果在案件准备过程中已传唤专家证人，这些专家证人将提出专家声明，这在案件准备过程中已提交法庭。这些专家们的声明将作为证据。专家证人在口头庭审过程中的口头声明将被视为从专家证人书面声明中引发出的问题的补充说明。

在口头程序过程中，向法庭出示有关争议的实物证据的图片或样品是很普遍的，特别是那些在案件准备过程中已提出的作为证据的图片和说明书。

4. 陈述证据与初审法官

有赖于律师描述案件和检查鉴别相关事实问题或法律问题的能力，并有赖于法庭成员的理解力，在庭审程序中，在一定程度上，法庭将直接或间接指导当事人的律师和有关出庭人员。在律师完成对相关当事人的讯问后，法庭法官可就任何问题提出疑问。然而，如果讯问是毫无意义的，或毫不相关的或是带有偏见时，主审法官将会干预讯问。主审法官对讯问的干预也许是因为另一方的律师提出抗议后才进行的。如果不是特别之处需要辨别澄清，法官一般不会在原告律师在对案件进行原始陈述时提出干预。法院也不会对当事人和律师的最后辩论加以干预。

（二）证据

举证的目的是为了支持某一涉案事实。没有一份证据是彻底、绝对的，这意味着任何相关证据应该在全部证据的来龙去脉中理解。对律师而言，把所有提出的证据的来龙去脉紧密联系起来成为一体是一项相当重要的任务。同样重要的是，律师还须把针对没有引起争议的事实的证据排除在外。

任何证据都可被考虑，但每份证据的价值取决于证据本身在其特殊环境下的可信度。

证据可以任何形式提出。但证据越以原始的、直接的方式提出越好。因为这一基本原则，任何当事人、证人和专家证人的重要解释与声明都将在法庭听证时口头作出或被口头地重述。因为在法庭上作出陈述使得其他当事人与法庭成员能够讯问有关的当事人，同时依据法律规定的义务在法庭上所做声明必须是真实的，所以法庭对在法庭上直接作出的陈述予以极大的关注。对作伪证的人的处罚有罚款、拘留或4年以下监禁。

六、欧盟

欧洲法院的审理包括：（1）出示汇报法官所作的报告；（2）代理人、顾问和/或律师进行口头辩论；（3）法律顾问（advocate-general）陈述；（4）从目击证人和专家处得到证据。

当事人可仅通过代理人、顾问或律师向法院陈述。诉讼应公开进行，除非法院自身提议或应当事人请求因合法原因而有相反决定。原则上，口头辩论不能超过30分钟。对某些案件，如果经当事人同意可取消口头辩论。法庭庭长、其他法官和法律顾问通常在审理中向辩护人提问。

法律顾问在审理之后口头表述其观点，他在初审法院的诉讼中介入是很少见的。法院院长在审讯结束时宣布诉讼结束。

每次审讯都设有审判记录，由法院院长和登记官签名。这些是诉讼的官方记录，当事人可以在登记处核查审判记录并可自费复制资料。

在委员会审理的关于竞争法的诉讼中，大多数诉讼类型明确地规定了被听证的权利，包括正式驳回原告人的诉讼。实际上，被"听证"的权利包括提出书面辩论，因为委员会的程序本质上是书面程序。委员会制定了一个关于听证的具体规章。根据这一规章，委员会必须通知当事人以书面形式向他们提出异议。相关公司可以在规定的时间内作出回应，并可在其答辩中请求听证。如果提出请求的公司证明存在充分的必要性或委员会要求处以罚金和定期性罚款，所请求的听证将被批准。

确保被告的权利（如正当程序）被尊重是汇报法官的责任。在完成口头阶段的听证时，汇报法官要确保每个人所做的陈述在数分钟之内被正式记录下来。汇报法官指导听证，但并不充当法官的角色。如未能把汇报法官的报告传送给被告并没有构成对辩护权的侵犯。

如果非当事人的人证明其对诉讼有实质上的利益，则其可呈送法庭辩护状或提出口头争辩。

委员会作出的判决只能针对那些已给被告就该问题的是非曲直提供了抗辩机会的问题。同样，如果证据没被传送给被告，或没有允许被告对之提出异议，则委员会不能根据此类证据作出裁决。

《合并控制规则》规定，委员会可只把其判决建立在那些当事人能对其是非曲直进行辩驳的异议的基础之上。而且，抗辩的权利必须受到尊重，被告有权接近卷宗，至少是那些直接涉及当事人的卷宗（然而，这从属于他们保护商业秘密的合理利益）。其他可被授予被听证的权利的人包括公司有关的办事员、职员和能证明其对诉讼有合法利益的人。

第三节　若干亚洲和美洲国家的审理程序

一、印度

（一）系争点（issues）的确定

当对事实或法律的实质性主张被一方肯定而为另一方所否认时争议就引发了。实质性主张是这样一些关于法律或事实的主张，即原告必须坚持以证明其提起诉讼的权利，而被告必须坚持以组成其辩护理由。

在听证开始之际，法庭将确定当事人之间在事实或法律主张上的不同之处。因此，法庭将只审理、记录这些有助于作出正确判决的系争点。有时需审理不只一个争点，证明这些系争点的责任可能落在原告的肩上，有时，则由被告证明某些系争点。

在听完当事人的陈述并仔细考虑提交的证据后，法庭将针对全部系争点做出判决。然而，如果法律与事实的争议存在于同一诉讼中，法庭认为只能就法律争议作出处理时，它将首先审理这一法律系争点。法庭可能推迟其他系争点的解决直到先决问题已得到解决。

法庭根据以下全部或部分材料决定争议事项：（1）当事人宣誓过的主张，或代表当事人出庭的任何人的主张，或这些当事人的辩护律师提出的主张；（2）诉讼与答辩状中的主张，或对诉讼中的讯问所做的回答；（3）当事人出示的文书。

当法庭感到对某人的讯问（在法庭外）或对文书的检查（该文书未包括在诉讼材料中）对决定系争点不可缺少时，法庭会推迟解决争议的时间，并且通过传票方式或其他程序要求该人出庭或提交该文书。

若当事人之间就事实与法律问题已不存在任何分歧，法庭会随即作出判决。

（二）传唤证人

在确定系争点后的15天内，当事人必须向法庭提交他们将请求出庭作证或提供文书的人的名单，法庭将对这些人签发传票以确保他们能准时出庭。但是，即使没有申请法庭签发传票，当事人可自由传唤证人出庭作证或提供文书。当事人还可请求任何专家提供证据。法庭有权要求证人出庭作证，这可通过对证人的罚款或发布财产扣押令予以实现，或者签发拘捕令强制证人出庭。

（三）诉讼听证与讯问证人

作为一般原则，原告有权开始诉讼听证。但是，如果被告承认了原告所宣称的事实，但依法律或附加的事实抗辩原告无权提出所寻求的救济，则被告有权首先开始诉讼听证。

在诉讼听证开始后，授权开始诉讼听证的一方首先陈述其立场并提供证据。然后，另一方陈述立场，提交他的证据。然后当事人可就整个案件在法庭上做一般的陈述。法庭允许当事人在诉讼的任何阶段讯问任何证人。

二、美国

（一）审理

美国民事法院系统的一个独特之处是其审判的运作方式。对陪审团审判的案件，无论是在联邦法院或州法院提起，都由陪审团成员进行预备性询问。律师，首先是原告的律师作开场白，陈述案情和将出示的证据。被告的律师被允许交叉询问原告的证人并提供证据对原告的证人的证词进行解释或反驳。在完成对原告的事实调查以后，律师提供被告的证据和争论，同样是通过直接询问证人的方式进行。原告律师可交叉询问被告的证人，并提出对证人证言的反驳。当被告的证据和争论被提出后，原告律师与被告的律师进行直接的辩论，在此进程中允许他们对那些已得到证明的证据进行辩论。最后，事实审判者权衡所有的各种证据，裁决所提出的有争议的事实问题和可适用于事实的法律。

1. 确定审判日程和制定当地法院规则（local court rules）

《联邦民事诉讼规则》第 40 条规定，所有的地区法院应为审理日程表上的诉讼制定当地规则，要么不经当事人的要求，要么基于当事人的要求并通知所有其他当事人，或者以法院认为合适的其他方式作出安排。在多数情况下，法院将为确定审理前会议的日期、发现截止日期、强制和解日期和审理日期而命令召开一个会议。

几乎所有的州和联邦审判法院采用了当地规则来支配诸如审判摘要的内容和提交陪审团的命令、要求法院从审判中排除特定证据的申请，甚至于开场白和当事人相互辩论的时间这类问题。对这些问题，律师可以在为审理作准备时参考审判举行地法院的当地规则。

2. 陪审团或法院审理

在保护陪审团对民事案件的审判权方面，《联邦民事诉讼规则》第 38 条第 1 款规定："由《美国宪法》修正案第 7 条所宣布、并由美国制定法赋予的陪审团的审判权受到保护，不受当事人的侵犯。"

《美国宪法》修正案第 7 条保证陪审团在所有普通法诉讼中的审判权，条件是争议的金额超过 20 美元。尽管该权利不依附于衡平法上的请求权，但由于衡平法上的和制定法上的问题在大多数情况下常出现在同一标的的诉讼中，故几乎所有民事诉讼都会产生陪审团审判权这一问题。

由于宪法或制定法赋予陪审团的审判权不是司法审判性的权力，若没有及时提出要求，该权利将被取消。一旦提出，陪审团审判要求未经当事人同意不能撤回。《联邦民事诉讼规则》第 48 条要求民事诉讼陪审团由 6~12 名成员构成。而且除非当事人另有约定，判决必须由全体陪审员一致投票通过。由于陪审团不能一致投票通过裁决将导致误判（mistrial）并需要再次审理，因此正如规则第 48 条所允许的，当事人约定由多数陪审员投票作出裁决常是明智之举。

虽然及时提出了陪审团审判要求，当事人仍可以协议由法院审理案件。对于相当复杂的案件或在短期内可由法院审结而如果由陪审团审判将不适当地延长审判时间的案件，由法院审理是合适的。

3. 合并或分开审理

当含有共同法律或事实问题的诉讼提交法院时，《联邦民事诉讼规则》第

42 条第 1 款允许法院可以对这些诉讼的部分或全部争论事项进行合并听审，或合并开庭审理，或命令将所有的诉讼合并，以利于司法的经济。同样，法院为了便利诉讼和避免损害或分开审理既方便又经济，《联邦民事诉讼规则》第42 条第 2 款允许法院分开审理某些事项，如诉讼请求和反请求及第三方当事人请求。

此外，当涉及一个或多个共同事实问题的民事诉讼在不同的地区法院未决时，《美国法典》第二十八章第 1407 条第 1 款授权将所有的诉讼合并，移交给任何一个地区法院审理。

（二）证据

在美国法院，《联邦证据规则》规定了在所有程序中可提供的证据的性质和形式。《联邦证据规则》的目的由该规则第 102 条规定："这些规则应解释成保证管理的公正，消除不适当的费用和延误，以及促进和发展证据法使事实真相得到查明并保证程序公正。"

《联邦证据规则》的优先目标是确保只依可靠的、与诉讼有实质联系的事实有关的经证实的、且没有不适当的偏见的相关证据来解决诉讼。

一般而言，相关证据是可采纳的，非相关证据不可采纳①。而且，特定种类的证据尽管非常相关，也被规则排除在外。

1. 证人证言

在审判中，各当事人通过证人证言来提出他们的案情，要求法院控制提供证人证言及证人质问书的顺序和方式来促进对真相的判定，避免不必要地占用时间，保护证人免受骚扰或不适当的尴尬。通常，如"在 1994 年 5 月 5 日你知道在压力下阀门失效是真实的吗？"这类引导性的问题在直接询问当中是不允许的。这些问题在交叉询问时或询问对方当事人、支持对方当事人的证人或敌对证人时是允许的。

（1）证人证言

《联邦证据规则》第 501 条规定："每一个人都可胜任作证人，除非本规则有其他规定。"证人也不能以意见或参考意见的形式提供证言，除非该意见或参考意见是合理地基于证人的理解，以及有助于清楚地理解证人证言或对事实的判定。每个证人必须首先宣誓声明他或她将诚实地作证。当需要译员时，该译员要具有相应的资格。同时，必须宣誓声明他或她将真实地翻译。

（2）专家证言

---

① 参见《联邦证据规则》第 402 条。

当科学的或其他专门的知识对事实裁判者（the trier of fact）理解证据有帮助时，鉴定证据是可采纳的，只要该证言是由一个在知识、技能、经历、培训或教育方面适格的证人作出的。

（3）异议

一个提供证言的证人的可信度可能受到任何当事人的攻击（attack）。攻击或非难证人可信度的方法包括提供该证人不诚实的意见和声誉不好的证据，或者确证其以前犯有重罪的证据，或者涉及不诚实或虚伪陈述的一些轻罪。证人也可能因以前作过口头或书面的不一致的陈述而面临异议。

（4）传闻证据

根据《联邦证据规则》第 801 条第 3 款传闻证据指不是在审判或听审时由宣誓者作出的陈述。

该规则规定，某些陈述不是传闻的。由证人以前在庭审时作出的与证人证言不一致的陈述可被采纳以证明在陈述中所主张的事实的真实性，如果该陈述是在法庭宣誓下作出的。如果一庭外陈述是由一方当事人授权作出陈述的人作出的或由一个代理人或雇员在代理或雇用范围内作出的，该陈述可以用来反对一方当事人。

（5）传闻规则的例外

有两组传闻例外：那些证人的可获得性是非实质性（immaterial）的例外，以及那些证人一定不可获得的例外。

第一组例外适用于特定的传闻陈述。对提供当时的感官印象的、描述一个事件或条件的、当证人在发觉该事件或条件时或发觉后马上作出的陈述，是传闻规则的例外。

《联邦证据规则》同样为特定类型的记录制定了一个庭外陈述的例外，因为创造他们的环境保证了其可靠性。因此，如果记录是在健忘证人未健忘时作出的，则他对其知晓的事实所作的记录可以用来补充该健忘证人的证言。同样，公共记录中的陈述、历史文献和市场报告或商业出版物一般由公众或特定领域的人使用或信赖，这样的陈述是传闻规则的例外。

第二组例外仅仅在作出庭外陈述的人不能出庭作证的情况下运用。

2. 文件证据

在审判中被承认为证据的文件必须不仅对事实有证明力，而且必须满足基本的可信原则。该文件必须通过适当的认证或经证实。《联邦证据规则》第 901 条第 2 款举出了一个适当的认证或证实的例子：公共记录；任何形式下的历史文件，该文件的确定性不容怀疑，位于该确定性文件通常所处的状态，而且存在了至少 20 年。

此外，根据《联邦证据规则》的规定，某些特定文件是自证文件，即无须证据证明，因为创制它们的环境，它们的证明力不能够被合理地怀疑。例如：经过官方密封签名证实的国内公文书是官方的；经认证的公文书的复印件；以及由商法规定的相关商业文件。

通常，根据"最佳证据规则"，《联邦证据规则》第 1002 条要求文件记录或照片的内容由原始的文件记录或照片证明。然而，在美国所有的审判中，现在允许利用复印件代替原件，除非原件的真实性存在问题，或者法院发现以复印件取代原件将是不公平的。而且，当有正当理由认为原件不能在审判或听证时提供，《联邦证据规则》第 1004 条允许文件记录和照片的内容由证据而不是由原件来证明。

3. 保密特权

可适用于证人、个人、政府、州或政府的分支机构的保密特权的存在和范围由根据联邦规则制定的普通法规定。实质上所有州的普通法和制定法承认保密特权，反对披露源于特定关系的交流。这些特权通常包括：律师和委托人之间的、商业秘密上的、国家秘密上的、夫妻之间的、神父与忏悔者之间的、医生与病人之间的保密特权，等等。

保密特权中的每一项都是根据强有力的公共政策而产生的。比如，如果没有律师和委托人之间的保密特权提供的保护，律师和他或她的委托人将不能充分而自由地协商，因为惟恐他们的交流被发现。自由地发现（discovery）商业秘密将会成为向研究和发展新产品、工艺或技艺这一领域投资的障碍，因为投资者惟恐他们的投资回报很容易地落于竞争者之手。

三、加拿大

（一）为审判作准备

尽管管辖区有关于由法官和陪审团进行审判的规则，但实际情形是一些省几乎废除了民事陪审团，在其他的省也仅仅是有限地使用陪审团。这被解释为是因为在许多省，民事陪审团仅仅在诽谤、非法拘捕、非法拘禁和诬告案件中才被允许。当陪审团被用于更大的范围时，原告被要求在答辩状终结时把有陪审团的审判通知给所有当事人或在开庭通告书之后向法院提出申请。由于准允陪审团的决定是任意的，申请者被要求解释利用陪审团的理由。

一旦案件被受理，适当的法庭官员将该审判列入审判日程，同意当事方在正式的"申请日（motions day）"出庭，并为其他的当事方安排更为适当的日期。确定案件审理日期后达成的任何和解必须传达给法院官员。

1. 审判的范围及顺序

大量的管辖区已引进了"分别审判"的概念，它允许对某个问题一准备就绪即行审判。因此，在个人伤害案件中，因为医疗问题可能需要经过许多年才能解决，所以可通过临时预先偿付胜诉的原告一定的赔偿来解决责任问题。这种限制性审判方式有希望使经济困难或在伤害之后、最后赔偿之前需要医疗费的当事方受益。

审判顺序部分依据程序法，部分依据司法实践确定。一般的审判顺序如下：（1）如果当事人不到庭，法官可以驳回诉讼请求和反诉，但经法院同意允许他们后来恢复诉讼；（2）如果在审理期间有人申请休庭，而当事方皆同意或其理由正当，主审法官可以中止审判；（3）如所有的当事人都出庭，审理开始于原告代理人对诉因的陈述，他同时也应出示证据，阐述事实和法律，出示文书，阐述请求的救济；并且（4）被告代理人可进行简短的反驳，但更经常的是选择在原告之后作详细阐述。

此后，原告代理人将传唤并询问每一位证人，及在其他当事方交叉询问之后再次询问在交叉询问中提出的任何问题。原告代理人也可交叉询问由对方当事人提出的证人，提出任何反驳证据及在被告代理人陈述之后作答复性陈述。

2. 证据的提交

加拿大程序规则的一个显著变动是授予法官任命独立专家来调查及报告事实问题或提出与诉讼中的争点有关的意见的权力。由于专家通常是从当事方同意的名单中选出，不应把它与司法顾问官和技术问题的评估者相混淆。这种专家可以进行询问、测试或试验并向法庭提交报告。因为他被当作一个向法庭提供充分的证据的公正的人。

在复杂的诉讼中，当对方当事人聘请的专家准备了大量存在冲突的材料时，上述方法很有价值。证据出示规则虽然广泛，但是简单。法庭报告人要求列表并展示每一当事方的证据。法庭书记员负责保管证据，如果必要，把证据提交给上诉机构，并且最后要返还给律师以重新分配给当事人。

3. 在出示证据时审判法官的作用

大多数管辖区的规则允许审判法官检查所有在审判中提到的场所或事件。在因交通或生产事故导致的诉讼中，这种做法日益普遍，法官可以依检查中得到的印象审判，即使它不同于在审判中提交的证据。现代规则已保留了法院排除证人以避免拼凑证据的权力，直到他们被传唤作证。排除证人的规则存在的例外包括：（1）所有委托律师代理的当事人不应被排除，但被要求在所有其他当事方之前提供证据；（2）当事方本人；（3）专家证人。

在已提交的证据显示没有表面证据支持诉讼的前提下，规则允许被告方在原告的证据提交和辩论结束时提出驳回起诉申请。法庭承认原告在审判开始后获得的证据，但应在法庭辩论终结前出示，并且前提条件是它在早期未被发现。

一般说来，法庭在审判终局前会拒绝提出咨询性意见。相关规则通常允许某一当事人要求重新开庭来证明由于疏忽而遗漏的事实和文书，例如，证明一当事人的合并（incorporation）。法庭不允许用在事件发生后一段时间拍摄的场所照片来证明争论，因为所要求的事实已发生了变化。

（二）证据

1. 证据的本质和目的

证据的目的是支持诉讼的一方当事人，证据包括：（1）从当事人或任何证人那里获取的陈述；（2）对书面证据和成为权利要求核心的场所的查验；（3）法学研究；（4）专家、委托人或特别代理人的聘请。

证人证言是通过传票传唤证人出庭并经过口头询问、交叉询问及再询问而予以接受的。反对暗示性的询问的规则现已放松，允许当事方用这种方式询问回避回答问题的证人。如果证人不说加拿大的两大官方语言，那么应为其配备能干、独立的翻译。

如果证人仅仅被要求证明一份文件或签名，那么他可以提供宣誓笔录以避免其出庭的花费和不方便。相反，被要求出庭作证的证人也可能被要求向法庭提交他们所掌握和控制的与诉讼有关的每样物品，无论这些物品的类别如何。不出庭的证人可被警察拘押并带至法庭。

大多数现行的规则通过允许当事人对对方当事人进行交叉询问以及该当事人然后可能被他们自己的代理人再询问，避免了传唤对方当事人作为证人的危险。

2. 证据的种类

证据包括当事人证据、对财产和导致诉讼的场所的查勘报告、专家鉴定、公文书及来自于因年幼、疾病及体弱而不能出庭的人的证据。

（三）书证

书证一词现包括胶片、照片、录像带、表格、图表、计划、调查、统计、录音及通过各种设备储存的信息。实际上，法庭把所有可提供信息的材料视为可发现的文件。

（四）特权

特权请求要在书面陈述中清楚地阐述，包括对特权请求的根据进行足够的描述。特权请求的根据常被概括为：（1）律师——委托人交流；（2）用于诉讼准备的文件；（3）在其他案件中享有特权的文件；（4）医生——病人交流；（5）医疗记录；（6）专家意见；（7）"非歧视"通信（"without prejudice" correspondence）；（8）税收返回（tax returns）；（9）商业秘密。

（五）当事人口供

实践中，代理人常在审判前会见当事人和证人，以确保：（1）证人已理解和审查了所有将被出示的证据；（2）他们了解提交的证据的实质；（3）提出在交叉询问中可能被提出的问题；（4）为专家的技术语言的简单化作准备。

直接口头询问、交叉或再询问的基本规则被法庭控制审判程序的权力缓和，以致能保证证人免遭骚扰或尴尬并在进一步询问中再次传唤他。

四、墨西哥

（一）审理

1. 确定案件需要审理的部分

只有那些被双方当事人争讼的事实才被法院审理。那些由原告提出的事实如果被告不表示异议（沉默或含糊其辞，将被视为接受），将被宣告是有效的，只有剩下的那些事实将由双方在举证阶段提供证据证明。

从被告答辩的内容可以判断出双方争执的焦点问题，如果双方的争执仅与法律适用相关而与事实无关，法院将传唤当事人出庭接受听审，作出终局判决。否则，如果双方当事人请求或者法院认为必要，法院审理将进入举证阶段。

2. 审判的顺序和范围

审判的目的是解决冲突双方当事人之间的争议。由法院作出的判决被认为是公共命令，对双方当事人都有拘束力，双方当事人必须遵照执行。审判不能超出起诉状和答辩状提及的范围，法院将只对起诉状或答辩状提出的问题进行裁决而不会对其他的问题作出决议。

3. 证据的提交

在普通的民事诉讼程序中，当事人从法院作出开始举证程序的命令之日算起，有10天的期间提供证据。

法院在评估证据时有很大的自由裁量权。为了查明诉因的真实情况，法院可以考虑任何诉讼当事人或第三方当事人的陈述或其提供的物证或书证，不管该证据是否是该方当事人自己所有，并且除了受法律的限制和道德约束之外不受其他因素的限制①。

当事人将承担他们的诉讼主张所依据的事实的举证责任。只有事实问题而不是法律问题应由证据加以证明，但外国法律除外。众所周知的事实不需要被证明，法院可以直接援用它。当事人不可以放弃提供证据的权利。当事人只可以提供用以证明当事人所主张的事实的证据。

4. 审判法官在出示证据方面的作用

根据墨西哥的程序法，法官在举证阶段充当主要角色。当事人自己要提供证据去证明他们自己的主张，法官被允许并且被期望收集任何及所有必要的证据去查明争讼事实的真相。

在任何阶段，不管诉讼主张的性质如何，法官可以作出必要的决议去查明争讼问题的真相。在这些诉讼中，为了获得最好的不损害双方当事人利益的结果，在平等对待他们的权利的基础上，法官可以作出他（或她）认为合适的诉讼行为。当法官可以实施这些额外的诉讼行为时，当事人对他们的诉讼主张承担主要举证责任。

法官必须接受所有由当事人提供的、经法律认可并与案件争议问题相关的证据。法院享有充分的权力强迫第三方去证明或提供任何查明案件真相所需的证据。最后，为了强迫其合作，法院可以实施所有必要的强制措施。

（二）证据

1. 证据的目的

证据的目的是为了判断当事人争讼事实的真实性，以便法院适用法律规则作出最后判决。所以，取证期间包括由当事人、第三方和法院实施的旨在查明争讼事实真相以便作出最后裁决的程序和阶段。

有几个与证据相关的方面：提供证据的当事方、被证明的事实、举证责任、证据的准备、评估证据价值的方法。同样地，能由当事方提供的证据有不同的种类：供认、证言、书证、专家鉴定意见，等等。

2. 证据的种类

所有可以表明正在争讼的事实的真实性的手段都可以作为证据提供②。《联邦地区民事诉讼法典》在没有限制其他的证明方式的情况下，列举了证据的种类：供认、书证、专家鉴定意见、司法勘验结论、证人证言及其他可以获取信息的方式（照片、视听资料等）和法律推断。

---

① 《联邦地区民事诉讼法典》第 278 条。
② 《联邦地区民事诉讼法典》第 289 条。

（1）供认

供认是当事人一方的口供。这类证据是接受或者承认被宣誓作证的当事方可能知道的事实。这类证据从开始提供证据时起直到终局判决作出之前的诉讼审理期间，都可能被提供①。

被讯问的当事方必须被直接从其住所传唤到法院。宣誓作证的当事方的回答应符合《联邦地区民事诉讼法典》第 311 条所阐明的要求：①它们必须用清晰的措辞系统地加以阐述；②它们只能包括与被宣誓作证的当事方相关的事实；③它们不能含糊其辞或具有误导性或试图承认一个与事实真相相反的事实；④它们必须从正面角度系统阐述，不允许涉及对事实的否定；⑤它们必须只与当事人争讼的事实相关。

就这类证据的准备而言，下面的规则必须被遵守：一旦证据被提交，法院将指定一个确定的日期和时间进行对质。对方当事人将亲自到庭，如果没有正当理由而又不到庭的，将被警告其已接受了被讯问的事实。

当事方被通知以后，在开庭审理的日子，法官将打开装有被质问的问题的信封并审理这些问题，判断它们中的哪些满足要求，那些不满足要求的将被排除。

在此之后，当事人将被要求在讯问笔录上签字，在陈述了他（或她）所有的信息之后，在受伪证罪惩罚的压力之下，将被警告作出坦诚的答辩。当事人作出供认时，不可能得到律师、法定代理人或其他人的帮助，也不会被给予一份讯问笔录副本或一段时间去讨论它们。然而，如果供认方是外国人，那么由法院任命的翻译可以提供帮助。

在这之后，法官将要求当事人以无条件的肯定或否定的方式回答提出的问题，随后补充一些他（或她）认为方便的或者法官认为需要的解释。

如果供认方拒绝回答或者逃避回答，法官将警告该方当事人，如果他（或她）屡教不改的话，他（或她）将被视为已经接受了这些事实。如果被提问的当事人继续这样作为的话，法官可以对其施以一定的惩罚。

要讯问的问题可以以口头形式提出，也可直接在出示证据时提出。然而，最好是在口头审理之前提交一份调查表，因为如果供认方没有正当理由拒绝到庭，那么法院可以宣告这一方当事人已经接受了这些法院已经认定的问题。如果在审理之前没有提出调查表，那将不存在可宣布的、已回答了的问题，并且不存在接受或承认宣告。

---

① 《联邦地区民事诉讼法典》第 308 条。

在法院审理期间，答辩将在单独准备的纸上逐字地记录。一旦审查完成，记录该审查的文件宣读后，供认方将在记录的页边和底角签名。

如果当事方不同意审查文书再现的内容，他（或她）可以要求法官纠正，法官将决定哪些应该纠正。然而，一旦文件由供认方签字，它就不能被变更①。

（2）书面证据

有两种来源不同的书面证据：①公文书。它是由公共当局在执行其职务时在法律规定的管辖范围内发布的。《联邦地区民事诉讼法典》第 327 条逐条规定了这些文书的类型。这些证据在《联邦地区民事诉讼法典》第 308~328 条中作了规定。②私文书。它是由私人当事人或由政府公职官员在未行使其职权时书写、签署或导致其书写和签署的文件。

当事人有两次不同的交付文书的机会。第一次是在提交起诉状（或答辩状）时，第二次是在法院赋予的 10 天举证期间。如果提交方不能直接得到某文书，利害关系方可说明原始文书所在的地点②。

期间届满后，原告或被告不能提交额外的文书，除非：①文书在随后的日期签发；②利害关系方在文书应当提交期间对文书的存在不知情；或③由于利害关系方不能控制的原因，在此之前，不可能获得该文书③。

如果文书对于当事方的诉因或抗辩是必不可少的，那么其必须与起诉状或答辩状一起提交。当事方可以对提供方虚假给出的文书的使用及其证据价值提出异议。如一份公文书受到异议，法院将要求签发该文书的当局予以证明。

（3）专家的鉴定意见

专家的鉴定意见是由当事方或法院请求参与诉讼的、对该案件相关的事项拥有专门知识和技能的第三方提供的。

当事方可以同意任命一个共同的专家，如果他们没能共同任命一个专家，每一方当事人必须各自任命自己的专家。当事方被要求提供他们的专家以便他们可以在法院之前接受任命。一旦专家接受了任命，他们应该根据自己的知识和理解，就他们专门知识领域的相关问题提出专家意见。

可以对专家意见的内容提出反对意见，但不可以反对专家所运用的知识或技术的准则。在专家意见不一致的情况下，法官将任命第三位专家来决定，其

---

① 《联邦地区民事诉讼法典》第 319、320 条。
② 《联邦地区民事诉讼法典》第 96 条。
③ 《联邦地区民事诉讼法典》第 98 条。

观点将被视为解决该问题的正确观点。第三位专家可以反对其他专家的意见并提出他（或她）自己的观点。

任何时候都不能使当事人没有专家的帮助，如果这种情况即将发生，法官为了当事人的利益将任命一个专家。专家的费用由每一方当事人自己负担，第三位专家的费用由双方当事人共同负担。

（4）司法检验

司法检验是对不动产、货物或参与诉讼的人的直接审查，是为了判定（它）他们的状况、位置、地位或者任何与诉讼相关的事实。

法院将对检验做好记录，记录将由所有的参与人签名。同样，法院可以接受任何其他可以为记录服务的文书，例如财产或货物所在地的照片或描述。

（5）证人证言

证人证言是由与审判不相干的、知道被当事人要求予以证明的相关事实的第三方所提供的证据。证人证言在由法官决定的日期和时间向法院提供，并且只有在特殊的情况下，例如，老年或有病的证人或公职官员，证言才可以在证人的住所提供。当事人有义务让自己的证人出庭，然而，当一方当事人不可能让他自己的证人出庭时，当事人将在宣誓之后声明这个事实，以便法院作出一个决议，强制要求证人出庭作证，如其没能到庭，将受到 15 天的监禁制裁①。

有时，当事人提供证据的惟一目的是延缓审判的进程，通过提供错误或不准确的地址或利用其他的方法使得寻找证人非常困难。如果出现了这种情况，提供不准确信息的当事人可能被罚款，其提供的证据将被声明没有效力。

向证人提出的问题是直接和口头的问题，决没有书面的问题。这些问题必须与审判中的问题直接相关，并且必须是清楚和确定的，确保每个问题只涉及一件事情。

除了一般的信息和证人的宣誓外，证人将被问及下面的问题：①他（或她）是否是任何一方当事人的亲戚、密友或是任何一方当事人受扶养的人或雇员。②他（或她）是否与审判的案件有直接或间接的利害关系。提出这些问题的目的是为了确定这些人能否作为证人和防止作出有利于一方当事人而同时损害另一方当事人的不公正的声明。

证人可以说明与审判的案件直接相关的问题的发生时间、地点和环境等问题，因此，这些人可以和法院分享他（或她）熟知的情况。既然认为证人确知已发生的事实真相，证言决不允许包括主观的臆想。因此，诸如"我想、

---

① 《联邦地区民事诉讼法典》第 357 条。

我认为、他们告诉我、我猜想"这些词句，或任何其他相似的阐述将会导致同样的结果：推定证人对其已作出声明的事实并不知情或者并不确知。

证人将受到单独和连续的询问，一个证人不可以在录制任何其他证人的证言时出现。法院将为证人出庭确定一个单独的日子。

证人的回答将用一份单独的文书记录并将保存在审判记录中。如果记录存有矛盾或模棱两可之处，为了作出必要的澄清，当事人可以提出此事，以引起法官的注意①。

在询问的最后，每个证人应该解释其所作陈述的根据，这构成了一个对其所给出的证言所涉知识的来源的解释。这个陈述将与相关文件一起提出。

在证人的地址超出了承办案件的法官的管辖时，调取证据将通过向证人的居所地有管辖权的法官送达调查委托书的方式完成。对于这类调查取证，调查委托书应包括一个书面的调查表和反询问表。调查委托书将连同调查表一起，依据相关州民事诉讼法规定的送达期间送达。

由一方当事人提供的证人也可以被另一方当事人交叉询问，这就意味着就证人对所提出的原始问题给出的回答，还可以提出新的问题。

（6）复制的证据

《联邦地区民事诉讼法典》第373~375条也规定了电影摄影、电视录像和其他任何摄影的复制品、指纹鉴定法、听觉的记录和其他手段，当用于证实事物的状态时是可以被接受为证据的。出示证据的当事方应该向法院提供用于评估这些证据的必要的设备或基础。

（7）推断

推断是法律或法院从一个已知的事实演绎发现一个未知的事实的结果。法律推断（通过运用法律）和人为的推断（通过法院的推理）都是允许的。

---

① 《联邦地区民事诉讼法典》第367条。

第十六章　判决和救济

第一节　若干欧洲国家和地区的判决和救济制度（上）

一、英国

（一）《民事诉讼规则》的规定

英国1999年《民事诉讼规则》第四十章对判决和命令作了规定。在其他规则对判决或命令没有不同规定时，判决和命令适用该章的规定。

规则第40.2条规定：（1）一切判决或命令皆须载明制作人的姓名和司法职务，但有如下情形的除外：（a）根据本规则第12.4条第1款（由法院官员作出的缺席判决）作出的缺席判决，或者根据本规则第47.11条取得的拖欠诉讼费用证明书；（b）根据本规则第14.4条、第14.5条、第14.6条、第14.7条和第14.9条（由法院官员作出的判决）作出的判决；或根据本规则第40.6条第2款（由法院官员作出的同意命令）作出的当事人协议的命令。（2）判决或命令皆须载明作出或制作的日期，以及经法院盖章。

规则第40.3条对判决和命令的草拟和提出作了规定：（1）一切判决和命令皆由法院草拟，但有如下情形的除外：（a）法院责令由当事人草拟的；（b）经法院许可，当事人同意草拟的；（c）法院免除判决和命令草拟的必要的；或者（d）根据本规则第40.6条作出当事人协议的命令的。（2）法院可命令——当事人草拟的判决或命令经法院审核后方予盖章；或者在法院草拟判决或命令前，当事人须提交当事人协议的判决或命令条款的声明。（3）如判决或命令由当事人草拟的，则（a）草拟的当事人须在法院命令或许可其草拟判决或命令之日起7日内，将草拟的判决或命令提交法院，由法院盖章；以及（b）如草拟的当事人在上述期间未提交的，其他各方当事人可草拟判决或并向法院提交。

规则第40.4条规定了判决或命令的送达：（1）如判决或命令由当事人草

拟,但由法院送达的①,则(a)草拟的当事人须提交副本一份留存法院,并提交足够副本以送达给其本人和其他各方当事人;以及(b)判决或命令一经法院盖章的,法院便须向各方诉讼当事人送达判决或命令之副本。(2)除法院另有命令之外,任何在开庭审理以外作出的命令,须向如下人士送达:(a)申请人和被申请人;以及(b)法院责令送达的其他任何人。

规则第40.5条规定法院有权要求向当事人以及当事人的律师送达判决或命令。如判决或命令受送达当事人有律师代理的,法院可责令既向当事人送达判决或命令,亦向当事人的律师送达判决或命令。规则第40.6条规定:如所有诉讼当事人就应作出的判决或签发的命令的有关条件达成一致的,适用本条之规定,并规定了法院官员可作出当事人协议的判决或命令的情形。

规则第40.7条规定了判决或命令生效的时间:(1)判决或命令自作出之日或法院指定之日起生效。(2)本条规定适用于所有的判决或命令,但适用本规则第40.10条(对国家的判决)的判决除外。虽非诉讼当事人,但直接受判决或命令影响的诉讼外第三人有权申请驳回或变更有关判决或命令。规则第40.8条规定了开始计算利息的时间。

规则第40.10条规定了没有送达认收书的情形下对国家作出的判决:(1)如作为被告的国家未提交送达认收书,原告根据本规则第十二章的规定取得对国家缺席判决的,则自向有关国家送达如下文书之日起2个月后,判决生效:(a)判决书副本;以及(b)支持申请法院作出缺席判决的证据副本(已根据本规则第十二章之规定向有关国家送达证据的除外)。(2)在本条中,"国家"的含义,见《1978年国家豁免法》第14条之规定。

对于履行判决或命令的期间,规则第40.11条规定:当事人须履行判决或命令,在判决或命令生效之日起14日内,支付特定金额的款项(包括诉讼费用),但有下列情形之一的除外:(1)判决或命令规定其他履行期间(包括指定分期付款)的;(2)本规则其他任何规定指明其他履行期间的②;或者(3)法院已中止有关诉讼程序或判决执行程序的。

规则第40.13条对法院对本诉和反诉概括作出判决的案件作了规定:(1)法院对原告主张的本诉以及被告提起的反诉概括作出特定金额判决的,适用本条的规定。(2)如法院确认的本诉金额与反诉金额相冲有差额的,法院可责

---

① 本规则第6.3条规定了判决和命令的送达人。附表一列明的《最高法院规则》第44号令,规定了特定判决通知书的送达规则。

② 本规则第十二章和第十四章规定了特定的缺席判决以及基于自认的判决的履行。

令一方当事人向对方当事人支付款项差额。（3）在适用本条规定的案件中，法院可就诉讼费用对各方当事人单独作出命令。规则第 40.14 条规定了对有关扣押财物的部分所有权人有利的判决：（1）在本条中，"部分所有权人"，指对同一财物具有共同利益的两个或两个以上所有权人的其中之一。（2）如（a）部分所有权人就财物的扣押提起诉讼；以及（b）提起的诉讼并非基于占有权的，则对有关诉讼作出的判决或命令只应责令赔偿损失，但原告已取得有关财物其他所有部分所有权人授权，代理本人以及其他部分所有权人提起诉讼的除外。（3）即使《1977 年民事侵权（妨碍财物）法》第 3 条第 3 款有不同规定，仍适用本条的规定，但本条不影响 1977 年《民事侵权（妨碍财物）法》第 8 条规定的救济和管辖权。

规则第四十章第二节对法院就不动产转让、抵押、分割或交换作出命令的权力以及不动产转让律师作了规定。

（二）判决的结论性

1. 既判案件（res judicata）

既判案件原则是英国法的一项基本规则，其所基于的前提为：诉讼应结束及任何人不应基于相同的理由受到两次危害。这一规则的作用是当事人对具有合适管辖权的法院已作出裁断的诉讼，不能再次提出。

既判案件既可用作辩护理由，又可用作中止诉讼程序的理由。被告必须对既判案件这一辩护理由作出专门申辩，他必须表明：在两次诉讼中，诉因相同，诉讼是对同一被告提起，原告在第一次诉讼中有机会追索在第二次诉讼中所希望追索的东西。为了确定在早先的判决中已对何种法律问题或事实作出了裁决，法庭有权审查法官作出裁决的理由，且并不局限于法庭记录。

2. 判例法

英国法律已形成了判决具有约束力的规则。总的来说，这意味着由于英国法庭的等级制度，法院作出的判决对下级和同级法院具有约束力，唯一的例外是：判决由于疏忽所致，即由于某特定法令或裁决没有引起法庭的注意，在不了解该法令或裁决的情况下作出判决。

上议院所作裁决对英国所有的法院具有约束力，在 London Street Tramways Co. v. London County Council 一案①中，人们认为上议院受自己所作裁决的限制。然而在 1966 年，上议院发表声明：在显得合适的时候，他们的贵族身份

---

① ［1898］AC 375.

可使他们自由违背他们早先所作裁决①，例如：在推理是基于过时的情况时。在下列情况下，上议院所作裁决可能失去其权威性：被欧洲法院所作裁决或法令推翻，或在极不可能的情况下，如果判决由于疏忽而作出。

上诉法院的裁决对高等法院法官、郡法院、皇家法院、上诉法院分庭（当分庭向上诉法院上诉时）及上诉法院本身具有约束力。上诉法院分庭受到上议院、上诉法院所作裁决的约束。高等法院法官所作裁决对郡法院有约束力，但对其他高等法院法官没有约束力，尽管它们会成为具有说服力的典据。

对案件所作的每一个裁决可分为以下几个部分：（1）查明对案件具有决定性的事实；（2）说明解决被事实揭露的法律问题的法律原则；（3）根据上面（1）、（2）作出判决的原因。

裁决中作为判例具有约束力的唯一部分是上述第（3）项，它被称作案件的判决理由（ratio decidendi）。其他超出在诉状中提及的论点的声明，即当法官声明即使事实不同，也会用同样的方式对案件作出裁决或基于事实的但不构成判决依据的声明，对随后的法庭不具有严格的约束力，这种声明被称为"判词旁论（obiter dicta）"。尽管它不具有约束力，但它是具有说服力的典据（authority），特别是如果它由高等法院作出时。苏格兰、爱尔兰、英联邦和外国法院作出的裁决同样可成为有说服力的典据。

对事实问题的认定在当事人和他们的利害关系人间具有约束力，但对其他法庭不具有约束力。如果法庭认为作为先例的案件的事实问题与法律要点与正在审理的案件有不同之处，它可以不遵循被引用的先例。在某些案件中，这种区别很细微。一个判例在被推翻前是很好的典据。上级法院可推翻下级法院的判决，但这不被视为法律的改变，而是更正错误的声明。与法令推翻不同，司法推翻具有追溯效力。然而，对上诉期限已过的老案件中作出的判决，不能仅由于判例后来发生变化而对其重新审查。

（三）救济的种类

1. 特定履行（specific performance）

特定履行是一种衡平法救济方法，通过此方法，合同一方当事人被命令履行合同义务。只有在违约的法律救济方法，即损害赔偿不适当时，才会采取特定履行救济方法，例如，在合同处理独特标的物（如土地）时。

由于特定履行是一种衡平法救济方法，它取决于法庭的自由裁量。因此，在下列案件中，就不会采取这一救济方法：损害赔偿已成为完全足够的救济方

---

① Practice Statement Judicial Precedent ［1966］3 ALL ER 77 HL（E）.

法；合同的履行将需要法庭进行持续的监督；合同不能被强制履行，即使强制
履行也将是无益的；履行合同需要命令被告履行法律上他不能履行的行为；或
合同是个人劳务合同。通常，在原告没有及时发出诉状格式并且迟延可能给被
告造成不利时，原告将也被阻止提起特定履行诉讼。至于位于管辖权外的土地
出售合同，如果被告位于管辖范围内，可准许特定履行。

在高等法院，特定履行诉讼由诉状格式提起，其程序与其他由诉状格式提
起的诉讼程序相同。法院如果授予了特定履行判决，法庭可准许继起性救济
（consequential relief），这将取决于被履行的合同的种类。

在涉及土地销售的案件中，如果原告不认可土地的所有权，法院可命令对
卖方的所有权进行调查，同时法庭将作出有关查明租金或诉讼费用的指示以及
履行合同的指示。除了特定履行外，法庭可判决损害赔偿（不能依普通法判
给的衡平法损害赔偿）。在拒绝特定履行的案件中，法庭可判决违约损害赔
偿金。

2. 替代救济

诉讼请求陈述书必须特别阐明原告申请的救济。然而，法庭并不局限于授
予诉讼请求陈述书所列明的特定救济形式，它还有权授予其认为与已证明的事
实相适应的任何救济方法。在审讯过程中，如果当事人想提起一项他在诉状中
未提及的新主张，在没有给对方当事人提供休庭的机会前，法庭不会提供救济
方法。

3. 矫正（rectification）

在由于协议双方当事人的共同错误，书面文件没有包含双方当事人的共同
意向时，可提出申请对书面文件进行矫正。错误必须与事实而不是与法律有
关，并且错误必须影响合同或交易的实质。

正如所有的衡平法救济方法一样，该救济方法也具有酌情性，即只有在具
有确切的证据时，法庭才谨慎行使自由决断权。当申请矫正书面文件时，口头
证据可予以采纳。但在矫正会使既得权利归于无效的情况下，法庭通常不愿根
据口头证据改变和解协议，除非有不相抵触的口头证据。举证责任由原告承担
并且应该注意到协议当事人的否认具有结论性，除非得到明确的书面证据的支
持。在矫正命令不能使当事人恢复到原来的状况或提起诉讼方面有迟延或合同
不能履行的情况下，法庭不会作出矫正命令。通常，矫正申请只能通过诉状格
式在总管大臣分院（Chancery Division）提出，在法庭命令对契据进行矫正的
情况下，应在契据上对法庭判决予以背书，矫正命令具有溯及力。

4. 废约（rescission）

法庭可判定采取废约这一衡平法救济方法（如果存在威胁、共同错误、纯良性或欺诈性的失实陈述，如果合同是在对重要性事实不了解、存在推定欺诈或不适当的影响下订立）。在被告没有遵守特定履行命令时，可准许废约这一救济方法。

法庭有废约的自由决定权，正如在矫正申请中，法庭不会因为存在影响交易的法律错误而废除契约或协议。撤销或取消协议或书面文件的诉讼转移给高等法院总管大臣分院，尽管有时可在王座法庭分庭提起反诉。废约诉讼通常涉及事实争议，所以应由诉状格式提起。通常，矫正和废约申请作为替代性救济方法而提出。

5. 有关法律关系的宣告

高等法院作出宣告性判决的权力没有受到限制。法庭可作出具有约束力的权利宣告，表明是否可提出继起性（consequential）救济方法。

然而，法庭作出具有约束力的权利宣告的权利具有酌情性，只有在极少数情况下才会行使。法庭不会在没有提出辩护，或根据供认或另一方的同意（即未经审讯和提供证据）而作权利宣告。有关当局对应该作出不附带任何其他救济的宣告性判决的案件，规定了限制性条件。在可采取其他特定救济或法庭被要求对纯抽象性或假设性的问题作出裁断时，法庭不会作出宣告。

通常，在涉及身份、契约或文书或国会法令的解释的案件中，或在宣告结论性地确定当事人的权利时，尽管没有寻求其他救济方法，法庭将准备作出宣告。如果法庭认为作出宣告比较合适及方便，可通过司法审查申请作出宣告。

二、爱尔兰

（一）最终判决

并非所有判决都是最终判决。在最终判决作出之前，法院可能会作出临时判决。

在对诉讼案由进行完全听证审理之后，法官将作出最终判决（受制于上诉）。法官可在审理案件之后立即作出判决，也可以决定在考虑所有的问题之后的某一日期作出判决。法官可作出书面或口头的判决。如果法官作出书面判决，判决需在法庭上宣读。

（二）作出判决（entry of judgment）

仅仅在高等法院的简易程序中正式作出判决才有必要。在被告出庭后，原告有申请作出正式判决的自由。

（三）判决的确定性

1. 已结之案（res judicata）

依据爱尔兰法律，关于案件事实的具体裁决仅仅对特定案件的当事方有约束力。依据爱尔兰法律，可以提出已结之案申请。

2. 判例法

依据爱尔兰法，先例原则（遵照先例）对法庭有约束力。地区法院的裁决不产生法律先例。巡回法院的裁决约束所有下级法院（即地区法院）及其他巡回法院的法官。高等法院的裁决产生法律先例，可以约束所有的下级法院（即地区法院和巡回法院）和其他高等法院法官。最高法庭的裁决约束所有下级法院（即地区法院、巡回法院和高等法院），这些裁决也约束最高法院本身。

（四）救济的类型

1. 特定履行（specific performance）

特定履行是一种衡平救济措施，因此可自由裁量。但是，应根据已确定的规则来行使自由裁量权。当救济充分时它不被授予，在存在诸如艰难、迟延或原告的不公正行为的情况下，它也可被拒绝授予。要获得特定履行命令，有必要确定存在一个有效且有约束力的合同。

特定履行通常在土地买卖中被请求及授予。对于财产买卖，特定履行不如土地买卖采用的多，因为赔偿将是充分的救济。但是如果诉讼标的物是唯一或稀有的物品，诸如特定的绘画，这时可采用特定履行。当特定履行需要法庭的不断监督时，法庭不会发出特定履行命令。

如果合同仅能针对一方当事人强制执行时，法庭不发出特定履行命令。一般来说，当仅仅是合同的一部分能被强制执行时，也不发出特定履行命令。

在合同被原告无意地误述或错误诱使的情况下订立时，可拒绝特定履行。当履行合同不可能时，法庭也不要求特定履行。法庭也不要求履行无益的合同。如果原告向法庭显示他将根本违反合同义务或他不准备履行义务，这时可拒绝授予救济。

2. 关于法律关系的宣告

宣告形式的命令仅宣告当事人法律上的权利。在适当的案件中，如没有附随的救济，就无法阻止法院发布宣告。但是，这种情况即使发生也很少见。某些法令明示或暗示地排除法庭授予宣告性救济。当命令有效地决定被控犯罪的人是有罪还是无辜时，宣告性救济也会被拒绝。

三、德国

（一）最终判决（find judgment）

1. 最终判决和中间判决

一旦审理结束，所有必需的证据已被采纳而当事人不愿达成和解时，判决就将作出。只有最终判决可以用上诉的方式予以反击。相反，中间判决并不导致在作出该中间判决的法院进行的诉讼终结，它仅是法院就诉讼的一个方面作出的有约束力的判决。为解决诉求的根据或争议的金额，可作出中间判决。例如，如果被指控导致了10万德国马克损失的事故的被告，否认他的责任并辩称所有可能的损失不应高于5万德国马克，然后有关被告是否对损失负全部责任的问题的中间判决将被作出。而是否作出一个中间判决完全由法院自由裁量。

2. 最终判决的类型

通常，对处理案件是非曲直的判决和专门处理程序问题的判决（程序性判决）作出区分。当得出结论认为诉求因程序或形式问题而不具可受理性时，法院会作出程序性判决。

最终判决可能涵盖整个争议或者仅解决争议的某一方面。例如，如果原告基于侵权提出损害赔偿诉讼并且提出一个请求支付的合同诉讼，如法院确信合同诉讼是有充分根据的，而基于侵权的诉讼需要进一步的证据，就会作出一个部分（最终性）判决。

根据《德国民事诉讼法》第302条最终判决可以是临时性的，临时性的最终判决最为重要的例子是即决判决。

（二）正式作出判决

一般地，判决的生效款项被口头宣布，它不表明任何事实或判决理由。根据《德国民事诉讼法》第310条的规定，判决要么直接在审判结束之后宣布，要么在一个单独的听证会（hearing）上宣布。除非有特别理由，这个单独的听证会必须在审判结束后两星期内举行。

书面判决必须满足《德国民事诉讼法》第313条第1款规定的条件，因此它必须包括：（1）当事人的姓名、他们的法人代表以及他们的律师；（2）法院的准确名称以及法官的姓名；（3）审理结束日；（4）判决的生效条款；（5）案件事实；以及（6）判决理由。

根据《德国民事诉讼法》第317条第1款，判决必须送达当事人。送达不是判决生效的前提，然而上诉的期间仅在书面判决已被送达时起算。

（三）判决的结论性

1. 已决之案

任何判决的目的都是对法院审理的案件作出一个最终的有约束力的处理。判决在变为不可上诉时或在成为既判案件时是最终性的和有约束力的。最终性意味着该判决不能为普通上诉或《德国民事诉讼法》第 338 条规定的异议（针对缺席判决）所抗辩。

（1）终局性

①判决。任何判决都可成为不可上诉的判决。一个不可上诉的判决只能被诸如重新开始诉讼程序的特别上诉所抗辩。在法定的上诉期间已过，双方当事人已放弃了上诉权或针对该判决的上诉不可受理（例如由地区法院对一审上诉作出的已用尽上诉审理的判决，由联邦法院作出的二审上诉判决）时，判决成为不可上诉的。

②命令（orders）。仅例外地成为最后裁决的法院命令并不经常地成为不可上诉的命令。命令仅当在其最终性由法律规定时，或当该命令可由直接的申诉抗辩且法定期间已过时才成为不可上诉的命令。因此，可由普通申诉（ordinary complaint）（不受期间限制的申诉）抗辩的命令并不成为不可上诉的命令，除非当事人已放弃了申诉权。

（2）已决之案的效力

已决之案意味着判决对所涉当事人产生了最终约束力和效力。已决之案通过约束所涉当事人以及要求法院在其他有关案件中对已决之案的尊重来体现判决的最终性。已决之案的效力导致任何进一步的法院程序和任何进一步的就已被裁决的问题作出法院裁决被阻碍。已决之案的效力受到客体的限制、主体的限制以及时间的限制。

①客体的限制。客体的限制在于已决之案的效力局限于已被裁决的争议标的以及对方当事人的反诉。已决之案的效力能否延伸到案件的事实及对被裁决的问题不利的法律关系和辩护，是存在争议并为占优势地位的学说否定的。

②主体的限制。主体的限制在于（原则上）已决之案的效力进一步地局限于诉讼的当事人。通过法律的实施，已决之案的效力被延伸到与诉讼双方当事人有特别关系的第三人，例如一方当事人的法定继承人、未来的继承人以及遗产管理人。除此之外，法律规定：在已决之案的含义和目的范围内，已决之案的效力可以在其他情况下延伸到第三人。

③时间的限制。已决之案局限于法院最后口头审理时的要点（point）。因此，当一个进一步的诉讼是基于在最后口头审理之后已经发展了的事实时，进

一步的诉讼并不受这个已决之案的阻碍。

（3）已决之案的程序性效果

已决之案（在前面提到的限制内）在进一步诉讼中的效力依争议中的标的而定：如果争议中的标的是相同的或是相对的（adversarial），任何进一步的诉讼都不可受理并且该进一步的诉讼将以程序性理由被裁定驳回；如在进一步的诉讼中，争议的标的既不相同也不相互对抗，但是原判决却对进一步的诉讼有着不利的影响，则该已结之案对法院以及进一步诉讼中的当事人都有约束力。在这种情形下，已决之案的效力并非进一步诉讼的一个障碍，但却阻止任何法院就该已裁决的争议作进一步的裁决，后来的裁决只能在已决之案的基础上作出。

（4）已决之案的例外

根据已决之案的目的，例外是受到限制的。

已决之案的例外是：根据《德国民事诉讼法》第 578 条的重新开始诉讼程序的诉讼，以及根据《德国民事诉讼法》第 323 条的修改定期支付的判决的申请。一个进一步的例外为法院的实践承认：当因错误的陈述或违背公共政策而获得一个不正确的判决时，根据《德国民法典》第 826 条的规定提出损害赔偿诉讼的理由。

除已决之案以及《德国民事诉讼法》第 318 条规定的法院的内部约束之外，法院在其裁决中原则上不受先例的约束，并可以根据任何独立的确信作出裁决，不受任何其他法院的实践甚至其自身的先前的实践的约束。因此，下级法院无需遵从上级法院的裁决甚至联邦法院的裁决。德国民法不是建立在有约束力的先例之上的。

仅在两种情况下下级法院必须遵从上级法院的裁决：如果一审或二审上诉法院把判决发回下级法院，下级法院必须遵从该发回判决的上级法院阐明的理由。作为上诉法院的地区法院必须遵从高等地区法院或联邦法院在一个关于住房租赁案件中的法定裁决（legal decision），如果依《民事诉讼法》第 541 条的规定，该地区法院有义务获得该高等地区法院的法定裁决（legal decisions）。

（四）救济的种类

由判决授予的救济的种类不是由程序法决定而是由实体法决定。

1. 特定履行

在德国，特定履行是被依法授予的救济（不像普通法国家，特定履行是授予的衡平救济）。

2. 替代性救济

只有在特定履行不可能或者原告行使其选择权（如果可行的话）支持替代性救济时，才可授予替代性救济，例如损害赔偿。

3. 有关法律关系的成立、改变、废除和宣告

最后，判决也可能确立或改变某一法律关系。所有有利于被告的判决事实上都是宣告式判决，因为这种判决宣布原告的诉求没有合理根据。然而宣告式判决也可因支持原告作出，例如，原告要求法院宣告一合同为有效和现存的。成立、改变法律关系的判决的典型例子是离婚判决或为公司或合伙企业解散作出的判决。

第二节 若干欧洲国家和地区的判决和救济制度（下）

一、法国

（一）判决

如果判决解决了所有或部分关于实体或诸如积极抗辩等程序问题上的争议，那么它就被视为终局的。关于处理全部或部分实体争议，或采取一些预备措施，如指定专家或临时措施或解决管辖权方面的程序问题的判决，都可以被立即提起上诉。相反，临时判决不能被立即提起上诉，这适用于以临时措施作为主旨的那些裁定，如临时保全措施和先予执行措施。

（二）判决的结论性

通常，与已作出终局裁决的案件的诉讼请求有同样的目的、根据和相同当事人的诉讼请求，会被法院禁止提出。按照惯例，应在一审法庭对该案件提出明确的异议。这意味着，如一侵权诉讼败诉，而合同之诉仍可以被提出。

二、意大利

（一）作出判决

在审查完毕以后，不管检查法官是独自继续审理该案（在独任法官法庭的权能范围内）还是将该案提交给合议庭以就该案的实质问题作出判决，他都将要求当事人提出他们的最后救济请求。判决结论不过是一种重述而已，即用一种简练、综合的方式，概括出双方当事人在第一次审理后所有的要求和辩护（对于原告来说是引证（citation），对于被告来说是辩护和可能提出的反诉，对于加入诉讼的第三方来说是共同诉讼的辩护摘要），当然，亦应考虑庭审过程中所揭示的因素及所交付的证据的结果。

《民事诉讼法典》第 190 条规定：如果对纠纷的判决权属于独任法官法庭中的检查法官，检查法官将从提交案件以进行裁决时起分别指定 60 天和 20 天的最后期限以交换由双方当事人提交的两份书面答辩摘要：最后辩护书（find brief）和答辩书（reply brief）。当事人仍有权在法官指定的审理过程中发表口头辩护，但此情形下，他们将失去提交答辩书的可能性。然后，《民事诉讼法典》规定法官在 60 天内将判决存放在书记员办公室。应当注意的是，60 天的最后期限亦不是绝对的。因此，如果判决于 60 天后提交，其效力和有效性并不受影响。

对于那些不能由独任法官法庭判决的案件，在提交了最后的救济请求后，检查法官将把该纠纷提交陪审团以作出判决。陪审团由三个成员组成：一个主审法官和两个法官，其中之一为原来的检查法官。在此类案件中，仍交换最后辩护书和答辩书。另外，若有可能，在提交最后救济请求的同时，应当事人的要求，当事人亦可以在特别陪审团审理过程中进行口头辩护。该审理向公众开放，在双方当事人进行口头辩护的过程中，检查法官对诉讼进行口头报告。

判决由参加口头辩论的合议庭中的多数法官的意见作出。判决由书写该判决的法官及主审法官签名，判决应在作出后的 30 天内以存放在书记员办公室里的方式公布。书记员将载有最终裁决的通知送给各方当事人的代理人。

(二) 判决的种类

法院（不管是陪审团还是独任法官法庭）的判决可以分为三种：(1) 最后判决，该判决终结诉讼，在法院完全解决纠纷时发布该判决，或者在解决管辖权或者权限问题时，宣告法院缺乏管辖权限或者认为一个不利的或预备问题阻碍了对案件实质问题的审理。(2) 非最后判决，该判决未终结诉讼，而是规定继续进行诉讼以发布最后判决；(3) 程序性裁决，法院发布该命令时并未对纠纷进行判决，仅仅对与还未达到判决程度的案件的审查有关的问题进行裁决。

非最后判决是一种中间裁决，它在以下情况中发布：法院驳回对权限或者管辖权的异议；或者驳回对与案件的实质有关的不利的或预备问题的异议；已就责任问题得出结论，作出继续进行诉讼的决定以确定源于该责任的损害赔偿额；或者在就一项以上的诉讼请求作出裁决时，就它们中间那些已经成熟的问题作出最后裁决，并发布单独的命令，规定对其他诉讼请求而言是必要的审查措施。

判决以存放在书记员办公室的方式公示后，即取得了法院正式宣布的效力，尽管考虑到法律规定的可能会修改或撤销判决的几种异议程序，该判决并未实质生效。在这些救济措施用尽或被排除后，不可以再对判决进行抗辩，因为该判决中的规定对双方当事人及他们的继承人均具有约束力，不过这并不影响具有独立权利的第三方当事人就同一诉讼标的提起诉讼。

从某种意义上说，已经成为最终判决而具有不可变更性的判决并不是绝对的，在一些特别情形下，仍然允许提起特别救济之诉。不过，不允许对已经裁决的事项提起进一步异议之诉，该诉讼必须被认为确定性的终结了。提起特别救济之诉需要开始新的诉讼程序。

《民事诉讼法典》最近的改革使得所有的一审判决具有暂时的可执行性，即使它们还没有成为最终判决。这样的临时执行可能由上诉法院基于重大理由应一方利害关系当事人的请求裁定中止。

对于法院在起草判决过程中非故意产生的遗漏、重大错误或者计算错误，作出该判决的法官可以应利害关系方的请求以裁决或者命令的方式补正①。

三、西班牙

（一）终审判决

《民事诉讼法》第 359 条规定：判决是最后一道程序，它解决当事方即原告和被告之间的争论而结束诉讼，要么评价起诉方的权利主张，要么驳回其诉讼请求，亦即调查被告有责任或无责任。由于诉讼中可能包含不同程序，有些诉求是合理的，有些则不然，相应的，判决可能部分是评判性的，部分是驳回性的。

依据的分类标准不同，对判决所作分类亦可能不尽相同。在此，我们把判决作三种分类：（1）根据判决的目的而分，可以是惩罚性判决、仅仅是解释性的判决和设权性判决；（2）根据司法管辖权而分，可以是一审判决、上诉判决和撤销判决；（3）根据后续状况而分，可以是绝对（确定的）判决和允许上诉的判决。

撇开前两种分类不管，我们来看第三类判决，即绝对判决与允许上诉的判决。前者指的是不允许进行任何普通或特别上诉的判决，其原因可能是由于判决的性质或判决已由当事方接受，而后者指的是除最高法院的判决之外的非绝对确定的判决。

最后，我们可以将绝对判决同最终判决区别开来。后者旨在解决上诉中所提问题，最终解决争议事项，而绝对判决指的是不允许上诉的判决，排除各种

---

① 《民事诉讼法典》第 287 条和第 288 条。

形式的上诉，不问其性质如何。

（二）判决的作出

依据《民事诉讼法》第 919 条的规定，判决一旦成为绝对的，经当事人要求，可由一审法院或法官执行。存在上诉时，下级法院一旦收到含有绝对判决的证明材料，应当同意执行并通知当事方，以便当事方采取他们认为适当的行动①。

（三）判决的结论性

1. 既判案件

实质性既判案件相对于形式性既判案件而言，有时被称为禁止翻案，指的是"判决的程序效力使判决不可动摇，永久有效"。因此，依据罗马名言，"定案不容反悔"，定案成了达到法律稳定性与安全性的必要要素，避免了后来判决违反前一判决。只有绝对判决才能发生定案的效力。

我们还得考虑对定案的客观、主观的限制，就前者而言，最重要的是，定案仅针对判决，而非针对审判前必须确定的事实与争论点。就后者而言，最重要的是，定案针对的是诉讼当事方，因此其效力是受到限制的。

2. 判例法

《民法典》以及在某种程度上包括民事诉讼法，赋予判例以支持或者完善法律制度的功能。

法无明文规定者或法条含义被误解者，判例就可发挥其补充功能。要使判例成为有效的法律规则，必须满足三个条件：（1）该判决标准得到前后一致的反复适用；（2）前一判决所依据的事实在实质上类似于新案的事实；（3）既判案件的判决理由与新案的判决理由是相同的。

（四）救济之种类

依据判决的目的而作出的判决分类（即惩罚性判决、仅为解释性的判决和设权性判决）与诉讼的分类是同步进行的，诉讼根据起诉方式的不同而分为解释性或确认性诉讼和执行之诉，而第一类诉讼又可以细分为：惩罚之诉、仅为解释之诉及设权之诉。

1. 实际履行

根据学说，惩罚之诉是最具普遍性的法律保护手段。由于法院被要求正式宣布由被告给付的赔偿数额，所以司法审判报告即为使赔偿生效的授权。因此，诉求所提请的、在判决中实现的惩罚之诉的目的有两种：其一，获得促使

---

① 《民事诉讼法》第 920 条。

债务履行的执行授权；其二，确认实质权利的存在。

根据《民事诉讼法》第 921 条的规定，若判决被告支付固定的纯金额（net amount），可以留置被告的货物，而无须事先获得人身禁令。若判决被告给付以外国货币为单位的债务，亦将按执行程序的规定采取措施。

2. 替代救济

根据《民事诉讼法》第 926 条的规定，如依据生效判决必须将动产或不动产移转给胜诉方，那么将根据利害关系人的请求，把货物的占有权移转给胜诉方。如要求移转之时动产不存在，则发生移转不能，那么对判决的执行应采取支付相应损害赔偿的方式作为替代的救济方式。同理，若发生不动产移转不能，例如，该不动产已依公文书移转给第三人，将同样适用第 926 条和第 928 条，支付给利害关系方损害补偿。损害宣告及其赔偿是事实问题，必须由法院对损害事实进行评估，而法院享有选择权，可将此项评估留待判决执行阶段进行。

根据《民事诉讼法》第 924 条的规定，应执行判决判定的义务者在法官指定的期限内仍不执行者，将视为其选择损害赔偿方式。在破产案件中，若判决明确规定了损害程度，法院将根据《民事诉讼法》第 921 条采取措施；反之，则根据第 928 条采取措施。

3. 权利创设、转换、解除

通过设权之诉中的评判性判决而承认权利之存在的主要目的乃是实施原告所享有的对法律关系的创设、转移、解除之权利。通过司法裁决而达到改变权利状况的目的。

根据《民事诉讼法》第 923 条的规定，在此意义上，若判决中含有为或不为某一行为的义务，或者含有移转某物或净额（net amount）的义务，则应采取一切必要手段加以执行。若判决无法立即执行完毕，不论其理由何在，经债权人请求，将留置债务人货物以确保主债权及执行费用的实现，然而，债务人也可以提供足够的担保以避免此种情况的发生。

4. 法律关系的宣告

解释性判决的唯一目的乃是宣告某项权利或某种关系存在与否，它像上述宣告性判决一样，并无执行行动。执行行动针对的是惩罚性判决，并无执行行动并不意指该判决效力不定。

在有些情形下，求偿标的的"量"未能确定，而评判性判决亦未能确定其"量"，在该判决中仅含有"普通"／"一般"或"未定"的惩罚，那么该判决将仅仅成为"解释性判决"，因为其"执行"仅能通过惩罚性诉讼得以解决。

四、芬兰

(一) 判决的种类

在有义务庭外和解的案件中，缺席的后果前面已予以讨论。如果一个案件不宜采用庭外和解，而原告未出庭，案件将被撤销。如果在这样的案件中被告未出庭参与主要审理，或如该被告按要求应进入主要审理而未能进入，而原告要求裁决并且法院发现尽管被告不出庭仍有充分根据的话，案件仍可被裁决。如果原告没有要求作出裁决，本案将被撤销。

1. 部分判决和中间判决

案件已被承认或已被放弃的部分可在准备程序中用判决予以解决。相应地，法院可以用部分判决处理提出了几个诉求的案件中的一个独立性争议。如果被告通过反请求或反诉的方式提出了一个抵消（set-off）请求，由于原诉讼和抵消请求被同时处理，部分判决成为不可能的事情，除非原告的诉求已在简易程序中被缺席解决。

如果对诉讼的裁决依赖于诉讼程序中另一诉讼的审理，法院可以用中间判决独立地解决后面的诉讼。如果另一审判中的问题对本案的审理极为重要或其他诉讼应首先审结，法院可以决定本案的审理仅在这一障碍不再存在之后再继续。

在一方当事人的请求下，法院也可用中间判决解决一个与诉求相关的问题，如果其他问题的处理依赖于该问题的解决的话。

2. 最终判决

在民事案件中法院作出的主要决议是判决。判决必须表明事实以及决议所凭借的司法理由，以及争议的问题是基于什么根据而被证实或虽尚未被证实但却被证明是正当的。

如果案件是在准备程序中被裁决的，被提交的每一事项都应给予考虑，否则只有已在主要审理中提交的审判材料或在主要审理中的补充材料才会被给予考虑。如果主要审理已连同准备程序一起进行，发生在准备程序中最后的事情也将被给予考虑，除非法院决定其将不会在主要审理中被考虑。

法院不会超出当事人的诉求作出裁决。此外，在一个有义务庭外和解的案件中，判决不可基于一方当事人未曾提出用以支持他的主张或否认的事实。评议直接在主要审理之后进行，而且判决必须在本案的评议结束之后立即被通过。当案件在没有经过主要审理或在准备程序中被解决时，判决应不迟延地在法院办公室签发。如果案件涉及面广或关系复杂，判决可以在主要审理完结之后 14 天内被签发，或出于特定原因甚至在更长的时间后签发。

3. 作出判决

判决应包含：（1）法院名称、双方当事人姓名以及本判决的签发日期；（2）诉求的报告及当事人的答辩以及他们所基于的根据；（3）司法命令、判决的正当理由以及适用的法律条款及原则。判决也应含有参与人员的姓名，以及是否经过投票的告知，其中不同意见也应被记录。

至于当事人的陈述，仅其诉求或否认以及它们所直接凭借的事实才被录入该法院的报告。原则性的规定是证人或其他人为获取证据而进行的听审，必须被录音且只在判决中予以评价。如果该判决被上诉的话，该诉讼记录十分重要。该报告也可部分或全部地被一个提交到该法院的密封的复印件所替代。判决应由审判长签名。更改权利的判决本身有创设性的效力，因此不要求单独执行。

（二）判决的结论性

1. 既判案件

《司法程序法典》包含少数有关判决效力的规则。既判案件的消极范围意味着：由不可再上诉的判决决定的案件不能再一次提交法院考虑。如果在诉讼中决定的事项已获得法律效力，而该事项是后来一诉讼的先决问题，它将成为判决后来诉讼的根据（既判案件的积极范围）。

既判案件的客体范围扩展到由该诉讼决定的法律关系，但局限于提交法院由其考虑和决定的法律关系。主要的规则是既判案件的主体范围通常只扩展到该当事人。然而，它扩展到在判决生效后，作为一方当事人的继承人参与由该诉讼决定的法律关系的人。如果一私人的普遍继承在诉讼进行期间发生，则继承人自动受判决约束，事实上该继承人后来已成为该案件的当事人。

被从既判案件中分离出来的"判决的证据效力（the evidentiary effect of a judgment）"，被认为很有说服力，这主要是因为证据的自由评价原则。

2. 判例法

根据芬兰法律，最高法院的判决并不无条件地约束下级法院，尽管《司法程序法典》明确地规定，最高法院授予上诉许可的理由是下级法院判决的根据①。然而，由于最高法院判决的权威地位，它们有很强的指导性意义，并且最高法院判决中包括的法律规则在下级法院将来作出法律决议时被普遍

① 《司法程序法典》第三十一章第 2 条。

遵循。

（三）救济的种类

1. 特定履行

在授予了肯定性救济的判决中，被告被要求履行某些确定的义务。而且，如果被告不愿遵守判决的话，判决可被强制执行。第二性的和替代性的诉求应被包含在传票的申请中。如果在诉讼进行期间主张的原始履行（original performance）由于条件的变化而成为不可能时，原告有权变更诉讼并请求其他替代性的履行。

2. 有关法律关系的宣告

宣告性的判决可以是肯定性的，也可以是否定性的。它不能被执行并且对变化了的法律关系不再有效力。如果原告希望某一处于争议中的双方当事人间的法律关系，在诉讼中能被具有既判案件效力的宣告性中间判决所确认和裁决，他有权对此单独提出诉求。如果被告也同样有此愿望，他也可以提出一个寻求否定性宣告判决的反诉。

五、丹麦

（一）最终判决

在案件准备期间，法庭可能会以命令或决定的方式作出若干决议。结束未决案件的决议往往就是判决。在案件最终通过判决方式予以裁定之前，法庭可能就案件部分情况作出相应的判决。

如果当事人不接受由法庭提出的和解方案，则法庭将作出判决。判决的最终结果将不可避免地与法庭所阐述的初步意见保持一致。

（二）判决的作出

最后的判决全文将包括对诉求和案件的事实情况的简要综述，以及当事人指控的概要。而且，判决书必须包括对最终裁决起重要作用的事实和法律的阐述。法庭仅对当事人的诉求事项作出判决，法庭并不会作出高于当事人请求金钱总额的判决。同样地，法庭只会考虑当事人已提交的或依据法律不可或缺的宣称与指控。

如果一项较少的诉讼请求被认为包含在当事人所提出的主要诉讼请求内，法庭有权作出少于当事人诉讼请求的赔偿，即使当事人没有提出第二位的诉讼请求（secondary claim）。

在极其特殊的情况下，法庭有可能依职权把当事人未提出的指控包括进来予以考虑。在一些处置性的案件（dispositive case）中，例如，有关父母权利的案件，法庭会把当事人未提出的情况与指控考虑进来。

在最高法院或高等法院对某些案件的判决或裁决中，会包括对案件进行投票表决时的不同意见（包括不同的意见以及判决的根据）的阐述。根据《民事诉讼法》第 218 条第 1 款的规定，法官的姓名也应该公开。

（三）费用

为了在丹麦法院提起诉讼，原告必须支付法庭费用。当诉讼状送交法庭时即应交纳费用。支付给法庭的费用应包括法庭花费的全部费用。

对有关金钱的诉讼，应支付给法庭的费用为诉讼请求的 1%。在案件的准备全部完成，正式开庭日期确定之后，还需另外交纳 0.2% 的费用。如果诉讼标的不是金钱，则不能转化为金钱，法庭费用为 500 丹麦克朗，相当于 75 美元。技术专家与当事人聘请的律师的费用由当事人自己支付，但是可以从败诉方获得全部或部分补偿。案件一经判决，同样也就决定了某一方当事人将获得费用补偿。这并不需要当事人提出正式请求，费用补偿将由法院依职权决定。

作为一条主要原则，正如《民事诉讼法》第 312 条所规定的那样，除非当事人之间单独达成了任何协议，或者法庭认为在特殊情况下稍微偏离这一原则是谨慎、合理的，败诉方必须给胜诉方以补偿，因为案件已使胜诉方遭受损失。如果没有任何一方被认为赢了这场官司，则没有任何一方可获得费用补偿，这就意味着当事人必须承担各自的费用。当法庭决定适用败诉方补偿胜诉方这一原则时，费用也只确定为一个大致数额。假如技术专家的开支不是太多的话，关于技术专家费用的补偿一般是花费多少补偿多少。律师费用的补偿一般是依据诉讼标的确定一个补偿比例，诉讼标的越大则比例越小。总的来看，在争议数额大的案件中费用的补偿一般是比较充分的。但在一些争议数额不大的案件中，补偿的费用往往不能达到实际费用。

一般说来，无论是针对外国人还是丹麦本国人，补偿程序与标准都相同。另一方面，这里有一些例外。一个例外是如果被告要求原告提供担保的请求被法庭采纳，则外国的原告将被要求提供担保。但是住所在 1954 年海牙《民事诉讼程序公约》缔约国的国民，或与丹麦签有双边协议的国家的国民将免予提供担保。在当前，互免担保的国家有德国、法国和美国等国。

（四）判决的结论性

在丹麦程序法中，判决的结论性分为形式上的结论性和实质上的结论性。实际上，当在规定的时间未提出上诉的情况下，两者均是建立在这样的观念上的，即胜诉方能依靠判决的结论性。形式上的结论性表明判决不能因上诉或没有特别允许的再审而驳回、撤销或修改，而实质上的结论性则会起到这样的作用，即判决对当事双方（并且包括今后可能发生的争议）都有约束力。

临时程序性的判决与命令一般来说是非终局性的。如果裁决或命令包括关于事实问题的裁决，这样的判决或命令是最后的而且是可执行的。

在丹麦宣判的终局判决，是能被强制执行的。对北欧国家（瑞典、挪威与芬兰）以及《布鲁塞尔公约》和《卢迦诺公约》缔约国作出的判决也可在丹麦予以强制执行。

1. 实质性的结论性

实质性的结论性既有正面影响也有负面影响。在一判决中的积极影响在另一些案件中则可能会有消极后果。因而，丹麦法院并不像普通法系国家那样受制于先期的判决。负面效果所致的影响是，当一项诉讼与一个已审判过的案件一样时，则这一新的诉讼程序必须予以驳回。这一驳回可在一审案件尚在进行时作出。依据丹麦法，即使在受理之后作出驳回也是可能的。

在实践中很难决定两起案件的诉因是否一致。若有新的诉讼请求，则一般不认为存在相对一致性。但是新的诉讼请求只是另外表述了一番原诉讼请求或与先前的求偿总量相比只有很细微的出入，一致性将被确定。如果法院对相同当事人，在先前判决中就同一诉因已作出判决，则不允许相同当事人就新的法律上的争论提出新的诉讼。这同样适用于出现新的证据上的争论的情况。

2. 形式上的结论性

如果上诉的惯常期间已过，判决也就具有了形式上的结论性，例如，四个星期过去后，上诉书还未交给高等法院，或者八个星期过去了，上诉书未交给最高法院。在上诉期过后，判决即成为终局的，在某种意义上讲判决对各当事人有约束力。总的说来，判决只会对案件的当事人或当事人的继任者有约束力。但是，还有少数几种判决或裁决对第三方当事人有约束力，这多限制在极其狭窄的范围内，并主要与亲属法与本票的分期付款有关。

（五）救济的类型

1. 特定履行

特定履行判决的目的是为了创立一种法律情形，使得相对方能够并且愿意承诺实现判决结果。一项特定履行法律诉讼是与相关情势相连的，例如，判决允许原告有权进入特定的路段，或者原告成为特定物的主人。

2. 替代性救济

替代性救济判决是指一项判决，通过该判决原告取得了执行的法律根据，特别是有关经济求偿。构成遗嘱检验法庭采取行动的根据的判决，是可执行的判决。

为了取得替代性救济，求偿必须是已到期的应偿债务。如果在当事人履行其义务之前要求对方当事人履行是不合理的，则一方当事人只能取得关于附条件的债务的判决。

3. 设权性判决

一项设权性判决是指一项在当事人之间创设了一项新的权利的判决。通过该判决，法庭决定如何使一项法律情势成为一项具体情势。当一项设权性判决宣判后，法定权利将产生。作为一个前提条件，全部法庭案件必须是关于一个具体情形（specific situation）的，丹麦法院将撤销只是为澄清法律理论问题或情势而提起的诉讼。

六、欧盟

（一）终审判决

欧洲法院的判决应表明法院据以作出裁决的理由，并由院长、书记员签名。裁决还要在法庭上公开宣读，并从其被作出时具有拘束力。

在竞争法领域，并非委员会的所有诉讼都会导致正式的裁决。正如有关竞争政策的委员会年度报告所表明的，事实上绝大多数案件都是非正式地处理的，据此，委员会试图与公司携手修改那些被怀疑构成限制竞争的协议或惯例。只有非常重要的案件或那些提出了新的法律问题的案件需经过所有的诉讼程序才得到最终正式的裁决。事实上，从最初提出申请到作出终局判决需要一个很长的过程；为了保护被告人的权利，程序性的保护措施必须得到尊重；事实的发现必须完成；恰当的复审和对不同的诉讼阶段的批准都必须从委员会处获取；必须与成员国的代表协商；并且，终裁判决的文本必须被译成共同体的所有成员国各自的官方语言。

在最近的年度报告中，委员会宣布采用内部措施，在主要当事人同意接受所谓的，"安慰信"时，这些措施被用于对已通知的合作协议（co-operative）的迅速处理。委员会送达的安慰信表明了对协议的"批准"，但并不产生正式判决的法律效力。委员会在官方公报上刊出通知，通过它请求所有利害关系方作出评论，但这并没有改变安慰信的法律效力。

至于对合并（mergers）的复审，只有那些把条件和责任强加于当事人或禁止非法集中（concentrations）的判决才被全文刊登在官方公报上。就绝大多数案件来说，仅有两个小通知会被刊出：第一个通知表明已把该集中通知委员会；1个月后，另一个通知简要地表明案件的最后结果，即合并符合《合并控制规则》或未适用该规则。

（二）救济的种类

对于在共同体法院的各种有效的合法诉讼，可获得以下种类的救济。

1. 被异议法令（act）的取消

如果合法性复审请求权得以确立，欧洲法院或初审法院必须宣布有关法令无效。

法规被宣告无效的机构需要采取必要措施以遵守该判决。作为法规被宣告无效的结果，当当事人受到损害时，便发生了损害赔偿问题。通常，以《欧洲共同体条约》第178条和第215条为基础的损害赔偿诉讼会被引入。

2. 作为的要求（requirement to act）

《欧洲共同体条约》规定，没有采取行动或行动违反条约的共同体机构要采取所有必要的步骤执行判决。此时，对损害的赔偿是可能的，但提起以《欧洲共同体条约》第178条和第215条为基础的单独的诉讼是必要的。

3. 对损害的赔偿

控诉人成功要求赔偿的案件很少见，且欧洲法院通常不会判给明确的赔偿数额。相反，法院会作出一个临时性判决，该判决确立共同体的责任，并提出赔偿申请人所依据的标准。赔偿损失的数目由有关当事人协议。只有当当事人未能达成协议时，法院才会介入并决定一个赔偿数目。

4. 初步的裁定

欧洲法院作出的有关共同体法的解释对国家法院均有约束力，国家法院必须把法院裁决应用到具体的未决案件。然而，实际上，欧洲法院的初步判决适用于共同体内所有的个人和实体，而不管国家法院的诉讼如何，当欧洲法院使共同体法规无效或宣布如何适用有关共同体法规的解释时，尤其如此。然而，国家法院可以一直要求共同体法院对其已裁决的问题作出新的初步裁决。

在例外情况下，欧洲法院可以裁定，其对有关共同体法条款的解释只从前述判决指定的日期起开始生效。尽管是因法律安全的原因才作出这样的裁决，但裁决的经济后果对受影响的当事人来说确实是严重的。

5. 要求成员国遵守判决

如果法院发现成员国没有履行依共同体法确立的义务，成员国会被要求采取一切必要的措施遵守判决。

6. 竞争法

当委员会发现公司违反了《欧洲共同体条约》第85条或第86条，它可以禁止相关行为，甚至当违反在委员会裁决之前已停止，委员会也可宣布这一有争议的协议或行为构成了对共同体法的违反。这一宣告性裁决的目的是为了阐明委员会的立场，以便类似的违法行为在将来能被避免。

当在违反被提出异议之前并没有对这些违反进行规范的判例法时，对该违反一般不附带罚金。在其他案件中，委员会允许收取 1000 到 100 万欧洲通用货币单位（ECU）或超过这一数目的罚金。在任何文件中，如果企业故意地或粗心大意地违反了条约第 85 条或第 86 条，或当企业违反了根据个体免除而加于他们的义务时，则这一数目不会超过前面每个营业年份中企业参与违法行为营业额的 10%。在确定罚金数额方面，委员会考虑到了违反的严重性及持续的期间。例如，Tetra Pak 被判付款 7.5 亿欧洲通用货币单位（委员会所收取的最高罚金），因为 Tetra Pak 在防腐性市场中滥用其优势，实际上是垄断地位。1994 年末，水泥卡特尔也被收取了超过 24 亿欧洲通用货币单位的罚金。

《合并控制规则》也授权委员会向有下列情形的公司收取其总营业额的 10% 的罚金：（1）没有遵守判决；（2）在未得到委员会必不可少的批准之前进行了合并；（3）在委员会判决之后进行了与共同市场不协调的合并。

第三节　若干亚洲和美洲国家的判决和救济制度

一、印度

（一）判决的作出

法庭在案件听审完毕或在其后的某一时间会就审判结果作出公开判决。不管怎样，法庭会尽力在听审后 15 天内宣布判决。若 15 天内作出判决是不切实际的话，法庭将在听审后不迟于 30 天作出判决。如果法庭不能在 30 天内作出判决，它将解释迟延的原因，并确定一个将来作出判决的日期。

如果法庭就每一争议作出明确的事实认定并且宣读了最后命令，则法庭将作出书面判决。但是，在判决书宣布之后应让当事人或辩护人能够有机会阅读全部判决书的复印件。判决在法庭通过声明方式向速记员宣布。最后的判决书将由法官签字，还将署上判决宣布的时间，这样的判决书将作为全部案卷的一部分。

判决书将包括对案件的简要陈述、决定的要点、判决与作出此判决的理由。

当宣读判决时，若适宜，法庭会作出诉讼受理前、诉讼期间和今后利息的命令，如从诉讼受理到依判决支付时止的利息。

（二）已结之案与未决诉讼

这两项重要的程序原则的目的在于避免就同一案件重复诉讼，并且确保不同法院之间不会作出相互冲突的判决，这两项原则体现在《民事诉讼法典》第 10~11 条中。

根据《民事诉讼法典》第 10 条规定的标的未审原则，当出现下列事由时，任何法院不得启动对任何诉讼的审判：（1）争议问题直接地、实质性地涉及已受理并审判过的诉讼；（2）当事人一方或双方在两项诉讼中提出同样的权利；（3）首先受理诉讼的法院可作出在第二项诉讼中提出的救济；（4）在同一法院重新提出一先前已提出而未决的诉讼，或在印度其他法院或在印度国外提出该诉讼。

因而，如果两项当事人相同、争议事项相同的诉讼被受理，则后一受理的诉讼暂缓审判。

类似地，已决之案原则规定在《民事诉讼法典》第 11 条中：对在先前诉讼中已审判了的、直接地和实质上是相同当事人之间的诉讼或问题，任何法院不得再次审判。"先前诉讼"指的是在该诉讼之前对之作出了判决的诉讼，而不管先前诉讼是否在正在处理的诉讼之前受理。

二、美国

（一）正式作出判决

当已达成一般的决议以后，或法院已经决定一方当事人将取得特定金额或费用，或否定了所有的救济时，除非法院有相反的指令，书记官将立即准备、不等待法院的自由裁量而作出判决。在法院承认其他救济方式或陪审团对质问书作出一个特殊裁决或一般裁决的情况下，法院必须立即支持该裁决，并由书记官作出判决。

在非陪审团审判中，《联邦民事诉讼规则》第 52 条规定，法院必须具体地认定事实，并分别陈述它在法律上对此作出的结论，并且按本规则第 58 条规定作出判决。作出判决后 10 日内，当事人可以请求法院修改发现结果或作出追加性认定，并可以相应地修改判决。

（二）对法律问题的判决

对应由陪审团审判的案件，如果当事人将其案件提交陪审团，并提交了案件所依据的所有证据，但陪审团未能依上述证据查明案情并作出判决，那么，法院可针对该当事人的事项作出决定，并且根据《联邦民事诉讼规则》第 56 条的规定，依没有对这些事项有利的发现就不能维持诉求或抗辩的规定，批准申请作出法律问题判决的动议。根据《联邦民事诉讼规则》第 56 条的规定，对简易判决的请求，法院必须对最能支持对方当事人的事实进行审查。如果理性的陪审团没有作出一个相反的结论，那么必须承认它是法律问题的判决。这样的申请可以在案件提交陪审团之前随时提出。在没有陪审团审理的案件中，《联邦民事诉讼规则》第 52 条第 3 款类似地允许法院在审判中充分听审系争点，并基于对抗当事人在该争点上的事实认定，随时作出针对任何当事人的判决。

（三）成本和律师费

通常，除非法院有另外的指示，《联邦民事诉讼规则》第 54 条允许判给胜诉当事人除律师费以外的诉讼费用。书记官可以根据某天的通知对这种费用收税。根据判决 5 天后提出的申请，法院可复审判给的诉讼费。

（四）既判案件和间接禁止翻供

既判案件适用于禁止任何涉及在以前的诉讼中应当提出而又没有提出的事项的诉讼，也适用于禁止对先前已经裁决的事件的再诉讼。按照一般礼让的原则，联邦法院通常尊重州法院的决定，反之亦然。

该原则适用的潜在的合理性包括：使当事人避免再诉讼的负担以及获得审判上的经济，也避免了结果不一致的后果。更重要的是，该原则的适用对当事人的争议提出了一个最终的解决办法。该原则已由地区法院和上诉法院独立适用。

对于被禁止提出的系争点，法院除考虑两个诉讼中诉讼请求的相似性外，还将考虑在证据和争论点之间是否存在实质性的吻合，发现是否涵盖同样的事项。

三、加拿大

（一）终审判决

历史上，加拿大的法庭判决曾采取判决（judgments）、命令（orders）、裁定（decrees）和裁决（rulings）等形式。但近来更多地将以上名称都以"法院命令"这一术语表示。不过，"判决"和"法院命令"仍然有明显不同的含义：（1）判决是所有案件事实的最终判定。（2）法院命令是在审判中对程序或次要问题的临时决定。

尽管如此，上诉法庭仍有必要判定一个特定司法决定属于哪一类，以确定向哪一法庭上诉。法院命令经常由胜诉方和其他方合作草拟，然后由法官批准并备案。如果合作失败，法庭将在当事人的提交之后完成法院决议的措词。如果最后决定采取判决的形式，那么会有两个步骤：（1）由法庭作出决议；（2）由法庭人员登记判决。

（二）正式作出判决

法官要把"指向判决的决定"直接送达当事人。在收到该决定时，胜诉方必须进行"正式作出判决"登记，随后获得判决书。判决只有在登记后才可执行。法庭官员会给当事人送达决定的副本并说明生效日期，请求作出判决的胜诉方获得作为执行基础的判决。终审判决是梗概性的，大致包括诉讼理由；生效日期；审判人员姓名；判决日期；判决的执行部分；法官签名。判决理由通常在以后提供。

（三）判决的结论性

1. 既判案件

当遭到非难的诉讼与一在先的、已作出最终裁决的诉讼具有相同的当事人和标的时，既判案件请求通常可被支持。但是，法庭把有关外国判决承认的争议和关于外国法院处理案件是非曲直的诉讼作了区分。因此，请求并不阻碍对判决的承认诉讼。

法庭已把依据《加拿大刑法典》第725条的规定，在欺诈犯罪审判中作出的赔偿令和民事案件中基于欺诈行为的附带赔偿请求作了区分①。另外，当涉及相同当事人之间的相同问题的终局裁决已由拥有正当管辖权的法院作出时，如涉及同样当事人之间的同样问题的诉讼正向法庭提出，既判案件请求是有效的。

2. 判例法

上诉法庭的最终判决可提交最终上诉法庭，即加拿大最高法院。上诉许可应从被上诉的法院或最终上诉法庭本身处获得。既然加拿大最高法庭每年审理的案件仅100件左右，地方上诉庭的裁决提供了大多数民事争议的判例法。最高法院仅审判涉及公共重要性或应从国家的视角来解决的法律纷争。

（四）救济种类

1. 特定履行

传统上，仅在涉及争议标的物是土地或独一无二之物或至少是稀有物的案件中才批准特定履行请求。但是，有证据表明，尽管这种救济方式未获得仅依法院的自由裁量权授予并由原告选择的救济这一地位，但这种救济方式正变得越来越容易获得。

---

① See London Life Ins. Co. v. Zavitz (1992), 5CPC (3d) 14 (BC CA).

2. 替代性救济

赔偿被认为是遭受损害的当事人可获得的最主要救济。加拿大最高法院近来在几个赔偿领域已着手制定政策和原则。自 1978 年所谓的"三部曲"到现在，在个人伤害和死亡方面，法官们不断地建立了明确的评估规则，以便于和解和减少诉讼的数量。并且，在近来的案件中，法庭将为导致纯经济损失的过失的赔偿制定规则。

3. 纠正与废止

一方面，由于当事人的共同错误使书面文件未包括当事人的合意时，需要法院废止该合同，因此产生了废止的诉讼。另一方面，废止合同的权利是一种衡平的权利，该权利的授予导致合同被撤销。废止的根据通常有欺诈性陈述、相互过错或隐藏需要最大诚信的合同（如保险合同）的有关信息。

4. 法律关系的宣告

当请求宣告性判决时，权利要求声明应提出重要事实来支持，即使法庭可以主动进行宣告①。这种救济方式可独立提出，或与其他的权利要求一起提出，因此这不是普通的简易程序，而是可与其他诉讼一起进行的程序。近来宣告的使用逐渐增多，尤其是在涉及政府及其机构的案件中。

四、墨西哥

（一）终审判决

通过解决争讼中的问题来解决争议的终审判决是实体法上的判决。它直到不再受上诉或其他追索权的约束时才是终局的。一旦举证阶段结束，听证（每方当事人有机会就争论问题作一个支持该案最后判决的简要陈述）程序终结，判决就被作出。

（二）正式作出判决

根据《联邦地区民事诉讼法典》第 79 条的规定，存在不同类型的判决：在整个诉讼中均可作出的判决、简单地命令诉讼继续进行的判决、裁决临时问题的判决、对可以结束诉讼程序的预备事项的裁决和解决当事人双方争议以结束诉讼的终审判决。

根据《宪法》第 14 条的规定，所有的判决必须以恰当的法律条文或原则为根据，以证明其适用的法律是正当的。法官不可以在他们签署之后改变或修改他们的判决，但是可以就存在争议的问题澄清一些概念或填补任何遗漏。这

---

① See Supreme Court Act, C. S-10 RSPEI 1988, Section 30.

些澄清可以直接由法院在相关的决议公告后的下一工作日作出，或应一方当事人的请求在决议通知后的次日作出。

（三）判决的确定性

1. 既判案件

根据《联邦地区民事诉讼法典》第 426 条的规定，当一个判决不再受制于进一步的上诉或者撤销行为时，即被认定为是既判案件。同样地，依据法律的规定，下面的判决是终局的：（1）对争议的金额没有超过联邦地区最低工资标准 182 倍的诉讼案件作出的判决，但就家庭房产的租赁协议作出的判决除外。这些案件由混合治安法庭审理。（2）高等法院作出的最终解决上诉的判决。（3）解决控告法官的诉讼的判决（寻求制裁法官的不恰当或不公正行为的诉讼）。（4）解决竞争抗辩（competition defence）的判决和那些由法律规定经由上诉审之后即不可被异议的判决。

《联邦地区民事诉讼法典》视这些裁决为终局裁决是因为它们不能再通过上诉审而被异议。这些决议只能受制于通过宪法性诉讼提出的异议。取决于被异议的决议，异议可能向联邦地区法院或巡回法院提出。这些联邦法院将审查低级法院作出的决议，判断其是否与《宪法》前 29 条所规定的权利法案和原则一致。

另外，在依《联邦地区民事诉讼法典》第 427 条作出特别司法宣告的基础上，一个判决或者其他的裁定在下列情形可以被宣告为既判案件：（1）由当事人或者其明确授权的代表人明确接受的裁定；（2）在通知后，当事人在法定的期限内没有提出异议的裁定；（3）已被提起上诉但没有被受理的裁决，或者相关的上诉被撤回的裁决。

既判案件的司法声明可能在一方当事人的明确请求下直接由法院作出。除了针对法院本身提出的特别诉讼外，该决议不可上诉。

2. 判例法

像世界上任何主要的民法法系的法律制度一样，墨西哥的法律体制不是以遵循先例原则为基础的，法院希望在包括立法机关制定的法典在内的立法的基础上解决争议。由法院作出的决议总体来说对其他法院没有拘束力，对将来的案件也没有先例作用。

然而，有一个大家熟知的"判例法（jurisprudencia）"概念，它被理解为所有低级法院可适用的解决特别争议的标准。在墨西哥司法体系中，只有墨西哥最高法院和合议的巡回法院有权确定它们的解释标准。在地方法院一级没有相似的概念，也没有特别的优先理论可以被适用。

判决录（jurisprudence）是由《联邦司法周报》出版的，它是联邦最高法院的出版物。当由同一级别的法院对相同的问题连续不断地作出五个裁定时，判决录是有效的。在要求低级法院遵从的五个连续不断的判决作出之前，这些孤立的判决可供低级法院参考，但不必适用。

（四）救济的种类

判决是解决法院管辖的争讼案件的诉讼行为。所以，在法院分析由双方当事人提供的证据的基础上，判决既可以作出有利于原告也可以作出不利于被告的结论。判决必须与原告的请求或被告提出的抗辩有直接的关系。

判决可以判定不利于被告，只要原告证明据以提起诉讼的事实是真实的，而被告没能证明其抗辩的真实性。被告的抗辩如果被认为有效，其将击败原告的诉求。如果被告的抗辩被部分地证明有效，依据诉讼和救济请求的类型，法院将部分地判决不利于被告。

原则上，判决将为被告规定一个期间（取决于授予的救济，通常为5个工作日），让被告自愿履行判决中的义务。如果被告在规定的期间内未能自动履行，那么根据原告的请求，判决可以被强制执行。通常情况下，当事人在判决成为终局之前，其必定会用尽法律所允许的（当地的和联邦的）所有诉讼权和上诉权利。判决可因为法律的强制或者因为当事人没有能用尽诉讼时效期间内的所有可以得到的补救方法而变成终局的和确定的。

就不利于被告的判决的执行而言，当被告没有自愿履行时，根据《联邦地区民事诉讼法典》第500~533条的规定，原告必须通过法院的强制力寻求强制执行。诸如预防性的扣押或者其他措施在判决的强制执行的过程中是可以得到的。《联邦地区民事诉讼法典》第500条规定，向作出判决的同一法院请求对判决的强制执行。

1. 特定履行

如果判决命令履行某一特定行为，法院将为该履行规定一个合理的期间。如果期限届满判决债务人没有遵照执行，将采用下面的步骤：（1）如果该判决具有严格的人身性而没有遵照执行，在不对相关的损害赔偿金主张造成妨害的情况下，法院将采取所有必要的措施（罚款或者拘留）去强制执行。（2）如果该判决不具有严格的人身性，法院将指定一个人履行该判决，并由判决债务人支付费用；（3）如果该判决判令授予任何文书或履行特定的行为，法院将替对抗的当事方履行，并在文件中表明该文据是在对方缺席时授予的。

总之，向法院提出的大部分案件的执行方法包括在上述种类中，但是还有其他的执行行为，例如，账目记录的提供，财产的分割或者不作为的义务或者

485

个人财产或不动产的重新获得。

2. 金钱判决

《联邦地区民事诉讼法典》表明当法院判定一笔金钱时，可事先不通知被告而扣押其足额的财产。如果被扣押的财产是流动资金，原告将立即得到偿付，如果是其他的财产，则需要进行估价和公开拍卖。判决也可以授予不同的救济，但是如果被告的现金被扣押了，则判给的现金将立即履行。

利害关系方必须提出一份强制执行请求，并且附一份执行所寻求的现金（cash）的列表，对方当事人对此有 3 天的期限提出对自己有利的观点。法院将在双方当事人提供的论辩的基础上进行裁决，但裁决同时也要考虑终审判决的内容。这个裁决可以上诉，但上诉期间不停止执行。

所有与判决的执行相关的花费都将由执行债务人支付，并且法律为请求对判决的强制执行规定了 10 年的期间，期间从自愿履行期间届满之日起算①。

3. 解释、变更或解除

在双方当事人的救济请求和判决内容的基础上，法院可以判定双方当事人间义务的解除，或解释在双方当事人间何种义务是有效的。其强制执行的程序与以上描述的程序相同，以防任何特定的行为需要义务承担方履行。

4. 关于法律关系的声明

基于起诉状和答辩状的内容，法院的判决可以简单地决定双方当事人的法律关系状况。只要认为对判给的救济的履行和清偿来说有必要，法院可以把判决送达第三方。

---

① 《联邦地区民事诉讼法典》第 529 条。

第十七章　国际民事诉讼中的期间、诉讼时效与证据

第一节　国际民事诉讼中的期间

一、概述

期间是指由法律规定或者由法院依职权指定的，法院、当事人或其他诉讼参与人为一定诉讼行为的时间期限。期间可分为法定期间和指定期间。法定期间是各国民事诉讼立法明确规定的期间，法院、当事人和其他诉讼参与人都不得变更，所以又称为不变期间。指定期间是指法院依职权指定进行某项诉讼行为的期间。指定期间由法院依职权决定，视具体情况可长或短，故也称为可变期间。

在国际民事诉讼程序中，往往涉及国外当事人或者需要在国外完成一定诉讼行为，需要的时间较长。为此，各国的民事诉讼法律，对国际民事诉讼中的期间通常规定得比纯粹国内民事诉讼中的期间要长。中国1991年《民事诉讼法》第268条规定："被告在中华人民共和国领域内没有住所的，人民法院应当将起诉状副本送达被告，并通知被告在收到起诉状副本后30日内提出答辩状。被告申请延期的，是否准许，由人民法院决定。"第269条又规定："在中华人民共和国领域内没有住所的当事人，不服第一审人民法院判决、裁定的，有权在判决书、裁定书送达之日起30日内提起上诉。被上诉人在收到上诉状副本后，应当在30日内提出答辩状。当事人不能在法定期间提起上诉或者提出答辩状，申请延期的，是否准许，由人民法院决定。"这比国内民事诉讼中的相应期间规定多了15～20日①，并且还可以申请延期。又如，依中国1991年《民事诉讼法》第149条以及第176条的规定，人民法院适用普通程

---

① 参见1991年《中华人民共和国民事诉讼法》第113条第1款、第147条。

序审理的第一审案件和第二审案件应当在立案之日起 6 个月内和 3 个月内审结；有特殊情况需要延长的，经批准后可以延长。而根据《民事诉讼法》第270 条的规定，人民法院审理涉外民事案件的期间，则可以不受上述第 149 条和第 176 条规定的限制。

二、期间的计算

国际民事诉讼中的期间除了比国内民事诉讼中的期间长些外，在其他方面二者都是共通的。期间的计算方法都是按各国的国内法规定，并且，各国对此的规定基本是接近的。期间通常用时、日、月、年来计算。期间开始的时和日，不计算在期间内。期间届满的最后一日是节假日的，以节假日后的第一日为期间届满的日期。期间不包括在途时间，诉讼文书在期满前交邮的，不算过期①。

三、期间的迟误及其后果

在诉讼期间内法院或当事人应当进行某项诉讼行为而没有进行的，称为期间的迟误。迟误期间，是对法院规定的期限的直接违反，会引起一定的诉讼后果。就当事人而言，迟误诉讼期间的后果是不能再行使他原本可以行使的诉讼权利。例如，依中国《民事诉讼法》第 269 条的规定，住所在外国的当事人不服第一审人民法院判决，但未在判决书送达之日起 30 日内提起上诉，申请延期未获人民法院批准的，第一审判决即发生法律效力了，此后当事人就丧失了原可行使的上诉权。如果当事人迟误了诉讼期间是因为不可抗力或并非主观原因造成的，各国法律一般都允许顺延期限。例如根据上述《德国民事诉讼法》第 233 条和第 234 条的规定，当事人非因过失而未能遵守有关诉讼期间，法院可以准其申请回复原状；但回复原状申请应在障碍消失之日起二周内提出，迟误期间已超过 1 年的，不得再申请回复原状。中国《民事诉讼法》第83 条也规定，当事人因不可抗拒的事由或者其他正当理由耽误期限的，在障碍消除后的 10 日内，可以申请顺延期限，是否准许，由人民法院决定。

---

① 参见 1991 年《民事诉讼法》第 82 条。根据法国 1976 年实施的《民事诉讼法》（1998 年版本）第 642 条、德国 1877 年《民事诉讼法》（1999 年最近修改）第 222 条规定，期间的最后一天是星期日、一般的节假日或者是星期六的，则以下一个工作日为期间届满的日期。

第二节 国际民事诉讼中的诉讼时效

一、概述

一般说来，民事诉讼时效可分为取得时效和诉讼时效两种。诉讼时效是指民事权利人请求法院依照审判和强制程序保护其合法权益而提起诉讼的法定有效期限。诉讼时效，也有些国家如德国、日本、波兰等，称为消灭时效①。诉讼时效制度，早在罗马法中就有了规定。在当今国际社会，各国的民法普遍规定了诉讼时效制度。由于社会生活情况复杂多样，各国法院针对各种民事法律关系对时效长短的客观要求不同，通常都规定了一般诉讼时效、特殊诉讼时效、最长诉讼时效。并且，各国法律还对诉讼时效的起算时间、诉讼时效的中止、中断和延长等作了详细规定。

二、诉讼时效的法律冲突

对于诉讼时效，各国法律一般均有规定。然而，由于各国文化传统、法律观念，乃至政治制度和经济制度的差异，不同国家对诉讼时效的规定是各不相同的。这些差异主要体现在以下几个方面：

1. 诉讼时效的期间

不同国家对诉讼时效长短的规定是不同的，有的规定长些，有的规定短些。法国和德国规定得最长，都是 30 年。例如 1804 年《法国民法典》第2262 条就规定，"一切物权或债权的诉权，均经 30 年的时效而消失，援用此时效者无须提出权利证书，他人亦不得对其提出恶意的抗辩"。1896 年《日本民法典》第 167 条对普通时效则规定为 20 年。前苏联及若干东欧国家规定得较短，只有 3 年。例如原《捷克斯洛伐克民法典》第 101 条规定："如果在以后各条款中没有别的规定，诉讼时效定为 3 年。"对于特殊诉讼时效，1896 年《德国民法典》第 196 条和第 197 条区分不同情况分别规定为 2 年和 4 年；1896 年《日本民法典》则分别定为 10 年、5 年、3 年和 1 年（该法第 168～174 条）。1804 年《法国民法典》对于特殊时效，规定从 6 个月到 5 年不等，

---

① 1896 年《德国民法典》（1998 年最近一次修改）第一编第五章第 194 条至第 225条，1896 年《日本民法典》（1999 年最近一次修改）第 166 条至第 174 条，1966 年《波兰国际私法》第 13 条。

例如第 2271 条规定，对于科学及艺术教师，每月授课报酬的请求权，旅馆及饮食店主人所提供的住宿及饮食费用，经过 6 个月不行使即消灭；而根据该法典第 2277 条的规定，对于房屋及土地的租金等的诉讼时效则为 5 年。

中国 1986 年《民法通则》也以专章规定了诉讼时效。该法第 135 条规定："向人民法院请求保护民事权利的诉讼时效期间为 2 年，法律另有规定的除外。"这是中国规定的一般诉讼时效，也可称普通诉讼时效，它适用于除了法律另有规定以外的一切民事法律关系。而上条所指的"法律另有规定的除外"，则是指特殊诉讼时效。例如根据《民法通则》第 136 条的规定，身体受到伤害要求赔偿的，出售质量不合格的商品未声明的，延付或者拒付租金的，寄存财物被丢失或者损毁的，其诉讼时效只有 1 年。而根据 1999 年《合同法》第 129 条规定，因国际货物买卖合同和技术进出口合同争议提起诉讼或者仲裁的期限为 4 年。此外，中国还规定"从权利被侵害之日起超过 20 年的，人民法院不予保护"（《民法通则》第 137 条），这就是最长诉讼时效。

2. 诉讼时效的中止、中断和延长

各国对此的规定也是很不相同的。例如日本民法规定只限于停止事由发生于时效期间即将终了的时候，才产生诉讼时效中止的效力，所以又称为时效的不完成（《日本民法典》第 158~161 条）。而 1804 年《法国民法典》则规定不管停止事由发生在时效进行的开始或进行中间，还是进行将终了的时候，均产生诉讼时效中止的效力。中国《民法通则》对诉讼时效中止的规定，跟德国法和日本法的规定相似，其第 139 条规定："在诉讼时效期间的最后 6 个月内，因不可抗力或者其他障碍不能行使请求权的，诉讼时效中止。从中止时效的原因消除之日起，诉讼时效期间继续计算。"

对于诉讼时效中断的事由，1896 年《日本民法典》规定时效可因请求、扣押、假扣押或假处分、承认而中断，并且承认起诉外的催告也为诉讼时效中断的事由，但在催告后不在 6 个月内起诉的，则视为不中断；时效中断后，自中断事由消灭时起，重新开始进行，但因起诉而中断的，则在判决确定时起再重新开始进行（1896 年《日本民法典》第 147 条、第 153 条、第 157 条）。1896 年《德国民法典》则规定，诉讼时效可因下列事由中断：承认、提出法律上的主张、申请先决判决、起诉等（《德国民法典》第 208 条至第 211 条）。中国《民法通则》第 140 条则规定："诉讼时效因提起诉讼、当事人一方提出要求或者同意履行义务而中断。从中断时起，诉讼时效期间重新计算。"

前《苏联民法典》第 87 条第 2 款还规定，除法定障碍事由外，如法院或仲裁委员会认为延误诉讼时效期间确有正当理由，有权酌情延长其期间，以保护权利人行使权利。中国《民法通则》第137条也规定："有特殊情况的，人民法院可以延长诉讼时效期间。"至于什么是"有特殊情况的"，1988年最高人民法院《关于贯彻执行〈中华人民共和国民法通则〉若干问题的意见（试行）》作了解释：权利人由于客观的障碍在法定诉讼时效期间不能行使请求权的，属于《民法通则》第137条规定的"特殊情况"。

3. 诉讼时效的客体和效力

根据1896年《日本民法典》第一编第六章第三节的规定，诉讼时效的客体仅限于债权或所有权以外的财产权。1896年《德国民法典》第194条规定，诉讼时效的客体是要求他人作为或不作为的请求权。另外，各国法律大多认为人身以及和身份密切相联系的权利，一般不适用诉讼时效。例如根据前《苏联民法典》第90条的规定，诉讼时效不适用于从人身非财产权受侵犯而产生的要求。但也有的国家，如瑞士，却规定人身权等方面也适用诉讼时效[①]。而依中国《民法通则》第135条的规定，一切民事权利皆可适用诉讼时效。

关于诉讼时效的效力，根据1896年《德国民法典》第222条的规定，时效完成后，义务人可以拒绝给付，但义务人即使不知道已经过了诉讼时效期间而履行给付义务的，不得请求返还。根据1896年《日本民法典》第145条和第167条的规定，债权和所有权以外的财产权，因时效届满而消灭，但法院不得根据时效进行裁判，除非当事人援用时效。原捷克斯洛伐克《民法典》第100条、1804年《法国民法典》第2223条也作了与日本法类似的规定。中国1986年《民法通则》第138条规定，超过诉讼时效期间，当事人自愿履行的，不受诉讼时效限制。1988年最高人民法院《关于贯彻执行〈中华人民共和国民法通则〉若干问题的意见（试行）》第171条更明确指出，过了诉讼时效期间，义务人履行义务后，又以超过诉讼时效为由推翻的，不予支持。可见，中国的法律规定跟德国法是相同的，即采取请求权消灭主义，在诉讼时效期间届满后，权利的本体和起诉权并未丧失，丧失的只是胜诉权。

三、诉讼时效的准据法

正是因为各国法律对诉讼时效期间的长短、中止、中断或延长的事由、诉讼时效的客体和效力等方面的规定存在着很大的差别，并且也因为有些国家如法国不区分取得时效和诉讼时效而把二者作为一个统一的时效制度而规定在民

---

① 参见1907年《瑞士民法典》（修订截止于1996年1月1日）第256条之三、第260条之三、第263条等。

法典的同一编章中，因此，不免发生诉讼时效的法律冲突而需要确定其准据法的适用。

（一）时效适用该诉讼请求的准据法

对于诉讼时效的准据法，各国的法律规定呈现出在国际私法领域少有的统一化趋势，即通常都规定诉讼时效适用该诉讼请求的准据法。例如 1987 年《瑞士联邦国际私法法规》第 148 条第 1 款规定："适用于债权的法律，支配它的时效和消灭。"其他如 1979 年《匈牙利关于国际私法的第 13 号法令》第 30 条第 4 款、1966 年《波兰国际私法》第 13 条、1964 年原《苏俄民法典》第 566 条第 2 款、1986 年修订的《德国民法施行法》第 32 条第 4 款、原《也门人民民主共和国民法典》第 35 条第 2 款等也作了类似规定。

对于诉讼时效应适用的法律，中国最高人民法院《关于贯彻执行〈中华人民共和国民法通则〉若干问题的意见（试行）》第 195 条也明确规定："涉外民事法律关系的诉讼时效，依冲突规范确定的民事法律关系的准据法确定。"《中国国际私法示范法》（建设稿）第 73 条也建议，时效，适用其所属民商事关系的准据法。

（二）诉讼时效适用法院地法

对于诉讼时效期间届满后发生什么样的效力，有些国家如 1896 年《日本民法典》认为是完全消灭实体权利，而有些国家如德国和中国的法律却认为丧失的仅仅是债权人请求法院强制执行的权利，至于权利本身和起诉权并不丧失。因此，早先的学者往往把第一类诉讼时效定性为实体法规范，而把第二类诉讼时效识别为程序法规范，并且认为作为程序法规范的第二类诉讼时效通常应适用法院地法①。不过，把第二类诉讼时效法规当作程序法规范的做法，在英国遭到了许多批评：（1）权利和补救方法的区别并不实际，因为"无法寻求法律补救方法的权利算不上权利"；（2）可能会阻碍一项在其产生国仍为有效的权利要求，例如当法院国规定的诉讼时效期间比外国规定的短的时候；（3）反之，如果法院国规定的诉讼时效期间比外国的长，而一个债务人根据该外国法已经销毁他的收据，从而会在诉讼上对他不利；（4）会助长"挑选法院"现象；（5）法院国适用外国诉讼时效法规并不比适用其他外国法法规更困难。因此，根据法律委员会建议，英国于 1948 年颁布的《外国时效期限法》就已经规定：所有外国时效期限，无论该外国法定性为实体法规则还是

---

① ［德］沃尔夫著：《国际私法》，李浩培等译，法律出版社 1988 年版，第 342 页。

程序法规则，就英国冲突法规则而言，均应定性为实体法规则①。

（三）《秘鲁民法典》的规定

此外，1984 年，《秘鲁民法典》第 2091 条规定，在诉讼时效存续期间变更有体财产的所在地，其时效适用法律规定的期限届满时该有体物所在地法。其第 2099 条也规定，因不行为而产生的对人诉讼的时效，依支配主要债务的法律。

最后应指出的是，国际社会通过各国的共同努力还制定了一个时效统一法公约，向时效的全球统一化迈出了可喜的第一步。这就是 1974 年 6 月 14 日在纽约联合国总部召开的外交会议上订立的由联合国贸易法委员会起草的《联合国国际货物买卖时效期限公约》。

第三节　国际民事诉讼中的证据

一、国际民事诉讼中证据的准据法

在国际民事诉讼法中，确定证据可适用的法律，同样是最重要的问题之一。在国际民事诉讼中的证据领域，下列问题需要确定应适用的法律：（1）举证责任；（2）初步证据；（3）有关证据的自由裁量权；（4）举证方式的决定性效力；（5）举证方式的可接受性和可适用性以及提出证据的方法和形式。另外，国际民事诉讼法还要解决在用推定、供认和承认的方法确立证据时应适用哪国诉讼法的问题。

研究这些问题的国际民事诉讼法学著作者们所持的观点常常截然相反。其中，一个极端是主张概依法院地法解决，例如，在这个问题上，英美国家的学者们认为法院地法具有独一无二的权威（但流行于西方大陆法学论著中的观点并不主张只适用法院地法，而是允许有一些例外）；而另一个极端是主张概依实体法律关系的准据法解决。第一类学说的出发点是基于这样一种考虑：适用法院地法于证据问题，能使当事人的实体权利得到最充分的保证。而第二类学说的学者们则认为，只有当独立于法院来确定支配他们之间法律关系的实体法和有关证据的诉讼法规范时，当事人的权利才能得到保证。前类学说没有看到主观权利和证实它的存在所必需的证据之间关系如此密切，以致认为没有必

---

① ［英］莫里斯著：《法律冲突法》，李东来译，中国对外翻译出版公司 1990 年版，第 454~455 页。

要依据同一个法律来裁定有关权利和它的证据的问题。而第二类学说相信这种联系如此紧密，以致二者不能基于不同法律来决定，不能把证据和由它来证明的主观权利分开，任何主观权利对于当事人都没有价值，除非他能证明它的存在。当事人双方在缔结一个合同时，应明确属于他们的权利以及怎样能够证明这些权利的存在，如果举证责任、证据的可接受性和确定的效力都依法院地法而定，这一点就不能实现，因为在缔结合同时，当事人任何一方都不知道他可能在别的什么国家的法院主张他的权利。反对适用法院地法的学者们还试图证明，证据法的许多方面（如举证责任的规则、推定规则）并不是诉讼法制度，而是实体法规范，单这一点就足以排除法院地法的适用。

主张适用法院地法的学说认为上述理由并不能令人信服，因为，证据法规范（一般地说甚至整个诉讼法制度）的目的在于澄清客观真相，而每一个国家都认为它本国的诉讼法规范最适合于解释客观实际。所以，很容易理解，每一个国家都倾向于坚持适用它本国的诉讼法于证据问题。

必须指出，在确定证据方面应适用的法律时，应像国际民事诉讼法中的所有其他问题一样，使用演绎法得出以法院地法原则作为出发点是不正确的。在这里，也应该分别地研究各种不同的证据法制度，以考虑适用与有关制度的法律性质最相一致的法律：有些证据法制度要求适用准据法，有些要求适用行为地法，也还有一些要求适用法院地法。证据法中一个很重要的部分常被识别为具有实体法性质这一事实并不能证明有理由适用外国法，因为整个证据法属于诉讼法的范畴。在这方面英美法学家们的理解相当正确。但是，也不容置疑，在某些证据法问题上适用法院地法比在其他问题中要困难得多。当然，在国际范围内协调司法判决的需要更要求尽可能不机械地使一切问题受法院地法支配。

二、国际民事诉讼中的证据保全

证据保全是指在证据可能灭失或以后难以取得的情况下，应诉讼参加人的要求或法院依职权主动采取的证据保全措施。

中国 1991 年，《民事诉讼法》第 81 条对诉讼中的证据保全作了规定："在证据可能灭失或以后难以取得的情况下，诉讼参加人可以向人民法院申请保全证据，人民法院也可以主动采取保全措施。"但《民事诉讼法》没有对诉前证据保全作出规定。因此，中国处理这类案件时采取诉前证据保全没有法律可依。为此，1999 年《海事诉讼特别程序法》考虑到海事诉讼中涉及纠纷的船舶流动性大，证据的收集、保存的时间性强的特点，规定了诉前证据保全程序。它规定，海事证据保全是指海事法院根据海事请求人的申请，对有关海事请求的证据予以提取、保存或者封存的强制措施。诉前证据保全的申请既可以在诉讼中提出，也可以在尚未进入诉讼时提出。这一规定可以避免因起诉而耽误证据保全的时机，使证据保全更加及时、有效。

第四编　审判后申请与上诉

对法院裁决感到不满的诉讼当事人申请重新考虑案件或案件的某些部分而援用的诉讼程序,某些国家的法律称之为"上诉"①,其他一些国家(如意大利)则区别狭义的"上诉"和"撤销原判"(cassation)或"复查或复审(review)",而有的著作把它分为审判后申请与上诉②。人们往往用"攻击判决"③一词把这两种程序都包括在内。

本书基本上把上述审判后程序分为审判后申请程序与上诉程序二部分进行阐述。审判后申请一般包括解释、补充或修正判决申请、重新审判申请、异议(或攻击)判决申请、第三人异议④等。其中的重新审判申请、异议(或攻击)判决申请、第三人异议一般是针对已经生效的、不可再上诉的终局判决。上诉是指对尚未生效的判决的异议或攻击。

---

① 在德国民事诉讼程序中,上诉分为普通上诉,诸如一审上诉和二审上诉与(普通的或即时的)申诉。特别上诉是抗诉、异议、恢复权利的申请以及重新审理案件的诉讼。普通上诉通常有着双重影响:一方面它具有中止判决的效力,另一方面意味着更高级的法院将涉足该案件。瑞士的上诉救济和程序也主要分为两类:普通上诉救济(针对非最终判决)和特别上诉救济(针对最终判决)。普通上诉救济通常需要中止有关判决的效力,而特别上诉救济典型地不需要这种中止,除非上诉法院这样命令。

② 如在克里斯丁·T. 坎贝尔主编的《国际民事诉讼》(1995年英文版)中。

③ "攻击判决"这个名词在历史上似乎有根据。因为后期罗马法尽管有 Appellatio(基本上指重审)程序,但早期的大陆法与英国法把对判决感到不满的诉讼当事人援用的救济作为对作出判决的法官进行攻击。后来人们放弃了这样的看法,认为对作出错误判决的人,必须他的行为不检,才能提起控诉,从而上诉程序从攻击法官改变为攻击判决。虽然如此,近代诉讼法上仍然保留着攻击判决的概念。英美法上的申请重新审理(New Trial),法国法上的向最高法院上诉以及在所有的上诉程序中大量存在攻击判决的观念。其表现为各国法律普遍要求上诉人提出对下级法院判决的批评作为上诉的理由。但是把所有上诉程序当作对判决的攻击也是错误的,因为这样做会使人走入弯路。即使攻击成功,严格地说,只能撤销原判决。诚然,按照某些国家的法律,要让一个新的判决取代原有的判决,必须先撤销后者。但是,一般说来,传统的"撤销原判法院"以外的上诉法院所关注的是找到整个案件或上诉申请所涉及的那一部分案件的正确的解决办法,而不单是审查原判决。参见沈达明著:《比较民事诉讼法初论》,中国法制出版社2002年版,第668页。

④ 第三人异议是对判决提出抗辩的一种特别方式,它在判决成为已决之案的情形下仍能提出。它赋予第三人消除不公正作出的裁判加之于他的不公正后果的权利。

第十八章　审判后申请

第一节　若干欧洲国家和地区的
审判后申请制度（上）

一、英国

从表面看来，判决一旦作出，即在当事人间具有结论性，除非通过上诉，任何法庭、法官或书记官无权重新聆讯、审查、修改或改变判决。这一规则的目的是使诉讼具有终局性，但有几种例外情况：依规则第40.12条的规定，法院可随时补正判决或命令中存在的非故意错误或遗漏。当事人可申请法院补正判决或命令的错误，而无需送达通知书。这被通常称为"失误规则"。即使是由于律师在草拟判决时的错误造成，也可运用这一规则对判决予以更正。然而，不允许法官对已作出的裁断改变看法，合适的救济方法为提起上诉。

在下列情况下，可对判决作出修改或撤销：（1）如果判决是针对一个实际上已去世的人而作出；（2）如果发生程序障碍或在诉讼程序上有其他严重的不合规则之处，以致判决或命令应被视为无效；（3）如果没有遵守法院规则，法庭可自由决断对判决作出全部或部分修改、撤销；（4）如果原告由于被告没有提出辩护意向书而获得针对被告的判决，法庭可用其认为合适的措辞，撤销或修改缺席判决；（5）如果根据《最高法院规则》第14号令，原告以被告没有对申请提出辩护为由而获得针对被告的简易判决，或被告由于提出反诉而获得针对原告的简易判决，任何针对没有参加聆讯的当事人所作的判决，可由法庭根据其认为合适的措辞作出修改或撤销；（6）如果判决由于第三方当事人没有发出辩护意向书或送达辩护书而作出，法庭有权根据《最高法院规则》第16号令规则5（3）对作出的判决进行修改或撤销；（7）如果由于没有送达诉状而根据《最高法院规则》第19号令作出判决，法庭有权根据《最高法院规则》第19号令规则9对判决作出修改或撤销；（8）《最高法院规则》第 35 号令规则 2 规定：对一方当事人没有参加审判而作出的任何判决、命令或裁断可由法庭根据该当事人的申请用其认为合适的措辞予以撤销。申请应在审讯后 7 天内提出，并且如有可能向审判案件的法官提出；（9）用欺诈方式获取的判决可用无须许可而提起的诉讼予以弹劾，法庭需要有说服力的案由才会撤销判决；（10）除非所有当事人同意，通常只有重新提起诉讼才能对经同意而发布的命令予以撤销（根据会使判决中的和解无效的理由，如：欺诈、失实表述或胁迫）。

二、爱尔兰

（一）异议判决

通过申请来对判决进行异议的唯一办法是申请司法复查。在司法复查申请提出之前，首先应得到法庭的许可。取得复查许可的申请应在提出申请的原因首次产生之日起 3 个月内提出，或当寻求的救济为令状时在 6 个月内提出，除非法庭认为有充分的理由可以延长提出申请的期限。

高等法院可以在民事诉讼中发出调取案件复审的令状、指令或禁令。调取案件复审令状可对抗错误的或非正式命令，或因滥用司法管辖权或程序作出的命令。指令指示法庭做一些特定事情，而禁令将限制法庭在其权利范围外行使司法性质的管辖权。

高等法院也可在民事诉讼中发出一种责问某人根据什么行使职权或享有特权的令状，要求其说明支持其请求权的根据。该令状针对那些主张职务、特许、自由或特权的人。

（二）重审的理由

在听审司法复审申请后，当授予诸如调取案件复审的令状、指令、禁令或责问某人根据什么行使职权或享有特权的令状时，法庭可以决定重审案件。

一方当事人或其诉讼代理人的错误或疏忽不是重审的理由。新发现的证据也不是申请重审的充分理由。新发现的证据经法庭许可可被接受。

一方在诉讼中的欺诈也不是申请重审的充分理由。但是判决是通过欺诈方式获得的，例如被告不知道该诉讼的存在时，欺诈是上诉的充分理由。

三、德国

（一）对判决的非难

尚未成为最终的或不可上诉的判决可以按普通上诉方式提出抗辩。普通上诉是正在进行的（待决的）诉讼的组成部分。由最终判决或不可上诉的判决终结的诉讼也可能在某些情形下根据一个重新恢复原诉讼的诉讼而重新审理，这是由《德国民事诉讼法》第 578 条规定的一个额外上诉。

（二）重新审理的理由

1. 可受理性

最终判决和终结诉讼的决定受制于一个重新审理的诉讼。《德国民事诉讼法》第 578 条第 1 款规定了两种重新审理原诉讼的诉讼，即无效诉讼和恢复原状的诉讼。两种诉讼都旨在推翻被抗辩的裁决并由法院作出新裁决。两者仅在重新审理原诉讼时所根据的理由方面不同。

（1）无效诉讼（action for annulment）

无效诉讼的理由被规定在《德国民事诉讼法》第 579 条第 1 款中。根据该条规定，引起无效诉讼的理由是存在对程序性规定的严重违反，如法庭组成不当、诉讼当事人代表的不正确或缺失。被抗辩的裁决是否受到这些违反程序性规则的行为的影响不是决定性的。对程序性规则的严重违反通常是撤销该裁决的理由充分。

如果规定在《德国民事诉讼法》第 579 条第 1 款第 1 项和第 3 项中的无效诉讼的理由可以在诉讼期间被一个普通上诉抗辩，则该无效诉讼就是不可受理的。

（2）恢复原状的诉讼（action for restitution）

恢复原状的诉讼被规定在《德国民事诉讼法》第 580 条中。一方面的理由是在审理期间有诸如宣誓之下的虚假陈述和伪造诉讼文书之类的刑事性犯罪。如果恢复原状的诉讼是基于上述理由，则核实这些罪行是该恢复原状的诉讼的进一步前提。

另一方面的理由是判决的基础已根本性地变化或停止存在。例如作为被抗辩的判决的基础的判决被撤销或将发现导致一个对上诉人有利的判决的文件。

不像无效诉讼，恢复原状的诉讼只能基于导致或影响了该裁决的此类理由提出。如果恢复原状的诉讼所根据的理由本来可以通过普通上诉或异议通知提出抗辩，而上诉人因疏忽失去了这一机会，则恢复原状的诉讼是不可受理的。

如果两种诉讼同时开始，法院将中止恢复原状的诉讼直到无效诉讼的判决已成为绝对的、最终性的判决为止。

2. 形式

两种重新审理的诉讼必须用书面形式向有权法院提出，即向作出被抗辩判决的法院提出。这样一来，联邦法院可以在一审程序中决定对该诉讼进行一次新的审理。诉状必须指明诉讼所针对的判决，并且必须表明申请人的意图到底是要提起无效诉讼还是恢复原状的诉讼。请求权陈述必须声明存在《德国民事诉讼法》第579条及以下条文规定的理由。

3. 期限

两种重新审理的诉讼必须在知晓重新恢复该诉讼程序的理由后的一个月内向法院提出。如不知晓该理由，则不得在判决最终生效5年后再行提出。

4. 程序及判决

法院必须进行口头审理，当被抗辩的裁决是判决时用判决作出决定，如果被抗辩的裁决是命令，法院可以不经口头审理而用命令作出裁决。如果重新审理诉讼的前提未被全部满足，法院将视其为不具可受理性而驳回该重新审理诉讼的申请。

当法院得出结论认为，根据《德国民事诉讼法》重新审理诉讼的理由存在时，必须撤销被抗辩的裁决，该撤销在新诉讼作出的裁决成为最终性时开始生效并具有追溯效力。该被撤销的诉讼将被认为从未提起。除撤销原裁决外，如果该诉讼可通过通常可获得的上诉被上诉，法院必须重开诉讼程序并根据案件的是非曲直作出新的裁决。

第二节　若干欧洲国家和地区的
审判后申请制度（下）

一、法国

在法国的诉讼中，案件不能获得新的审理，这可能是因为没有上面曾谈及的陪审团审判制度。的确，对判决提出异议的主要方式是下面要讨论的上诉（appeal）。通常，判决的作出已使案件脱离法庭。但是，任何一当事人可以向审判法庭提出对判决作出解释方面的请求，只要还没有提出上诉。同样，要求纠正重大错误或遗漏的请求也可在任何时候向审判法庭提出。并且，对法庭已同意在判决作出后1年内可予以裁判的诉讼请求，可要求法庭对判决作出补充。

在下列数种情形下法庭也有权推翻已作出的判决。第一种情形是在缺席判决的案件中，缺席的一方提出了异议。第二种情形是初审程序中的第三人在人身或财产有损害危险时提出的第三人异议。

最后一种情况是，在特定的非常有限的情形下，可对判决重新审查，即审判监督，其目的在于推翻终审判决以对事实和法律问题进行完全的重新审判。

审判监督仅可对不能再上诉的决议作出。其时效为初审程序的当事人知道可以重新审查之日起两个月。可以再审的条件限于：（1）在判决后发现并确认存在欺诈；（2）发现另一方当事人曾经持有重要文件；（3）司法确认对审判结果有决定性影响的文件是伪造的；（4）司法裁定在审理时提供的证人证言是虚假的。

二、意大利

对判决的异议是法律赋予双方当事人要求对解决争议的一审法院的判决进行再审的一种救济措施，因为法院判决有可能因事实认定或适用法律错误而有失公正。通常情况下，案件的再审由原审法院以外的其他法院进行，但在特殊情况下（如在原判决被撤销或第三人提出异议的场合），也可由原审法院进行。这种由法律特别加以规定和限制的、能对判决提出异议的方式包括上诉、最高法院的审查、撤销和第三人异议。

考虑到法律关系的确定性，对判决的异议受到一定期限的限制。除了由最高法院的审查可于 60 天内申请以外①，其他情形均须在 30 天内提出，期限一过，异议将不会被接受，判决则获得法律上的结论性，成为已结之案。如想再对其提出异议，则必须满足以下两个先决条件：（1）判决存在瑕疵，法律规定能对其提出异议；（2）除非某人依法律规定提出第三人异议，提出异议的人必须是前一诉讼程序中的当事人和败诉者。

除了期限的限制外，对判决的异议也可因败诉方明示或默示的承认（接受）判决结果而被禁止。明示的承认由有意（愿）提出异议的当事人通过宣布放弃异议的方式提出，默示的承认则可从当事人的与可能提出异议的意愿不符的举动中推测出来，如自动履行尚不可强制执行的判决。在任何情形下，是否存在承认的事实必须由有关当事人提出而不能由法院主动提出。

在对同一判决提出异议的多个诉讼中应保证判决的一致。因此针对有多数人参加的诉讼情形，法律规定除了可分割审理的案件外，所有参加了一审程序的当事人针对同一判决提出的同类异议必须在同一程序中审理。如果一审程序中包括众多当事人，《民事诉讼法典》规定，所有针对同一判决分别提出的异议必须在同一程序中合并审理。

必须将两种情形区别开来，首先，如果判决是针对相互联系或不可分割的案件作出的，且仅有部分当事人对之提出异议，法院将命令未提出异议的当事

---

① 《民事诉讼法典》第 325 条。

人出庭以听取他们的意见，规定他们出庭的时间期限。如果他们不遵守传票的规定，他们以后提出的异议将不会被接受；其次，如果判决是针对可分割审理的案件作出的（如当事人可选择是否参与诉讼的场合），异议仅由部分当事人提出，法院将发出命令通知其他当事人。然而，如果法院未通知，则案件须推迟到异议期限已过后才能进行审理。

一条进一步的规则也反映了在异议程序中须保持判决一致的原则。它涉及到被他方当事人提出异议的一方当事人（或被送达了符合《民事诉讼法典》第331条或第332条规定的上述通知的一方当事人）也对他方当事人提出异议的情形。《民事诉讼法典》第333条规定，他方当事人的异议必须在同一诉讼程序中第一次出庭时提出，否则当事人将丧失此项权利。异议的附带性也通过《民事诉讼法典》中其他非常重要的规则得到了证明，如第334条"后来的附带异议（incidental attacks）"规定：被提出异议的当事人和那些根据《民事诉讼法典》第331条被通知参加诉讼的人在单独提出异议的期限已过或已默认判决结果的情形下仍能提出异议。

根据异议作出的裁决可能像上诉案件中的情形一样取代前一程序中的判决，也可能像上诉审法院程序中的做法一样撤销前一程序的判决。法律明文规定，替代或撤销先前判决的裁决一经作出即产生如下法律后果：先前判决中规定的措施和依其已采取的执行行为一律失效，哪怕此时异议裁决尚未成为终局裁决。

《民事诉讼法典》最近的修正规定了一种重大的变化，即所有一审判决均可临时执行，然而，利害关系人可以且仅可以在下列情形下申请延迟执行：在最高法院诉讼的场合，当事人基于正当理由提出申请；作出判决的原法院认为，判决一经执行将造成严重的不可弥补的损失。

（一）由最高法院进行复审

1. 性质

最高法院进行审查的目的在于防止一审裁判在未经复审之前成为终局的，因此，它不应被视为第三审程序。这种审查的对象限于申请人宣称的程序上或司法上的错误是否存在。当请求被接受，被异议的裁判的效力将被终止，案件将被发回重审或指定另一法院复审。仅在特别场合，没有必要对案情作进一步的调查时，法院才不仅撤销前一裁判，也依案件的是非曲直作出终局的裁判。最高法院审查的本质目的在于由法院而非当事人实现法律的正确适用。

当最高法院在监督特定案件中法律的准确适用时，应确保法律规则在全国范围内的统一解释。事实上，最高法院作出的已系统浓缩成判决摘要的裁决构成了先例，尽管对被要求解决同样法律争议的法院无约束力，但它最终不仅强化后者法律推理的说服力，也影响该法院对争议的裁决。

为了达到这个目的，《民事诉讼法典》规定了一种特殊形式的、要求由最高法院对案件进行复审的请求：当事人因诉讼期限已过或放弃此项权利而不能再对一审裁判提出异议时，最高法院的总检察官可以基于维护法律本身利益的目的提出复审的请求。由此产生的裁判不影响当事人的权利义务而仅为达到这样一个目的：获取一个指导以后案件审理的裁判。

最后，值得指出的是，就像上诉一样，申请最高法院复审不能导致被异议的裁判的延迟履行。仅在履行该裁判将导致严重的和不可弥补的损失时，法律才允许前一法院（即作出被要求最高法院对其进行复审的裁判的法院）基于单方面的请求，颁布一个因上诉推迟裁判执行的命令。

2. 可复审的裁判

当事人能对 4 类裁判请求最高法院进行复审①。前两种裁判包括在上诉审程序中作出的裁判和普通法院在一审中作出的裁判。因此，即使是那些法律规定不能上诉的裁判也能由最高法院加以复审。第三种裁判包括一审程序中作出的、通常情形下不能直接递交给最高法院复审，但在特殊情形下可以越过上诉审程序的裁判。当然，其前提是这些裁判违反法律或错误适用了法律且双方当事人愿意这么做。甚至，《意大利宪法》第 2 节第 111 条允许在存在违反法律的情形时将所有普通法院或特别法院的裁判提交最高法院进行复审（参政院（council of state）和账务纠纷法院的裁判除外）。这意味着《民事诉讼法典》第 360 条规定的情形都不例外。在这方面，最高法院已达成共识，即《意大利宪法》第 111 条的规定不仅适用于通过判决的形式采取的措施，也适用于通过其他任何形式的命令采取的措施，只要这些措施影响了当事人的主观权利，其本质上为一个裁判，且不能通过其他途径提出异议。复审请求的受理，不仅要求将被抗辩的裁判递交给最高法院，也要求申请复审的请求须针对能影响诉讼结果的错误或缺陷提出，且属于《民事诉讼法典》第 360 条明确规定的关于可申请重审的事由的一种。上述事由可分为两类：（1）程序上的错误，涉及是否遵守调整程序进展的法律规则；（2）判决中的错误，这可能由法院在确认或适用调整法律关系的实体法时产生。

有些程序上的缺陷会导致已进行的程序无效，这就使得后面进行的程序的有效性取决于前面进行的程序的有效性。有些程序缺陷涉及法院的管辖权或法

---

① 《民事诉讼法典》第 360 条。

院的越权行为，如法院无管辖权时却行使管辖权或无某些职权时却行使了这些职权。一种特别的程序缺陷是对当事人提交的争议的裁判缺乏理由、理由不足或理由相互矛盾，或法院依职权不能对当事人提交的争议作出裁判。

3. 撤销原判程序

撤销（原判）复审程序由一份提交给法院的经律师签字的请求引起。该律师须有当事人的授权，须为一名注册的被允许在最高法院提出辩护的特别律师。如果请求不符合这些条件，将不会被受理。在向法院提出之前，请求必须在被异议的裁判作出之日起 60 天内送达给对方当事人，且必须包含如下资料：双方当事人的姓名；被异议裁判的复印件；事实的简要叙述；请求复审的理由和法律依据；律师授权书，如果律师的权力由一项独立的文件授予。被请求人只要愿意，可以在口头辩护前一直保持沉默，但他仍可参加辩护且不必提交书面摘要。如果他想表示反对的话，他必须起草并提交反请求，即一份同请求书一样须满足某些正式要求的文件。反请求只能针对请求书中提出的事由和法院依职权可能提出的事由进行抗辩，但不能对被异议的判决提出批评，因为那是交叉请求（cross petition）处理的事。交叉请求人既包括被申请复审案中的败诉人，也包括部分胜诉人，如果他们希望将存在偏见的或未得到公正处理的某些次要的争议重新交由最高法院复审。此后，当事人将在由主审法官指定的陪审团主持的听证会上进行辩论。在通常情况下，案件由法院的一名法官和一个由五人组成的陪审团作出裁决。但法律规定，当请求涉及案件的管辖权或冲突的权限，或者如果请求涉及前一裁判中审判员间存在争议的法律问题或涉及特定的重要原则问题，且首席法官提出要求时，案件应由法院的合议庭和一个由 9 人组成的陪审团作出裁判。

4. 撤销原判的后果

撤销程序将产生一些特别的效果：导致法院的裁判被撤销，以致对争议的复审成为可能。

最高法院可能裁判：因程序不当驳回当事人的请求或拒绝受理。在上述两种场合，被异议的裁判成为已决之案。如果最高法院发现下级法院裁判结果正确，但推理有误，其裁判可能纠正被异议裁判的推理，在这样的场合，下级法院的裁判成为已决之案。最高法院的裁判也可能支持当事人的请求，撤销被异议的判决。

存在两种类型的撤销情形：撤销原裁判，发回复审；撤销原裁判，不发回复审。当最高法院处理涉及管辖权或法院权限的问题时，如其认为作出前一裁判的法院或其他任何法院无管辖权或在任何情形中案件都不能被递交法院或诉讼程序不能在法院继续进行时，其将作出决定，撤销前判决且不发回复审。1990 年修正《民事诉讼法典》第 384 条的第 353 号法令规定了另外一种撤销原裁判、但不发回复审的情形，其内容是：最高法院在接受基于前法院违反或错误适用实体法而提出的请求时，应规定复审法院（the remand court）应遵守的法律原则或在案件事实无须进一步调查时自己依案件的是非曲直作出裁判，这是最高法院惟一被允许裁决争议是非的情形。作出如此修正的理由在于它存在如下合理性：避免无益的和代价高昂的诉讼在复审法院继续进行；防止当事人提出旨在拖延裁判以不使其成为已决之案的进一步的和无理由的上诉审查请求。在所有其他场合，最高法院规定了撤销下级法院的裁判、指定审理法院、将案件发回复审的情形。通常情况下，被指定复审的法院并非作出原裁判的法院而是审级相同的另一法院，这个法院常是地理上与原审法院接近的法院，但常存在这样的情形，即原上诉审法院的不同成员被选出参与案件的复审。如果案件被发回复审仅由于其裁判存在逻辑上的错误，复审法院将局限于沿着原来实质问题判决的逻辑思路，消除最高法院发现的逻辑错误。如果案件被发回复审是因为其裁判违反或错误适用了实体法，最高法院须明确规定复审法院在处理争议时应遵循的法律原则。当事人通常不能以任何方式对最高法院的裁判提出异议。

如果最高法院的裁判存在《民事诉讼法典》第四章第 395 条规定的可撤销的错误，撤销裁判的程序也可适用于其裁判。根据此条的规定，最高法院裁判中存在的事实错误和计算错误能通过由一请求引发的程序予以纠正，此请求须在裁判作出之日起 60 天内或公布后 1 年内提出。

5. 发回复审程序（remand proceedings）

发回复审程序由有意继续诉讼程序的当事人向参加了最高法院再审程序的当事人送达传讯（citation）的方式引起。如果此程序未在最高法院裁判公布后 1 年内进行，则将自动终止，任何以前曾作出的类似的声明将无效，除非其涉及最高法院宣布的、可能要求在新程序中对争议进行处理的法院须遵守的法律原则。发回复审程序适用复审法院审理案件时应遵循的程序法规则。

法律没有明确规定复审法院的权力，但从复审法院的职责可推测出：尽管法院须将其复审事项限于被撤销的被异议裁判的内容，但它具有完全的独立性，仅需遵守最高法院裁判的拘束力，不管此裁判要求采取何种程序措施或陈述了某一法律原则。在任何情况下，复审法院有权解释最高法院的裁判和它自己作出的、如经当事人提出新的请求可向最高法院提出异议的裁判。

（二）撤销（revocation）

根据《民事诉讼法典》第一节第395条的规定，能通过撤销方式对之提出异议的裁判包括上诉审作出的裁判或不能被上诉的裁判，以及《民事诉讼法典》第391条规定的情形，即最高法院根据《民事诉讼法典》第360条第4款基于当事人的请求作出的裁判中的最后一种情形：法院对《民事诉讼法典》第四节第395条项下的事实作出了可撤销的错误裁判。

只要正常的上诉可借以维护当事人的利益时，立法者就将撤销的救济方法排除在外。《民事诉讼法典》第395条规定了6种可申请撤销的事由并将其分为两类：即第395条第4、5款规定的被称为普通撤销根据的事由和第395条第1、2、3、6款规定的被称为特别撤销根据的事由。

构成普通撤销根据的事由包括：关于诉讼程序的记录或文件表明，法院在依据其认为真实性无可怀疑的事实作出裁判时，由于疏忽或遗漏，发生了认定事实的错误；被诉裁判与先前针对相同当事人作出的具有已决之案效力的裁判相违背。基于上述事由可申请撤销的期限为30天，自裁判作出之日起计算。

构成特别撤销根据的事由分为四类。第一类为一方当事人进行了足以影响诉讼结果的欺诈行为，第二类是据之作出裁判的证据在裁判作出后发现或被宣布为伪造者；第三类是裁判后发现了一份或几份具有决定意义的文件，而这些文件在诉讼程序中由于不可抗力或对方当事人的原因不能公开；第四类是法院因受欺诈作出了具有已决之案效力的裁判。基于上述事由申请撤销的期限为30天，自欺诈、伪造或其共谋被发现之日或书面证据被发现之日起计算；或从成为已决之案的裁判被法院发现存在欺诈时起算。如想撤销最高法院的裁判，则请求须于裁判作出之日起60天内或公布之日起1年内提出。

有权提出撤销请求的当事人为败诉方。当裁判未征求检察官的意见而作出或是基于双方当事人规避法律的共谋而作出时，检察官也有权启动撤销程序。

请求书应提交作出被申请撤销的裁判的法院。此行为并不必然导致请求最高法院对案件进行复审的期限或相关程序期限的延长。然而，如果受理撤销请求的法院认为请求是合理的，它可以基于当事人单方面的申请顺延上述期限直至对撤销请求作出的裁判生效为止。此程序为普通程序，由两个阶段组成。第一阶段决定事实上是否存在撤销的事由，第二阶段决定案件的是非曲直。裁判被撤销在双方当事人间将发生案件事实恢复到裁判作出前的状态的效力，但对善意的第三人无效。对撤销判决，当事人能像对被宣告无效的判决一样提出异议，但不能申请撤销。

（三）第三人异议

第三人异议是对判决提出异议的一种特别方式，它在判决成为已决之案的情形下仍能提出。它赋予第三人消除不公正作出的裁判加之于他的不公正后果的权利。《民事诉讼法典》规定了两类第三人异议：（1）任何第三人能提出的针对已成为已决之案或损害其权利的、可执行的判决的异议①。（2）债权人或其继承人可提出的异议，这发生于以下情形：由于当事人的共谋，法院作出了不利于他们债务人或前任从而损害了他们利益的判决。

第三人异议须提交给作出被异议裁判的法院，所适用的程序为法院的普通程序。对于普通异议的提出没有时间限制，但请求撤销裁判的异议须在第三人知道欺诈或共谋之事后 30 天内作出。第三人异议本身不产生中止判决执行的效力，有关延迟判决执行的请求及其处理方式与最高法院的相应程序中的做法一样，法院将以判决的形式对异议请求作出决定。如果异议未被接受或因缺乏理由被驳回，法院将对异议者处以一定的金钱罚款。

三、西班牙

（一）对判决的异议

判决有可能存在矛盾而不一致，或者有形式上或内容上的缺陷，对此可以提出上诉。《民事诉讼法》第 359 条规定，判决不一致是指判决中查明的事实与当事方向法院提出的诉求之间的差异。

大体上，有三种判决不一致的情形：（1）判决所判予者超出了诉求的范围；（2）判决所判予者非所诉求者；（3）对诉求未作出判决。

为了查明由于程序错误而非作出判决的法律依据错误而产生的判决不一致，应当考虑的因素是：对主要的起诉文书中的请求和判决中所包含的决定之间的比较，因为该不一致产生于诉求、争讼的请求和判决内容之间的差异②。

（二）重审的依据

《民事诉讼法》调整各种上诉案，但它仅仅规定了撤销判决应依据的理由。学说一般认为，以下说法对于任何上诉都是同样适用的，即"上诉人必须对上诉享有权益、受到损害或伤害。"只要我们留心《民事诉讼法》第 1692 条对撤销判决的规定，不难发现有一整套撤销判决的理由可供援引，诸如审判

---

① 《民事诉讼法典》第 404 条。
② 《民事诉讼法》第 360 条。

权的滥用、诉讼程序不当、存在根本违反审判程序的事由、证据采信的不当，等等。

四、芬兰

对判决上诉的通常方法是向下一审级的法院上诉，然而，也有其他改变判决效力的特别方式。

（一）判决的修正

如果判决存在打印或计算性或其他类似的明显错误，已经签发该判决的法院将更正这样的错误而并不需要提出上诉。如果需要的话，双方当事人可以被给予听证的机会。一方当事人在接到修正通知之日起 30 天内对本修正可提出复议申请。

（二）判决的补充

如果判决不含有对诉求的解决方案，该判决也可由法院依职权补充。补充仅在该判决被宣布后的短期内才是可能的。如果一方当事人希望判决被补充，他必须在该判决被宣布或被签发之日起 14 日内提出补充申请。如果在判决被宣告或被签发之日起 14 日内当事人受邀出席了有关补充的听证，或被要求提供书面的补充陈述，则本判决也可被法院依职权补充。

（三）上诉的特别权利

上诉的特别权利被包含在《司法程序法典》第三十七章中。一个不可上诉的判决可能基于重大程序错误而被推翻。在某些特定的情况下，不可上诉的判决很可能被推翻。另一特别上诉是为恢复已过的期间。

（四）程序错误

不可上诉判决可能经特别上诉被推翻，如果：（1）法院无权管辖，或该法院已依职权驳回了该案；（2）判决已向没有被传唤的缺席的人宣布或没有被听审的人被该判决妨碍；（3）判决是如此含糊和不完整以致不能让人明白它的内容；或（4）发生了其他程序错误，而且可以推定本错误将本质地影响判决。

提出第（1）项和第（4）项中的特别上诉的期限是在该判决获得法律效力之日起 6 个月内，提出第（2）项中的特别上诉的期限是 6 个月，自上诉人知道该判决时起。受理特别上诉的法院同审理普通上诉的法院一致。如果确定已发生重大程序错误，整个判决或判决的必要部分将被推翻，而且如果该案将被重新考虑的话，该案应安排重新审判。

（五）不可上诉判决的废止

在下列情形中，最高法院有权根据请求废止一个不可上诉的判决：（1）法庭成员或官员或律师或其他代表人或当事人的助手在与该诉讼相关的活动中犯有刑事犯罪而且可以推测这将影响到该判决；（2）被用作证据的文书是错误的或提交该文书的人已意识到该文书是不真实的或在宣誓下受审的当事人或证人或专家有意地作出了荒谬的证词，而且可以推定该文书或证词已影响了判决；（3）提出事实或证据的当事人未能在更早的时间提交它们，而且同样的提交将可能导致一个不同的结论，然而该上诉人必须确立一个可能性，即他没能在原诉讼进行期间提交该事实或证据存在有效理由。

基于上面提到的理由请求废除的期间是自该上诉人意识到该上诉所基于的事实之日起 1 年内，或如果该上诉是基于一个人的刑事诉讼，则自那个人的犯罪被法律确认之日起 1 年内。

如果判决明显地基于法律的不当适用，它也可能被废止。在这种情形下，上诉必须在判决获得法律效力之日起 1 年内提出。在判决获得法律效力 5 年后，没有重要的原由，废止是不可能的。如果最高法院认为再审是必要的，它将决定该案得怎样在哪一法院被再审。然而，最高法院如果认为该案是清楚的，将直接予以改判。如果该上诉人因疏忽未开始再审或缺席，则该废止成为无效的。

（六）已过期间的恢复

在诉讼进行期间，如果一方当事人有法定的理由未在规定的期限内采取措施或对他的申请提出特别重要的原由，最高法院可以恢复已过的期限。这样的申请必须在该理由终止后的 30 天内并且最迟在期限届满后 1 年内提出。

五、丹麦

（一）异议判决

如果一方当事人反对判决，该项判决将受制于随后的上诉。《民事诉讼法》有关于上诉以及上诉可能性的规定。

一项判决未经上诉是不能改动的，也不能未经特别允许而再审，因而判决是有法律效力的。即使后来法庭得出其当时的判决是错误的结论，这一原则也是应予适用的。然而，法庭有权改正书写与计算错误。同样地，法庭可以改正当事人提出的指控和案情概要中的错误。改正可以依据一方当事人的请求而进行，但这一改正必须是在双方当事人有机会作出声明后才能够进行。

（二）重新审判（anew trial）的根据

在宣判之前，法庭可能会重新浏览案件审理过程。如果法院发现根据已提交的文书而作出判决是不公正合理的，依据《民事诉讼法》第346条的规定，这将导致法庭依职权或一方当事人的请求而重新审判。但是，这完全由法院行使自由裁量权。

依据《民事诉讼法》第346条或第663条的规定，如果迟延是由于可以原谅的错误或者疏忽，法院可能会接受新更改的材料作为新的证据或新的指控。然而，根据《民事诉讼法》第339条的规定，只有法院认为新证据是非常重要的情况下才允许向法庭提交新的证据。在宣判之后，法院一般会撤销相同当事人就同一诉因提交的诉讼。

在前一案件尚未完结时，如有当事人就同一的争议提出新主张，这样的新主张只有在该当事人原先不知道或不应当知道该项主张时才被允许提出。如果新的主张对争议问题至关重要，若第一个判决受到支持将给当事人带来巨大损失，这时法庭才会允许当事人就相同争议提出新诉讼。根据《民事诉讼法》第399条，如果法庭认为新的证据对案件十分重要，这时法庭将同意当事人就同一争议在新证据的基础上提出新诉讼、上诉甚至第三审。

在极少数案件中，可能会存在程序错误而判决未被撤销的情况。根据《民事诉讼法》第399条的规定，最高法院可批准再审或允许上诉。

（三）再审（reassumption）

再审是就一项已宣判的案件在同一法院就该案件启动一项全新的程序。这根本不同于上诉。一般地，只有针对缺席判决才会有再审的可能，并且这种可能性也仅是对被告而言的。

启动再审并不需要经特别批准，只要被告人在宣判后4个星期内递交了再审请求书即可。要求再审的请求书有延迟先前判决生效的作用。如果已过了四个星期，再审必须经特别批准，例如，被告在四个星期后才知道判决的内容，这时可准许再审请求。

六、欧盟

（一）第三人诉讼程序

在一定条件下，共同体机构、任何商业实体或个人可以依据某些条件，提出第三人诉讼程序以对欧洲法院或初审法院作出的判决提出异议。这一诉讼程序开始于申请的提出。申请必须满足申请的一般要求。另外，申请人必须解释其未能参加最初诉讼程序的原因并要证明判决损害了他的权利。这些条件是法院着重考虑的因素。

如果判决刊登在欧共体官方公报上，则第三人申请必须在判决刊出的两个月之内提出。

在特殊条件下，法院可以停止对判决的执行。如果第三人的争论被认为是决定性的，法院将相应地修改有争议的判决。

（二）修改

修改判决的场合受到严格限制。只有当法院发现了"决定性的"事实因素，并且在作出判决时法院和要求修改的当事人并不知道这一事实时，才可提出修改判决申请。修改并不被认为是一种上诉，且上述条件应被严格地遵守。

修改的申请最迟必须自判决作出之日起十年内提出。另外，修改的申请必须在申请人知道申请据以提出的新的事实后 3 个月内作出。

（三）对判决的解释

如果判决的含义或范围不清楚，在与诉讼有利害关系的任何当事人或共同体机构的要求下，法院将给出一个解释性的意见。这一解释性的意见本身仍是一个判决，在当事人或法律顾问已有机会被听证之后作出。

解释性判决对主判决的所有当事人有约束力。与诉讼有利害关系的第三人可被允许介入。

第三节　若干亚洲和美洲国家的审判后申请制度

一、印度

任何受可上诉而又未被提出上诉的命令或裁决或不允许上诉的命令或裁决侵害的人，可向作出裁决或命令的同一法院申请复核命令或裁决。

任何一方当事人可就针对他作出的、不允许上诉的命令或裁决向高等法院提出修正申请，如果隶属于高等法院的法院判决了该项争议，并且该法庭可能：（1）行使了法律并未授予他的管辖权；（2）未能行使授予的管辖权；（3）非法行使管辖权。

高等法院在修正判决方面的权力很大。它能调阅下属法院的案件并重新裁决。"管辖权"一词用在修正申请中表示下属法院超越行使了，或未能很好地行使，或非法地行使了权力。

二、美国

继审判和作出判决之后，任何未能成功地请求作出关于法律问题的判决的当事人，在把案件提交陪审团之前，可以根据《联邦民事诉讼规则》第 50 条的规定，在作出判决后 10 日内，可重新提出作出法律问题判决的申请。提出请求的当事人也可以根据《联邦民事诉讼规则》第 59 条提出重新审判申请。

（一）裁决后作出的法律问题判决（judgment as a matter of law after verdit）

当法官对请求作出法律问题判决的申请的价值提出质疑时，法官将否定这个申请并允许陪审团决定这个案件。然后法官会在陪审团宣布裁决后重新考虑申请。如果法官转而同意申请而上诉又将之撤销，法官可以简单地恢复陪审团的裁决，避免重新审判的必要。然而，如当事人未能在把案件提交陪审团之前提出作出法律问题判决的申请，将导致裁决被驳回后放弃任何提出申请的权利。该当事人也不能够怀疑支持上诉裁决的证据的充分性。

（二）重新审判的请求或修改判决

《联邦民事诉讼规则》第 59 条允许当事人在作出判决后 10 日内，向法院提出对所有当事人或其中任何当事人以及对所有系争点或其中某些系争点重新进行审理的申请。在通知各当事人并给予各当事人被听审的机会之后，法院可以依上述任何理由主动进行重新审理。

是否受理重新审理的申请取决于"法院合理的自由裁量权"。在许多案件中，法院将会在命令中详细说明承认或否认重新审判申请的理由，法院按自己的动议行事时也要求说明理由。常见的被援引作为重新审理申请的根据包括：在审判期间错误承认证据或未能承认证据；对陪审团作出错误指示或未能给陪审团作出指示；超额或不足的损害赔偿金；或者法院职员或律师的不恰当行为。

而且，《联邦民事诉讼规则》第 59 条第 5 款规定，任何当事人可以在判决作出后 10 日内向法院提出修改判决的申请。这样的申请通常用于：修改遵照法定损害赔偿限度所判给的损害赔偿，或者用以增加判决的法定利息，纠正判决中的笔误，或者撤销判决。《联邦民事诉讼规则》第 60 条规定，允许法院依职权或应任何当事人的申请更正判决中的笔误。尽管如此，根据《联邦民事诉讼规则》第 60 条列出的其他原因，经申请，法院也可以免除终审判决加给当事人的责任，这些原因有：错误；疏忽；可原谅的过失；新发现的证据，这些证据是在依据规则第 59 条规定的申请重新审理的期间内即使尽了相当的注意也不能发现的；或者是欺诈、虚假陈述或对方当事人的其他不良行为。一般而言，当法院在自由裁量权范围内发现：援引作为申请根据的错误并不影响当事人的实质性权利时，法院将驳回重新审判的申请或请求判予救济的申请①。

三、加拿大

（一）异议判决

审判人员有时会在计算救济请求时出现遗漏或误解法律并错误适用法律。此时，对判决有异议的申请必须向主持该诉讼的法官提出，如果错误不仅仅是笔误或遗漏，这要在判决登记前进行。如不能这样做，唯一的办法是向更高一级法院提起上诉。如果错误仅为笔误，则修改申请可在判决登记后再向法庭的其他人员提出。这些条款也适用于上诉法庭作出的需要改变的判决。

（二）重新审判的依据

1. 错误和可原谅的疏忽

对判决提出异议的依据包括：（1）陪审团的错误指示；（2）法官本身的错误，如严重的、明显的原则上的错误，或从证据中得出错误的推理或无管辖权。

目前的上诉政策造成了异议判决的困难，许多上诉审裁决以不存在审判法官严重的、明显的错误为由而驳回上诉。同样地，上诉法庭已清楚地表明，他们对数量上的上诉（quantum appeal）没有义务，并且很不情愿取代由审理事实的法官作出的估算，即使两者存在差别。

2. 发现新证据

仍然控制案件的法官可以重新开庭以听审新的证据。自判决登记到上诉开庭期间如发现新证据，法官可以审查新证据并改变审判结果。

3. 欺诈

在近来相关的判决中，撤销欺诈判决的申诉依据已被完全阐明。Int. Corona Resources Ltd. v. LAC Minerals Ltd. 一案②阐明的基本标准是：（1）应合理地证明欺诈的存在；（2）欺诈应对案件至关重要；（3）欺诈应在审判后被发现；（4）请求当事方应迅速地行动；（5）非当事方的欺诈比当事方的欺诈应受到更严格的测试；（6）必须提出撤销判决的理由。

---

① 参见《联邦民事诉讼规则》规则 61。

② （1988）54 DLR（4th）at 647 and 666（Ont. HC）.

四、墨西哥

（一）对判决的异议

判决只有通过上诉才能受到异议。依诉讼的类型而定，终局判决可以允许其他的攻击，但是只有上诉才能真正地对判决的实体内容提出质疑。初审法院不能撤销它自己的裁决。

（二）重新审判的理由

根据墨西哥的程序法规则，一个诉讼和相应的判决将排除对已审判的那些争议事项提起新审判的可能性。没有重新的审判被允许，不管原告最初在起诉状中主张了什么，他都将被认为放弃了就该特定的诉因对被告提出其他救济和利益的权利。因此，例如，由于错误和一方当事人的可原谅的过失而提出的重新审判申请不是《联邦地区民事诉讼法典》和墨西哥一般程序法规则考虑的程序步骤。这个限制性的方式同样也适用于判决之后新发现的证据。

一旦终审判决已经作出，它就不能由作出该判决的法院改变或撤销。任何新发现的证据必须在诉讼过程中提出，即从起诉状提交到法院决定作出终审判决时止。

虽然新近发现的证据不是提起新审判的理由，但它可以揭示或者证明当事人尚未知晓的重要事实，它可以便利法院作出决定。当事人未能得到的或当事人未知的新近发现的证据，可以在上诉程序中采纳。

法院通过准许相关证据从其存放处或所在地调出的命令，协助当事人获得额外的证据。根据《联邦地区民事诉讼法典》第98条的规定，当事人双方在起诉状和答辩状提交之后是不允许提交证据的，除非符合下列情形：（1）证据是在后来的日子形成的；（2）当事人宣誓保证未在起诉状或答辩状提交之前知晓该证据；或（3）当事人宣誓保证：由于他们不能控制的事由，在他们提交起诉状或答辩状之前未能得到该证据。

在案卷材料被送往用于作出最后判决之后，没有任何额外的证据可被承认，由当事人提交的任何证据将被驳回。任何及时提交的新证据将受制于对方当事人的异议和抗辩，从而影响其作为证据的效力。

甚至在存在欺诈的场合，对案件的再审也是不可预见的。当事方向法院提起任何文件或作出任何陈述，都应该在宣誓之后进行。在听审个人，或者当事人在主要审讯（听审）中亲自出庭时，都可出现虚伪的陈述。如果出现了这种现象，它可以成为提起一件刑事诉讼和一起民事损害赔偿案件的充分理由。

然而这是另一诉讼的标的，如果欺诈行为在判决之前发现，它确实将影响法院对原审案件的判决。然而，那些欺诈在实践中很少被指控，因为通常很难获得欺诈行为的证据。

第十九章　上　　诉

第一节　若干欧洲国家和地区的上诉制度（上）

一、英国

高等法院的三个提出分庭分别审理不同类型的上诉事务，包括破产、司法审查、以案件陈述方式提出了的上诉、治安法院对家事案件的裁判的上诉。郡法院和高等法院的上诉通常向上诉法院①提出，上诉法院的上诉向大不列颠和北爱尔兰的最高上诉法院——上议院提出。由枢密院司法委员会聆讯来自英联邦管辖区和英联邦共和国的上诉。英国的最终上诉法院是欧洲法院，审理属于《罗马条约》范围内的案件。应注意的是：在决定是否对英国法院的裁决提起上诉时，应遵守严格的时间限制。

《英国民事诉讼规则》第五十二章对上诉审法院、上诉许可、上诉通知书和被上诉人通知书、上诉期变更、上诉审法院的权力、对上诉的审理程序、适用于上诉审法院的特殊规定（向法院的第二次上诉、行使上诉审法院权力的人、对上诉的司法审查）作了规定②。《英国民事诉讼规则》还为某些上诉案件规定了特别规则③。

二、爱尔兰

在一审法院处理的所有案件都受制于上诉的复审。一般来说，在所有的上诉中对事实的充分复审是允许的，从地区法院到巡回法院，从巡回法院到高等

---

① 上诉法院民事审判庭审理来自郡法院和高等法院的上诉。

② 参见徐昕译：《英国民事诉讼规则》第五十二章，中国法制出版社 2001 年版。

③ 详见徐昕著：《英国民事诉讼与民事司法改革》，中国政法大学出版社 2002 年版，第 382~392 页。

法院，从高等法院到最高法院都可以对案件的事实进行上诉审。应提及的是从高等法院到最高法院的上诉中，新证据只有在一审时不能获得并经法庭同意时才能提出。所有的当事人都有权要求对一审法院的任何决定进行复审。

（一）地区法院

地区法院法官的任何判决都可以被上诉到巡回法院法官。所有当事人都可提出上诉以获得重审案件的机会。巡回法院的法官在审判来自地区法院的上诉时，受到与地区法院相同的管辖限制，对上诉作出的命令应是一种也能被地区法院有效作出的命令。

（二）巡回法院

在来自巡回法院的上诉中，当审理案件不需要口头证据时，上诉被提交给位于都柏林的高等法院法官。在任何其他的案件中，上诉由巡回区的高等法院重审。任何当事人可以上诉，也可以对判决的某一特定部分上诉。上诉不中止被上诉的判决或命令的执行，除非巡回法院法官或位于都柏林的高等法院的法官认为中止被上诉的判决或命令的执行是合适的，并作出中止命令。

（三）高等法院

从高等法院也可向最高法院提出上诉。上诉人可针对判决或裁定的全部或部分提出上诉。如果需由陪审团进行审判，每一个上诉通知要包括重审申请及寻求的其他救济。

每一案件的上诉通知要说明上诉及救济请求的理由，最高法院有权裁定重审。

在单方面申请全部或部分地被高等法院驳回时，基于相似目的的申请可在驳回之日起四天内或在最高法院允许的更长期限内单方面地向最高法院提出。通过司法复审当事人可获得由法院自由裁量作出的复审。

三、德国

在德国民事诉讼程序中，两种上诉必须被区分开来：普通上诉，诸如一审上诉（the appeal of first instance）和二审上诉（the appeal of second instance），与（普通的或直接的）申诉（complaint）。特别上诉是抗诉（opposition）、异议（objection）、恢复权利的申请以及重新审理案件的诉讼。普通上诉通常有双重影响：一方面它中止判决的效力；另一方面意味着更高级别的法院将涉足该案。

（一）受理复审的问题

一审上诉以及申诉是就事实和法律两方面的上诉，二审上诉是仅就法律问题的上诉。

就上诉的提出可以基于事实问题（例如一审程序的上诉以及申诉）而言，上诉原则上可以基于在上诉程序中提出新事实和新证据的理由。至于申诉，该原则是无条件有效的，但在一审上诉中提出新事实和新证据的可能性是非常有限的。二审上诉是仅就法律问题的上诉，不能基于新事实或新证据的理由。

（二）上诉的前提

上诉法院在查实上诉符合所需的全部前提之后，可能只检查上诉理由的有效性。任何上诉的五个特别前提是：（1）上诉的可受理性，即针对被上诉的判决，具体的上诉是有效的；（2）上诉必须以妥当的方式提出；（3）如果上诉受期间的约束，则上诉必须在法定的期间内提出（一审上诉、二审上诉以及即时申诉）；（4）上诉人必须受到被上诉判决的侵犯。在金钱诉讼中，要抗辩的原判决必须超过特定金额，该金额因上诉类型的不同而有所不同；（5）上诉人没有放弃上诉权。

（三）交叉上诉（cross-appeal）

在满足前面提到的前提时，双方当事人可以提出相互独立的普通上诉。

与双方当事人的相互独立的上诉不同，一方当事人可以提起一个交叉上诉来防卫另一方当事人的上诉。这种交叉上诉作为一审上诉、二审上诉和申诉都是可受理的。

交叉上诉的形式要件基本上同于普通的上诉，但与普通上诉相比其没有时间限制，并且即使当事人已放弃他的上诉权时交叉上诉也是可受理的。此外，交叉上诉甚至在当事人没有受到下级法院判决的侵害的情况下，也是可受理的。

作为一个依另一方当事人的上诉而引起的上诉，交叉上诉的可受理性依上诉的可受理性而定。因此，如果上诉被上诉人撤回或被法院驳回，交叉上诉自动地变为无效，除非该交叉上诉是在上诉期间提出，并且该当事人没有放弃其上诉权。此时，交叉上诉将被作为普通上诉处理。

（四）上诉判决

除非所有上诉的前提都已满足，否则上诉法院将视上诉为不具可受理性而驳回上诉。

只有上诉的前提都满足，法院才会检查上诉理由的有效性。当得出结论认为被上诉的判决是正确的时，法院可以视上诉为没有根据而将其驳回。

如果上诉法院认为被上诉的判决不正确，上诉法院将撤销原判决并将案件发回到下级法院重审或根据案情自己作出判决（上诉判决）。上诉判决受到双重限制，它判给上诉人的利益不可超过其请求，同时上诉法院也不可改变下级法院的判决而对上诉人造成损害。

（五）上诉的个体类型

1. 一审上诉

（1）上诉的范围

一审上诉是就法律问题和事实问题的上诉。原则上，除非新证据和事实的引入被排除，新证据和事实（反击和防御的新手段）可以随一审上诉被引入：①如果修改诉讼的前提已满足的话，提出新诉求或扩大一审诉求范围是可采纳的。②如果原告同意或法院认为处理新提出的事项是适宜的，被告可以提起反诉或提出抵消抗辩。③不能在一审法院提出的新的反击和抗辩手段在二审中是可接受的。只有在它没有被及时提出，且准允其提出会延误上诉诉讼而该延误是没有充分理由时，才可被上诉法院拒绝。④本来可以在一审法院提出，但又没有及时提出新的反击和抗辩手段是可接受的，只有在准允其提出会延误上诉诉讼，且在一审法院的延误没有充分理由以及未能在一审法院提出新的反击和抗辩是因为当事人的重大过失时，上诉法院才可拒绝其提出。被一审法院合理拒绝的新反击和抗辩手段将被上诉法院驳回。⑤没有在上诉理由的陈述中或在答辩中或在上诉法院规定的期限内提出新的事实或事实性主张是不予考虑的，如准允它们提出将延误上诉程序且该延误没有充分理由。

（2）前提

针对判决提出的一审上诉是可受理的，而对法院其他形式的裁决（如命令）不能提起一审上诉。一审上诉是针对地方法院（local court）的最终判决、地区法院（regional court）一审的最终判决提出的。中间判决也被平等地对待。如果可提出按异议通知方式作出的特别上诉，针对缺席判决的一审上诉是不可受理的。

一审上诉必须以书面形式向上诉法院提出。上诉的通知书必须指明上诉所针对的判决以及上诉的意图。上诉人必须在上诉通知中或在一个独立的文书中陈述上诉的理由。对地方法院判决提出上诉的上诉法院通常是地区法院，对涉及父母与子女的法定关系或家庭法案件，则例外地是高等地区法院（higher regional court）。针对地区法院判决上诉的上诉法院经常是高等地区法院。

一审上诉必须在针对上诉人的判决被送达上诉人后 1 个月内提出，但是不得在判决被宣布 5 个月之后才提出。对上诉理由的陈述如未在一起提出，则必须在提交上诉通知后 1 个月内提出。在金钱诉求中上诉的金额目前是 1500 德国马克，上诉人对一审法院判决的不满部分的价值必须超过这一数额。

如果上诉人已经放弃了上诉权或者撤回了上诉，则该一审上诉是不可受理的。

（3）上诉判决

上诉法院有两种处断一审上诉的可能。

其一，如果一审上诉是不可受理的，法院则在其自由裁量权内，不经口头审理用决定或经口头审理用判决驳回该上诉。如果上诉因被视为不可受理而被地区法院驳回，则不得针对该驳回裁决提出上诉。如果高等地区法院认为一审上诉不可受理而予以驳回，其裁决可以经由即时申诉或二审上诉而予以抗辩，依高等地区法院是未经口头审理用命令作出裁决还是在口头审理后用判决作出裁决而定。

其二，如果上诉是可受理的，上诉法院经常会在口头审理后用判决对案件的是非曲直作出裁决。如果上诉法院同意被上诉的判决的结果，即使其不同意下级法院的判决理由，它将驳回上诉并维持下级法院的判决。

如果上诉法院认为一审判决是不正确的，它就会准许该上诉并撤销下级法院的判决，原则上上诉法院会作出自己的判决。如果被上诉的判决由于没有处理争议的标的而被成功地上诉或者下级法院犯有重大的程序错误，上诉法院将会把案件退回到一审法院。然而，如果上诉法院能够裁决整个案件，并认为这样做是适宜的，则不会把案件退回。

由地区法院作为上诉法院对案件作出的裁决，不能被进一步的上诉抗辩。由高等地区法院作为上诉法院对案件作出的裁决可以被二审上诉抗辩，只要下面提到的前提条件被满足。

2. 二审上诉（appeal of second instance）

（1）上诉的范围

二审上诉是仅就法律问题提出的上诉。原则上，二审上诉法院受下级法院查明的事实的约束。由双方当事人引入新事实或新证据，如同提出新的诉求或诉讼的修改一样，是被拒绝的。

仅在某些特别案件中二审上诉法院可以脱离由下级法院查明的事实，即由下级法院查明的事实受到了程序上不规范行为的影响，且这种不规范行为被二审上诉法院查明。

只有对联邦法或国家法（其适用范围超出了高等地区法院的管辖）的违反，才能在二审上诉中被主张。此外，如果二审上诉将胜诉的话，则被抗辩的法院判决必须是基于对这种法律的违反。在法律的违反同法院判决之间的因果联系是必要的。

《德国民事诉讼法》第551条表述了某些对程序规则的严重侵犯的情形，这是法定上诉的有效根据。如果上诉人能表明这些特定的程序规则中的至少一条被侵犯，他的上诉将被受理。

（2）前提

只有针对判决而非针对法院其他形式的裁决（如决定）提出的二审上诉是可受理的。二审上诉是不服高等地区法院二审作出的最终判决而提出的。中间判决被平等对待，也可因对其不服而提出二审上诉。此外，如果特定的前提被满足的话，二审的上诉可以针对《德国民事诉讼法》第566条之一规定的地区法院的一审判决提出。

依《德国民事诉讼法》第545条第2款的规定，不服缺席判决以及禁令的二审上诉是不可受理的。二审上诉必须以书面形式向上诉法院提出。上诉人必须在他的上诉通知书或在独立的文书中，提出上诉的理由。

原则上，二审上诉法院是联邦法院。仅在巴伐利亚州，州法院对某些二审上诉有管辖权。二审上诉必须在第一审上诉法院作出的完整的正式判决被送达后1个月内以书面形式提出，但不得在判决被宣布五个月后再行提出。

上诉理由的陈述如没有同上诉通知一起提出，则必须在上诉通知被提出后1个月内提出。

上诉人需受到了被上诉判决的侵犯。二审上诉需考虑的进一步的具体因素包括：（1）二审上诉通常是可受理的，如果高等地区法院已驳回了一审上诉。（2）对财产诉讼，上诉人不服的金额必须超过6万德国马克。然而即使上诉中争议的金额超过这一数值，如果该案件不具有基本的法律重要性，而且上诉没有胜诉的机会，二审上诉法院可以驳回这一上诉。（3）在财产诉讼中如争议的数目未超过6万德国马克或如果是非财产诉讼，则二审上诉必须明确地为一审上诉法院所认可。（4）一审上诉法院将给予准许，如果该案件有根本的法律重要性或如果它的裁决背离了由联邦法院或由联邦上诉法院联合法庭决定的先例，并且该裁决是基于这种背离作出的。（5）如果一审上诉法院已经认可了二审上诉，联邦法院有义务裁决该上诉。没有取得二审上诉许可的，不得受理对一审上诉法院判决的上诉。

（3）上诉判决

联邦法院对二审上诉的可能裁决结果有：①如果二审上诉是不可受理的，法院将用决定驳回上诉（如果不进行口头审理）或用判决驳回上诉（在口头审理之后）；②如果二审上诉是可受理的，联邦法院经常会在口头审理之后用判决对案件作出决定；以及③法院将驳回上诉并维持高等地区法院的判决，如果其同意该判决结果。如果高等地区法院忽视或错误地适用了法规，但因为其他原因高等地区法院作出的判决结果是正确的，联邦法院将驳回上诉。

如果高等地区法院的判决是基于一个违法行为，则二审上诉有充分根据，联邦法院将会撤销高等地区法院的判决。在其自由裁量下，视案件事实是否清楚以及能否在提取或不提取进一步证据的情况下进行裁决，联邦法院将根据案件的是非曲直作出自己的裁决或将案件退回原高等地区法院。

（六）申诉（complaint）

1. 申诉的范围

申诉是对事实和法律问题提出的上诉，新的事实和证据可以在没有任何限制的情况下经申诉引入。

2. 申诉的类型

《民事诉讼法》规定了以下四种类型的申诉：（1）普通申诉；（2）即时申诉（immediate complaint）；（3）进一步的（further）普通申诉；（4）进一步的即时申诉。不像普通申诉，即时申诉受制于法定的期间。进一步申诉是不服法院对一审申诉作出的裁决提出的上诉。

3. 前提

如果法律有明确的规定，或者不服一个不需事先口头审理而驳回程序性请求的判决，则这样的普通申诉是可受理的。大体上，决定（order）及裁定（ruling）是受制于申诉的，但判决则不是如此。原则上，由地区法院作为一审上诉法院作出的裁决（decision）或者是由高等地区法院作出的裁决是不受制于申诉的。

即时申诉只有符合法律的明文规定（例如《德国民事诉讼法》第 99 条第 2 款，第 519 条之二第 2 款）时，才是可受理的。进一步的普通申诉可针对上诉法院的裁决作出，假若该上诉裁决确立了新的独立的上诉理由。因申诉不可受理而驳回申诉的裁决受制于进一步的申诉。原则上，只有地区法院的上诉裁决受制于这种进一步申诉，反之，由高等地区法院作出的上诉裁决不受进一步申诉的约束。

进一步的即时申诉仅在《德国民事诉讼法》第 568 条之一规定的要求被满足，且针对高等地区法院的裁决提出时，才是可受理的。

在正常情况下，普通申诉和即时申诉必须以书面形式提出。不像一审和二审上诉，申诉人无义务说明申诉的理由。然而，实践中申诉人经常列出了申诉理由。普通申诉必须向作出了被抗辩裁决的法院提出，仅在紧急情况下普通申诉才能向上诉法院提出。即时申诉通常可向上诉法院提出。普通申诉及进一步的普通申诉不受任何法定期间的约束，即时申诉以及进一步的即时申诉的提出受裁决送达申诉人后两个星期期间的约束。

4. 裁决

作出被提出普通申诉的裁决的法院，可以准许该申诉并修改其先前的裁决。如果它不准备修改它的裁决，法院必须把申诉交给上诉法院。如果申诉是可受理的并有充分的根据，上诉法院可以准许该申诉。上诉法院也有可能视申诉为不可受理或不正当而予以驳回。

作出被提出即时申诉的裁决的法院没有资格处理该申诉并修改它先前的裁决，它必须将申诉递交上诉法院，由其对申诉作出裁决。

第二节　若干欧洲国家和地区的上诉制度（下）

一、法国

与向最高上诉法院提起的作为最后救济手段的特别异议不同，上诉法庭通常会重新对被上诉的整个争议进行审理，而不仅仅限于案件的某一特定部分。

（一）上诉

除极少数例外外，对所有裁判都可提起上诉（此为向上诉法庭提出的普通异议）。上述例外中最引人注目的可能是针对以下裁判的例外：（1）不解决全部或部分实体争议的裁判；（2）裁定进行调查或采取临时措施的裁判；或（3）结束诉讼的裁判①。

结果是，争议可能都会从低级法院移送到上诉法庭。上诉法庭将会再一次从事实和法律方面全面地讨论案件，但是，原来提交初审法院的争议已确定了上诉法庭的审查范围：当事人只能提出他们在初审法院已提出的诉讼请求。实质上，在上诉审判中所有的新诉讼请求不被接受，但有些主张或抗辩不被视为是新的诉讼请求，因为尽管它和一审法庭提出的诉讼请求的法律基础不同，但它们的目的是相同的。

上诉法庭的审查范围非常广泛，它有权处理初审法院裁定采取调查措施方面的争议，或对基于积极抗辩的案件作出终审裁判。在这种案件中，上诉法庭可自由决定全面解决争议，而不需将它发回初审法院。

---

① 《民事诉讼法》第 544 条。

（二）撤销程序

撤销程序是向最高上诉法院提起的一种特别异议，其目的在于撤销终局裁决。在大多数情况下，撤销应符合上诉法庭在严格的条件下制定的规则。撤销原判决的前提是违反法律、滥用权力、无权管辖、形式不合法、理由不充分、判决有矛盾及无法律根据。

和上诉相比，撤销不停止受到异议的上诉裁决的执行。和上诉的另一区别是，如果撤销成功，最高上诉法院仅仅是宣告其审查的裁决无效，就是说，撤销它。最高上诉法院可将被申请撤销的案件移送给与作出被异议判决的法院同级的另一法院，例如，通常的上诉法庭——除非撤销原判本身豁免了争议的案件。

二、意大利

（一）上诉的范围

上诉是最常见的一种抗辩方式，它赋予当事人请求对一审法院已判决的争议进行再审的权利。其结果是：针对被上诉的争议，上诉裁决取代了一审判决。

上诉审的标的物是一审程序中的被上诉的请求权和标的物，除了诸如利息、自然孳息或其他在判决后产生的附属利益等符合逻辑或随时间自然产生的权益外，不允许上诉人在上诉程序中提出新的权利要求。法院如发现当事人违反了此项规定，将裁定驳回当事人提出的新的诉讼请求。

在上诉程序中不允许当事人提出新的抗辩事由和新证据，但如果陪审团全体成员认为新证据必不可少或当事人证明新证据之所以不能在一审程序中提出乃出于他无能为力的事由，则此禁止性规定不能适用。最后，对当事人在一审程序中提出的权利请求或异议，不管其在二审中是否承认或是否考虑，均须再次明确地提出，否则，将被视为自动放弃此方面的权利。

（二）可上诉的裁决

通常，所有一审裁决均可上诉。裁决不能上诉仅是一种例外，且须由法律明文规定，例如法院根据公平、正义的衡平法原则所作的金额不超过 200 万里拉的裁决；解决个人劳动或社会保险和强制健康保险争议，金额不超过 5 万里拉的裁决；处理对执行行为的异议的裁决或依《民事诉讼法典》第 114 条规定的公平正义原则作出的裁决。甚至，如果当事人约定将一审裁决提交最高法院重审，则双方不能上诉。然而，在这样的场合，仅当一审裁决存在违反法律或错误适用法律或一审裁决只涉及赔偿时，当事人才能要求重审。对一审裁判提出上诉时须清楚地区分最终判决和非最终判决的差异，对前者，当事人须在规定的 30 天内上诉，对后者，当事人则既可与前者一样，在规定的时间内上诉，也可以保留上诉的权利。

（三）上诉程序

到目前为止，适用于一审程序的规则同样适用于二审程序。上诉审程序的双方当事人包括递交上诉状的人（上诉方）和对此提出答辩的人（被上诉方），但后者可同时具有被上诉人和反诉原告的双重身份。所有参加了一审程序的当事人都可能成为上诉审程序的当事人，但是，在上诉审中出现第三人参与诉讼是不可能的，除非由当事人授权而提出第三人异议。

大审法院有权受理其辖区内针对治安法院和初审法院的裁决提出的上诉。上诉法院有权受理针对大审法院裁判的上诉。就像一审程序中的某些做法一样，上诉常基于某些特别的事由提起，并通过向对方当事人送达传票而开始。关于双方出庭的规则与一审程序中的规则很相似。任何反诉必须在被上诉人第一次提出答辩时提出，否则将被视为放弃此项权利。

（四）上诉裁判

在以前，上诉程序就像一审程序一样，由陪审团中的一员（检查法官）主持。现在，根据第 353 号法令对《民事诉讼法典》的修正，上诉程序由整个陪审团主持。因此，陪审团有权通过宣布案件不能受理或没有根据而驳回上诉。在下列情形下，上诉被认为是不能受理的：上诉超过了诉讼时效；上诉与上诉人对一审裁决的默认不符或不符合上诉的条件；及上诉人未遵守法院的命令，通知必要共同诉讼人出庭。在下列情形下，尽管上诉本来可以受理，也将被视为没有根据，法院甚至可依职权作出此认定：上诉人未在规定的期限内出庭或在第一次庭审时和陪审团决定暂时休庭后缺席。在第一次开庭时，法庭也可根据一方当事人的请求采取措施决定中止一审判决的执行或可执行性（此决定不能上诉），该请求须和上诉请求或反诉请求一并明确地提出。在上诉程序中，当事人须遵循的某些行为规则如最终救济请求的提出、最终辩护书和答辩书的提交及口头辩护等，与一审程序中的规则基本相同。法庭的裁判可能是最终的，也可能不是终局的。当法庭最终决定案件的是非曲直或修正一审裁判时，裁判是终局的；当法庭修正一审裁判、解决预备问题，及通过临时命令以进一步由上诉法院调查取证时，裁判是非终局的。《民事诉讼法典》第 353 条、第 354 条规定了二审法院应将案件发回一审法院的情形。但是存在几种明显的例外情况，他们涉及一审程序未依法进行或未作出一个令人信服的裁决的情形。当案件被发回一审法院，当事人须在 6 个月内重新起诉，否则程序将终结。

三、西班牙

（一）上诉的类型

根据《民事诉讼法》、《1985 年第 6 号司法组织法》的规定，只有上诉审才能修改原审判决。上级法院负有职责审查下级法院所作的判决，上诉可以或不寻求发回重审。寻求发回重审的上诉是"救济"（remedy）；不寻求发回重审的上诉只是要求恢复审理的上诉。

此外，还有其他类型的上诉。即使现行法律及实践认为某些案件属于上诉案件，但是根据学说，并非如此，因为严格而言，那些上诉并非针对判决。从广义上说，这些上诉是"对责任的上诉"、"澄清判决的上诉"、"抗诉（appeal of protest）"、"对宣告审判程序无效的上诉"，以及"对管辖权抗辩的上诉"。

（二）不寻求发回重审的上诉

恢复审理的上诉是针对一审法院法官所作的命令和决定提起的，它必须依据《民事诉讼法》第 377 条、第 380 条的规定在 3 天之内进行，注明该决定所违反的法条。对在上述上诉中作出的决议，只能提起救济上诉，它必须连同主诉一并解决。

要求恢复审理的上诉基本上寻求的是法律上的或"程序上"的救济，目的在于"取代"、"改变"法官所作的判决。一旦提交上诉书，还须向当事人送达上诉书副本；当事人如果认为上诉不合理，可在 3 天的期间内对之提出争辩。如果涉及数名当事人，对他们必须适用同一期限。

尽管如此，每当所涉法院的判决并非仅是程序性的，或没有裁决上诉人要求恢复审理的事项时，法律并不强制要求援引被违反的规则。同时，考虑到提出异议更具重要性，答辩的期限延长到 5 天。

还有一种与恢复审理上诉相类似的上诉，但该上诉只是针对属地上诉法院（Territorial Courts of Appeal）和最高法院的决定而言的。尽管如此，仅对程序性的法院命令而言，只能针对相应的属地上诉法院采取行动以获得不仅仅是程序性的法院命令，该上诉有 5 天的答辩期限。只要法院判决成为终局时就可以提起上诉。

（三）寻求发回重审的上诉

救济性的上诉（the appeal of remedy）引发二审，通过救济性的上诉："把一审据以作出判决的事项提交高等法院以供重新审查，因为上诉人认为该判决未完全将其一审诉求考虑在内，由此给上诉人造成了损害。"审查的目的在于评估被上诉的判决是否裁决了案件的实质及是否与一审认定的事实有关联。

因此，提出新证据、使用新的辩护和反驳方法等受到诸多限制。不许提出新的诉讼请求，提出新证据仅限于较原证据发生较晚的且对法院判案有影响的证据，或者业已存在而当事人尚未知晓的证据。此外，采信新证据要受制于对新事实的宣告，除非当事人在任何情况下均出席法庭。若如此，所有形式的证据，只要具有关联性，就会被认可与采信。

有权就救济性上诉案举行听证的是省级法院，但自治区最高法院的民事和刑事法庭专属管辖的案件除外。《1985 年第 6 号司法组织法》第 82 条规定了省级法院就民事案件进行听证的事项。

大多数学者认为撤销判决具有三大特点：（1）针对司法管辖权的上诉，由最高法院或自治区高等法院解决。（2）它是特别的上诉，因为它只能针对某些判决提出，并且对上诉理由有严格限制。（3）尽管如此，它并非三审，并非因当事人的诉求而开庭，而是因下级法院的误述而开庭，因为除《民事诉讼法》第 1724 条的规定外，它并不承认对新事实的接受。

可以在上述法院受到争讼的判决是：省级法院就超过一定标的额的案件作出的二审终局判决或者针对某些低于一定标的额的案件作出的二审终局判决；对法院作出的执行上述案件的判决的执行令；省级法院就特定的收回所有权或先买权之诉所作的判决；那些明确准许提出此类上诉的裁决。

上诉申请必须基于《民事诉讼法》第 1692 条明确列举的理由，而且仅可针对允许争论的判决提出。如符合这些要件，高等法院将认为该申请有效，将其呈交最高法院第一庭。与此同时，高等法院在 30 天内将通知送达有关当事人。

准备上诉的当事方在收到通知之日起 30 天内必须向最高法院第一庭提交书面申请，期限一过，所抗辩判决就变成终局判决。若上诉被接受，一旦被任命为审判委员会的法官作出了初步裁定，就必须向有关当事人送达该裁定，这是为了便于当事人在 20 天的期间内对该裁定提出上诉。一旦期间届满，不论是否提出上诉，法院将在 90 天内指定听证日期，如果合适的话，将指定否决和判决的日期。

四、芬兰

地区法院的判决可被上诉到上诉法院，而且如被准予再上诉，就上诉法院的判决上诉至最高法院。然而，在地区法院被缺席判决的案件的缺席方无权向上诉法院上诉，但可通过申诉的方式获得一次再审。

（一）上诉至上诉法院

地区法院的判决、驳回案件的裁定以及其他有关的决议受制于上诉，除非上诉已被单独地禁止。对上诉没有一般的限制，例如有关存在的利益大小的限制。地区法院在诉讼进行期间作出的裁定，只有被特别地规定时才可单独上诉。

1. 上诉通知

当宣告一个可被上诉的决议时，地区法院会同时告知当事人有上诉权，及当事人为保留其诉讼权应提起的诉讼。为保留上诉权而上诉到上诉法院，当事人应在该决议被宣布或被签发后七日内以提出上诉通知的方式，登记其上诉意图。通知可以是口头的，也可以是书面的，而且可能被局限于决议的某一特定部分。如果上诉的通知被批准，法院会提供详细的上诉指南。如果一方当事人没有提出上诉通知，决议将获得法律效力。如果他的对方当事人上诉到上诉法院，他只能对对方当事人的上诉作出答辩而不能主张任何更改。

2. 上诉状及答辩状

上诉状应在决议被宣布或被签发后 30 日内提交到地区法院，否则该上诉将被驳回。然而，如果上诉状是在被错误指定的期间内向上诉法院的办公室提交的，该上诉权不会丧失。对方当事人通过在上诉期限届满后 14 日内向地区法院提交书面答辩对上诉进行答辩。经请求，他将被提供一份上诉状以及上诉状所附带的文书的复印件。由于一方当事人并不被依职权通知已提出的上诉，当事人应自己探明对方当事人是否已对决议提出上诉。

出于特别的原因，在原期间届满前，地区法院可以就上诉或答辩规定新的期限。在上诉状中应含有上诉人以及/或他的律师的信息，而且上诉状应由上诉人或上诉状的书写人签名，同时上诉状中提到的文书应被附上。相应的规定适用于答辩。

3. 受制于复审的问题

一般地，上诉法院只会对案件已被下级法院审理的部分进行审理。此外，如果上诉通知局限于法院决议的某一特定部分，上诉的审理对象也被相应地限制。在上诉时，上诉人必须表明他对地区法院决议的哪一部分提出上诉，主张的更改以及相应的理由。他也应表明在他自己看来，对案件的哪一部分地区法院裁决的理由是错误的。相应地，被上诉人应表明他是承认还是反对上诉人的更改诉求、主张的理由以及提出的事实。如果上诉是不充分的，上诉法院将告诫上诉人在规定的期间内补正不足，若其忽视告诫，则将有被上诉法院驳回上诉的危险。

在上诉中，上诉法院不会超出被上诉的范围进行裁决。而且没有特别的理由上诉法院不会从理由和事实上审查地区法院决议的正确性，除非这些在上诉或答辩中已被提出来。这意味着当事人可不仅仅提出已在地区法院提交的东西。并非每一件被当事人提交的东西都会登录在地区法院的案卷中，口头提出的证据通常不被登录在案。因此，当事人在其案情摘要中应直接地向上诉法院提交所有证据以及他提及的已在地区法院提交的证据。例如，如果一方当事人不同意地区法院对口头证据所作评价的决议，该被录音的表述应用书面写出，如果上诉法院认为这是必要的或上诉法院将安排一次听证的话。

在上诉法院，一方当事人不可以提出他未在地区法院提出的事实或证据，除非他能确立一种这样的可能性，即他不可能在地区法院提出该事实或证据或他有不这样做的有效理由。如果该当事人想提出新的证据来支持上诉，他应列出该证据并表明他意图借此证明什么以及该证据为什么在此前未被提出。在上诉法院才提出的抵消主张可能被驳回，除非被认为不会有不当的不便。

（二）　上诉至最高法院

对作为二审法院的上诉法院作出的判决提出的上诉，要取得最高法院授予的上诉许可。最高法院可仅对上诉法院决议的一部分授予上诉许可。根据《司法程序法典》的规定，上诉许可只有在下述情况下才可授予：（1）由于同类案件法律适用或管辖权的一致性，把案件提交最高法院非常重要；（2）存在特别的理由，因程序性的错误或其他错误将导致判决被撤销或宣告无效；（3）存在其他授予上诉许可的重要理由①。

上诉的许可请求和上诉申请，最迟在上诉法院决议签发后的 60 天内送到上诉法院的办公室。上诉申请必须陈述上述据以授予申请的理由及申请人认为存在这些理由的根据。上诉申请必须陈述对上诉法院决议的哪一部分提出上诉、修正判决的请求及其理由。

最高法院如认为必要可要求对方当事人对上诉请求进行答辩。如果上诉许可被授予，除非对方当事人已被要求考虑上诉请求，通常要求对方当事人答辩。一方当事人不可以提出他未在地区法院或上诉法院提出的事实或证据，除非他能确立一种这样的可能性，即他未能在地区法院提出该事实或证据或他有不这样做的有效理由。最高法院也可安排听审。

① 《司法程序法典》第三十章第 3 条。

五、丹麦

(一) 对判决的异议

总的来看，每一方均有权利对判决提出上诉，请求上一级法院对案件进行审判。如果高等法院作为上诉法院作出裁决，正如上面所述，对该裁决的上诉在得到司法部的许可后才可提出。低等法院的判决上诉到高等法院，如果案件没有请求第三审，高等法院的判决上诉到最高法院。司法部的许可只有在案件具有原则性的本质或发现其他特殊根据后才会授予。

若诉讼标的少于 10000 丹麦克朗，即使是首次上诉也可能不会被允许。有关案件上诉的规则规定在《民事诉讼法》第三十六章中。上诉法院可自由决定争议是属于事实还是法律争议，法院作出决定的依据是当事人在准备案件时所做的区分。

除了原告与被告，与诉讼有关的其他当事人亦可提出上诉。若一方当事人已死亡或面临破产，其财产将被转给其他当事人，包括上诉权。在一些合并诉讼中，数个单个当事人分别代表双方出庭，每一个人亦可因自身原因提出上诉。同样地，当事人可就影响到数个被告人之间关系的判决的一部分或全部提出上诉。如全部当事人都是不可少的，则上诉需全体当事人的同意。

在丹麦法律中，若当事人直到已作出上诉判决时，才提出放弃上诉是不合法的。如果当事人希望一项裁决不会受到上诉的限制，则当事人最好同意仲裁，因为在丹麦法律中，只有在极少数情况下，普通法院才能对仲裁裁决能够采取法律行动。在宣判之后，上诉权也是可以放弃的。对上诉权的放弃方式并无明文规定，一般可通过明示或默示的方式予以放弃。在实践中，若当事人已承兑（honour）了法庭判决，与此同时并且不保留其上诉权则表明弃权已提出。

向高等法院提出的上诉必须在原始判决作出后的四个星期内提出，而向最高法院提出的上诉必须在高等法院判决后的 8 个星期内提出。如果有关期间已届满，司法部可以例外地准许上诉在宣判后 1 年内提出。

一般说来，上诉案必须考虑原始争议。如果当事方同意，上诉案件也可只限定在原始争议的一部分或者某些特定的问题。若在原始判决书宣布后又发生了一些新情况，上诉案件的标的也有可能扩大。新的诉讼请求一般不会被考虑，尽管在《民事诉讼法》中并未特别提出禁止，但是法庭有权拒绝此类新的诉求，即使双方当事人同意新的诉讼请求应当予以考虑。

如果在法庭决定的开庭之日前两周内把新文书与证据提交法庭，则新文书与证据是可接受的。即使这一期限过了，如果迟延是可原谅的话，法庭仍有可能接受这些新证据。有关事实问题的新诉讼请求与新声明同样是可接受的，接受的方式可由另一方当事人予以承认或由法庭予以采纳。即使另一方当事人不承认新事实陈述或新声明，如果存在合理理由认为拒绝接受将给一方当事人带来不合理的损失，或者认为没有尽早提出该陈述或声明存在可原谅的理由，法庭可作出采纳的决定。有关事实问题的新诉讼请求与新声明必须在上诉案件的准备阶段呈交，而不能在准备工作已经完成但听审尚未开始之间提出。

当一项上诉请求已送交上诉法庭办公室，则表明上诉已提出。这些请求的要件被规定在《民事诉讼法》第 373 条中，其中包括：（1）认定判决是可上诉的；（2）陈述被告人的地址；（3）上诉人的诉讼请求；（4）陈述有关事实、文书和其他上诉人将援用的证据，以及在低级法庭未曾援用的证据；（5）上诉人在丹麦的邮政地址，与其他文书送达有关的邮政地址。

被上诉判决的副本在上诉请求中必须予以展示。

上诉人可能会请求更改、撤销低级法庭的判决，或要求低级法庭对裁决重审。同样，《民事诉讼法》第 376 条规定，被告人的辩护声明必须包括：（1）被上诉人的请求；（2）被上诉人将援用的声明、文书与其他证据以及在低级法庭尚未援用的材料；（3）被上诉人在丹麦的邮政地址，以及其他一切将被援用的文书必须与答辩状一起呈交。

如果被上诉人只希望低级法庭的判决得到维持，并不希望援用新的事实声明、文书、证据等类似材料，则一份正式辩护书并不是必要的。当事人之间可能会交换进一步的书面材料，法庭将会召集预备会议。

一般地说，上诉法院对上诉案的实际处理会与低级法庭的处理方式一致，上诉案件将作为一件完全的重审案件。上诉法庭被严格局限于当事人的诉讼请求与被提交的文书之内，上诉法庭的判决也将要么维持原判要么改变原判。上诉也可能被驳回，如果上诉期限已过或上诉请求不符合上述要求。

（二）中间上诉

中间判决会受制于单独的上诉。判决书可能在后一个阶段予以宣布，上诉也可能在那时提出。后来的上诉将会包括对中间判决和在案件预备期内宣布的判决的上诉。

对这类判决可由与判决有牵连或受判决影响的任何人提出上诉。由非案件实际当事人提出上诉并不是罕见的，例如被要求向法院提供特定文书或证据的第三方，即使该人宣布拥有特权。此类决定可上诉一次，若要进一步提出上诉则要由司法部来决定。同样地，若要对高等法院法官意见一致作出的判决提出上诉，也需司法部的准许。

上诉还可针对执行庭和遗嘱检验法庭作出的决定提出，上诉请求必须在宣判之后两周内提出。上诉期间与由高等法院上诉到最高法院的期间相同。对执行庭作出的裁决的上诉请求必须在四个星期之内提出。如有逾期，司法部可授权准许在宣判之后 6 个月提出上诉。

对中间判决的上诉一般应直接针对作出判决的法庭提出，上诉请求也应向该法庭提交。法庭随后将上诉请求转呈上诉法庭，与上诉请求一起呈交的有下级法院的有关案卷材料及法庭反对上诉人提出的有关修正请求的辩论声明。对中间判决的上诉的处理一般以书面方式进行，在某种程度上不会举行口头听证。然而，在特殊情形下，上诉法庭将允许进行口头听证。

六、欧盟

由欧洲法院作出的判决不允许上诉。因此，下面将讲述有关对委员会决议和初审法院判决提出的上诉。

（一）上诉的条件

1. 对初审法院判决的上诉

初审法院判决仅因法律问题可被上诉到欧洲法院。在以下三种情况下可提出上诉：（1）初审法院无管辖权；（2）对诉讼程序的违反不利地影响了上诉人的利益；（3）初审法院违反共同体法。

如果判决没有处理所有实质性的问题，则不会以管辖权为根据提出上诉。上诉必须在判决被通知的两个月内提出，并且可由完全或部分败诉的当事人提出。然而，非成员国或非共同体机构的介入者仅在初审法院的决议直接影响了它时才可以提起上诉。

任何其介入申请被初审法院驳回的人，可在决议被通知后的两星期之内向欧洲法院提起上诉。

2. 对委员会决议的上诉

上述同样的条件适用于对委员会决议的上诉。

（二）上诉程序

初审法院审理针对委员会决议提起的上诉的程序，与欧洲法院能在上述案件中适用的程序大致相同。

如果对初审法院的决议提起上诉，欧洲法院的程序有书面和口头阶段。经法律顾问和当事人同意，欧洲法院可以取消口头程序。

当上诉明显是不可接受或无依据时，欧洲法院在任何时候，将按照汇报法官的报告采取行动，并在听审了法律顾问之后，以理由充分的命令全部或部分地驳回上诉。

（三）中止

上诉通常不具有中止诉讼程序的效力。对于欧共体机构采取的措施，可以提出一个禁止其实施的单独申请。

初审法院作出的撤销一般决议（general decision）的判决，在对主要判决（principal judgment）作出通知后两个月内生效，或在这一时期内提起的上诉被驳回之日起生效。

（四）结果

对初审法院作出的判决，已在前面讨论过其结果。当欧洲法院推翻初审法院的判决时，它可能将案件发回初审法院裁决或在特定的条件下自己作出最终判决。如果案件被发回初审法院，初审法院将在法律问题上受到欧洲法院决议的拘束。

第三节　若干亚洲和美洲国家的上诉制度

一、印度

每一初审判决（decree）均可上诉，除非受当前法律限制不得上诉，如，小事件法庭作出的判决。但是，经双方当事人同意而作出的判决不得上诉。第一次上诉应向紧列其后的高于一审法院的法庭提起。再次上诉可就实体法争议向高等法院提出。

法庭命令（orders，它不同于最后判决）是不能上诉的。只有极少数特定命令才可上诉。如上所述，对不能上诉的命令的补救办法是重审或修改。

每一项上诉最好以备忘录（memorandum）形式提出，备忘录中必须有被上诉判决的复印件。上诉备忘录必须详细陈述拒绝接受被上诉判决的理由，而不须包含任何辩论或描述。如果上诉是针对金钱支付的判决，上诉人必须提供担保或预先交存存在争论的金额。

上诉受理法院将把上诉通知作出判决的法院，并要求判决法院移交案件卷宗至上诉法院。然而上诉法院可以在未通知判决作出法院的情况下驳回上诉。当然，在驳回上诉之前，上诉法院将认真听取上诉人或其代理人的意见。如果上诉法院不是如上所述驳回上诉，法院将听取答辩人的意见，在这种情况下上诉人有权答复。

在听完上诉申辩之后，法院将决定是受理还是驳回上诉，如受理上诉则应开庭审理并宣判。这样该份判决可能会被维持、改动或推翻。

其他涉及当事人的出庭、文书送达、因上诉人缺席而撤销上诉等程序与前面所述的诉讼程序类似。对上诉审判决提出上诉，即第二次上诉，只能向高等法院提出，而再次上诉的程序与第一次上诉的程序一样。

二、美国

（一）受制于复审的问题

1891 年国会创立了上诉法院，而且其只拥有制定法授予的管辖权。《美国法典》第二十八章第 1291 条规定，终审判决（final decisions）可上诉至上诉法院。低级联邦法院的判决是否是终审判决由联邦法律支配。一般地，对未能陈述诉求的诉讼的撤销、依诉答文书作出判决的命令（《联邦民事诉讼规则》第 12（C）条）、缺席判决、承认移送的命令和简易判决（《联邦民事诉讼规则》第 56 条），以及审理后作出的判决均是终审判决。

除极少数例外，对非终审的判决的上诉是超出上诉法院管辖权的（如，批准或否认更改审判地的申请，或者中止诉讼的命令）。因弃权而驳回诉讼的行为是终局的。与发现事实有关的裁决、预审会议命令、或者其他不终止诉讼的命令（如，批准或否认诉答文书的修订）都不能够构成终审判决而被提起上诉。然而，上诉法院可能发出特殊令状（如，指令（mandamus））指示低级法院更改先前的裁决。此外，《美国法典》第二十八章第 1292 条规定，上诉法院可以复审中间命令，如预先的禁令救济等。

（二）复审的范围

尽管考虑到特别的诉求，上诉会由其他复审准则支配，但上诉法院一般依据对自由裁量准则的滥用对地区法院的裁决进行复审。这些滥用包括低级法院适用了不正确的法律准则或者依赖于明显错误的事实。再者，上诉法院必须根据对被上诉人最有利的视角查验证据。

有两种类型的上诉：当然有权提出的上诉和经许可的上诉。后者包括对案件中提出的联邦问题的审议，以及对州成文法的复查以决定它们依《美国宪法》是否无效。对地区法院终审判决的当然有权提出的上诉必须在判决作出后 60 日内提出。没有在规定时间内提出适当的上诉通知将取消上诉法院的管辖权。然而在多方当事人诉讼中，何时提起上诉可由地区法院自由裁量决定。

最后，对提出明显没有意义的上诉的人，可依《联邦上诉程序规则》第 38 条和《美国法典》第二十八章第 1912 条和第 1927 条予以制裁。

三、加拿大

在上诉之前，有必要申请中止判决的执行以等待上诉。中止判决执行的申请向上诉庭的独任法官提出，此时有必要使法庭确信有一些特殊的或不同寻常的情况能证明其行使管辖权是正当的。从判例法可看出，提出上诉本身不中止判决的执行，除非由法庭裁定中止。中止的理由是：（1）如果不授予中止令将对上诉人造成不适当的损害；（2）被上诉的命令发布后，形势已发生了显著变化；（3）上诉是基于表面上的充分理由；（4）基于以上理由上诉人已被解除负担。

上诉理由依管辖区的不同而不同，尽管其程序模式是相同的：（1）上诉通知；（2）准备上诉状；（3）事实构成；（4）审判。

上诉通知提供：被上诉的法庭和裁决的详情；上诉理由；需要的救济；寻求的裁定的草案。上诉书包括正式书面申诉、证据副本、物证和上诉通知以及被上诉的裁决和判决；事实或相关事实的摘要；决定和判决的错误；对所依赖的、以司法判决和成文法形式存在的法律的陈述；对请求的救济的阐述和案件费用的请求。在审判中，上诉人的委托人和答辩者的委托人先后向法庭陈述系争点；最后以上诉人的最终答复而结束。在审判结束时，法庭可以发布决定，但通常将作出判决。法庭可以：（1）驳回、确认或改变被上诉的裁定；（2）准许任何修正；（3）准许新的审判；或（4）作出重审判决。

四、墨西哥

上诉诉讼要求上级法院（superior court）对下级法院的裁决作出进一步确认、撤销或者修正。《联邦地区民事诉讼法典》第 689 条规定，如果当事人认为自己的合法权利蒙受了损害，可以提起上诉。如果在特定司法判决中第三方当事人也蒙受了损害，第三方当事人也可以提起上诉。对判决的部分内容提起上诉也是可以接受的。已经获得了其提出的所有救济请求的当事方不可以对该判决提起上诉。

上诉必须以书面形式提出，即使法院可考虑口头上诉的可能性。提出上诉的时间限于相应判决的通知生效后的五个工作日。一旦期限届满，即被理解为当事方已经接受该判决，上诉的机会已丧失，因此判决成为终局判决。

上诉将由作出判决的法院的直接上级法院受理。民事法院作出的判决将上诉到相应州的高等法院的法官室。一旦上诉被提起，法院将对该诉讼是否可受理进行裁决，同时命令诉讼将在高等法院（superior court）开始。

上诉可以两种不同的方式提交：（1）在不停止原判决执行的基础上提出，这就意味着原判决在上诉期间不停止执行。然而，如果上诉裁决被顺利作出，那么任何与上诉不一致的执行部分将自动失去效力；（2）在停止原判决执行的基础上提出，这就意味着当上诉正在进行的时候，原判决将停止执行，中止执行是强制性的。

《联邦地区民事诉讼法典》表明了必须在停止执行的基础上受理上诉的情形。《联邦地区民事诉讼法典》第700条表明，对下列判决提起的上诉将在停止执行的基础上被受理：（1）终审判决（除一般性家庭法律纠纷外）；（2）使主要诉讼（principal suit）的继续成为不可能的判决；（3）使主要诉讼瘫痪的临时性判决。

所有的其他上诉都只能在不停止执行的基础上被受理。一旦法院裁定上诉是可受理的，它将裁定上诉将是在原判决停止执行还是不停止执行的基础上进行。如果是在停止执行的基础上受理，那么卷宗材料的原件将被送往上级法院；如果上诉是在不停止原判决执行基础上受理，那么案件相关的卷宗材料的复印件将被准备并送往上级法院。

当提起上诉时，对被异议判决的争论意见是不必包括在上诉状中的，它们可以随后送往上级法院。当卷宗材料或者相关的复印件送到上级法院时，上级法院将决定是否受理上诉和采纳低级法院认可的根据。如果上诉被裁定不可受理，卷宗材料将被退回；只要根据（basis）发生改变，上级法院和低级法院之间的文件交换将是需要的。

若上级法院裁定受理上诉，将给上诉方6天的期限让其提交上诉理由。如果在给定的期间内没有提交上诉理由，上诉将被驳回，被上诉的判决将被宣布为终局的，该案成为既判案件。

如果上诉方在给定的期间内提交了上诉理由，那么另一方当事人随后将有6天的期间提交其对上诉理由的抗辩意见。一旦上诉的材料已经提交，它将被送往上级法院三个法官中的一位以便其准备判决的草案。判决草案将由另两位法官进行分析。判决由多数票作出。

有必要澄清的是，在对终审判决的上诉中，当事方只可以提供与补充抗辩相关的、与争议的事项相关的新证据。

（一）受制于复审的问题

上级法院将只审查下级法院的诉讼记录。没有额外的因素可以被提交审查，因为那样将超出将被进一步确认、撤销或者修正的低级法院的判决的范围。

上级法院必须根据上诉方提交的上诉理由，审查原审案件的每一个部分。如果一方当事人没能提交有利于自己的理由以致作出了对其不利的判决，上级法院不可以依职权当然地对其进行救济，上级法院只能依据上诉的文件材料进行判决。

（二）复审程序

对事实的复审将包括从原始起诉状到判决作出之前争论当事方最后作出的行为。上诉辩论可能涉及整个一审程序中提出的事实。然而，对在第一审诉讼中本来应当已经提出申诉的违反程序的行为，在对终审判决的上诉中不能再对这些行为提出异议。所有未被异议的决议必须被视为是终局的，不能对其进行新的复审。

（三）进一步的上诉

一旦上诉结束，上级法院作出了判决，上诉审判决只受制于可由任何一方当事人向联邦法院提出的宪法性请求（控告）。这些宪法性请求（控告）受联邦法规支配，由巡回法院遵循非常严格的程序规则作出终局判决，该判决将不受制于进一步的上诉。

第五编　执行程序

第二十章　外国法院判决的承认与执行概述

第一节　外国法院判决的含义及承认与
执行外国法院判决的学说

一、外国法院判决的含义

在国际民事诉讼法中，或者说在国际民事司法协助中，外国法院判决是有特定含义的，一般是指非内国法院根据查明的案件事实和有关法律规定，对当事人之间有关民事权利义务的争议，或者申请人提出的申请，作出的具有强制拘束力的裁判。对此概念，似应注意以下几点：

1. 对"外国"应作广义理解

本章所指的"外国"跟国际私法上所指的"外国"一样，在多法域国家应作广义理解，不但是指政治意义上的外国，有时也指一个国家内的另外一个法域。例如在英国，就英格兰而言，把苏格兰和北爱尔兰法院的判决是当作跟德国、法国等外国法院判决一般看待的①。

尽管在通常，是以判决作出地作为标准来界定"外国"的，但有时在内国境内的其他法院（主要是某些国际组织的法院，如联合国国际法院、欧洲联盟法院等）所作出的判决，只要该法院是不属于内国或本法域的，也应归于"外国"法院判决之列。

2. 对"外国法院"也应作广义理解

尽管在通常，"外国法院"就是指具有民商事管辖权的普通法院，但也包

---

① 参见〔英〕科林斯等主编：《戴西和莫里斯论冲突法》，2000 年英文第 13 版，第 3、28 页。

括劳动法院、行政法院、特别法庭，甚至是被国家赋予一定司法权的其他机构①。在国际条约方面，1979 年 5 月 8 日订于蒙得维的亚的《美洲国家间关于外国判决和仲裁裁决域外效力的公约》第 1 条也规定，任何缔约国在批准该公约时，可声明该公约也适用于行使某些管辖权职能的机关作出的决定。

3. 对"外国法院判决"也应作广义理解

外国法院判决，在司法实践上并非只指法院判决一种，其他如中国法院在民事案件中所作的裁定和调解书、某些外国法院就诉讼费用作出的裁决、经法院认可的调解书、法院对刑事案件中就有关损害赔偿事项作出的判决，以及某些外国公证机关就特定事项作出的决定等都是应包括在内的。对此，有关国际条约作了明确规定。例如 1971 年于海牙缔结的《关于承认和执行外国民事或商事判决的公约》第 2 条第 1 款规定："本公约适用于由一缔约国法院作出的所有决定，不论请求国在诉讼程序上或在决定中称为判决、裁定还是执行令。"中国与法国、波兰等国家所缔结的司法协助条约也都明确规定，法院对刑事案件中有关赔偿请求作出的裁决和主管机关对继承案件作出的裁决同样属于缔约双方相互承认和执行民事裁决的范围②。此外，还应注意的是，中国跟外国缔结的双边司法协助条约中采用了"法院裁决"这一概念③，这主要是为了概括法院的判决、裁定、调解书等内容。尽管"法院裁决"一词跟中国《民事诉讼法》上的用语在文字上并非一致，但其内容却无实质性区别。

二、承认与执行外国法院判决的学说

按照国家主权原则，一国法院的判决本只能在法院地国家境内发生效力。然而，涉外民事案件正是因为具有涉外性，往往涉及其他国家的人或物，判决的结果需要在其他国家境内得到该外国的协助才能实现，而在实践上各国间也是这样做的。那么，为什么一个主权国家要承认或执行另一个主权国家法院作出的判决呢？对此，学者曾提出过不同的理论学说。包括国际礼让说、既得权说、"债务说"、"一事不再理说"、"互惠说"、"义务说"、特别法律说、重大

① 例如在波兰，公证处也有权处理数额不大的财产纠纷，以及关于遗嘱有效性、遗产保护方面的纠纷。

② 参见 1987 年《中法司法协助协定》第 19 条第 2 款、1987 年《中波司法协助协定》第 16 条第 1 款第 2 项。

③ 如 1987 年《中法司法协助协定》第四章和 1992 年《中西（班牙）司法协助条约》第四章各条款用语。

关系说等理论学说①。礼让理论特别强调主权原则，它主张适用外国法律不是基于它本身的域外效力，而仅仅是出于一种国际礼让；既得权说认为，为了保证国际民商事法律关系的稳定性，一国对于依外国法确立的权利也应该加以保护，这种保护不是基于对外国法域外效力的承认，而是对依外国法取得的权利的承认和保护；债务说则认为，"当具有管辖权的外国法院已判处一方当事人该支付另一方当事人一笔金钱后，支付这笔金钱就成了法律上的一种债务，可以通过债务诉讼使之在本国履行"。但上述理论都没有从根本上解决为什么一国要承认执行外国法院判决的问题。

作者认为，一国承认与执行外国法院的判决，既不是根据国际礼让，也不是对既得权的保护，更不是履行什么债务，而完全是基于一种相互关系、一种互利关系，也即出于利益上的实际需要。随着现代科学技术的迅猛发展，现代化通讯、交通工具的不断涌现，生产的日益国际化以及随之带来的商品市场和要素市场的日益国际化，各国之间的经济、文化和民间往来等关系也越来越紧密，从而产生大量的具有涉外因素的民商事案件。为了妥善处理涉外民商事案件，保护各国当事人的正当权利，促进各国间友好关系的发展，在客观上迫切需要各国共同努力，加强司法领域的国际合作，在不损害国家主权的前提下，各国之间相互承认和执行他国法院的判决。

第二节　承认外国法院判决与执行外国法院判决的关系

承认外国法院判决与执行外国法院判决，是既有区别又有联系的两个问题。一般而言，承认外国法院判决，意味着外国法院判决取得了与内国法院判决同等的法律效力，外国法院判决中所确定的当事人之间的权利义务关系被内国法院所确认，其法律后果是，如果在内国境内他人就与外国法院判决相同的事项，提出与该判决内容不同的请求，可以用该判决作为对抗他人的理由。而执行外国法院判决则不但要承认外国法院判决在内国的法律效力，而且就其应该执行的部分，通过适当程序付诸执行，强制当事人履行外国法院判决确定的义务，其法律后果是使外国法院判决中具有财产内容的部分得到实现②。

一般而言，承认外国法院判决是执行外国法院判决的先决条件，如果没有

---

① 参见李双元等著：《中国国际私法通论》，法律出版社 2003 年第 2 版，第 572~573 页。

② 参见李双元主编：《国际私法》，北京大学出版社 1991 年版，第 486 页。

对外国法院判决的承认，执行也就失去了基础；执行外国法院判决是承认外国法院判决的结果。当然，承认外国法院判决也并非一定导致执行判决，因为有的判决只需承认就够了。

在司法实践上，外国法院判决只需要承认，而不必执行的情形，主要是指那些对个人身份和能力方面的判决，以及对财产方面的确认判决。例如，关于单纯的离婚判决，承认了它就意味着可以允许离婚当事人再行结婚，而不存在执行问题。

在某些国家，只需要承认而无需执行的外国法院判决的效力是自动产生的，不必经过法院承认程序。例如在法国，某项外国的离婚判决可立即产生以下效力：解除双方的婚姻关系，允许离婚任何一方不经申请承认在法国再婚，防止被指控犯有重婚罪而受到刑事追诉。一些国际条约也持同样做法，如欧共体国家于1968年订于布鲁塞尔的《关于民商事件管辖权及判决执行的公约》第26条就规定："一个缔结国所作的判决，其他缔约国应予承认，而无需任何特别手续。"但此种未经内国法院承认的外国法院判决的效力是暂时的，即使在持自动生效做法的国家中，任何一方当事人也都可以随时请求法院进行审查而将此种判决的暂时效力予以撤销。

中国法律和对外缔结的双边司法协助协定均未明确规定外国判决能否在中国自动生效的问题。但是，1991年中国最高人民法院在《关于中国公民申请承认外国法院离婚判决程序问题的规定》第20条中规定："当事人之间的婚姻虽经外国法院判决，但未向人民法院申请承认的，不妨碍当事人一方另行向人民法院提出离婚诉讼。"尽管这一规定是针对外国法院就一方是中国人的离婚判决而言的，但推而广之，似应理解为外国法院判决只有经过中国法院承认，才能在中国产生法律效力，而不是自动产生法律效力。

第三节　承认与执行外国法院判决的法律依据

承认与执行外国法院判决的法律依据主要是国际条约和互惠。对此，多数国家的民事诉讼法中都作了规定。例如中国1991年《民事诉讼法》第281条规定："外国法院作出的发生法律效力的判决、裁定，需要中华人民共和国人民法院承认和执行的，可以由当事人直接向中华人民共和国有管辖权的中级人民法院申请承认和执行，也可以由外国法院依照该国与中华人民共和国缔结或者参加的国际条约的规定，或者按照互惠原则，请求人民法院承认和执行。"第282条又进而规定："人民法院对申请或者请求承认和执行的外国法院作出的发生法律效力的判决、裁定，依照中华人民共和国缔结或者参加的国际条约，或者按照互惠原则进行审查后，认为不违反中华人民共和国法律的基本原则或者国家主权、安全、社会公共利益的，裁定承认其效力，需要执行的，发出执行令，依照本法的有关规定执行。违反中华人民共和国法律的基本原则或者国家主权、安全、社会公共利益的，不予承认和执行。"

一、国际条约

当前，有关承认与执行外国法院判决方面比较有影响的国际条约有：拉丁美洲国家之间于 1928 年缔结的《布斯达曼特法典》、欧共体国家间于 1968 年、1988 年分别制定的两个《关于民商事管辖权及判决执行的公约》、2000 年欧盟理事会《关于民商事管辖权及判决承认与执行的法规》、2000 年欧盟理事会《关于婚姻案件和亲子关系监护案件管辖权及判决承认与执行的法规》（2000 年第 1347 号法规）、北欧国家于 1979 年缔结的《承认与执行判决公约》、1971 年于海牙缔结的《关于承认和执行外国民事或商事判决的公约》及其附加议定书、1999 年海牙《关于民商事管辖权与外国判决执行的公约》（草案）。前五个公约是区域性的，不具有全球性的普遍影响，1971 年海牙公约虽是全球性的，但至今只有塞浦路斯、荷兰和葡萄牙寥寥三国批准。1999 年海牙公约至今尚未通过。这说明在全球范围很难协调各国在判决承认与执行问题上的差异，而在区域合作方面则因相邻国家法律文化的相近而易取得成功。正因如此，舍难就易，国际社会在一些专门领域达成了若干此类公约，如 1958 年在海牙缔结的《关于扶养儿童义务判决的承认和执行公约》、1970 年在海牙缔结的《承认离婚和分居公约》，以及 1973 年订于海牙的《扶养义务判决的承认和执行公约》等。此外，国际社会在制订一些涉及专门事项的公约时，为了保证对于与公约内容有关的案件作出的判决在缔约国得到承认与执行，也往往在公约中规定了承认和执行外国法院判决的条款，如 1956 年《国际公路货物运输合同公约》第 31 条、1969 年《国际油污损害民事责任公约》第 10 条和 1970 年《国际铁路货物运输合同公约》第 58 条等。

除国际公约外，自从 1869 年法国跟瑞士缔结世界上第一个相互承认和执行对方法院判决的双边条约以来，此类双边条约越来越多。近年来中国跟外国缔结的双边司法协助条约中，大部分都规定了相互承认和执行缔约对方法院判决的条款。

下面介绍 2000 年欧盟理事会《关于民商事管辖权及判决承认与执行的法规》有关判决承认和执行的规定（法规第三章至第四章）：

（一）"判决"的含义

本规则所指"判决"，系指某一成员国法院或法庭所作的任何决定，而不论该决定的名称是什么，诸如裁决、命令、决定或执行令状，以及由法院书记官就诉讼费用或其他费用所作的决定。

（二）承认（第一节）

（1）一个成员国所作的判决在其他成员国应当得到承认，而无须任何特别的手续。以判决的承认为主要诉争点的任何一方利害关系人，可以按照本章第二节、第三节规定的程序，申请作出承认判决的决定。如果一个成员国法院的诉讼结果取决于对附带问题作出的裁定的承认，则该法院对此问题也有管辖权。

（2）下列判决不应该被承认：①如果承认该判决明显违背被请求国的公共政策；②如果未给被告及时送达提起诉讼的文书或其他同等文书，以致使他没有充分的时间安排辩护而作出的缺席判决，除非被告可能提起诉讼对判决提出异议而又未提出者；③该判决与被请求国就同一当事人间的争议所作判决相抵触者；④该判决与另一成员国或某一第三国就同一当事人之间的相同诉因所作的在先判决相抵触者，只要该在先判决满足被请求国有关承认的必要条件。（第34条）

（3）此外，如果判决违反第二章第三节、第四节及第六节的规定①，或存在第72条②规定的情况，应不予承认。在审查上款规定的管辖权时，被请求的法院或有关当局，须受作出判决的成员国法院对确定管辖权所依据的事实上的认定的约束。在不妨碍第1款规定的条件下，对作出判决的成员国法院的管辖权，不得予以审查。第34条第1款述及的公共政策的审查不得适用于有关管辖权的规定。（第35条）

（4）在任何情况下，不能对外国判决的实质性问题加以审查。

（5）某一成员国法院经过请求承认另一个成员国的判决，如果当事人已经就该判决提出了通常的上诉时，可以中止诉讼程序。

某一成员国法院被请求承认爱尔兰或联合王国法院的判决，如果在原判决

---

① 有关规定可参见本书第二编（管辖权）的"有关国际民事管辖权的国际立法"一节。

② 第72条规定：本规则不影响某一成员国在本规则生效前依照《布鲁塞尔公约》第59条，对某一非成员国承担不承认其他成员国法院对在该非成员国有住所或习惯居所的被告所作的判决的义务，而该非成员国对第4条规定的案件，只能根据第3条第2款规定的管辖权作出判决。

成员国由于上诉而执行未决，则该成员国可以中止诉讼程序。

（三）执行

（1）由一个成员国作出的并可在该国执行的判决，经利害关系人的申请，在另一成员国作出执行决定时应该在另一成员国执行。但是，在联合王国，经利害关系人的申请，已经被登记可在英格兰和威尔士、苏格兰或北爱尔兰执行的判决，应该在联合王国的相应部分执行。（第38条）

（2）申请应该向附件二所列的法院或有关机构提出。当地主管法院，应该参照被执行一方的住所地或执行地来确定。（第39条）

（3）提出申请的程序，应按照被请求执行成员国法律的规定。申请人须在被请求执行国法院管辖区范围内给出一个送达地址。但是，如果该成员国法律并无送达地址的规定，则申请人应委托一诉讼代理人。第53条所规定的文件，应该附入申请书内。

（4）判决履行第53条规定的正式手续，就应被宣布为可执行，而不再根据第34条和第35条进行任何审查。被请求执行的一方，在这一阶段，无权对申请书提出任何意见。（第41条）

（5）对执行判决的申请的决定，应该依照被请求执行的成员国法律规定的程序迅速通知申请人。可执行决定应该送达被执行当事人，如果判决书还未送达该方当事人，也应该附上。

（6）上诉。对申请执行判决的决定，可以由任何一方当事人提起上诉。上诉应向附件三所列法院提起。上诉应按照审判程序的规则提出。被执行的一方，如果不在申请人提起上诉程序的上诉法院出庭，则可适用第26条第2至4款的规定，被执行人在任何成员国内均无住所亦然。对执行决定的上诉，应在送达后1个月内提出。如果被执行人的住所不在作出执行决定的成员国，上诉期限应为2个月，自送达到其本人或住所之日起算。不得因路程远而加以宽展。（第43条）

对上诉所做的判决，只能经由附件四所指的上诉而提出异议。（第44条）

根据第43条或第44条而向之提起上诉的法院，只可根据第34条和第35条所规定的根据之一而拒绝或撤销执行决定。被申请的法院应迅速作出决定。在任何情况下，均不得对外国判决的实质性问题进行审查。

根据第43条或第44条规定而向之提起上诉的法院，经被执行一方的申请，得中止诉讼程序，如果已就该判决在判决作成成员国提出通常上诉或规定上诉的时间尚未过期。在后一种情况下，法院可以允许被执行人有时间进行上诉。如果判决在爱尔兰或联合王国作成，在该判决作成成员国可采取的任何形式的上诉均可被视为第一款的通常上诉。

法院还可以责令申请人按照其决定提供担保，作为执行的条件。

（7）根据本规则承认判决，不能阻止申请人根据被请求成员国的法律，利用临时性的包括保护性的措施，而不须根据第 41 条作出一项执行决定。批准执行的决定，应包括有采取任何保护性措施的授权。

在根据第 43 条第 5 款所规定的对执行决定的上诉期限内，并且直到这种上诉已经被决定为止，所采取的执行措施不得超过对被执行人的财产所采取的保护性措施。

如果判决是就数项事件作出的决定，在不能对判决的全部批准执行时，法院或有关机构可以就一项或数项批准执行。申请人得要求就部分判决作出执行决定。

经由刑事罚款判令定期给付的外国判决，只有在处罚的金额已经由判决法院作出最后决定时，才可以在申请执行的法院执行。

（8）在判决法院已经享受全部或部分诉讼救助或免除诉讼费用或其他费用的申请人，在本节规定的程序中，也应得到被申请执行成员国法律所规定的最优惠的诉讼救助，或被广泛免除诉讼费用或其他费用。

一方当事人就另一成员国法院的判决在某成员国申请执行时，被请求执行国法院不能因为申请人为外国国民，或者因为其在本国既无住所，又无居所，而要求其提供任何名称的担保、保证金或定金。

（9）有关执行决定的诉讼，被请求执行成员国不得征收根据争议标的的价值而计算的任何费用、税收或酬金。

（四）一般规定（第三章第三节）

（1）要求承认或申请执行决定的当事人应提交符合认证所须条件的判决的副本；申请执行决定的当事人也应提交第 54 条所规定的证明文件，但不应影响第 55 条的适用。（第 53 条）

（2）作出判决的成员国法院或有关机构，经利害关系人申请，应出具采用本规则附件五标准格式的证明文件。（第 54 条）

（3）如申请人未提交第 54 条规定的证明文件，法院或有关机构得指定提交该文件的时间，或接受相等的文件，如认为已有足够的证明时，也得免予提交。如法院或有关机构认为必要，必须提交各项文件的译文，译文须由在一个成员国认为合格的人予以证明。（第 55 条）

（4）第 53 条或第 55 条第 2 款规定的文件，不再需要认证或其他类似的正式手续，委托诉讼代理人的文件亦同。

（五）公证文书和法院和解（第四章）

（1）一个成员国正式作成或登记的可执行的任何公证文书，经依照第 38 条及其以下各条规定程序的申请，在另一成员国应被作出可执行决定。根据第 43 条或第 44 条而向之提起上诉的法院，只有在该项公证文书的执行明显违反被请求执行国的公共政策时，才得拒绝或撤销执行决定。

与行政机构达成的或经其公证的强制扶养义务安排，也应视为第一款意义之公证文书。

提交的文书必须符合判决作出国所要求的证实其真实性的条件。

第三章第三节的规定，在需要时亦应适用。正式作成或登记公证文书的某一成员国的有关机构，经利害关系人的请求，应该出具符合本规则附件六标准格式的证明文书。

（2）在诉讼程序中经法院许可，并可在达成和解的成员国国内执行的和解办法，在被请求国也应以与公证文书同样的条件予以执行。对许可和解办法，成员国法院或有关机构经利害关系当事人的请求，应该出具符合本规则附件五标准格式的证明文书。（第 58 条）

（六）附件二

第 39 条所指的申请应提交的法院和有关机构如下：比利时，初审法院；德国，地方法院某一法庭的审判长；希腊，μουομελεs πρωτοδτκετο；西班牙，初审法院；法国，高等法院的审判长；爱尔兰，高等法院；意大利，上诉法院；卢森堡，地区法院的审判长；荷兰，地区法院的审判长；奥地利，地方法院（Bezirksgericht）；葡萄牙，巡回法院；芬兰，Karajaokeus/tingsratt；瑞典，Svea hovrätt；联合王国：（1）英格兰和威尔士，在高等法院，或有关强制扶养义务判决，由国务大臣转递治安法庭；（2）苏格兰，在最高民事法院，或有关强制扶养义务判决，由国务大臣转递郡法院；（3）北爱尔兰，在高等法院，或有关强制扶养义务判决，由国务大臣转递治安法庭；（4）直布罗陀，在直布罗陀最高法院，或有关强制扶养义务判决，由直布罗陀总检察长转递治安法庭。

（七）附件三

第 43 条第 2 款所指的可向之提起上诉的法院如下：在比利时，被告向初审法院，原告向上诉法院；在德国，向高级地方法院；在希腊 εφειτεο；在西班牙，向地方检审法院；在法国，向上诉法院；在爱尔兰，高等法院；在意大利，向上诉法院；在卢森堡，向作为民事上诉庭的高等法院；在荷兰，被告向地区法院，原告向上诉法院；在奥地利，地方法院（Bezirksgericht）；在葡萄牙, Tribunal de Relacão; 在芬兰, Karajaokeus/tingsratt; 在瑞典, Svea hovrätt; 在联合王国:(1)英格兰和威尔士, 在高等法院, 或有关强制扶养义务判决, 在治安法庭;(2)苏格兰, 在最高民事法院, 或有关强制扶养义务判决, 在郡法院;(3)北爱尔兰, 在高等法院, 或有关强制扶养义务判决, 在治安法庭;(4)直布罗陀, 在直布罗陀最高法院, 或有关强制扶养义务判决, 在治安法庭。

(八)附件四

根据第 44 条可提起的上诉如下:在比利时、希腊、西班牙、法国、意大利、卢森堡以及荷兰最高法院提起上诉;在德国, 向联邦最高法院提起抗诉。在爱尔兰, 就法律争点向联邦最高法院提起抗诉。在奥地利, 提起修正判决的上诉(a Revisionsrekurs);在葡萄牙, 就法律问题上诉;在芬兰, 向 Korkeinoikeus/högstadomstolen 提起上诉;在瑞典, 向 Högsta domstolen 上诉;在联合王国, 单就法律问题进一步上诉。

(九)附件五

规则第 54 条和第 58 条所指的判决和法院和解的证明文件:

(1)判决或法院和解作出成员国。

(2)出具证明文件的法院和有关机构:①名称;②地址;③电话/专真/电子邮件地址。

(3)作出判决或法院和解的法院:①法院类别;②法院所在地。

(4)判决/法院和解:①日期;②文书编号;③判决/法院和解的当事人:A. 原告姓名;B. 被告姓名;C. 如果存在, 其他当事人姓名;D. 若为缺席判决, 提起诉讼的文书的送达日期;E. 本证明文件所附的判决/法院和解的正文。

(5)享受法律援助当事各方的姓名。根据规则第 38 条和第 58 条的规定, 判决/法院和解执行义务人的姓名。

制作地点及时间;签字和/或盖章。

(十)附件六

本规则第 57 条第 4 款所指的公证文书的证明文件:

(1)作出公证文书成员国。

(2)出具证明文件的主管机构:①名称;②地址;③电话/传真/电子邮件。

(3)证明文书公正性的机构:①如果存在, 公证文书的制作机构:A. 机构的类别;B. 机构所在地;②如果存在, 公证文书的登记机构:A. 机构的类别；B. 机构所在地。

（4）公证文书：①文书的摘要；②日期：A. 文书制作日期；B. 如有不同，文书的登记日期；③文书编号；④文书当事人：A. 权利人姓名；B. 义务人姓名；⑤本证明文件所附的可执行义务的正文。

公证文书在其原作出成员国对义务人是可执行的。

制作地点及时间；签字和/或盖章。

二、互惠

如果不存在条约关系，那么，承认与执行外国法院判决，一般要求以互惠为条件。但与其他类型司法协助不同的是，在承认或执行外国法院判决中，由于被申请承认或执行的外国判决往往跟内国有比较密切的关联，或者当事人是内国公民，或者被执行财产在内国，或者内国有必要对外国判决所确认的权利义务予以保护，因此，如果内国一概强调互惠，就有可能反而对自己不利。例如，当外国法院通过判决解散某个公司时，内国难道能仅仅因为该外国不实行互惠而认为该公司在内国仍然存在吗①？

正因如此，近些年来，为了确实保障本国或本国当事人的合法利益，互惠原则在承认与执行外国法院判决制度中的运用更趋灵活。有些国家甚至已不再将互惠作为承认与执行外国法院判决的条件。如根据 1979 年《匈牙利关于国际私法的第 13 号法令》第十一章的规定，互惠只是执行的条件而不是承认的条件；阿根廷、巴西等拉美国家的法律中对于承认与执行外国的法院判决也不要求互惠②。1964 年施行的原捷克斯洛伐克《国际私法及国际民事诉讼法》第 64 条第 5 款则规定，只有在外国法院判决是针对捷克斯洛伐克公民或法人时才要求有互惠关系存在。

从中国《民事诉讼法》的有关规定和司法实践来看，中国在与有关国家未订有条约的情况下承认与执行该国法院判决时，原则上要求以互惠为前提③。但也有例外，中国最高人民法院于 1991 年 7 月 5 日通过的《关于中国公民申请承认外国法院离婚判决程序问题的规定》中，对于中国公民申请中

---

① 李双元、谢石松著：《国际民事诉讼法概论》，武汉大学出版社 2001 年第 2 版，第 468 页。

② 李双元、谢石松著：《国际民事诉讼法概论》，武汉大学出版社 2001 年第 2 版，第 465 页。

③ 参见 1991 年《中华人民共和国民事诉讼法》第 267 条、第 268 条。

国人民法院承认外国法院作出的离婚判决就没有规定以互惠为前提①

第四节　承认与执行外国法院判决的一般条件

综观各国国内立法以及有关国际条约的规定，除了该判决必须是民事判决或刑事判决中的附带民事部分之外，承认和执行外国法院判决，通常还应具备以下条件：

一、原判决国法院必须具有合格的管辖权

一国法院在什么样的情况下对有关案件具有管辖权的问题，各国立法规定差异很大，有关国际条约的规定也很不一致，因此，需要确定应该适用哪一个国家的法律作为准据法来确定原判决作出国法院的管辖权问题。对此，主要有以下几种做法：（1）规定原判决国法院的管辖权应依承认和执行判决地国家的内国法律来确定，这是包括德国、英国、前苏联和东欧国家在内的多数国家的做法。如依英国法律，外国法院的判决超出了其管辖权，则不予登记。德国法律也规定，如果外国判决作出国法院，依德国法是无管辖权的，则不予承认与执行②。（2）诸如日本、匈牙利、西班牙等国的法律规定，只有根据承认和执行判决地国家的内国法并不排除有关外国法院的管辖权就够了，并不要求外国法院根据判决承认与执行地国家的内国法应该具有管辖权。（3）依判决作出国法律来判定其管辖权。例如欧洲共同体国家于 1968 年缔结的《关于民商事管辖权及判决执行的公约》第 4 条就规定，除了专属管辖权以外，每一缔约国法院的管辖权由各缔约国法律自行决定。（4）多数国际条约的规定，只要求原判决国法院依有关条约的规定具有管辖权，其他缔约国便应承认其具有管辖权。如 1928 年缔结的《布斯达曼特法典》第 423 条、1971 年缔结的《关于承认与执行外国民事和商事判决的公约》第 4 条以及有关国家间的双边司法协助条约大多采用此种做法。

中国《民事诉讼法》对于应该依哪个国家的法律来确定判决国法院管辖权的问题未作任何规定。但从中国与外国缔结的双边司法协助条约来看，主要

---

① 该规定第 1 条仅规定："对与中国没有订立司法协助协议的外国法院作出的离婚判决，中国籍当事人可以根据本规定向人民法院申请承认该外国法院的离婚判决。"

② 参见谢怀栻译：《德意志联邦共和国民事诉讼法》（1877 年制定，1999 年最后一次修改）第 328 条第 1 款第 1 项，中国法制出版社 2001 年版，第 81 页。

有三种不同的方式：（1）中国与法国、波兰、蒙古、古巴、罗马尼亚等国签订的司法协助条约中所采用的，即依被请求国法律判断请求国法院是否具有管辖权；（2）在中国与俄罗斯签订的司法协助条约中所采用的，即依被请求国对案件是否具有专属管辖权来判断请求国法院是否有管辖权；（3）在中国与意大利、西班牙签订的司法协助条约中所采用的，即专门规定若干项管辖权标准，只要作出裁决的法院符合该条所列情形之一，即被视为具有管辖权。应该说，第三种方式与前两种方式相比，具有较大的优越性。它不是单纯地根据某一方法律来判断法院是否具有管辖权，而是在双方充分协商的基础上，就管辖权问题达成一种谅解和共识，因而更容易掌握和执行。

《中国国际私法示范法》（建议稿）在总结中国现有实践的基础上，对外国法院的间接管辖权①提出了立法建议。其第 158 条规定，作出判决的外国法院，符合下列情形之一的，即为对案件具有管辖权：（1）在提起诉讼时，被告在外国境内有住所或者惯常居所的；（2）被告因其商业活动引起诉讼时，在该外国境内设有代表机构，或者被告在该外国境内设有分支机构，而诉讼是由其分支机构的商业活动引起的；（3）在涉及合同或者财产权益的案件中，被告以书面方式明示接受该外国法院管辖，或者在提起诉讼后，被告自愿出庭应诉，就争议的实质问题进行答辩，且未就管辖提出异议的；（4）在合同案件中，合同是在该外国境内签订，或已经或应当在该外国境内履行的；（5）在涉及有体财产的所有权、占有权或者其他物权权利的诉讼中，作为诉讼标的物或者债的担保的动产或者不动产，在提起诉讼时位于该外国境内的；（6）在合同外的侵权案件中，侵权行为或者侵权结果地在该外国境内的；（7）在继承案件中，被继承人死亡时的住所地或者主要遗产所在地在该外国境内的；（8）在反诉案件中，作出判决的外国法院对本诉有管辖权的。此外，该条还建议，外国法院的管辖权与中国法律关于专属管辖的规定相抵触者，不予承认。

二、外国法院判决已经生效或具有执行力

如果一项判决在作出国尚未生效或不具有执行力，显然，在其他国家也是

---

①　与民商事司法协助有关的管辖权原则有两种不同的类型：一是间接管辖权规则，另一则是直接管辖权规则。前者是指，在判决承认与执行阶段，为判断原审法院的判决是否能在请求国得到承认和执行而审查其管辖权的规则；后者是指直接规定法院是否具有以及如何行使管辖权的规则。

不会被承认或执行的。因此，申请承认与执行的判决，必须是依判决作出国的法律已经生效和可以执行的。各国立法和有关条约普遍规定了这一点。例如，依1979年《日本民事执行法》第24条第3款规定，在没有证明外国法院判决是"已经确定的判决"时，可以驳回执行请求①。

中国跟外国缔结的双边司法协助条约均把依判决作出国判决已经生效或具有执行力作为承认与执行的必要条件之一。例如1987年《中法司法协助协定》第22条、1987年《中波（兰）司法协助协定》第20条、1989年《中蒙（古）司法协助条约》第18条、1991年《中罗（马尼亚）司法协助条约》第22条、1991年《中意（大利）司法协助条约》第21条以及1992年《中西（班牙）司法协助条约》第22条等。中国《民事诉讼法》第282条也作了类似规定。

三、外国法院进行的诉讼程序是公正的

基于对败诉方当事人的保护，各国立法和有关国际条约都规定，内国法院在承认或执行外国法院判决时，要求在判决作出的程序中，对败诉一方当事人的诉讼权利提供了充分的保护。否则，便可以认定有关的诉讼因缺乏公正性而可以拒绝承认或执行其判决。作为败诉方而言，其诉讼权利可能因以下两种情形而受到损害，其一是未得到合法传唤，从而未能出庭陈述自己的诉讼主张；其二是在无诉讼行为能力时未得到适当代理。因此，中国与其他国家缔结的双边司法协助条约均规定，如果根据作出判决一方的法律，未出庭的败诉一方当事人未经合法传唤，或在没有诉讼行为能力时未得到适当代理，则被请求方有权拒绝承认与执行外国法院就有关案件作出的判决②。

其他如1877年《德国民事诉讼法》（1999年最后一次修改）第328条第1款第2项规定，如果德国人被告由于未能得到出庭的传票或法院的命令而没有参与案件的审理程序所作出的外国法院的判决，德国不予承认。1971年海牙《关于承认与执行外国民事和商事判决的公约》第5条也规定，"在未给予任何一方当事人充分机会陈述其意见的情况下作出的"判决，缔约国可拒绝承认与执行。

---

① 白绿铉编译：《日本新民事诉讼法》，中国法制出版社2000年版。

② 如1987年《中法司法协助协定》第22条、1987年《中波（兰）司法协助协定》第20条、1989年《中蒙（古）司法协助条约》第18条等。

四、外国法院判决必须合法取得

有关国际条约和大多数国家的立法及司法实践规定，使用欺骗手段获得的外国法院判决不能在内国得到承认和执行。如依英国 1933 年《外国判决相互执行法》（*Foreign Judgments Reciprocal Enforcement Act*）第 1 条、第 2 条、第 4 条的规定，如果外国法院判决是以欺诈方法取得的，即不予登记或撤销登记。印度、巴基斯坦、缅甸等国的民事诉讼法律也规定，承认和执行外国法院判决的条件之一便是判决不是以欺诈方法取得的。1971 年在海牙缔结的《关于承认与执行外国民事和商事判决的公约》第 5 条第 2 款以及 1973 年于海牙缔结的《扶养义务判决的承认和执行公约》第 5 条第 2 款也都规定，如果外国法院判决是在诉讼程序中利用欺诈手段取得的，则可拒绝承认或执行。

五、不存在"平行诉讼"

各国法律和有关国际公约都规定，如果出现"平行诉讼或诉讼竞合"的情形，即外国法院判决与内国法院就同一当事人之间的同一争议所作的判决或内国法院已经承认的第三国法院就同一当事人之间的同一争议所作的判决相冲突，内国法院可以拒绝承认与执行。对此问题，我们将在本章第五节中予以详细论述，此不重复。

六、承认与执行外国判决不违背内国公共秩序

这是国际社会普遍公认的一个条件，各国法律及有关双边司法协助条约和国际公约都无一例外地对此作了明确规定。例如 1988 年《瑞士联邦国际私法法规》第 27 条第 1 款规定："如果对外国判决的承认明显地不符合瑞士的公共秩序，在瑞士应拒绝承认该判决。" 1971 年海牙《关于承认与执行外国民事和商事判决的公约》第 5 条第 1 款也规定，"承认或执行判决与被请求国的公共秩序明显不相容，或者判决是经与被请求国所要求的正当法律程序不相容的程序作出的，或者是在未予任何一方当事人充分机会陈述其意见的情况下作出的"，可以拒绝承认和执行该外国法院的判决。

此外，也有些国家，在界定外国判决违反内国公共秩序时采用"主观说"，认为外国法院判决本身也不得违背内国的公共政策。例如 1996 年新《日本民事诉讼法》第 118 条规定承认和执行条件之一是："外国法院判决的内容及其诉讼程序，不违背日本的公共秩序和善良风俗。" 1982 年原南斯拉夫《法律冲突法》第 91 条也规定："外国法院的判决如违反南斯拉夫宪法规定的

社会组织的基本原则，则不应承认。"

中国 1991 年《民事诉讼法》第 282 条以及中国跟外国缔结的双边司法协助条约均规定，承认与执行外国法院判决不得违背中国的公共秩序。

七、存在互惠关系

从当今国际社会的实践来看，除了允许内国法院对外国法院判决进行实质性审查的国家（如法国、比利时、卢森堡、葡萄牙、印度等国）以及只允许内国法院基于国际条约承认和执行外国法院判决的国家（如前苏联和斯堪的纳维亚各国）以外，其他国家一般都只规定内国法院可以基于互惠原则承认和执行外国法院的判决①，因而在不存在互惠关系的情况下得拒绝承认和执行外国法院的判决。

八、外国法院适用了内国冲突法规定的准据法

一般来说，大多数国家并不把外国法院适用了内国冲突法指定的准据法作为承认与执行外国判决的条件之一。但也有的国家，如法国等，则有此种要求。不过，此类国家中的大多数也仅是要求外国法院在特定范围内的民事关系上适用内国的冲突法或不违背内国的冲突法，例如 1982 年原南斯拉夫《法律冲突法》第 39 条规定："如依本法对南斯拉夫公民个人身份的决定应适用南斯拉夫法，如若外国法院的判决已适用的外国法与适用于该问题的南斯拉夫法并无实质性不同，则应承认其判决。"因此，为了协调各国的法律制度，促进司法协助的开展，1971 年于海牙缔结的《关于承认和执行外国民事或商事判决的公约》作了折中处理，其第 7 条规定："被请求国不得仅以请求国法院适用的法律不同于被请求国依照国际私法规则可适用的法律为理由而拒绝承认或执行。但是，如果请求国法院在作出判决前，必须就一方当事人的身份或能力问题或当事人一方为公约第 1 条第 2 款第 1 项至第 4 项规定所不适用的其他方面权利问题作出决定，而此项决定与适用被请求国关于该问题的国际私法规则所得结果不同时，则可拒绝承认或执行。"

中国法律并不要求外国法院适用中国冲突法指定的准据法作为承认与执行外国法院判决的条件之一。因而，中国跟外国缔结的双边司法协助条约大多无此内容。只是基于对等原则，中国跟法国、西班牙缔结的双边司法协助协定中

---

① 李双元、谢石松著：《国际民事诉讼法概论》，武汉大学出版社 2001 年第 2 版，第 465~468 页。

有此类内容。如 1987 年《中法司法协助协定》第 22 条第 2 款就规定，"在自然人的身份或能力方面，请求一方法院没有适用按照被请求一方国际私法规则应适用的法律"时，被请求一方可拒绝承认与执行请求一方所作出的判决，"但其所适用的法律可以得到相同结果的除外"。1992 年《中西（西班牙）司法协助条约》第 22 条第 2 款也作了与上述规定类似的规定。

第五节　外国法院判决的承认与执行程序

一、请求的提出

对于其他类型的司法协助，如域外送达文书和域外取证，一般均是由请求方法院或其他主管机关通过中央机关等途径向被请求方法院或其他主管机关提出。而对于承认与执行外国判决，应由谁来提出，则各国规定各不相同。如有的国家规定只能由当事人提出，有的则规定只能由原判法院提出，也有的国家规定当事人或原判法院均可提出。依中国 1991 年《民事诉讼法》第 281 条的规定，既可由当事人直接提出，也可按双方缔结或参加的条约办理。

正是基于各国的规定不同，中国跟外国缔结的双边司法协助条约（至 2001 年 4 月，中国已与 29 个国家签订了民事方面的司法协助条约或协定，除中比［利时］、中泰［国］、中新［加坡］三个司法协助协定条约外，其他司法协助协定或条约均规定了判决的相互承认与执行问题。上述 29 个国家的名单详见本书第一章第一节的"国际民事诉讼法的渊源"部分）中针对不同国家作了不同规定：

其一是如中国跟波兰、罗马尼亚、古巴等国缔结的司法协助条约规定，承认与执行外国判决，既可以由缔约一方法院依照条约规定的通过中央机关的途径向缔约另一方法院，也可以由当事人直接向承认或执行裁决的缔约另一方有管辖权的法院提出。

其二是如中国跟蒙古、俄罗斯等国缔结的司法协助条约规定，此类请求原则上应由申请人向原裁决法院提出，由原裁决法院通过中央机关向缔约另一方法院提出；但如果申请人在裁决执行地所在的缔约一方境内有住所或居所，亦可由申请人直接向该缔约一方的法院提出。

其三是如中国跟法国、西班牙、意大利等国缔结的司法协助条约规定，此类请求只能由申请人直接向被请求承认与执行的法院提出。

其四是如中国跟土耳其等国缔结的司法协助条约规定，此类请求只能由原裁决法院通过中央机关向缔结另一方法院提出。

各国法律和有关条约都规定，对于此种申请承认与执行外国法院判决的请求，不论通过何种途径，均须采用书面形式，并附有关文书。依中国法律和对外缔结的双边司法协助条约的规定，申请承认与执行外国法院判决，除请求书外，通常还应提供：（1）经法院证明无误的判决副本，如果副本中没有明确指出判决已生效和可以执行，还应附有法院为此出具的证明书；（2）证明未出庭的当事人已经合法传唤或在其没有诉讼行为能力时已得到适当代理的证明书；（3）请求书和上述第1项、第2项所指文件经证明无误的被请求方文字或双方认可的第三国文字（通常为英文和法文）的译本。

二、对外国判决的审查

（一）审查的法律依据

审查的法律依据，即依何国法律进行审查。承认与执行外国判决，应按照被请求国的法律规定的承认和执行的程序，如无相反规定，也应由被请求国法律支配。如海牙1971年《关于承认与执行外国民事和商事判决的公约》第14条第1款规定："除本公约另有规定外，承认或执行外国判决的程序应适用被请求国法律。"中国与其他国家签订的双边司法协助条约一般也都规定，裁决的承认与执行，由被请求的缔约一方法院依照本国法律规定的程序决定。

（二）审查的范围

对请求承认与执行的外国法院判决的审查，国际上有实质性审查和形式性审查两种不同的方式。所谓实质性审查，是指对申请承认与执行的外国判决，从法律和事实两个方面进行充分的审核，只要审核国认为该判决认定事实或适用法律是不适当的，它就有权根据本国的法律部分变更或全部推翻或不予执行。形式性审查，则是指实行审查的国家不对原判决的事实和法律进行审查，它仅审查外国的判决是否符合本国法律规定的承认和执行外国判决的条件，不对案件判决的实质作任何变动，不改变原判决的结论。

但在承认和执行外国法院判决方面，目前普遍的实践是不对外国判决作实质审查，而仅就以上提到的是否有阻碍承认和执行的情况存在进行审查，如认为该判决合法有效且符合执行的其他条件，便可予以承认，并按被请求国法所规定的执行程序交付执行。如1968年欧共体订于布鲁塞尔的《关于民商事管辖权及判决执行的公约》便要求：一个缔约国作出的判决，其他缔约国应予承认，而无需任何特别手续（第26条）；在任何情况下，不能对外国判决的实质性问题加以审查（第29条）；由一个缔约国作出的并可在该国执行的判决，经利害关系人的申请，而由另一缔约国发出执行命令时，即可在该另一国执行（第31条）；申请书只能以该公约规定的拒绝承认的理由而被拒绝执行，因而，在任何情况下，亦均不得（以代为执行）为理由而要求对判决进行实质审查（第34条第2款）。其他如1956年《国际公路货物运输合同公约》、1969年《国际油污损害民事责任公约》及1970年《国际铁路货物运输合同公约》均规定，"在各项手续中不允许重提该案的是非"；1971年海牙《关于承认和执行外国民事和商事判决的公约》第8条也规定，除被请求国法院可根据公约有关承认和执行外国判决的条件进行审查外，"对请求国送交的判决不应作实质性的任何审查"。

根据中国《民事诉讼法》第282条的精神和中国对外缔结的双边司法协助条约，中国采用的是形式性审查。如1991年中国跟意大利缔结的司法协助条约第25条第2款规定："决定承认事宜的法院仅限于审查本条约所规定的条件是否具备。"

三、承认与执行外国判决的具体程序

一国法院在承认与执行外国法院判决时，具体应遵循什么样的程序，各国诉讼立法的规定不尽相同，大致可以分为如下几种。

（一）执行令程序

以法国、德国和俄罗斯为代表的大陆法系国家一般采用此种程序。有关的内国法院受理了当事人或其他利害关系人提出的承认与执行某一外国法院判决的请求以后，先对该有关外国法院判决进行审查，如果符合内国法所规定的有关条件，即由该内国法院作出一个裁定，并发给执行令。从而赋予该外国法院判决与内国法院判决同等的效力，并按照执行本国法院判决的同样程序予以执行。

（二）登记程序和重新审理程序

以英、美为代表的普通法系国家一般采此程序。英国法院目前主要是视原判决法院所属国的不同而分别采用登记程序或重新审理程序来决定是否承认与执行有关的外国法院判决。根据英国1868年的《判决延伸法》、1920年的《司法管理法》、1933年的《（相互执行）外国判决法》、1982年的《民事管辖权和判决法》、1968年欧共体国家在布鲁塞尔签订的《关于民商事管辖权及判决执行的公约》以及英国同法国、比利时等国签订的司法协助条约的规定，有管辖权的英国法院对于英联邦国家和欧共体各国法院所作出的判决适用登记程序。即英国法院在收到有关利害关系人提交的执行申请书以后，一般只要查明有关外国法院判决符合英国法院所规定的条件，就可以予以登记并交付执

行。而对于其他不属于上述法律规定的国家的法院判决，英国法院都是适用判例法所确定的重新审理有关案件的程序。即英国法院不直接执行这些国家的法院所作出的民商事判决，而只是把它作为可以向英国法院重新起诉的根据，英国法院经过对有关案件的重新审理，确定有关外国法院判决与英国的有关立法不相抵触时，作出一个与该外国法院判决内容相同的判决，然后由英国法院按照英国法所规定的执行程序予以执行。这样，根据英国法官的理解，英国法院所执行的就是本国法院的判决，而不再是外国法院的判决。

在美国法院，一般都是区分金钱判决和非金钱判决而采取不同的态度。对于金钱判决，大多数州的立法和司法实践都遵循英国法中的重新审理程序。请求承认与执行外国法院判决的当事人或其他利害关系人既可以以有关的外国法院判决为依据提起一个要求偿付债务的诉讼，也可以以原来诉讼中的诉因为依据重新提起诉讼。在前一种情况下，请求人应向法院提供所有能证实有关判决的相关文件，美国法院在审查了所有文件及有关的情况以后，认为不违反美国现行法律规定时，即作出一个责令债务人偿付有关债务的判决，并交付执行。在后一种情况下，则完全由美国法院重新审理有关案件，并作出判决，交付执行。

四、承认与执行外国判决的效力

外国法院判决如果得到内国法院承认或决定可予执行，则产生如下法律效力：该外国法院判决即具有内国法院判决同等的效力，该外国法院判决所确定的当事人之间的权利义务关系在内国得以肯定，如果在内国境内他人就跟外国判决相同的事项提出与该判决内容不同的请求，即可以用该外国判决作为对抗他人的理由；而且，如果被执行人拒绝履行该外国判决确认的义务，另一方当事人即有权请求内国法院强制执行。中国对外缔结的双边司法协助条约对此均作了明确规定。如1987年《中波（兰）司法协助协定》第19条就规定："缔约一方的裁决一经缔约另一方法院承认或执行，即与承认或执行裁决一方的法院作出的裁决具有同等效力。"

此外，应注意的是，如果执行外国判决需向国外汇出金钱或转移物品时，不得违背内国有关法律规定。如1991年《中罗（马尼亚）司法协助条约》第36条就规定："实施本条约关于裁决的承认与执行的规定时，应遵守裁决的执行地缔约一方关于物品出境和货币汇出方面的法律规定。"其他如1989年《中蒙（古）司法协助条约》第31条、1992年《中俄（罗斯）司法协助条约》第32条等也作了类似规定。

第二十一章　若干国家的判决执行制度

第一节　若干亚洲国家的判决执行制度

一、中国

（一）中国关于判决域外承认执行的规定

1.《中华人民共和国民事诉讼法》的有关规定

关于中国人民法院和外国法院相互承认和执行判决的制度，中国 1991 年《民事诉讼法》第 280 条、第 281 条和第 282 条作了三项原则规定：

人民法院作出的发生法律效力的判决、裁定，如果被执行人或其财产不在中华人民共和国领域内，当事人请求执行的，可以由当事人直接向有管辖权的外国法院申请承认和执行，也可以由人民法院依照中华人民共和国缔结或者参加的国际条约的规定，或者按照互惠原则，请求外国法院承认和执行。（第 280 条）

外国法院作出的发生法律效力的判决、裁定，需要中华人民共和国法院承认和执行，可以由当事人直接向中华人民共和国有管辖权的中级人民法院申请承认和执行，也可以由外国法院依照该国与中华人民共和国缔结或者参加的国际条约的规定，或者按照互惠原则，请求人民法院承认和执行。（第 281 条）

人民法院对申请或者请求承认和执行的外国法院作出的发生法律效力的判决、裁定，依照中华人民共和国缔结或参加的国际条约，或按照互惠原则进行审查后，认为不违反中华人民共和国法律的基本原则或者不危害国家主权、安全、社会公共利益的，裁定承认其效力，需要执行的，发出执行令，依照本法有关规定执行。违反中华人民共和国法律的基本原则或者危害国家主权、安全、社会公共利益的，不予承认和执行。（第 282 条）

以上条文，应包括以下几层意思：

（1）中国人民法院和外国法院作出的判决、裁定，要在对方得到承认和执行，既可由当事人直接向对方有管辖权的法院（在中国为有管辖权的中级人民法院）提出申请，也可由法院向对方提出请求。但如由法院提出请求，依第280条和第281条的规定，必须以有共同受约束的条约或存在互惠为根据。

（2）此种判决或裁定，必须是已经发生法律效力的判决或裁定。

（3）对于需要得到中国法院承认和执行的外国判决、裁定，不论是由当事人直接申请还是由外国法院请求，人民法院都必须依照共同受约束的国际条约或互惠原则进行审查。

（4）经审查，认为该外国判决、裁定不违反中国法律的基本原则，或者不危害中国国家主权、安全和社会公共利益的，裁定承认其效力，发出执行令，依照《民事诉讼法》的有关规定执行，否则，不予承认和执行。

（5）中国法院在接受委托协助执行外国法院判决时，依《民事诉讼法》的上述规定，既不对其作实质性的审查，也不需要申请人就原判决的执行重新提出一个诉讼，只需根据以上条件进行审查并认为符合执行条件时，即可作出裁定，承认其效力，发出执行令，然后依中国《民事诉讼法》执行程序规定交付执行。中国跟外国缔结的双边司法协助条约也作了类似规定，如1987年《中法（兰西）司法协助协定》第23条就规定，"被请求一方法院应审核请求执行的裁决是否符合本章规定，但不得对该裁决作任何实质性审查"。

（6）从中国《民事诉讼法》第282条规定来看，如果既无条约关系，也不存在互惠关系，中国对外国法院判决是不予承认和执行的。但作为一种补救措施，在此种情形下，当事人可以向中国人民法院起诉，由有管辖权的人民法院作出判决，予以执行[1]。

但是，不能认为，对于当事人直接申请或外国法院请求中国法院承认和执行的判决，只依照共同受约束的国际条约或互惠以及公共秩序制度进行审查，再无其他具体限制和条件。无论从中国《民事诉讼法》的基本原则和基本制度来看，还是从当今国际社会的普遍实践采看，都必须认为，凡外国法院委托中国法院承认和执行的判决，必须是民（商）事判决，必须是由有管辖权的国家的具有审判涉外民事案件的权能的法院作出的；其审判程序必须是严格遵守了它自己的程序规则，并且为判决义务人提供了充分出庭应诉的机会，且不与正在中国国内进行或已经进行终了的诉讼相冲突等，均应是审查外国判决时

---

[1] 1992年最高人民法院《关于适用〈中华人民共和国民事诉讼法〉若干问题的意见》第319条。

考虑的因素。对此，中国跟外国缔结的双边司法协助条约已作了明确规定，如1987 年《中法（兰西）司法协助协定》第 22 条、1987 年《中波（兰）司法协助协定》第 20 条、1989 年《中蒙（古）司法协助条约》第 18 条、1991 年《中罗（马尼亚）司法协助条约》第 22 条等。《中国国际私法示范法》（建议稿）第 159 条也有类似的建议。

2. 有关承认外国法院离婚判决的特别规定

（1）最高人民法院《关于中国公民申请承认外国法院离婚判决程序问题的规定》。随着对外交往的日益频繁，发生的涉外婚姻方面的纠纷也相应增多。为了方便国内一方当事人申请承认与中国无条约关系的外国法院作出的离婚判决，也是为了便于人民法院实际操作，最高人民法院于 1991 年 7 月 5 日发布了《关于中国公民申请承认外国法院离婚判决程序问题的规定》。该规定对其适用的范围、申请承认外国法院离婚判决的程序、方式，人民法院受理和审查，以及不予承认的几种情况和承认方式等都作了详细规定：

①适用范围。对与中国没有订立司法协助协议的外国法院作出的离婚判决，中国籍当事人可以根据本规定向人民法院申请承认该外国法院的离婚判决。对与中国有司法协助协议的外国法院作出的离婚判决，按照协议的规定申请承认。外国法院离婚判决中的夫妻财产分割、生活费负担、子女抚养方面判决的承认执行，不适用本规定。

②申请程序。向人民法院申请承认外国法院的离婚判决，申请人应提出书面申请书，并须附有外国法院离婚判决书正本及经证明无误的中文译本。否则，不予受理。申请承认外国法院的离婚判决，申请人应向人民法院交纳案件受理费人民币 100 元。申请承认外国法院的离婚判决，委托他人代理的，必须向人民法院提交由委托人签名或盖章的授权委托书。委托人在国外出具的委托书，必须经中国驻该国的使、领馆证明。

③人民法院的受理和审查。申请由申请人住所地中级人民法院受理。申请人住所地与经常居住地不一致的，由经常居住地中级人民法院受理。申请人不在国内的，由申请人原国内住所地中级人民法院受理。人民法院接到申请书，经审查，符合本规定的受理条件的，应当在 7 日内立案；不符合的，应当在 7 日内通知申请人不予受理，并说明理由。人民法院审查承认外国法院离婚判决的申请，由三名审判员组成合议庭进行，作出的裁定不得上诉。人民法院受理申请后，对于外国法院离婚判决书没有指明已生效或生效时间的，应责令申请人提交作出判决的法院出具的判决已生效的证明文件。外国法院作出离婚判决的原告为申请人的，人民法院应责令其提交作出判决的外国法院已合法传唤被

对外国判决的承认不需要提起任何诉讼。它可以被认为是对当地诉讼的一种抗辩，比如已决之案的抗辩。另外，一项外国判决的执行需要提起单独的诉讼，目的是使该外国判决生效。外国判决只是创设了诉讼的权利和诉讼提起的原因。因此，只提出执行申请对执行该判决来说是不够的，还必须在菲律宾法院提起执行该外国判决的诉讼。

在 1991 年 Hang Lung Bank Ltd. v. Saulog 案之前，法院一直存在困惑，即不明白什么样的诉讼才纯粹是对外国判决加以承认与执行的诉讼。在最高法院对该案的声明中我们可以得到一些启发。在该案中，上诉人称其诉讼请求仅是要求法院对其依被起诉的合同提出的请求加以承认，但是最高法院否定了这一说法。相反，最高法院认为，上诉人的诉讼请求是要求对香港最高法院作出的判决加以执行，因为它请求对该外国判决中给予的救济予以承认。

一项外国判决被推定是合法的，而且不论是菲律宾法院还是其他什么地方的法院都被推定为是在合法地行使其管辖权，而且是在正常的履行其官方的职责。因此，想要推翻外国判决的当事人有义务推翻这些推定。

七、土耳其

1982 年《土耳其国际私法及国际诉讼程序法》[①] 第二章第二节对外国法院判决的承认与执行作了规定。

（一）执行令

外国法院所作出的已经生效的民事判决，只在当土耳其法院签发执行令时，才能够在土耳其得到执行。外国法院作出的关于自然人法律地位的裁定，同样须有土耳其法院签发的执行令，才能执行。

（二）属物管辖和属地管辖

签发执行令的权限属于大区法院。请求执行的申请应向被告在土耳其的住所地法院提出。没有住所地的，向被告在土耳其居所地法院提出。被告在土耳其既没有住所，又没有居所的，申请可向安卡拉、伊斯坦布尔或伊扎米尔法院提出。

（三）请求执行的申请书

请求执行的申请书，其制作的份数应与被告人数相同，申请书应包括下述内容：（1）申请人、被申请人的姓名、住址，如果有代表人或代理人的，应

---

① 该法的中译本可参见李双元、欧福永、熊之才编：《国际私法教学参考资料选编》（上册），北京大学出版社 2002 年版，第 160~166 页。

②外国公民向人民法院申请承认外国法院离婚判决，如果其离婚的原配偶是中国公民的，人民法院应予受理；如果其离婚的原配偶是外国公民的，人民法院不予受理，但可告知其直接向婚姻登记机关申请再婚登记。

③当事人向人民法院申请承认外国法院离婚调解书效力的，人民法院应予受理，并根据1991年《关于中国公民申请承认外国法院离婚判决程序问题的规定》进行审查，作出承认或不予承认的裁定。

（二）中国大陆与中国台湾地区法院民商事判决的相互承认和执行

1. 中国大陆法院民商事判决在中国台湾地区的承认和执行

1992年"台湾地区与大陆地区人民关系条例"对中国大陆地区法院民商事判决在台湾的承认和执行作了规定。它由中国台湾地区于1992年7月31日颁布，分别于1994年、1996年、1997年修改。其第74条规定，"在大陆地区作成之民事确定裁判、民事仲裁判断，不违背台湾地区公共秩序或善良风俗者，得申请法院裁定认可。前项经法院裁定认可之判决或判断，以给付为内容者得为执行名义"。前二项规定以在台湾地区作为民事确定裁判，民事仲裁判断，得申请大陆地区法院裁定认可或为执行名义者始适用之。上述规定过于简单，仍有待于台湾地区制定具体的实施规则。

2. 中国台湾地区法院民商事判决在内地的承认和执行

（1）1998年最高人民法院《关于人民法院认可台湾地区有关法院民事判决的规定》。它由最高人民法院于1998年1月15日通过，其对承认和执行台湾法院的民事判决作出了规定，并从1998年5月26日起施行。它的主要内容有：

台湾地区有关法院的民事判决，当事人的住所地、经常居住地或者被执行财产所在地在其他省、自治区、直辖市的，当事人可以根据本规定向人民法院申请认可。申请由申请人住所地、经常居住地或者被执行财产所在地中级人民法院受理。申请人应提交申请书，并须附有不违反一个中国原则的台湾地区有关法院民事判决书正本或经证明无误的副本、证明文件（第4条）。申请书应记明以下事项：申请人姓名、性别、年龄、职业、身份证件号码、申请时间和住址（申请人为法人或者其他组织的，应记明法人或者其他组织的名称、地址、法定代表人姓名、职务）；当事人受传唤和应诉情况及证明文件；请求和理由；其他需要说明的情况（第5条）。人民法院收到申请书后，经审查，符合本规定第4条和第5条的条件的，应当在7日内受理。不符合本规定第4条和第5条的条件的，不予受理，并在7日内通知申请人，同时说明不受理的理由。人民法院审查认可台湾地区有关法院民事判决的申请，由审判员组成合议庭进行。人民法院受理申请后，对于台湾地区有关法院民事判决是否生效不能确定的，应告知申请人提交作出判决的法院出具的证明文件。

台湾地区有关法院的民事判决具有下列情形之一的，裁定不予认可：申请认可的民事判决的效力未确定的；申请认可的民事判决，是在被告缺席又未经合法传唤或者在被告无诉讼行为能力又未得到适当代理的情况下作出的；案件系人民法院专属管辖的；案件的双方当事人订有仲裁协议的；案件系人民法院已作出判决，或者外国、境外地区法院作出判决或境外仲裁机构作出仲裁裁决已为人民法院所承认的；申请认可的民事判决具有违反国家法律的基本原则，或者损害社会公共利益情形的（第9条）。

人民法院审查申请后，对于台湾地区有关法院民事判决不具有本规定第9条所列情形的，裁定认可其效力。申请人委托他人代理申请认可台湾地区有关法院民事判决的，应当向人民法院提交由委托人签名或盖章并经当地公证机关公证的授权委托书。人民法院受理认可台湾地区有关法院民事判决的申请后，对当事人就同一案件事实起诉的，不予受理。案件虽经台湾地区有关法院判决，但当事人未申请认可，而是就同一案件事实向人民法院提起诉讼的，应予受理。人民法院受理认可申请后，作出裁定前，申请人要求撤回申请的，应当允许。对人民法院不予认可的民事判决，申请人不得再提出申请，但可以就同一案件事实向人民法院提起诉讼。人民法院作出民事判决前，一方当事人申请认可台湾地区有关法院就同一案件事实作出的判决的，应当中止诉讼，对申请进行审查。经审查，对符合认可条件的申请，予以认可，并终结诉讼；对不符合认可条件的，则恢复诉讼。申请认可台湾地区有关法院民事判决的，应当在该判决发生效力后1年内提出。被认可的台湾地区有关法院的民事判决，依照《中华人民共和国民事诉讼法》规定的程序办理。申请认可台湾地区有关法院民事裁定和台湾地区仲裁机构裁决的，适用本规定。

（2）最高人民法院《关于当事人持台湾地区有关法院民事调解书或者有关机构出具或确认的调解协议书向人民法院申请认可，人民法院应否受理的批复》。它由最高人民法院于1999年4月9日通过，自1999年5月12日起施行。该答复指出：台湾地区有关法院出具的民事调解书，是在法院主持下双方当事人达成的协议，应视为与法院民事判决书具有同等效力。当事人向人民法院申请认可的，人民法院应比照我院《关于人民法院认可台湾地区有关法院民事判决的规定》予以受理。但对台湾地区有关机构（包括民间调解机构）出具或确认的调解协议书，当事人向人民法院申请认可的，人民法院不应予以受理。

（3）最高人民法院《关于当事人持台湾地区有关法院支付命令向人民法院申请认可，人民法院应否受理的批复》。它由最高人民法院于 2001 年 3 月 20 日通过，自 2001 年 4 月 27 日起施行。该答复指出：人民法院对当事人持台湾地区有关法院支付命令及其确定证明书申请其认可的，可比照我院《关于人民法院认可台湾地区有关法院民事判决的规定》予以受理。

至此，从法律上说，海峡两岸相互承认和执行对方的民商事判决或仲裁裁决已没有什么障碍。中国内地和台湾地区都对承认和执行对方的民商事判决作出规定，这不仅将大大推动和促进海峡两岸民商事关系的发展，同时也为解决中国内地与香港特别行政区和澳门特别行政区的民商事判决的相互承认和执行问题提供了有益的经验。

目前，内地与香港特别行政区法院和澳门特别行政区法院在民商事判决的相互承认和执行方面尚无规则可循。最高人民法院与香港特别行政区和澳门特别行政区应就相互承认和执行对方法院判决的问题进行商谈，在"一国两制，法域平等"原则的指导下，考虑到当前各方承认与执行外地区判决的现实情况，借鉴当今有关国际条约的规定（特别是 1968 年和 1988 年欧洲共同体国家订立的《关于民商事管辖权及判决执行的公约》的规定，以及目前海牙国际私法会议正在讨论的《关于民商事管辖权与外国判决执行的公约》的最新规定），取得共识，达成一致。

二、日本

1979 年《日本民事执行法》第 24 条对外国法院判决的执行作了规定：对于外国法院判决作出执行判决的请求的诉讼，由管辖债务人普通审判籍所在地的法院管辖；如没有普通审判籍，则由请求标的或者能扣押债务人财产所在地的地方法院管辖（第 1 款）。执行判决，不应调查裁判的当否。本条第 1 款的诉讼，如不能证明外国法院的判决已被确定，或者不具备《民事诉讼法》第 118 条①所规定的条件时，应驳回其请求。执行判决，应宣布准许根据外国法院的判决强制执行的旨意②。

---

① 《民事诉讼法》第 118 条（外国法院的确定判决的效力）规定：外国法院的确定判决，限于具备下列各项条件才有效：（1）根据法律或条约承认外国法院的审判权的；（2）败诉的被告受到诉讼开始的必要的传唤或命令的送达（公告送达及其他类似于公告送达的除外），或者虽然未受送达，但败诉的被告已应诉的；（3）判决的内容及其诉讼程序，不违反日本的公共秩序或善良风俗的；（4）有互惠的。

② 参见白绿铉译：《日本新民事诉讼法》，中国法制出版社 2000 年版，第 211 页。

三、朝鲜

朝鲜最高人民议会常务委员会 1995 年 9 月 6 日通过的《朝鲜民主主义人民共和国涉外民事关系法》① 的第五章（争议的解决）对外国判决或仲裁裁决在朝鲜的承认与执行作了如下规定：

（1）对任何由外国国家的主管机关所确立的判决的承认应遵守有关互惠承认的国际协议。但是，如果朝鲜民主主义人民共和国的公民为外国国家的有权机构所确立的家庭事项判决的执行之当事人且提出了执行请求或同意执行该判决的，可以承认该判决。（第 59 条）

（2）不被承认的情形。对以下情况，为外国国家的有权机构所确立的任何判决或仲裁裁决将不被承认：①如果判决或仲裁裁决与朝鲜民主主义人民共和国法律制度的基本原则相抵触的；②如果判决或仲裁裁决与朝鲜民主主义人民共和国的有权机构所管辖的争议有关的；③如果判决或仲裁裁决与朝鲜民主主义人民共和国的有权机构所确立的判决或仲裁裁决有关的；④如果判决或仲裁裁决包含有与已为朝鲜民主主义人民共和国承认的第三国的判决或仲裁裁决相同内容的；⑤如果根据朝鲜民主主义人民共和国的法律存在其他正当理由的。（第 60 条）

（3）本法第 59 条和第 60 条也适用于对为外国国家的有权机构确立的判决或仲裁裁决的执行。

（4）如果在对外国国家的有权机构所确立的判决或仲裁裁决的执行方面，朝鲜民主主义人民共和国境内的任何一方当事人具有利益的，该当事人可以在终局性判决或仲裁裁决作出后的三个月内向朝鲜民主主义人民共和国的有权机构提出意见。

（5）针对在其他国家境内进行的有关解决争议的程序诸如获取证据或审查书证，或者承认或执行为其他国家的有权机构确立的判决或仲裁裁决，朝鲜民主主义人民共和国的有权机构可以要求外国国家的有权机构提供必要的材料。

对由外国国家所提供的将为朝鲜民主主义人民共和国的有权机构作为处理争议之证据的书证方面的询问记录及证据材料等，只有在提前经过相关外国国家的公证机关认证后才能被采纳。

---

① 该法的中译本（刘仁山译，韩德培校）参见韩德培、黄进、余先予主编：《中国国际私法与比较法年刊》第五卷，法律出版社 2002 年版，第 578~587 页。

四、印度

依据法院的判决（judgment）而作出的执行性裁决（decree）由作出该判决的法院执行。但是，仅是为确定当事人身份的诉讼，如限制被告继续从事任何行为的禁令或宣告性判决，则不需要任何执行程序。

（一）裁决与命令（orders）的执行

依据裁决，所有应予支付的款项应通过向法庭存放资金或直接支付给裁决持有人，或以其他由法庭决定的方式予以支付。

裁决持有人可申请法庭强制执行该裁决。申请书必须包括裁决的细节与请求法庭执行裁决的方式。法庭通过以下方式执行裁决：（1）对特定判决财产的转移；（2）对任何财产的扣押，扣押并出售或不经扣押出售；（3）对任何人的拘捕、拘留；（4）任命财产管理人监管财产；（5）发布执行裁决所必须的其他命令。

针对不同类别的财产扣押，不论是特定的还是非特定的，动产还是不动产，农产品还是薪水，《民事诉讼法典》都做了详细规定。扣押的财产或其部分如有必要出售，则必须在法庭的监督下公开拍卖。经拍卖程序所得款项将支付给有权获得该拍卖款的人，并且应相当于判决判予他的款项。

（二）外国判决

《民事诉讼法典》第13条以否定性的语言规定了外国判决在印度执行的原则。这一条不仅包含程序性规定，也包括实体法规定。

该条规定，对当事人的诉讼请求直接作出判定的一项外国判决是终局的，除非：（1）外国判决未经有合法管辖权的法院作出；（2）外国判决不是基于案件本身的是非曲直作出的；（3）外国判决基于国际法上不正确的观点作出，或者应适用印度法时却拒绝适用；（4）作出外国判决的程序不符合自然正义；（5）外国判决是以欺骗方式取得的；并且（6）外国判决所支持的权利违反印度强行法。

根据经认证的外国判决书副本，印度法院将推定作出外国判决的法院是合法拥有管辖权的法院。但是，这一推定可被推翻。外国判决在印度执行可通过：（1）执行程序；或（2）以外国判决为基础在印度提起诉讼。

一项外国判决并不能阻止一方当事人基于原始诉因在印度提出诉讼。

《民事诉讼法典》对什么人是外国人作出了解释，如，非印度公民，以及能像印度国民一样在印度法院诉讼的外国政府。

五、泰国①

(一) 承认和执行的法律基础

泰国没有专门的法令规定外国判决的承认与执行，泰国也没有参加任何公约，亦未签署双边协议或其他能获得判决的互惠承认的协定。尽管如此，泰国还是有收入判例汇编的处理外国判决执行的案例。该案例被认为是在这一问题上惟一具有法律效力的判决。然而我们必须记住，泰国是大陆法系国家，最高法院的决定不是法律，因此，对于该案的讨论只能是指导性的，以帮助理解泰国法院怎样在无相关法律的情况下处理外国判决的承认与执行问题。以下的讨论是以最高法院第 585/2461 B.E.（1918）号决议和法理学说为基础的。

该案是一起（原告）买方因（被告）卖方没有发售货物而引发的争议。原告向越南西贡民事法院起诉，西贡民事法院作出了有利于原告的判决，于是被告逃往曼谷，原告在曼谷民事法院寻求执行西贡民事法院作出的判决。最高法院推翻了曼谷民事法院和上诉法院的判决，认为："承认和执行外国判决的主要原则是各国之间相互尊重。法院将承认和执行外国法院所作的判决，如果该判决是由有合法管辖权的法院作出，且判决是终局和结论性（conclusive）的。在本案中，原告和被告都是越南公民，因此，西贡民事法院对此类案有管辖权，然而，西贡民事法院作出的判决是缺席判决，原告不能证明《越南民事诉讼法》规定的缺席判决的终局性和决定性，根据《泰国民事诉讼法典》（B.E.2452（1909）），法院如宣告被告因没有出庭而败诉，被告可在判决作出后 15 天内申请再审。如果不能提供其他的证据，西贡法院将认为法院作出的缺席判决不是终局和决定性的。"最后，原告的请求被驳回。

(二) 承认和执行的必要条件

最高法院第 585/2461B.E.（1918）决议强调了承认和执行的如下原则：

1. 国际管辖

最高法院声称，由于原、被告都为越南公民，因此，西贡民事法院对此案有管辖权。这意味着当某外国法院作出的判决寻求在泰国被执行时，其管辖权须由泰国法院进行审查。值得注意的是，最高法院适用当事人国籍原则来决定越南法院的管辖权。

2. 终局性

---

① 参见［美］迈克尔·普雷尼斯主编：《亚洲的争议解决》，1997 年英文版，第 274~278 页。

判决必须是终局的和结论性的，如果案件在同一法院重审，或者仍有一些争论尚待处理，泰国法院将不执行该判决。最高法院进一步强调："从案件本身的性质而言，判决也必须是终局和结论性的。"本案中，原告未能以越南法证明判决终局性问题，因此，最高法院适用了泰国法律并声明："根据《泰国民事诉讼法典》（B. E. 2452（1909）），如果被告被法院宣告未能出庭且被判决败诉，则被告在判决作出后 15 天内可以申请再审，若无其他证据证明，泰国法院将认定缺席判决不是终局和结论性的。"如果该外国法院具有合法管辖权。《泰国民事诉讼法典》规定了两种缺席类型，即不答辩和不出庭，在后一类案件中，缺席方可在判决作出后 15 天内申请再审，如果在规定时间没有申请再审，则从该规定时间届满之日起判决被认为是终局的。这样，如果申请再审的 15 天期限届满，则缺席判决成为终审判决。在最高法院的上述案件中，期限是否届满并不清楚。

3. 互惠

大多数评注者认为，承认和执行外国判决并不要求互惠。一项外国法院的判决只要满足其他法院的要求就是可被承认和执行的，而不管外国法院本身是否准备承认和执行其他管辖地的判决。

4. 欺诈

此问题尚未明确。就国内判决而言，因欺诈获得的判决只能依据公共政策上诉到高一级法院，同一法院不能对其作出决定。依据《泰国民事诉讼法典》的规定，只有缺席案件才允许再审，但欺诈则不行。然而，采用欺诈方式获得的外国判决则不同，这种欺诈必须被认为违反了泰国的公共政策。因此，依据公共政策，欺诈被认为是不承认与执行外国判决的一种辩护措施。

5. 自然公正

如果程序与自然公正相矛盾，外国判决的承认和执行可能被拒绝。虽然最高法院并未提及这个问题，但自然公正原则是泰国法院所必须遵循的国际司法的最低标准。然而，此辩护的界限是模糊的，违反自然公正基本上应包括外国法院在作出判决时所适用的那些不合规则的程序，但没有扩展到案件的是非曲直。

6. 公共秩序

根据《泰国冲突法》第 5 条的规定，外国法的适用要不与泰国公共政策或善良风俗相矛盾。如果将这项规定类推适用，也就是说，外国判决在泰国将既不被承认也不被执行，如果它与泰国公共政策的基本原则相违背。

7. 救济的性质

依据最高法院早期作出的决定，毫无疑问，外国金钱判决在泰国能被执行。然而，外国判决判予的与依泰国法律可获得的救济类型一致的其他救济，是否可执行仍不清楚。

（三）外国判决的效力

1. 定案效力

大多数评注者的观点是，一项不能令原告满意的外国判决不能阻止原告以原先的诉因在泰国再次起诉。原告可以这么做，即使外国法院禁止这种行为。

2. 结论性和不容反悔性

关于这点法律并无明确规定。《泰国民事诉讼法典》第148条规定，如果一项判决或决定是终局的，则在同一当事人之间，不能再以同一理由提起诉讼。大多数评注者认为，该规定只适用于国内判决。因此，外国判决的终局和不许反悔问题在泰国是不确定的。

3. 执行方法

大多数评注者认为，在外国法院胜诉的原告既可以以外国判决为根据在泰国提起诉讼，也可以基于最初的诉因在泰国法院重新提起诉讼。

六、菲律宾①

（一）承认与执行的法律基础

菲律宾《法院规则》明确规定了外国判决的效力；有权作出判决的外国法院作出的判决有如下效力：（1）对特定事件作出的判决对于该事件而言具有终局效力；（2）在对人诉讼的判决中，判决是利害关系的继受者之间权利的推定性证据。但是如果法院没有管辖权，或者对当事人没有进行通知，或者串通、欺诈、对法律或事实有误解，那么，该判决可以被推翻。

（二）承认和执行的要件

根据菲律宾接受的国际法基本原则，Jovito Salonga——一位在判决的承认与执行方面备受尊敬的菲律宾权威，列出了承认与执行判决的下列要件：

（1）在作出判决的诉讼程序中，被告必须得到合理的通知并有机会参与诉讼。

（2）判决是有关民商事问题的，而不是关于刑事、税收或行政事务的。

（3）作出判决的法院必须是有管辖权的法院。①管辖权指的是对被告人

---

① 参见［美］迈克尔·普雷尼斯主编：《亚洲的争议解决》，1997年英文版，第188~191页。

和诉讼标的物的管辖权。②外国法院的管辖权不仅要根据其本国法来确定，也要根据在其中寻求承认与执行判决的国家的法律来确定。

（4）判决必须是由公正的法院作出的（比如该判决必须是由"一个或者几个与案件无利害关系的人"作出的）。

（5）根据作出判决的法院的规则，判决必须是合法的，但是一点微小的程序错误不会影响判决的合法性。

（6）判决必须是终局的，而且在判决作出国该判决必须是已结之案。

（7）要求支付金钱的判决必须确定了一个固定的数额。

（8）外国判决必须要依案件的是非曲直作出（不是因为时效或者不当管辖地或者没有管辖权等原因）。至于一项外国判决是否是按照案件的是非曲直作出的，要由作出判决的法院地法来确定。

（9）根据作出判决的国家以及判决寻求承认或执行的国家的法律规定，该外国判决必须是不被禁止的。如果承认与执行地国家的法律规定的时效要比判决作出地国家法律规定的时效要短，那么外国判决就可能被拒绝执行，如果判决承认与执行地的法律应该同等地适用于内国和外国判决。根据菲律宾《民法典》第1144条的规定，针对一项判决的诉讼必须在"自诉讼权利产生之日起10年内提起"。

（10）外国判决不能与它寻求承认或执行的国家的公共政策或者基本道德相违背。

（11）外国判决不违反"自然或实体正义"。下列情况可被认为违反了"自然或实体正义"：①如果被告没有被赋予合理的机会以陈述他的观点，或者在程序中被完全忽视了；以及②如果当事人虽然出庭了，但是在陈述案件时受到了歧视，或者被完全剥夺了进行抗辩的权利。

（12）外国判决不是通过欺诈取得的。

（13）外国判决不存在"明显的法律或者事实错误"。

其他的一些菲律宾法学权威也列举了一些类似的要件。

（三）外国判决的效力

1. 结论性和禁止反言

正如我们已经讨论过的，菲律宾《法院规则》规定，一项对特定事件的判决对该事件而言是结论性的，而且一项对人诉讼的判决不仅对当事人之间的权利义务关系是结论性的，而且构成当事人和与当事人有利害关系的继受者之间权利义务关系的推定性证据。

2. 执行方式

告出庭的有关证明文件。上述要求提供的证明文件，应经该外国公证部门公证和中国驻该国使、领馆认证。同时应由申请人提供经证明无误的中文译本。居住在中国境内的外国法院离婚判决的被告为申请人，提交前述要求的证明文件和公证、认证有困难的，如能提交外国法院的应诉通知或出庭传票的，可推定外国法院离婚判决书为真实和已经生效。

④不予承认的5种情况。经审查，外国法院的离婚判决具有下列情形之一的，不予承认：判决尚未发生法律效力；作出判决的外国法院对案件没有管辖权；判决是在被告缺席且未得到合法传唤情况下作出的；该当事人之间的离婚案件，中国法院正在审理或已作出判决，或者第三国法院对该当事人之间作出的离婚案件判决已为中国法院所承认；判决违反中国法律的基本原则或者危害中国国家主权、安全和社会公共利益。(第12条)

⑤承认的方式。对外国法院的离婚判决的承认，以裁定方式作出。没有第12条规定的情形的，裁定承认其法律效力；具有第12条规定的情形之一的，裁定驳回申请人的申请。裁定书一经送达，即发生法律效力。

⑥其他规定。人民法院受理离婚诉讼后，原告一方变更请求申请承认外国法院离婚判决，或者被告一方另提出承认外国法院离婚判决申请的，其申请均不受理。人民法院受理承认外国法院离婚判决的申请后，对方当事人向人民法院起诉离婚的，人民法院不予受理。当事人之间的婚姻虽经外国法院判决，但未向人民法院申请承认的，不妨碍当事人一方另行向人民法院提出离婚诉讼。申请人的申请为人民法院受理后，申请人可以撤回申请，人民法院以裁定准予撤回。申请人撤回申请后，不得再提出申请，但可以另行向人民法院起诉离婚。申请人的申请被驳回后，不得再提出申请，但可以另行向人民法院起诉离婚。

(2) 最高人民法院《关于人民法院受理申请承认外国法院离婚判决案件有关问题的规定》。1999年12月1日最高人民法院通过了《关于人民法院受理申请承认外国法院离婚判决案件几个问题的规定》(自2000年3月1日起施行)，它取代了1998年最高人民法院发布的《关于人民法院受理申请承认外国法院离婚判决案件几个问题的意见》。它对人民法院受理申请承认外国法院离婚判决案件的有关问题重新作了如下规定：

①中国公民向人民法院申请承认外国法院离婚判决，人民法院不应以其未在国内缔结婚姻关系而拒绝受理；中国公民申请承认外国法院在其缺席情况下作出的离婚判决，应同时向人民法院提交作出该判决的外国法院已合法传唤其出庭的有关证明文件。

包括他们的姓名和地址。（2）作出判决的国家的国名和法院的名称，作出判决的日期、判决的编号和判决概要。（3）希望部分执行的，应说明与判决有关的当事人的具体情况。

（四）应提交的材料

下述材料应随同申请书一并提交法院：（1）经过外国法院确认的判决书副本，以及经过公证的译本；（2）由作出判决的外国法院书记员签发的、经过公证的判决生效确认书，以及经过公证的译本。

（五）请求执行的条件

如果符合下述条件的，法院可以发给执行令：（1）土耳其共和国与作出判决的外国之间存在国际公约、双边条约，或存在互惠的；（2）外国法院的判决未违反土耳其关于专属管辖的规定的；（3）判决未违反土耳其公共秩序的；（4）被告没有在土耳其法院提出异议，不存在没有及时通知他出庭参加诉讼，为自己辩护的情况，也不存在判决违反该外国立法的情况；（5）作为被告的土耳其人，在确定当事人诉讼地位时，对根据土耳其冲突规则所援引的准据法没有提出异议。

（六）通知的送达与异议

请求执行的申请书在法院审理完毕的当天即可与判决书一起送达当事人另一方。有关的裁定通过简易程序作出。

对方当事人可以以裁定不符合本节规定或判决已经部分执行或全部执行，以及执行裁决存在困难等理由为自己进行辩解。

（七）法院裁定

法院有权作出执行部分或全部外国判决的裁定，也可以驳回执行请求。法院的裁定应采用书面形式，由法官签名并加盖印章。

（八）执行裁定或向最高法院上诉

对于法院签发执行令的外国法院判决，按照执行土耳其法院判决同样的程序予以执行。就法院作出执行判决的裁定或驳回执行请求而向最高法院提起上诉，适用该法总则中的规定。当事人向最高法院提起上诉的，执行即中止。

（九）承认

法院认为请求执行的申请符合条件的，即签发执行外国法院判决的执行令。但第38条第一款和第四款的规定不适用本条。对外国法院判决的承认也适用本条的规定。由外国法院作出的有关行政行为的判决，在土耳其境内执行的，适用与上述相同的程序。

1992 年《中华人民共和国和土耳其共和国关于民事、商事和刑事司法协助的协定》对中土两国法院判决的相互承认与执行作了规定。

第二节　若干欧洲国家和地区的判决执行制度（上）

在判决的域外承认与执行方面，欧洲地区存在几个重要的国际统一立法，即 1968 年欧共体布鲁塞尔《关于民商事管辖权及判决执行的公约》、1988 年卢迦诺《关于民商事管辖权及判决执行的公约》和欧盟理事会通过的几个有关法规。目前，对同为《卢迦诺公约》成员国的欧盟国家和欧洲自由贸易联盟成员国（至 1997 年，欧洲自由贸易联盟的成员国中只有比利时和希腊不是该公约的成员国）之间，判决的相互承认与执行依《卢迦诺公约》进行。丹麦与其他欧盟成员国之间判决的相互承认与执行仍依 1968 年《布鲁塞尔公约》进行。在除丹麦外的其他欧盟成员国之间，欧盟理事会 2000 年《关于民商事案件管辖权及判决承认与执行的法规》已替代《布鲁塞尔公约》。因此对除丹麦外的欧盟成员国①法院作出的判决的相互承认与执行，依据欧盟理事会 2000 年《关于民商事案件管辖权及判决承认与执行的法规》（2001 年第 44 号法规）和 2000 年《关于破产程序的法规》（2000 年第 1346 号法规）以及 2000 年《关于婚姻案件和亲子关系监护案件管辖权及判决承认与执行的法规》②（2000 年第 1347 号法规）进行。以下在阐述欧洲各国的有关制度时，不再重复上述说明。

一、英国

（一）救济方法

如果原告获得了针对被告的判决，高等法院和郡法院都不会自动执行判决，直到原告启动判决强制执行程序。下面阐述的就是原告可使用的强制执行判决的方法。

1. 口头诘问判决债务人

判决债权人可获取命令要求债务人出席法庭，以便诘问他财力方面的情

---

① 截至 2004 年，欧盟包括 15 个成员国：奥地利、德国、法国、意大利、荷兰、比利时、卢森堡、爱尔兰、英国、丹麦、希腊、西班牙、葡萄牙、芬兰和瑞典。

② 上述几个欧盟理事会法规的内容可参见肖永平主编的《欧盟统一国际私法研究》（武汉大学出版社 2002 年版）和刘卫翔著的《欧洲联盟国际私法》（法律出版社 2001 年版）的有关部分。

况。如果判决债务人是法人团体，可以向公司官员发出命令。如果判决债务人拒绝出庭，可以获取关押他的命令。诘问命令本身并不是强制执行的方法，仅仅是一种获取强制执行的信息的方法。

2. 财物扣押令

这一法律程序使执行人员能查封和变卖债务人在其郡或地区的财产，以便执行判决债务和诉讼费用、强制执行费用。通常并不需要担保。执行人员不能强行进入任何住宅。

3. 扣押债源诉讼程序（garnishec proceedings）

在扣押债源诉讼程序中，如果判决债务人本身是其他人的债权人，可以获取命令要求判决债务人的债务人应该向判决债权人偿付。如果判决债务人不偿付，可采取扣押债源这一强制执行程序。

4. 扣押令

在判决债务人拥有地产时，可以获取针对该地产的扣押令。扣押令本身并不是直接强制执行债务的方法，它仅仅是为判决的执行提供担保。债权人处于抵押权人的地位，如果判决债务人没有对债务进行偿付，债权人可在单独的诉讼程序中向法庭申请出售地产以便强制执行扣押令。

5. 封截收入令（attachment of earnings order）

可作出命令迫使雇主减付判决债务人的收入并向法院提存①。如果作出命令，法院须规定一个正常扣减率和一笔保护性的收入率（被告的收入不能低于该水平）。

6. 扣押令

在被告藐视法庭不在判决或命令指定的时间内履行判决或命令时，或在被告不遵从要求其不做某事的命令时，可以针对个人财产发出扣押令，或在被告为公司的情况下，可发出针对董事或高级职员的财产扣押令，但这必须向法官提出申请获取法官的许可。通常，在通过扣押令强制执行判决前，必须在履行期间到期前，向被告直接送达一份背书有处罚通知的判决。扣押令授权专员进入藐视法庭的人的地产，并占有该人的个人财产。

7. 破产或清算

在被告没有偿付超过 750 英镑的判决债务的案件中，原告可申请被告破产（如果是个人）或清算（如果是公司）。原告必须用指定的方式向被告送达一份法定要求支付书，说明债务的详细情况，并通知被告如果在 21 天到期后他

---

① 1975 年《收入封截令》。

没有遵从要求，原告可提出破产或清算申请。如果原告已提出强制执行程序，但遭到合理的拒绝，原告可提出清算或破产诉讼（程序），而无须提出法定要求支付书。诉讼程序通过发出破产或清算请求书并提出誓章（affidavit）作为支持而启动。一旦发出请求书，将确定一个聆讯的日期，向被告送达请求书和誓章并必须将送达的誓章备案。

就清算诉讼程序而言，必须用规定的方式对清算请求的聆讯在报纸上公告。破产请求由高等法院的破产司法常务官（Bankruptcy Registrar）或郡法院的地方法官（District Judge）聆讯。如果授予破产命令，破产管理人将立即接管个人财产，并收集破产财产以便在所有债权人中间分配收益。可由债权人会议任命一位破产受托人对财产进行分配。清算请求由公司庭的司法常务官公开开庭聆讯。如果作出清算命令，将由破产管理人进行诉讼直到债权人任命了一位清算人①。

8. 逮捕

法庭有权监禁蔑视法庭的人。通常，根据《1869 年债务人法》第 4 部分不能由于没有偿付一笔款项而逮捕或监禁任何人。然而，有限的监禁权力确实存在，在特定履行的情况下，可因为拒绝或疏忽而未能遵守判决、命令或因为没有遵守禁止令而作出关押命令。关押申请必须向法官提出，并由誓章支持。拘留程序在《最高法院规则》第 52 号令中作了规定。背书有处罚通知的判决必须首先向被告直接送达，申请通知书和支持誓章也必须直接送达，除非法庭免除送达。

（二）布鲁塞尔判决承认与执行公约和欧盟理事会 2001 年第 44 号规则

欧盟理事会 2001 年第 44 号规则有关判决承认与执行的规定与《布鲁塞尔公约》的有关规定基本相同，此处仍依布鲁塞尔的有关规定进行阐述。根据 1968 年《布鲁塞尔公约》第 25、28、29、32、37、40、46、47 条，在一缔约国作出的判决必须在另一缔约国得到承认而无须特别程序。

根据公约第 33 条的规定，申请程序由被请求执行国的法律支配。根据英国法申请执行的程序在《最高法院规则》第 71 号令和《1982 年民事管辖权和判决法》第 4 条作了规定。申请在英国执行的判决应在高等法院的王座分庭进行登记②。登记申请应单方面向书记官提出，并且必须得到下面事项的支持：陈述判决的誓章，或一份经核实或证明或其他方面经适当证实的判决书副

---

① 破产和清算诉讼程序的细节，请参见《1986 年破产法令》第 4 部分。
② 《1982 年民事管辖权及判决法》第 4 条。

本，以及其他能够表明根据判决作出国的法律，判决是可执行的并被送达的文件。就缺席判决而言，必须附上一份文件表明缺席一方已被送达启动诉讼程序的文件或相当的文件作为证据。如果合适的话，附上一份表明当事人已收到法律援助的文件和判决英译本。

《1982 年民事管辖权和判决法》第 11 条规定：一件经证实的相当于缔约国所作判决副本的文件将被视为一份真实判决而无须进一步证明，除非表明有相反的情况。如果文件盖有法庭的印章，或被具有法庭法官、官员身份的任何人证实是该国所作判决的真实副本，该文件就得到了合理的认证。一份原始或经证实的支持性文件将成为与其相关的事件的证据。

誓章应该阐明判决是否规定了偿付一笔金钱，在判决作出国利息是否可追回（如果是这样，利息和利息期如何），是否提供了向申请当事方送达的处于管辖区内的地址、判决义务人的名字及其通常或最后的地址、营业地。誓章必须阐明申请当事方有权执行判决的理由，以及阐明在申请日判决还未得到圆满执行或某部分尚未执行①。

尽管有《最高法院规则》第 3 号令的规定，不能仅以申请一方当事人不居住在管辖区内而要求提供诉讼费用担保。允许登记的命令将阐明上诉期间，并会暂缓执行判决直至期间届满。通过在法庭办公室提交命令和判决书副本的方式就可登记判决。登记通知必须送达给被告，告知他有权上诉并规定上诉期间。根据《1982 年民事管辖权和判决法》的规定，登记的效力为：判决可用执行高等法院的判决的相同方式执行。就在英国但在英格兰和威尔士以外所作的非金钱判决而言，上面所述程序可适用。但在对登记提出异议的情况下，申请撤销命令应向地方法官而非高等法院法官提出。执行在英国其他地方所做的金钱判决的程序简单得多。申请者必须在高等法院提交原法院 6 个月前所发出的判决证明书，判决债权人必须出示一份经证实的判决证明书，没有必要申请许可。

公约第 37 条规定，必须根据缔约国程序规范对授权执行的裁决提起上诉。在英国，通常向高等法院提起上诉且向法官发出传票而提出。《最高法院规则》第 71 号令规则 33（2）（a）规定：传票必须在判决登记通知书送达 1 个月内送达，或在此种通知书是向不居住在管辖区内的当事方送达的情况下，须在此种通知书送达 2 个月内送达。法庭有权根据非居住在缔约国的当事人在登记通知书送达 2 个月内提出的申请，进一步延长上诉期限。如果根据第 71 号

---

① 《最高法院规则》第 71 号令，规则 28。

令规则 31 提起上诉，对上诉作出裁决后，才能发出判决执行令。如果执行申请被拒绝，公约第 40 条规定申请人可上诉。在英国，通过向高等法院的法官发出传票而提起上诉。传票必须在对登记申请作出裁定后 1 个月内送达①。

二、爱尔兰

(一) 救济

1. 执行令状

地区法院命令 (The District Court decree) 是地区法院发出的执行令。执行命令 (The Execution Order) 是巡回法院一级的执行令。执行令是高等法院一级的执行令。

2. 扣押令

《1872 年爱尔兰债务人法》第 8 条规定，扣押对不能逮捕的债务人或为了执行一个针对任何人或法人的命令有效。扣押令非常严厉，因此很少使用，通常如果能避免使用，法庭不签发扣押令。如发出扣押令，则限制该人的所有财产。系争财产保管者有义务持有财产，直到所有权人承担了责任或证明自己无需承担责任。

要求任何人作为或不作为而非支付金钱的判决可通过拘留或监禁的执行令强制执行。在婚姻案件中也可以扣押财产。

《法院规则》规定，除了地区法院之外的所有法院，可以命令来自第三债务人的债权应被扣押，第三债务人要将债务支付给胜诉的当事人而不是他的债权人。通过同样的或随后的命令，第三债务人可被命令出庭说明他为什么不还债给胜诉人而支付给债权人的原因。如果第三债务人对他对债权人的义务表示异议，法官可以不签发执行令，而是命令对确定第三债务人的义务来说是必要的问题进行审理或相应地作出决定。

3. 破产及清算

(1) 破产

债务人可被高等法院裁定为破产者。如果债务人不能满足偿付要求，债权人有权请求法庭将债务人宣布为破产者，即使债权人尚未获得判决。破产通常被法庭视为最后的救济方法。因此，在实践中法庭一般不裁定债务人破产，除非原告已胜诉或已尝试通过其他所有途径收回债务。

如果债务人从事了破产行为 (不是不遵守破产传唤)，债权人可以在提出

---

① 最高法院规则第 71 号令，规则 33 (2) b。

申请之前的三个月里以该破产行为为依据，请求裁定债务人破产。《1988年破产法》第7条具体规定了8种破产行为。

裁定债务人为破产者的效果是债务人的所有财产（包括不动产及动产）归属法院法官的管辖，该法官分配财产以满足债权人的利益。在破产程序中，抵押债权人首先以其抵押获得清偿。有优先权的债权人然后获得清偿，如果还有剩余，就在无担保权的债权人中按比例清偿。

（2）清算

《1963年公司法》第213条规定，公司如果不能偿债，可被法庭清算。同时，因其他特定原因，公司可因公司、公司成员或领导的申请而被清算。实际上，不同于自愿的清算者，法庭清算者仅在债务人公司不能清偿到期债务时出现。

《1963年公司法》第212条规定，仅高等法院才有清算任何公司的权利。

但是，需提及的是清算命令并不否认公司的存在，直到法庭依据《公司法》第239条作出命令解散公司，公司才不存在。

作出清算命令后，法庭即要派清算人进行清算。法庭决定清算人的报酬。清算人是公司的代理人，有源于其职务的信托义务和法律规定的法律义务。对公司进行清算及分配资产是清算人的职责。

4. 管理令（receiveship orders）

在下列三种情况下可发出管理命令：（1）对有限责任公司；（2）衡平法上的执行的管理人；（3）依据转让法（Conveyancing Acts）。

（1）有限责任公司

持有债券的债权人委托的管理人的作用是：代表债权人管理附属于债权的公司财物，并对其进行分配以偿付债务及利息。实际上，如果必要，债券契约也赋予他管理公司事务的权利。

（2）衡平法上的执行的接受人

衡平法上的执行是允许针对财产利益的执行程序（这不可能依据普通的执行方式进行）。通过衡平法执行的接受人依据财产利益来委派，其作用是有限的。接受人并不将有关的财物移交给判决债权人，也不交给他管理。对管辖范围外的居民向管辖范围内的居民的金钱支付，通过衡平法执行的接受人可由爱尔兰法庭任命。

（3）依据转让法委任的接受人（管理人）

各种法规赋予抵押权人委托土地管理人的权利。《1881年转让法》第19（1）条授权通过文据创设的抵押权的抵押权人委任管理人。这涵盖多数法律抵押和注册抵押。当衡平抵押因文据而产生，它也适用于衡平抵押。然而，当公平且便利时，衡平抵押人应向法庭申请委托管理人。委托管理人的权利在抵押款项到期但未支付时产生。

5. 逮捕

地区法院有关于法庭作出分期支付款项的命令的程序，如果债务人不遵守它，鄙视或不服从命令，他可能会被拘捕或监禁。这一程序即"《执行法院命令法》程序（*Enforcement of Court Orders Act* Procedure）"。

不管判决的金额或最初作出判决的法庭，只要地区法院对此拥有管辖权即可。如果债务人不能支付到期的分期款项，可以申请强制令，监禁的最长时间是 3 个月。应提及的是当债务得到偿还或债务全部或部分消灭后，不再监禁债务人。也需提及的是依据《破产法》，债务人因逃避管辖或在调查中不合作也可被监禁。《公司法》中也有相似的规定。

（二）布鲁塞尔承认和执行公约和欧盟理事会有关规则

布鲁塞尔《关于民商事案件管辖权和判决执行的公约》通过爱尔兰 1988 年的《法院管辖权和判决执行（欧共体）法》纳入了爱尔兰法。因此高等法院法官批准执行外国判决的命令与爱尔兰法院作出的判决被同样地对待。

目前，爱尔兰与丹麦之间判决的相互承认与执行依 1968 年《布鲁塞尔公约》进行。对除丹麦外的欧盟成员国法院作出的判决，依据欧盟理事会 2000 年《关于民商事案件管辖权及判决承认与执行的法规》和 2000 年《关于破产程序的法规》以及 2000 年《关于婚姻案件和亲子关系监护案件管辖权及判决承认与执行的法规》执行。

三、德国

（一）国内法的有关规定

如果败诉方不履行判决，胜诉方必须采取强制执行措施，有关的核心条款规定于《德国民事诉讼法》中。

1. 执行令状与执行条款

一旦判决被送达给债务人，债权人即可开始申请强制执行措施。任何执行措施的前提是存在一个正式的、规定了执行条款的判决副本。根据《德国民事诉讼法》第 725 条的规定，这样一个具有强制执行性的证明是由已作出该判决的法院的书记官签发的。这个附有执行条款的正式副本是下列执行措施的基础。执行措施和有权实施它们的国家机构取决于执行标的。

2. 对动产的强制执行

法院的执行法警有权对债务人占有的动产采取执行措施。法警通过实际占有来转移或没收该动产。为做到这一点，法警有资格进入债务人的居所并进行搜查。法警没收的财产依《德国民事诉讼法》第 814 条予以公开拍卖。

3. 对不动产、登记船舶和航空器的执行

不是原作出判决的法院，而是不动产、登记船舶和航空器所在地的法院有权采取强制执行措施。根据胜诉方的申请，有权法院可以授予：（1）抵押登记；（2）强制性的管理；（3）强制性出售。

这一程序的技术性细节被规定在《强制性销售和管理法》中。

4. 债务的扣押（attachment of debts）

胜诉人可以通过向败诉人住所地法院的书记官提出申请的方式，来扣押败诉人的债务或其他权利。书记官将签发扣押令并根据《德国民事诉讼法》第 829 条转让该被扣押的第三债务人的债权（garnished claim）。但这一程序不得侵害第三债务人的任何权利。

5. 意愿的宣示（declaration of will）

如果判决命令败诉人作出一个意愿的宣示，例如，承认胜诉方提出的提议，则无需任何专门的强制执行措施。当判决成为最终性时，根据《德国民事诉讼法》第 894 条的规定，败诉方被认为业已作出了这种意愿的宣示。

6. 作为或不作为

如果判决要求败诉人为一定行为而他拒绝为之，按照《德国民事诉讼法》第 887 条第 1 款的规定，胜诉人可以申请一个由第三人替代履行的决定。有权机构是作出原判决的法院。

如果请求不作为，法院可以根据胜诉人的提议予以警戒，并随后规定高达 50 万德国马克的罚金或不超过六个月的监禁①。

7. 破产清算、破产财产管理

如果发生破产、清算和破产财产管理的情况，则任何基于确定无误的判决的强制执行措施将会中断。接下来的程序被规定在《破产法》以及《破产财产管理法》中。

（二）布鲁塞尔承认和执行公约和欧盟理事会有关规则

德国是 1968 年 9 月 27 日缔结的、又于 1982 年 10 月 25 日修订的《布鲁塞尔公约》的缔约国。该公约第 25 条相当程度地便利了由缔约国法院作出的判决的承认和执行。丹麦与德国之间判决的相互承认与执行依 1968 年《布鲁

---

① 《德国民事诉讼法》第 890 条。

塞尔公约》进行。对除丹麦外的欧盟成员国法院作出的判决，依据欧盟理事会 2000 年《关于民商事案件管辖权及判决承认与执行的法规》和 2000 年《关于破产程序的法规》以及 2000 年《关于婚姻案件和亲子关系监护案件管辖权及判决承认与执行的法规》执行。

（三）《布鲁塞尔公约》和欧盟理事会有关规则以外的承认和执行

1. 条约

除《布鲁塞尔公约》以外，德国是下列涉及判决的承认与执行的多边条约的当事国：（1）1954 年 3 月 1 日海牙《民事诉讼程序公约》（涉及关于裁决的承认、有关费用的问题）；（2）《国际铁路货物运输公约》；（3）《国际公路货物运输公约》；以及（4）《国际铁路旅客及行李运输公约》。

此外，在德国和下列国家间还存在双边条约，其中含有相互承认判决的规则：奥地利、比利时、希腊、以色列、意大利、荷兰和英国、挪威、瑞士、突尼斯等国。在欧盟成员国间，布鲁塞尔公约和欧盟理事会有关规则在其适用范围内具有优先性。

2. 自治法

（1）承认

在没有国际条约规范的情况下，根据《德国民事诉讼法》第 328 条，外国判决在执行之前必须先被承认。根据《德国民事诉讼法》第 328 条，外国判决在下列条件下将被承认：①作出判决的外国法院对案件具有管辖权。管辖权问题通过适用德国管辖权规则确定；②只有令状被适当地送达给被告，该外国判决才能被承认；③该外国判决不能被承认，如果它与在先作出的外国判决相反或者它与一个在德国进行的未决诉讼或一个德国判决相冲突；④如果外国判决违反了德国的公共秩序，将不会得到承认；以及⑤必须存在互惠，即外国判决只会被承认到该外国国家承认德国判决的同样程度或范围。

（2）执行

如果《德国民事诉讼法》第 328 条所规定的条件得到满足，并且根据作出该判决的国家的法律，该判决是终局和具有约束力的，就将会得到执行。

四、俄罗斯

1997 年《俄罗斯联邦执行程序法》第 80 条规定，在俄罗斯联邦执行外国法院和外国仲裁机构的裁决，依照俄罗斯联邦与之签订的相应国际条约和联邦现行法律所规定的程序进行。俄罗斯联邦法院根据外国法院判决作出的执行文件可以在判决生效后 3 年内提出执行申请。其第 79 条规定，对外国人、无国籍人和外国组织执行法院判决和其他机关的裁决时适用现行俄罗斯联邦法律的规定①。

1992 年《中华人民共和国和俄罗斯联邦关于民事和刑事司法协助的条约》对中俄两国法院判决的相互承认与执行作了规定。

第三节　若干欧洲国家和地区的判决执行制度（下）

一、法国

丹麦与法国之间判决的相互承认与执行依 1968 年《布鲁塞尔公约》进行。对除丹麦外的欧盟成员国法院作出的判决，依据欧盟理事会 2000 年《关于民商事案件管辖权及判决承认与执行的法规》和 2000 年《关于破产程序的法规》以及 2000 年《关于婚姻案件和亲子关系监护案件管辖权及判决承认与执行的法规》执行。

关于民商事案件的管辖权和判决执行，《卢迦诺公约》将《布鲁塞尔公约》的适用范围扩展至欧洲自由贸易联盟所有成员国（EETA），在任何缔约国作出的判决不需特别程序即可在法国获得承认，不能对其进行重新审查。相反的，希望对判决不予承认的当事人只能主张如下有限的理由：（1）判决的承认将与法国的公共政策相抵触；（2）未向被告正式送达文书或未让其提出抗辩，并且判决是通过缺席的形式作出的；（3）判决与法国对相同当事人的争议作出的判决不一致；（4）作出判决的法院对关于自然人的身份或能力、夫妻财产制、遗嘱和继承方面的先决问题作出了不符合被请求承认国国际私法规范规定的判决。但如果适用该国国际私法规定后，仍将达到同样的结果者，不在此限；（5）如果该判决与一缔约国就相同当事人就同一诉因提起的诉讼作出的先前判决不相容者，但以后者符合被请求国承认之判决的必要条件者为限；（6）判决与关于保险问题和消费合同方面的国际条约的某一条款或根据特定诉讼标的物确定法院专属管辖权的条款相冲突。

如果有人针对判决提起申诉，法国法院可以暂缓进行判决承认程序。申请应提交给反对执行的当事人住所所在地的大审法院的首席法官（presiding juclge）。如若当事人在法国无住所，可依判决履行地来确立管辖权。申请应附

---

①　参见张西安、程丽庄译：《俄罗斯联邦民事诉讼法（执行程序法）》，中国法制出版社 2002 年版，第 220 页。

随如下文件：(1) 符合必要的真实性条件的判决书复印件；(2) 在缺席判决的情况下，起诉文书的原本或确证为真实的复印件或者是同类的文书；(3) 依据判决作出国的法律，证实判决可以执行并已送达的文件；(4) 如果恰当的话，表明申请人在原始国享受法律援助的文件。

仅仅在存在以上所列举的不承认理由时才可以拒绝执行，并且，国际条约禁止对外国法院判决进行实质内容方面的审查。

被裁定履行判决的当事人一般可在裁定送达后的一个月内向上诉法院提起对裁定的上诉，并且可以向最高上诉法院对判决提起上诉。在上诉期间直到对上诉作出裁决前，除了对上诉人的财产采取保护性措施外，不能采取任何执行措施。在申请执行外国法院判决的当事人为外国人或在法国无住所或居所的情况下，不要求他提供担保或保证。

1987 年《中华人民共和国和法兰西共和国关于民事、商事司法协助的协定》对中法两国法院判决的相互承认与执行作了规定。

二、意大利

(一) 一般原则

《民法典》第五卷第四篇（BOOK VI，Title IV)、《民事诉讼法》第三篇对执行程序作了规定，其目的在于以判决或其他具有可执行性的文件作为执行根据，强制执行判决以满足债权人的权益。执行程序依其执行的实体权利的不同而内容有所不同，其共同的特点有：(1) 参加执行程序的当事人有：在法院监督下进行执行的机构、债权人和债务人等，他们分别是寻求司法保护或司法保护所针对的人；(2) 执行机构是被称为司法官员的传票送达员（process server)，他是属于法院的负责送达传票、查封财产等类似事项的政府雇员；(3) 依执行对象是动产还是不动产，监督执行的法院或执行法院分别是初审法院或大审法院；(4) 诉讼开始是单边的，债务人不享有被告的法律地位；仅在债务人提出异议时，双边诉讼才随执行的开始而开始；(5) 申请执行的请求常以口头形式提出；(6) 执行机构的行动包括发布强制性指示或命令在内的一系列措施。

1. 执行措施的种类

在执行程序中，三种基本的措施可能会被采取：(1) 对金钱请求的强制执行或普通的强制执行，目的在于从债务人处强行走走某些财产并将其变卖为金钱，以满足债权人的要求；(2) 拟交付或让与财产的执行，目的在于让债权人获取特定的拟交付或让与的动产或不动产；(3) 对作为或不作为义务的强制执行，目的在于要求被告去作或不作某些事情。

执行程序的一个典型特点是，在实际执行前，法院须采取一定措施通知债权人的债务人：债权人要求强制执行可执行性文件中某些权益的意图。这些措施也起到了促使债务人履行债务以避免强制执行和浪费相关费用、告知债务人执行的内容、确保执行的合法性的作用。根据《民事诉讼法典》第 479 条的规定，在强制执行前，法院须送达具有可执行性的文件和被称为执行令状的正式通知。

2. 可执行的文书

一份可执行的文书指确定或构成债权人可通过执行得以满足的权利和证明权利存在的文件。没有这样的文书，执行程序便不能启动。文书的提交证明了基本权利的存在，除非有人对之提出异议。

在法律上，可执行的文书分为判决和其他法律明确赋予强制执行效力的文书。特殊的可执行文书包括本票和其他可转让的证券及其他法律赋予同等执行效力的文书和由公证人或其他政府官员制作的、涉及金钱给付义务的文书。

3. 令状

《民事诉讼法典》第 480 条规定的令状是要求债务人在 10 天内履行可执行文书中规定义务的正式通知，及在债务人不履行义务时，法院将强制其履行的警告，令状在送达债务人时生效。因此，令状须与可执行文书同时或在其后依《民事诉讼法典》第 137 条的规定送达债务人，如在送达后 90 天内强制执行仍未开始，则令状失去效力。

（二）强制执行

强制执行包括一系列措施，其目的在于强制带走债务人的某些财产并将其变卖为金钱以满足债权人的权益。根据执行对象的不同，强制执行可能包括如下内容：（1）当执行对象是债务人的金钱或动产时，由初审法院执行动产；（2）当执行对象是由第三人占有的动产或第三人对债务人所负的债务时，对第三人执行；和（3）当执行对象是不动产时，由大审法院执行不动产。

因为债务人须以其现有的和将来的所有财产对其债务负责，债权人在被授权时可以扣押债务人的财产，但扣押须由有权执行的法院监督进行。其中，大审法院的一个成员监督对不动产的扣押，初审法院的一个成员监督对动产或债务人在第三人处的财产的扣押。法官负责整个执行程序的监督，除非存在当事人的阻碍事由法官不能主动介入执行程序。

法官将举行包括扣押财产的债权人、参与执行的债权人、债务人和其他利害关系人参加的听证会以听取利害关系人的意见。在有关当事人提出申请时，发布在其生效前有可能被撤销、修正的命令。强制执行由查封财产开始，传票送达员将送达债务人一个命令，禁止其采取任何旨在移动作为一定权益及其孳息担保的财产的行动。

查封是传票送达可采取的措施之一，它经债权人提出请求后启动，须在出示有关可执行文件和送达令状后进行。它对被查封的财产课以一定法律义务，使得债务人用被查封财产对其他债权人的个别清偿无效，但不影响基于诚实信用原则占有未进行公共登记的动产。查封也可能针对债权人从债务人所有的财产和第三人财产中选出的财产进行，如果这些财产是债权人所提出的权益的担保物或来自债务人和第三人针对（against）债权人安排的、履行了的、损害了债权人利益的交易。然而，如果债权人是某些质押物或抵押物的受益人，则他只能针对质押物或抵押物或其他扣押物申请执行而别无选择余地。

债务人针对查封行动可以采取不同对策：（1）向传票送达员支付被请求数额的金钱和相关费用以避免财产被查封。（2）请求用支付数额同扣押债权人和"参与债权人（joining creditors）"请求的数额相等金钱的方式代替财产的查封，但数额的大小须由法官以特别命令的方式加以确认。为了防止这一程序被用作拖延履行的策略，第 353/90 号法令对《民事诉讼法典》第 495 条作了修正，它规定：金钱替换请求只能提出一次，须预付相当于请求额 1/5 的金钱于书记员办公室。所应支付的金钱不能分期支付。（3）当被查封财产的价值大于所请求查封财产的价值和其他要求的价值的总和时，债务人可请求减少查封的范围。如债权人在查封财产行为采取后 90 天内未请求出卖或让与被查封财产，则查封行为失去效力。在债务人对执行行为提出异议的场合，上述期限将顺延。

"参与债权人"包括那些希望其债权在同一程序中获得清偿，因而在启动执行程序的所有债权人（被称为诉讼债权人）之后申请参加执行程序的所有债权人。有些规则适用于这样一种处理问题的原则：在同一财产上只允许进行一次执行程序；参与债权人如获得可执行文书，可在诉讼债权人未能申请强制执行时采取单独的行动请求这么做；在执行程序所得收益的分配中，除了享有优先权的债权人外，所有债权人享有平等的法律地位。为满足其要求，诉讼债权人或任何参与债权人可通过强制出卖财产或根据预先估价分配财产给债权人的方式对被执行财产进行清算。适格的法院将举行一个听证会认可这种出卖或分配。

执行程序的最后一个阶段为执行所得的分配。如果只有一个债权人，法官在听取了债务人的意见后，将裁定用执行所得偿还债务人应偿还的债务的本金、利息和相关费用。如果启动执行程序或加入同一查封程序的债权人不止一个，分配执行所得的方案须经所有债权人同意并取得法官的批准或由法院制定，方案须尊重合法的优先权。如果执行所得经分配后尚有剩余，则必须将它返还给债务人或被执行的第三人。分配过程中产生的争议应交由有管辖权的执行法院解决。

1. 对债务人动产的强制执行

对债务人动产的强制执行涉及出示可执行文书，以及令状的传票送达员在债务人家中或债务人控制的其他地方或在不损及债务人人格尊严时从债务人身上发现和查封财产。如征得初审法院的授权，传票送达员也可查封未处于债务人控制的地方，但可由其直接处置的特定财产。传票送达员将首先查封那些易在市场上脱手的东西，诸如现金、珠宝、证券。

在确认了债权人请求或推定价值范围内应查封的财产后，传票送达员将对查封财产制作一份清单，并在口头传票中决定其大致价值，随后，他将命令债务人不得就被查封财产进行任何处置，并指定一名管理人对财产进行保护及在可能的情况下对财产进行管理。在举行认可出卖或分配查封财产行为的第一次听证会之前，任何对债务人享有可执行的、数额确定、且已到期债权的债权人均可申请加入执行程序。在采取查封行为 10 天后，扣押债权人或任何参与债权人可请求分配和出卖债务人的所有其他财产，他们也可以请求分配债务人的证券和其价值可在证券交易所或商品市场上得到反映的其他财产①。初审法院基于扣押债权人的请求，将举行一个听证会，会见可能对财产的出卖程序提出建议、对执行行为提出异议的当事人。如果当事人未提出异议或当事人间达成了和解，初审法院将发布命令，认可财产的分配或出卖。如果有人提出异议，初审法院将以判决的形式作出最终决定，发布一个关于财产分配或出卖的命令。

对强制执行动产中被查封财产价值不超过 1000 万里拉的情形，第 353/90 号法令为之规定了简易程序。

2. 对第三人的强制执行

对第三人的强制执行涉及由债务人所有、但由第三人占有的财产或债务人针对第三人享有的权益。在这些情形中，查封具有两个目的：防止第三人将财产偿还或交付给债务人并确定债务人权益或财产的存在。查封后，第三人在其应交付的财产或应支付的金钱方面有服从财产管理人的义务，因而对扣押债权

---

① 《民事诉讼法典》第 529 条。

人负有直接的义务。

第三人在必须给付一定财产或支付一定金钱时，他必须亲自或委托一特别代理人在听证会上发布声明，详细说明他应支付的数额、所占有的财产、在此之前已针对他采取的扣押、查封行为和针对他作出的或他接受的财产分配行为。如果第三人缺席听证会或尽管他出席了听证会，但拒绝发表声明，或就声明的内容与他人发生争议，执行程序将依法延迟。在利害关系人提出请求时，法院将开始正常的诉讼。如果发现债务人享有某些权利，法院将为执行程序的继续规定最后期限。

3. 对不动产的强制执行

"强制执行不动产"的对象是不动产和其附属物及由其产生的权益。选择查封哪些财产不是由传票送达员在查封时决定，而是由选择此类强制执行措施的债权人决定，后者须了解哪些财产由债务人所有及其大致价值。唯一的限制在于：抵押权人在未查封抵押物之前不能查封其他财产。

对不动产的强制执行可分为两个阶段，每一阶段都会导致不同的特别的法律后果。第一阶段，法院将送达给债务人一份由债权人签字及包含其打算执行的动产和不动产内容的文件和禁止债务人采取任何损及作为债权担保的财产的功能的行动的警告。经采取了这样的行动，对债务人而言，查封就是合法有效的，第二阶段，法院将对查封的不动产予以登记、注册，以使得存在于被查封财产上的扣押权对第三人发生效力。

通过查封，债务人成为被查封财产的代管人，但负责执行的法院也可以指定另一人作为代管人。债务人（或第三人代管人）享有有限的处理财产的权力，如果他想出租这些财产，必须获得法院的同意。

在采取查封措施 10 天后，获得可执行文书的扣押债权人和每一个参与债权人均可请求进行出卖不动产的程序。法院在举行了会见当事人的听证会和进行了可能存在的异议程序后，也可作出出卖命令，但常常不包括拍卖措施，而是通过一个或多个独立登记在书记室的出价或叫价方式进行，除非法院认为前者是最合适的一种措施。

（三）特定履行

当债权人对债务人享有的权利可通过财产的交付、一定行为的履行或服务的提供得以实现时，法院将授予特定履行。

要求债务人交付债权人特定财产的判决，不管其对象为动产还是不动产，都可在征得财产所在地初审法院的授权后获得强制的特定履行。实际上，程序主要由传票送达员主持，法官仅在财产的给付或估价存在特别困难时才进行干预。根据《民事诉讼法典》第 605 条的规定，在执行前，法院须送达一份令状及一份关于财产情形的简要说明书给当事人（《民事诉讼法典》第 408 条规定的情形除外）。

（四）义务的履行

履行做或不做某事的义务的目的在于使债权人获得某项他有权获得的行为的履行，减轻债务人作出的本不该做的事所造成的危害。如果某当事人未履行做某事的义务，有权获得此项履行的当事人可以按法律规定的方式要其支付从事此项行为的费用。如果某当事人未履行不做某事的义务，有权的当事人可以要求其出资消除其违法行为引发的后果，然而如果这样的措施有碍于公共利益，则有权的当事人不能那样要求，仅能获得损害赔偿。

通常，可执行文书是一份判决。然而，在采取这样的执行措施的同时也可采取一些相关联的、与在可能产生令人害怕的损失的场合所作的预防措施一样的预防措施，及某些紧急措施①。此程序由权利人向初审法院提交一份请求引起，权利人在促使一份令状颁布后，可要求开始执行程序。初审法院在听取义务人的意见后，将发布一项包含执行时间和执行程序内容的命令，指定负责执行的传票送达员和完成应完成而未完成的工作，消除不应做而做了的事而产生的不良后果的人。传票送达员监督这些辅助执行人员的行为，在必要的时候寻求警察的支持和请求初审法院发布有助于消除执行中出现的重大阻碍的命令。

（五）预防性的措施

1. 异议（oppositions）

异议是债务人或第三人在认为自己的权益因不公正的执行受到损害时可寻求的一种救济措施，异议将引发目的在于获得一份判决的普通诉讼。执行程序将因此延迟至法院对异议作出决定时进行。在异议程序中，不管提出异议的是债务人还是第三人，均处于异议当事人的位置，从而享有原告的法律地位，债权人或启动或宣布启动执行程序的人则享有被告的法律地位。

有关执行的异议可由债务人或受到执行影响的第三人提出。

2. 对执行内容的异议（opposition to enforcement）

"对执行内容的异议"构成债务人对债权人在强制执行中的权利的否认，这实质上涉及案件的是非曲直。其中，宣称执行不公正的异议方否认可执行情形的存在，这样的情形可能涉及执行行为的各项基础：如导致执行的权利的存在、执行的对象、被执行财产的性质。异议可能由债务人或第三人甚至他们的

---

① 《民法典》第 1171~1172 条。

权利承受人提出，债权人（或其他自愿或被迫参加此程序的债权人）可对这样的异议提出抗辩。

异议可在执行开始时提出（就像在被传唤至有管辖权的法院时对令状提出异议一样，或者像在执行过程中以请求的方式对令状提出异议一样），或者在执行过程中以请求的方式向执行法院提出。异议程序以法院发布一个支持或反对它的判决而告终，但当事人可对判决提出上诉。如果异议人出于恶意或重大疏忽提出异议，驳回此异议的法官可要求其支付损害赔偿金，并命令执行程序继续进行。相反，支持异议的判决将宣布所有已采取的执行行为无效，执行程序终止。

3. 对执行行为的异议（opposition to enforcement acts）

"对执行行为的异议"包括下列行为：否认执行文书、令状或其他执行行为的正式性和仅提出程序上的问题。它可能由债务人、扣押债权人、参与债权人和被卷入执行程序的第三人提出。被告则是实施被异议的行为的人。

异议须在被异议的行为实施或通知实施之日起 5 日内作出。执行法院将对案件进行审查，并在其后由陪审团作出裁决。然后，在它认为应该如此时作出不延期的决定并规定执行程序。对于这样的裁决，当事人只能以其违反了《宪法》第 111 条的规定为由申请最高法院重审。被执行的债务人、第三人或债权人有权提出一种特别的异议以解决因强制执行程序中执行收益的分配所引发的争议。

4. 第三人异议（third party opposition）

第三人异议由声称对被执行财产享有真正所有权或对其享有某项真正的权利（如用役权、使用权、居住权或地役权等）、享有抵押权或对某些无形财产（如肖像权、商号、商标权）享有权利的人提出。在此程序中，被告是扣押债权人、债务人或被执行的第三人，他们在程序开始时都必须到庭参加诉讼。

至于提交第三人异议的期限，则随异议是及时的异议还是迟延的异议而有所不同。及时的异议须在财产被出卖或分配到被转移的期间内提出。迟延异议则可在其后的时间提出，在此，针对出卖财产所得的收益第三人可在从财产被卖到其收益被分配给债权人的期限内提出其权利主张①。

异议应提交给有权确定争议财产价值和执行地点的法院。如果当事人提出异议，法院将在存在正当理由时，基于单方面的申请，在会见利害关系人后，全部或部分推迟执行。在这种场合，法院有权要求异议人提供担保。

---

① 《民事诉讼法典》第 620 条。

　　为了防止被执行的债务人与第三人异议者间可能存在的共谋行为,《民事诉讼法典》第 621 条对举证方式进行了严格的限制,即第三人异议者不能以证人证言的方式主张他对被执行债务人居住的商业用房享有权利,除非第三人或债务人所从事的职业或行业能证明他享有此项权利。异议程序将以法院作出一个可通过正常上诉程序予以异议的判决而告终。如异议被认可,执行程序将被冻结,所有已完成的执行行为将被撤销。

　　（六）执行程序的延期和终结

　　执行程序的延期通过诉讼的方式进行。存在下列情形时法院可作出此项决定:(1) 对执行提出异议;(2) 对第三人房产中是否存在某些动产或对被查封的财产的所有权归属发生争议;(3) 执行未分割的财产时须先分割财产;(4) 当事人共同请求延期。

　　申请延期的请求可以口头方式提出。如果此请求得到认可,除非法院另作决定,将阻止执行程序继续进行。当延期的事由不再存在时,执行程序须在法院规定的期限内重新启动,但无论如何,均不得自一审判决成为已决之案或通知上诉审裁判已驳回异议起超过 6 个月。

　　在正常情形下,执行程序的终结与债权人利益得到满足的情形伺时发生。然而,法律规定了一些不正常的终结情形,如:债权人放弃债权;当事人长期的消极不作为;当事人缺席听证会或对执行的异议被批准;或执行文书失效或被执行财产不再存在。如果导致程序终结的情形发生于财产被出卖或分配前,已完成的执行行为将失效;如果这些情形发生于财产出卖或分配后,出卖所得收益将归还债务人。

　　（七）外国判决的承认

　　《民事诉讼法典》第四卷第七篇规定了承认外国判决的程序。但这些规定已被 1995 年《意大利国际私法制度改革法》废止。《意大利国际私法制度改革法》第四篇对外国裁定和判决的效力作了如下规定:

　　1. 外国判决的承认

　　外国主管机关作出的判决无需进行其他的程序即可在意大利得到承认,如果:(1) 依据意大利法律有关管辖权的标准,作出判决的主管机关具有管辖权;(2) 依据诉讼进行地的法律,被告适时地送达开始诉讼的法律文件,并且被告的基本权利得到满足;(3) 依据诉讼进行地的法律,诉讼当事人已陈述案件事实,或者已经依据诉讼进行地国家的法律宣布一方当事人缺席;(4) 依据判决宣告地法律,该判决为终局判决;(5) 判决不与意大利法院或其他机关作出的任何其他终局性判决相冲突;(6) 在外国诉讼程序进行之前,同一当事人之间就同一标的没有在意大利进行诉讼；（7）判决内容不违反公共政策的要求。

2. 外国裁定的承认

外国主管机关作出的有关亲属关系的存在、人的能力或者人身权的司法裁定将在意大利生效，只要该裁定是由根据本法指定其法律的国家的主管机关作出的，或者裁定是由另一国主管机关作出，但其依据该外国法产生效力，只要该裁定不与公共政策的要求相冲突并且被告的基本权利得到了满足。

3. 有关任意管辖裁定的承认

有关任意管辖的外国裁定，如符合第 65 条的要求，则无须其他程序将得到承认，只要该裁定是由依据本法指定其法律的国家的主管机关作出的，或者裁定是由第三国主管机关作出，但其依据该外国法产生效力，或者依据相关意大利法的标准认为该裁决是由有管辖权的主管机关作出的。

4. 关于任意管辖外国判决和裁定的执行以及拒绝承认

（1）当有关任意管辖的外国判决和裁定没能得到遵守或其承认遭到拒绝时，以及需要强制执行时，任何当事人均可以要求被申请执行地的上诉法院决定承认的先决条件。（2）外国判决或者任意管辖裁定，以及符合第一款所提及请求的裁定，应当得以执行和强制执行。（3）如果外国裁决或裁定在某一诉讼中遭到反对，受理法院应作出只对这一诉讼生效的判决。（第 67 条）

5. 公共权力机关作出的并需在国外送达的裁定的执行和强制执行

第 67 条所列规定同样适用于由公共权力机关作出的并需在某一外国送达的裁定在意大利的执行和强制执行，只要这种裁定是完全可以执行的。

6. 基于外国司法机关请求的取证

（1）外国司法机关有关讯问证人、专家证据、宣誓或者任何需要在意大利提取的证据的判决和裁定，应通过由此类行为实施地区的上诉法院作出判决而予以执行。（2）如果有关当事人请求提取证据，则应通过诉讼方式向法院提出申请，并应附具要求实施上述行为的外国判决或裁定经过证明的复本。如果请求系司法机关提出，则应通过外交途径提前申请。（3）上诉法院将决定是否同意取证的申请，一旦同意，则应将所有相关文件提交给有权法院。（4）也可以进行意大利法律规定之外的其他证据的提取及实施预备诉讼行为，除非与意大利法律的基本原则相抵触。（5）提取证据及实施预备诉讼行为应适用意大利法。但是，外国司法机关明确规定的形式应该得到满足，只要不与意大利法律的基本原则相冲突。

7. 通过外交途径的申请执行

如果实施预备诉讼行为中的提取证据是通过外交途径提出的，并且有关当事人没有委托代理人负责取证，负责该程序的司法机关应当作出必要裁定，并依职权实施该行为，书记员应送达相关文书。

除了一些双边条约涉及判决的互惠执行外，两个多边公约在来自其他缔约方的外国判决的执行事项上也具有重大意义，《布鲁塞尔公约》和《卢迦诺公约》协议都对国内法院在涉及一个或多个其他缔约国国民的诉讼中的管辖权问题进行了规定，对各国国内法的适用作了较大限制，规定外国判决可在缔约国法院得到承认而无需启动确认程序，但下列情形例外：（1）当外国判决有违被请求执行国的公共秩序时；（2）当被告未得到外国法院依正确方式作出的出庭通知和未被给予一段合理的时间出庭时；（3）当判决与其被请求承认地国法院作出的判决相冲突时；（4）当法院在制定涉及当事人法律地位和权利、夫妻间财产纠纷的解决、遗嘱和继承等事项的判决时，违反了国际私法规则。指出下面这一点是很重要的：《卢迦诺公约》第 54 条规定它应无歧视地适用《布鲁塞尔公约》和签署于 1971 年 6 月 3 日，对后者进行解释的卢森堡议定书。

目前，丹麦与意大利之间判决的相互承认与执行依 1968 年《布鲁塞尔公约》进行。对除丹麦外的欧盟成员国法院作出的判决，依据欧盟理事会 2000 年《关于民商事案件管辖权及判决承认与执行的法规》和 2000 年《关于破产程序的法规》以及 2000 年《关于婚姻案件和亲子关系监护案件管辖权及判决承认与执行的法规》执行。

1991 年《中华人民共和国和意大利共和国关于民事司法协助的条约》对中意两国法院判决的相互承认与执行作了规定。

三、西班牙

一些学者对西班牙承认及执行外国判决的规定提出了强烈批评，他们认为这些规定数量不够、空洞，而且零散不系统，因为这些规定未能以单行法典形式组织起来。另外，由于法条规定不明晰，这些学者认为西班牙法律中的"判决"一词应作广义解释，不仅意指"判决"，而且意指"执行令（writ of execution）"、"决定（decisions）"、"命令（decrees）"以及法院或仲裁庭之判决或裁决。

同理，有些学者认为，其他类似的证明存在执行权的外国文书应当在西班牙具有与判决类似的效力。唯一要满足的条件是文书中载有"可执行性条款"。学者们考虑到西班牙立法以及在西班牙有效实施的国际条约，列出了可能获得西班牙承认的执行令、决定、命令：（1）外国法院或在外国作出的终局的、不可上诉的判决；（2）诉讼费用之决定；（3）仲裁裁决；（4）有权的法院或仲裁庭作出之决定，紧急或预防措施；为诉求（claim）提供表面证据之文书；（5）终局的、不可上诉的决定（decisions）。

为了确保外国判决、决定、命令在程序上能在西班牙得到承认与执行，西班牙法律要求以上文书必须符合现行有效的判决承认与执行制度所要求的要件：即公约制度、互惠制度、资格制度（conditions system）①。

上述制度是有优先次序的，其中公约制度优先于其他两种制度，互惠制度优先于资格制度。尽管资格制度位次最低且具补充性质，但普遍认为该资格制度最具现实性，它起源于 1881 年，历经沧桑却变化甚小，仅因公约方式的引入而有少许修订。

公约制度依《西班牙民事诉讼法》第 951 条得以适用。依该条的规定，外国作出的终局的、不可上诉之判决根据各自参加的条约在西班牙具有效力，因此，法院或法官有职责审查承认及执行外国判决的申请是否符合公约所规定的条件，进而决定对申请书中所列的判决是否应当予以承认及执行。

目前，丹麦与西班牙之间判决的相互承认与执行依 1968 年《布鲁塞尔公约》进行。对除丹麦外的欧盟成员国法院作出的判决，依据欧盟理事会 2000 年《关于民商事案件管辖权及判决承认与执行的法规》和 2000 年《关于破产程序的法规》以及 2000 年《关于婚姻案件和亲子关系监护案件管辖权及判决承认与执行的法规》执行。

但此类公约为数甚少，自 1945 年以来，随着人口与财产跨境流动的不断增长，以及由于调整这些跨境流动的必要，此类公约数量才有所增加。事实上，外国判决的承认与否取决于判决作出法院是否具有必要权限。

参照《西班牙民事诉讼法》第 369 条，我们有必要对《西班牙民事诉讼法》第 952 条中提及的三个关键术语予以澄清。这三个术语是："判决"、"终局的、不可上诉的判决"和"执行令"。在该意义上，"判决"是最终决定诉讼中提出的问题的法院判决；"终局的、不可上诉的判决"是未被提出上诉或不可上诉的判决；"执行令"是规定终局的、不可上诉的判决的一个公共的、正式的文件。

因此，对外国的终局的、不可上诉的判决和在西班牙承认和执行判决的请求，必须对该事项作出决定的法官或法院要对文件进行审查，看它是否满足

---

① 《西班牙民事诉讼法》第 954 条。

《民事诉讼法》第600条的要求，特别是对最易产生问题的部分进行审查。由于已批准了1961年10月5日的海牙《关于取消外国公文书认证的公约》，因此，免除了对公约成员国判决要求合法化的要求，该问题变得更简单了：所要求的仅是由判决作出国有关权力机关作出注明。

除了公约制度外，还有互惠制度，该互惠制度受《西班牙民事诉讼法》第952条规定的支配。依该规定，当西班牙与作出该判决的某国家间不存在特别的条约时，该判决在西班牙的效力将与在西班牙颁发的执行令在该国家所具有的效力相似。

除了上述积极互惠制度以外，尚有消极互惠制度（参见《西班牙民事诉讼法》第953条）。若西班牙法院作出的执行令不被外国所承认，那么该外国执行令亦不能在西班牙获得法律效力。

资格制度仅在三种情形下适用：西班牙与判决作出国无公约关系，积极互惠制度不予适用；有来自对西班牙法院所作执行令不予承认的国家的执行令。发生上述情形之一的，外国判决符合下列要求时才能被承认（参见《西班牙民事诉讼法》第954条）：（1）对人诉讼之执行令；（2）不存在缺席判决；（3）执行令执行的债务在西班牙为合法；（4）执行令必须符合作出国之要求，以便考察其手续是否完备，同时必须符合西班牙对有效文书之要求。

一般而言，学者们对西班牙的判决承认与执行制度不够满意，不仅因为该制度不太适合当今的法律实践，而且因为适用该制度问题不少，尤其是互惠制度：积极互惠制度是过去的遗迹，而消极互惠制度所起作用是有限的。

除了这些问题之外，在大多数情况下，不得不依赖学者的学说和法院判例。西班牙承认与执行外国判决的程序相对简单。外国判决承认与执行的书面申请必须向最高法院呈递，并且附上证明这一判决的文件，并且必须在该文件上加上海牙《关于取消外国公文书认证的公约》所要求之旁注。对这些文件必须进行适当的翻译，翻译可在文件向高等法院呈交之前或在程序开始后进行。

与当事人必须提供必要证据的规则相一致，承担赔偿责任方或受宣告性判决影响方必须在9天内到法庭听证。为确保有关当事人能够出庭听证，按照相关的司法协助安排，将向有关的西班牙和外国主管当局颁发证书（certificate）。期限一过，不论被传唤的当事人是否到庭，程序将继续进行。

在听证检察官之后，法院宣布是否承认该执行令。若拒绝承认，该执行令将被退回提出请求方。若被承认，将上呈高等法院，由高等法院命令承担赔偿责任方住所地或判决将要执行地的一审法院法官执行。（《民事诉讼法》

第 958 条）

有些学者认为承认执行令程序有导致错误后果的可能，因为它只提供不可更改的结果，以及它仅针对惩罚性判决、宣告性判决、设权性判决以及采取预防性和临时性的措施的决定。当申请的目的不在于承认判决，而在于达到其他效果时，必须对《民事诉讼法》第 958 条的规定进行适当的解释。

1992 年《中华人民共和国和西班牙王国关于民事、商事司法协助的条约》对中西两国法院判决的相互承认与执行作了规定。

四、芬兰

执行机关是作为地区行政当局（district adminstration）的首席执行官和地方当局（local authority）的扣押官。首席执行官是县行政委员会（county administrative boards），扣押官是在古老城市的法警以及在其他市的乡村首席法警（chiefs-bailiffs）。实践中，实际措施是由扣押官（distraint officers）的助手执行的。

（一）救济

1. 令状的执行

判决的履行和执行请求通常直接向扣押官提出，而且这样的请求可以口头或书面形式提出，例如，通过邮寄提出。在特殊案件中，这样的请求将向首席执行官提出。

向债务人住所地的执行机关请求执行。如果执行的标的是某一特定财产，则有权的执行机关是财产所在地的机关。如果这样的请求被错误地向一扣押官提出，则该扣押官必须依职权主动地将本案移送给有权的扣押官。如果债务分处不同地方或如果判决针对债务人在不同地方执行，则本扣押官必须请求各当地扣押官的协助，即申请人在这些案件中只需将其请求向一个扣押官提出。申请人可以通过提交关于债务人的准确信息以及债务人的财产及资金或其他执行标的的信息（例如债务人的身份证件号码以便执行可能的退税）来提高执行的效率。

必须将判决或其他执行依据的原件同申请附在一起，如果可行的话，把权利证书（例如支票、汇票或本票）的原件也同申请附在一起。对地区法院的判决也可用由地区法院证明的判决的复印件作为依据执行。

在民事案件中，对法院决议的执行的主要原则是：执行要求该判决已获得法律效力。然而，甚至在判决已被上诉的情况下也可提出执行请求。下面的规定适用于判决已被上诉并且未获得法律效力情况下的执行：（1）一个规定有支付义务的判决可由扣押官强制执行，除非债务人提供了抵押或保证。在判决获得法律效力以前被扣押的财产可以不被转化为金钱，然而一个基于支票或汇票的判决将被视为已经获得法律效力而被执行。（2）扣押官可以执行一个要求败诉方放弃一动产标的的判决，如果胜诉方提供保证。（3）如果胜诉方对可能的损失提供了保证，则应执行没收；（4）在其他案件中，如果胜诉方对可能的损失提供了保证，并且执行不会影响上诉的效果，首席执行官可以命令执行。

在要求或不要求败诉方提供担保的情况下，高一审级的法院可以中止一个已被上诉的判决的执行。如果扣押已经执行，法院可以命令取消扣押。除非法院另有命令，申诉不妨碍执行的效力。

如果判决被更改，执行将被取消，申请人应赔偿由执行而导致的损失。在不动产可能被取消回赎权之前，执行必须为对动产的扣押。出于社会原因，某些标的物可不被扣押，而且扣押只能直接针对一个人的部分工资，通常是工资的三分之一。

扣押官可草拟一份执行报告来获取执行的必要信息。在执行报告中债务人必须提供有关他的资金、债务、收入和职业的信息。为查明是否存在追索的可能性，他也须告知由他从事的交易的信息。

扣押的财产通常经强制拍卖而转换为金钱。如果不动产被取消回赎权或被扣押的标的物是其他被抵押的财产，债权人会议必须在拍卖之前举行。在这一会议上，抵押权人以及有权获得财产的人可以提出他们的诉求并表述他们对其他债权人的要求的意见。最后将准备一份债权人名单，在其中将确定有优先权的请求。债权人会议的召集以及拍卖公告将被公布在芬兰的官方公报上，并将被送达已知的抵押权人。

2. 预防措施

在获得一个最终的有强制力的判决之前，可采用的预防措施前面已加讨论。在许多案件中，不服判决的上诉并不妨碍判决的执行。因此，如果当事人胜诉的话，则在此阶段其可以不诉诸预防措施，甚至在对方当事人已对判决提出上诉，且判决因此未获得法律效力的情况下也是如此。根据《芬兰执行法》第七章第 11 条（a）款，如果申请人提出请求，且该当事人已持有有法律效力的可强制执行的判决，但其执行请求不能立即被批准时，扣押官可以对临时预防措施作出裁定。其实质性要件与由法庭决定的预防措施的要件相同。

3. 破产或清算

原则上破产诉讼的管辖权属于债务人所在地的地区法院。然而，对于公司或合伙企业则有权管辖法院为公司或合伙企业的主要管理地所在的地区法院，即不必须是公司或合伙企业的正式的住所地（登记地）。如果依上述规定没有有管辖权的法院，则有权管辖的法院是债务人主要活动进行地的地区法院，或是债务人财产所在地法院，或是正在审议该事实的对本案审理比较适宜的法院。

集团成员公司（group-member companies）的破产管辖法院适用特殊的规定。破产要求有债权人或债务人的书面申请。如果申请是由债务人提交的则不需要任何理由。由债权人提交的申请应含有对他的诉求的阐述及开始破产诉讼的根据。

债权人提交的申请中应包括的开始破产程序的根据被规定在《芬兰破产法》第5条和第6条之中，而且要求债权人的诉求是清楚并且没有争议的。最为普通的理由是身为商人的债务人在接到可证实的债务偿还通知之日起8日内没有偿还不存在争议的未付债务。其他理由是：（1）债权人有清楚的未偿付的债权，而债务人却隐藏不知去向；（2）债务人在执行中有过度负债的风险；（3）债务人藏匿或丧失他的财产；（4）债务人在执行中被发现无力偿债；（5）在债权人根据企业抵押法的授权提出立即收集债务的要求之日起8日内，债务人没有偿还；或（6）债务人非临时的无力清偿其债务。

债务人可以通过对债权人提供保证避免破产。如果破产申请是由债权人提出，法院将会在宣布债务人破产并任命临时财产管理人之前为债务人保留一个听证的机会。如果债务人反对申请，法院会在审理案件后作出裁决。

在破产程序中，法院的主要的职责和权力是：（1）作出支配破产的决议；（2）任命临时财产管理人并在债权人听证后任命受托人；（3）为已提出的诉求及相互对抗的诉求决定债权人听证的日期；以及（4）作出破产判决，判决表明哪些诉求将从被批准的破产财产中得到偿还以及被批准的优先权请求的相互关系。

当法院宣布债务人破产时，法院将任命一个或更多的临时管理人来管理破产财产，直到债权人听证会召开为止。临时管理人的主要义务是从事破产财产的经营和管理并草拟财产目录。在债权人听证会上债务人应宣誓确认这份目录。如果本程序被继续（由于偿还的资金足够支付诉讼费用，破产诉讼并未被取消），法院将会任命一个或更多的受托人替代这些临时财产管理人。通常，受托人是根据债权人的建议而被任命的。受托人的主要义务是经营和管理破产财产并照料破产财产的变卖以及将资金分配给债权人。目前，法院通常命令诉求材料应递交受托人，而且他或他们应拟好已提交的诉求的名细。受托人应对已提出的诉求进行调查并抗辩没有根据的诉求。

债权人运用他们的权利在债权人会议上对财产的变卖、法律诉讼等作出表决。而且原则上债权人会议有权审议破产财产的每一个问题。然而，在实践中，该权力部分地被债权人会议决定由受托人代表他们行使。

破产财产包括债务人被宣布破产之日他尚拥有的财产、债务人在宣告判决之前获得或挣得的财产以及能被追索成为破产财产的财产。

有明确的法律来规范能被追索成为破产财产的财产。追索财产到破产财产的期限从宣告债务人破产的申请到达法院之日起开始起算。由于自然人或单位实体同债务人有紧密的关系，撤销已作出的行为的可能性是很大的。主要的规则是：一行为可以成为追索标的，如果当行为被履行时债务人破产，或行为促成了债务人的破产，以及：（1）债权人不当地从该行为中获益；或（2）资金已被转移到不能控制的地方；（3）债务与债权人的损失有关。此外，要求其他当事人是恶意的，如果该当事人同该债务人有一个紧密的关系，他将不得不证明他在善意而为。如果该行为在破产程序成为待决时被履行已超过 5 年（临界日），则该行为仅在某人或某实体同该债务有紧密关系的条件下才被撤销，该追索适用专门的条款。

在临界日之前的 3 个月的支付也可能成为追索的标的，如果：（1）该支付使用了特别的支付方式；或（2）该支付与一个尚未到期的债务相关；或（3）支付的数目相对于该财产来说特别地宏大，并且根据有关情况该支付是不通常的。如果这样的支付是向同该债务人有亲密关系的人或实体支付，则期限是两年。这样的规定也同样适用于抵消的取消，如果该债务人在破产程序中没有被授权抵消的话。

作出的担保同样可被取消，如果该担保是在临界日前三个月内作出的，而且当该债务形成时没有担保协议，或在该债务形成后为完成已作出的保证而应从事的必要行为，在没有不必要的迟延的情况下没有从事的话。对同该债务人有亲密关系的人或实体，该期限是两年，如果其不能证明该债务人并没有因为该担保而导致无力偿债的话。

希望从破产财产中获得支付的债权人将不得不根据破产法提出他的请求。法院决定提交诉求的日期，并且要在规定的债权人提出诉求的日期至少一个月前，在芬兰的政府公报上发送公众传票以告诫债权人提交其诉求的书面通知。受托人也将送达传票通知给上述债权人，通常是用邮寄或传真方式。然而受托人没有义务向明显地将不会从破产财产中获得分配的债权人送达通知。

债权人必须在信函中陈述诉求的数目及理由，如果要求利息的话还应表明利息数目或利率及利息的计算期限。如果债权人对其诉求主张优先权，他们应表明优先权的根据。诉求所凭借作为依据的文书的复印件应密封。如果该诉求通知不是用芬兰语或瑞典语写成，受托人将会把信的必要部分译成芬兰语或瑞典语。翻译费用将从债权人的受偿中扣除。

债权人提出的主张可以为债务人或其他债权人所抗辩。受托人有义务抗辩没有根据的诉求。

关于支付令的新法律于 1993 年 1 月 1 日起开始实施，而且在此之前的特权（privileges），例如工资（在某种程度上被视为国家给工人的酬劳）及税收被排除，并存在一些过渡期条款。如果破产程序是在 1993 年 1 月 1 日前开始，旧的特权条款将被运用。今天的主要规则是：债权人在破产中平等受偿。然而，除了企业抵押之外，抵押请求权应满足到抵押物的全部价值。儿童的抚养诉求保持着特别的特权。如果破产程序是在 1995 年 1 月 1 日前开始的，当年的工资及此前的工资作为儿童的抚养费享有同样的特权。也存在某些其他的过渡期条款，例如基于自愿补助金之上的养老金信托的诉求。在通常的诉求之后以及之前，企业抵押将对至多可达抵押财产及利息的价值的 50% 的部分（如果破产程序在 1995 年 1 月 1 日前待决，则为 60%）享有 3 年的特权。从属贷款（subordinated loans）以及某些政府部门的在本质上类似于惩罚的罚款诉求要比其他诉求享受更次一级的优先权。

根据旧条款（在 1993 年 12 月 1 日前未决的诉讼）的规定，如果债务人（私人）事后挣到了收入，债权人可以用破产判决作为执行根据。根据新规定，如果事后寻求执行则应获得新的判决。如果该债务人是一个法人实体，在所有的债权人于破产程序中已被充分受偿后债务人的账户中已没有剩余，则该法人实体在受托人提供最后账目后将停止存在。

调整股份有限公司的公司法含有将公司置于清算中的义务规则，以及如果该公司的资金不足偿还债务的话，将公司列入破产程序的义务规则。如果有限公司没有公司法或公司章程所要求的董事会或执行董事，债权人可以凭借法院的决定将该公司置于清算之中。

4. 企业重组

规范公司和企业重组程序的特别法于 1993 年 2 月开始生效。这部法律在很大程度上是以《美国破产法典》第十一章为模型的。这部法律的目的是为了给处于资金困难之中，但又有生存潜力的企业提供一个重组的机会。企业重组程序被集中在某些地区法院进行。开始企业重组程序的申请可由债务人提出也可由可能的债权人提出。法院将为主要债权人保留，如果申请是由债权人提出，也为债务人保留一个就该申请提出书面意见的机会。

如果法院认为法律规定的企业重组程序的前提条件存在，将任命一个或更多的管理人，通常是一个债权人委员会。如果债务人和代表已知债务五分之一的至少两名债权人请求开始企业重组程序，并且不存在法律规定的不得开始重组程序的事由，重组程序就可以开始。除了三个月的工资外，重组程序的开始意味着支付的冻结，以及针对该债务人的征收和执行的禁止。

管理人的主要义务是准备债务人财务状况的报告，跟踪和监督债务人的行为；审计债务人在程序开始前采取的行为，要求追索债务人的财产；同债务人和债权人委员会合作，提出重组方案。债权人委员会作为一个咨询机构协助管理人并监督管理人的活动。

当决定开始重组程序时，法院将规定准备债务人财产状况报告的日期以及准备重组方案的建议的日期。同样，法院也规定债权人提交那些偏离债务人陈述的诉求的日期。债权人也有表达他们对方案意见的机会，而且他们将对方案的接受或拒绝进行投票表决。由法院批准的方案要求主要债权人在法律上支持该方案。

如果开始了重组程序，追索的可能性同破产中的债务一样。所有在重组程序开始前产生的债务是重组程序的标的物，程序开始后产生的债务并不受制于重组程序，应正常地受偿。

在重组程序中，债务的支付条件被重新安排。这通常意味着没有担保的债务的数目减少，债权人有担保的债务的支付适用专门的规定。在重组程序期间，债务人原则上保留处分其财产的权利，但他作为的权利没有管理人的批准是有限的。根据管理人或债权人的申请，法院可以进一步签发债务人不得从事特定行为的禁令。

如果该债务人在重组期间不能履行其义务，重组程序可能被中断而该企业被宣告破产。如果开始重组程序的申请与开始破产程序的申请同时成为待决的案件，后者的审理将被中止，直到决定是否开始重组程序时为止。如果开始了重组程序，破产程序的申请被驳回。另一方面，开始重组程序的申请在该债务人已被宣告破产后才提出时，也将被驳回。

5. 私人债务的重组

一个不能偿债的私人可以在1993年2月生效的特别法的基础上，寻求债务重组。其目的是通过批准，根据债务人的偿还能力而确定的偿还方案为债务人的经济状况提供一个弥补的机会。债务人所有的收入及资金除去必要的生活费用及抚养费用后都将用来偿债。

在第一阶段中，债务人住所所在地的地区法院决定重组的开始。所有重组开始前产生的债务都是重组的标的，重组的开始意味着支付的冻结以及针对该债务人征收和执行的禁止。

第二阶段法院将批准确定期限内的支付方案，通常是 5 年。在该支付方案里债务人的支付条件将被重新安排，这通常意味着未被担保的债务的数目减少。对债权人有担保的债务，适用专门的规定。

法院可以指定一名管理人来负责重组程序的实现。重组可能只被授予一次，而且如果该债务人故意为损害他或她的债权人的行为，则重组可能被否决。如果该债务人未能履行由法院批准的支付方案，根据债权人的申请，法院可以宣告重组失效。如果债务人履行经批准的支付方案，在受制于支付方案的前提下，他或她将从剩余的债务中解脱出来。

（二）外国判决的承认与执行

1. 依据欧盟理事会有关规则的执行

目前，对除丹麦外的欧盟成员国法院作出的判决，依据欧盟理事会 2000 年《关于民商事案件管辖权及判决承认与执行的法规》和 2000 年《关于破产程序的法规》以及 2000 年《关于婚姻案件和亲子关系监护案件管辖权及判决承认与执行的法规》执行。

2. 依据国际公约的执行

（1）依 1968 年《布鲁塞尔公约》进行。目前，芬兰与丹麦之间判决的相互承认与执行依 1968 年《布鲁塞尔公约》进行。

（2）依据《卢迦诺公约》的执行。芬兰已于 1993 年 7 月 1 日加入《卢迦诺公约》，该公约的规定同 1968 年 9 月 27 日的《布鲁塞尔公约》的规定大致相同。对非欧盟成员国的《卢迦诺公约》缔约国法院的判决的承认与执行依《卢迦诺公约》进行。在《卢迦诺公约》以前，芬兰以及其他北欧国家（丹麦、冰岛、挪威、瑞典）在 1977 年签署了《民事案件判决的承认与执行的协议》（替代 1932 年的协议）。根据《卢迦诺公约》的规定，承认与执行缔约国作出的判决的申请，应向被请求执行当事人住所地的地区法院提出。该申请也可被递交司法部，由其将申请转送适宜的法院。

（3）依据其他公约的执行。芬兰是 1958 年海牙《扶养儿童义务判决的承认与执行公约》、1970 年海牙《承认离婚和别居公约》、1973 年海牙《扶养义务判决的承认与执行公约》和 1980 年海牙《国际性非法诱拐儿童民事事项公约》及 1980 年海牙《国际司法救助公约》① 的成员国，对于上述公约成员国法院作出的有关判决的执行，适用各有关公约的规定。

---

① 上述几个公约的中文本及各成员国可参见李双元、欧福永、熊之才编：《国际私法教学参考资料选编》（上、中册），北京大学出版社 2002 年版。

五、丹麦

(一) 救济

如果败诉方没有主动积极地实现胜诉方的诉讼请求，则对执行性判决可予以强制执行。如果判决没有特别强调的话，败诉方须在 14 天内履行完判决义务。法庭还可以在判决书中规定判决必须是强制予以执行的，即使败诉方就判决提出上诉。强制可通过两种方式进行，个别强制和普遍强制。个别强制是判决执行的传统方式。

(二) 个别强制执行 (individual enforcement)

1. 执行的基础

《民事诉讼法》第 478 条规定，文书的送达是执行的基础。判决执行的前提是 14 天的期限届满。《民事诉讼法》第 478 条进一步规定，法庭和解协议也是可强制执行的，只要和解是以书面形式作出的，并且与和解有关的债务已到期，或者和解协议特别申明是可强制执行的。类似地，债务文书 (instrument of debt) 也可作为强制执行的根据，如果债务文书有此类强调。最后，银行支票和本票也可强制执行。

司法部可准许外国作出的判决或决定在丹麦的强制执行，依不同的公约，北欧国家的判决、欧共体和欧洲自由贸易联盟成员国的判决可在丹麦强制执行。

2. 执行命令

执行和扣押命令的请求书必须是书面形式的；同时还必须附上法庭判决或和解的复印件。如果请求建立在其他文书的基础上，如庭外和解协议或债务文书，则在执行庭的听证会上原始文书必须出示。当提出有关金钱求偿的强制执行申请书时，申请书内必须包括求偿金额以及有关利息与费用的说明。《民事诉讼法》第 487 条规定，请求书可提交到被执行人住所所在地、营业地或担保地的地区巡回法院的执行庭。如果请求是针对某些特定物的占有，则请求书必须递交到物之所在地的巡回法院。如果依据以上各原则无合适的巡回法院，则请求书可送至被告人当前所在地的巡回法院，即使被告在该地无住所。

执行庭会针对败诉方就强制执行举行听证会，并通知判决债务人、债权人或其律师参加。如果债务人在合理通知后仍未出席，则听证会无法进行。但法庭可要求警察对其进行拘押以便听证的进行。在听证期间，在刑事责任的威慑下，债务人有义务向法庭提供必要的信息以便强制执行的进行。债务人有义务提供他本人及家庭的财产状况。

如果债务人在听证期间宣布他不能履行支付义务，并且他不能就支付请求提供任何担保，如果这些宣言是经过发誓、毫无欺诈的，则债权人在宣言公开后的 6 个月内无权提出新的执行命令的请求。如果执行庭已知道债务人已作出无力清偿的公告也同样适用，6 个月内不得采取行动。这一规定的目的在于：如果无实际意义，则债务人不应被强制出席执行庭的听证。

3. 执行令的目标

一般说来，一项命令可针对债务人的全部财产，只要能证明债务人是这些财产的合法所有人。然而，这还有一些例外，最重要的例外是，执行命令不能针对仅能维持债务人及其家庭最低生活要求的微薄的财产。但是，命令可针对债务人所拥有的不动产，相关规定在《民事诉讼法》第 509 条第 1 款中。《民事诉讼法》第 515 条规定有类似的例外：执行命令不能针对对债务人及其家庭有特殊依附关系的财产，例如，一个结婚戒指。债务人应指出执行命令中的特殊财产。如果一份财产已足以债还债务，则债权人不能在数项财产之间自由选择。然而，执行命令总是针对现金或债务人提供的担保。

债务人可通过协议承诺以分期付款的办法偿还债务而保留对其财产拥有的权利。这样的协议必须在执行庭内签署。债权人有义务接受这样的协议，假若债务人能在 10 个月付清全部款项。

4. 针对债权人其他权利的担保

在扣押不动产或汽车后，必须到当地法院进行登记。对除不动产、汽车、船舶和航空器以外的财产的扣押，在 1 年之后无效，除非债权人在到期之前请求对扣押物进行强行拍卖。

5. 财产取得

财产必须通过公开拍卖的方式获得，债权人获得减去开支后的收益。不动产往往是扣押执行令最感兴趣的目标，有关不动产的强制出售程序如下：一项请求拍卖申请一旦被接受，若不动产为债务人或其家人的房屋，执行庭将确定会谈日期，债务人将被告知其权利与义务。如果预计债权人之间会有争议或有其他特别情形，执行庭将召集所有已登记的债权人的预备会议。随后，将确定拍卖日期，执行庭将通知债务人和全部经登记的抵押人。拍卖公告将在报纸和政府公报上刊登。拍卖将由财产所在地的巡回法院的执行庭主持。

（三）非金钱求偿的强制执行

在特殊情况下，对非金钱的诉讼请求的执行即使没有强制执行的根据仍可能予以强制执行。执行庭把这类执行程序称为直接程序。《民事诉讼法》第五十五章对该类程序作了规定。这类规定常用来处理离婚父母关于孩子的争议和以信用（credit）方式共同购买的财产的重新归属问题。

请求书必须呈交执行庭，并还应包括执行诉讼请求所必要的、合理的文书。若请求方仅出示了诉讼请求，但没有达到执行庭所要求的标准，执行庭将会要求请求方提供担保（以便在给另一方造成损害时予以补偿）后才同意强制执行。

（四）普遍强制执行

1. 破产

破产的目的是为了破产时能在债权人之间分配债务人的财产。申请破产的请求可由债权人，也可由债务人本人向债务人住所所在地的巡回法院的遗嘱检验庭提出。请求方必须能够在遗嘱检验法庭证实请求的根据，证明支付已经到期或者债务人在求偿到期之时将不能予以支付。破产的前提条件是，债务人在其债务到期时不能支付其债务。在清偿能力很差时，也可能被宣布破产。单纯的无清偿能力并不足以宣布破产。

若法庭认为债务人的财产明显不足以弥补破产程序的费用，请求方将被要求对费用提供担保。担保总额为15000丹麦克朗（DKK，相当于2500美元）。如果有足够的合法财产，则担保可以解除。请求方的义务仅为提供上述担保，即使当破产费用超过已提供的担保数额，任一请求方无责任对超支费用予以补偿。

在破产程序启动之后，将不能再签发执行令，也不能进行强制出售和对财产进行扣押。如果后来没有采取涉及不动产物权的进一步诉讼，则在正式破产日期前3个月内采取的对财产扣押的强行执行将变得无效。强制的出售也只能是为了不动产物权的利益。

在一些特殊情况下，仍有可能撤销交易，即使交易在破产日期之前已开始了。如果债权人知道债务人有严重的财政困难仍接受债务人的支付，则这样的支付可能被认为无效。债务人的财产将会在债权人之间平分。然而，某些债权人有优先求偿权，这在分配给各单个债权人之前必须予以解决。优先受偿的费用包括破产程序之费用、一些雇员的求偿和某些税收。

对破产的不动产物权的处置一般由律师进行。

2. 支付停止与部分偿还

依据丹麦法律，债务人可寻求遗嘱检验法庭的帮助，以便在所有债权人对一定债务求偿时，减少求偿额而达成某种妥协时提供帮助。请求此类协助或停止支付的请求只能由债务人提出而不能由债权人提出。达成债务偿还协议的前提条件是必须分配给单个债权人不少于求偿总额25%的债权。遗嘱检验法庭将接受暂停付款的请求，如果债务人证实在债务到期时他将不能支付。暂停支付的目的是使债务人能争取到一些时间，以便债务人或其顾问可以考虑是否可能请求部分偿还债务或应该提出破产申请。

3. 强制减免债务的法庭命令

在一些特殊情况下，私人可请求法庭减免他们的债务。有关规定规定在《丹麦破产法》中。在债务减免机制背后的理性是：债权人一般会认为接受一笔相对较小数额的款项比起继续要求支付一项数额巨大的诉讼请求但永远得不到支付要好很多。如果从一开始债务人就很明显将不能还清他的债务，则债务人将不会有动力去谋生和尽力偿还他的债务。从而，丹麦议会意识到一个负有巨额债务的私人应被给予机会重新开始，救济的办法即为减免债务。

4. 清算

清算程序一般只与有清偿能力的公司有关。如果资不抵债，公司的解散必须与破产法规定相符合。

（五）根据《布鲁塞尔公约》对判决的承认与执行

因丹麦在欧盟有关公约的议定书中，表明对欧盟内务司法合作事项不予参加，故它与其他欧盟成员国之间不适用欧盟理事会 2000 年《关于民商事案件管辖权及判决承认与执行的法规》和 2000 年《关于破产程序的法规》以及 2000 年《关于婚姻案件和亲子关系监护案件管辖权及判决承认与执行的法规》。目前，丹麦与其他欧盟成员国之间判决的相互承认与执行依 1968 年《布鲁塞尔公约》进行。

《布鲁塞尔公约》，从某种意义上讲是两份公约，因为它不但规定了外国判决的承认与执行，而且包含了在欧共体内约束所有法院的单独司法管辖权规则。管辖条款已根本地熔入了丹麦法律之中，但有关判决的承认与执行的条款，这些签约国家在一定程度上被允许把它们自己的国内立法与它们必须遵循的程序一起考虑。在丹麦，1986 年 6 月 4 日第 325 号法令（《关于欧共体公约的法令》）已对该类程序作出了规定。根据《卢迦诺公约》的规定，《布鲁塞尔公约》将扩展适用于欧洲自由贸易联盟的成员国。

1. 判决的承认

根据《丹麦民事诉讼法》，作为一项根本原则，丹麦承认经《布鲁塞尔公约》签约国法院作出的判决。如果一件案件在丹麦未决时提出承认问题，法院将决定是否予以承认或者将适用《布鲁塞尔公约》第 27、28 条中的有限的例外规定。另外，如果判决正在判决作出国上诉或重审，则丹麦法院可中止诉讼。

2. 判决的执行

一项由其他缔约国法院所做的判决的执行申请必须提交到败诉方住所所在地的执行庭。申请必须包括以下材料：（1）由相关法院确认的判决书副本；（2）判决在缔约国内具有可执行性的证据；（3）判决已送达给败诉方的证据；（4）若为缺席判决，还需证明判决或相似的文书已送达缺席方或通知了缺席方。

执行庭可能会要求以上文书的正式的翻译文本。如果请求执行方的住所位于丹麦境外，请求方必须指定一个在丹麦的人以便有关执行程序的信息能够及时通知。一般说来，国外当事人一般应指定一个丹麦律师。执行庭在收到执行申请后对请求是否可执行会作出决定。法院在作出是否执行判决的裁决时并不需通知败诉方，从而也不存在败诉方提出抗辩的可能。执行庭只有在违反《布鲁塞尔公约》第 27 条、第 28 条的规定时才可以拒绝执行外国判决。

如果执行庭决定不予执行申请，判决债权人可上诉到高等法院。请求执行方必须在拒绝执行的裁决作出后的 1 个月之内提出上诉，住所在丹麦境外的，为 2 个月。如果执行庭认定判决应予执行，则裁决应及时送达败诉方，他可在 1 个月之内，若住所在丹麦境外在 2 个月之内提出上诉。在上诉案件被最后决定后，胜诉方可请求执行庭冻结败诉方的财产作为担保，以便今后的执行。

如果作为执行根据的判决已被上诉或者上诉期还没届满，应败诉方的请求，上诉法院有权暂缓判决的执行。法院可能也会在胜诉方提供担保的前提下有条件地执行判决。

3. 可能的抗辩

如果对判决的承认与执行已符合丹麦法的要求，一般来说，丹麦法院极不情愿不接受另一缔约国法院的判决。当然，败诉方可依据《布鲁塞尔公约》第 27 条和第 28 条对判决提出异议。依公约第 27 条第（1）款以公共政策为由提出的抗辩在理论上常被讨论，但在实践中则很难依据上一原则进行有效抗辩。丹麦法院在过去，并且在将来对以公共政策为由的抗辩，都实行严格限制。

4. 北欧国家之间的公约

最后还需要指明的是，丹麦已加入北欧国家间的有关公约（瑞典、挪威和芬兰，但不包括冰岛），北欧国家的公约已同意对基于长臂法规（扩大管辖范围的法规）的判决不予执行。根据《布鲁塞尔公约》第 59 条的规定，丹麦国家的国际义务可为其他《布鲁塞尔公约》缔约国所接受。这样，如果荷兰法院基于长臂法规行使管辖权而与北欧国家间公约相背，则针对住所或习惯居所在瑞典的被告而其财产在丹麦的判决将不能在丹麦得到执行。

六、荷兰

(一) 本国判决与命令的执行

《民事诉讼法典》第 430 条及其后面的条文对荷兰本国判决的国内执行程序作了规定。在判决执行前，申请执行人必须向对方当事人送达判决书和与其内容一致的执行令。只有不存在任何普遍的法律救济的判决，如已过反对、上诉或法律审上诉期间的判决，才是可以执行的，即判决必须具有确定力。但是，在荷兰作出的具有临时执行力的判决，可以由原告在提出反对、上诉或法律审上诉期间届满前予以执行。当然，申请执行具有临时执行力的判决的当事人要承担一定风险，判决如果在以后的诉讼中被撤销，申请执行人必须归还根据判决所得的一切财物。不具有临时执行力的判决必须在反对或上诉期间届满后才能执行。判决的执行因反对、上诉或法律审上诉而中止。

判决中要求支付诉讼费用的命令只能在上诉期过后执行，临时执行从不适用于诉讼费用。执行过程中的任何争议都可以提交给法院院长，以获得强制令，进行强制执行。

有一点需要指出，即在判决执行问题上，荷属安地列斯群岛视同荷兰。根据《荷兰王国法令》第 46 条的规定，荷兰或荷属安地列斯群岛的法院所作的判决可以按照执行地国家法律的规定，在整个王国得到执行，各地区彼此之间不得将这些判决看成是外国判决。1968 年《布鲁塞尔公约》于 1973 年 2 月 1 日在荷兰生效，并被宣布适用于阿鲁巴，但不包括荷属安地列斯群岛的其他部分。因此，在阿鲁巴作出的判决可以在欧共体内按公约规定得到执行。

(二) 外国判决在荷兰的执行

不得在荷兰执行外国判决是一条一般规则。《民事诉讼法典》第 431 条规定，外国法院所作的确定判决是不能在荷兰得到承认与执行的，法官最多将外国判决视为既定事实予以考虑。作为该条规定的保留，如果外国法院的判决不能在荷兰得到承认，那么有关当事人可以就该案向荷兰法院重新提起诉讼①。但根据《民事诉讼法典》第 985 条的规定，可以根据有关公约在荷兰执行外国判决，主要条件是必须得到荷兰法院的许可，且案件本身不再受到新的审查，是确定的判决。这类公约有 1968 年《布鲁塞尔公约》、1905 年和 1954 年

---

① M. v. Polak, *Towards Codified Dutch Private International Law*, 3 XXXVIII-NILR 328 (1991).

的《民事诉讼程序公约》、1956 年的《纽约公约》。与公约类似的立法有：欧盟理事会 2000 年《关于民商事案件管辖权及判决承认与执行的法规》和 2000年《关于破产程序的法规》以及 2000 年《关于婚姻案件和亲子关系监护案件管辖权及判决承认与执行的法规》等。

在没有公约的情况下，荷兰法院进行个案分析，自由地决定是否赋予某外国判决以执行力，并审查该判决是否违反荷兰的公共秩序。考虑的因素有：外国法院的管辖权、诉讼程序的公正性及案件事实和法律意见的正确性等，即进行全面审查。

1. 对不是根据国际条约的有关规定而作出的外国判决的承认和执行程序，即全面审查程序

欲在荷兰执行外国判决的一方当事人应当向对方当事人住所地法院或请求执行地法院提出书面申请。当事人选择一名住所位于相关地区法院辖区登记的法院律师，由该律师提交执行申请书，同时应一并提交判决书正本，以及证明该判决在其作出地国具有执行力的文据。法官可能会要求提供公证书和文据译本。法院在听取对方当事人的意见后，或至少在以传唤出庭的方式给予对方当事人辩护的机会后，在合理时间内尽快作出裁决。传唤状以申请人的名义发出，期间由法院决定。

裁决前，法官要审查外国判决所裁决的"案件本身没有再次受到审理"，即，有关外国法院判决是确定判决，且判决在原判决国是可以执行的。法官还要审查案件的审理是否公正。

法院作出裁定并说明理由，可以给予判决以临时执行力并无需担保，还可以命令对方当事人支付诉讼费用。

法院裁决后 1 个月内对方当事人可以提起上诉。在上诉法院作出裁决后的 1 月内，还可提出法律审上诉。

2. 依国际条约承认和执行外国判决的程序

（1）依 1968 年《布鲁塞尔公约》的特别许可证程序。根据《布鲁塞尔公约》的规定，一个欧洲共同体成员国法院，对非共同体成员国的外国的被告人所作出的判决，不需要任何特别的程序，即可在共同体其他成员国得到承认和执行。例如，一个住所在荷兰的荷兰原告人，在瑞士被一种日本制造的产品致伤，该产品是原告人在德国购置的。该日本制造商在荷兰和瑞士没有财产，只在德国有财产。这样，原告人可在荷兰向荷兰法院对日本制造商提起诉讼。荷兰法院对被告人（日本制造商）关于赔偿损害的判决，可以通过简单的登记手续在德国得到强制执行。

公约第 33 条、第 34 条的规定很特殊，即一审中不经听审对方当事人就授权执行外国判决，此后，才可以提出不服法院作出的执行外国判决之裁定的上诉。荷兰的做法是，一方当事人向对方住所地或执行地的地区法院院长提交附有正本文据的申请书，院长不必传唤另一方当事人即授权执行外国判决，对方当事人可在同意执行后的 1 个月内向该地区法院提出异议。公约第 27~28 条详尽列举了拒绝执行外国判决的条件。

地区法院和上诉法院作出的执行外国判决的裁决可分别被诉至上诉法院和最高法院，只有上诉法院的裁决可被赋予临时执行力（参见公约执行令第 7 条第 2 款）。根据公约第 39 条的规定，在地区法院院长作出裁定后至上诉法院判决前的这段时期内，只能采取维护权利的保护性措施（保全性扣押）。

（2）依照其他国际条约所作的外国法院判决必须根据荷兰《民事诉讼法典》第 985 条规定的简单许可程序进行，即向对方当事人的住所地地方法院提出请求，或者向请求执行地的地方法院提出请求。荷兰法院不对该外国法院判决进行实质审查，而是作出一个判决并发出执行令，从而赋予该外国法院判决以与内国法院判决同等的法律效力。

七、罗马尼亚

1992 年《罗马尼亚关于调整国际私法法律关系的第 105 号法》① 第十二章的第四节对外国判决的效力作了如下规定：

（一）对外国判决的承认

1. 外国判决的含义

本法所指的外国判决的概念是指由外国法院、公证机关或其他主管机关所作出的判决文书。

2. 判决的实质法律效力（第 167 条）

外国判决，如果涉及的是判决作出国公民的法律地位或者是由第三国作出而当事人各自所属国已首先予以承认，则罗马尼亚法律也予以承认。

判决的实质法律效力，如果该判决涉及的是第 166 条规定以外的其他诉讼程序，只要其同时符合以下条件，则应在罗马尼亚得到承认：（a）判决按其作出国法律被认为有效；（b）按照前述法律，法院有权作出判决；（c）关于外国判决的效力，判决作出国与罗马尼亚之间存在互惠关系。

---

① 该法的中译本（杜涛译，韩德培校）可参见李双元、欧福永、熊之才编：《国际私法教学参考资料选编》（上册），北京大学出版社 2002 年版，第 270~291 页。

如果判决是在诉讼中败诉方缺席时作出，则还须确定通知参加正式审判的传讯书以及诉讼的受理文书是否准时送达该败诉方及其是否被给予了辩护和上诉的机会。

如果外国法院没有传讯当事人以致当事人没有参加诉讼程序，则该外国法院所作出的判决没有法律效力，除非其效力已为该当事人承认。

3. 不予承认的情况（第 178 条）

在以下情况下外国的判决应不予承认：

（1）该判决是在外国以欺骗手段获得。

（2）该判决危害罗马尼亚国际私法公共秩序。拒绝承认的原因也可能是该判决违背了第 151 条规定的罗马尼亚法院享有的专属管辖权。

（3）就相同当事人之间的同一争议罗马尼亚法院已作出了判决，即使该判决尚未生效，或者在该争议提交外国法院时已在罗马尼亚法院的审理之中。

外国判决不能仅仅因为没有适用按罗马尼亚国际私法应适用的法律而是适用了其他法律而被拒绝承认，除非诉讼序涉及罗马尼亚公民的婚姻状况或者权利能力和行为能力，并且所作判决导致了一个与适用罗马尼亚法律时不同的结果。

4. 审查

经过对第 167 条和第 168 条规定的条件进行审查后，罗马尼亚法院不应再对外国法院的判决进行复审或修改。

5. 受理法院

拒绝承认外国判决的当事人，其住所或营业所所在地地方法院对承认申请作出裁决。根据外国裁决对实体性法律效力提出异议而向法院提起诉讼，则对该外国的判决的承认申请由该法院裁决。

6. 要求承认外国判决的申请书

要求承认外国判决的申请书应依照罗马尼亚诉讼法的要求拟订，同时应附上以下文件：（1）外国判决的复印件；（2）法律效力的证明；（3）对在外国进行的诉讼中缺席的当事人发出的传票和诉讼受理书和送达证明复印件或者其他官方证明文书复印件，该文书能够证明对败诉方发出的传票和诉讼受理书均已准时送达；（4）其他能够补充证明外国判决书满足第 167 条中所规定的条件的文书。第 1 款中所规定的文书应附上经过公证的译文，该译文还需按照第 162 条的规定予以再次认证；如果当事人对所提交的经过公证的文本表示赞同则不需要再次认证。（第 171 条）

对于承认的申请将在审判程序中以判决或期中判决的方式予以裁定，在以上两种情况下当事人都应被传到场。

如果从外国判决中可以得知被告已经同意该项诉讼要求，则可在不传讯当事人的情况下对申请予以判决。

（二）对外国判决的执行

非自愿履行的外国判决，根据该判决应被执行地法院作出的判决可执行申明书，有关当事人可以申请在罗马尼亚境内对其予以执行。

采取了保全措施或被宣布可临时执行的外国判决在罗马尼亚境内不予执行。

对外国判决的执行应考虑到第 167 条所确定的条件，同时还需符合以下条件：（1）判决按照其作出地法律可以执行；（2）申请强制执行的权利尚未失效。

第 178 条和第 179 条之规定也适用于可执行申明。

按照第 171 条所确定的条件而作出的可执行申明申请书应附上由作出申明的法院提供的可执行性证明。可执行性申明在当事人被传到场后通过判决作出。如果外国法院判决作出可以分开的诉讼请求则可执行性申明也可分开作出。

在对可执行申明所做的具有法律效力的判决的基础上执行令应依照罗马尼亚法律作出，对于可执行申明所做的判决应列人该执行令。

由具有管辖权的法院作出的外国判决，其中所确认的事实对罗马尼亚法院具有证明效力。（第 178 条）

（三）法院调解与仲裁裁决

在外国达成的法院调解在第 173 条第 1 款和第 174 条至第 178 条所规定的前提下在罗马尼亚具有法律规定的效力。（第 179 条）

关于外国判决的承认与执行的规定也适用于外国仲裁裁决。

1991 年《中华人民共和国和罗马尼亚关于民事和刑事司法协助的条约》对中罗两国法院判决的相互承认与执行作了规定。

八、匈牙利

匈牙利有关外国判决承认与执行的规则主要见于《1979 年匈牙利关于国际私法的第 13 号法令》①（以下简称 1979 年法令）第十一章中。考虑到执行

---

① 《1979 年匈牙利关于国际私法的第 13 号法令》可参见李双元、欧福永、熊之才编：《国际私法教学参考资料选编》（上册），北京大学出版社 2002 年版，第 257~269 页。

外国判决的极大必要性，2000 年 10 月 17 日匈牙利议会采纳了《2000 年匈牙利关于修改有关管辖权及外国判决的承认与执行的法律的某些规则的第 110 号（No CX）法令》（以下简称 2000 年法令），它已于 2001 年 5 月 1 日生效。2000 年法令对 1979 年法令的第九章以及《匈牙利民事诉讼法典》（1952 年第 3 号法令）有关管辖权的许多条文作了修改。

根据修改后的法令第 72 条第 1 款的规定，除了第 70 条或第 71 条①提及的以外，外国法院或其他机关的判决可以被承认，如果：（1）如果审理该案的外国法院或其他机关的管辖权的确立符合匈牙利有关管辖权的任何法律规则；以及（2）依据判决作出国的法律该判决是终局的和有法律约束力的；以及（3）匈牙利与判决作出国之间存在互惠；（4）不违反第 2 条第 2 款②提及的任何要求。

根据修改后的法令第 73 条第 1、2 款，司法部依据第 72 条第 1 款 c 项作出的存在互惠的声明对法院和其他机关有法律约束力。同时，根据修改后的法令第 72 条第 1 款 c 项，互惠是承认的先决条件。互惠基本上建立在两国司法部的各自声明或者交换外交照会或任何其他有关文件的基础之上。必须重申的是，至今互惠只存在于匈牙利与德国之间。

但是，根据修改后的法令第 73 条第 2 款，对下列外国判决的承认不必以互惠为必要条件：（1）影响个人身份的外国判决；（2）有关资产产权和财产请求权的外国判决，如果该外国法院的管辖权是基于当事人的约定，并且此约

---

① 法令第 70 条规定："（1）在匈牙利法院或其他机关有专属管辖权的案件中，外国法院或其他机关的判决不予承认。（2）虽然存在匈牙利的专属管辖权，对于中止匈牙利公民婚姻关系的外国终局的、有法律约束力的判决，如果要求承认该判决的前任配偶是匈牙利公民，并且不存在第 72 条第 2 款规定的禁止承认的其他任何理由，匈牙利法院将予承认。"

法令第 71 条规定："在匈牙利的管辖权被排除的案件中，对于外国法院或其他机关的终局的、有法律约束力的判决，如果不违反第 72 条第 2 款 a~c 项的任何要求，匈牙利法院将予以承认。"

② 法令第 72 条第 2 款规定："（2）外国判决将不予承认，如果：（a）承认将违反公共秩序；（b）对之作出判决的当事人本人或他的代理人没有参加诉讼程序，如果这是由于传票和诉状或作为诉讼程序开始的基础的其他文件在他的住所或惯常居所的送达受到不适当的影响，并且没有在适当的时间送达，使他不能为自己的辩护作准备；（c）判决的作出严重违反了匈牙利程序法的基本原则；（d）在向外国提起诉讼之前，相同当事人之间的基于相同事实的诉讼已在匈牙利被提起；（e）匈牙利法院或其他机关对相同当事人之间的基于相同事实的诉讼已先作出判决。"

定符合第 62 条 f、g 项的规定的要求。

对上述外国普通法院的判决在匈牙利的承认不需要两国之间有官方承认的互惠。在此情况下，当事人的管辖权约定优先，管辖权约定使得是否存在互惠的调查变得没有必要。

1995 年《中华人民共和国和匈牙利共和国关于民事和商事司法协助的条约》对中匈两国法院判决的相互承认与执行作了规定。

九、欧盟

欧洲法院和初审法院没有已被确认（established）的方法迫使成员国执行它作出的针对成员国的判决。因此，在多数情况下，委员会有义务依据《欧洲共同体条约》第 171 条在上述法院提起另一诉讼程序。另外，《欧洲共同体条约》第 171 条被《欧盟条约》所修改，其目的是为了能提供一个使成员国在不遵守判决时被强迫收取罚金的机制。在其他的所有案件中，委员会作出的把罚金的义务施加于个人而非国家的判决和决议，是具有强制执行性的。

真正的执行要由判决执行地成员国的民事诉讼规则支配。请求执行的命令必须附加到各成员国政府为此目的而指定的国家权力机关所作出的判决或决议中。当完成这些正式手续之后，相关当事人可以从有关成员国的权力机关获得执行。

执行只能因法院的决议而中止。然而对以执行是以不合法的方式进行为由提出的申诉，相关的成员国法院有管辖权。

第四节　若干美洲国家的判决执行制度

一、美国

（一）执行令状

除法院另有裁定外，《联邦民事诉讼规则》规定的、执行给付金钱的判决的方式为执行令状。《联邦民事诉讼规则》第 69 条第 1 款规定，所有补充及辅助执行的诉讼程序，要么受可适用的联邦法律支配，要么遵守所在州的法律。《联邦民事诉讼规则》第 69 条第 1 款规定，为了协助执行金钱判决，根据州或联邦的发现惯例，判决债权人可以从包括判决债务人在内的任何人那里发现判决债务人的财产情况。目的是使判决债权人获得可供执行的所有资产的范围和性质的证据，从而能够执行对判决债务人的金钱判决。

（二）特定履行和扣押财产

根据《联邦民事诉讼规则》第 70 条的规定，如果判决命令当事人转让土地或交付证书或其他文件，或为其他特定的行为，而该当事人未履行时，法院可以命令由法院指派第三人完成该行为（由未履行的当事人支付费用）；或者，如果不动产或动产在该地区内，法院将登记判决（enter judgment），剥夺当事人的财产权利并将该权利赋予他人。此外，被授权提起执行诉讼的当事人可以向法院提出申请，使法院对不遵守判决的当事人的财产发出扣押令，强制其遵守判决。

（三）判决登记

尽管判决已经在一个地区登记，但是因为不动产和动产的位置，该判决可能只能在另一个地区执行。《美国法典》第二十八章第 1963 条规定，收回金钱、财产的终审判决可在其他地区注册。特别地，在地区法院或国际贸易法院登记的终审判决，通过提交经认证的判决书复印件的方式可以在其他任何地区登记，或者在国际贸易法院登记的终审判决，在任何其他司法辖区登记。从各方面看，一个已登记的判决被视为判决登记地的地区法院作出的判决。

（四）承认和执行外国判决

《联邦民事诉讼规则》并没有对承认和执行外国判决作出明确规定。相反，基于多样性的标的物管辖权（diversity subject matter jurisdiction）的案件，承认和执行外国判决的行为属于州法的管辖事项。

（五）统一外国金钱判决承认法

1962 年统一州法委员会和美国律师协会通过了《统一外国金钱判决承认法》，它编纂了由美国大多数法院适用的州规则。这种统一的法规已为大多数州法院采纳。

根据该《统一外国金钱判决承认法》的规定，批准或否认金钱诉求的外国判决常被视为是结论性的，而且可以执行州际判决一样的方式强制执行，并赋予援引充分诚信条款的权利，但受法规中列举的例外的限制。特别地，在没有提供与正当法律程序要求相一致的公平的审判和诉讼程序制度，或者在外国法院没有对人管辖权或标的物管辖权的情况下，《统一外国金钱判决承认法》不承认外国判决的结论性。而且，在以下的情况下，法院会拒绝承认外国判决：被告未在充分的时间内收到进行诉讼程序的通知以便对诉讼提出抗辩；凭借欺诈手段获得的判决；作出判决所依据的诉求和辩护是违反公共政策的；当判决与另一个终局的、结论性的判决相冲突时；当在外国进行的诉讼与当事人未约定在该外国法院进行诉讼的处理纠纷的协议相冲突时；或者，基于直接送达而确立管辖权的案件，如果外国法院对审理诉讼而言是相当不方便的法院。

然而，如果被告被直接送达或者自愿或同意服从外国法院的管辖权，则缺乏属人管辖权也不能成为拒绝承认外国判决的理由。在被告与外国有某些联系的其他案件中（比如通过主营业地或公司所在地或营业所，并且诉讼因这些联系而引起），上述原则同样适用。

一般而言，通过起诉、反诉、交叉诉讼，或通过积极抗辩，可获得对外国判决的执行。除此之外，可以通过加快程序寻求救济，比如通过《联邦民事诉讼规则》第 56 条申请获得简易判决。

二、加拿大

（一）判决和裁定的执行方法

执行判决和裁定的方法有四种：（1）扣押和变卖令；（2）占有土地令；（3）转移动产令；（4）蔑视（法庭或法律）令。

1. 扣押和变卖

扣押和拍卖是司法警察扣押财物并通过私下买卖、招标或拍卖的方式变卖它们，以促使判决债务人偿还债务。在履行判决过程中，如发现当事人死亡等情况，可延期履行。扣押和变卖令有效期为两年。法律规定债务人可请求救济和履行判决以避免扣押和变卖稀有财物。

2. 占有土地

占有土地命令被严格地规范，只有在下列情况下才可取得：（1）判决有具体的规定；或（2）占有土地令在法庭的准许下被授予，条件是通过宣誓证据表明每一对土地享有利益的当事人已被通知。

3. 私人财物

转移私人财物令的目的在于在判决后恢复特定财物的原状。如果特定财物已被分配或隐藏，那么判决债权人可以申请执行其他抵押物。这样的财物将由法庭控制，以鼓励判决债务人履行原始判决。如果判决债务人不履行判决，那么法庭将决定替代性财物的分配方式和支付给债权人的金额。

4. 蔑视（法庭或法律）令

仅在原始裁定要求做或不做一些行为时才适用蔑视令，蔑视令在某一当事人不服从法庭作出的对人裁定时才起作用。近年来，法庭已判定蔑视程序中的当事方应该获得在刑事诉讼中可得到的保护。如果发现某一当事人有蔑视行为，则他们将遭受各种惩罚，如：（1）扣押。这是扣押被持有的不动产或动产，以剥夺所有人的任何利益，如租金或利润；（2）羁押。这种命令要求法官对违约的当事人加以他们认为合适的处罚——通过罚金、监禁于监狱，或通过命令提供担保来保证判决的执行。

（二）外国判决的承认与执行

当不存在使各自的管辖权具有约束力的条约或保证它们之间民事判决相互执行的条约时，在什么情况下法院将承认外国的判决，在加拿大有四种制度：（1）相互执行判决的立法；（2）除魁北克省以外的省已建立的普通法规则；（3）魁北克省的大陆法规则；（4）外国判决立法。

1. 相互执行立法

相互执行的立法①允许直接制定单方面的法令，使在加拿大其他地方作出的判决在受理法院登记。支持申请的正式书面陈述要表明被告被直接送达或被告已服从该法院管辖。无论直接送达是在初始法院的管辖区内进行，还是在域外进行，单方面的法令都可签发。其政策是，只要第一个法院适当地行使管辖权，另一省的法院应承认该省法院的判决。

相互执行的立法也可适用于加拿大以外的国家的判决，但该判决要来自于与加拿大存在互惠的国家。这样，如果省委员会的副总督声称，为了省级立法的宗旨，美国的一个州与加拿大存在互惠，于是诉讼程序依据省级法令进行。于是该判决不依有关管辖权和承认外国判决的普通法原则决定。

2. 普通法规则

普通法规则中的判决承认与执行原则体现在加拿大最高法院审理的 Morguard Investments Ltd v. De Savoye 一案中。该判决寻求解决争议完全在一管辖区范围内发生，但诉讼发生时被告已转移到了另一管辖区的问题。允许原告有单独在新的地点起诉被告的选择权。在互惠、礼让、完全信任和信用政策的基础上，法院认为承认的标准包括三个方面：出庭、服从或与判决地有实际和客观的联系。

由于该判决承认与执行原则是针对在加拿大国内发生的案件的判决，下级法院已对加拿大以外的对人诉讼和对物诉讼判决适用 Morguard 原则。在后来的案例中，法官已宣布可以承认外国法院的判决。

通过加拿大最高法院审理的关于外国判决承认的 Amchem products Inc. et al v. Workers' Compensation Board（BC）一案②，在 Morguard 中关于省际间判决承认所概述的政策已被反复适用。

---

① 例如，《相互执行判决法》（CR—3 RSNB 1973）。

② ［1993］，150 NR 321（SCC）.

3. 大陆法规则——魁北克对外国判决的承认与执行和外国当局的管辖权

在加拿大，普通法的 Morguard 原则已扩张到对属于大陆法系的魁北克省判决的承认。然而重要的是，要注意到 Morguard 原则与《魁北克省民事诉讼法》中暗示的政策相抵触。必须看到魁北克省的冲突规则——相对于其他省，是一套独立的本土原则。对魁北克省的法院而言，该政策的本质是对外国判决实行一定程度的控制，其控制的程度随着判决的来源不同而变化——看是姊妹省还是外国的判决。

1991 年《加拿大魁北克民法典》① 第十卷第四篇对外国判决的承认与执行和外国当局的管辖权作了如下规定：

（1）外国判决的承认与执行

①不予执行的情形

在需要时，所有在魁北克以外作出的判决均应得到魁北克当局承认并被宣布为可予执行，但以下情况除外：A. 根据本编规定，判决作出地国当局无管辖权；B. 该判决在判决作出地仍可进行正常上诉，或者该判决不是终局性的，或不具有可执行性。C. 该判决是在违背诉讼程序基本原则的情况下作出的；D. 一项发生于相同当事人之间的、基于相同事实并具有相同标的的争议已提交到魁北克并作出了发生效力的或尚未生效的判决，或者该争议已由魁北克当局首先受理而尚未判决，或者该争议已由第三国审判并且所作判决符合为魁北克承认的必要条件；E. 外国判决的结果明显与国际关系中公认的公共秩序相违背；F. 判决承认了来自于外国税法上的义务。

如果作出判决的原审当局未适用依据本卷规定应适用的法律，而是适用了另一法律，则不得仅仅以此为理由拒绝承认或执行该项判决。

②缺席判决

缺席审判作出的判决，只有在申请人能证明开始诉讼程序的文书已根据判决作出地法律被合法地通知了缺席的一方当事人时，才能被承认并被宣告为可以执行。

尽管如此，如果缺席方证明，根据有关情况，他未能获知开始诉讼程序的文书，或未能得到足够的期限以出庭为自己辩护，则当局可以拒绝承认或执行判决。

---

① 该法的国际私法部分的中译本（粟烟涛、杜涛译，韩德培校）可参见李双元、欧福永、熊之才编：《国际私法教学参考资料选编》（上册），北京大学出版社 2002 年版，第 522~533 页。

③审查

魁北克当局仅审查被请求承认或执行的判决是否符合本卷规定的条件，而不对该判决的实质方面进行审查。

④外国税法所产生的义务及和解

如果某外国承认并同意依据魁北克税法而产生的义务，相应地，魁北克当局也承认并同意由该外国税法所产生的义务。

在原审地具有执行力的和解，可以在魁北克得到承认，并在必要时可以被宣告为可以执行，其条件应与法院判决在此情况下所适用的条件相同。

⑤执行

如果判决是根据若干个可分开的请求作出，则对其承认与执行也可分开进行。

如果在魁北克以外作出的判决涉及分期支付生活费，则对已到期的和将要到期的部分可以承认或宣告执行。

如果某外国判决判处债务人用外币支付一笔金钱，魁北克当局应按该判决在其作出地生效之日的市价，将其折算为加拿大货币。

外国判决所涉利息依照判决作出当局的法律确定，直至其兑换为止。

（2）外国当局的管辖权

①如果争议与受案当局具有某种重大联系，在此范围内，外国当局的管辖权应根据本卷第三编中适用于确定魁北克当局管辖权的有关规则确定。

②在下列情况下，魁北克当局不承认外国当局的管辖权：A. 某项诉讼已获得一项外国判决，而根据事实或当事人之间的协议，魁北克法律授予魁北克当局对该诉讼的专属管辖权；B. 根据事实或当事人间的协议，魁北克法律承认另一外国当局享有专属管辖权；C. 魁北克法律承认了一项将专属管辖权授予某仲裁人的协议。

③在亲子关系方面，如果子女或父母一方在某外国有住所，或拥有该国国籍，该外国的管辖权将得到承认。

④在离婚方面，如果夫妻一方在判决作出地国有住所，或在诉讼提起前已在该国居住超过一年，或夫妇一方有该国国籍，或判决需得到上述之一国承认，则外国当局的管辖权可予承认。

⑤在具有财产性质的对人诉讼中，外国当局的管辖权在以下情况下可予承认：A. 被告在判决作出国有住所；B. 被告在判决作出地国设有机构，而且争议与其在该国的活动有关；C. 损害在判决作出地国发生，并且这种损害是由一个在该国所犯之过失或该国发生之事实引起；D. 源于合同的义务在该国履

行；E. 当事人已将他们之间基于某种特定法律关系而发生的争议提交到该当局，但是消费者或劳动者对其住所地当局管辖权的放弃不得对抗该管辖权；F. 被告承认其管辖权。

魁北克省的实践与 Morguard 原则之间的不同之处是十分清楚的，且体现在新《魁北克省民法典》第 3164 条中。这部新的法律也把与魁北克有"充分联系"的概念和加拿大最高法院在 Amchem 案中所表达的接近礼让政策的一些事项导入魁北克省①。

4. 有关外国判决的立法

新不伦瑞克和萨斯喀彻温这两个普通法省已颁布了外国判决法令。可适用于加拿大国内和加拿大以外国家的判决承认与执行的这些法令规定：当一诉讼导致了外国判决时，如果被告没有得到原法院正式送达的传票和没有出庭，这是一个充分的抗辩理由。

不列颠哥伦比亚省已颁布了执行加拿大判决的法令（C. 37 SBC 1992），问题是其他省是否会这样做。可以说，当加拿大最高法院在 Morguard 案中降低了省际之间执行判决的普通法障碍时，两个省之间的成文法规定成为执行的更高障碍。在 Morguard 案后颁布的新不列颠哥伦比亚的法规仅列举了四种反对执行省外判决的抗辩：（1）在原管辖区内有一中止判决的命令；（2）被告意图提起撤销原管辖区判决的诉讼；（3）在原管辖区存在一些限制性的法令，限制可得到的救济；或（4）原判决违反受理申请的管辖区的公共政策。

三、墨西哥

（一）执行令

执行令是法院发出的用以指令当事人遵从终局判决的决议②。当事人没能自愿履行判决时，法院被允许作出扣押财产以确保判决执行的决议。

（二）破产或者清算

如果在执行时当事人明显无力清偿债务，作出最后判决的法院没有权力作出一方当事人破产或被清算的决议。然而，在这个节骨眼上，利害关系方可以请求获得证明此种情况的证明书副本以便提起破产或者清算诉讼。上述案件中的一些可以由有管辖权的商事法院受理，对于那些没有履行最初的执行令规定的义务的当事方可被判决破产或者对其进行清算。

---

① CPC, Article 3136, 3137.
② 这个诉讼程序在前面已详细讨论过多次。

（三）管理令

通常，一个管理者被法院任命去管理在指定的案件中负有支付义务且被认为有私藏其财物倾向的当事人的事务。这个管理者有对债务人的业务作好记录的义务。债权人可以通过债务人的业务收益和通过扣押债务人的财产得到清偿。

（四）拘留

拘留不是判决或者救济的一部分，但是是一种完成对法院所作判决的执行的一种方式。一般说来，《联邦地区民事诉讼法典》并没有把其当作一种对不履行判决的当事人进行制裁的一种措施加以考虑。然而，法院可以作出监视居住的决议，裁定债务人不允许离开其住所直到判决被完全执行，这一措施适用于判定由义务方作出特定的、亲自履行的行为的判决。

（五）国际合作

《联邦地区民事诉讼法典》第604～608条提及的国际合作包括调查取证、外国法院判决和仲裁裁决的执行和其他事务，当它们的执行可能对位于墨西哥境内的当事人带来影响时，墨西哥法院将协助外国法院执行这些司法行为。

一般地，墨西哥法院将依据外国法院的调查委托书和授权行事。然而，墨西哥法院将只依当地程序法的要求而不是依据外国法律行事。

如果符合《联邦地区民事诉讼法典》和《联邦民事诉讼法典》的规定，就外国法院的判决和仲裁裁决的执行而言，总的来讲，它们将无须经过墨西哥法院对该案的是非曲直的再审和审查而被承认和接受。特别是，外国判决必须不违背墨西哥的公共政策；当事人必须向墨西哥法院提交清楚地证明该判决可靠性的正式文件（其必须由官员正式证明，而该官员的签名须由离作出该判决的法院最近的墨西哥领事馆认证）；在外国作出的判决所处理的问题和争议必须不是源于对物诉讼；依据墨西哥法律承认的、国际社会认可的原则，外国法院必须有合法的管辖权；被告必须被送达传票，在判决之前获得宪法赋予的举证权利和抗辩权利；该外国判决必须是终局的，不受制于任何复审或合法的追索权（既判案件）；判决解决的问题不是同一对当事人在墨西哥法院提起的诉讼所要解决的同一问题，如果在后一起诉讼中传票已正式地送达外国当事人。

即使满足了以上所有要求，如果有证据证明作出裁决的国家不互惠执行墨西哥法院作出的裁决，墨西哥法院也可以拒绝执行该外国判决。

四、委内瑞拉

根据 1998 年《委内瑞拉国际私法》① 第 53 条的规定，满足下列要件的外国判决，在委内瑞拉有效：（1）判决系对民商事或具有私法关系的一般事项所作的裁判；（2）依判决作出地国法，该判决具有法律效力；（3）该判决未涉及共和国境内的不动产物权，或委内瑞拉法院审理案件的专属管辖权未被排除；（4）依本法第九章确定的一般管辖权原则，判决国法院须有权对争讼作出裁判；（5）被告已被依法传唤，并有充足时间出庭，且在程序上被保证享有合理辩护的机会；（6）该判决不与已有法律效力的前判决相抵触；且在宣布该外国判决前，无相同当事人就同一事项向委内瑞拉法院提起诉讼。

如果外国判决不能全部生效，则允许其部分有效。为执行某外国判决，得根据法定程序进行事先审查，满足本法第 53 条规定的要件后，方可宣布予以执行。

第五节　若干非洲和大洋洲国家的判决执行制度

一、南非②

（一）"外国法院判决"的含义

在南非，"外国法院判决"现在只是指南非共和国以外的外国法院所作的判决。南非在少数白人种族主义统治时期，曾通过一些成文法的特例，将当局强行划分的所谓四个"黑人家园"的法院判决视作"外国法院判决"。1994年新南非成立后，这些种族主义法律被废除。现在南非共和国法院体系由 6 个省法院构成，因为它是单一机构，在南非法院体系中，地方法院的判决已不再是"外国法院判决"。

（二）南非承认和执行外国法院判决的理论

现在南非法院的判例中大多数情况下用明示或者暗示的形式采用既得权理论，但有时又采用"重大关系"的理论。所谓"重大关系"理论是指，涉及

---

①　该法的中译本（邹国勇译，韩德培校）可参见李双元、欧福永、熊之才编：《国际私法教学参考资料选编》（上册），北京大学出版社 2002 年版，第 534~539 页。

②　参见朱伟东：《尼日利亚法院对涉外民商事案件管辖权的确定》，载北大法律信息网（http://www.chinalawinfo.com/article）。

特殊的问题时，如果该国同所发生的事和当事人之间存在重大关系时，应承认和执行外国法院的判决。

（三）南非承认和执行外国法院判决的条件

1988年《执行外国法院民事判决法》规定，对于特定国家法院的判决如果要在南非得到承认和执行必须采取登记的方式。"特定国家"指的是与南非订有条约或发表了联合公报的国家。经过司法部决定的外国法院判决的核证副本必须向相关南非法院的职员提出，然后在该法院登记为民事判决，即可与南非国内法院判决具有同等效力。但该法同时规定，如果不是外国法院判决的债权人，而是其他人在南非请求登记，则不予执行。另外，登记过的外国法院判决要经过一段既定时间后才能执行。该法规定，外国法院判决的债权人自接到南非登记通知21天后，便可申请强制执行。但这种外国法院的判决仅限于支付金钱的判决。《执行外国民事法院判决法》可以说是对美国、英国法院实行的简单认可程序的认同。但是外国法院判决要经过有关部门的决定才能被承认和执行，不可避免地会出现这样的问题，司法部长是否仅仅承认和执行那些与南非有互惠认可协定的国家法院的判决。不过到目前为止，还没有出现过外国法院的判决由于这些原因不被承认和执行的情况。南非司法部长也已经向议会作出保证，不会采取任何妨碍私人国际贸易正常进入的措施。

南非法院承认与执行外国法院判决的规定还散见于其他单行法规。总之，外国法院判决要在南非得到承认和执行必须符合四个条件：（1）作出该判决的法院具有管辖权或管辖资格；（2）该判决具有既判力；（3）该判决的承认和执行不得违反南非的公共政策或自然公正原则；（4）该判决不得与《商业保护法》相冲突。

1. 作出判决的外国法院具有管辖权

原判决国法院是否拥有管辖权是该判决能否在南非法院得到承认和执行的最主要依据。外国法院管辖权问题在艾林得克斯（Alintex）诉凡·格莱齐（Von Gerlach）一案中成为焦点。本案的违约行为发生在荷兰之外，对于该案，荷兰法院作出了一项有利于一家在荷兰注册的公司的判决。本案的被告从未在荷兰法院出庭应诉，没有服从该法院的管辖，实际上他也从未去过荷兰。南非法院裁定不执行该判决。

管辖权是个颇为模糊的概念，它的适用不可避免地取决于具体案件的不同事实。南非法院在瑞斯（Reiss）工程有限公司诉伊萨姆科（Isamcor）有限公司一案中所作的解释现在仍适用。在本案中法官指出，如果在商业听证开始时，被告本人在法院所在国，在该国永久居住或仅居留，并且服从该国的司法管辖，那么该国法院就有权对商业听证作出判决。但是由于缺乏南非司法当局对是否在外国暂时居留而无住所或居所作为管辖权的基础作出规定，确立司法管辖权在实践中仍是个问题。

南非法一般认为，如果被告在非住所地或非居所地法院出庭应诉，则足够证明该外国法院有管辖权。但是不在法院国出庭应诉并不必然地构成一项有效的抗辩外国法院判决的理由，尤其是当被告从法院国逃出来以规避法律时，则即使他不出庭应诉，该国判决对他仍有约束力。

2. 判决具有既判力

外国法院判决的既判力在阿高斯（Argos）渔业有限公司诉费雷帕斯克（Firopesca）一案的诉讼中具有了实际的重要意义。在合同中双方都服从英国法院的管辖，虽然双方同英国都没有太多的联系。原告请求纳米比亚高等法院执行英国法院对被告作出的缺席判决。虽然该判决是生效判决，不过它规定被告可以请求法院撤销或变更该判决。纳米比亚高等法院虽然认为英国法院有管辖权，但它同时又指出没有足够证据证明该判决是终审判决，因此驳回了原告的请求。外国法院判决须具有既判力也是南非法院承认和执行外国法院判决的基本条件之一。

3. 外国法院判决的承认与执行不得违反南非的自然公正和公共政策

1988 年南非的《执行外国民事法院判决法》认为，原判决国法院缺乏合理通知所作的判决是不符合自然公正原则的，可作为抗辩该外国法院判决的依据。违反南非的公共政策也是南非法院拒绝承认与执行外国法院判决的理由之一。外国法院所作出的惩罚性损害赔偿判决长期以来被认为是违反了南非的公共政策。在最近的一个案件中，一位美国原告请求南非法院执行一项由加利福尼亚州法院针对一位南非被告所作出的惩罚性损害赔偿判决①。受理该请求的法院认为惩罚性损害赔偿的判决并不必然地违反南非的公共政策，不能仅仅以南非法律制度中没有关于惩罚性损害赔偿的规定，而拒绝执行包含有惩罚性损害赔偿的外国判决。但是该法院最后以惩罚性赔偿金额过高，违反了南非的公共政策为由拒绝执行该判决。从该案中可以看出，目前南非法院对包含有惩罚性损害赔偿的外国判决在特定的情况下可以给予承认和执行。

4. 外国法院判决不得同南非《商业保护法》相冲突

南非 1978 年《商业保护法》规定，不经过工商部长的许可，任何外国法院作出的与采矿、生产、进口、出口、冶炼、使用或销售等行为或交易有关的

---

① http：//www. Mbendi. co. za/werksmns/wkint. htm.

判决不得在南非执行，而不问该交易或行为是在南非国内还是国外，产品是输出还是输入南非。该法的目的是为了保护南非的商业贸易，但由于该法的商业贸易范围保护过宽，它影响到几乎所有的外国法院判决在南非的承认和执行，严重损害了外国当事人的利益。1995 年 8 月，南非法院首次对该法进行了解释①。南非法院指出，《商业保护法》不适用于因合同或侵权行为引起的有关金钱的诉讼请求。后来南非法院又进一步指出，《商业保护法》中禁止执行产生于该法所涉及的行为或交易的惩罚性判决的规定仅适用于可以被广义地认为是有关产品责任的诉讼请求。《商业保护法》的规定为行政干预司法提供了法律依据，不过在实践中南非工商部长很少拒绝对外国判决的执行给予许可。

二、突尼斯

突尼斯的外国法院判决和决定的执行的规定见于 1998 年的《突尼斯国际私法典》② 第三编。其主要规定有：

外国法院的判决有下列情况之一的，不予执行：（1）突尼斯法院对案件有专属管辖权；（2）突尼斯法院在相同当事人之间已就同一客体、同一诉因作出了判决，并且根据通常途径，该判决已具有终局性；（3）外国判决违反了根据突尼斯国际私法应得到维护的公共秩序，或被告方的辩护权未得到该外国判决所依据的诉讼程序的适当保护；（4）根据判决或决定作出国的法律，该外国判决已被撤销，或中止执行，或尚未获得执行力；判决作出国违反了互惠规则。违反《仲裁法典》第 81 条所定条件的外国仲裁裁决，不予执行。

除有本法典第 11 条规定的情况外，由具有适当管辖权的外国当局无偿作出的判决和决定可以根据有关程序获得执行令。当事人未提出异议并且颁发执行令所需条件已获满足的，外国为解决某项争议无偿作出的决定的内容在突尼斯的司法机关和行政当局具有证明力。

通知利益相关人之后，在外国作成的有关民事身份的文书或判决可直接记录在利益相关人的民事身份登记上，无须颁发执行令，但涉及人法规则的判决除外。

最早提出请求的一方当事人既可申请颁发执行令，也可申请拒绝承认有关的外国判决。

---

① http：//www. Mbendi. co. za/werksmns/wkint. htm.
② 该法的中译本（粟烟涛、杜涛译）可参见李双元、欧福永、熊之才编：《国际私法教学参考资料选编》（上册），北京大学出版社 2002 年版，第 189~196 页。

任何相关的第三人均可根据自己的考虑，请求法院宣告某项外国判决或决定为无对抗力。外国判决或决定不能满足获取执行令所需的诸条件之一的，法院将宣告其为无对抗力。

有关颁发执行令、拒绝承认外国的判决或决定，或宣告其无对抗力的诉讼，由援引该外国判决或决定提出请求的一方当事人的相对方当事人的住所地初审法院管辖。后者在突尼斯无住所的，由突尼斯城初审法院管辖。

有关承认或执行外国仲裁裁决的诉讼，依据《仲裁法典》第 80 条处理。

有关颁发执行令、拒绝承认外国判决或决定，或宣告其无对抗力的申请，应附有外国判决书或决定书的阿拉伯文正式译本。

在与救济途径有关的事项上，针对颁发执行令、拒绝承认外国判决或决定，或宣告其无对抗力的请求所作出的判决由突尼斯法律支配。可执行的外国判决或决定，应当依据突尼斯法律执行，并应受互惠规则的约束。

1999 年《中华人民共和国和突尼斯共和国关于民事和商事司法协助的条约》对中突两国法院判决的相互承认与执行作了规定。

三、澳大利亚①

外国判决在澳大利亚的承认与执行问题主要由澳大利亚普通法和各州与地区成文立法以及联邦立法加以规范。根据这些法规，要求澳大利亚承认和执行的外国判决须具备的条件总的来说，从形式上分为两种：一种为肯定条件或积极条件，即法院据此对外国判决予以承认和执行的条件；另一种为否定条件或消极条件，即法院可据此拒绝承认与执行外国判决的条件。

（一）外国判决依普通法承认与执行的条件

1. 肯定条件

根据澳大利亚普通法，要求澳大利亚承认与执行的外国判决必须满足以下条件：（1）外国法院必须具有并行使澳大利亚法院所承认的管辖权②；（2）外国判决必须是终局判决和确定性（实质性）判决；（3）外国判决的当事人与请求执行判决的当事人必须一致；（4）基于对人的判决必须是一项确定性债务的判决。

确立这些条件的存在或满足与否的举证责任，由请求执行外国判决的当事

---

① 参见董丽萍：《澳大利亚国际私法研究》，法律出版社 1999 年版，第 304~328 页。

② 这里的"管辖权"指具有国际意义上的管辖权，即根据澳大利亚冲突法规则被承认的管辖权，而不是根据外国本国法而具有的管辖权。

人承担。该当事人必须确证作出判决的外国法院具有国际意义上的管辖权，该外国判决必须是根据其法律为终局判决和确定性判决。只有这些条件被满足后，判决才初步具有像有效债务一样被执行的根据，除非被告能证实具有被承认的充分抗辩或否定条件。

2. 否定条件

根据普通法在有关外国法院判决的诉讼中，除以缺乏国际意义上的管辖权和终局性判决作为根据可对外国判决进行抗辩外，被告可据此反对执行有利于原告的判决。原告也可据此抗辩或反对执行有利于被告的判决。有时，这些根据还可作为禁令救济的基础来阻止另一方当事人提起有关请求执行该外国判决的诉讼。这些抗辩根据或称否定条件包括：（1）欺诈。欺诈在这里不仅包括事实上的诈欺，还包括有关解释性欺诈，诸如根据某一受托当事人的行为推断该当事人借信托以谋取个人私利，即使没有证据证明他是否已实际上取得了这种私利。（2）公共政策。（3）自然公正。对自然公正的要求有两方面：第一方面，是当事人各方必须有充分的机会在公正的法院出庭陈述自己的理由；第二方面，是当事人各方必须给予适当的诉讼通知。（4）外国刑事判决或税务判决。（5）外国法院的禁令。（6）平行诉讼。（7）根据1984年《外国诉讼（过度管辖）法》，外国法院的管辖权为过度管辖权。

3. 根据普通法外国判决的效力和执行程序

原告可在执行法院根据其取得的针对被告的判决以禁止翻供为理由，提起请求执行该外国判决的诉讼。其方法有两种，第一种方法是原告可根据外国法院的判决作为赋予被告支付一定金额的债务提起执行诉讼。因为该金额是一个确定的数目，所以原告可以像其他简单的契约债务诉讼一样，就该金额提起诉讼。第二种方法是，原告还可就外国判决的原始诉因重新提起诉讼。出于外国法院不是记录法院的主张，故认为外国判决没有消灭原始诉因，所以，原告仍可就相同的诉因提起诉讼

（二）外国判决依州或地区成文立法及联邦立法承认与执行的条件

基于简化依普通法承认与执行外国判决程序的目的，澳大利亚各州或地区现都制定有与普通法并存的关于承认与执行外国判决的特别成文法规则，即规定通过"登记"或"注册"直接执行外国判决，而无须像普通法那样需基于判决债务重新提起烦琐的诉讼程序。澳大利亚各州、地区、圣诞岛、诺福克岛、可可（济林）岛都颁布有直接执行外国判决的成文立法。除南澳大利亚和可可岛外，其他澳大利亚各州或地区的立法都是根据或仿效1933年英联合王国的《外国判决（相互执行）法》制定的。另外，新南威尔士、塔斯马尼

亚和北部地区实施的较传统的就外国判决执行方案的立法是依据或仿效英联合王国 1920 年的《司法条例》制定的，而且至今仍为有效。现在澳大利亚所有辖区立法都包含有联合王国和新西兰的立法方案。这些立法不适用于国内判决的执行方面，对澳大利亚联邦内各姊妹州或地区判决应依 1992 年的联邦《送达与执行程序法》或普通法予以承认和执行。只有昆士兰州的成文立法专门制定了有关执行澳大利亚判决的规定。对澳联邦外的判决之承认与执行问题，澳大利亚于 1991 年颁布了澳联邦立法《外国判决法》，1991 年 6 月 27 日生效实施。

1. 外国判决登记的肯定条件

根据 1991 年联邦立法《外国判决法》，判决胜诉债权人可在判决作出后 6 年之内随时请求各州或地区的最高法院对判决进行登记。另外，在澳大利亚某一州或地区最高法院予以登记的判决，依据 1992 年的《送达与执行程序法》可在任何其他州或地区最高法院予以登记。根据新西兰《商业法》作出的金钱支付判决，还可在澳联邦法院申请登记；如属非金钱支付的判决，则必须向澳联邦法院申请登记。可登记的判决必须符合以下条件：

（1）判决必须是该法所规定的外国最高法院作出的。根据 1991 年的联邦立法《外国判决法》作出可予以登记的判决之外国法院，必须是在判决的承认与执行方面与澳大利亚有互惠关系的外国高等法院或特指的低级法院。1992 年生效的澳大利亚联邦《外国判决条例》以及 1993 年 6 月 25 日生效的《条例》具体规定作出可予以登记的外国判决作出之法院国包括：巴哈马群岛、英属哥伦比亚、英属维京群岛、大鳄鱼群岛、多米尼加、福克兰岛、斐济、法国、德国、直布罗陀、格瑞那达、香港（地区）、以色列、意大利、日本、马尼托巴、巴布亚—新几内亚（西太平洋）、圣海伦娜、圣基斯及纳维斯联邦、圣文森特和格雷那戴恩斯、赛雪赖尔斯、新加坡、所罗门群岛、土瓦鲁及联合王国。

（2）判决必须是高级（等）法院作出的。成文立法规定的执行登记只针对高等法院作出的判决，即由常设的和高等级别的法院作出的，明确宣布某低级法院包括在内者除外。另外，县（郡）级法院或由此法院作出的判决，再上诉至州最高法院的高等法院（澳大利亚某些州在最高法院和县级法院之间还设有中级法院，也称为高等法院）作出的判决，均不得予以执行登记，除非向法院申请取得宣告令。

（3）判决必须是就当事人间讼争的终局判决和事件实质问题的判决。

（4）判决必须是有关支付一定金额的而不是有关税收罚款或其他惩罚性

的判决。

（5）判决在申请登记执行时必须是在作出判决的外国法院可被执行的以及没有被全部执行的判决。

2. 外国判决登记的否定条件

当外国判决被登记后，判决败诉债务人可依成文法规定的一系列抗辩根据申请撤销登记。如果在判决登记之前有任何一项成文法规定中的抗辩根据可以成立，则法院可据此拒绝对该判决予以登记。申请撤销判决登记的判决败诉债务人承担举证责任。澳联邦成文立法针对外国判决登记规定的基本否定条件有：（1）外国判决不是由该成文立法根据互惠原则所规定的范围内的国家作出的判决，或对该判决的登记违反该成文法规。（2）作出判决的外国法院不具有管辖权。该项根据的关键问题不是关于依本国法律是否具有管辖权的问题，而是关于根据登记地国的法律是否具有国际意义上的管辖权问题。如果外国法院的管辖权不符合成文法规所规定的条件，则该管辖权就不被该成文法规所承认。尽管它可被普通法所承认，澳大利亚法院对这种判决可不予登记或撤销其登记。（3）作为被告的判决败诉债务人没有接到诉讼通知，也没有出庭，使其有充分的机会进行抗辩，判决不予登记，或已被登记的判决可被撤销。这里的"诉讼"只针对主要救济的诉讼。被告在外国法院没有收到中间救济诉讼通知者不属此例，对此种判决不予登记，或撤销其登记。（4）判决由欺诈取得。（5）外国判决的执行违反登记地的公共政策或影响到该登记法院地的善良风俗者撤销其登记。（6）申请登记判决的当事人不是判决中的权利人。（7）在上诉中被变更或推翻的判决以及在初审国法院被撤销的判决，予以撤销登记或不予登记。（8）如果某事项在外国法院作出判决前，已由一个对该事项有管辖权的法院作出终局性和决定性判决，法院可不登记该判决或如已登记则可撤销其登记。（9）作出判决的外国法院缺乏国际意义上的管辖权时，可撤销其判决登记。（10）登记的判决金额超出判决应支付的金额时，法院即可撤销登记。（11）被撤销或已被完全执行的判决即可被撤销登记。

3. 国际意义上的管辖权

澳大利亚联邦成文立法还对国际意义上的管辖权特别作出规定。这些成文法规根据对不同的诉讼类型作出的判决分三类加以规定：

第一类，属人诉讼中作出判决的规定。

这里"属人诉讼"不包括任何婚姻诉讼或其他与婚姻事项有关的诉讼，也不包括关于死者遗产管理诉讼、破产、精神病行为、公司清算或儿童监护的诉讼。外国法院在下列情况下对判决的属人诉讼具有国际意义上的管辖权：

(1) 判决败诉债务人自愿接受外国法院的管辖。除维多利亚外，各州或地区成文法规都规定当事人为下列目的之一在外国法院出庭或参加诉讼的，不构成其对外国管辖权的自愿服从：①为保护或解除被扣押的财产，或被威胁要扣押的财产，或被限制处分的财产；②为抗辩外国法院的管辖权；③申请外国法院根据自由裁量权不行使管辖权。

(2) 如果判决败诉债务人是原始诉讼中的原告，或是反诉中的被告。这一条款与普通法规则一样。

(3) 如果判决败诉债务人在诉讼开始前同意将诉讼标的物交由该外国法院管辖或交由该外国法院所属国的其他法院管辖。该条款不仅包括契约协议而且也包括自愿接受管辖权的任何口头或书面形式的协议。

(4) 如果外国判决败诉债务人在诉讼提起时居住在该外国，或作为法人其主要业务营生所在该外国。这一条款在法人方面的要求比普通法要严苛一些。根据普通法，只要该法人的分支办事处或者甚至是承办代理人在该外国就具有充分管辖根据。这里法院对"居住"的解释与"暂时或短期出现"意思相似。

(5) 如果判决败诉债务人在该外国有办事处或经营所在地在该外国，而该原始诉讼又是通过或者由该办事处或营业所提起的有关影响到业务交易事项方面的诉讼。这一条款比普通法规定的范围广泛，普通法规则不允许个人通过代理或雇员"出现"在某一外国管辖地内。

第二类，对物诉讼中作出判决的规定。

当判决是以不动产为标的物的诉讼中取得或以标的物为动产的属物诉讼中取得而该诉讼标的物位于该外国法院地时，该外国法院具有当然的管辖权。这包括海事对物诉讼或有关对财产主张所有权或占有权的讼争方面的诉讼。有关土地契约的诉讼，如有关对违反土地买卖契约的诉讼属于对人诉讼。

第三类，对其他诉讼作出判决的规定。

如果判决不是属人判决，也不是针对不动产的判决，或针对动产的属物判决，只要该外国法院行使的管辖权符合除该成文法规以外的法院地法所承认的标准或条件，该判决就有权得到承认。对人判决或对物判决根据普通法可被承认但根据该法不符合被登记的条件者，不属于第三类。总之，第三类判决包括对人诉讼以外的其他有关婚姻、死者遗产管理、破产、清算等诉讼事项的有关金钱给付方面的判决。不过，这些成文法规不允许承认有关影响到身份，如离婚或宣告婚姻无效等的外国判决。

经登记的判决，就执行而言，具有与登记法院作出的判决相同的效力。不过判决的执行在当事人仍有可能申请撤销登记或已经提出申请但法院没有最后作出裁决之前，还不能进行。如果外国判决中的金钱给付是以外币支付的，则在登记时要求必须根据作出判决那一天的汇率转换成澳大利亚元。

4. 送达登记通知

根据 1991 年的联邦成文法即《外国判决法》的规定，法院必须向不在登记法院辖区内的判决债务人送达登记通知。对这种管辖外送达的登记通知必须根据登记法院地的规则签发。登记通知必须注明可申请撤销登记或注册的期限，在该期限之内，法院不能实施任何执行判决的行为。

5. 判决书

如果判决债权人要在外国申请执行其在澳大利亚法院作出的判决，澳大利亚法院可应判决债权人的申请签发判决证书。该判决书必须表述有关该判决的诉因和其他在 1991 年《外国判决法》第 15 条（1）中所规定的判决内容情况。当事人在另一方申请中止执行该判决的期限内不得申请执行。

第二十二章　国际商事仲裁裁决的承认与执行

如果说仲裁协议（自愿性）是仲裁的基础的话，那么，裁决的强制履行（强制性）则是仲裁制度得以存在的根本保障。各国仲裁法律普遍认为，当事人应该自觉履行仲裁裁决，一方不履行的，另一方当事人可以向有关法院申请执行仲裁裁决。例如中国 1995 年 9 月 1 日生效的《中华人民共和国仲裁法》第 62 条规定："当事人应当履行裁决。一方当事人不履行的，另一方当事人可以依照民事诉讼法的有关规定向人民法院申请执行。受申请的人民法院应当执行。"① 2000 年的《中国国际经济贸易仲裁委员会仲裁规则》第 63 条更是详细规定：当事人应当依照仲裁裁决书写明的期限自动履行裁决；仲裁裁决书未写明期限的，应当立即履行；一方当事人不履行的，另一方当事人可以根据中国法律的规定，向中国法院申请执行，或者根据 1958 年《承认及执行外国仲裁裁决公约》或者中国缔结或参加的其他国际条约，向外国有管辖权的法院申请执行。

由于内国非涉外仲裁裁决向本国法院申请承认与执行，一般都是按内国民事诉讼法的有关规定办理。因此，本章着重介绍外国仲裁裁决和内国涉外仲裁裁决的承认与执行问题。

第一节　国际商事仲裁裁决的承认与执行概述

一、裁决国籍的确定

在一般情况下，如果一个国际商事仲裁裁决是由某一常设仲裁机构作出的，是不会发生该裁决的国籍难以确定的问题的。比如，一个在伦敦国际仲裁院或美国仲裁协会作出的裁决，在中国申请执行，对中国来说，很显然这是一

---

① 根据有关法律规定，这里的法院是指被申请人住所地或者财产所在地的中级人民法院。

个外国裁决。但是对于一个由临时仲裁庭作出的裁决而言，由于其中的许多因素，诸如双方当事人的国籍或住所、仲裁员的国籍或住所、仲裁员进行活动所依据的法律或规则、仲裁程序的进行地、仲裁实体争议问题所适用的准据法等等，是多变的，因而就难以用其中的某一因素作为判定该裁决是内国裁决还是外国裁决或是外国的某一国作出的裁决。实际上，一直到现在，即令已出现许多承认和执行外国仲裁裁决的国际公约，可是对这个问题，仍未能得出一个明确标准。

1927年9月26日缔结的《关于执行外国仲裁裁决的日内瓦公约》仅是在其第1条中规定，它适用于任何缔约国领土内根据一项为解决现有或将来的争议的协议而作成的仲裁裁决，但以此种裁决在缔约国之一的领土内作成，而针对的是处于缔约国之一的管辖之下的人为限，并没有规定仲裁裁决国籍的识别依据。

到1958年缔结《承认与执行外国仲裁裁决公约》(《纽约公约》)时，尽管作了很大努力，也未能如愿在仲裁裁决国籍的确定问题达成共识。起初，纽约公约的草案第1条第1款曾建议以仲裁地作为标准规定公约适用于在一缔约国领土内作成的而在另一缔约国境内请求承认与执行的仲裁裁决。但遭到法国、德国、瑞典、意大利等国的强烈反对①。它们认为以仲裁地作为标准的这一规定，无疑是步上述1927年日内瓦仲裁公约的后尘，并不能在所有情况下用来判断裁决是内国的还是外国的，至少在仲裁裁决是以通讯方式作出的情况下更是如此。而在实际上，除仲裁地外，当事人的国籍、争议标的物所在地、仲裁程序的进行地等都是应该予以考虑的因素。因而，上述国家曾提议，把该款修改为：公约适用于经被请求承认和执行地所在国法律识别为非内国裁决的仲裁裁决。但这一提议却又遭致英国、美国、阿根廷和日本等国的反对。正因如此，1958年《纽约公约》第1条第1款只好折衷上述两种观点而变成了如下的措辞："仲裁裁决，因自然人或法人间之争议而产生且在申请承认及执行地所在国以外之国家领土内作成者，其承认及执行适用本公约。本公约对于仲裁裁决经申请承认及执行地所在国认为非内国裁决者，亦适用之。但任何缔约国可在互惠的基础上声明，本国只对在另一缔约国领土内所作成的仲裁裁决的承认和执行，适用该公约。缔约国也可声明，本国只对根据本国法律属于商事法律关系所引起的争执适用该公约。"最终也未明确规定外国仲裁裁决的定义或识别的标准。

---

① 李双元主编：《国际私法》，北京大学出版社1991年版，第530页。

对于外国仲裁裁决的确定，上述 1958 年《纽约公约》第 1 条第 1 款实际上是采取了两种标准，此条款前半部分即为领域标准，或者说是仲裁地标准，它采用的是一种排除法，即只要不是在内国领域内作成的裁决均为外国裁决。显然，采用此种认定标准具有较强的明确性，在一般情况下是完全能够确定某项裁决是否属外国裁决的。当然在某些例外的情形下，如仲裁裁决是以通讯方式作出的，采用此标准会因为各国的解释不同而具有某种不确定性。另外，更重要的一个原因是，在某些国家，如法国、德国，法律或判例都表明，在本国但依外国法进行的仲裁而作出的裁决不属于本国裁决，而是一项外国裁决。在这些国家的要求下，公约又同时确立了非内国裁决标准，即虽在内国但依外国仲裁法进行仲裁而作出的裁决属于非内国裁决。

这里应注意的是，从领域标准与非内国裁决标准二者关系上看，《纽约公约》是首先并且主要采用领域标准，只要仲裁地不在内国，即可认定为外国裁决。因此，这两种标准不是一种平行关系，而是一种主从关系。非内国裁决标准只是领域标准的一种补充或延伸，而不能取代领域标准，它的作用在于扩大公约的适用范围。在任何情况下，缔约国承认和执行在另一国领域内作出的裁决都应适用公约；即使另一国领域内作出的裁决在承认和执行国被认为属于其内国裁决也不例外。对于非内国裁决的认定，《纽约公约》基本上是采用仲裁所适用的仲裁法为标准，但从各缔约国的立法和司法实践看，在认定非内国裁决标准问题上，许多国家都作出了更广义的解释。在这些国家里，除了所适用的仲裁法是外国法以外，当裁决解决的争议其国内法院不具有管辖权或因某些其他原因，裁决与该国无充分联系时，该国也有可能认为在其领域内作出的该裁决不是其内国裁决。

二、承认与执行外国仲裁裁决的条件

跟外国法院判决的承认和外国法院判决的执行有所区别一样，外国仲裁裁决的承认和执行，这二者也是既有区别又有联系的。一般来说，承认外国仲裁裁决是承认外国仲裁裁决在确认当事人权利义务方面具有跟本国仲裁裁决同等的法律效力，它起着一种防御或抗辩的功能，即如果在本国境内他人就与该外国仲裁裁决相同的事项，向法院或仲裁机构提出与该外国仲裁裁决内容不同的请求，可以用该外国仲裁裁决作为对抗他人的理由。执行外国仲裁裁决，不但要承认外国仲裁裁决在本国的效力，而且就其应执行的部分，通过适当程序付诸执行，使裁决中确定的当事人间的权利义务得以实行和完成。当然，在绝大多数案件中，当事人都是申请承认执行外国仲裁裁决，而不仅仅是申请承认外

国仲裁裁决。

关于承认与执行外国仲裁裁决的条件，在许多方面与外国判决的承认和执行有类似之处，因而在某些双边司法协助条约或多边国际公约中，甚至将两者一并作规定，或作类推适用的规定。然而两者之间还是存在着某些重要的区别，而且各国的要求也不尽相同。基于《纽约公约》的普遍影响①，下面主要根据《纽约公约》的规定对此问题加以论述。

1958 年《纽约公约》以排除的方式规定了承认和执行外国仲裁裁决的条件，如果被请求承认和执行的裁决具有公约规定的排除情形时，被请求执行国家有权拒绝承认和执行，即凡外国仲裁裁决有下列情形之一的，被请求承认和执行的机关可以依据仲裁裁决的执行义务人的请求和证明，拒绝予以承认和执行。

（一）仲裁协议无效

根据《纽约公约》第 5 条第 1 款第 1 项的规定，如果订立仲裁协议的当事人依对其适用的法律为无行为能力，或者依仲裁协议选定的准据法，或者在未指明以何种法律为准时，根据裁决地所在国法律，该项仲裁协议是无效的，则可以拒绝承认与执行有关裁决。这是因为国际商事仲裁完全以争议双方自愿提交仲裁为基础；国际商事仲裁庭的管辖权完全取决于当事人双方合意订立的仲裁协议。如果双方当事人没有订立或没有有效地订立愿意将争议提交仲裁的仲裁协议，仲裁庭就没有受理争议的法律依据。所以，各国在制定国内法和参与缔结有关国际条约时，都把有关仲裁庭行使管辖权所依据的仲裁协议的有效存在作为承认与执行外国仲裁裁决的重要条件之一。

（二）未给予适当通知或未能提出申辩

根据 1958 年《纽约公约》第 5 条第 1 款第 2 款的规定，如果对作为裁决执行对象的当事人未曾给予有关指定仲裁员或者进行仲裁程序的适当通知，或者作为裁决执行对象的当事人由于其他情况未能提出申辩，则可拒绝承认与执行该项裁决。

这里所指的"适当通知"是指仲裁机构或仲裁庭遵守了适用于仲裁的仲裁程序规则规定的有关期限，即通知有关当事人指定仲裁员的具体期间和开始仲裁程序的具体日期；并且，此种通知要给有关当事人留有足够的时间准备指

---

① 截至 1999 年 5 月 31 日，已有 148 个国家和地区加入或扩展适用该公约；截至 1998 年 8 月 18 日为止公约的 145 个成员，可参见韩健著：《现代国际商事仲裁法的理论与实践》，法律出版社 2000 年修订版，第 537~544 页。

定仲裁员和准备出席仲裁庭进行申辩。此外,应说明的是,至于当事人未能在仲裁过程中提出申辩,应该是指该当事人自身的过失以外的原因而使他未能提出申辩。如果已经适当地通知了被申请人,被申请人拒绝参加仲裁或者在仲裁中持不积极的态度,则认为被申请人是有意放弃其陈述案情的机会。在适当通知后照常进行的缺席仲裁并不妨碍裁决的执行。

(三)仲裁庭超越权限

根据《纽约公约》第5条第1款第3项的规定,如果裁决中处理的事项为未交付仲裁的标的或者未在仲裁协议中列举的事项,或者裁决中载有超出仲裁协议规定范围的事项的裁决内容,则被请求承认和执行的机关可依仲裁裁决的执行义务人的请求和证明,拒绝予以承认和执行。

这是因为国际商事仲裁完全是建立在双方当事人自愿签订的仲裁协议的基础之上的,仲裁庭必须严格按照仲裁协议行事。仲裁庭对当事人在仲裁协议规定的仲裁事项以外的事项进行仲裁,是违反了仲裁协议,也即超越了当事人的授权范围,因而所作的裁决,有关国家可以拒绝承认与执行。

此外,《纽约公约》第5条第1款第3项还规定,如果交付仲裁事项的裁决内容可与未交付仲裁的事项分开,则裁决中关于交付仲裁事项的裁决内容仍应予以承认和执行。

(四)仲裁庭的组成和仲裁程序不当

依照《纽约公约》第5条第1款第4项之规定,如果仲裁庭的组成或者仲裁程序与双方当事人的仲裁协议的规定不相符合,或者在双方当事人无仲裁协议时与仲裁地所在国的法律不相符合,则被请求承认和执行的机关可依仲裁裁决的执行义务人的请求和证明,拒绝予以承认和执行。

例如,香港最高法院于1989年6月29日作出判决,准许广东省进出口公司(原告)提出的请求,对一香港公司(被告)强制执行中国国际经济贸易仲裁委员会深圳分会于1988年7月12日作出的仲裁裁决。这是自中国于1987年4月22日参加《纽约公约》以来,中国的仲裁裁决首次在境外得到承认和执行。在该案中,被告曾就拒绝执行裁决提出两点抗辩理由:第一,仲裁协议规定的仲裁机构(中国贸促会对外贸易仲裁委员会)与最后作出裁决的机构(中国贸促会对外经济贸易仲裁委员会,现改称中国国际经济贸易仲裁委员会)不一致,该裁决不得强制执行;第二,因为签订仲裁协议时中国还未加入《纽约公约》,因而该裁决不是"公约裁决",亦不得强制执行。但是,香港最高法院在判决书中对被告的上述两点抗辩均给予驳回,指出:从原告提交的证据中可以很清楚地看出,"合同规定的仲裁机构与作出裁决的仲裁机构"

事实上是同一个机构，仅仅是由于中国国际贸易促进委员会改变了其名称，而且很明显被告接受了改名后的那个机构的仲裁并参加了仲裁程序。判决还指出，裁决是在中国加入公约之后作出的，所以无论仲裁协议是在何时签订，该裁决都应认为是公约裁决①。

为了防止以后再出现如上述案例中的名称之争，中国1995年《中国国际经济贸易仲裁委员会仲裁规则》第2条作了明确而详尽的规定："中国国际经济贸易仲裁委员会（原名中国国际贸易促进委员会对外贸易仲裁委员会，后名中国国际贸易促进委员会对外经济贸易仲裁委员会，现名中国国际经济贸易仲裁委员会，以下简称仲裁委员会）以仲裁的方式，独立、公正地解决产生于国际或涉外的契约性或非契约性的经济贸易等争议……"2000年《中国国际经济贸易仲裁委员会仲裁规则》第2条也作了类似的规定。

（五）裁决不具约束力或已被撤销、停止执行

根据《纽约公约》第5条第1款第5项的规定，如果仲裁裁决对当事人未发生拘束力，或者仲裁裁决已被裁决地所在国或者裁决所依据法律所属国的主管机关撤销或者停止执行的，则请求承认和执行的机关可依仲裁裁决的执行义务人的请求和证明，拒绝予以承认和执行。

此外，根据《纽约公约》第5条第2款的规定，如果被请求承认和执行外国仲裁裁决的国家的主管机关，认为按照该国法律，有下列情形的，可以主动予以拒绝承认和执行：（1）裁决的事项不能以仲裁方法处理；（2）承认或执行裁决违反该国公共政策。

三、承认与执行外国仲裁裁决的程序

根据《纽约公约》第3条的规定，执行仲裁裁决的程序规则依被申请执行地国的法律。各缔约国在承认或执行外国仲裁裁决时，不得比承认和执行国内仲裁裁决附加更为苛刻的条件或者征收过多的费用。显然公约在此只是作了一个原则性的规定，在执行外国仲裁裁决的程序方面，具体规定仍依各缔约国国内法。

公约第4条规定，为了获得公约所规定的承认和执行，申请承认和执行裁决的当事人应当提供：经正式认证的裁决正本或经正式证明的副本；仲裁协议正本或经正式证明的副本。如果上述裁决或协议不是用被请求承认或执行的国家的文字作成，则申请人应提供译文，该译文应由一个官方的或宣过誓的译员

---

① 李双元等著：《中国国际私法通论》，法律出版社2003年第2版，第659页。

或外交或领事人员证明。

综观各国立法，可将其承认和执行外国仲裁裁决的程序规则分为三类：其一是将外国仲裁裁决作为外国法院判决对待。这是多数国家的做法。其二是将外国仲裁裁决作为合同之债对待，这是英美等国的做法，要求有关当事人提起一个请求履行仲裁裁决中规定的义务或请求损害赔偿的诉讼来获得在内国境内承认和执行外国仲裁裁决的执行令。其三是将外国仲裁裁决作为内国仲裁裁决对待，把适用于执行内国仲裁裁决的规则扩大及于外国仲裁裁决的执行。

第二节 若干国家与地区承认与执行 国际商事仲裁裁决的制度

一、中国的制度

（一）外国仲裁裁决在中国的承认和执行

根据 1986 年 12 月 2 日全国人民代表大会常务委员会《关于中国加入〈承认及执行外国仲裁裁决公约〉的决定》、1987 年 4 月 10 日最高人民法院《关于执行中国加入的〈承认及执行外国仲裁裁决公约〉的通知》、1991 年《中华人民共和国民事诉讼法》、1995 年 8 月 28 日最高人民法院发布的《关于人民法院处理与涉外仲裁及外国仲裁事项有关问题的通知》、1998 年 6 月 11 日最高人民法院通过的《关于人民法院执行工作若干问题的规定（试行）》（法释〔1998〕15 号）、1998 年 10 月 21 日最高人民法院通过的《关于承认和执行外国仲裁裁决收费及审查期限问题的规定》（法释〔1998〕28 号）的规定，中国承认和执行外国仲裁裁决的现行法律制度包括以下内容：

1. 承认和执行的依据

根据中国加入《纽约公约》时所作的互惠保留声明，中国对在另一缔约国领土内作出的仲裁裁决的承认和执行适用该公约。该公约与中国《民事诉讼法》有不同规定的，按该公约的规定办理。除《纽约公约》外，中国还于1993 年 2 月 6 日成为 1965 年《关于解决国家与他国国民间投资争议公约》的成员国，当事人向中国申请承认和执行的仲裁裁决符合该公约的，中国法院将根据该公约办理。中国还同许多国家签订了司法协助协定，其中大多规定有相互承认和执行仲裁裁决的条款。因此，如果所申请和执行的某项外国仲裁裁决不符合中国参加的上述两公约规定的适用条件，但符合中国同他国签订的双边司法协助协定规定的适用条件，中国法院则应该按照该司法协助协定中的有关规定办理。

对于在与中国没有条约关系的国家的领土内作出的仲裁裁决，需要中国法院承认和执行的，应按《民事诉讼法》第283条的规定办理。1991年《民事诉讼法》第283条对于承认和执行外国仲裁裁决规定了跟承认和执行外国法院判决类似的程序，它规定："国外仲裁机构的裁决，需要中华人民共和国法院承认和执行的，应当由当事人直接向被执行人住所地或财产所在地的中级人民法院申请，人民法院应当依照中华人民共和国缔结或者参加的国际条约，或者按照互惠原则办理。"

2. 商事保留

根据中国加入《纽约公约》时所作的商事保留声明，中国仅对按照中国法律属于契约性和非契约性商事法律关系所引起的争议适用该公约。所谓"契约性和非契约性商事法律关系"，具体的是指由于合同、侵权或者根据有关法律规定而产生的经济上的权利义务关系，例如货物买卖、财产租赁、工程承包、加工承揽、技术转让、合资经营、合作经营、勘探开发自然资源、保险、信贷、劳务、代理、咨询服务和海上、民用航空、铁路、公路的客货运输以及产品责任、环境污染、海上事故和所有权争议等，但不包括外国投资者与东道国政府之间的争议。

3. 申请期限

申请中国法院承认及执行的仲裁裁决，仅限于1958年《纽约公约》对中国生效后在另一缔约国领土内作出的仲裁裁决（中国于1986年12月加入，自1987年4月22日起公约对中国生效）。该项申请应当在《民事诉讼法》第239条规定的申请执行期限内提出。从规定的履行期限的最后1日起计算，裁决规定分期履行的，从规定的每次履行期间最后1日起计算。

4. 管辖法院

根据1958年《纽约公约》第4条的规定，申请中国法院承认和执行在另一缔约国领土内作出的仲裁裁决，由仲裁的一方当事人提出，当事人应当提交经中国驻外使领馆认证或经中国公证机关公证的仲裁裁决书中文本。对于当事人的申请应由中国下列地点的人民法院受理：被执行人为自然人的，为其户籍所在地或者居所地；被执行人为法人的，为其主要办事机构所在地；被执行人在中国无住所、居所或者主要办事机构，但有财产在中国境内的，为其财产所在地。

5. 收费

人民法院受理当事人申请承认外国仲裁裁决的，预收人民币500元。人民法院受理当事人申请承认和执行外国仲裁裁决的，应按照《人民法院诉讼收费办法》有关规定，依申请执行的金额或标的价额预收执行费。如人民法院最终决定仅承认而不予执行外国仲裁裁决时，在扣除本规定第一条所列费用后，其余退还申请人。人民法院受理当事人申请承认和执行外国仲裁裁决，不得对承认和执行分别两次收费。对所预收费用的负担，按照《人民法院诉讼收费办法》的有关规定执行。

6. 法院的审查

中国有管辖权的人民法院接到一方当事人的申请后，应对申请承认及执行的仲裁裁决进行审查，如果认为不具有 1958 年《纽约公约》第 5 条第 1、2 款所列的情形，应当裁定承认其效力，并且依照《民事诉讼法》规定的程序执行；如果认定具有第 5 条第 2 款所列的情形之一的，或者根据被执行人提供的证据证明具有第 5 条第 1 款所列的情形之一的，应当裁定驳回申请，拒绝承认或执行。

当事人依照纽约公约第 4 条规定的条件申请承认和执行外国仲裁裁决，受理申请的人民法院决定予以承认和执行的，应在受理申请之日起两个月内作出裁定，如无特殊情况，应在裁定后 6 个月内执行完毕；决定不予承认和执行的，须按最高人民法院法发〔1995〕18 号《关于人民法院处理与涉外仲裁及外国仲裁事项有关问题的通知》的有关规定，在受理申请之日起两个月内上报最高人民法院。

7. 拒绝承认和执行外国仲裁裁决的报告制度

为了进一步保证及时、公正地执行仲裁裁决，上述《关于人民法院处理与涉外仲裁及外国仲裁事项有关问题的通知》，对人民法院拒绝承认和执行外国仲裁裁决等问题建立了报告制度。《通知》指出：凡一方当事人向人民法院申请承认和执行外国仲裁机构的裁决，如果人民法院认为申请承认和执行的外国仲裁裁决不符合中国参加的国际公约的规定或者不符合互惠原则的，在裁定拒绝承认和执行之前，必须报请本辖区所属高级人民法院进行审查；如果高级人民法院同意拒绝承认和执行，应将其审查意见报最高人民法院。待最高人民法院答复后，方可裁定拒绝承认和执行。由此可见，中国法院在处理承认和执行外国仲裁裁决问题上，采取了十分慎重的态度，并以严格的程序来加以保证。

（二）中国涉外仲裁裁决的承认和执行

1. 现行有关规定

（1）对国内非涉外仲裁委员会作出的有关涉外争议的裁决的承认与执行

对国内非涉外仲裁委员会作出的裁决（包括有关涉外争议的裁决），《民事诉讼法》第 237 条第 1 款规定："对依法设立的仲裁机构的裁决，一方当事人不履行的，对方当事人可以向有管辖权的人民法院申请执行。受申请的人民法院应当执行。"

1994 年《仲裁法》第 63 条规定，"被申请人提出证据证明裁决有民事诉讼法第 217 条（现为第 237 条）第 2 款规定的情形之一的，经人民法院组成合议庭审查核实，裁定不予执行。"《民事诉讼法》第 237 条第 2 款规定："被申请人提出证据证明仲裁裁决有下列情形之一的，经人民法院组成合议庭审查核实，裁定不予执行：（一）当事人在合同中没有订有仲裁条款或者事后没有达成书面仲裁协议的；（二）裁决的事项不属于仲裁协议的范围或者仲裁机构无权仲裁的；（三）仲裁庭的组成或者仲裁的程序违反法定程序的；（四）裁决所依据的证据是伪造的；（五）对方当事人向仲裁机构隐瞒了足以影响公正裁决的证据的；（六）仲裁员在仲裁该案时有贪污受贿，徇私舞弊，枉法裁决行为的。"此外，该法第 237 条第 3 款还规定，人民法院认定执行该裁决违背社会公共利益的，裁定不予执行。

（2）对涉外仲裁委员会作出的仲裁裁决的承认和执行

《民事诉讼法》第 273 条规定，经中华人民共和国涉外仲裁机构裁决的，当事人不得向人民法院起诉，一方当事人不履行仲裁裁决的，对方当事人可以向被申请人住所地或者财产所在地的中级人民法院申请执行。其第 280 条规定，中华人民共和国涉外仲裁机构作出的发生法律效力的仲裁裁决，当事人请求执行的，如果被执行人或者其财产不在中华人民共和国领域内的，应当由当事人直接向有管辖权的外国法院申请承认和执行。

对于涉外仲裁委员会作出的仲裁裁决的不予执行，1994 年《仲裁法》第 71 条规定："被申请人提出证据证明涉外仲裁裁决有民事诉讼法第 260 条（现为第 274 条）第 1 款规定的情形之一的，经人民法院组成合议庭审查核实，裁定不予执行。"中国 1991 年《民事诉讼法》第 274 条规定，对中华人民共和国涉外仲裁机构作出的裁决，被申请人提出证据证明仲裁裁决有下列情形之一的，经人民法院组成合议庭审查核实，裁定不予执行：①当事人在合同中没有订有仲裁条款或者事后没有达成书面仲裁协议的；②被申请人没有得到指定仲裁员或者进行仲裁程序的通知，或者由于其他不属于被申请人负责的原因未能陈述意见的；③仲裁庭的组成或者仲裁的程序与仲裁规则不符的；④裁决的事项不属于仲裁协议的范围或者仲裁机构无权仲裁的①。《民事诉讼法》第274条第2款还规定，人民法院认定执行该裁决违背社会公共利益的，裁定不予执行。

为严格执行《民事诉讼法》以及中国参加的有关国际公约的规定，保障诉讼和仲裁活动依法进行，最高人民法院于1995年8月28日发布的《关于人民法院处理与涉外仲裁及外国仲裁事项有关问题的通知》对人民法院不予执行涉外仲裁裁决同样建立了报告制度。该通知指出，凡一方当事人向人民法院申请执行中国涉外仲裁机构裁决，如果人民法院认为中国涉外仲裁机构裁决具有民事诉讼法第274条情形之一的，在裁定不予执行之前，必须报请本辖区所属高级人民法院进行审查；如果高级人民法院同意不予执行，应将其审查意见报最高人民法院。待最高人民法院答复后，方可裁定不予执行。

此外，最高人民法院1998年7月13日通过的《关于未被续聘的仲裁员在原参加审理的案件裁决书上签名，人民法院应当执行该仲裁裁决书的批复》（法释〔1998〕21号）指出，对于未被续聘的仲裁员继续参加审理并作出裁决的案件，人民法院应当根据当事人的申请对该仲裁裁决书予以执行。

（3）仲裁裁决被依法裁定不予执行后的补救

依照《中华人民共和国仲裁法》第9条的规定，"裁决被人民法院依法裁定不予执行后，当事人就该纠纷可以根据双方重新达成的仲裁协议申请仲裁，也可以向人民法院提起诉讼"。此外，1996年6月26日最高人民法院作出的《关于当事人因对不予执行仲裁裁决的裁定不服而申请再审人民法院不予受理的批复》指出："依照《中华人民共和国民事诉讼法》第217条（现为第237条）的规定，人民法院对仲裁裁决依法裁定不予执行，当事人不服而申请再审的，人民法院不予受理。"

2. 立法完善

自1994年《仲裁法》颁布施行以来，在实践中，由地方政府部门重新组建的非涉外仲裁机构也已开始受理涉外仲裁案件②，自1998年起中国国际经

---

① 然而，根据2000年《仲裁规则》第51条的规定，一方当事人知道或者理应知道本仲裁规则或仲裁协议中规定的任何条款或情事未被遵守，但仍参加仲裁程序或继续进行仲裁程序而且未对此不遵守情况及时地明示地提出书面异议的，视为放弃其提出异议的权利。

② 1996年6月8日国务院办公厅《关于贯彻实施〈中华人民共和国仲裁法〉需要明确的几个问题的通知》第3条规定："涉外仲裁案件的当事人自愿选择新组建的仲裁委员会仲裁的，新组建的仲裁委员会可以受理。"

济贸易仲裁委员会依新修订的仲裁规则第 2 条的规定也开始受理国内仲裁案件。从仲裁的长远发展和商业交易的需要看，应当打破对仲裁机构受案类别的限制性划分。但是，法院对于涉外仲裁机构作出的有关国内争议的裁决和国内仲裁机构作出的有关涉外争议的裁决究竟以何种程序来审查裁决是否给予承认和执行，往往会无所适从。目前有关法律、法规并未涉及这一问题。法院在执行这两类裁决时，由于缺乏必要的法律指引，往往会在认定裁决的性质上自由取舍，裁决很难得到合理的执行，当事人的合法权益也很难得到保障；这种状况的存在，迫切需要通过立法或司法解释予以澄清，严格区分涉外仲裁和国内仲裁及其执行审查方式，以加强立法的一致性和协调性。

我们认为，解决因仲裁机构受案范围的变化而导致执行裁决适用法律上的困难，从理论上分析并不存在多大障碍。关于涉外仲裁裁决，无论是从 1991 年《民事诉讼法》（第 271~274 条），还是从 1994 年《仲裁法》（第 66~68 条、第 72 条）的有关措词看，均是以作出仲裁裁决的仲裁机构作为界定标准的。依据该两项法律的规定，由中华人民共和国涉外仲裁机构或涉外仲裁委员会作出的裁决为涉外仲裁裁决，而由其他非涉外仲裁机构或非涉外仲裁委员会作出的裁决为非涉外仲裁裁决。显然，这种规定，与最高人民法院《关于适用〈中华人民共和国民事诉讼法〉若干问题的意见》第 304 条中的解释是不一致的。另外，客观地说，这种界定也是不科学的，是一种脱离国际通行做法的界定方式。目前，中国内地的涉外仲裁裁决的界定，还是依最高人民法院《关于适用〈中华人民共和国民事诉讼法〉若干问题的意见》第 304 条中关于涉外民事案件的解释较为妥当合理。根据该解释，涉外仲裁裁决是指当事人一方或双方是外国人、无国籍人、外国企业或组织，或者当事人之间民事法律关系的设立、变更、终止的法律事实发生在外国，或者仲裁标的物在外国的仲裁裁决。因此，对于涉外仲裁机构根据其新规则第 2 条受理的国内争议作出的裁决应认定为国内裁决，该裁决的执行应按《仲裁法》和《民事诉讼法》中有关对国内裁决的审查程序和标准进行，而不能适用涉外裁决的处理原则。对于国内仲裁机构根据国务院的有关规定受理的涉外争议，尽管当事人选择了国内仲裁机构的仲裁规则和仲裁程序，并不能因此而断定依此作出的裁决属国内裁决，法院对待这类裁决的执行，应根据有关涉外裁决的执行方式进行。只有这样严格区分其属性后才能正确适用法律，以保持《仲裁法》和《民事诉讼法》在适用上的一致性，而不至于含混不清。最高人民法院也应就此类问题通过司法解释的形式作出详细规定，以保证涉外仲裁机构作出的国内裁决和国内仲裁机构作出的涉外裁决均能够依法得以执行。

（三）中国内地与香港、澳门特别行政区和中国台湾地区仲裁裁决的相互承认与执行

1. 中国内地与香港特别行政区仲裁裁决的相互承认和执行

在 1997 年 7 月 1 日香港回归祖国以前，中国内地与香港之间在相互承认和执行仲裁裁决方面依据的是 1958 年《纽约公约》。根据《中英联合声明》和《中华人民共和国香港特别行政区基本法》的规定，香港回归祖国后，1958 年《纽约公约》在香港继续适用。但香港与内地仲裁裁决的相互承认和执行已成为一个主权国家内不同法域间的区际司法协助，再适用《纽约公约》已不适合。为此，需要达成新的安排。1999 年 6 月，中国内地与香港特别行政区就相互执行裁决的安排达成了一致意见，并签署了有关备忘录。新的安排是根据《纽约公约》的规则制订的。上述安排已经中国最高人民法院 1999 年 6 月 18 日通过，并以发布司法解释的形式于 2000 年 1 月 24 日公布①，自 2000 年 2 月 1 日起施行。香港特别行政区立法委员会也于 2000 年 1 月对香港《仲裁法》进行了修订，将安排意见纳入香港《仲裁法》中，并已施行。安排的主要内容有：

（1）在内地和香港特别行政区作出的仲裁裁决，一方当事人不履行的，另一方当事人可以向被申请人住所地或者财产所在地的有关法院申请执行。有关法院，在内地指被申请人住所地或者财产所在地的中级人民法院，在香港指高等法院。

（2）被申请人的住所地或者财产所在地，既在内地又在香港特别行政区的，申请人不能同时分别向两地有关法院提出申请。只有一地法院不足以偿还其债务时，可就不足部分向另一地法院申请执行。两地法院先后执行的总额，不得超过裁决数额。

（3）申请人向有关法院申请执行在内地或者在香港特别行政区作出的仲裁裁决的，应提交以下文书：①执行申请书；②仲裁裁决书；③仲裁协议。执行申请书应当以中文文本提出，裁决书或者仲裁协议没有中文文本的，申请人应当提交正式证明的中文译本。

（4）申请人向有关法院申请执行内地或者香港特别行政区仲裁裁决的期限依据执行地法律有关时限的规定。

（5）有关法院在接到申请人申请后，应当按执行地法律程序处理及执行。

---

① 参见最高人民法院《关于内地与香港特别行政区相互执行仲裁裁决的安排》（1999 年 6 月 18 日最高人民法院审判委员会第 1099 次会议通过，法释〔2000〕3 号）。

（6）在内地或者香港特别行政区申请执行的仲裁裁决，被申请人接到通知后，提出证据证明有下列情形之一的，经审查核实，有关法院可裁定不予执行：①仲裁协议当事人依对其适用的法律属于某种无行为能力的情形；或者该项仲裁协议依约定的准据法无效；或者未指明以何种法律为准时，依仲裁裁决地的法律是无效的；②被申请人未接到指派仲裁员的适当通知，或者因他故未能陈述意见的；③裁决所处理的争议不是交付仲裁的标的或者不在仲裁协议条款之内，或者裁决载有关于交付仲裁范围以外事项的决定的；但交付仲裁事项的决定可与未交付仲裁的事项划分时，裁决中关于交付仲裁事项的决定部分应当予以执行；④仲裁庭的组成或者仲裁程序与当事人之间的协议不符，或者在有关当事人没有这种协议时与仲裁地的法律不符；⑤裁决对当事人尚无约束力，或者业经仲裁地的法院按仲裁地的法律撤销或停止执行的。

有关法院认定依执行地法律，争议事项不能以仲裁裁决解决的，则可不予执行该裁决。内地法院认定在内地执行该仲裁裁决违反内地社会公共利益，或者香港特别行政区法院认定在香港地区执行该仲裁裁决违反香港特别行政区的公共政策，则可不予执行该裁决。

（7）申请人向有关法院申请执行在内地或者香港特别行政区作出的仲裁裁决，应当根据执行地法院有关诉讼收费的办法交纳执行费用。

（8）1997年7月1日以后申请执行在内地或者香港特别行政区作出的仲裁裁决按本安排执行。对1997年7月1日至本安排生效之日的裁决申请执行问题，双方同意：1997年7月1日至本安排生效之日因故未能向内地或者香港特别行政区法院申请执行，申请人为法人或者其他组织的，可以在本安排生效后6个月内提出；如申请人为自然人的，可以在本安排生效后一年内提出。对于内地或香港特别行政区法院在1997年7月1日至本安排生效之日拒绝受理或者拒绝执行仲裁裁决的案件，应允许当事人重新申请。

2. 中国内地与澳门特别行政区仲裁裁决的相互承认和执行

（1）澳门特别行政区的有关规定

澳门地区长期是葡萄牙的殖民地，葡萄牙1961年颁布、1962年实施的《民事诉讼法典》延伸适用于澳门。该《民事诉讼法典》第四卷对仲裁作了规定。但实际上，长期以来，澳门的仲裁制度处于有名无实的状态。澳门的民商争议除了通过民间的传统的中国方式解决外，主要依赖于法院诉讼解决。

在此情形下，1996年5月29日经澳门总督核准，并于同年6月11日公布了第29/96/M号法令，在澳门建立了新的本地仲裁制度。1998年11月13日经澳门总督批准，又公布了第55/98/M号法令，在澳门建立了涉外仲裁制度。

第 55/98/M 号法令几乎完全参照了 1985 年《联合国国际贸易法委员会国际商事仲裁示范法》。它充分尊重当事人的意思自治，当事人可以约定仲裁员人数并指定仲裁员，可以约定仲裁程序法和实体法，还可以约定依公允及善良原则进行友好仲裁等；承认临时仲裁的有效性；将仲裁管辖权的决定权赋予仲裁庭；无论在申请撤销裁决程序中，还是在申请执行裁决程序中，法院对仲裁裁决不进行实质性的审查等。

澳门第 55/98/M 号法令规定：无论仲裁裁决在任何国家或地区作出，均应承认具有约束力，经当事人向管辖法院提出书面申请，应当得到执行，除非有证据证明存在下列情况之一：①仲裁协议的一方当事人订立仲裁协议时处于某种无行为能力的情况；或根据当事人约定遵守的法律，或在无约定时根据作出仲裁裁决的国家或地区的法律，该仲裁协议为无效协议；②被承认和执行的一方当事人未获得有关指定仲裁员或仲裁程序进行的适当通知，或其他理由不能行使权利；③仲裁裁决涉及的争议不是或超出仲裁协议约定的范围；④仲裁庭的设立或仲裁程序与当事人的约定不符。当事人没有约定时，与进行仲裁的国家或地区的法律不符；⑤仲裁裁决尚未发生约束力，或作出仲裁裁决的国家或地区的管辖法院或依其法律作出仲裁裁决的国家或地区的管辖法院已将仲裁裁决撤销或中止。

该法令还规定：如果法院认定存在下列情况时，同样可以拒绝承认和执行仲裁裁决：①根据澳门的法律规定，争议不可仲裁；②承认或执行仲裁裁决与公共秩序相抵触；③作出仲裁裁决的国家或地区会拒绝承认和执行澳门作出的裁决。

此外，1999 年 10 月 8 日澳门政府法令 55/99/M 号公布了《澳门民事诉讼法典》，其第十四编"对澳门以外地方之法院或仲裁员所作裁判之审查"对承认与执行澳门以外地方之仲裁员所作裁判的审查作了规定①。

澳门第 55/98/M 号法令生效后，在任何国家或地区，包括中国内地、香港特别行政区和台湾地区作出的仲裁裁决，如需在澳门特别行政区申请承认和执行，澳门将适用第 55/98/M 号法令，根据其中的规定予以处理。

（2）中国内地的情况

目前，由于中国内地的有关立法及司法解释未就承认或执行不同法域的裁决或专门就澳门特别行政区裁决的承认和执行作出规定，因此，当澳门特别行

---

① 参见赵秉志总主编：《澳门五大法典·澳门民事诉讼法典》，中国人民大学出版社 1999 年版，第 390~392 页。

政区作出的仲裁裁决需到中国内地申请承认和执行的时候，尚缺少明确的法律依据。中国内地有关部门和立法机关应及早通过单方立法或与澳门特别行政区有关部门协商达成一致的安排来解决这一问题，以便于澳门特别行政区作出的裁决在内地的承认与执行

3. 中国大陆与台湾地区仲裁裁决的相互承认和执行

（1）中国大陆的有关规定

1998 年 5 月 22 日中国最高人民法院公布了《关于人民法院认可台湾地区有关法院民事判决的规定》。该规定第 19 条规定："申请认可台湾地区有关法院民事裁定和台湾地区仲裁机构裁决的，适用本规定。"第 18 条规定："被认可的台湾地区有关民事判决需要执行的，依照《中华人民共和国民事诉讼法》规定的程序办理。"据此，台湾地区仲裁机构作出的仲裁裁决，当事人可以向中国大陆人民法院申请认可，并适用该认可台湾地区法院民事判决的有关规定。经人民法院认可的仲裁裁决需要执行的，则应依照《中华人民共和国民事诉讼法》规定的程序办理。最高人民法院公布的这一规定，为承认和执行台湾地区仲裁机构作出的裁决提供了法律依据。

（2）台湾地区的有关规定

台湾地区 1992 年颁布的"台湾地区与大陆地区人民关系条例"（经 1993年、1994 年、1996 年、1997 年修改）第 74 条规定："在大陆地区作成之民事裁判、民事仲裁判断，不违背台湾地区公共秩序或善良风俗者，得声请法院裁定认可。前项经法院裁定认可之判决或判断，以给付为内容者，得为执行名义。前二项规定，以在台湾地区作成之民事确定裁判、民事仲裁判断，得声请大陆地区法院裁定认可或为执行名义者，始适用之。"据此，中国内地仲裁机构作出的仲裁裁决，当事人可以向台湾地区法院申请承认和执行。

中国大陆和台湾地区都对承认和执行对方仲裁机构作出的仲裁裁决作出规定，有利于保护海峡两岸当事人在民商事交往中的合法权益，这将大大推动和促进海峡两岸民商事关系的发展。但上述中国大陆和台湾地区的有关规定过于简单，有关判决承认与执行的规定也不完全适合于仲裁裁决的承认和执行，故仍有待于双方各自补充和完善有关仲裁裁决相互承认和执行的规定。

（四）关于不予执行涉外仲裁裁决的报告制度的适用问题

1995 年 8 月 28 日中国最高人民法院发布的《关于人民法院处理与涉外仲裁及外国仲裁事项有关问题的通知》确立了不予执行涉外仲裁裁决或拒绝承认与执行外国仲裁裁决的报告制度。根据通知第 2 条的规定，它适用于中国内地涉外仲裁机构和外国仲裁机构作出的裁决。该报告制度能否适用于香港特别

行政区、澳门特别行政区和台湾地区的仲裁裁决，通知未做明确规定。不过，鉴于中国内地与香港特别行政区、澳门特别行政区和台湾地区是不同的法域，在中国内地，凡涉及香港特别行政区、澳门特别行政区和台湾地区的民商事关系，都被视为涉外民商事关系，在处理有关法律事务或争议时，也都适用现行有效的涉外法律规定。因此，如果中国内地人民法院在审查香港特别行政区、澳门特别行政区和台湾地区仲裁裁决的承认和执行问题时，根据中国内地法律的规定，认为应不予执行时，也应当适用最高人民法院所确立的上述报告制度。地方人民法院在作出不予执行涉外仲裁裁决的裁定之前，应按规定逐级呈报最高人民法院，在最高人民法院答复前，不得裁定不予执行。

二、菲律宾

菲律宾在 1965 年签发了第 71 号参议院决议，采纳了 1958 年《纽约公约》。《纽约公约》已经为最高法院明确承认，并且将其作为解决带有国际性质的经济纠纷的一个制度。因此，菲律宾法院在互惠的基础上，并依据公约的其他条款，对公约缔约国作出的仲裁裁决予以承认和执行。同样地，由菲律宾仲裁机构作出的仲裁裁决在其他缔约国的法院可以得到同样的承认与执行。

外国的仲裁裁决可以在菲律宾得到执行，但是必须向有管辖权或接受申请的地区审判法院递交相应的申请，并呈送：（1）正式认证的裁决的原件或者经认证的复印件；（2）将纠纷提交仲裁的协议的原件或者经认证的复印件。

如果仲裁协议不是用菲律宾的官方语言写成的，申请承认和执行的当事人应提供裁决和/或协议的菲律宾官方语言的译本，译文必须由菲律宾政府官员、宣誓的译员或其外交或者领事机构适当认证①。

三、土耳其

1982 年《土耳其国际私法及国际诉讼程序法》② 第二章第二节对外国仲裁裁决的承认与执行作了如下规定：

（一）承认与执行的裁决的范围和受理法院

对有管辖权的外国仲裁机构作出的裁决，可以请求强制执行。

---

① 参见 ［美］迈克尔·普雷尼斯主编：《亚洲的争议解决》，1997 年英文版，第 204~205 页。

② 该法的中译本可参见李双元、欧福永、熊之才编：《国际私法教学参考资料选编》（上册），北京大学出版社 2002 年版，第 160~166 页。

　　请求强制执行外国仲裁裁决的申请，应向当事人通过书面协议自愿选择的大区法院提出。当事人之间没有书面协议的，可向败诉方在土耳其的住所地法院提出。败诉方在土耳其没有住所地的，可向其在土耳其的居所地法院提出。没有居所地的，可向应执行的财产所在地的法院提出。

　　（二）应提交的材料和执行程序

　　请求执行外国仲裁裁决的申请书，其制作的份数应与对方当事人的人数相同。

　　申请人应向法院提交下述材料：仲裁协议或仲裁条款原本，或经过公证的副本；有权进行裁决的机构所作出的裁决原本，或经过公证的副本；本条第 1 款、第 2 款所要求的材料经过公证的译本，或经过公证的译文副本。

　　法院在执行外国仲裁裁决时，采用类比方法，适用本法第 38 条第 1 款、第 39 条、第 40 条和第 41 条的规定。

　　（三）拒绝承认与执行

　　遇有下述情况，法院有权驳回请求执行外国仲裁裁决的申请：（1）没有仲裁协议或主要合同中没有仲裁条款的；（2）外国仲裁裁决违反社会道德和公共秩序的；（3）根据土耳其法律仲裁协议无效的；（4）在仲裁过程中，仲裁庭没有通知当事人一方出庭，即作出仲裁裁决的；（5）请求执行外国仲裁裁决时双方当事人没有被通知选择仲裁员，或没有能够为自己提出辩护的；（6）根据当事人选择的法律，或根据仲裁地国家的法律，仲裁协议或仲裁条款为无效的；（7）仲裁员的选择或仲裁程序的适用与当事人缔结的合同规定或仲裁地国家的法律规定不符的；（8）仲裁裁决所涉及的事项，在仲裁协议或仲裁条款中未作规定的，或超过仲裁协议或仲裁条款规定的范围的；（9）根据仲裁所适用的法律，或根据仲裁地国家的法律，仲裁裁决没有生效或不能执行的；或被仲裁机构裁定为无效的。对方当事人对本条第 4 款、第 5 款、第 6 款、第 7 款、第 8 款的规定，负有举证之责。

四、法国

　　（一）承认与执行的仲裁裁决的范围

　　《新民事诉讼法典》第四卷《仲裁》第六编（对在外国作出的仲裁裁决或者国际仲裁裁决的承认、强制执行与提起上诉，1985 年 5 月 12 日第 81～500 号法令）第一章《对在外国作出的仲裁裁决或者国际仲裁裁决的承认与强制执行》（第 1498～1500 条）规定了承认和执行仲裁裁决的问题。从该章的标题就可看出，可被请求承认与执行的仲裁裁决包括：（1）在法国作出的国际商事仲裁裁决；（2）在外国作出的国际商事仲裁裁决；（3）在外国作出的国内裁决。《新民事诉讼法典》第1492条规定："涉及国际商事利益的仲裁是国际仲裁。"

（二）承认与执行的条件

《新民事诉讼法典》第1498条规定了仲裁裁决获得承认与执行所应满足的条件。其一是积极要件，要求"援用仲裁裁决的人已证明该裁决存在"，也就是说当事人须依照第1499条的规定提供仲裁裁决和仲裁协定的原件或或者提交这些文件的符合原本所要求之条件的副本。其二属消极要件，即承认或执行"该项裁决不会明显违反国际公共秩序"，这当然是指法国的国际公共秩序。如果这两个要件得到满足，裁决即可在法国获得承认与执行。在相同条件下，仲裁裁决由执行法官宣告在法国具有执行力。

仲裁裁决一经作出，即对其裁决的争议具有已决事由之既判力。仲裁裁决适用有关法院判决之假执行的规则。在提起上诉的情况下，上诉法院第一院长或者负责审前准备的法官，自受理案件之日起，即可对附有假执行的仲裁裁决发给裁决执行书。第一院长或者审前准备法官，也可以按照第525条与第526条规定的条件命令假执行。第一院长或者审前准备法官的决定即等于执行书。

（三）对在外国作出的仲裁裁决或者国际仲裁裁决提起上诉（1981年5月12日第81~500号法令）

对拒绝承认或拒绝执行在外国作出的仲裁裁决或国际仲裁裁决的决定，可以向上诉法院提起上诉。（第1501条）

对承认或者执行在外国作出的仲裁裁决或国际仲裁裁决的决定，仅在以下场合始可提起上诉：（1）如仲裁员是在没有仲裁协定的情况下进行仲裁，或者是依据无效或已经过时的仲裁协定进行仲裁；（2）如仲裁法庭之组成不符合规定，或者独任仲裁员之指定不符合规定；（3）如仲裁员不按交付的工作任务进行裁判；（4）如言词原则未得到遵守；（5）如承认或执行仲裁裁决违反国际公共秩序。（第1502条）

第1501条与第1502条所指的上诉，向作出裁判决定的法官所属的上诉法院提出。自法官之裁判决定送达之日起一个月期限内，可以提起上诉。

本卷第四编（上诉途径）之规定，不适用于上诉途径，但第1487条第1款（即上诉与撤销仲裁裁决的请求，按照有关上诉法院受理争讼案件之程序规则提出、审理与裁判。）与第1490条（即在向上诉法院提起的上诉被驳回，或者提出的撤销仲裁裁决的请求被驳回的情况下，仲裁裁决或者仲裁裁决中未受到上诉法院撤销的条款，等于已赋予执行书）之规定除外。

（四）法国作出的国际仲裁裁决的撤销

在法国作出的国际仲裁裁决，得按照第 1502 条规定的情况，提出撤销请求；对同意执行该项仲裁裁决的裁定，不得提起任何上诉；但是，提出撤销裁决的请求，当然意味着在上诉法院管辖权限内，对执行法官的裁定提起上诉，或者当然意味着该法官停止对案件的管辖。（第 1504 条）

第 1504 条所指的撤销仲裁裁决的请求，向在其管辖范围内作出该项裁决的上诉法院提出。此种请求自裁决一经作出即可受理。如在宣告具有执行力的裁决送达后 1 个月内未提出撤销裁决的请求，再行提出此种请求的，不予受理。

在可以提出第 1501 条所指请求的期限内，中止仲裁裁决之执行；在此期间提出请求亦具中止效力①。

此外，法国已加入 1958 年《承认及执行外国仲裁裁决公约》。

五、意大利

《意大利民事诉讼法典》规定了外国仲裁裁决在意大利的承认与执行。任何希望通过在意大利执行外国仲裁裁决以维护自己合法权益的人必须向另一方当事人住所地的上诉法院的主审法官提交申请。如果另一方当事人非意大利公民，则申请应递交给罗马上诉法院的主审法官，同时还应提交一份仲裁裁决书和仲裁协议或与其有同等作用的文件的原本或经过公证的副本，及在必要的时候，提交上述文件的经过宣誓的译本。主审法官在确认上述文件合乎规定时，将颁发命令宣布仲裁裁决的可执行性，但在下列情形中例外：（1）根据意大利的法律，争议不属于仲裁协议所能约定的事项；（2）仲裁裁决的内容违反意大利的公共秩序②；

在意大利，对于承认或否定仲裁裁决的可执行性的命令，当事人可于接到通知或命令之日起 30 天内通过上诉法院向另一方当事人送达传票的方式对之表示异议。相关的程序必须尽可能地适用《民事诉讼法典》第 654 条的规定。如果对将承认的仲裁裁决提出异议的当事人能证明存在下列情况，则仲裁裁决将得不到承认和执行：（1）根据当事人的属人法，仲裁协议的当事人无相应

---

① 关于国际商事仲裁裁决在法国的承认与执行可详见粟烟涛：《论国际商事仲裁裁决在法国的承认与执行》，武汉大学 2001 年硕士论文；罗结珍译：《法国新民事诉讼法》第四卷，中国法制出版社 1999 年版。

② 《民事诉讼法典》第 839 条。

的行为能力，或依当事人约定的法律或在当事人无此约定时依仲裁协议签订地的法律仲裁协议无效；（2）仲裁裁决的债务人未得到指定仲裁员或进行仲裁的通知，或未被给予进行答辩的机会；（3）仲裁裁决裁定的事项不属于或超出了仲裁协议或仲裁条款的范围，在此情况下如果仲裁庭有权管辖的事项能与仲裁庭无权管辖的事项区分开来，则前者依然具有可执行性；（4）仲裁庭的组成或仲裁程序不符合当事人的约定或在双方无此约定时，不符合仲裁地法的规定；及（5）仲裁裁决还未生效或被裁决作出地的有权机构宣布无效或中止执行，或依裁决作出地法律为无效裁决。

法院可在一方当事人提出修正或中止执行仲裁裁决的要求后宣布暂时中止对仲裁裁决的承认与执行，也可以在一方当事人要求执行时命令他方当事人提供足够的担保。如果存在下列情形，请求承认执行仲裁裁决的请求肯定会被驳回：（1）根据意大利的法律，争议不能以仲裁方式解决；（2）裁决的内容有违意大利的公共秩序。

六、美国

执行外国仲裁协议和裁决是1958年《承认及执行外国仲裁裁决公约》的目标，1970年美国签署了该公约。《美国法典》第九章第202条规定了属于公约管辖的仲裁协议或裁决，包括那些因商业关系引起的仲裁协议或裁决。纯粹是美国公民之间的关系所引起的协议或裁决不属于公约的管辖范围，除非涉及国外的财产，或者是当事人意图在国外履行或执行仲裁协议和裁决，或是与外国有合理的联系。

《美国法典》第九章第202条规定了申请执行仲裁裁决的程序：在仲裁裁决作出后的3年内，允许任何当事人向任何有管辖权的法院申请对任何当事人作出的裁决进行确认的命令。如当事人先前已经同意某一法院将根据仲裁裁决作出判决，《美国法典》第九章第209条规定，任何当事人在裁决1年内可向该法院申请一项命令来批准裁决。

七、尼日利亚①

尼日利亚在1988年颁布了《仲裁与调解法》，经修订，该法现已成为尼日利亚联邦共和国第19号法律。该法的颁布取代了尼日利亚在1914年制定的

---

① 参见朱伟东：《尼日利亚法院对商事仲裁裁决的承认和执行》，载北大法律信息网（http：//www.chinalawinfo.com/article）。

《仲裁法》。《仲裁与调解法》是以联合国《国际商事仲裁示范法》为蓝本制定的，并且该法将1958年的《承认和执行外国仲裁裁决的纽约公约》（以下简称《纽约公约》）作为一个附件纳入其中，使其成为该法的一部分。《仲裁与调解法》对在尼日利亚国内外作出的仲裁裁决的承认和执行作出了详细而有效的规定。

根据尼日利亚《仲裁与调解法》第57条第2款的规定，一项仲裁是"国际的"，如果：

"（a）一项仲裁协议的当事人各方在缔结协议时，他们的营业地点处于不同的国家；或

（b）下列地点之一处于当事人各方营业地点所在国以外：（1）仲裁协议中确定的或根据仲裁协议确定的仲裁地点；（2）商事关系义务的主要部分将要履行的地点或与争议标的有最密切联系的地点；或

（c）双方当事人已明确地同意仲裁协议的争议标的与一个以上的国家有联系；或

（d）不论契约性质为何，当事人双方明确同意起于商业交易的任何争议均应作为国际商事仲裁处理。"

而根据第57条第1款的规定"商事"一词是指"包括供应或交换货物或服务的任何贸易交易；销售协议；商事代表或代理；财务代理；租赁；建造工厂；咨询；工程；许可证；投资；金融；银行；保险；开发协议或特许；合营或其他形式的工业或商业合作；货物或旅客的天空、海上、铁路或公路的载运在内的一切商事性质关系"。

尼日利亚《仲裁与调解法》有关承认与执行国际商事仲裁裁决的规定主要包括在该法的第51条、第52条以及该法附件二《纽约公约》中。

1. 根据《仲裁与调解法》第51条、第52条的规定进行的承认和执行

《仲裁与调解法》第51条规定："（1）仲裁裁决不论在何国境内作出，均应承认具有约束力，而且经向法院提出书面申请，即应予以执行，但须服从本条和第32条的规定（第32条规定，'仲裁协议的任一方当事人可以请求法院拒绝承认与执行一项仲裁裁决'）。（2）援用裁决或申请予以执行的当事人一方应提供：a）经正式认证的裁决书正本或经正式认证的裁决书副本；b）仲裁协议正本或经正式认证的仲裁协议副本；并且，c）如果裁决或仲裁协议不是用英语作成，则申请执行该裁决的当事一方应提供经正式认证的这些文件的英语译本。"一旦上述条件得到满足，法院就会命令执行该裁决。法院对该事项没有其他选择，它不能对裁决的是非曲直进行评判，它只能应当事人一方的

请求拒绝承认和执行该裁决或撤销该裁决。

尼日利亚《仲裁与调解法》第52条第2款规定了法院可以拒绝承认和执行仲裁裁决的理由。根据该条规定，尼日利亚法院可在下列情况下拒绝承认和执行一项不论在何国作出的仲裁裁决：

（1）根据裁决被提出要求的当事一方向法院提出证据证明：①仲裁协议的当事一方欠缺行为能力；或②根据当事各方所指明的应适用的法律，仲裁协议是无效的；或在当事各方未作出该指明时，根据作出裁决的国家的法律，仲裁协议是无效的；③他没有得到有关指定仲裁员或仲裁程序的适当通知，或未能陈述其案情；④裁决处理了不是提交仲裁的条款所考虑的或不是其范围以内的争议；或⑤裁决包括有对提交仲裁以外的事项作出的决定，但如果对提交仲裁的事项所作出的决定与对未提交仲裁的事项所作出的决定能分开的话，只有包括有就提交仲裁的事项作出决定的那部分裁决才能得到承认和执行；或⑥仲裁庭的组成或仲裁程序与当事各方的协议不一致；或如果当事各方无协议，仲裁庭的组成或仲裁程序与进行仲裁的所在国的法律不一致；或⑦裁决尚未对当事各方发生约束力，或作出裁决的国家的法院根据其法律已将裁决撤销或中止；或

（2）如经法院认定：①根据尼日利亚法律，该争议的标的不能通过仲裁解决；或②承认和执行该裁决与尼日利亚的公共政策相抵触。

上述各项规定中，（1）项中所列举的各个事由是很明了的，并且是确定的，而（2）项中的事由在承认和执行裁决方面却是容易引起争议的问题。可仲裁性与公共政策的关系是很密切的。实际上，争议事项的可仲裁性是一国通过国内立法对仲裁范围施加的一种公共政策限制。大部分不能通过仲裁解决的争议通常是不合法的，因为它们违反了公共政策。在尼日利亚起于诸如卖淫、贩奴等非法契约的争议不可仲裁，此外涉及宪法基本问题或具有公法性质的争议也不可提交仲裁。根据《仲裁与调解法》第35条的规定，本法不影响任何其他法律。根据这些法律，某些争议不能提交仲裁，或这些争议只能根据特别的法律规定才能提交仲裁（如根据习惯法进行的仲裁或根据《劳资争议法》进行的劳资争议仲裁等），否则，对这些争议所作出的裁决将不得被执行。尼日利亚法律对可仲裁性的规定是很宽松的，即使有关知识产权方面的争议，当事人"只需要在合同中表明仲裁意愿，当事人的这一愿望就将受到尊重"。对于在尼日利亚可仲裁的事项，《仲裁与调解法》有关"国际商事仲裁"的定义作出了明确的规定，有关起于商业交易的任何争议均可提交仲裁。

每个国家的公共政策包括国内公共政策和国际公共政策。在司法实践中，

各国法院对待国际商事仲裁裁决的承认和执行适用公共政策时，往往较内国裁决更为谨慎，一般都根据国际公共政策的观念将违反公共政策仅限于违反了有关国家真正根本性的法律秩序观念问题。在现代法院和仲裁庭的实践中，一般地，公共政策对国际商事仲裁裁决承认与执行的影响已日益减弱。

在尼日利亚，如果对裁决的承认和执行存在下列情况，它就会被认为违反了尼日利亚的公共政策：

——如果它侵害了尼日利亚和其他大多数国家或其他与仲裁有联系的国家（如契约履行地、仲裁进行地或其实体法支配仲裁的国家）共有的道德和正义的一般原则，产生于卖淫、赌博、奴隶贸易的裁决也归于此类。

——如果（尤其是在尼日利亚是契约履行地或尼日利亚法律将支配仲裁的情况下）它侵害了尼日利亚国内公共政策中那些确定的有关道德和公正的基本原则。

——如果裁决是当事人在规避法律，即对尼日利亚法律和其他国家的法律进行规避的情况下作出的。

——如果它侵害了契约履行地的外国强行法。

不过，尼日利亚法院对仲裁持一种肯定态度，不认为仲裁是对法院管辖权和权威的挑战。出于国内、国际商业交往的需要，它们一般不会以公共政策为由拒绝承认与执行一项仲裁裁决①。

2. 根据《仲裁与调解法》附件二《纽约公约》规定进行的承认和执行

上面论述的是根据《仲裁与调解法》第 51 条和第 52 条对国际商事仲裁裁决的承认和执行，此外，《仲裁与调解法》也将《纽约公约》作为一个附件纳入到该法中。尼日利亚早在 1970 年 3 月 17 日就加入了《纽约公约》，不过，尼日利亚当时未通过国内立法以执行该公约。在这种情况下，根据源于普通法的宪法性惯例，条约只有并入国内法后才能由国内法院予以实施。《仲裁与调解法》颁布后，国际商事仲裁裁决也可根据《纽约公约》在尼日利亚申请承认和执行。从前面的论述中可以看出，《仲裁与调解法》有关承认和执行国际商事仲裁裁决的规定同《纽约公约》的规定基本上是一致的，前面所论述的内容同样适用于《纽约公约》。

《仲裁与调解法》在实施《纽约公约》时，宣称采取"互惠"和"商业"保留。该法第 54 条规定："在不损害本法第 51 条、第 52 条之规定的情况下，

---

① Amazu A. Asouzu, "Arbitration and Judicial Powers in Nigeria", *Journal of International Arbitration*, 2001, 18(6), p. 640.

产生国际商事仲裁的裁决在寻求承认和执行时，本法附件二所规定的《承认与执行外国仲裁裁决的纽约公约》应适用于在尼日利亚或任一缔约国作出的任何裁决：（1）如果根据《公约》规定，该缔约国具有承认和执行在尼日利亚作出的仲裁裁决的互惠立法；（2）《公约》应仅适用于产生于契约性法律关系的争议。"

主要参考书目

一、外文部分

1. Christion T. , Campbell, International Civil Procedures, 1995.

2. Michael Pryles, Dspute Resolution in Asia, 1997.

3. Istvàn Szàszy, International Civil Procedures —A Comparative Study, 1967.

4. Lawenfeld, International Litigation and the Quest for Reasonableness, 1996.

5. Lawenfeld, International Litigation and Arbitrateion, 1993.

6. Gray B. Born, International Civil Litigation in the United States, 1996.

7. Dennis Campbell, Serving Process and Obtaining Evidence Abroad, 1998.

8. Abla Mayss and Alan Reed, European Business Litigation, 1998.

9. Dennis Campbell, International Execution against Judgment Debtors (Binder 1, 2, 3), 1999.

10. W. A. Kennett, The Enforcements of Judgements in Europe, 2000.

11. Gerhard Walter and Samuel P. Baumgartner, Recognition and Enforcements of Foreign Judgements Outside the Scope of the Brussels and Lugano, 2000.

12. Dicey and Morris on the Conflict of Law, 2000.

13. Charles Platto, Economic Consequences of Litigation Worldwide, 1999.

二、中文部分

1. 韩德培主编:《国际私法》,北京大学出版社、高等教育出版社 2000年版。

2. 韩德培、韩健著:《美国国际私法导论》,法律出版社 1994 年版。

3. 李双元主编:《国际私法学》,北京大学出版社 2000 年版。

4. 李双元、谢石松著:《国际民事诉讼法概论》,武汉大学出版社 2001 年第 2 版。

5. 李双元、金彭年、张茂、欧福永著:《中国国际私法通论》,法律出版社 2003 年第 2 版。

6. 李双元、欧福永、熊之才编：《国际私法教学参考资料选编》（上、中、下册），北京大学出版社 2002 年版。

7. 李双元、杨国华、胡振杰、张茂译：《戴西和莫里斯论冲突法》，中国大百科全书出版社 1998 年版。

8. 李双元主编：《中国与国际私法统一化进程》，武汉大学出版社 1992 年第 1 版，1998 年第 2 版。

9. 黄进著：《国家及其财产豁免问题研究》，中国政法大学出版社 1987 年版。

10. 黄进主编：《国际私法》，法律出版社 1999 年版。

11. 肖永平主编：《欧盟统一国际私法研究》，武汉大学出版社 2002 年版。

12. 刘卫翔著：《欧洲联盟国际私法》，法律出版社 2001 年版。

13. 邵景春著：《欧洲联盟的法律制度》，人民法院出版社 1999 年版。

14. 王世洲主编：《欧洲共同体法律的制定与执行》，法律出版社 2000 年版。

15. 戴炳然译：《欧洲共同体条约集》，复旦大学出版社 1994 年版。

16. 李玉泉主编：《国际民事诉讼与国际商事仲裁》，武汉大学出版社 1994 年版。

17. 张茂著：《美国国际民事诉讼法》，中国政法大学出版社 1999 年版。

18. 张茂著：《美国民事诉讼法导论》，中国政法大学出版社 1998 年版。

19. 汤维建著：《美国民事司法制度与民事诉讼程序》，中国法制出版社 2001 年版。

20. 徐宏著：《国际民事司法协助》，武汉大学出版社 1996 年版。

21. 李旺著：《国际诉讼竞合》，中国政法大学出版社 2002 年版。

22. 徐卉著：《涉外民商事诉讼管辖权冲突研究》，中国政法大学出版社 2001 年版。

23. 徐伟功著：《不方便法院原则研究》，吉林人民出版社 2002 年版。

24. 谢石松著：《国际民商事纠纷的法律解决程序》，广东人民出版社 1996 年版。

25. 陈卫佐著：《瑞士国际私法法典研究》，法律出版社 1998 年版。

26. 徐昕著：《英国民事诉讼与民事司法改革》，中国政法大学出版社 2002 年版。

27. 董丽萍著：《澳大利亚国际私法研究》，法律出版社 1999 年版。

28. 刘仁山著：《加拿大国际私法研究》，法律出版社 2001 年版。

29. 袁泉著：《荷兰国际私法研究》，法律出版社 2000 年版。

30. 沈达明著：《比较民事诉讼法初论》，中国法制出版社 2002 年版。

31. 张卫平、陈刚著：《法国民事诉讼法导论》，中国政法大学出版社 1997 年版。

32. 何勤华、李秀清主编：《东南亚七国法律发达史》，法律出版社 2002 年版。

33. 中国国际私法学会主办：《中国国际私法与比较法年刊》第 1~5 卷，法律出版社出版。

34. 李双元主编：《国际法与比较法论丛》第 1~7 辑，中国方正出版社出版。

35. 徐昕译：《英国民事诉讼规则》，中国法制出版社 2001 年版。

36. 白绿铉译：《日本新民事诉讼法》，中国法制出版社 2000 年版。

37. 罗结珍译：《法国新民事诉讼法典》，中国法制出版社 1999 年版。

38. 罗结珍译：《法国民事执行程序法》，中国法制出版社 2002 年版。

39. 谢怀栻译：《德意志联邦共和国民事诉讼法》，中国法制出版社 2001 年版。

40. 张西安、程丽庄译：《俄罗斯联邦民事诉讼法（执行程序法）》，中国法制出版社 2002 年版。

41. 北大法律信息网（http：//www. chinalawinfo. com/article）。